건강가정론

3판

이원숙
신나연
박영혜
공저

학지사

머리말

「건강가정기본법」이 제정되고 건강가정지원센터가 설립된 지 18년의 시간이 흘렀다. 역사상 처음으로 체계적인 가족정책을 수립하고 추진할 수 있는 기반이 마련된 것이다. 그동안 제1차 건강가정기본계획(2006~2010)이 실행되었고 2차, 3차를 거쳐 지금은 제4차 건강가정기본계획(2021~2025)이 추진 중이다. 또한 가족정책의 공식적 전달체계인 건강가정지원센터는 가족센터로 명칭을 바꾸고 새로운 변화를 모색하며 이제는 지역에서 가족서비스의 주요한 전달체계로 탄탄하게 뿌리내리고 있다. 2판을 출간할 당시 박영혜 센터장의 "가족센터가 지역사회에서 가족을 지원하는 유관기관의 허브 역할을 하는 기관으로 자리매김하기를 희망합니다."라는 바람처럼, 현재 가족센터는 가족과 함께 만들어 내고 있는 이야기들이 쌓여 모든 가족이 함께 행복할 수 있는 길을 찾아 나가고 있다.

무자녀가족, 조손가족, 비혈연가구 등의 가족 형태를 통계에서 제시할 정도로 가족의 모습이 다양해지고 있으며, 우리 사회의 가족 다양성에 대한 수용성도 커져 가고 있다. 최근 새로운 가족 관련 법, 제도 정비 등 변화에 대한 소식도 들려오고 있는데「건강가정기본법」개정 계획 등 앞으로 가족 관련 복지 사업이 어떻게 흘러갈지도 관심을 가지고 지켜볼 부분들이다.

건강가정지원센터 출범 초기에 정체성이 모호했던 것과 같은 맥락에서, 건강가정사 자격을 위한 기본과목인 건강가정론에서 무엇을 가르칠지 분명치 않은 부분이 많았다.

지금도 건강가정사에 대해서 논란이 많다. 그럼에도 불구하고 현장에서 가족을 지원하는 전문가는 점차 늘어날 것이고, 가족지원 전문가를 가르치는 과목은 유지될 것이다. 『건강가정론』 필자들은 출판 초기 스터디 그룹을 만들어서 무엇을 어떻게 가르쳐야 하는지 함께 연구하는 시간을 가졌다. 그때 이후 필자들은 가족을 전공하는 교수로서, 건강가정론 강사로서 그리고 역량 있는 건강가정지원센터장으로서 건강가정론의 본질을 찾고자 노력해 왔다. 세상에는 우연 같은 필연이 있다는 생각을 가끔 하게 된다. 돌이켜 보면 우리가 스터디 그룹에서 나눈 고민들이 『건강가정론』을 집필하고 지속적으로 개정하는 계기가 되었다.

이 책에서는 그동안 필자들이 대학에서 가르치면서 그리고 현장에서 실천하면서 깨달은 건강가정론의 본질—건강가정에 대한 이론적 뒷받침을 튼실하게 해 주고 실천의 기본을 제시할 수 있는—을 담고자 최선을 다하였다. 『건강가정론』 1판을 집필하면서 과연 '건강가정론'의 본질은 무엇인가를 끊임없이 질문하였다. 2판 개정을 통해 구성체계의 기본틀은 유지하면서 다양한 가족이 어떤 어려움을 겪고 어떻게 적응하고 있는지를 더 깊이 전하고자 하였다. 2판은 9장으로 구성하였으나, 3판에서는 현장의 변화를 보다 생생하게 담아내기 위해 4장을 추가하여 총 13장으로 확장하였다. 특히 가족지원 전문가가 실제 업무 현장에서 적용할 수 있는 가이드가 되도록 그동안 축적된 연구와 현장 자료를 최대한 활용하였다.

제1장 가족의 개념에서는 '가족이란' 질문으로 출발하였다. 사람들에게 가장 소중한 것이 무엇이냐고 질문하면 흔히 가족이라고 답한다. 그 이유를 가족의 보편성과 우리 사회에서의 특수성으로 나누어 탐색하였다. 일반적으로 가족의 개념은 학문적 측면에서만 고찰되는데, 여기에서는 학문적 측면 이외에도 역사적, 법적 및 인식적 차원에서의 가족 개념을 살펴봄으로써 가족 개념을 다차원적으로 조명하였다.

제2장 사회 변화와 가족 변화에서는 가족을 둘러싼 환경의 변화를 살펴보았다. 가족을 둘러싼 환경 변화에 대한 이해 없이는 가족에 대한 이해 역시 불가능하다. 이 장에서는 지난 70여 년간 한국 사회의 변화와 최근의 글로벌 환경 변화를 소개함으로써 우리 사회에서 가족이 얼마나 커다란 변화의 소용돌이 속에서 살아왔는지를 담아 보았다. 그리고 최근 가족 환경의 주요 변화로 지적되고 있는 저출산, 고령화, 소득의 양극화와 갈등의 심화, 여성의 사회경제 활동 참여 증가 현상을 통해 가족이 직면하고 있는 변화를 구체적으로 탐색하였다. 그리고 나서 이런 변화 속에서 가족이 구조적 및 기능

적으로 어떻게 변화해 왔는지를 살펴보았다.

제3장 가족과 다양성, 보편화되는 가족과 제4장 가족과 다양성, 새롭게 대두되는 가족에서는 오늘을 살아가는 다양한 가족과 그들의 삶이 가진 건강성을 담아내고자 노력하였다. 가족을 둘러싼 환경이 급속하게 변화하면서 가족은 자신이 생각하는 최선의 방식으로 생존을 모색한다. 가족은 사회 변화 속에서 구조적 변화를 선택하기도 하고 때로는 기능적 변화를 도모하기도 한다. 제3장에서는 보편화 추세에 있는 가족들 그리고 제4장에서는 최근 증가하고 있거나 새롭게 관심을 받고 있는 가족으로 나누어 이들 가족의 현황과 어려움 그리고 성공적 적응을 위한 노력들을 살펴보았다.

제5장 가족과 사회학 및 사회복지이론에서는 가족에 관련된 사회학적 이론과 사회복지이론을 중심으로 살펴보았다. 현대사회의 다양한 가족의 건강성을 증진시키는 데 기반이 되는 사회복지실천이론을 폭넓게 소개하고, 이를 바탕으로 실무자들이 지향해야 할 핵심적인 실천 원칙을 제시하였다.

제6장 건강가족과 건강가족 실천에서는 건강가족을 위한 실천 틀을 제시하였는데, 이는 가족센터의 기능을 뒷받침해 준다. 예방적으로 가족의 어려움을 해결해 나갈 수 있는 가족생활교육, 관계 회복을 원하는 가족들에게 유용한 가족상담 모델, 위기가족을 위한 사례관리를 소개하였다.

앞서 언급한 바와 같이 2004년 「건강가정기본법」이 제정되고 2005년 여성가족부가 출범하면서 우리 사회에서도 가족정책이 계획되고 실천되는 새로운 시기가 도래하였다. 제7장 가족정책에서는 가족정책의 필요성과 발달 과정, 개념과 유형, 가족정책 관련 법의 제정과 주요 내용, 건강가정기본계획 등에 대해 살펴보았다. 이어서 제8장 가족정책 전달체계에서는 가족정책 전달체계를 건강가정지원센터와 다문화가족지원센터를 중심으로 살펴보았다. 제9장 건강가정사에서는 가족지원 서비스를 제공하는 전문인력인 건강가정사에 대해 역할과 직무를 중심으로 살펴보았고, 제10장 건강가정사업에서는 건강가정사업에 대한 지침을 소개하였다.

특히 3판에서는 가족을 위한 다양한 서비스를 활발하게 제공하고 있는 건강가정지원센터의 현장 이야기를 담아내려고 노력하였다. 제11장 가족사례관리에서는 여성가족부와 한국건강가정진흥원이 2015년 발행한 가족사례관리 매뉴얼을 바탕으로 가족사례관리의 필요성과 과정을 소개하고 현장의 적용 사례를 구체적으로 제시하였다. 제12장 가족사업 실천에서는 안산시건강가정지원센터를 모델로 현장 실무자가 사업을 기획, 실행, 평가하는 생생한 사업 진행 과정을 제시하고자 하였다. 제13장 가족사업 현장실무에서는 지역사회 현황을 바탕으로 비전과 미션을 세우고 장단기 추진 계획을 세우는 가족사업 현장의 실무 경험을 담았다.

　　필자들은 『건강가정론』의 출판과 개정 작업을 통해서 학문적·실천적으로 '건강가정이 무엇일까?'를 자문하고 이에 대한 답을 찾아왔다. 이 과정에서 필자들은 혼란과 모호함을 조금씩 걷어 내고 건강가정의 새로운 틀과 실천을 발굴해 내는 소중한 경험을 하였다. 이를 통해 우리는 한 단계 성장하였고, 서로를 보다 많이 알게 되었으며, 무엇보다도 함께 소중한 작업을 할 수 있는 축복에 대해 감사하였다. 아직도 미진한 부분이 많겠지만, 이 책이 건강한 가족을 꿈꾸는 많은 학생과 실무자에게 도움이 되기를 바란다. 마지막으로, 이 책의 출판과 개정을 허락해 주신 학지사의 김진환 사장님 그리고 한결같은 애정을 가지고 출판을 도와주신 김진영 차장님께 감사를 드린다.

2022년 4월
저자 일동

차례

■ 머리말 / 3

Chapter 01
가족의 개념

제1절 가족이란 / 15
  1. 가족의 소중함은 보편성이다 / 16
  2. 우리 사회에서 가족은 더욱 특별하다 / 17
제2절 가족의 개념 / 22
  1. 역사적 차원에서의 가족의 개념 / 22
  2. 학문적 차원에서의 가족의 개념 / 23
  3. 가족 관련 법에서의 가족의 개념과 범위 / 26
  4. 인식적 차원에서의 가족의 개념 / 31

Chapter 02
사회 변화와
가족 변화

제1절 사회 변화 / 37
  1. 한국 사회의 변화 / 38
  2. 글로벌 환경 변화 / 42
제2절 가족 환경 변화 / 45
  1. 저출산 / 45
  2. 고령화 / 48
  3. 소득의 양극화와 갈등의 심화 / 52
  4. 여성의 사회경제 활동 참여 증가 / 52

제3절 가족 구조의 변화 / 54

1. 가족 규모의 축소 / 54

2. 세대 구성의 단순화 / 55

3. 가족 형태의 다양화 / 56

제4절 가족 기능의 변화 / 58

1. 가족의 경제적 기능 / 58

2. 가족의 재생산 및 성행위 규제 기능 / 59

3. 가족의 자녀양육 및 사회화 기능 / 61

4. 노인에 대한 부양 기능 / 62

5. 정서적 기능 / 63

Chapter 03

가족과 다양성,
보편화되는 가족

제1절 혼인과 관련된 구조적 변화를 선택한 가족 / 68

1. 이혼가족 / 68

2. 재혼가족 / 75

제2절 가족 기능의 변화를 도모한 가족 / 79

1. 맞벌이가족 / 79

2. 입양가족 / 85

3. 조손가족 / 91

제3절 폭력을 경험하는 가족 / 95

1. 가족폭력의 현황 / 95

2. 가족폭력의 사회 문제화 및 제도화 / 98

Chapter 04

가족과 다양성,
새롭게 대두되는
가족

세1절 뉴 라이프스타일을 선택한 가족 / 105

1. 독신가족 / 106

2. 떨어져 생활하는 가족 / 109

3. 자발적 무자녀가족 / 113

4. 양육미혼부모가족 / 116

제2절 문화적 다양성을 경험하는 가족 / 121

1. 다문화가족 / 122

2. 북한이탈가족 / 127

제3절 기타 가족 / 130

1. 동성애가족 / 131

2. 미래의 가족 형태는? / 133

Chapter 05

가족과 사회학 및
사회복지이론

제1절 가족과 사회학적 이론 / 140

   1. 구조기능론 / 140

   2. 갈등이론 / 140

   3. 상징적 상호작용론 / 141

   4. 교환이론 / 142

   5. 페미니스트 이론 / 143

제2절 가족과 사회복지 이론 및 관점 / 144

   1. 체계 이론 / 145

   2. 생태체계 이론 / 148

   3. 가족생활주기 관점 / 152

   4. 강점관점 / 159

   5. 회복탄력성과 가족 회복탄력성 이론 / 165

   6. 임파워먼트 이론 / 173

   7. 다문화 관점 / 175

제3절 건강가족을 위한 실천 원칙 및 실천 사례 / 177

   1. 핵심적인 실천 원칙 / 177

   2. 실천 사례 / 180

Chapter 06

건강가족과
건강가족 실천

제1절 건강가족 실천의 개념적 틀 / 186

제2절 건강가족 / 188

   1. 스티넷 등의 '튼튼한 가족'의 개념 / 189

   2. '튼튼한 가족'의 구성 요소 / 190

   3. '튼튼한 가족' 만들기 / 200

제3절 건강가족 실천 / 204

   1. 가족생활교육 / 204

   2. 가족상담 / 208

   3. 사례관리 / 230

Chapter 07

가족정책

제1절 가족정책 / 241

   1. 가족정책의 필요성 및 발달 과정 / 242

   2. 가족정책의 개념 및 유형 / 244

제2절 한국의 가족정책 / 247

　　1. 가족정책의 흐름 / 248

　　2. 가족정책 관련 법 제정 및 주요 내용 / 252

　　3. 건강가정기본계획 및 다문화가족정책 기본계획 / 259

　　4. 가족정책 기본 방향 및 주요 역점 추진 과제 / 264

Chapter 08

가족정책
전달체계

제1절 건강가정지원센터 / 273

　　1. 건강가정지원센터 현황 / 273

　　2. 건강가정지원센터의 사업 주체별 역할 / 275

　　3. 건강가정지원센터 사업 / 277

제2절 다문화가족지원센터 / 281

　　1. 다문화가족지원센터 현황 / 281

　　2. 다문화가족지원센터 사업 / 283

　　3. 다문화가족지원센터 프로그램별 사업 세부 내용 / 285

제3절 건강가정 · 다문화가족 통합센터 / 291

　　1. 건강가정 · 다문화가족 통합센터 현황 / 291

　　2. 통합센터의 사업 내용 / 293

제4절 한부모가족지원센터 / 294

　　1. 한부모가족지원센터 역할 / 294

　　2. 한부모가족지원센터 사업 / 295

Chapter 09

건강가정사

제1절 가족서비스 전달체계 전담인력 / 301

　　1. 전담인력의 정의 / 303

　　2. 전담인력의 주요 직무 / 308

제2절 과업별 수행 내용 / 310

　　1. 가족서비스 사업 · 프로그램 운영관리 / 310

　　2. 가족상담 / 312

　　3. 가족맞춤형 직접서비스 지원 / 313

제3절 가족서비스 비전 체계 / 314

　　1. 가족서비스 비전 및 추진 전략 / 314

　　2. 건강가정사 자격제도 개편 / 314

　　3. 전담인력 역량강화 교육 체계화 / 316

Chapter 10
건강가정사업

제1절 건강가정사업의 진행 단계 / 323
  1. 기획 / 324
  2. 실행 / 327
  3. 평가 / 330
제2절 건강가정사업의 지침 / 331
  1. 가족상담 / 332
  2. 가족교육 / 335
  3. 가족문화 / 342
  4. 지역사회 네트워크 구축 및 자원 연계 / 345

Chapter 11
가족사례관리

제1절 가족사례관리의 필요성 / 349
  1. 가족사례관리의 통합적 모형 / 350
제2절 가족사례관리의 과정 / 353
  1. 가족사례관리 과정의 특성 / 353
  2. 가족사례관리의 초기단계 / 357
  3. 가족사례관리의 중간단계 / 363
  4. 가족사례관리의 마무리단계 / 366
제3절 가족사례관리의 적용 / 368
  1. 위기가족을 위한 가족사례관리의 실제 / 368
  2. 다문화가족을 위한 가족사례관리의 실제 / 371

Chapter 12
가족사업 실천

제1절 가족사업 실천 / 378
  1. 가족사업 실천 계획 / 378
제2절 가족사업 팀별 사업 계획 / 380
  1. 상담 / 380
  2. 교육 / 385
  3. 문화 / 398
  4. 기타사업 및 지역연계 / 403
  5. 취약가족 역량강화지원 / 409

Chapter 13

가족사업
현장실무

제1절 가족사업 현장실무 / 420

1. 지역사회 현황 파악 / 420

2. 비전 및 미션 / 421

3. 연차별 사업 계획 / 423

제2절 가족 특성화 사업 실무 / 425

1. 면접교섭 서비스 / 425

2. 다양한 가족 수용성 증진 교육 / 428

3. 1인가구 사회적 관계망 형성지원 사업 / 431

4. 생명존중 인식 개선 사업 / 434

5. 중장년기 부부 관계 개선 사업 / 436

■ 부록 / 441

■ 참고문헌 / 473

■ 찾아보기 / 489

Chapter 01

가족의 개념

———

제1절 **가족이란**
제2절 **가족의 개념**

가족의 개념

가족은 사회를 이루는 가장 기본적인 제도로서 시대와 문화에 따라 변화를 거치면서 인류 역사상 가장 오랫동안 지속되어 온 제도다. 이렇게 오랫동안 가족이 존속할 수 있었던 것은 그만큼 가족이 인간에게 소중하기 때문일 것이다. 코로나19 위기상황에서도 가족의 일상은 돌봄, 보육 및 교육 등의 영역에서 스트레스 요인은 증가하였지만 가족체계로써 시간·공간을 함께 하며 심리적·정서적 안전망의 역할을 제공하였다(강선경, 최윤, 2021: 314). 이 장에서는 '가족이 뭐길래?', 즉 가족이 인간에게 얼마나 중요한지를 탐색하면서 출발하고자 한다. 그리고 나서 가족의 개념을 다각적으로 조명해 보고자 한다.

제1절 가족이란

세계 어느 곳에 가서 물어본다 해도 사람들은 가족이 소중하다고 답할 것이다. 그런 의미에서 가족의 소중함은 보편적인 특성으로 보인다. 그런가 하면 각 사회에서 가족의 의미는 그 나라의 역사와 문화적 맥락에 따라 차이를 보일 것이다. 이와 같이 가족이 소중하다는 것은 보편성을 지니지만, 소중함의 방식과 정도는 나라 및 사회에 따라 차이가 있다고 전제할 수 있다. 이 절에서는 가족의 소중함을 보편성과 특수성으로 나누어 조명함으로써 가족의 의미를 되새겨 보고자 한다.

1. 가족의 소중함은 보편성이다

어떤 범죄 영화에 나오는 장면이다. 주인공이 금발의 여자친구에게 "친구는 고를 수 있지만 형제는 고를 수 없다."라고 말하면서 식탁에서 단호하게 일어선다. 그는 옷장에서 권총을 꺼낸 뒤 가죽 점퍼 안의 벨트 속에 감춘다. 그러고 나서 위험에 처한 동생을 찾기 위해 밖으로 나간다(정미라 역, 2008: 8).

"피는 물보다 진하다."라는 속담이 있다. 이는 가족이 무엇인지를 잘 드러내 준다. 이

표 1-1 돈너 계곡의 비극

때는 1846년 11월. 눈폭풍으로 인해 총 81명이 시에라 네바다의 돈너 계곡에 6개월 동안 갇혔다. 대다수가 캘리포니아로 가서 새 인생을 찾겠다고 나선 시민계층과 상인들이었다. 할아버지, 할머니와 손자였고, 엄마, 아빠, 자식이었으며, 삼촌, 숙모, 사촌이었다. 혼자 온 남자들도 15명이나 되었고, 그들은 20세에서 40세 사이로 건장하고 자신감이 넘쳤으며, 서부 황야의 위험에 익숙했다. 이와 같이 총 81명 중에는 모험가나 노다지꾼이 섞여 있을 수 있지만, 작은 나무 인형이 불에 탈까 봐 마지막까지 옷 속에 숨겨 두었던 여덟 살짜리 여자아이도 끼어 있었다. 65세의 조지 돈너와 아내 톰슨도 있었다.

인류학자 도널드 그레이스는 시에라 네바다의 비극을 연구했다. 누가 살아남을까? 사람들은 대부분 딸린 식구 없이 혼자 온 15명의 건장한 남자들을 지목할 것이다. 하지만 돈너 계곡의 사건은 전혀 다른 방향으로 진행되었다. 일행이 눈폭풍을 만나기 이전에 이 중 4명은 벌써 목숨을 잃었다. 그들은 결핵으로 죽었고, 칼에 찔려 죽었고, 살해당했고, 형이 실수로 쏜 총에 맞아 죽었다. 그레이스는 생존할 수 있었던 결정적인 조건을 찾아냈다. 그것은 바로 가족이었다. 가족과 함께 있었느냐, 혼자 있었느냐가 생존을 좌우한 유일한 이유였다. 또한 가족의 규모가 클수록 개인의 생존 확률도 높았다. 그뿐만이 아니었다. 생존 기간도 가족의 규모에 따라 달랐다. "가족의 크기가 클수록 가족 구성원의 생존 기간도 길었다." 일행 중 가장 나이가 많았던 65세의 조지 돈너도 이에 해당되었다. 그가 손에 심한 부상을 입고도 다른 남성에 비해 오래 생존한 것은 부인 톰슨의 극진한 보살핌이 있었기 때문이었다.

1847년 3월 23일 구조대가 도착했을 때 톰슨은 남편을 혼자 둘 수 없으므로 자신도 그곳에 남겠다고 단호하게 말했다. 세 딸만 데려가 달라고 부탁했다. 그는 3월 26일까지 생존했다. 톰슨은 남편이 사망하자 이틀 뒤 남편을 따라 눈을 감았다. 그 한 달 후인 1847년 4월 25일에 마지막 일행이 구조되었다.

독신들은 대부분 사망했다. 물론 가족이라고 전원이 살아남은 것은 아니었다. 하지만 노인과 병자, 어린아이들이 그렇게 오랫동안 목숨을 부지했다는 사실은 기적이라 할 수 있다. 예를 들어, 에디 가족은 4명 중 3명이 목숨을 잃었다. 그레이브스 가족은 12명 중 8명이 살아남았다. 브렌 가족은 9명 전원이 무사했다.

출처: 장혜경 역(2006), pp. 17-28에서 재구성.

영화의 주인공은 가족의 본질을 집약적으로 표현해 냈다. 물론 사람은 친한 친구가 위험에 처한다면 그를 돕기 위해 나설 수 있다. 이는 우정을 위한 자발적 행위다. 그러나 가족의 경우는 원하든 원치 않든, 동생을 좋아하든 싫어하든 간에 도와야 한다. 그것도 친구의 경우보다 훨씬 강한 의지를 가지고 도와야 한다(정미라 역, 2008: 8).

평상시에 가족은 골치 아픈 존재일 수 있고 불행을 가져오는 존재일 수도 있다. 그러나 상황이 어려워지면 경쟁은 온데간데없이 사라지고 따뜻한 사랑이 솟아난다. '돈너 계곡의 비극'과 '영국 섬머랜드 호텔의 화재 사건'은 가족의 힘이 얼마나 위대한지를 보여 준다. 돈너 계곡에서는 죽음이 서서히 목을 조였다면, 대형 화재가 발생한 섬머랜드에서는 그야말로 촌음을 다투는 상황이었다. 부양하고, 지켜야 할 가족이 있다는 현실이 오히려 수명을 연장해 주고 생존 확률을 높여 준다는 것이 언뜻 이해가 가질 않는다. 홀가분하게 혼자인 사람이 시간이나 에너지를 덜 낭비할 것 같은데 결과는 상식을 뒤엎는다(장혜경 역, 2006: 1-16).

2. 우리 사회에서 가족은 더욱 특별하다

사회 변화의 급물살 속에서 가장 요동치는 현장이 바로 가족이라고 해도 과언이 아닐 것이다. 여러 미디어와 통계자료를 통해 가족에 대한 급변한 인식 변화를 마주하고 있다. 우리는 개인보다는 가족을 우위에 두는 한국의 가족주의와 가족보다 개인의 권리와 정체성을 주장하는 개인화 충돌을 경험하고 있다. 우리는 가족 속의 삶을 당연하게 생각하지만, 가족은 아주 오래전부터 많은 이들의 삶에서 딜레마가 되어 왔다. 때문에 근대사회에서 가족이라는 무게에 짓눌리지 않고 개인으로서 누려야 할 자유와 자율성도 포기할 수 없다는 사람들이 늘어나게 되었다(신경아, 2014: 136). 가족주의 문화가 강한 한국 사회이지만 개인으로서 자기 욕구를 중요시하는 경향이 서서히 확산되고 있는데, 개인과 가족 사이의 균형(신경아, 2014: 160-161)을 찾아나가는 모습이다.

1) 가족주의

가족주의란 가족 구성원의 개별적인 욕구보다 가족 전체의 필요를 우선적으로 고려하고 더욱 중요시하는 의식과 습관이다. 조선시대 이래 한국 가족은 가(家)와 친족관계를 중시하는 유교문화적 특성으로 인해 강한 가족주의적 특성을 지녀왔다(신경아, 2014: 137).

어느 사회에서나 가족은 소중하다. 그러나 우리 사회에서 가족은 더욱 특별한 의미를 지닌다. 프롬(E. Fromm)에 따르면, "한 집단 대부분의 구성원이 내면화하고 있는 성격 구조의 본질적 핵심체로서 해당 집단 공동의 기본적 경험과 생활양식의 결과로 발달한 것"을 일컬어 사회적 성격이라 한다. 한국인의 사회적 성격에 주목한 대표적 연구로는 최재석의 『한국인의 사회적 성격』(1994)을 들 수 있다. 최재석은 한국인의 사회적 성격을 '가족주의'라고 결론짓고 있다. 그에 따르면, 가족을 준거로 한 가치관에 따라 인간 존재의 의미와 사회 질서를 이해하며, 그 이해를 바탕으로 바람직한 행동 규범 및 삶의 지향점을 모색하는 이른바 '가족 중심주의 세계관'을 지닌 한국 사회에서 가족의 신성성은 그 어느 사회보다 강력하게 작동하고 있음이 분명하다.

한국인의 사회적 성격으로서의 '가족주의'는 ① 사회 구성 단위는 집(家)이라고 인식하고, ② 집을 어떠한 사회집단보다 중시하며, ③ 개개인은 집으로부터 독립된 존재가 아니라 집과 긴밀히 연계되고, ④ 집안의 인간관계는 상하 신분 서열에 근거하여 이루어지며, ⑤ 가족 내 인간관계는 외부 사회로까지 확대되어 유사가족 공동체를 이룬다는 특징이 있다(Fromm, 2005; 최재석, 1994; 함인희, 2009. 11. 20.: 40–41 재인용).

한국에서 가족주의가 그 위력을 잃지 않고 오히려 강화되고 있는 것은 한국 사회의 변화 과정과 밀접한 관계가 있다. 즉, 한국 사회는 해방과 6 · 25전쟁을 비롯한 극심한 사회혼란기를 거치면서 가족 이외에는 자신을 보호해 줄 어떠한 조직도 없음을 실감하는 동시에, 생존 자체가 위협받는 한계 상황에서 직계가족 중심의 연줄망에 기초한 사회조직 원리 및 가치규범이 크게 흔들리지 않았다. 오히려 급격하고도 농축된 사회 변화 과정에서 사회적 혼란과 개인적 불안이 확산되면서 집단주의적이고 배타적인 성향의 가족주의가 확대된 것으로 보인다(조혜정, 1985, 1988; 함인희, 2003. 4.: 9 재인용).

한국일보는 2015년 1년간 사회관계망서비스인 트위터와 뉴스에 나타난 행복과 불행의 연관어를 가지고 미국, 중국, 일본, 한국 등 4개국을 분석했다. '경제적 여유'와 '건강'은 4개국 행복의 중요 요인으로 입증되었고 '감사'와 '사랑'이 공통의 행복이었다. 흥미로운 사실은 가족 단어이다. 미국과 일본의 경우 가족이 불행의 연관어로 꼽혔으나 한국에서만 유독 '가족, 사랑, 감사, 엄마'라는 말이 행복의 연관어로 나왔다. 한국인의 행복감은 주로 가족 중심의 1차 집단과의 관계에서 파생된다고 해석해 볼 수 있다(채지은, 2016. 1. 25.).

그래서인지 우리나라의 드라마에는 유독 가족이 많이 등장한다. TV 드라마는 급변하는 사회 속에서 가족주의가 흔들리는 현상을 보여 주지만, 종국에는 가족의 소통에 대해서 진지하게 질문함으로써 다시 한번 가족주의에서 문제의 해결점을 찾고 있다.

이와 같은 맥락에서 드라마〈응답하라 1988〉에서 그 슈퍼맨은 바로 우리네 아버지, 어머니이다. 맥가이버처럼 만능이고, 슈퍼맨처럼 인간 이상의 능력을 지닌 듯하지만, 철이 들고 보니 우리네 아버지와 어머니도 슈퍼맨이 아닌 평범한 '사람'이었단 걸 알게 된다. 그 시절의 아들딸이 자라 부모가 되어 보니 부모님의 마음을 조금은 알 수 있을 듯하다는 내레이션이 흘러나온다. "더럽고 치사하고 아니꼽고 슬프고 무섭고 힘겨워도 꿋꿋이 버텨 낸 이유는 지켜야 할 사람들이 있기 때문이었음을…, 가족이 있었고, 내가 있었기 때문이었음을, 다른 누구도 아닌 아빠의 이름으로 살아야 했기 때문이었음을 말이다." 그들이 슈퍼맨처럼 보였던 이유는 가족을 향한 끝없는 사랑 때문이었다 (ILoveCinemusic, 2015. 12. 18.).

2) 가족의 개인화

인간은 가족 속에서 태어나 일생 동안 다양한 가족 속에서 살아가지만 혼인과 혈연으로 구성된 '가족'이라는 집단이 인간의 삶에 필연적인 요소인지 또 늘 바람직한 영향을 주는 것인지에 대해서는 역사상 많은 의문이 제기되어 왔다. 근대사회에서는 가족보다 '개인'을 중요시하는 사람들이 더 늘어나게 되었고, 가족과 개인을 둘러싼 정체성 갈등은 후기 근대사회로 올수록 더욱더 뚜렷해지고 있으며 그 양상도 달라지고 있다 (신경아, 2014: 136).

가족과는 분리된 개인적 정체성을 주장하며 전통적인 가족의식에서 벗어나 자신의 욕망에 충실한 삶을 살고 싶어 하는 변화가 나타나고 있다. 혼자 사는 사람들이 많아지는 사회는 외롭게 사는 것과는 다르며, 사람들이 가족 내의 의무와 책임, 간섭과 갈등에서 벗어나 자유롭게 선택하고 자신에게 집중할 수 있게 해 준다는 것이다. 따라서 사람들이 혼자 살게 된 것은 '개인'으로서 자기 인식과 자아실현의 욕구 때문이다(신경아, 2014: 139).

전통적인 가족 구조와 규범적 가족관계 속에서 살지 않는 사람들이 더 많아질 것이며, 나홀로족의 증가가 인간관계의 약화를 뜻하지는 않는다고 해도 친밀성의 자원을 가족이 아닌 다른 집단에서 구할 가능성이 커지며, 그만큼 지속성이 떨어질 수 있다. 그러나 동시에 사람들은 규범적 구속에서 벗어나고 가족의 생계부양 책임이나 돌봄 책임에서 자유로울 수 있을 것이다(신경아, 2014: 140-141).

프랑스 경제학자 자크 아탈리는 "2030년이면 결혼 제도가 사라지고 90%가 동거로 바뀔 것"이라고 『21세기 사전』(1999)에서 예언했다. 현재 한국 사회에서 아탈리의 분석은 특별하지 않다. 한국의 20, 30대 청년 중 절반 정도는 10년 뒤면 '웨딩마치가 생략된' 사실혼, 비혼, 동거가 일반적인 결혼 형태가 될 것으로 전망되고, 40% 정도는 결혼 후 일정 기간이 지난 뒤 각자 삶을 사는 졸혼(卒婚)도 인정해야 한다는 조사 결과도 있다(김병록, 2020: 48-49).

혼인율과 출산율의 저하, 초혼연령과 초산연령의 상승은 젊은 세대의 의식과 행동에 관련된 현상이다. 젊은이들이 결혼을 하고 아이를 낳는 가족형성기의 생애과제를 점점 더 지연시키거나 보류하려는 경향이 확대되고 있는데, 이 문제를 가족과 개인이라는 프레임으로 분석하면 두 가지 해석이 가능해진다. 먼저, 경제사회적 위기의 맥락에서 진행되는 개인화이다. 경제위기가 심화되고 고용이 불안정해지면서 젊은 세대가 자신의 가족을 만들어 갈 수 있는 능력이 부족해 혼자 사는 시기가 길어지는 현상이다. 다음으로, 한국 사회에서 가족만큼 개인적 삶을 중시하려는 경향 역시 확대되고 있다. 주관적 의미에서 개인주의의 형성이다. 가족보다는 개인으로서 자기 정체성을 가지고 살아가려는 사람들이 늘어나고 있음을 알 수 있다(신경아, 2014: 146-149).

가족 변화를 체계적으로 진단한 송효진(2021)의 연구에서는 가족 미래 전망을 위한 이론적 개념으로 '개인화(individualization)[1]'에 주목하였다. 개인화란 사회의 주요 제도가 개인을 단위로 재구성됨으로써 개인이 자기 삶에 대한 책임을 지도록 요구하는 현상을 지칭하며, 체계의 위험을 개인이 감당하고 내면화하게 되는 현상을 가리킨다. 이때 개인에게 주어지는 선택과 결정의 차원은 자유의 확대를 의미하는 것이 아니라는

---

[1] 1986년 울리히 벡(Ulrich Beck)의 『위험사회』를 보면 개인화는 전통적 지배 또는 전통적 부양의 형태와 책무로부터 이탈을 의미하는 '해방'의 차원, 삶을 영위하기 위해 지식과 믿음, 규범으로부터 벗어나는 '탈주술화'의 차원이다. 그리고 전통적인 형태의 안전의 상실과 함께 새로운 유형의 '재속박'이 동시적, 중층적으로 전개되는 역설적 과정이자 이를 포착하는 개념이다(송효진 외, 2021: 16).

점을 강조하였는데 한국사회의 탈가족화 현상은 의무 때문에 위험을 피하기 위해 가족으로부터 벗어나려고 하는 '위험 도피적 개인화'로 개인화 과정과 함께 가족 지향성이 동시에 나타나는 특징을 보인다(심영희, 2011: 23-27). 서구 사회와 달리 한국 사회는 사회보장제도 및 복지제도가 발달하지 못한 조건에서 위험을 회피하고 자원 결핍을 모면하기 위해 가족에 의존한 삶을 강화시켜온 삶의 양식으로 '개인주의 없는 개인화'로 소개하였다(송효진 외, 2021: 317).

가족보다 개인의 권리와 정체성을 주장하는 의식은 약한 반면 개인으로 살아갈 수밖

표 1-2 '가족입니다' 진정한 가족의 의미는?

〈아는 건 별로 없지만 가족입니다〉가 찾은 진정한 가족의 의미는 무엇일까. tvN 월화드라마 〈아는 건 별로 없지만 가족입니다〉(이하 〈가족입니다〉) 최종회를 앞두고 각자의 자리로 돌아간 가족들의 모습을 포착했다. 방법은 다르지만, 서로에 대한 마음만큼은 진심이었던 이들이 완성한 '가족'의 형태는 무엇일지, 결말에 대한 궁금증을 높인다.

여전히 서로의 마음을 다 알기 어렵지만 한 발 깊숙이 다가가던 가족은 다시 전환점에 놓였다. 뇌종양 수술 후 심정지까지 왔던 김상식(정진영)은 생사의 갈림길에서 가족을 떠올리며 그들의 곁으로 돌아왔다. 김지우(신재하)도 우여곡절 끝에 가족의 품으로 돌아왔다. 하지만 김지우의 선택은 또 다른 상처를 남겼다. 늘 자식들을 위해 살아왔지만, 그 마음 하나 알아주지 않는 삼 남매를 보며 김상식과 이진숙(원미경)의 마음은 무너져 내렸다.

이진숙은 삼 남매에게 가족의 의미를 물으며, 쌓아왔던 응어리를 터트렸다. 김상식은 그런 아내가 안쓰러워 "네 엄마 이제 너희하고 그만할 거야!"라고 선언했다. 서로가 생각하는 가족의 의미는 달랐기에, '개인'을 인정하고 이해하기란 쉽지 않았다. 서로의 마음을 들여다보게 됐지만, 여전히 완벽하게는 알 수 없는 가족. 이들의 마지막 이야기가 그래서 더 궁금해진다.

김은주(추자현)는 결심한 대로 친아버지와 마주했다. 새로운 관계의 시작이 될지, 마침표가 될지 알 수 없지만 친아버지와의 만남을 통해 김은주는 가족에 대해 돌아보는 변환점을 맞게 된다. 가족의 곁으로 돌아온 김지우는 조심스럽게 일상을 되찾아가고 있다. 조금은 무거워진 김지우의 분위기가 또 다른 성장을 예감케 한다. 무엇보다 김상식과 이진숙의 선택에 이목이 쏠리고 있다. 평생 가족을 위해 살아왔지만, 자식들의 마음은 부모와 같을 수는 없었다. 가족을 버거워하고 쉽게 떠나기도 하는 자식들의 선택이 부부에게는 상처로 남았다.

〈가족입니다〉가 보여 준 현실적이고 따뜻한 시선은 시청자들에게 각자의 가족을 돌아보게 하는 힘을 발휘했다. 여전히 "가족이 뭘까요. 나는, 우리는 아직은 모르겠습니다."라고 자조할 수밖에 없지만, 그럼에도 성장하고 변화해 온 이들이 '가족'을 위해, 또 '나'를 잃지 않기 위해 내딛는 발걸음은 응원을 부르며 뭉클한 감동을 선사한다.

출처: 진주희(2020. 7. 21.).

에 없는 사회적 조건이 급속히 전개되면서 가족이라는 집단에 소속되기보다 주체적 삶
을 선택하는 경향이 확산되고 있다.

제2절 가족의 개념

    흔히 가족은 사회제도 중 유일하게 변화하지 않는 제도라고 인식되지만, 실제로 가
족은 사회 변화를 반영하면서 변화하는 제도다. 우리나라의 역사 자료를 살펴보면 조
선시대에도 가족의 형태가 달라졌다. 일반적으로 가족의 개념은 학자들의 개념 정의를
중심으로 고찰되는 것이 보통이다. 그러나 이는 가족 개념의 한 단면만을 보여 줄 뿐이
다. 현실 사회에서 가족의 개념은 법적인 차원에서 그리고 인식적 차원에서도 사회 변
화를 반영하고 있으며, 어떤 관점에서 볼 때 이는 사람들의 일상적 삶에 보다 커다란 영
향을 미친다. 따라서 가족의 개념은 역사적·학문적 차원뿐 아니라 법적·인식적 차원
에서 어떻게 규정되는지 통합적으로 살펴볼 필요가 있다. 이 절에서는 가족의 개념을
다차원적으로 살펴보기 위해 역사적 차원, 학문적 차원, 법적 차원 그리고 인식적 차원
에서 가족의 개념이 어떻게 변화하고 있는지 또는 어떻게 정의되고 있는지 탐색해 보
고자 한다.

1. 역사적 차원에서의 가족의 개념

    우리는 조선시대의 가족제도라고 하면 곧바로 대가족, 즉 할아버지와 할머니, 아버
지와 어머니, 그리고 형제자매들이 사는 가족 구조를 떠올리기 마련이다(국사편찬위원
회, 2009: 107). 그렇다면 과연 조선시대는 가족을 어떻게 정의했을까?『고문서에게 물
어본 조선시대 사람들의 삶』(국사편찬위원회, 2009)에서는 고문서 자료를 토대로 이에
대한 대답을 제시해 주고 있다. 흥미롭게도 이 책에서는 조선시대에도 가족에 대한 정
의가 시대에 따라 변화가 있었다고 한다.

    고문서 자료에 따르면, 성인 남녀가 결혼한 후 시가나 처가 어디에 살았는지에 따라
가족 형태를 엿볼 수 있다. 조선 초기와 중기에는 부모가 재산을 자녀의 성별이나 순위

에 관계없이 균등하게 나누어 주었다. 그래서 결혼을 계기로 처가로 옮겨 가서 사는 남성도 많았다. "어려서는 외가살이를 하고 혼인하고서는 처가살이를 한다."는 속담까지 있었다고 하는데, 이는 조선 초기와 중기의 처가살이 풍습에서 생겨난 말이다. 조선 전기 가족에서는 부부가 아들을 낳지 못하고 딸만 두었을 경우, 구태여 동성 양자를 들여 가계를 계승하지 않고 딸에게 재산이나 제사를 물려주는 경우가 흔하였다. 이는 고려시대 이래로 지속되어 오던 관습이었다. 가족제도는 조선 중기까지도 고려시대를 거의 그대로 따르고 있었다. 또 조선 전기에는 슬하에 자녀가 없을 때에는 이성 양자를 들이기도 했지만 여의치 못할 때는 질녀(조카딸)를 데려다 기르는 경우도 많았다(국사편찬위원회, 2009: 99-101).

우리가 상상하는 대가족제도는 조선 후기, 그것도 동성마을이 형성되기 시작한 17세기 이후에 등장하였다고 보아야 한다(국사편찬위원회, 2009: 107). 그리고 신혼부부가 혼인한 후 거처하는 곳도 조선 전기에는 처가였으나 조선 후기에는 시가로 변하였다(국사편찬위원회, 2009: 113).

가족 개념의 측면에서 볼 때, 조선 전기에는 사위나 처남도 가족으로 간주하였을 것이나, 종법제가 강조되던 조선 후기에는 가족이라고 하면 기본적으로 성을 같이 하면서 혈연적으로 상하 또는 좌우로 연결된 일정 범위 내의 구성원만을 지칭하였던 것으로 판단된다. 여기에는 혼인으로 인해 가족 구성원이 되는 여성들이 포함된다. 사위나 처남들은 비록 한 울타리 안에서 살더라도 동거하는 구성원으로 생각하였을 것이다(국사편찬위원회, 2009: 111).

2. 학문적 차원에서의 가족의 개념

1) 전통적 및 현대적 가족의 개념

머독(G. Murdock)은 전통적 가족 개념에 대한 정의를 내린 대표적인 학자다. 그에 따르면, "가족이란 부부와 그들의 자녀로 구성되고, 주거와 경제적인 협력을 같이하며, 또한 자녀의 출산을 특징으로 하는 집단"이다. 이 개념에서는 가족의 외형적 구성과 기능을 중심으로 비교적 단순하게 가족을 정의하였다(Murdock, 1949; 성미애, 2009: 14 재인용).

　머독 이후 가족에 대한 개념은 가족의 범위, 기능, 성격 등의 측면에서 확장되는 경향을 보인다. 레비-스트로스(C. Levi-Strauss)는 "가족은 결혼으로부터 시작되며 부부와 그들 사이에 출생한 자녀로 구성되지만 이들 이외에 가까운 친척이 포함될 수 있고, 가족 구성원은 법적 유대 및 경제적, 종교적인 것 등의 권리와 의무, 성적 권리와 금기, 애정이나 존경 등의 다양한 심리적 정서로 결합되어 있다."라고 하였다. 이와 같은 맥락에서 버제스(E. W. Burgess)와 로크(J. Locke)는 "가족은 혼인이나 혈연 혹은 입양에 의해 결합된 집단으로서 하나의 가구를 형성하고 남편과 아내, 아버지와 어머니, 아들과 딸, 형제와 자매라는 각각의 사회적 역할 속에서 상호작용하고 의사소통하며 공통의 문화를 창조, 유지하는 집단"이라고 정의하였다(Levi-Strauss, 1956; Burgess & Locke, 1974; 성미애, 2009: 14 재인용). 이들의 개념은 조금씩 다르기는 하지만 모두 혼인과 혈연을 토대로 한 협의의 개념에 속한다. 전통적 개념에 의하면, 가족은 혼인, 혈연 및 입양으로 이루어진 관계자들의 집단이며, 이들은 의식주를 공동으로 해결하고 정서적·정신적 유대와 공동체적 생활방식을 갖는 집단이라고 말할 수 있다(박민자, 2001: 3).

　그러나 급변하는 사회 변화와 더불어 이혼가족, 재혼가족, 무자녀가족, 조손가족, 결혼이민자가족, 미혼모부자가족, 기러기가족, 소년소녀가장가족, 동성애가족 등 전통적 가족 개념에 부합되지 않는 여러 형태의 가족들이 등장하면서 전통적 가족 개념은 도전을 받게 되고, 새로운 형태의 가족들을 감싸 안을 수 있는 개념으로 변화하고 있다. 이효재는 가족을 "일상적인 생활을 공동으로 영위하는 부부와 자녀들, 그들의 친척, 입양이나 기타 관계로 연대의식을 지닌 공동체 집단"이라 하여 비혈연적 관계라도 연대의식을 갖고 지속적인 관계를 유지하는 집단은 가족으로 볼 수 있다는 광의의 가족 개념을 제시하였다(이효재, 1968, 1993; 박민자, 2001: 3 재인용). 나아가서 변화순과 최윤정은 가족을 "상호 간에 정서적이고 물질적인 지지를 기대하는 두 사람 또는 그 이상의 사람들의 구성"으로, 그들의 삶의 유형과 관계없이 "상호 책임감, 친밀감과 계속적인 돌봄의 근간"을 전달할 수 있는 집합체로 정의하였다(변화순, 최윤정, 2004; 성미애, 2009: 14 재인용). 이와 같이 오늘날 현대적인 가족의 개념은 남녀, 혼인, 공동 거주, 자녀 등 전통적 개념에서 가족의 기준으로 제시하는 조건에서 탈피하여, 가족으로서의 기능을 수행한다면 가족으로 인정해야 한다는 열린 개념으로 변화되고 있다. 성미애에 따르면, 가족 개념이 변화되고 있다는 사실 자체는 그리 큰 문제가 아니다. 오히려 문제는 가족의 개념 변화를 어떻게 수용할 것인가, 그리고 변화를 수용하는 정도가 다른 다양한 사람들이 어떻게 합의점을 찾아 가면서 공존할 것인가에 있다(성미애, 2009: 14).

2) 건강가족에 대한 개념

건강한 가족은 1962년 처음으로 오토(Otto)에 의해 연구되기 시작하였다. 오토는 건강한 가족이란 긍정적인 가족 정체성을 형성하고, 가족 구성원 간에 만족스러운 상호작용을 증진시키며, 가족의 개인적 잠재력을 북돋우는 사회심리적 특성을 띠는 관계 유형이라고 정의하였다. 그리고 건강가족의 강점은 가족생활 주기를 거치면서 변화되며, 가족 구성원들에게 풍부한 경험을 제공할 수 있는 능력이라고 하였다(윤경자 외, 2012: 12).

스티넷(S. Stinnett)과 사우어(Sauer)에 따르면, 건강가족은 가족 구성원 모두 부부 관계에서나 부모자녀 관계에서 행복도가 높고 서로의 요구를 충분히 만족시켜 주는 가족이다(Stinnett & Sauer, 1977; 윤경자 외, 2012: 12 재인용). 그리고 올슨(D. Olson)과 드프레인(J. DeFrain)은 모든 가정은 잠재적인 성장 영역을 가지고 있다는 의미에서 건강성이 있으며, 가정의 건강성은 가정의 구조나 형태가 아닌 기능을 말하는 것이라고 강조하였다. 이에 따라 이혼가족이나 무자녀가족, 재혼가족 등 외형적으로 전통적인 가족이 아니더라도 가족 관계가 원만하고 어려운 문제를 함께 극복해 가며 가족 기능이 긍정적이면 건강가족이라고 하였다(Olson & DeFrain, 2003; 윤경자 외, 2012: 12 재인용).

최근 국내에서도 건강가족에 대한 관심이 높아지고 있다. 송정아는 건강한 가족은 가족 구성원이 갖는 다양한 특성과 상이점에 관심을 가지고 이를 수용하고, 어려운 상황에서도 긍정적인 면에 초점을 두어 대처해 나가며, 문제로 인해 가족 구성원이 서로 분리되는 것이 아니라 더 강한 결속력을 보인다고 하였다(송정아, 1995: 70-71).

이와 같은 맥락에서 유영주 등은 건강가족이란 가족 구성원 개개인의 건강한 발달을 도모하고, 가족 구성원 간의 상호작용(의사소통, 의사결정, 스트레스 대처 등)이 원만하여 집단으로서의 가치 체계를 공유하며, 친족 · 사회 체계와도 원활한 상호작용을 이루면서 생활해 가는 체계라고 정의하였다(유영주 외, 2008: 539).

앞에서 살펴본 바에 따르면, 건강가족은 구조나 형태를 의미하는 것이 아니라 가족의 기능이 긍정적이고 건강한 가족을 의미한다. 건강가족은 긍정적인 가족 정체성을 가지고 있고, 가족 구성원 간의 상호작용이 만족스러우며, 구성원들이 건강하게 성장하고, 자신들이 가진 잠재력을 발달시키며, 어려움에 부딪혔을 때 더욱 결속력을 다지는 가족이다.

3. 가족 관련 법에서의 가족의 개념과 범위

학문적 차원에서의 가족 개념은 가족의 범위, 기능, 성격 등을 중심으로 가족이란 무엇인가를 탐구하지만, 법적 차원에서의 가족 개념은 그 성격을 달리하고 있다. 보다 구체적으로 김엘림과 조승현은 가족 관련 법이 가족 구성원의 권리, 의무와 행동 기준을 규정하여 가정 내 질서를 유지하고, 가치관과 이해관계가 다른 가족 구성원 간의 갈등과 분쟁을 예방·처리하며, 인권을 보장하는 기능을 수행한다고 지적하였다. 그렇기 때문에 가족 관련 법은 가족 및 친족에 대한 사회적 인식을 반영하면서 사회적 합의를 이끌수 있도록 규정되어야 할 필요가 있다. 또한 가족정책적 측면에서 보면, 법에서 가족 및친척을 어떻게 규정하느냐는 각종 복지정책의 수혜 대상과 서비스 대상을 규정하고, 부양 및 보상 의무를 규정하는 데도 중요한 준거가 되는 등 가족 구성원의 삶에 실질적인영향을 미친다(김엘림, 조승현, 2005: 2; 한경혜 외, 2006: 198; 성미애, 2009: 13 재인용).

1) 가족 관련 법에서의 가족의 개념

「건강가정기본법」은 2004년 제정되어 2005년 1월 1일 시행된 가족정책 관련 법안 중 하나이자 최초의 법안이다. 이후 가족정책 관련 법안은 「가족친화 사회 환경의 조성촉진에 관한 법률」(시행 2012. 5. 2.), 「다문화가족지원법」(시행 2014. 1. 1.), 「남녀고용평등과 일·가정 양립 지원에 관한 법률」(시행 2014. 1. 14.), 「한부모가족지원법」(시행 2014. 1. 21.), 「결혼중개업의 관리에 관한 법률」(시행 2014. 2. 14.), 「저출산·고령사회기본법」(시행 2014. 3. 18.), 「아이돌봄지원법」(시행 2014. 3. 24.), 「양육비 이행확보및 지원에 관한 법률」(시행 2015. 3. 25.) 등 8개의 법안이 계속 제정되거나 일부 개정되어 시행되고 있다.

특히 가족의 개념을 살펴볼 수 있는 가족 관련 법에는 「헌법」, 「건강가정기본법」,

「저출산·고령사회기본법」[2] 등이 있다. 「헌법」은 혼인과 가정생활을 규율하는 법률을 제정하거나 개정할 때 기준이 되는 법률로 어떠한 법률이나 명령도 「헌법」에 위반될 수 없다는 점에서 국가의 최고법이다. 이러한 성격을 갖는 「헌법」에서는 "혼인과 가정생활은 개인의 존엄과 양성평등을 기초로 성립되고 유지되어야 하며, 국가가 이를 보장한다."(제36조)라고 규정한다. 우리나라 「헌법」에서는 가정생활의 핵심을 개인의 존엄과 양성평등이 보장되는 가운데 인간이 인간답게 살고 자신의 인격을 실현할 수 있는 인간 공동체의 형태로 본다. 그리고 이런 가정생활을 지원하기 위해 국가 및 지방자치단체의 역할이 요구된다고 규정한다.

「건강가정기본법」에서는 가족과 가정을 따로 규정하고 있다. 가족은 "혼인, 혈연, 입양으로 이루어진 사회의 기본 단위"이며, "가정이라 함은 가족 구성원이 생계 또는 주거를 함께하는 생활공동체로서 구성원의 일상적인 부양, 양육, 보호, 교육 등이 이루어지는 생활단위"(제3조)라고 규정한다. 성미애에 따르면, 「건강가정기본법」에서는 「헌법」에 제시되어 있는 혼인과 가정생활에 대한 이념과 일관되게 가족과 가정생활이 개인이 안정되고 인간다운 삶을 유지할 수 있는 토대로서 의미를 가진다(성미애, 2009: 16-17). 또한 「건강가정기본법」은 「헌법」의 하위법으로 "민주적이고 양성평등한 가족관계를 강조하며"(제26조) "국가 및 지방자치단체는 민주적인 가정 형성, 가정친화적 환경 조성, 양성평등한 가족가치 실현 및 가사노동의 정당한 가치 평가를 위하여 노력해야 함"(제5조)을 명시하고 있다. 그러나 「건강가정기본법」에서는 가족의 기준을 혼인, 혈연, 입양에 한정하는 등 가족 형성의 근거에 대해서는 전통적인 가치를 보이고 있다.

한편, 「저출산·고령사회기본법」과 기본계획에서는 가족 개념과 역할이 한편으로는 혼인, 혈연, 입양으로 구성된 가족을 전제로 하고 있으나 그보다는 양육과 부양 등 가족생활을 영위하는 공동체로서의 가족 개념과 역할에 보다 주안점을 두고 있다. 이 법의 목적 자체가 가족의 유지보다는 가족의 역할인 출산, 양육, 부양에 있으며, 이러한 역할을 원활하게 수행하기 위해 보다 유연한 가족 개념으로 접근하고 있는 것으로 보인다(장임다혜, 2007: 310).

---

2) 「저출산·고령사회기본법」은 저출산, 고령화의 문제에 대한 대응으로 마련된 기본법이다. 특히 저출산과 인구 고령화의 문제를 가족 해체나 붕괴에 한정하는 것이 아니라 이러한 결과를 가져온 사회경제적 또는 문화적 원인을 고려한다. 또한 출산과 양육에 대한 국가 및 지방자치단체의 의무를 규정하고 이를 위해 사회문화적 환경을 조성할 뿐 아니라 경제적 부담을 경감시키도록 요구하고 있다(장임다혜, 2007: 309).

  장임다혜에 따르면, 「건강가정기본법」 및 「저출산 · 고령사회기본법」은 모두 현실
상의 가족의 변화—이혼과 비혼의 증가, 출산율의 저하와 사회의 생산가능인구의 감
소, 인구의 고령화, 다양한 가족 형태의 증가 등으로 인한 변화—에 대한 법적 대응이
다. 두 법 모두 생활공동체로서의 가족 개념을 전제로 하고 있다. 그러나 「건강가정기
본법」은 생활공동체의 전제로 혼인과 혼인 내에서 출산을 통해 만들어진 혈연 공동체
에 바탕을 둔 가족을 가정하고 있는 반면, 「저출산 · 고령사회기본법」은 혈연, 혼인, 입
양뿐 아니라 한부모가족, 독신가족 등 느슨한 형태의 혈연 공동체를 전제로 하고 있다
(장임다혜, 2007: 311).

  일반적으로 법 제도와 정책에서는 가족 개념이 혼인과 혈연관계로 이루어진 집단으
로 규정되기도 하고, 생계를 유지하는 생활공동체로 접근되기도 한다. 여기서 전자는
가족 기능의 생물학적인 재생산을 담당하는 역할과 연관되며, 후자는 인간의 개인적 ·
사회적 삶의 유지 및 재생산을 담당하는 역할과 관련된다. 그러나 오늘날 생활공동체
와 혼인 및 혈연 공동체가 일치되지 않는 가족들이 늘어나고 있다. 이런 맥락에서 장임
다혜는 혼인 및 혈연 공동체 대신 생활공동체라는 가족 개념을 적용한다면 다양한 가
족의 형태를 포괄할 수 있고, 가족 가치에 대한 전통적인 사고를 변화시킬 수 있다고 주
장한다(장임다혜, 2007: 315-318).

표 1-3 법에 나타난 가족 개념

관련 조문	관련 조문
「헌법」	제36조 제1항 "혼인과 가족생활은 개인의 존엄과 양성의 평등을 기초로 성립되고 유지되어야 하며 국가는 이를 보호하여야 한다."
「건강가정기본법」	제3조 1. "가족"이라 함은 혼인 · 혈연 · 입양으로 이루어진 사회의 기본 단위 2. "가정"이라 함은 가족 구성원이 생계 또는 주거를 함께하는 생활공동체로서 구성원의 일상적인 부양 · 양육 · 보호 · 교육 등이 이루어지는 생활 단위
「저출산 · 고령사회기본법」	가족의 개념이 명문상으로 규정되이 있지 않음. 그러나 가족친화적인 사회문화 조성과 가정 · 일의 양립 등의 구체적인 추진과제를 제시하고 지원대상을 주로 자녀와 노인을 양육, 부양하는 가정으로 삼고 있다는 점에서 가족 개념 및 기능을 유추할 수 있음

출처: 성미애(2009), p. 17; 장임다혜(2007), p. 307.

2) 법에 나타난 가족의 범위

2005년 3월 2일 우리나라 가족제도의 근간이 되어 온 호주제 폐지를 내용으로 하는 「민법」 개정 법률안이 통과됨으로써 호주제는 2008년 1월 1일부터 폐지되었다. 이에 따라 호주를 중심으로 가족의 범위가 결정되던 조항(「민법」 제779조)이 개정되면서 가족의 범위 규정이 바뀌었다.

한편, 「가족관계의 등록 등에 관한 법률」이 「호적법」을 대신하여 신설되었다. 가족관계증명서에서는 본인, 부모 · 양부모, 배우자, 자녀 등 부모와 생식가족을 가족 관계로 등록해야 하는 가족의 범위(「가족관계의 등록 등에 관한 법률」 제15조)로 보고 있다.

「민법」과 「가족관계의 등록 등에 관한 법률」의 규정은 아직 전통적인 개념을 반영하고 있다. 성미애는 법제와 실제의 차이를 인정하더라도 다양한 가족에 대한 논의가 중요한 사회적 쟁점이 되고 있는 현 시점에서도 법에 나타난 가족의 범위는 일관성이 없고, 여전히 법에서는 혼인, 혈연, 입양에 기초한 신분 관계에 한정되는 등 전통적인 가족 관점에 기초해서 가족의 범위를 한정한다고 비판하고 있다(성미애, 2009: 18).

통계청 및 여성가족부의 지표들은 이미 우리 사회가 전형적인 4인 가족 형태에서 벗어나 다양한 형태로 변화하고 있으며, 다양한 가족에 대한 국민의 사회적 수용도도 높아졌음을 나타내고 있다. 가족 구성원의 방식에 구성원 개인의 가족가치관이 변화하였고 선택의 폭이 확장된 결과라 할 것이며 이러한 다양한 가족 유형이 공존하고 있다는 것은 법과 정책에 있어서도 특정 유형의 가족 유형만을 인정하고 정책 대상으로 삼을 수 없다는 것을 의미한다. 이러한 변화에 맞추어 정부는 저출산 고령사회 기본계획, 건강가정기본계획 등을 통하여 다양한 가족유형을 포용하기 위한 정책을 추진하고 있다(김민지, 2020: 32).

여성가족부가 2021년 4월 27일 발표한 [그림 1−1]의 제4차 건강가정기본계획에 따르면 가족 다양성을 수용하는 법을 개정하겠다는 계획이 담겨 있다.

이와 관련된 민간 연구들은 법제 개선제도 중 하나로 「민법」상 가족의 범위에 관한 「친족법」 제779조[3]의 삭제를 주장하고 있는데, 가족의 범위가 「민법」 제779조로 한정

---

3) 「민법」 제779조(가족의 범위) ① 다음의 자는 가족으로 한다.
  1. 배우자, 직계혈족 및 형제자매.
  2. 직계혈족의 배우자, 배우자의 직계혈족 및 배우자의 형제자매.

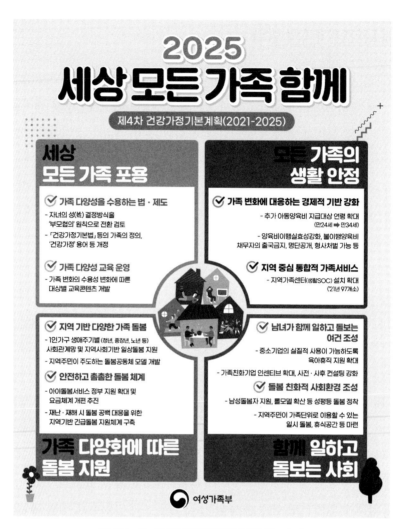

[그림 1-1] 제4차 건강가정기본계획 웹포스터
출처: 여성가족부(2021. 4. 27.), p. 21.

된다는 점에서 현재 정부의 각종 가족 관련 기본정책에서 목적으로 하고 있는 포용적 가족이념과 배치된다는 점을 그 근거로 들고 있다(김민지, 2020: 32-33). 모든 국민을 대상으로 하고 있는 「민법」의 특성상 국민의 무의식에 깊은 영향을 주어 「민법」상 가족만을 정상적인 것으로 받아들여 행위규범으로 삼기 때문에 제779조의 삭제만으로도 가족 유형에 대한 패러다임의 전환에 크게 기여할 수 있을 것이라고 생각된다. 「민법」 제779조 가족의 범위에 대한 규정이 삭제된다고 하더라도 다양한 가족 유형이 제도적으로 지지되고 지원될 수 있는 법적 근거는 「건강가정기본법」의 개정을 통해 정책지원의 대상으로서 구체화하면 될 것이다(김민지, 2020: 77-78).

다양한 가족의 확산은 우리 사회의 현실이다. 법과 제도는 시대 변화에 따라 다양한 가족의 휴형을 어떻게 수용해야 할 것인가라는 과제를 안고 있다. 혼인 그리고 가족과 관련된 법·제도에서 「헌법」의 해석, 「건강가정기본법」, 「민법」 등은 혼인을 여전히 남녀의 결합으로 보고 있으며, 가족을 혼인이나 혈연의 틀 속에서 보고자 한다. 다양한 가족을 법제도적으로 수용하는 것이 우리 사회가 당면한 중요한 과제이다. 「헌법」 제36조는 "혼인과 가족생활은 양성평등과 개인의 존엄을 기초로 성립되고 유지되어야 하며, 국가는 이를 보장한다."라고 명시하고 있다. 현 사회에서 가족은 더 이상 혼인으로만 형성되지 않으며, 혼인제도와 가족생활은 분리된다는 점에서 가족은 혼인과 별개의 제도로서 인정되어야 한다. 개인은 자신의 사적 생활 영역을 선택할 권리가 있으며, 개인의 삶 속에서 형성한 다양한 가족유형이 보장되어야 한다(조은희, 2020: 162-163).

미래 가족 변화에 대응하기 위하여 가족법은 경직성을 내려놓고 포용적이고 유연한 방향으로 전환의 노력을 하여야 한다. 가족은 이제 정형성과 보편성에 준거해서 규정하기 어려워졌고 가족다양성 증가 현상에 따라 현실과 법제도의 격차가 증가하게 되면 법제의 사각지대에 놓인 가족이 더 많아질 수밖에 없다. 가족 구성의 선택의 자유를 인정하고, 권리보장 및 정책 지원을 받을 수 있는 기회를 제도적으로 보장해 주되 개인의 사적 관계에 대한 국가의 과도한 개입은 지양하며 균형적 관점으로 접근하여야 한다(송효진 외, 2021: 339-340).

4. 인식적 차원에서의 가족의 개념

급격한 사회 변화에 따라 가족이 변화해 왔다. 이와 더불어 사람들의 가족에 대한 인식도 변화하고 있다. 양옥경의 연구에서는 사람들은 "불가피한 상황이라면 이혼을 용기 있는 선택"이라고 보기도 하고, "자녀를 위한 희생 대신 내가 이루어 가고 싶은 것을 포기하지 않는 삶"을 이야기하고 있다.

"시대의 모럴이란 어느 정도 유동적이므로 요즘 세대에 이혼은 일어날 수 있는 당연한 결과라고 생각합니다. 나도 만약 그럴 만한 이유가 있다면 이혼할 수 있다고 생각합니다.

주변에서 이혼한 사람을 보게 되면 그냥 각자 삶의 스펙트럼 중의 하나로 이해하지요. 특별하다고 보지는 않습니다. 이혼이 불가피한 상황에서 용기 있는 선택이라고 봅니다. 재혼은 역시 개인의 문제이며, 남이 판단할 문제가 아니라고 생각합니다. 하지만 기왕 할 바에는 이전 결혼보다 낫다면 좋겠지요. 이를 위해서 이전의 실패에 연연해하지 말고 새출발에 대한 준비가 되었을 때 시도하는 것이 좋을 것 같습니다." – 32세, 남, 기혼, 연구원(양옥경, 2000: 83)

"많은 여자가 자기희생을 하면서 자녀에게서 그 보람을 대신 찾지요. 하지만 전 조금 생각이 달라요. 자녀가 귀엽다고 해서 내가 이루어 가고 싶은 것을 포기한다는 것은 어려운 일인 것 같아요. 아쉽지요. 솔직히 그럴 때는 아이가 오히려 방해가 된다는 느낌이 드는 것도 사실이에요. 아이에게 의존해서 사는 것은 아이에게나 자신에게 모두 바람직하지 못하다고 봐요. 누구에게나 희생을 강요하는 것은 어리석은 일이라는 거죠." – 33세, 여, 기혼, 중등교사(양옥경, 2000: 86)

한편, 가족의 범위 또는 구성에 대한 인식에도 변화가 나타나고 있다. 이영숙과 박경란의 연구에서 보는 바와 같이 사람들은 '나와 같은 피를 나누어 가진' '혈연관계로 맺어진'과 같이 여전히 전통적인 가족 개념을 가지고 있기도 하지만, '가족의 성원이 될 자격을 갖출 때' '사람이든 동물이든'과 같이 보다 열린 가족 개념을 표현하기도 한다(이영숙, 박경란, 2002: 224-226).

"나와 같은 피를 나누어 가진 모든 사람이 가족입니다."– 41세 남성

"부모님, 형제자매, 그 밖에 친척, 사촌 등 혈연관계로 맺어진 모든 사람이 가족입니다." – 19세 남성

"특별히 핏줄과는 상관없이 한 가족의 성원이 될 자격을 갖출 때 다 가족원이 될 수 있다고 봅니다."– 18세 여성

"현재 함께 살고 있는 사람들이 가족원이고 조부모와 현재 함께 살 경우 가족원이 되는 것이다. 따라서 가족원의 정의는 상황에 따라 다르다."– 55세 남성

"사람이든 동물이든 그 가족에서 함께 생활한다면 누구나 가족원이 될 수 있다."– 23세 남성

　이와 같이 인식적 차원에서 전통적 개념과 현대적 개념이 혼재하고 있다. 최근 다양한 사회조사 결과에 따르면 결혼과 가족생활에 대한 한국인들의 인식과 태도에는 큰 변화가 일어나고 있다. 결혼은 더 이상 필수가 아니며, 법률혼이 아닌 동거 관계, 미혼(비혼) 부모와 자녀로 이루어진 관계, 그리고 혼인과 혈연관계가 아니더라도 생계를 함께하는 관계라면 모두 가족으로 볼 수 있다는 인식, 즉 가족의 다양성을 폭넓게 수용하는 태도가 확장되고 있다(송효진 외, 2021: 12).

　여성가족부는 모든 형태의 가족을 포용할 수 있는 사회적 인식 확산을 위해 가족의 다양성에 대한 수용도 파악 국민 여론조사조사를 실시하고 있다. 현재 가족의 모습은 법적인 혼인, 혈연으로 연결된 '결혼한 부부와 그 자녀'로 구성된 전통적 가족 형태뿐만 아니라, 한부모가족 · 조손가족 · 다문화가족 등 다양한 가족의 형태를 보이고 있다.

　2021년 다양한 가족에 대한 국민인식조사 결과에 따르면, '가족'으로 인식하는 데 있어서 '법적인 혼인, 혈연으로 연결되어야 가족'이라는 의견에 대해서는 64.6%가 동의하였고, '생계와 주거 공유 관계의 개념'은 68.5%, '정서적 친밀성 관계의 개념'은 39.3%가 가족으로 인식하며 동의하였다(여성가족부, 2021. 7.: 3-11).

　다양한 가족에 대한 사회적 수용도는 [그림 1-2]와 같이 전년 대비 0.8%p 증가해 68.1%가 수용하였다. 특히 '외국인과 결혼하는 것'(92.3%), '이혼이나 재혼하는 것'(85.8%), '성인이 결혼하지 않고 혼자 사는 것'(84.2%)에 대한 수용은 80% 이상으로 수

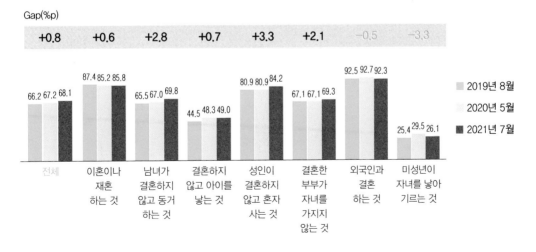

[그림 1-2] **다양한 가족에 대한 사회적 수용도**

출처: 여성가족부(2021. 7.), p. 12.

용도가 매우 높았다. 또한 '남녀가 결혼하지 않고 동거하는 것'(69.8%) '결혼하지 않고 아이를 낳는 것'(49.0%)에 대한 사회적 수용도는 3년 연속 상승하는 추세를 보이고 있다(여성가족부, 2021. 7.: 12).

이상 살펴본 바와 같이 가족 개념이 인식적 차원에서는 혼인, 혈연 중심에서 확장되고 있으며, 다양한 가족에 대한 사회적ㆍ개인적 수용도가 전반적으로 상승하고, 젊은 세대로 갈수록 고정화된 전통적 가족 개념에서 탈피하고 새로운 가족 유형들을 수용하는 경향이 높게 나타나고 있다.

Chapter 02

사회 변화와 가족 변화

제1절 사회 변화
제2절 가족 환경 변화
제3절 가족 구조의 변화
제4절 가족 기능의 변화

사회 변화와 가족 변화

　가족은 사회의 가장 핵심적인 제도의 하나로서 사회와 불가분의 관계에 있다는 점에서 가족의 변화를 이해하기 위해서 가족이 자리하고 있는 사회적 맥락을 조명해 볼 필요가 있다. 한국 사회는 급속하게 변화되어 왔고, 최근에는 글로벌 환경에도 민감하게 영향을 받고 있다. 이에 따라 이 장에서는 첫째, 한국 사회의 변화와 글로벌 환경 변화에 대해 살펴보고자 한다. 둘째, 저출산, 고령화, 소득의 양극화와 갈등의 심화, 여성의 사회경제 활동 참여 증가 등 가족에 영향을 미치는 대표적인 요인에 대해 고찰해 보고자 한다. 셋째, 사회 변화 속에서 가족이 어떻게 구조적으로 변화해 왔는지 알아보고자 한다. 마지막으로, 가족의 기능이 어떻게 변화하고 있는지 소개하고자 한다.

제1절 사회 변화

　한국의 경제 발전은 흔히 '한강의 기적'이라고 말한다. 이는 경제적인 측면에서 한국 사회가 기적처럼 놀라운 변화를 이룩했다는 의미일 것이다. 그동안 한국 사회는 경이적인 경제적 발전뿐 아니라 사회적 및 문화적으로 커다란 변화를 경험해 왔다. 여기에서는 지난 70여 년간 한국 사회의 주요 변화를 개략적으로 정리해 보고자 한다. 또한 오늘날 글로벌 환경 변화는 즉각적으로 한국 사회에도 영향을 미친다는 점에서 최근의 글로벌 환경 변화를 간략하게 탐색해 보고자 한다.

1. 한국 사회의 변화

1) 경제적 변화

1960년 우리나라의 GNP는 100달러였다. 대한민국 건국 후 국가로서의 기반이 미처 갖추어지기도 전에 6 · 25전쟁을 겪어야 했던 우리나라는 1950년대 및 1960년대 초반까지 세계에서 가장 빈곤한 나라 중 하나였다. 그러나 놀라울 정도로 발전하여 1953년 국내총생산(GDP) 477억 원에서 2018년 1,893조 497억 원으로 국가 경제 규모가 4만 배가까이 성장하였다. 달러로 환산한 2018년 한국의 명목 GDP는 1조 6,194억 달러로 세계 12위에 해당한다.

- 실질 GDP는 1953~2014년의 61년간 연평균 7.3%씩 성장하였으며, 특히 1961년부터 1991년까지 30년 동안에는 연평균 9.7%의 고도성장을 달성하였다. 2000년대 이후 경제가 전반적으로 성숙 단계에 접어들면서 연평균 4% 정도의 성장률을 나타냈다. 2018년 성장률은 2.9%로, OECD 회원국 평균 2.3%보다 높다.
- 1인당 국민소득(GNI)은 1953년 67달러에서 1977년 1,000달러, 1994년 1만 달러, 2006년 2만 달러를 넘어 2018년 3만 3,434달러로 증가하였다.
- 2018년 수출과 수입을 합한 한국의 무역액은 1조 1,405억 달러로 세계 8위 규모이다. 그중 수출 규모는 1956년 2,500만 달러에서 2018년 6,054억 달러로 증가하여 세계 6위 규모이다(통계청 연도별 각 자료).

2) 사회적 변화

경제적 발전과 더불어 여러 측면에서 사회적 변화가 일어났다. 그 대표적인 것을 몇 가지 살펴보고자 한다.

(1) 가족계획 운동
〈표 2-1〉에서 보는 바와 같이, 가족계획 운동을 통해 산아제한을 적극 강조하던 정

책이 정반대로 출산장려 정책으로 변화하였다.

표 2-1	가족계획 운동의 변천

"3 · 3 · 35 운동에 참여합시다" 1966년 공공기관에 일제히 내걸린 표어다. 암호 같은 이 숫자는 '3년 터울로, 3명만, 35세 이전에 낳자'는 의미다. 정부가 나서서 적정 자녀 수가 3명이라고 콕 찍어 준 것이다. 노래도 있었다. 시인 박목월이 가사를 붙인 가족계획의 노래인 '사랑의 열매'에는 '하늘의 삼태성(북두칠성의 일부)은 3남매' '삼 년마다 열매가 연다.'는 내용이 들어 있었다.

숫자 '3'으로 대표되던 가족계획 운동은 1970년대 들어 '2'로 바뀌었다. "딸 · 아들 구별 말고 둘만 낳아 잘 기르자"는 유명한 표어도 이때 나왔다. 1980년대에는 아예 하나만 낳자는 운동이 벌어졌다. 1981년 발표된 '인구증가억제대책'은 가족계획 운동의 결정판이었다. 가족계획에 참여하는 집에는 혜택을 주고, 아이가 많은 집에는 불이익을 줬다. 전방위적 가족계획 운동의 결과는 세계를 놀라게 했다. 1960년 합계 출산율은 6명이었다. 그러나 1980년 2.83명으로 확 줄었고, 1990년 1.59명으로 줄었다.

그러나 한 번 꺾인 출산율은 브레이크가 걸리지 않았다. 2005년엔 이른바 '1.08 쇼크'가 찾아왔다. 출산율이 세계 최저 수준으로 떨어진 것이다. 이대로 두면 국가경쟁력을 위협하는 수준이 될 것이란 걱정이 커지면서 가족정책은 180도 바뀌기 시작했다. 출산한 신혼부부에게 주택을 우선 공급하거나 다자녀 가구에 아파트 분양 우선권을 주기까지 한다. 불임수술은 건강보험 대상에서 제외되고, 대신 정관복원수술은 보험 대상이 됐다.

출처: 통계청(2008. 8. 15.), 보도자료, pp. 38-39.

(2) IT 기술의 발전

오늘날 우리나라가 IT 강국이라는 것은 자타가 공인하는 사실이다. 이동전화 가입자 수는 1984년 3,000명에서 2007년 4,350만 명으로 1만 4,499배 증가하였으며, 이는 인구 천 명당 898명으로 10명 중 9명이 휴대전화기를 보유하고 있는 셈이다. 그리고 초고속 인터넷은 1998년 처음으로 서비스를 시작한 지 불과 4년 만인 2002년에 가입자 수가 1,000만 명을 넘어섰고, 2007년에는 1,471만 명으로 증가하였다.

(3) 직업의 변화

경제가 발전하면서 직업 풍속도 달라져 왔다. 지금은 사라진 직업이지만 현재 중년 이상의 사람들은 만원버스를 탕탕 치면서 출발을 외치던 여자 안내원의 '오라잇' 소리를 기억할 것이다. 그런데 오늘날에는 컴퓨터 프로그래머나 애완견 미용사처럼 과거에는 상상하지도 못한 새로운 직업들이 속속 생겨나고 있다.

몇 가지 대표적인 변화를 소개하였는데, 그 외에도 우리 사회에는 지난 70여 년간 많은 변화가 있어 왔다. 몇 가지 예를 들자면, 외국의 원조를 받던 가난한 국가가 이제는 어려운 국가들을 원조하는 국가로 변모하였고, 이는 전 세계에서도 드문 경우에 해당한다. 팝송과 외국 영화를 듣고 보면서 자란 부모 세대와는 달리, 넷플릭스 〈오징어 게임〉, 〈지금 우리 학교는〉의 전 세계적 인기와 그룹 '방탄소년단(BTS)' 등 K-Pop 한류 열풍이 확산되면서 K-콘텐츠가 흥행하고 있다. '한류'열풍이 '한글'열풍으로 이어지며 일부 국가에서는 한국어능력시험의 인기도 높다. CNN은 세계에서 109번째의 면적을 가진 한국에는 북한 문제나 한류뿐 아니라 주목할 것이 많다면서 한국이 세계에서 가장 잘하는 10가지를 선정하였다. 여기에는 82.7%로 세계에서 가장 높은 인터넷 사용과 80% 가까운 스마트폰 사용, 카카오톡 등 메신저 애플리케이션을 통한 채팅, 지하철에서 TV를 시청하는 것, 전체 인구의 98%가 중등교육 그리고 63%가 대학교육을 경험하는 등 OECD 회원국 중 최고의 교육열, 밤늦은 시간까지 불이 켜져 있는 사무실이 즐비할 정도의 일중독, 남성 사이에서도 열풍인 화장품 문화(innovative cosmetics), 의료여행으로까지 확산된 성형수술 등이 포함된다(이순흥, 2013. 11. 28.).

표 2-2   전화의 변신-전화, 공중전화, 카폰, 삐삐, 휴대전화까지

전화 한 대 값이 아파트 한 채 값이라면? 초등학생도 휴대전화를 가지고 다니는 세상에 무슨 뚱딴지 같은 소리냐고? 하지만 사실이다. 1980년대 전자식 교환기 도입으로 아무 때나 전화 가입이 가능해지기 전까지 전화는 당당히 '재산목록 1호'였다. 전화 한 대가 260만 원 하던 1978년 무렵 서울 시내 50평짜리 집값이 230만 원 안팎이던 것을 감안하면 상상을 초월한 가격이었다.

1955년 전화가입자는 3만 9,000명에 불과했다. 인구 1,000명당 2대꼴이었다. 장ㆍ차관이나 검찰간부, 국회의원 정도가 아니면 언감생심이었다. 1986년 한국이 세계에서 열 번째로 디지털식 전자교환기(TDX)를 독자기술로 개발하면서 전화는 특권층의 전유물에서 서민의 통신수단으로 거듭났다. 1988년 가입자 1,000만 명, 1997년 2,000만 명을 넘어 2007년 말 2,313만 명에 이르렀다. 국민 두 명 중 한 명꼴로 보급된 셈이다.

1982년 한국이동통신서비스(현 SKT)가 무선호출서비스를 개시했다. 일명 '삐삐'라고 불리는 무선 호출기의 등장은 통신시장에 지각 변동을 일으켰다. 1982년 235명에 불과하던 삐삐 가입자는 10년 만에 6,178배인 145만 2,000명으로 늘었다. '8282(빨리빨리)' '1004(천사)'와 같은 숫자의 의미를 모르면 신세대 축에 끼지 못할 정도였다. 하지만 삐삐의 시대는 채 20년을 못 갔다. 1988년 서울올림픽 이후 수도권과 부산에서 휴대전화 서비스가 시작되었고, 1995년 코드분할다중접속(CDMA) 방식의 이동통신기술을 세계 최초로 상용화하면서 개인휴대전화(PCS)가 나타났다. 1996년 318만 989명이던 휴대전화 가입자는 1년에 두 배씩 늘어나 1998년 1,000만 명, 1999년 2,000만 명, 2002년 3,000만 명에 이어 2008년 4,374만 5,450명에 달했다.

출처: 통계청(2008. 8. 15.), 보도자료, pp. 33-34.

 그러나 그동안 놀라운 성장을 보여 온 한국 사회가 직면한 도전도 적지 않다. 장강명의 소설『한국이 싫어서』에서 2030세대가 혈혈단신 한국을 떠나 호주로 이민한 여주인공 '계나'에게서 대리만족을 느끼는 것은 지옥같이 힘들다는 '헬조선 신드롬'의 단면이라는 것이다. 그만큼 2030세대의 현실 인식은 매우 어둡다. 그들은 오늘날 한국의 가장 심각한 문제로 소득격차와 일자리를 꼽았다. 그리고 한국을 부정적으로 생각하는 이유로는 공평하지 않고, 빈부격차가 심하고, 경쟁이 심한 것도 있지만 무엇보다도 앞으로 나아질 것이라는 희망이 없는 것이다. 이뿐만 아니라 세대 간 갈등도 상당히 우려된다. 기성세대는 기러기아빠가 외로움을 참아 가며 자식세대를 어미와 함께 외국에 보낸 덕에 자식세대가 혀에 '빠다'를 바른 듯 영어 발음을 한다고 보는 반면, 자식세대는 자신이 경쟁력 있는 세대라고 자신하지도 않고 기성세대보다 행복한 젊은 시절을 보낸다고 생각하지도 않는다(강지남, 2015. 10. 24.).

 이런 세대갈등은 온라인에서 더욱 적나라하게 드러난다. "세금 내는 젊은 사람들 지하철 요금은 오르고, 공짜 전철 타는 노인들은 자리 양보하라 소리 지른다" "취업난, 주거, 출산, 양육에 짓눌린 2030세대가 부모세대 부양책임까지 짊어지다니"라고 불만을 터트린다(디지털 오피니언, 2015. 11. 09.).『왜 분노해야 하는가』(장하성, 2015)에서는 한국 사회가 소득불평등이 극심한 사회라는 경제학적 분석을 바탕으로 현재의 청년세대

표 2-3 달라진 직업 풍속도

사회적 흐름에 따라 생성 · 소멸되는 직업은 시대상을 반영하는 거울과도 같다. 대부분의 인구가 농업 · 임업 · 수산업 등 1차 산업에 종사하던 광복 직후에는 직업이라는 개념이 생소한 시대였다. 1945년 광복 직후 미 군정(軍政)이 실시되던 시절에는 미군 부대에서 일하는 타이피스트가 최고의 인기를 누린 직업이었다. 또 자원과 물자가 부족해 이곳저곳을 누비며 고물을 사들이는 고물상이나 어수선한 정국을 틈타 일확천금을 노리는 광산개발업자도 주목을 받았다.

직업의 세계에도 부침이 있다. 1970년대 말까지 출퇴근 시민들의 길동무가 된 버스안내원은 다른 직업을 찾아야 했고, 몇 집 건너 하나꼴로 있던 전당포도 자취를 감추기 시작했다. 서울에만 7,000여 개에 이르던 주산학원은 문을 닫거나 속셈 · 보습학원 등으로 속속 간판을 바꿨다.

2000년대는 그야말로 직업 혁명의 시대다. 과거에는 볼 수 없던 이색직업들이 나타났다 금방 사라지곤 한다. 손님처럼 매장을 방문해 직원들의 서비스 수준을 평가하는 '미스터리 쇼퍼'나 인터넷 학습사이트 교사인 '사이처'(Cyber와 Teacher의 합성어) 등은 그 대표적인 예다. 또한 오락실에서 게임으로 소일해 부모 속을 썩이던 소년은 '프로게이머'가 되고, 유난히 강아지를 좋아하던 소녀는 애완견 미용사가 돼 돈을 벌고 있다.

출처: 통계청(2008. 8. 15.), 보도자료, pp. 36-37.

가 분노하고 일어나 현실을 바꿀 필요가 있다고 역설했다(김태훈, 2015. 12. 19.). 이런 갈등이 심각하게 분출되기 이전에 급격한 사회 변화 속에서 악화되고 있는 불평등을 극복하고 사회통합을 이루기 위한 진정성 있는 모두의 노력이 절실히 요구된다.

2. 글로벌 환경 변화

한국 사회가 지난 60여 년간 놀라운 변화를 해 왔지만, 글로벌 환경도 사회, 경제, 정치, 과학기술 등 여러 측면에서 급속하게 변화하고 있다. 오늘날 글로벌 환경은 직접적으로 국내 환경에 영향을 준다는 점에서 관심을 가지지 않을 수 없다. 여기에서는 최근에 일어나고 있는 대표적인 글로벌 환경 변화에 대해 간략하게 살펴보고자 한다 (서용석, 최호진, 정다혜, 2011: 28-51).

글로벌 차원에서 인구 구조 변화의 특징은 전 지구적 인구 증감의 불균형과 고령화 추세다. 첫 번째 특징을 살펴보면, 일본과 서구 유럽 등은 저출산으로 인구가 감소되는 추세이나, 동남아시아, 서남아시아, 아프리카, 중동 등 저개발 지역의 인구는 지속적으로 증가하고 있다. 이런 인구 증감의 불균형으로 지역 간 인구 이동이 활발히 일어날 것으로 전망된다. 지난 20년간 자신이 태어난 나라가 아닌 다른 나라에 가서 거주하는 이주자 수는 1990년 1억 5,551만 명에서 2010년 2억 1,384만 명으로 38%나 증가하였다(조선일보, 2011. 10. 28.; 서용석 외, 2011: 29-30 재인용).

특히 선진국은 평균수명의 증가와 출산율 감소로 고령화 추세가 이어지는 반면, 개도국은 출산율이 유지되면서 영아 사망률이 감소하여 청년 인구가 증가하는 양상을 보이고 있다. 이로 인해 우수 인력의 국가 간 이동이나 개도국 우수 인재의 확보 경쟁 등이 심화될 것으로 예상된다. 한편, 의료 기술의 발전과 생활 및 보건 수준의 향상은 평균수명을 급격히 증가 시켰으며, 이는 선진국, 개도국을 막론하고 인구 구조의 고령화를 가져오고 있다. 2011년 유엔인구기금(UNFPA)이 발행한 『세계인구백서』에 따르면, 2050년 세계의 인구는 현재의 약 1.3배 증가하는 데 반해 65세 이상의 고령 인구는 약 3배 증가할 것이다(배수경, 2011. 10. 24.).

2008년 서브프라임 모기지 사태로 촉발된 미국발 금융 위기는 전 세계가 얼마나 긴밀하게 연계되어 있는지 실감케 한다. 1997년 아시아 금융 위기 이후 전 지구적 차원에서 금융 위기가 빈번하게 발생하고 있다. 미국의 금융 위기가 진정되는 듯하였으나, 2011년 여름부터 미국의 재정 적자와 남유럽 국가들의 재정 위기가 맞물리며 글로벌 금융 위기가 다시 세계 경제를 위협하였다. 글로벌 금융 위기는 소득 불평등과 경제적 양극화를 심화시켜서 결과적으로 심각한 사회 갈등을 초래하고 있다. 최근 미국의 경제는 회복되어 가고 있으나 유럽의 경제 위기는 현재진행형이다. 이질적이고 각기 상황이 다른 유로존 국가는 경제 위기를 극복하기 위한 해법에 대해 견해 차이를 보인다. 즉 긴축과 구조조정을 강조하는 국가가 있는가 하면, 일자리를 늘리기 위한 재정지출 확대를 희망하는 국가도 있다(정유진, 2015. 1. 20.).

세계를 충격으로 몰아넣은 또 하나의 사태는 테러다. 2015년 프랑스 파리 그리고 2016년 3월 벨기에의 브뤼셀에 테러가 발생하여 전 세계에 충격을 주었다. 테러와 더불어 난민도 핵심 이슈다. 2015년 국제이주기구가 발표한 통계 자료에 따르면, 2015년 한 해에만 유럽으로 들어온 난민의 숫자가 100만 5,504명에 이른다. 이런 난민의 폭발적 이동이 계속될 것으로 예측된다(최정민, 2016. 1. 19.).

경제적인 문제 이외에도 지구가 봉착한 보다 근본적 문제들이 있다. 지구온난화 현상으로 기후 변화가 급격하게 일어나고 있다. 인류가 기후 변화 문제의 해결에 나서지 않는다면 2100년까지 세계 GDP의 5~20%에 이르는 경제적 피해가 예상되고 있어서(Stern, 2006; 서용석 외, 2011: 46 재인용), 앞으로 기후 문제는 전 세계가 풀어 나가야 할 시급한 문제로 대두될 것이다. 또한 자원 고갈의 문제도 간단치 않다. 석유 등 화석 자원의 고갈과 더불어 물과 식량 자원도 급격히 고갈되고 있기 때문이다. 이로 인해 원자재 가격 상승과 공급 불안 가능성이 커지면서 각국의 자원 확보 경쟁은 심화될 것이다. 구미 선진국이 주도하던 자원 확보 경쟁에 최근 중국과 일본이 가세하면서 자원전쟁이라 불릴 정도다.

한편, 미국의 사회학자 잉글하트(R. Inglehart)는 제2차 세계대전 이후 선진국에서의 경제적 풍요는 대중의 삶의 목표에 변화를 가져왔고, 이런 과정에서 경제적·물질적 안전을 강조하는 물질주의적 가치관이 점차 사라진다고 지적한다. 대신에 개인의 행복, 자기 표현 그리고 삶의 질을 강조하는 가치관이 지배적으로 등장하였고, 이는 '탈물질주의 가치관(post-material value)'이라고 지칭되고 있다. 이와 유사하게 미니멀 라이프를 실천하는 움직임도 일어나고 있다. 특히 2011년 일본 동북부에서 발생한 대지진과 후쿠시마 원전 사고 이후 일본인들 사이에서 소유의 의미를 되새김질하는 분위기가 형성됐다. 일본 미니멀리스트 사사키 후미오는 인터뷰에서 애플 창업자인 스티브 잡스가 젊은 시절 살던 방을 보고 경쾌한 충격을 받았다고 한다. 1982년 무렵 찍은 사진 속 스티브 잡스는 변변한 가구가 없는 넓은 방의 바닥에 앉아 책을 읽고 있었다(노진섭, 2016. 1. 7.).

이런 탈물질주의적 가치관과 미니멀 라이프의 실천은 기후 변화와 자원 고갈 문제 등과 결부되어 환경에 대한 관심으로 나타나고 있다. 최근 서유럽과 북미에서 나타나고 있는 새로운 소비 가치관과 소비 행태를 반영하는 '윤리적 소비' 현상은 그 대표적예다. 즉, 소비자들은 가격과 성능이 물품 구매의 주요 기준이던 과거와는 달리 상품이 얼마나 친환경적인지, 아동이나 장애인 등의 노동력을 착취하는 비윤리적인 행위는 없었는지, 공정한 무역 절차에 따른 제품인지를 면밀히 따져서 구매하는 것이다. 환경에 대한 관심은 소비 패턴에만 국한되는 것이 아니라 친환경 산업 구조로의 전환과 대체에너지 개발에까지 확장되고 있다(Inglehart, 1977; 서용석 외, 2011: 31-32 재인용).

또한 미래 사회에서 인공지능이 인간의 삶에 미칠 파장에 대한 논란이 활발하게 일어나고 있다. 2016년 3월 9일부터 열린 '구글 딥 마인드 챌린지 매치'에서 한국의 이세돌 九단과 인공지능 '알파고'의 대국은 단순한 바둑 경기가 아니었다. 인공지능 '알파고'는 한국 사회뿐 아니라 전 세계에 커다란 파장을 일으키고 있다. 국내외 인공지능 전문가는 인공지능 기술 발전이 전문가의 생각보다 빠르다고 지적한다. 이들은 이번 대국을 계기로 인공지능에 관한 윤리적 이슈를 정리하고 지혜로운 인공지능 활용 방안을 고민해야 한다고 지적한다(윤민화, 2016. 3. 22.; 윤민화, 2016. 3. 29.).

최근 지구촌은 감염병의 세계적 대유행, 팬데믹 상황이다. 코로나19는 2019년 12월 31일 중국 우한에서 정체불명의 바이러스성 폐렴으로 세계보건기구(WHO)에 처음 보고되었는데 2년여 만에 2022년 2월 전 세계 누적 확진자가 4억 명을 넘어섰다. 전 세계 인구 약 79억 명 가운데 약 5%, 즉 20명 중 1명 꼴로 코로나19에 감염된 셈이다. 다만 이는 각국 보건당국이 작성한 공식통계를 취합한 결과일 뿐 전문가들은 실제 확진자가 훨씬 더 많을 것으로 추정하고 있다. 이로 인해 각국의 강력한 봉쇄 정책에 국민의 피로가 누적되고 있고, 백신 의무화 조치 등에 대한 여론 일각의 반발, 봉쇄에 따른 경제적 피해를 더는 감수할 수 없다는 판단이 각국 정부의 방역 정책 전환에 영향을 미치고 있다(현윤경, 2022. 2. 9.). 이에 '제4회 글로벌지속가능발전포럼(GEEF 2022)'에서는 코로나19 팬데믹 해결을 위해 국경을 초월한 민·관·학 다자간 협력의 중요성을 강조했다.

제2절 가족 환경 변화

앞서 지난 70여 년간의 국내 사회 변화의 대표적 양상들을 살펴보았다. 이런 사회 변화 와중에 가족을 둘러싼 환경도 급격하게 변화해 왔다. 저출산, 고령화, 소득의 양극화와 갈등의 심화 그리고 여성의 사회경제 활동 참여 증가는 대표적인 가족 환경 변화 요인으로 지적되고 있다(서용석 외, 2011; 이명진, 최슬기, 2011; 장혜경, 김은지, 김영란, 김혜영, 정재훈, 2011; 통계청, 2009. 1. 20., 보도자료 등). 여기에서는 이러한 가족 환경 변화에 대해서 구체적으로 살펴보고자 한다.

1. 저출산

우리나라의 합계출산율은 1960년 6.0명이었으나 1983년 2.06명으로 인구대치 수준으로 낮아졌다. 그 후 1990년대 중반까지 1.6명 정도의 수준을 유지하였으나 1990년대 중반 이후 다시 낮아지기 시작하여 2005년에는 1.08명으로 세계 최저 수준을 기록하였다. 그 후 저출산에 대한 사회적 관심이 높아지며 2010년 1.23명, 2015년 1.24명을 유지하는 듯 했으나 2021년에는 0.81명을 기록하였다. 이는 경제개발협력기구(OECD) 회원국 중 유일하게 1명 미만으로 38개 조사국 중 최하위를 기록했다(송병철, 2022. 2. 23.).

표 2-4   합계출산율 (단위: 명)

연도	1983	1990	1995	2000	2005	2010	2015	2020
합계출산율	2.06	1.57	1.63	1.48	1.09	1.23	1.24	0.84

출처: 통계청(2011), p. 140; 통계청(2021), p. 30.

최근 저출산에 대한 사회적 관심 속에서 그 원인과 대책에 대한 연구가 활발하게 진행되고 있다(이삼식, 정경희, 2010). 저출산 문제에는 만혼이나 비혼 등 결혼 기피 현상, 결혼과 자녀에 대한 가치관의 변화, 여성의 고학력화와 경제 활동 참가, 평균수명의 연장 등이 복합적으로 작용하고 있다. 그 대표적인 요인들을 살펴보면 다음과 같다.

1) 만혼이나 비혼 등 결혼 기피

초저출산율은 초혼 연령의 상승 그리고 그로 인한 미혼율의 상승과 밀접한 관계가 있다(이성용, 2011: 1). 남녀 모두 교육 기간의 증가와 취업 준비 기간의 확대 등의 요인으로 초혼 연령이 계속 높아지고 있다(이삼식, 정경희, 2010: 121). 우리나라에서는 대체로 결혼 이후 출산을 하므로 초혼 연령의 상승은 자동으로 자녀출산 시기의 지연을 의미하며, 이는 저출산을 가져온다. 초혼 연령은 1990년에는 남자 27.8세, 여자 24.8세였으나, 2000년에는 남자 29.3세 여자 26.5세로 높아졌다. 2010년에는 남자 31.8세, 여자 28.9세와 비교하여 2020년에는 남자 33.2세, 여자 30.8세로 10년 전과 비교하여 남자는 1.4세, 여자는 1.9세 각각 상승했다(통계청, 2021. 3. 18., 보도자료: 6).

표 2-5 초혼 연령의 추이 (단위: 세)

	1990	1995	2000	2005	2010	2015	2020
남자	27.8	28.4	29.3	30.9	31.8	32.6	33.2
여자	24.8	25.3	26.5	27.7	28.9	30.0	30.8

출처: 통계청(2016), p. 113.; 통계청(2021. 3. 18.), p. 6.

초혼 연령이 높아지면서 모의 첫 자녀출산 평균연령도 높아지고 있다. 1990년에는 25.9세이던 것이 2000년에는 27.7세로 높아졌다. 그리고 2010년에는 30.1세로 처음으로 30세를 넘어섰고, 2019년 32.2세를 나타내고 있다(통계청, 2021. 3. 25., 보도자료: 15).

한편, 과거에는 나이가 차면 당연히 결혼을 해야 한다고 인식했으나 점차 결혼에 대한 견해가 변화하면서 개인의 선택권이 인정되는 추세다. 보다 구체적으로 결혼에 대한 견해에서 '해야 한다'가 2010년 64.7%에서 2020년 51.2%로 낮아지고 '하지 말아야 한다'가 2010년 3.3%에서 4.4%로 높아졌다. 선택권을 인정하는 '해도 좋고 하지 않아도 좋다'는 비율은 2010년 30.7%에서 2020년 41.4%로 높아졌다(통계청, 2021. 3. 25., 보도자료: 16).

이런 인식의 변화는 미혼율의 변동에도 그대로 반영되고 있다. 〈표 2-6〉은 1995년부터 2015년까지 각 시기 남녀의 연령별 미혼 구성비를 보여 준다. 모든 연령층에서 미혼 구성비는 여성보다 남성이 높다. 또한 최근으로 올수록 남녀 모두 미혼 구성비가

표 2-6	남녀 연령별 미혼율의 변동							(단위: %)
	여자				남자			
연도＼연령	1995	2005	2010	2015	1995	2005	2010	2015
25~29세	29.6	59.1	69.3	77.3	64.4	81.8	85.4	90.0
30~34세	6.7	19.0	29.1	37.5	19.4	41.3	50.2	55.8
35~39세	3.3	7.6	12.6	19.2	6.6	18.4	26.7	33.0
40~44세	1.9	3.6	6.2	11.3	2.7	8.5	14.4	22.5
45~49세	1.0	2.4	3.3	6.4	1.3	4.5	7.5	13.9

출처: 통계청(2020), p. 71; 조성호(2018), p. 400.

증가하는 현상을 보이고 있다. 2015년 40~44세 남자의 미혼 구성비는 22.5%, 그리고 45~49세는 13.9%에 이르고 있어서 주목할 만하다.

미혼과 만혼이 보편화되는 것은 전반적으로 교육 정도가 높아지고 경제적 자립이 결혼의 선행 조건으로 등장하게 되면서 나타난 현상이다(함인희, 2009: 226). 미혼 인구를 대상으로 결혼하지 않은 이유를 질문한 결과 결혼하기에는 이른 나이, 교육을 더 받고 싶어서, 자아 성취와 자아 계발 등의 이유도 있지만 소득이 적어서, 결혼 비용이 마련되지 않아서, 실업이나 고용 상태 불안 등 경제적 이유도 31.9%를 차지하고 있다(한국보건사회연구원, 2009; 이삼식, 정경희, 2010: 92 재인용). 이삼식과 정경희는 미혼 인구의 결혼 의향을 높이기 위해서는 대학원 진학이나 취업 준비생 등 결혼 적령기 남녀의 결혼을 현실화할 수 있는 지원 체계의 마련과 청년 취업률 상승을 위한 노력이 필요하며, 미혼모부자가족에 대한 지원 강화도 필요하다고 지적한다(이삼식, 정경희, 2010: 122).

2) 자녀에 대한 가치관의 변화와 평균수명의 연장

자녀에 대한 가치관, 자녀양육 비용 그리고 평균수명의 연장 등도 자녀 출산에 부분적으로 영향을 미치는 것으로 보인다. 자녀의 효용 가치 감소란 농경사회에서는 자녀가 노동력이었다면 산업사회 이후의 자녀는 소비재로 변화했음을 의미한다. 더불어 전통사회의 자녀는 노후보험의 성격이 강했으나 현재는 자녀의 노후 부양 기능이 극히 약화되었음을 의미한다(함인희, 2009: 227). 그러다 보니 산업화 이후 자녀 출산은 부모의 선택으로 바뀌고 있다. 이와 같이 자녀 출산이 선택으로 바뀌면서 자녀양육의 질적 수준에 대한 관심은 점차 높아지고 있다. 무엇보다도 한국 사회에서는 교육이 배우는 즐거움보다는 취업이나 지위 획득을 위한 수단으로 투자되는 경향이 강하게 나타나고 있다(김규원, 2009: 272). 내 자식에게 보다 나은 교육을 시키고자 하는 열망은 경쟁적인 사교육비의 지출을 초래하였다. 사교육비 총액은 2011년 20조 1,000억 원에 이르렀으나(통계청, 2013. 2. 6., 보도자료), 최근 경제 위기로 다소 감소하고 있다. 2018년 사교육비 총액은 약 19조 5,000억 원이었으며, 학생 1인당 월평균 사교육비는 29만 1,000원이다(교육부, 2019. 3. 11., 보도자료). 여기에는 영유아 사교육비와 유학비용 등이 포함되지 않았으므로 실제는 이보다 큰 규모라고 할 수 있다. 사교육비의 증대는 자동으로 자녀양육 비용을 증대시키고, 이는 다시 자녀 출산을 결정하는 데 영향을 미치는 경향이 있다. 다시 말해서, 이런 사회 분위기 속에서 자녀의 가치가 자녀양육을 위해 지출하는 비용보다 낮기 때문에, 이제는 '선택'이 되어 버린 출산을 결정할 시기가 되었을 때 출산을 기피하는 선택을 하게 된다는 것이다(이삼식, 정경희, 2010: 153).

한편, 평균수명의 연장으로 젊은 세대는 자신의 능력 개발에 대한 투자를 늘리고 노후 대비를 늘려야 한다는 현실적 필요와 심리적 부담감을 가지게 된다. 그런데 젊은 세대는 한정된 자원으로 노후 대비 저축과 본인과 자녀를 위한 인적자본 투자를 해야 하는 입장에 있으며, 이는 결과적으로 자녀 수를 줄이는 선택을 초래한다(이삼식, 정경희, 2010: 189-190).

2. 고령화

급격한 출산율 저하는 고령화 문제와 직결된다. 즉, 평균 기대수명의 연장으로 노인 인구는 증가하는 반면, 저출산으로 아동 및 청소년 인구는 감소하면서 인구의 고령화가 빠르게 진행되고 있다.

1) 평균 기대수명의 연장

인구의 평균 기대수명은 지속적으로 증가하는 반면 출산율 저하로 아동 및 청·장
년층의 인구가 감소할 경우 인구 구성은 자연적으로 고령화될 수밖에 없다. 기대수명
은 1970년 61.9세(남자 58.7세, 여자 65.6세)였으나, 2019년에는 83.3세(남자 80.3세, 여
자 86.3세)로 증가하였다. 이는 지난 50여 년간 21.4년이나 증가한 것이다. 기대수명의
증가는 지속되고 있으며, 2018년 우리나라의 기대수명은 82.7년으로 OECD 가입국 중
9위이며, 이는 1위인 스위스(83.8세)에 비해 약 1.1년 낮은 수준이다(통계청, 2021. 3.
25., 보도자료: 18).

표 2-7 **기대수명 추이** (단위: 세)

	1980	1990	2000	2010	2015	2018	2019
전체	66.1	71.7	76.0	80.2	82.1	82.7	83.3
남성(A)	61.9	67.5	72.3	76.8	79.0	79.7	80.3
여성(B)	70.4	75.9	79.7	83.6	85.2	85.7	86.3
차이(B-A)	8.5	8.4	7.4	6.8	6.2	6.0	6.0

출처: 통계청(2021. 3. 25.), p. 91.

2) 인구 구성의 변화

2017년 기준 15~64세 생산연령인구는 인구의 73.2%, 65세 이상 고령 인구는
13.8%, 0~14세 유소년 인구는 13.1%로 생산연령인구의 비율이 매우 높았다. 그러나
2017년부터 10년간 생산연령인구는 250만 명 감소하고, 고령 인구는 452만 명이 증가
하고, 유소년 인구는 2067년 318만 명으로 2017년의 47% 수준으로 감소할 것으로 예
측되고 있다. 놀랍게도 2067년에는 유소년 인구는 8.1%, 생산연령인구는 45.4%인 반
면, 고령 인구는 46.5%로 증가하게 된다(통계청, 2019. 3. 28., 보도자료: 7-9). 이에 따
라 [그림 2-1]처럼 인구 피라미드는 2017년에는 30~50대가 두터운 항아리형이지만
2067년에는 60세 이상이 두터워지는 역삼각형의 항아리 구조로 변화될 것이다(통계청,
2019. 3. 28., 보도자료: 18).

3) 고령사회

우리나라 인구 구성의 특징은 노인 인구는 증가하고 대신 생산가능인구와 유소년 인구는 감소한다는 것이다. UN은 인구 고령화 수준에 따라 전체 인구 중 65세 이상 노인 인구 비율이 7%에 도달하면 고령화사회(ageing society), 14%이면 고령사회(aged society), 20%이면 초고령사회(super-aged society)로 규정한다.

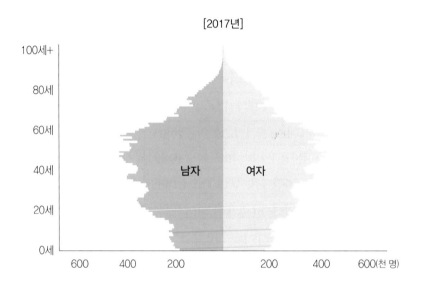

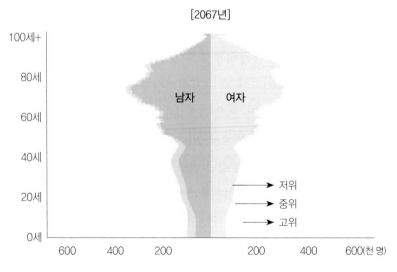

[그림 2-1] **성별·연령별 인구 피라미드**

출처: 통계청(2019. 3. 28.), 보도자료, p. 18.

우리나라는 2000년에 노인 인구가 7.2%를 차지하여 고령화사회에 진입하였고, 2017년 13.8%로 고령사회 그리고 장래인구추계에 의하면 2025년 20%로 초고령사회로 진입하여 2036년 30%, 2051년 40%를 초과할 전망이다(통계청, 2019. 3. 28., 보도자료: 12). 이는 베이비붐 세대(1955~1963년생, 710만 명)가 생산연령인구에서 고령인구로 이동하는 2020년부터 세계에서 가장 빠른 속도로 고령화가 진행되어 2017년에는 OECD 국가들에 비해 낮은 수준이지만, 2065년에는 46.1%로 가장 높아질 것으로 예상되고 있다(통계청, 2019. 3. 28., 보도자료: 19). 이는 고령화사회에서 고령사회로 넘어가는 데 17년이라는 짧은 시간이 소요됨을 의미한다. 그리고 고령사회에서 초고령사회로의 진입은 8년에 불과할 정도로 초고속으로 진행될 것으로 추정된다. 북미와 유럽, 일본 등 선진국들도 이미 고령사회로 진입하였지만, 프랑스는 115년, 스웨덴 85년, 오스트리아 73년, 미국 69년, 캐나다 65년 등 비교적 장기간에 걸쳐 자연스럽게 고령사회로 변화해 왔다. 그러나 한국 등에서는 인구 정책의 영향으로 출산율이 단기간에 급격하게 낮아지면서 초고령사회로의 진입이 유례없이 빠르게 진행되고 있다(이성용, 이정항, 2011: 556-557).

4) 부양비

부양비의 변화 추이를 살펴보면, 1960년에는 유소년 부양비가 77.3명이었으나, 2017년에는 17.9명으로 낮아졌다. 대조적으로 1960년 5.3명에 불과하던 노년 부양비는 1990년 이후 증가 속도가 빨라지면서 2000년 10.1명, 2010년 15.2명, 그리고 2017년 18.8명으로 높아졌다. 고령인구의 빠른 증가로 인해 2036년에는 50명을 넘고, 2067년 102.4명 수준으로 2017년 대비 5.5배로 증가할 전망이다. 또한 생산연령인구 1백 명당 총 부양인구(유소년, 고령인구)는 2017년 37명에서 2067명 120명으로 증가할 것으로 예상된다(통계청, 2019. 3. 28., 보도자료: 17). 그 결과, 2060년에는 성인 10명이 유소년 2명과 노인 8명을 부양해야 하는 극히 우려되는 상황이 전개될 것으로 추정된다(통계청, 2011. 12. 7., 보도자료: 42). 급격하게 진행되고 있는 저출산 및 고령화는 생산가능인구를 감소시키는 고령층 부양비용이 증가해 연금, 보험, 요양·돌봄, 건강관리 분야 등에 대한 수요가 급증하여 국가재정에 큰 부담을 초래할 것으로 예상되어 선제적 정책 대응(관계부처합동, 2021: 6)이 시급히 요청되고 있다.

표 2-8	총부양비, 유소년 부양비 및 노년 부양비			(단위: 생산가능인구 100명당, 유소년 인구 100명당)			
	1960	1980	2000	2017	2030	2050	2067
총부양비	82.6	60.7	39.5	36.7	53.0	95.0	120.2
유소년 부양비	77.3	54.6	29.4	17.9	14.7	17.4	17.8
노년 부양비	5.3	6.1	10.1	18.8	38.2	77.6	102.4

출처: 통계청(2019. 3. 28.), 보도자료, p. 17.

3. 소득의 양극화와 갈등의 심화

1997년 외환 위기 이후 사회 양극화와 이로 인한 사회적 갈등에 대한 우려의 목소리가 높다. 통계청에서도 향후 10년간 사회 변화의 주요 요인의 하나로 양극화를 들고 있다(통계청, 2009. 1. 20., 보도자료: 17).[1]

소득 불균등 정도를 나타내는 '지니계수'는 1997년 IMF 외환 사태 당시 급등한 이후 상승곡선을 이어 가고 있다. 또 중산층(중위소득 50~150%)이 차지하는 비중은 1995년 약 75.3%에서 2010년 67.5%로 줄어들었다. 반면, 하위층(중위소득 50% 미만)은 같은 기간 7.7%에서 12.5%로 늘어나 소득 양극화를 입증하고 있다(이남진, 2012. 1. 10.).

이러한 소득 양극화는 사회 갈등을 초래한다. 최근 들어 한국 사회에서 개인의 자유와 기회, 사회적 · 경제적 신분 이동과 상승의 기회가 현저히 줄어들고 있다. 소득의 양극화가 계층 · 계급의 세습화 현상으로 가속화되고 있는 것이다. 이는 부모의 경제적 수준과 다음 세대의 교육 기회 및 수준, 수입 사이에 높은 상관관계가 존재하고 있음을 의미한다. 경제적 · 사회적 양극화가 지속적으로 누적될 경우 세습화가 고착되면서 사회 갈등과 불안 요소가 증대될 가능성이 크다(박준, 2009; 서용석 외, 2011: 58 재인용).

4. 여성의 사회경제 활동 참여 증가

2009년에는 여학생의 대학 진학률이 82.4%로 남학생(81.6%)을 추월하였다. 그 후에

---

1) 통계청은 인구 감소, 고령화와 노인 빈곤화, 사회 고학력화와 양극화를 예상되는 사회 변화의 주요 요인으로 지적한다(통계청, 2009. 1. 20., 보도자료).

도 이 추세는 지속되고 있어 2014년[2] 여학생의 대학 진학률은 74.6%로 남학생의 진학률 67.6%보다 높게 나타났다(통계청, 2015. 7. 2., 보도자료: 28).

한편, 여성들의 취업에 대한 견해도 적극적으로 변화하고 있다. 미혼여성(94.1%)과 기혼여성(90.5%) 모두 10명 중 9명이 '직업을 가지는 것이 좋다'는 견해를 가지고 있다. 취업 시기에 대해서는 미혼여성과 기혼여성이 다소 차이를 보인다. 미혼여성은 68.5%가 '가정 일에 관계없이' 계속 취업해야 한다고 응답했고, 기혼여성도 '가정 일에 관계없이'(49.7%)라고 응답한 비율이 가장 높았으나 '결혼 전과 자녀 성장 후'(28.5%)라고 응답한 비율도 낮지 않다(통계청, 2011. 6. 27., 보도자료: 8).

이와 같이 여성의 교육 수준이 높아지고 취업에 대한 인식이 바뀌는 등 여건이 변화하면서 여성의 경제 활동 참여에 대한 관심이 증가하고 있다. 이러한 관심의 증가에도 여성의 경제 활동 참가율은 2020년 52.8%로 아직 선진국에 비해 낮은 수준에 머물러 있다(통계청, 2021. 3. 25.: 109). 또한 여성의 경제 활동은 참가율뿐 아니라 내용적인 면에서도 취약하다. 예를 들어, 여성 취업자의 임금근로자 비율은 증가 추세이기는 하지만, 남성에 비해서는 임시직의 비율과 무급 가족 종사자 비율이 높다. 그리고 격차가 줄어들고는 있지만 2019년 여성의 임금은 남성 임금의 69.4%로 나타났다(여성가족부, 2020. 9. 2., 보도자료: 39).

더구나 구조적으로 여성의 결혼과 출산 및 육아 시기에 경제 활동 참가율이 감소하고 경력 단절을 가져오는 패턴을 보이고 있다. 결혼, 임신 및 출산, 육아, 자녀 교육(초등학생) 등의 사유가 발생하여 직장을 그만둔 경력단절여성은 2019년 169만 9,000명으로 15~54세 기혼여성 중 19.2%를 차지하였으며, 일을 그만둔 사유를 살펴보면 육아가 38.2%, 결혼 34.4%, 임신·출산이 22.6%로 나타났다. 또한 여성의 경력단절 비율이 6세 이하 자녀가 있는 경우 39.8%, 7~12세 자녀가 있는 여성 22.3%, 18세 미만 자녀가 없는 여성의 비율은 8.1%로 나타나 특히 6세 이하 자녀가 있는 여성의 10명 중 4명은 경력단절여성이다(여성가족부, 2020. 9. 2., 보도자료: 37).

---

2) 2011년부터 진학자의 조사 기준을 2월 대학 합격자에서 4월 현재 대학 등록자로 조정하였다.

연도	전체	15~19세	20~29세	30~39세	40~49세	50~59세	60세 이상
2000	48.8	12.0	65.0	75.2	79.2	68.8	38.2
2005	50.3	9.1	66.3	74.9	79.2	69.9	37.6
2010	49.6	7.0	63.3	74.7	79.8	72.7	37.2
2015	51.9	8.8	63.6	76.7	81.0	76.2	40.1
2019	53.5	8.3	64.9	78.6	80.2	77.4	43.0
2020	52.8	7.2	61.2	78.0	79.1	76.6	44.0

표 2-9 여성의 연령별 경제 활동 참가율 (단위: %)

출처: 통계청(2021. 3. 25.). 보도자료. p. 109.

제3절 가족 구조의 변화

사회가 급격하게 변화해 왔고 이에 따라 가족도 구조적 및 기능적 측면에서 변화를 경험하고 있다. 이 절에서는 가족 규모의 축소, 세대 구성의 단순화 등 가족의 구조적 변화를 통해서 가족이 어떻게 변화해 왔는지 살펴보고자 한다.

1. 가족 규모의 축소

가족 규모의 축소는 대표적인 구조적 변화다. 함인희는 단독가구의 증가, 서구식 부부 중심 가족의 증가 그리고 탈양육기의 노부부 가족의 증가 등이 가족 규모의 축소에 기여하였다고 지적한다(함인희, 2009: 221).

우리나라의 가구원 수는 1980년 4.5명, 1990년 3.7명, 2000년 3.1명, 2010년 2.7명 그리고 2020년 2.3명으로 지속적인 감소 추세를 보이고 있다(여성가족부, 2021. 5.: 36). 1980년까지만 해도 6인 이상 가구의 비율이 29.8%였으나 급격히 감소하여 2019년에는 1.0%로 극히 낮은 비율을 차지하고 있다(통계청, 2021: 104).

반면, 2인 및 1인가구의 증가는 지속되고 있다. 무엇보다도 가구원 수의 감소 현상에서 주목되는 것은 1인가구의 증가다. 〈표 2-10〉에서 보는 바와 같이 1980년 불과 4.8%이던 1인가구가 1990년 이후 급격한 증가 추세를 보여서 2010년 23.9%, 2019년 30.2%에 이르렀다(통계청, 2021: 104).

표 2-10	가구원 수별 구성 비율 및 평균 가구원 수						(단위: %, 명)
연도	1인가구	2인가구	3인가구	4인가구	5인가구	6인가구	평균 가구원 수[3](명)
1980	4.8	10.5	14.5	20.3	20.0	29.8	4.62
1990	9.0	13.8	19.1	29.5	18.8	9.8	3.77
2000	15.5	19.1	20.9	31.1	10.1	3.3	3.12
2010	23.9	24.3	21.3	22.5	6.2	1.8	2.69
2019	30.2	27.8	20.7	16.2	3.9	1.0	2.39

출처: 통계청(2021), p. 104.

2. 세대 구성의 단순화

세대별 구성에도 변화가 보이고 있다. 〈표 2-11〉에서 보는 바와 같이, 3세대 이상 확대가족의 비율은 꾸준히 감소하고 있다. 1980년 17.6%이던 3세대가구는 2010년 8.2%, 2020년 3.2%로 감소하였다. 그러나 이러한 감소가 2세대 핵가족의 비율 확대로 이어지지는 않고 있다. 2세대가구는 1990년 74.1%였다가 2010년 68.4%, 2020년 43.2%로 감소하였다. 1세대 가구는 1980년 8.8%였지만 2010년 23.3%, 2020년 22.8%를 차지할 정도로 증가하였다.

표 2-11	혈연가구의 세대수별 분포			(단위: %)
연도	1세대	2세대	3세대	4세대 이상
1980	8.8	73.1	17.6	0.6
1990	12.0	74.1	13.6	0.3
2000	17.1	72.9	9.9	0.2
2010	23.3	68.4	8.2	0.1
2020	22.8	43.2	3.2	0.0

* 혈연가구는 일반가구에서 비혈연가구와 1인가구를 제외한 가구수를 의미함.
출처: 통계청(2016), p. 106.; 여성가족부(2021. 5.). pp. 34-35.

---

3) 가구원 수에 대한 자료가 통계청(2020 한국의 사회지표)과 여성가족부(2020년 가족실태조사 분석 연구)의 통계가 상이하여 본문과 표에 각각 출처를 표기하였음.
   평균 가구원 수 = 일반가구 총 가구원 수 ÷ 일반가구 수

3. 가족 형태의 다양화

가족 규모의 축소와 세대 구성의 단순화와 더불어 가족 구조의 변화로서 가족 형태의 다양화가 지적되고 있다. 과거 조선시대나 산업화 초기에도 가족이 비친족 구성원들과 함께 살던 것은 흔한 일이었지만, 이는 가족 구성원의 사망 등 상황적 요인에 의해 형성되었다고 할 수 있다. 그러나 오늘날 가족 구성의 다양화는 개인의 의지에 따른 선택 폭이 넓어졌다는 점에서 과거 가족의 다양성과는 다른 의미를 가진다(함인희, 2009: 223).

1) 이혼가족의 증가

우리 사회에서 이혼가족이 새로운 가족 형태로 자리 잡고 있다. 〈표 2-12〉에서 보는 바와 같이, 이혼 건수는 1990년에는 4만 5,694건에 불과하였으나 그 후 급격히 증가하여 2003년에는 16만 6,617건으로 정점을 이루었다. 그 후 이혼 건수는 다소 감소하여 2020년에는 10만 6,500건이었다. 한편, 인구 천 명당 이혼 건수를 나타내는 조이혼율을 살펴보면, 1990년에는 1.1에 불과하였으나 2003년 3.4까지 높아졌다가 2020년에는 2.1로 낮아졌다(통계청, 2021. 3. 18., 보도자료: 36).

표 2-12 조혼인율과 조이혼율 (단위: 건, %)

연도	총혼인 건수(건)	조혼인율(%)	총이혼 건수(건)	조이혼율(%)
1990	399,312	9.3	45,694	1.1
2000	332,090	7.0	119,455	2.5
2003	302,503	6.3	166,617	3.4
2010	326,104	6.5	116,858	2.3
2012	327,073	6.5	114,316	2.3
2015	302,828	5.9	109,153	2.1
2020	213,502	4.2	106,500	2.1

출처: 통계청(2021. 3. 18.), 보도자료. p. 36.

2) 재혼가족의 증가

이혼가족의 증가에 따라 전반적으로 재혼가족도 증가하는 추세다. 재혼은 1990년 4만 2,663건이었으나 지속적으로 증가하여 2005년에는 7만 9,942건으로 정점에 도달했다. 그 후 다소 감소하여 2014년에는 6만 5,972건이었다. 〈표 2-13〉에서 보는 바와 같이, 재혼의 유형은 재혼(남)-재혼(여)의 비율이 가장 높다. 그리고 초혼(남)-재혼(여)의 비율은 1990년에는 21.8%였으나 1996년(27.1%) 이후 재혼(남)-초혼(여)의 비율을 상회하고 있다. 그리고 재혼(남)-초혼(여)의 비율은 1990년대 중반 이후 감소하여 2014년 기준 18.2%로 재혼의 유형 중에서 가장 낮은 분포를 보이고 있다(통계청, 2016: 118).

표 2-13 재혼 형태 분포 　　　　　　　　　　　　　　　　　　　　　　　　(단위: 건, %)

연도	재혼 건수(건)	초혼(남)-재혼(여)	재혼(남)-초혼(여)	재혼(남)-재혼(여)
1990	42,663	21.8	34.0	44.2
1996	60,979	27.1	25.8	47.1
2000	59,639	27.2	19.2	53.5
2010	71,369	25.6	19.5	54.9
2012	69,998	27.0	19.3	53.8
2014	65,972	28.0	18.2	53.8

출처: 통계청(2016), p. 118.

3) 다문화가족의 증가

다문화가구는 귀화자가 있는 가구 또는 외국인이 한국인(귀화자 포함)과 혼인으로 이루어진 가구 또는 그 자녀가 포함된 가구를 말한다. 2020년 다문화가구는 36만 8천 가구이며, 가구원은 109만 3천 명으로 조사되었다(통계청, 2021. 7. 29., 보도자료: 51).

다문화 혼인은 2020년에는 1만 5,314건으로 전체 혼인 중 7.2%를 차지하고 있다. 이 중 한국 남자와 외국 여자의 혼인은 1만 1,100건으로 11.1%, 그리고 한국 여자와 외국 남자는 4,241건으로 4.2%를 차지하고 있다. 그러나 2020년 다문화 이혼도 6,174건으로 다문화가족의 취약성이 우려되고 있다(다문화가족과, 2021. 7. 2., 5-6).

4) 기타 가족

새로운 유형의 가족들이 대두하는 것은 21세기 가족의 현실이다. 무자녀가족, 조손가족, 미혼모가족, 북한이탈주민 등이 점차 증가하고 있고, 소년소녀가장도 감소하고 있기는 하나 아직 남아 있다. 그리고 정확한 실태는 알기 어렵지만 동성애가족, 공동체가족 등도 있다. 2020년 가족실태조사결과에 따르면, 자녀가 없이 부부만으로 구성된 가족이 2015년 15.9%였는데 2020년 22.1%로 6.2p 증가하였다. 또한 조부모와 손자녀가 함께 거주하거나 비혈연가구의 형태도 각각 0.5%로 나타났다(여성가족부, 2021. 5: 34-35).

제4절 가족 기능의 변화

가족은 구성원을 위해서 그리고 가족이 포함되어 있는 더 큰 사회를 위해서 고유한 기능을 수행한다. 현대사회에서는 가족의 사회적 역할이나 중요성이 과거에 비해 축소되는 경향이 있다. 그럼에도 가족은 여전히 많은 기능을 수행하고 있다. 어떤 의미에서 가족은 어느 때보다도 고품질의 기능을 수행하기 위해 노력하고 있다. 이 절에서는 가족의 대표적 기능인 경제적 기능, 재생산 및 성행위 규제 기능, 자녀양육 및 사회화 기능, 노인 부양 기능 그리고 정서적 기능을 중심으로 살펴보고자 한다.

1. 가족의 경제적 기능

농경사회에서 가족은 생산 기능과 더불어 소비 기능을 수행하였다. 그러나 산업사회가 되면서 가족은 생산 영역과 분리되었고, 소비 단위로서의 의미가 더 강해졌다. 산업화로 인해 가족과 일터가 공간적으로 분리됨에 따라 생산 기능은 약화 또는 상실되고 소비 기능은 강화된 것이다. 소비 기능의 강화는 가장이나 가족 구성원의 직업 및 수입 정도에 따라 가족이 누릴 수 있는 생활 기회나 생활양식이 결정됨을 의미하며, 나아가 이러한 소비생활 수준이 가족생활 만족도 및 가족 구성원의 정체성에 직접적인 영향을 미치게 되었음을 의미한다(함인희, 2009: 231). 최근 경제 위기로 인한 대량 실직과 파산, 높은 물가와 가계 부채의 증가, 신용불량자의 급증 등은 가정의 경제적 불안정을 초래하고 있다. 이러한 경제 불안정은 가족의 재생산 기능, 돌봄 기능, 부양 기능 등 가족의 다른 기능에도 부정적 영향을 미칠 것이 우려되고 있다(장혜경 외, 2011: 88-89).

최근 한국 경제가 일본식 장기불황 터널로 예상보다 빨리 진입할 가능성이 커졌다고 우려되고 있다(이해준, 2013. 9. 5.). 그리고 높은 가계부채 수준은 한국 경제의 가장 큰 위험요인으로 지적되고 있다(김수현, 2016. 1. 6.). 이런 경제적 지표 이외에도 청년층의 취업의 어려움이 가중되면서 니트족(Not in Education, Employment or Training: NEET) 비율이 청년대졸자 4명 중 1명꼴로 OECD 회원국 중 세 번째로 높은 것으로 나타났다 (강영수, 2014. 12. 27.).

한편, 후기 산업사회가 되고 점차 정보사회로 변화되면서 여성의 경제 활동 참여가 증대되고 1인 생계부양자 가족은 점차 줄어들면서 맞벌이가족이 늘어나고 있다. 이로 인해 가족 내에서 남성 생계 부양자, 여성 가사 및 자녀양육자라는 공식에도 변화가 일어나고 있다(강홍렬 외, 2006: 38). 앞으로의 정보산업은 여성과 친화성이 높은 산업 구조로의 변화를 가져올 것으로 예측된다. 이는 여성의 경제 활동을 촉진시킬 것이며, 특히 여성의 고학력화는 전문직 여성의 수적 증가를 가져올 것으로 보인다.

또한 정보화는 생산의 자동화, 고용 창출의 감소, 노동의 유연화와 저숙련화를 가져오며, 이로 인해 청년층은 높은 실업률과 비정규직 고용으로 고통을 받을 수 있다(강홍렬 외, 2006: 61-63). 이와 같은 청년 실업과 불완전 고용은 청년들이 경제적 안정을 확보할 때까지 결혼을 미루는 등 만혼 현상과 저출산에까지 영향을 미칠 수 있다.

2. 가족의 재생산 및 성행위 규제 기능

가족은 합법적으로 성관계를 맺고 그에 기초하여 다음 세대의 노동력을 생산하는 역할을 맡아 왔다(이여봉, 2008: 341). 전통사회에서는 자녀 수를 포함한 가족 구성원 수가 생산 단위인 가족의 노동력을 의미하였고, 이는 가족의 경제력을 나타내는 주요한 지표였다. 이에 따라 다산은 곧 풍요를 의미하였고 축복의 대상이었다. 그러나 산업화 과정에서 가족과 일터가 분리되면서 생산이 가족 외부에서 이루어지게 되었고, 자녀는

표 2-14	결혼·출산 늦어지면서 연약한 아기 늘고 있다

보건복지부가 2월 발표한 '통계로 보는 사회보장 2014' 보고서에 따르면 지난 10년간 저체중 신생아 비율과 조산율은 계속 높아졌다. 2003년 4.1%이던 저체중 신생아 비율은 2013년 5.5%까지 올라갔다. 조산율 역시 같은 기간에 4.5%에서 6.5%로 높아졌다. 조산아는 대체로 저체중 신생아인 경우가 많다. 그리고 몸무게가 적게 나가는 아기의 비율은 쌍둥이 이상의 다태아에서 눈에 띄게 높다. 최근 TV 프로그램에서 인기를 끌고 있는 '삼둥이' 형제와 같은 다태아의 절반 이상이 저체중 문제 때문에 부모의 걱정을 안고 태어나는 것이다.

쌍둥이 이상 다태아에게서 저체중아의 비율이 높아지는 이유는 결혼과 출산이 늦어지는 현상과 무관치 않다는 분석이다. 평균결혼연령이 높아지면서 임신에 어려움을 겪는 부부가 늘어났기 때문이다. 흔히 인공수정 등 다양한 보조생식기술을 써서 태아가 수정될 경우 쌍둥이 이상이 나올 확률은 급격하게 높아진다. 수정 과정에서 착상 확률을 높이기 위해 둘 이상의 수정란을 착상시키기 때문이다. 결국 늦은 결혼과 그에 따른 임신의 어려움이 저체중·조산아 출산이라는 자녀세대의 건강 문제로까지 이어지는 셈이다.

출처: 김태훈(2015. 2. 28.).

가족 노동력으로서의 의미를 상실하게 되었다. 최근 출산율이 급격하게 감소하면서 가족의 재생산 기능도 축소되었다(강홍렬 외, 2006: 31-32).

오늘날 가족의 재생산 기능과 관련하여 재생산 기술의 발전을 주목하지 않을 수 없다. 오늘날 재생산 기술은 생명공학 기술로서 각광을 받으며 임신과 출산을 할 수 없는 불임부부에게 아기를 가질 희망을 준다는 점에서 기대를 모은다. 그러나 황우석의 파동에서 알 수 있듯이 이 기술의 발전 및 이용 과정에서 윤리적 문제가 발생할 수도 있다.

한편, 성행위에 관한 가치관이 빠른 속도로 변화하면서 성행위에 대한 통제 기능은 약화되는 반면, 부부간 성생활의 중요성은 점차 증대되고 있다. 이제 성은 출산을 위한 수단으로서의 수동적 의미에 머물기보다는 인간의 자연스러운 욕구의 표현이 되었고, 만족스러운 성생활이 결혼생활의 만족도를 높이는 주요 요인이 되고 있다(함인희, 2009: 231-232). 즉, 의학 기술의 발달에 기인한 임신·출산의 자유, 피임 방법의 개발에 의한 성생활의 자유 등은 가족의 성 규제 기능을 약화시키는 동시에 성에 대한 규범 및 가치관의 변화를 가져왔다.

앞으로 정보화의 발전과 이로 인한 네트워크 사회로의 진전은 성 문화에도 커다란 변화를 가져올 것으로 예측된다. 즉, 네트워크 사회는 남녀 간 만남의 통로를 확장하고, 정서적 친밀감과 취향의 동질성을 교환하며, 그 안에서 새로운 유대감을 형성하는 기회를 제공한다. 심지어는 이렇게 형성된 공동체가 결혼과 가족 공동체를 대체할 수 있는 가능성까지 제시되고 있다(강홍렬 외, 2006: 64-66).

3. 가족의 자녀양육 및 사회화 기능

자녀양육 및 사회화의 기능은 그 어느 때보다 강화되어 가족에게 큰 부담으로 작용하고 있다. 우리나라 가족은 전통적으로 부모-자녀 관계가 부부 관계보다 중시되어 왔다(함인희, 2009: 232). 과거에 비해 자녀 수가 줄어든 대신, 자녀 1인당 투자하는 시간적 · 경제적 부담 및 에너지는 상상할 수 없을 만큼 증가하였다(이여봉, 2008: 344). 무엇보다도 급변하는 사회에서 경쟁력을 갖춘 자녀로 키우고자 하는 부모들의 열망은 사교육비 지출을 증가시키고, 이는 결과적으로 자녀양육 부담을 증가시킨다. 김승권 등의 연구에 따르면, 대학 졸업 시까지 자녀 1인당 지출되는 총비용을 추정하면 2억 6,204만 4,000원이었다. 이는 초 · 중 · 고등학교와 대학교를 중단 없이 다닌다는 가정하에 나온 금액이며(김승권, 김유경, 조애저, 김혜련, 임성은, 2009: 475), 재수, 휴학, 어학 연수, 유학 등을 할 경우는 이보다 많은 양육비가 소요될 것이다.

그리고 가족의 사회화 기능에서 급격한 사회 변화로 인한 일관성의 혼란과 세대 간 갈등이 발생하고 있다. 보다 구체적으로, 급변하는 사회에서 다원화한 대중매체, 인터넷, 잡지 등 범람하는 정보의 소용돌이로 가족은 과거와 같은 권위를 가지고 일관성 있는 사회화 역할을 담당하기가 힘들어졌다(이여봉, 2008: 345). 즉, 사회가 다원화 · 이질화 · 전문화되면서 자녀에게 무엇을 어떻게 사회화해야 할 것인가에 대한 판단이 점차 어려워지고 있다.

또한 급격한 사회 변화로 부모 세대의 성장 경험과 자녀 세대의 경험 사이에 심각한 단절이 초래되었고, 그 결과 오늘날 가족은 구성원들의 의식, 가치관에서부터 행동양식, 언어, 생활 습관 등에 이르기까지 세대 간에 심각한 갈등과 소외를 경험하고 있다(이동원 외, 2002; 함인희, 2009: 233 재인용; 이동원, 조성남, 1991; 한완상, 1991).

세대 간 갈등에 더하여 가족의 사회화 기능을 왜곡한 주범은 입시 위주의 교육제도다. 오늘날 한국의 가족은 자녀의 대학 합격을 최우선의 과제로 삼고 있는 것처럼 보일 정도다. 입시 위주의 교육제도는 조기 교육열과 과잉 교육열을 초래하였고, 자녀에 대한 과잉 보호 및 가정교육 부재 현상을 가져온 주범이다(김재은 외, 1993; 함인희, 2009: 233 재인용).

한편, 정보화의 진전은 가족의 교육 기능에도 커다란 변화를 가져올 것으로 보인다.

우선 가족의 직접적 교육 기능이 강화될 것이다. 산업사회에서 가족은 자녀 교육을 주로 경제적으로 지원하였으나, 정보화사회에서는 이메일이나 휴대전화와 같은 정보 매체를 통하여 자녀의 학교 교사, 학원 교사와 정보를 교류하고 의견을 교환하는 등의 협력을 할 수 있다. 또한 인터넷 정보 검색을 활용하여 자녀의 과제 수행이나 학업 성취에 도움을 제공할 수 있다. 이와 같이 정보화사회에서는 가족이 교육 주체의 하나로서 보다 적극적이고 직접적인 형태로 자녀 교육에 참여하는 길이 열려 있다. 한 가지 흥미로운 사실은 과거 가족의 교육 기능이 부모에게서 자녀에게 일방적으로 전해졌다면, 정보화사회에서는 가족 구성원들이 지식이나 정보를 상호 제공하고 학습하는 새로운 국면을 맞이하게 될 것으로 예견된다(강홍렬 외, 2006: 82-85).

4. 노인에 대한 부양 기능

가족은 아동을 양육하고 사회화하는 것 이외에도 노인 부양에 주요한 역할을 수행한다. 노인에 대한 부양 기능의 약화는 사회적으로 노인 부양 부담이 증가하는 상황에서 가족 내 돌봄 능력이 약화되면서 발생한 현상이다.

1955~1963년생을 통칭하는 700만 명 이상의 베이비부머의 은퇴가 시작되었다. 상당수의 베이비부머는 매달 월급을 받아 자녀 교육비 등 생활비로 쓰고 나서 은퇴 이후를 대비할 여력이 없었다는 점에서 노후 준비가 부족하다. 통계청 등에 따르면, 베이비부머 중에서 국민연금과 같은 공적 연금에만 의존하는 사람이 전체의 27%에 달했다. 이는 국민연금 말고는 딱히 은퇴 준비를 하지 못하고 있음을 의미한다. 이들의 자산은 거주 주택과 같은 부동산으로 구성되어 현금화하기 어렵다. 퇴직 후 고정소득이 가구당 평균 소득의 절반 이하이면 빈곤한 것으로 간주하는데, 우리나라 노년층 중에서는 45%가 빈곤 상태다. OECD 국가 평균의 세 배에 달하는 수치다(조재길, 2012. 9. 20.). 이런 상황에서 이미 약화되고 있는 노인 부양 기능은 시험대에 오르게 될 것이다.

서용석 등에 따르면, 미래의 노인층이라고 할 수 있는 베이비붐 세대의 상당수가 부부끼리 혹은 혼자 살기를 희망하고 있으며, 자녀와 동거하기를 희망하는 경우는 매우 적은 것으로 나타났다. 이들은 노년기를 부부끼리 보내다 배우자가 사망하거나 황혼이혼을 하게 되면 홀로 살게 될 것이다(서용석 외, 2011: 91). 이는 노인 1인가구와 단독가

표 2-15	일 중년층, 연 10만 명씩 부모 병수발 위해서 퇴직

블룸버그 통신은 부모 병수발을 위해 직장을 관두는 '개호 이직'이 최근 일본의 커다란 사회문제로 대두되고 있다고 보도했다. 초고령화가 급속히 진행되면서 복지 시스템이 이를 따라가지 못해 중장년층 자식이 간병을 위해 어쩔 수 없이 직장을 떠나는 것이다.

현재 일본의 75세 이상 노년 인구는 1,640만 명 이상이다. 약 700만 명에 달하는 '단카이 세대(1947~1949년 사이 태어난 베이비붐 세대)'가 4~5년 후쯤 75세에 접어들면, 75세 이상 고령인구가 급속히 증가하게 되어 2025년에는 2,180만 명에 이를 전망이다.

경제주간지 『닛케이비즈니스』에 따르면, 회사를 다니면서 부모를 간병하는 직장인은 약 1,300만 명이다. 이 둘을 아슬아슬하게 양립하다가 직장을 떠나는 사람도 연간 10만 명으로 추정된다. 개호 이직자는 사회 복귀가 어렵기 때문에 사회 취약층으로 전락하기 쉽다. 이에 따라 직장인이 일과 간병을 병행하도록 돕는 근무 시스템과 개호 이직자의 사회 복귀를 위한 제도적 장치의 마련이 시급하다.

출처: 오윤희(2015. 12. 23.).

구의 증가를 가져올 것이며, 가족의 돌봄을 받지 못하는 노인 인구의 증가를 의미할 수밖에 없다.

나아가 한자녀가족이 증가하면서 앞으로는 결혼한 부부 두 명이 양쪽 집안의 노인 4명을 부양해야 하는 문제로 인해 가족 간의 갈등 또한 심화될 가능성이 농후하다. 〈표 2-15〉에서 보는 바와 같은 상황은 우리 사회에서 노령화가 급속히 진전되면 더 이상 남의 얘기가 아닐 수 있다.

앞으로 인구 고령화로 인한 노동 인구의 부족은 여성 노동에 대한 사회적 수요를 증가시킬 것으로 예측된다. 특히 정보화 기술이 발달함에 따라 여성의 사회 참여는 더욱 증가할 전망이다. 여성의 사회 참여 확대는 여성들이 수행해 온 가족돌봄의 기능에도 변화를 가져오게 될 것이다. 그리하여 가족 내적으로는 돌봄 노동에 대한 성별 공유, 그리고 가족 외적으로는 돌봄 노동의 사회화에 대한 요구가 확대될 것으로 전망된다(강홍렬 외, 2006: 44-45, 56).

5. 정서적 기능

가족실태조사에서 가족이란 용어에 대한 생각을 조사한 결과, 37.8%가 '서로 사랑하는 사람들'이라고 응답하였다. 이는 많은 사람이 가족에 대한 이미지로 생계나 주거 단위 같은 현실적 의미보다는 사랑, 행복, 따스함 등을 더 많이 생각하고 있음을 의미한다(장혜경 외, 2005; 강홍렬 외, 2006: 33-34 인용 및 재인용). 산업화와 더불어 생산의 기능이 가족 외부로 빠져나가면서 가족의 정서적 기능은 더 강조되어 왔으며 앞으로 더욱 강화될 것으로 보인다. 이는 가족의 도구적 기능이 약화된 상황에서 가족을 일구려는 동기가 정서적 지원에 대한 욕구에 집중되기 때문이다. 그리고 사회 속의 개인들이 원자화될수록 다른 한편에선 친밀함과 사적인 소속감을 더욱 원하고, 그 마지막 보루로 가족을 떠올리기 때문이기도 하다(이여봉, 2008: 347).

그동안 가족 구성원에 대한 정서적 지지는 주로 여성이 제공해 왔다. 그러나 후기 산업사회로 넘어오면서 가족 경제의 불안정성 심화 등 다양한 요인으로 기혼 여성의 경제 활동이 증가하고 있다. 이런 상황에서 여성이 전적으로 가족 구성원에게 정서적 기능을 제공하는 것이 점차 어려워지고 있다. 또한 부부간의 정서적 친밀감이 중요시되면서 상호 간의 정서적 기대가 충족되지 않으면 가족이 해체될 가능성이 높아지게 된 것도 사실이다.

한편, 정보화의 진전은 가족의 정서적 기능이 작동하는 방법에도 영향을 주고 있다. 오늘날 인터넷과 휴대전화 등 정보화 기기를 효과적으로 사용하면 부부간 또는 부모자녀 간의 의사소통이 보다 원활해진다(강홍렬 외, 2006: 77).

2020년 가족실태조사 주요 결과에 따르면, 가족의 정의에서도 정서적 친밀성을 중요하게 고려하는 것으로 나타났다. 가족의 개념에 대한 인식을 보면 혈연에 기반한 법적인 관계를 인정하면서도 경제적 공동체로서의 의미보다는 '같이 살지 않아도 정서적으로 친밀성을 가지고 있으면 가족으로 인정할 수 있다'에 대한 동의 수준이 높아 향후 가족의 핵심 기능은 정서적 친밀성이 될 것임을 시사하고 있다(여성가족부, 2021. 5.: 348-349).

Chapter 03

가족과 다양성,
보편화되는 가족

———

제1절 혼인과 관련된 구조적 변화를 선택한 가족
제2절 가족 기능의 변화를 도모한 가족
제3절 폭력을 경험하는 가족

가족과 다양성,
보편화되는 가족

　사회가 변화하면서 가족도 다양해지고 있다. 다양한 가족은 사회 변화 속에서 가족이 각각의 방식으로 적응하는 모습을 반영한다. 또한 개인적 차원에서도 다양한 가족은 더 이상 남의 이야기가 아니다. 즉, 개인이 일생을 살면서 다양한 가족을 경험할 가능성이 그 어느 때보다 커지고 있다. 예를 들어, 결혼을 하여 부부가 함께 일하는 맞벌이가족으로 살다가, 이혼 또는 사별로 한부모가족이 될 수 있다. 그러다가 마음에 맞는 새로운 배우자를 만나 재혼가족을 이루게 될 수도 있다. 그런가 하면 조기 유학을 보내 외국에서 성장한 자녀가 국제결혼을 하면 다문화가족을 이룰 수도 있다. 자녀가 모두 성장하여 부부만 남아 노부부가족 혹은 빈둥지가족이 되었다가, 배우자가 사망하여 독신가족으로 살아갈 수도 있다. 그런가 하면 불임으로 자녀가 생기지 않아 무자녀가족이 되었다가 후에 입양하여 입양가족이 될 수도 있다. 이와 같이 오늘날 평균수명이 증가하고 가치관이 변화하고 라이프스타일이 다양해지면서, 한 개인이 일생에 걸쳐 여러 형태의 가족을 경험할 수 있다는 점에서 다양한 가족은 우리네 현실이다. 그리고 결혼, 입양과 같이 개인의 선택에 의한 것일 수도 있고, 사별이나 불임처럼 불가피하게 닥치기도 한다. 이에 따라 우리 사회를 구성하는 다양한 가족을 열린 관점에서 바라보는 것이 21세기 가족을 이해하는 첫걸음이다. 또 다양한 가족이 가진 어려움에 대해 사회가 최대한 지원하고, 그들이 건강하고 성공적으로 살아갈 수 있도록 돕는 것이 우리의 역할이기도 하다.

　3장과 4장에서는 다양한 가족에 대해 살펴보고자 한다. 가족은 사회 변화 속에서 구조적 변화를 선택하기도 하고 때로는 기능적 변화를 도모하기도 한다. 또한 때로 뉴 라이프스타일을 선택해 나가기도 한다. 이렇게 새로운 가족 유형이 계속 등장하기 때문에 모든 유형의 가족을 포괄하는 것이 어렵지만 가능하면 다양한 가족을 포함시키고자 노력하였다. 그리고 가족의 유형은 여러 방식으로 구분 가능하지만(김승권, 2005), 이 책에서는 보편화 추세에 있는 가족 유형과 최근 증가하고 있거나 새롭게 관심을 모으고 있는 가족 유형으로 나누어 살펴보았다. 가족은 끊임없이 변화하는 실체라는 점에서 문헌뿐 아니라 서적, 신문기사, 드라마 등 대중매체에 반영된 오늘날 다양한 가족의 삶을 조명하기 위해 노력하였다.

이 장에서는 보편화 추세에 있는 가족 유형을 중심으로 살펴보고자 한다. 우선, 혼인과 관련된 구조적 변화를 선택한 가족들, 즉 이혼가족과 재혼가족에 대해 고찰해 보고자 한다. 다음으로, 가족 기능에 변화가 있었던 가족—맞벌이가족, 입양가족 및 조손가족—에 대해 탐색해 보고자 한다. 마지막으로, 근절되어야 마땅하지만 여전히 남아 있는 사회 문제인 폭력을 경험하는 가족에 대해 다루고자 한다.

제1절 혼인과 관련된 구조적 변화를 선택한 가족

가족의 구조적 변화는 가족의 형태 변화로 이어진다. 이혼가족은 혼인을 해체함으로써, 그리고 재혼가족은 다시 한 번 혼인을 선택함으로써 구조적 변화가 발생한다. 우리 사회에서 이혼과 재혼이 또 하나의 선택으로 자리 잡아 가면서, 이혼가족과 재혼가족은 점차 보편화되어 가는 가족 형태다.

1. 이혼가족

1) 이혼가족의 증가

현대사회에서 이혼이 증가하는 이유는 가치관의 변화, 여성의 경제적 자립 등 보다 근본적인 측면에서 검토될 수 있다. 전통사회에서는 개인의 행복보다 가족을 우선시하였으며, 결혼을 통한 가족 관계를 성공적으로 수행하지 못하면 사회적으로 인정받지 못하였다. 그러나 점차 부부간의 우애적 관계를 강조하고, 상호 성장하는 기회라고 보는 관점으로 바뀌고 있다. 그리고 여성의 교육 수준 향상 및 이에 따른 취업의 증가는 여성에게 경제적 자립 능력을 갖게 했으며, 이는 이혼 선택에도 부분적으로 영향을 미치게 되었다. 이런 맥락에서 이혼을 자신의 삶을 위한 하나의 선택으로 받아들이고 자신이 결정한 선택에 대해 책임을 지려는 태도가 증가하고 있다(방성수, 장보임, 2003: 163).

평균 이혼 연령은 1990년 남자 36.8세, 여자 32.7세였다가 2020년에는 남자 49.4세, 여자 46세로 높아졌다(통계청, 2021. 3. 18., 보도자료: 45). 그리고 이혼 연령 분포를 살펴보면, 여자의 경우 1990년에는 25~29세 29.4%, 30~34세 28.0%, 35~39세 15.8%, 40~44세 7.9%였고, 45세 이상은 7.2%에 불과하였다. 그러나 2014년에는 25~29세 7.1%, 30~34세 13.8%, 35~39세 15.9%, 40~44세 19.6%였고, 45세 이상은 40.4%로 증가하였다(통계청, 2016: 115). 이와 같이 오늘날 이혼은 전 연령층에 골고루 분포되어 있으며, 20년 이상 된 부부의 황혼이혼 비율도 높아지고 있다.

2) 이혼가족의 어려움

이혼자는 심리사회적 및 경제적 문제를 경험하게 된다. 이혼 후 1~2년 동안 대체적으로 정서적 어려움이 따른다. 헤더링턴(E. M. Hetherington)과 켈리(J. Kelly)는 이혼 첫해에는 외로움, 우울증, 분노가 가장 보편적인 정서라고 지적한다. 많은 이혼자는 새로 획득한 자유와 기회에 대한 희열감과 새로운 삶을 구축하는 데 따른 어려움에 기인한 우울감을 반복적으로 경험하기도 한다. 그리고 '왜 결혼생활에 실패하였는지 그리고 결혼 실패가 의미하는 바가 무엇인지' 등 실패감을 경험한다(Hetherington & Kelly, 2002: 49-51).

그리고 이혼 여성은 주거 및 생계의 어려움 등 심각한 경제적 문제에 봉착한다(변화순, 1996: 76). 박옥희와 공선영에 따르면, 경제적으로 부유하지 않은 중년 여성의 경우는 이혼 후 생계 유지가 심각한 현실이 될 수 있다(박옥희, 공선영, 2005: 177-216). 결혼 기간에 경제 활동을 하지 않은 여성이 이혼 후 경제적 어려움을 해결하는 가장 근본적인 방법은 취업이지만, 자녀 육아, 일터에서의 차별, 인적자원의 부족, 건강 문제 등으로 취업하는 데 어려움을 겪는다(이여봉, 2003: 9-10). 또 비양육 부·모의 면접교섭 권리 보호를 위해 지원방안을 검토하여 면접교섭 프로그램을 전국으로 확산하고 비양육 부·모로부터 양육비를 받지 못하는 한부모에 대한 양육비 이행 지원을 강화하고 있다. 한시적 양육비 긴급지원 시 양육비채무자 동의 없이도 소득·재산 조회 가능(「양육비이행법」, '18. 9월 개정), 양육비를 이행하지 않는 경우 운전면허 정지 처분 요청(「양육비이행법」, '20. 6월 개정) 등 제도를 개선하고 있다(여성가족부, 2021. 4. 27.: 7).

이혼자뿐 아니라 아동도 부모의 이혼으로 어려움을 겪게 된다. 성인에게 이혼은 한 세계(a world)의 종식을 의미하지만, 어린 아동은 삶의 초점이 가족이기 때문에 유일한 세계(the world)가 종식되는 것 같은 영향을 받을 수 있다(Wallerstein, 2005: 403). 김현주는 이혼이 아동에게 미치는 영향을 연구하였는데, 대표적인 것을 살펴보면 다음과 같다. 첫째, 이혼가정의 아동은 동생을 돌보거나 집안일을 하는 등 가사 역할을 일찍부터

표 3-1	부부의 이혼 후유증

- 분노: '나에게 책임을 덮어씌우고 이혼을 요구한 배우자 생각에 화가 나 잠을 못잔다.'
- 수치심: '이혼이 남의 일인 줄 알았는데….'
- 불안감: '앞으로 어떻게 살아야 할지, 아이는 볼 수 있을지….'
- 죄책감: '아이들에게 미안하다.' '내가 아이를 기르지 못해 미안하다.'
- 집중력 저하: '일에 집중을 못한다.' '깜박하다 교통사고가 났다.'
- 피해의식: '사람들이 내 얘기를 하는 것 같다.'
- 우울감: '너무 힘들고 죽고 싶다.'
- 대인기피: '친구들에게 창피해서 아무도 만나지 않고 집과 직장만 왔다 갔다 한다.'

출처: 한국건강가정진흥원 양육비이행관리원(2020).

표 3-2	부모의 이혼을 받아들이지 못할 때 자녀들의 심리

- 죄책감: '나 때문에 부모님이 이혼한 거야!'
- 배신감: '만나러 오지 않는 아빠는 날 버린 거야!'
- 분노: '왜 이혼한 거야? 내 입장은 중요하지 않아?'
- 부모의 재결합에 대한 환상: '내가 말 잘 들으면 부모님이 다시 합칠지도 몰라.'
- 수치심, 또래관계의 어려움: '친구들이 우리 집 상황을 알게 되면 어떻게 하지?'
- 집중력 저하: '집안이 복잡해서 마음을 잡을 수가 없어! 우울해서 십중이 안 돼.'
- 무기력: '부모님 이혼에 대해 내가 할 수 있는 것은 아무것도 없어.'
- 어른과 결혼에 대한 불신: '결혼하면 뭐해? 부모님처럼 이혼할 텐데….'
- 자살충동: '현실이 너무 힘들어. 내가 죽어야 부모님이 내 마음을 알아줄까?'
- 불안감: '나를 기르고 있는 엄마마저 나를 버릴지도 몰라.' 눈치 보며 순응적으로 생활하기
- 공격성향: '왜 내가 피해를 입어야 하는데?'
- 퇴행: 집착하기, 투정 부리기, 잠자면서 이불에 오줌 싸기.

출처: 한국건강가정진흥원 양육비이행관리원(2020).

담당하게 된다. 둘째, 비동거부모의 확대가족과의 연계가 이혼과 함께 단절되는 등 확대가족이 축소되고 지지자가 감소하게 된다. 셋째, '이혼한 집 아이'로 바라보는 주위의 부정적 시선을 피하기 위해 부모의 이혼 사실을 숨기는 등 사회적 편견을 경험한다. 김현주는 표면적으로 잘 적응하고 학업이나 대인관계에 문제가 없어 보이는 이혼가정의 자녀도 내면적으로는 부모의 이혼으로 인한 상처 때문에 부모와의 관계나 대인관계가 억압되고 제한되어 있다고 결론을 내리면서, 이혼가정의 자녀에 대한 장기적인 지원이 필요하다고 주장하였다(김현주, 2005: 329-362).

3) 이혼가족의 성공적 적응을 위한 노력

이혼이 점차 보편화되어 가고 있지만, 이혼은 당사자와 가족에게는 여전히 매우 힘든 선택이며 이에 따른 적응 역시 힘든 과정이다. 일반적으로 적응하기까지 2~5년이 소요될 만큼(오정옥 외, 2007; 도미향 외, 2011: 55 재인용) 이혼 후 적응은 당사자뿐 아니라 가족 구성원 모두가 함께 노력해 나가야 한다.

송욱은 이혼 여성을 대상으로 이혼 후 적응 과정에 대한 연구를 실시하였다. 동 연구에서는 이혼 후 적응 과정으로 위축 단계, 갈등 단계, 수용 단계, 변화 단계의 4단계를 규명하였다. '위축 단계'에서는 이혼에 대한 사회의 부정적 시선이 의식되어 스스로 심리적으로나 대인관계에서 위축된 모습을 보인다. '갈등 단계'에서는 누구에 의한 이혼 결정이건 간에 달라진 현실 앞에 살아갈 막막함을 느끼며, 혼자 자녀를 양육해야 하는 부담감과 상대에 대한 마음의 상처로 대인관계에서 친밀감 형성이 어렵고 자기 개방의 어려움을 경험한다. 이 단계에서 이혼은 불가피한 최선의 선택이었다는 나름대로의 정리 과정을 거치는데, 개개인의 조건과 상황에 따라 갈등 단계의 강도나 지속 기간이 달라진다. '수용 단계'에서는 주변 이웃이나 지역 공동체의 심적 지지와 물적 지원을 받으며 자신이 선택한 삶을 점차 수용해 나간다. 끝으로, '변화 단계'에서는 혼자 힘으로 문제를 해결하고, 하고 싶은 일을 찾으며 미래의 또 다른 인연을 기대하며 자기 변화를 추구한다(송욱, 2012: 153-154).

한편, 하비(Harvey)와 파인(Fine)은 이혼이 자녀에게 미치는 영향에 대해 10여 년에 걸쳐 연구를 하였다. 〈표 3-3〉에서 보는 바와 같이, 이들은 학생 1천여 명의 사례를 수집하여 부모의 이혼으로 인한 고통과 혼란을 극복하면서 자녀가 얻는 용기와 회복탄력성을 보여 주었다(문희경 역, 2013: 16).

가족 및 결혼에 대한 가치관이 점차 변화하면서 이혼에 대한 태도와 시각도 긍정적으로 변화하고 있지만, 아직 이혼가족을 보는 부정적인 시각이 전부 사라진 것은 아니다. 이에 따라 이혼가족을 개인과 가족의 선택을 존중하는 차원에서 바라보고 그들의 적응을 사회적으로 지원할 필요가 있다. 이혼가족을 위해서 심리 적응을 위한 교육적인 프로그램, 미술치료, 놀이치료, 독서치료 등 다양한 접근이 시도되고 있다. 이혼은 아동

표 3-3 이혼가족 자녀, 고통을 넘어서서 희망 찾아가기

과연 이혼은 자녀에게 어떤 영향을 미칠까? 이혼이 자녀에게 미치는 영향은 대중적 및 학문적 관심을 받아 왔다.

"지금으로선 나는 영영 결혼하지 않을 거라는 확신이 든다. 내가 결혼할 확률은 0.5퍼센트에 불과하다. 나는 진실로 결혼 자체에 환상이 없다. 부모님의 이혼이 아주 부정적인 영향을 끼친 것 같지는 않다. 그러나 두 분의 결혼은 생각보다 훨씬 심각하게 내 삶을 망가뜨렸다." 존 H. 하비는 이 학생의 사례에 자극을 받아 이혼한 자녀에 대한 연구를 시작하였다고 말한다. 그는 10년 넘게 강의에 참여한 학생들로부터 사례를 수집하였다.

다음 학생의 이야기는 이혼이 자녀의 삶에 상상 이상의 영향을 미치기는 하지만 아이들은 탄력성을 가지고 부모의 이혼 경험을 통해 성장하기도 한다는 것을 보여 준다. "이혼은 아이들에게 가장 힘든 경험 가운데 하나다. 이혼은 상상을 넘어선 다양한 방식으로 아이의 삶에 충격을 가한다. 가족 구조 전반에 영향을 미칠 뿐 아니라 아이의 사회적 생활과 자존감에도 큰 타격을 준다. 얼마 지나지 않아 내 삶이 완전히 달라졌다는 사실을 깨달았다. 지금까지 살아오면서 이혼은 내가 겪은 일 가운데 가장 힘든 경험이었다. 이혼의 영향은 앞으로도 사라지지 않고 계속 남겠지만, 이혼으로 얻은 경험은 오늘의 나로 성장하도록 이끌어 준 엄청난 자산이기도 했다."(21세 남학생)

이 사례에서 보는 바와 같이 수많은 젊은이가 부모의 이혼을 견뎌 내고 성숙해졌다. 슬픔에 빠지기도 하지만 긍정적으로 승화하여 보다 성숙한 자세로 부모를 바라보고 자신의 삶을 찾아 나간다. 부모가 가족을 위한다면서 억지로 결혼을 지키는 것만이 능사가 아니다. 오히려 형식적 관계를 끝내면 가족이 더 행복해져서 부모와 자식 모두 갈등이 적고 건설적인 관계를 다질 수 있다.

이런 맥락에서 『네이션』의 저자 겸 칼럼니스트 카다 케이시 폴리트는 2000년에 『타임즈』에 이렇게 기고하였다. "미국은 더 이상 '그저 괜찮은' 결혼을 지키면서 우울하고 고통스러워하는 사람들로 넘쳐날 필요가 없다. … 이혼가정의 자녀 대다수가 똑똑하고 적응력이 뛰어난 아이로 성장하는 것이 사실이다. 우리 사회는 1971년 이래로 이혼하는 법에 대해서 충분히 배웠다. 엄마에게 충분히 재산이 있고 아빠와 자주 연락하고 지내며 이혼한 후에도 부모가 서로 예의를 지키고 악담을 퍼붓지만 않는다면 아이들은 잘 자란다. '충분히 좋은' 이혼이 존재하는데 어째서 이런 얘기는 표지 기사로 실리지 않을까?"

출처: 문희경 역(2013), pp. 9, 14, 32, 33, 159, 160.

이 꺼리는 주제이기 때문에 간접적인 접근 방법이 효과적일 수 있다(Kelly & Wallerstein, 1997; 박태영, 2007: 127-128 재인용). 앞으로 이혼가족 아동의 부정적인 감정과 정서 행동을 다룰 수 있는 상담 프로그램이 다양하게 개발 및 보급되어야 할 것이다.

4) 이혼가족에게 지원되는 서비스

(1) 양육비 이행지원 서비스(「양육비 이행확보 및 지원에 관한 법률」)

양육비이행관리원은 한부모가족 미성년 자녀의 안전한 양육환경 조성을 목적으로 양육환경 조성을 목적으로 양육부모의 신청을 받아 양육비 관련 상담, 협의 성립, 소송, 불이행 시 제재 조치 등 법률 지원을 하며, 양육비 관련 홍보, 교육, 인식 개선 캠페인 등을 통하여 양육비는 자녀의 생존을 위해 꼭 지급되어야 한다는 인식을 도모하고 있다.

(2) 면접교섭 서비스

면접교섭은 부모의 이혼이나 별거 등으로 자녀와 함께 살지 않는 부모와 자녀가 서로 직접 만나거나 편지 또는 전화 등 교류하는 것을 의미한다(「민법」제837조의2, 제843조, 제864조의2). 자녀를 양육할 때 부모와 안정된 관계를 유지하면서 생활하는 것은 자녀의 건강한 성장·발달에 최상의 조건이 된다. 그러나 이혼 등의 이유로 자녀가 부모와 함께 생활하지 못할 때 미성년 자녀들은 발달·심리·행동상의 다양한 문제에 노출될 수 있다. 이에 면접교섭은 이러한 문제를 해결하기 위해 자녀와 일방의 부모가 따로 떨어져 생활하는 경우에도 양육하지 않는 부모와의 계속적인 유대를 지속하도록 하여 미성년인 자녀의 순조로운 성장을 돕는 것을 그 목적으로 한다. 면접교섭을 할 때는 다음의 내용이 포함될 수 있다.

- 부모와 자녀가 서로 만나서 시간을 보내는 것
- 부모와 자녀가 서로 만나서 여행을 하는 것
- 서로 방문하는 것
- 전화나 서신 등으로 통신을 하는 것
- 선물 등을 교환하는 것

양육비이행관리원에서는 2020년부터 면접교섭 서비스를 지원하고 있는데, 면접교섭 중재와 면접교섭 상담, 개별 및 집단 면접교섭지원 서비스를 위탁 운영 가족센터 및 건강가정지원센터를 통해 제공하고 있다. 향후 사업을 전국적으로 확대하여 시행할 예정이다.

(3) 자녀양육 안내

협의이혼 또는 재판이혼을 신청한 미성년 자녀가 있는 부모들이 필수적으로 들어야하는 교육이다. 법원에서 실시하고 있으며, 지역에서 위촉된 자녀양육안내위원들이 이 교육을 실시하고 있다. 동영상도 함께 제공하고 있다(https://www.youtube.com/watch?v=GMzgrxYseVw).

〈표 3-4〉의 연구결과는 한부모가족에게 가지는 편견에 대해 생각을 해 보게 하는

표 3-4	'아이 혼자 키우면 발달 뒤처진다?' 편견 확 뒤집는 깜짝 결과

가족이 화목하지 않다면 아이에게 꼭 부모 모두가 필요한 것은 아니라는 연구 결과가 나왔다. 미혼·사별·이혼·조손가구 등 한부모와 아빠·엄마가 모두 있는 양부모 가정에서 자란 아이들을 약 7년간 추적 관찰한 결과다. 한국개발연구원(KDI) 김인경 연구위원은 4월13일 발간한 『KDI 정책포럼』의 '양부모 가족에서 한부모가족으로의 가족 유형 변화와 아동의 발달'에서 한부모와 양부모 가족의 자녀는 발달에서 큰 차이가 없었다는 결론 내렸다. 부모의 수 차이가 아동에게 미치는 영향을 조사하기 위해, 소득·부모 학력 등 다른 환경은 유사한 한부모와 양부모 가정을 찾아 서로 비교하는 방식으로 발달 변화는 총 아홉 가지 항목(건강, 학습습관, 정서 문제, 자아존중감, 삶의 만족도, 또래 애착, 학교 적응, 공동체 의식, 다문화 수요)을 동일한 문답으로 설문 조사했다. … (중략) …

조사 결과, 두 유형의 가족 자녀에게 유의미한 차이를 발견하지 못했다. 오히려 정서 문제 항목 중 주의 집중은 한부모가정 아이가 양부모 가정 아이 평균보다 14.4%더 높았다. "이는 아동이 한부모가족이 되면서 고질적인 부모 갈등에서 벗어나 애정을 지닌 보호자와 함께 살면서 개선됐을 수 있다."며 "부모가 심각하고 반복적인 갈등을 겪더라도 혼인관계를 유지하는 것이 자녀에게 좋다는 통상적 인식과 다른 결과"라고 밝혔다. 다만 학습습관에서 학업 시간관리 역량만 한부모가정 아이가 비슷한 환경의 양부모 가정 아이 평균보다 8.5% 정도 낮게 나왔다. 김 연구위원은 "우려와 달리 한부모가족으로 가족 유형 변화가 아동 발달상 긍정적인 영향을 미치는 측면도 있었다."면서 "다만, 학습에 미치는 부정적 영향을 완화하기 위한 정책적 개입이 필요하다."고 하였다. … (중략) …

한부모가 되면서 지게 되는 과도한 가사부담은 아이들의 학습관리 어려움으로 나타났다. 역시 조사 대상 한부모가족은 "집에 오면 가사에 시간이 부족하고, 그러면 집이 엉망인데 그거를 다 아이들에게, '너는 이거 하라.'고 계속 얘기를 했다. 아이들 챙기지 못하다 보니 사회부적응 상태가 됐다."고 답하기도 했다.

출처: 김남준(2021. 4. 13.).

내용이다. 한부모가정의 가사부담과 아동의 학습부진에 대해서 현재 정책적으로 시행하고 있는 한부모 조손가족 대상의 가사도움을 하고 있는 키움보듬이와 그 아동들의 정서 및 학습지원을 하는 배움지도사제도는 2012년 조손가족에게 먼저 시행이 되었고, 2013년 한부모가족에게 시범사업으로 시작하여 현재까지 건강가정지원센터의 역량강화사업에서 지원을 하고 있다. 이는 보편적 지원이 아니어서 일반 조손과 한부모가족은 혜택을 받을 수가 없다. 정책적으로 보편화하여 어려움을 겪는 조손가족과 한부모가족에게 등급별 지원을 하는 정책적인 제도가 정착되면 그들의 어려움을 단계적으로 해결해 나갈 수 있을 것이다(한국건강가정진흥원 양육비이행관리원, 2020).

2. 재혼가족

1) 재혼가족의 증가

재혼가족은 배우자 한쪽 혹은 양쪽이 이전에 결혼했다가 이혼했거나 사별한 두 배우자의 결혼으로 형성된 가족이다. 재혼가족은 부부 각각의 전혼 유무, 전혼자녀의 유무와 자녀와의 동거 유무에 따라 다양하게 구성될 수 있다. 우리나라의 재혼가족은 꾸준히 증가하고 있는 추세다.

2) 재혼가족의 특성 및 어려움

재혼가족은 핵가족과는 구조적으로 다른 특성이 있는데, 재혼가족의 구조는 복잡하다. 보다 구체적으로 재혼가족은 두 사람의 성인과 하나 혹은 그 이상의 아동으로 구성된다는 점에서는 핵가족과 동일하지만, 아동은 부부 중 한 사람의 자녀다. 그리고 핵가족에서는 부부 관계가 부모-자녀 관계를 선행하지만, 역으로 재혼가족에서는 흔히 부모-자녀 관계가 부부 관계를 선행한다. 더욱이 전혼자녀는 대개 한부모가족 단계에서 양육부모와 유대가 강화되어 있다. 또한 핵가족에서 가족 구성원은 단지 하나의 가족 체계에 속하지만, 재혼가족에서는 하나 이상의 가족체계가 관련되며, 두 번 이상의 결혼이 있었다면 대여섯 개의 가족체계가 관련될 수 있다(Sager et al., 1983: 23-27).

　재혼가족에서는 흔히 경계가 모호해진다. 경계의 모호성은 누가 가족 안에 또는 밖에 있으며, 가족 안에서 누가 어떤 역할을 할 것인가가 불확실한 것을 말한다. 경계의 모호함과 혼란은 자녀뿐 아니라 재혼부부에게 스트레스를 가중시킨다. 나아가서 이는 가족의 건강한 기능 수행을 저해한다. 재혼가족의 자녀는 흔히 충성심 갈등(부모 사이에서 혹은 친부모와 계부모 사이에서)을 경험하게 된다. 그리고 재혼가족은 가족생활주기가 서로 일치하지 않는 가족 구성원들이 상이한 발달 과제를 조화시켜야 하며, 두 가족의 문화를 결합시켜야 하는 과제를 가진다.

　헤더링턴과 켈리는 계부모가족에서 자녀, 재정 문제, 아동 보호 역할과 같은 영역에서 문제가 발생한다고 지적한다. 계자녀가 있는 재혼이 자녀가 없는 재혼보다 이혼율이 높은데, 아동이 재혼을 결속시키거나 해체시키는 데 기여하기 때문이다. 부부 관계를 형성하는 과업, 계부모 역할을 구축하는 과업, 서로 다른 생물학적 관계를 가진 두 가족의 아동을 계부모가족에 융합시키는 과업은 모두 만만치 않은 일이다(Hetherington & Kelly, 2002: 163).

　초혼가족의 이혼율보다 재혼가족의 이혼율이 높다는 사실은 재혼가족이 가지고 있는 어려움을 잘 시사해 준다. 재혼가족은 구조적으로 복잡하여 안정되기까지 여러 문제에 직면하게 된다. 장혜경과 민가영은 재혼 배우자와 관련된 갈등(전혼 배우자가 재혼생활을 방해하는 경우, 배우자를 속이고 전혼 배우자를 계속 만나는 경우 등), 자녀와 관련된 갈등(친자녀를 눈에 띄게 편애하는 경우, 양육 경험이 없는 배우자가 계자녀의 양육을 거부하는 경우 등) 그리고 자녀와의 관계(계부모로서의 역할 갈등과 친척들의 양육 관여 등)를 지적하고 있다(장혜경, 민가영, 2001: 166-200).

3) 재혼가족의 성공적인 적응을 위한 노력

　이러한 어려움에도 재혼은 이혼한 부모와 자녀에게 정서적 · 사회적 지지를 제공할 수 있을 뿐 아니라 이혼 여성이 빈곤에서 벗어나는 가장 빠른 길이다. 무엇보다도 재혼가족은 부부 두 사람, 아니면 적어도 부부 중 한 사람이 제2의 기회에 대한 희망을 가지고 출발한 가족이다. 〈표 3-5〉의 사례는 초혼에서의 실패로 인해 더 책임감 있게 살아가려는 다짐과 행복하게 사는 모습을 주변에 보여 주고 인정받고자 다짐하는 재혼가족의 모습이 잘 드러난다.

| 표 3-5 | 재혼가족, 책임감과 다짐 |

• **책임지지 못한 초혼에 대한 후회와 재혼에 대한 책임감**

"이혼했을 때, 남들이 내 인생을 살아 주는 것이 아니라는 점을 계속 생각했어요. 잘못되었다고 판단된다면 나 자신을 믿고, 내가 내 인생을 책임지는 것이 가장 중요하다고 생각했어요. 재혼가정 생활도 마찬가지예요. 내가 선택한 이 길을 내가 성실하게 책임지는 것이 나를 가장 아끼는 일이라고 생각하고 있어요. 이혼 후 어렵게 이룬 가정을 무너뜨리는 것은 또다시 어리석게도 저 자신을 망가트리는 일이잖아요. 절대 그런 일 없어야 하니까요."

• **행복하고 안정된 가정에 대한 갈망**

"과거를 정리하고 지금 새로운 가정을 꾸린 것은 잘한 선택이었다는 것을 우리를 아는 사람들에게 보여 줄 수 있는 것. 그것이 바로⋯ 가족의 화목이라고 생각해요. '이혼은 없다. 그러기 위해서는 어떤 집보다 더 서로를 이해하고, 아끼고 산다.'는 그런 모습을 보여 주는 것이라고 생각하고 있어요."

출처: 김미옥(2014), pp. 203-206.

초혼가족과는 달리, 재혼가족은 구조적으로 복잡하므로 통합에 이르기까지 여러 적응과제에 직면하게 되지만, 성공적인 재혼가족은 현실적으로 가능한 목표다. 초혼가족과의 차이점을 이해하고 수용하며, 적응 과제를 수행하는 데 충분한 시간을 가지고 노력한다면 성공적인 재혼가족을 만들 수 있을 것이다. 비셔 등은 성공적 재혼가족의 특성을 다음과 같이 제시하고 있다. 첫째, 기대가 현실적이다. 둘째, 상실이 애도될 수 있다. 셋째, 튼튼한 부부 관계가 수립되어 있다. 넷째, 만족스러운 계부모자녀, 계형제자매 관계가 형성된다. 다섯째, 만족스러운 일상과 의식이 수립된다. 여섯째, 가구들이 서로 협동한다(Visher, Visher, & Pasley, 2003: 163-171).

과거 호주제에서는 재혼가정의 자녀가 친부의 성과 본을 따르도록 되어서 재혼가족 자녀들은 형제 간의 성씨가 달라 학교생활이나 이웃과의 관계에서 고통을 겪기도 하였다. 다행히 「민법」 개정안이 2005년 3월 2일 통과되어서 가정법원의 판단에 따라 새아버지 성의 승계가 가능하게 되었다. 최근에는 재혼생활을 시작하려는 사람들을 위한 재혼준비 교육 그리고 재혼가족이 새로운 가족 형태에 적응하는 것을 돕기 위해서 재혼가족의 부부와 부모ㆍ자녀를 대상으로 하는 재혼가족 교육 프로그램도 개발되고 있다(김연옥, 2005: 215-235). 예를 들어, 정현숙은 재혼가족을 위한 준비 프로그램을 개발하였고, 여기에서는 재혼에 대한 이해, 배우자 역할 준비하기, 부모 역할 점검하기를 다루고 있다. 임춘희는 재혼가족의 관계 개선 프로그램을 개발하였으며, 여기에서는 재혼가족에 대한 이해, 부모의 재혼과 관련된 부정적 정서와 스트레스 완화, 계부모-

| 표 3-6 | 인생 2막… 사랑으로 가꾼 재혼가정: 아이들끼리의 갈등, 마음 터놓으며 해결 |

전 남편과 이혼하면서 아이들 양육까지 맡은 주부 J씨(44세)는 불가피하게 생활전선에 뛰어들어야 했다. 공인중개사 자격증을 따서 두 아이를 어렵사리 키웠지만 혼자 힘으로는 버거웠다. 게다가 딸은 16세, 아들은 12세로 둘 다 민감한 사춘기. 아이들이 결손가정의 자녀란 소리를 듣는 것이 마음에 걸린 J씨는 현재 남편인 K씨(53)를 소개받았다. K씨는 전 부인과 사별하고 5년 동안 두 아이를 홀로 키웠다. 아내는 3년 동안 암으로 고생하다 세상을 떠났다. 딸과 아들이 각각 19세, 14세로 어느 정도 컸지만 아이들은 한창 자랄 나이에 엄마의 사랑을 받지 못했다. 두 사람은 재혼을 했고 J씨가 두 아이를 데리고 K씨의 집으로 들어옴으로써 두 가정이 하나로 합쳐졌다.

그러나 부부에게 위기가 닥쳤다. 두 사람의 자녀들끼리 좀처럼 융화되지 못하고 노골적인 신경전을 벌이기 시작한 것이다. K씨의 자녀들은 J씨의 자녀가 자신들의 물건에 손을 못 대도록 텃세를 부렸고, J씨의 자녀들은 또 그들대로 남의 집에 얹혀사는 것처럼 눈치를 보았다. 양쪽 자녀들은 특히 컴퓨터 때문에 늘 전쟁을 치렀다. 게임을 하기 위해 컴퓨터를 독차지하려는 K씨의 막내는 J씨의 막내가 근처에 얼씬거리지도 못하게 했다. 컴퓨터를 한 대 더 들여놓았지만 문제는 해결되지 않았다. 이제는 첫째들까지 나서 편을 가른 뒤 컴퓨터를 차지하기 위한 전쟁을 벌였다.

부부는 고민 끝에 K씨가 살던 집에 J씨 가족이 들어와 합친 것과 친남매끼리 같은 방을 쓰게 한 것이 문제의 원인임을 밝혀냈다. 결국 부부는 가족의 새로운 질서와 유대관계 형성을 위해서 처음부터 새로운 터전에서 시작하는 게 필요하다는 판단에 따라 이사를 결정했다. 또 한 달에 꼭 한 번은 가족 모임을 가졌다. 서로 마음속에 담아 뒀거나 불편한 게 있으면 털어놓자는 의도였다. 그리고 딸들은 딸들끼리, 아들은 아들들끼리 서로 방을 같이 쓰게 했다. 이처럼 가족 모두가 새 집과 새 방을 쓰게 되자 서서히 변화가 일어났다. 내 것 네 것을 두고 다투던 아이들이 조금씩 우애를 느끼면서 새로운 관계를 형성해 나간 것이다. 물론 여전히 종종 다퉈서 서로 토라지기도 하지만 '뒤끝'이 없는 걸 보면 예전과는 크게 달라진 게 사실이다.

출처: 김윤현(2007a. 5. 7.).

자녀 간 갈등 해결을 다루고 있다(정현숙, 2000; 임춘희, 2006; 김효순, 2015: 266-268에서 재인용). 그리고 김미옥은 재혼가족을 위한 상담과 교육을 병행하는 재혼가족 관계 개선 프로그램을 개발하였다. 여기에서는 다양한 양육 상황에 놓인 재혼가족 부모의 양육 스트레스를 재혼생활 경험을 통해 탐색하고, 친자녀와 계자녀양육 사이에서 느끼는 혼란스러운 감정과 부정적 감정을 이해하고 수용할 수 있는 기회를 제공한다(김미옥, 2014: 163). 무엇보다도 재혼가족을 하나의 가족 유형으로 받아들이는 사회적 인식의 전환이 재혼가족의 적응에 힘을 보탤 것이다.

제2절 가족 기능의 변화를 도모한 가족

가족 기능에 변화가 발생한 가족도 있다. 맞벌이가족, 입양가족 및 조손가족은 특정 가족 기능의 변화를 경험한 가족들이다. 맞벌이가족은 1인 생계 유지자 대신 2인 생계 유지자를 선택하면서 경제적 기능의 다원화를 추구하고 있다. 입양가족은 친부모의 양육을 받을 수 없는 아동을 입양하여 양부모가 양육 기능을 대신 수행하게 된 가족이라고 할 수 있다. 한편, 조손가족은 친부모가 사망이나 기타 이유로 양육 기능을 수행할 수 없게 되어 조부모가 이를 대신하게 된 가족 형태다. 여기에서는 이들 가족의 현황, 어려움 그리고 적응을 위한 노력을 탐색해 보고자 한다.

1. 맞벌이가족

1) 맞벌이가족의 보편화

여성 취업에 대한 태도가 변화하고 여성의 경제 활동이 증가함에 따라 우리 사회에서 맞벌이가족이 보편화되어 가고 있다. 2020년 10월 기준 맞벌이가구는 559만 3,000가구로 우리나라 전체 부부 중 45.4%에 달한다. 가구주 연령별 맞벌이가구 비중은 40~49세가 53.1%, 30~39세가 51.3%, 50~64세가 49.3% 순으로 높게 나타났다(통계청, 2021. 6. 22.: 4). 무엇보다도 직장생활이 취업 여성의 가정생활에 어떤 영향을 미치는지에 대한 응답은 매우 긍정적이다. 보다 구체적으로 92.8%가 '일을 하는 것은 내게 보람과 활력을 준다', 86.0%가 '일을 함으로써 식구들에게 더 인정받을 수 있다고 생각한다', 87.0%가 '일을 함으로써 가정생활도 더욱 만족스러워진다'에 '매우 그렇다' 또는 '약간 그렇다'고 응답하였다(주재선 외, 2012: 182).

흥미로운 사실은 맞벌이에 대한 선호는 경제 위기나 저성장 시대에 더욱 증대되는 것으로 보인다. 저성장 시대의 일본 가족에 대한 연구를 실시한 가족사회학자 야마다 마사히로는 결혼이 애정을 보증하는 것도 아니고 안정된 경제생활을 보증하는 것도 아닌 가족 불확실성의 시대가 도래하였다고 한다. 이에 따라 전업주부가 아닌 맞벌이를 하는 것이 바람직하고, 이는 저출산의 해소에도 기여한다는 이론을 제기한다. 야마다 교수는 미국과 유럽에서 여성의 자립 이면에는 남성의 직업적 불안정화라는 냉엄한 현실이 있었으며, 남편의 실업이나 이혼에 대한 대비나 보험으로 여성도 직업을 가지게 되었다고 본다(장화경 역, 2010: 59-62, 101). 이런 지적은 고도성장 시대가 종식되고 저성장 시대로 진입하고 있는 우리 사회에도 시사하는 바가 클 것이다.

2) 맞벌이가족의 어려움

이와 같이 맞벌이가족이 증가하고 있지만, 일과 가정을 양립하는 데는 아직 많은 어려움이 있다. 흔히 우리나라 여성의 경제 활동 참가율은 M자형 곡선을 나타내는데, 이는 여성이 일과 가정을 양립하는 어려움을 단적으로 드러낸다. 제2차 가족실태조사에서는 맞벌이가족의 일-가정 양립 장애 요인으로 자녀양육 부담, 가사 부담, 가족과 함께하는 시간 부족이 가장 높게 나타났다(조희금 외, 2010b: 364). 이와 유사하게 취업 부모들은 일과 가정을 양립하는 어려움으로 일·가정 양립 스트레스, 건강 문제, 시간 부족을 가장 많이 지적하였다(홍승아, 김은지, 이영미, 2010: 110). 한편, 2015년 제3차 가족실태조사에서는 맞벌이가족이 일·가정 양립의 어려움으로 '직장 일 때문에 가족과의 약속을 지키지 못하는 것' '직장 일이 많아서 가족과 함께하는 시간이 부족한 것', 그리고 '직장 일 때문에 가족행사에 참여하지 못하는 것'을 가장 많이 지적하였다. 흥미로운 사실은 2010년 조사와 2015년 조사를 비교하면 직장 일로 인한 가족과의 약속 지키기와 가족행사 참여의 어려움을 제외하고는 모든 문항에서 어려움이 다소 감소한 것으로 나타났다. 다행히도, 맞벌이가족의 경우 '가사나 자녀양육, 가족원 돌봄 때문에 직장에 지각, 조퇴, 결근을 한다.' '가족적 책임(육아, 가사활동 등) 때문에 상관이나 동료들과 제대로 어울리지 못한다.' '가사, 자녀양육, 가족원 돌봄 때문에 직장생활이나 승진 등에 불이익을 받을까 두려움을 느낀 적이 있다.' '가사, 자녀양육, 가족원 돌봄 때문에 직장에서 불성실하다는 비난을 받아 본 적이 있다.'에서 어려움 정도가 감소한 것으로 나타났다(장혜경 외, 2015. 12.: 337-340).

취업 부모에게는 자녀양육 문제가 가장 큰 애로점이다. 일부 맞벌이가족은 시부모나 친정부모의 도움을 받기도 하지만, 핵가족화되면서 자녀양육을 대신할 수 있는 친인척이 줄어들어 자녀를 돌봐 줄 사람을 구하거나 보육시설을 활용하게 된다. 하지만 보육

시설의 부족, 맞벌이 여성의 임금에 비해 상대적으로 높은 보육료, 자신이 일하고 있는 동안 엄마를 대신할 만큼의 보살핌을 받을 수 있을까 하는 걱정 등의 어려움이 있다(김민정, 2006; 이승현, 2007: 1 재인용). 이와 유사하게, 홍승아 등의 연구에서는 직장을 다니면서 아동 양육에 따른 어려움으로 아이를 믿고 맡길 곳이 없음, 과도한 직장 일, 긴급 상황 시 도움받을 곳이 없음 등의 문제가 제기되었다(홍승아 외, 2010: 110-111).

나아가서 일하는 엄마에게 자녀교육은 또 다른 난제다. 우리나라와 같이 자녀교육에 관심이 많고 자녀교육에 올인하는 엄마를 주변에서 쉽게 볼 수 있는 사회에서, 맞벌이 하는 엄마는 전업맘에 비해 교육 정보도 턱없이 부족하고 아이에게 신경을 못 쓰다 보니, 자기 아이만 뒤떨어진다는 초조한 마음이 들기도 하고 '직장을 그만둬야 하나' 하는 고민에 휩싸이기도 한다(이미나, 2012. 12. 21.).

취업 여성에게는 가사 분담의 문제도 어려움의 하나다. 한국여성정책연구원의 2012년 여성가족패널조사에 따르면, '맞벌이부부는 집안일도 공평히 분담해야 한다.' 는 응답에 긍정적으로 응답한 비율은 85.7%(매우 그렇다 26.5%, 조금 그렇다 59.2%)로 평등한 가사 분담에 대한 의식이 점차 증가하고 있다(주재선 외, 2012: 156). 그러나 아직 현실적으로 맞벌이가족에서 여성의 가사노동 부담이 현저하게 높은 것으로 나타나고 있다. 맞벌이 남성의 경우 집안청소(60.4%), 쓰레기 분리수거(58.4%), 설거지(54.3%), 식사준비(44.7%)의 순으로 가사노동을 수행하고 있었다. 그리고 맞벌이 여성은 식사준비(98.6%), 설거지(98.5%), 시장보기(97.5%), 집안청소(97.2%)의 순으로 수행하고 있었다. 특히 여성의 식사준비와 설거지는 1주 평균 수행횟수가 각기 10.9회, 11.3회로 남성의 2배(각기 4.2회, 4.3회)를 상회했고, 소요시간 역시 각각 7.8시간, 4.2시간으로 남성의 3배(각기 2.0시간, 1.4시간)를 상회했다(장혜경 외, 2015. 12.: 345).

취업 여성이 자녀양육과 가사분담 등 일과 가정을 양립하는 데 어려움을 겪고 있지만, 〈표 3-7〉에서 보는 바와 같이 맞벌이가족의 아버지도 자녀양육에서 어려움을 경험한다.

한편, 많은 맞벌이가족이 자녀를 가장 믿고 맡기는 데가 조부모다. 한국여성정책연구원의 조사에 따르면, 손자녀를 돌보는 주된 이유에서 '자녀의 직장생활에 도움을 주기 위해서'가 가장 높은 비율을 보였다. 그러나 손자녀를 돌보는 조부모의 73.8%가 상황이 된다면 손자녀 육아를 그만두고 싶어 하는 것으로 나타났다. 그 이유는 손자녀를 돌보는 것이 육체적으로 너무 힘들거나, 조부모 자신이 취미생활과 사회생활을 하고

> **표 3-7**   맞벌이가족 아버지가 양육과정에서 겪는 어려움

• **아빠의 비애**

(하원 시간이 가까웠는데) 업무 시간 외 근무가 생길 때도 많이 있어 근무 때문에 아이를 데리러 갈 수 없을 때 많이 어려워요. 어린이집에 전화를 해서 좀 늦는다고 부탁을 해도 선생님이 아이를 미워하게 될까 봐 걱정이 되고, 데리러 갈 수도 없고 안 갈 수도 없는 상황이 생겨 마음에 부담만 더하게 되는 것 같아요(수연 아버지 저널, 2013. 5. 19.).

• **슈퍼맨으로 살아가기**

회사 일을 하고 피곤한 몸을 이끌고 집에 오면 아이들 씻기고, 공부시키고, 설거지, 빨래 등등…많은 것이 있는데요. 이런 것들을 다 분담해서 하고 있어요. 맞벌이를 하다 보니까 분담해서 한다고 해도, 밖에서 피곤하게 일하고 집에 돌아와서 또 일을 하니까 집사람이나 저나 정말 피곤할 수밖에 없습니다(준서 아버지 면담, 2013. 7. 26.).

• **회사에서 눈치 보기**

불이익을 당한 것은 없고 상사도 이해는 하지만 눈치가 보이는 건 어쩔 수가 없네요. 두 명이 (부부가) 동시에 야근이나 회식이 발생되는 날은 좀 난감하죠. 그럴 때는 한 명이 희생을 해야 해서 서로 미안하고, 때에 따라 빠질 수 없는 경우에는 장모님의 힘을 빌리기도 하는데 역시 죄송스러운 부분이죠(아람 아버지 면담, 2013. 7. 7.).

출처: 김묘선(2013), pp. 35-57.

싫어서가 가장 큰 것으로 나타났다(양은하, 2016. 1. 27.).

이렇게 손자녀를 돌보는 조부모를 일컬어 시니어맘이라고도 한다. 그들에게는 손자녀를 키우는 보람도 있겠지만, 하루 종일 아이와 시간을 보내다 보니 여가생활을 즐길 수 없고 체력이 약해지면서 받는 육체적·정신적 스트레스도 엄청나다. 전문가들은 "맞벌이 자녀의 아이를 키워 주다가 건강에 문제가 생기는 노년층이 많다."라며 "약해진 체력으로 아이를 보다가 신체에 무리가 오는 경우가 흔하고, 대화 상대가 되지 않는 아이와 종일 지내다가 우울증에 걸리기도 한다."라고 지적한다(김태열, 2013. 8. 26.).[1]

---

1) '황혼 육아'로 인한 우울증은 여가 활동이나 대화로 풀고, 건강검진을 정기적으로 받을 것을 전문가들은 권고한다. 아이 돌보기와 집안일로 스트레스가 쌓이고 여가를 즐기지 못하면 '황혼 육아 우울증'이 올 수 있다. 대화가 통하지 않으면서 떼를 쓰는 아이에게 온종일 시달리면 식욕 저하, 스트레스, 불면증 등 우울 증상이 나타나는데, 기분 동요가 심하고 사소한 일에도 쉽게 울적해지며 이유 없이 초조해지거나 불안하다면 이를 의심해 봐야 한다. 이럴 경우 아이가 자는 시간을 이용해 5~10분 정도 명상을 하고 편안한 리듬의 음악을 듣는 것도 도움이 된다(김태열, 2013. 8. 26.).

표 3-8	위성가족, 육아와 노인 문제를 동시에 해결하는 대안이 될까?

이 씨는 "결혼할 때부터 육아 등을 염두에 두고 양가 근처에 집을 얻었다"고 말했다. 이 씨 부부는 육아 외에 김장 등 집안일도 수시로 양가 부모들의 도움을 받고 있다. 양가 부모들도 "아이들 재롱 때문에 웃고 산다"며 흔쾌히 받아 주었다. 그러나 요즘은 "애 보는 것이 너무 힘들다. 놀이터에서 몇 시간 데리고 놀면 녹초가 되더라"는 말을 자주하고 있다.

맞벌이부부가 보편화되면서 부모 집 근처에서 살면서 육아 등의 도움을 받는 '위성(satellite)가족'이 갈수록 늘고 있다. 부모와 자녀세대가 각각 별도의 핵가족을 이루면서도 가까운 거리에 살며 대가족의 장점을 취하는 것이다. 부모는 손주들 재롱을 보며 외로운 노후를 달랠 수 있고, 자녀는 육아 도움을 받는 대신 용돈으로 사례를 하는 경우가 많다.

출처: 김민철(2009. 7. 31.).

3) 맞벌이가족의 성공적 적응을 위한 노력

맞벌이가족이 보편화하면서 이들은 다양한 방식으로 일과 가정을 양립하는 전략를 구사하고 있다. 김외숙과 이기영은 '동시적 유형'과 '순차적 유형'으로 나누었다. 그리고 어머니 역할과 취업을 번갈아 행하는 순차적 유형을 다시 '맏자녀 출산 직후 취업 중단형', 어머니 역할만 수행하는 '전통형', 취업-어머니 역할-취업 순을 밟아 가는 '취업중단형', 어머니 역할만 수행하다가 막내자녀 3세 이후 취업하는 '자녀양육 후 취업형' 그리고 자녀출산 전 취업 경험이 없다가 자녀출산 기간에 취업하는 '자녀출산기 취업형'으로 구분하였다(김외숙, 이기영, 2010: 258-259; 김선미, 2013: 221-222 재인용). 무엇보다도 맞벌이가족은 그들이 처해 있는 상황에서 선택할 수 있는 최선의 생존과 성장 전략을 추구하면서 일과 가정을 병행해 나간다. 〈표 3-9〉는 맞벌이가족이 선택하는 일·가정 양립의 전략을 보여 주고 있다.

맞벌이가족이 일과 가정을 성공적으로 병행하기 위해서는 개인적인 노력 이외에도 탄력적 근무 시간, 재택근무, 육아휴직 제도 등 사회적인 제도가 뒷받침되어야 한다(김미숙 외, 2002; 이승현, 2007: 8 재인용). 최근 일·가정의 불균형을 해소하고 직장과 가정 영역의 균형을 이루기 위한 노력이 정부, 기업, 건강가정지원센터 등에서 활발하게 이루어지고 있다. 정부는 남성의 가사노동 분담이나 자녀양육에 대한 책임을 강조하는 사회적 분위기를 조성하기 위하여 각종 휴가 및 휴직제도, 탄력적인 근로시간 운영 등의 관련 정책을 개선하고, '일·가정 양립'을 지원하기 위하여 '시간선택제일자리'를 마련하였다. 그리고 건강가정지원센터에서는 남성 대상 교육과 아버지-자녀 돌봄 프로그램의 의무화 등을 통해 남성의 일·가정 양립에 대한 인식 개선과 가정 내 아버지의 돌봄 역할 강화를 위해 노력하고 있다. 한편, 일부 기업은 가정과 직장생활을 병행할 수 있는 탄력적 근무제도, 출산전후 휴가제도, 육아휴직제도 등을 도입하여 가족친화적 경영을 실시하고 있다(장진경, 전종미, 2015: 2). 그러나 맞벌이가족의 일과 가정을 양립하는 어려움을 실질적으로 해소하는 데는 제한적인 효과가 있을 뿐이어서, 앞으로 더 많은 개선이 요구된다고 하겠다.

| 표 3-9 | 맞벌이가족, 삶의 경로와 조정 방식 |

• 주요 소득원인 남편과 노동시장에 드나드는 아내

이 가족은 '부인이 수시로 취업을 중단하는 유형'이다. 결혼 지속 연수가 8년이며, 남편은 30대 후반, 아내는 30대 중반이다. 아내는 비정규직에 취업하고 있고, 첫째 아이는 6세이며 둘째 아이를 임신 중이다. 이 가정은 반드시 맞벌이를 해야 한다고 암묵적으로 합의하였지만, 열악한 직장에 다니는 아내가 자주 중단하면서 일과 가정을 장기적으로 양립해 나가려고 한다. 이 가족의 조정 방식에서 두드러지는 특징은 '질이 좋지 않은 일자리'에 취업한 다른 기혼 여성들처럼 취업의 기회비용이 상대적으로 큰 자녀양육 시기에 아내가 일을 조정하는 것이다. 아내는 취업의 하향 조정을 통한 재취업 및 경력단절을 반복하였는데, 하향 이동은 수시 중단을 용이하게 하였다.

• 자영업자 남편과 가족종사자인 아내

이 가족은 '부인이 가업을 보조하는 유형'이다. 결혼 지속 연수가 13년이며, 남편과 아내는 40대 초반이며, 13세, 12세, 9세 자녀를 키우고 있다. 남편은 업종을 바꿔 계속 자영업을 해 왔고, 결혼 전 취업 경력이 없는 아내는 자녀의 출산·양육을 계속하면서 가업을 보조하는 가족종사자로서의 일을 간헐적으로 해 왔다. 이 가족에서 일과 가정의 양립은 소득 확보를 위한 일 영역에 우선권을 두고 남편의 '일의 변화 및 강화', 아내의 '일과 가정, 드나들기' 방식을 활용한 것이 특징이다. 먼저, 아내와 남편은 철저하게 성별 분업하여 돈벌이는 남편이, 양육은 아내가 전담하였다. 이런 성별 분업은 자발적 합의에 의한 것이라기보다는 남편의 가장 의식과 세 아이의 양육 그리고 이를 아내가 소극적으로 수용한 결과다.

• 경력을 추구하는 아내와 자녀양육과 가사보조자로 자신을 인식하는 남편

이 가족은 '부부가 개별적으로 취업을 지속하는 유형'이다. 30대 후반의 결혼 9년 차인 부부는 초등학교 2학년 자녀를 키우고 있다. 이 부부는 보다 높은 소득을 통해 중산층 가족을 기획하는 부부로 한 번도 **맞벌**이를 포기한 적이 없으며, ㄱ 과성에서 다음과 같은 조정을 해 왔다. 먼저 부부가 일 영역의 안정화를 위하여 일자리를 이동하였는데, 가계수입 증대를 위하여 아내는 그간의 경력을 토대로 직장을 옮겼으며 앞으로 경영학 박사학위 취득 후 기업을 창업할 생각이다. 남편도 일자리를 옮겼으나 같은 단체 내 부서 이동이었으며, 보다 나은 일을 찾기 위해 진학을 계획하고 있다. 이 부부에게 학위취득은 일자리 이동을 위한 중요한 수단이다. 이 가족은 경제공동체로서 부부간 연대의 모습을 보여 주는데, 자녀 돌봄을 분담하기 위해 스케줄을 조정하는 데서 잘 드러난다. 직업에의 몰두와 순차적 진학에 합의하고, 아이는 최소한 한 명의 부모가 돌본다는 원칙을 위해 아내의 직장과 학교 그리고 남편의 직장 스케줄을 함께 조정하였다.

출처: 김선미(2013), pp. 227-236에서 재구성.

2. 입양가족

1) 입양가족에 대한 인식 변화 및 현황

개념적으로 입양이란 친부모가 자신의 자녀를 양육할 수 없거나 양육할 의지가 없는 경우, 양부모가 친부모를 대신하여 아동에게 영구적이고 안정적인 가정을 제공하는 것이다. 입양가족은 입양아를 받아들임으로써 가족 구성원이 늘어나고 보다 복합적인 새로운 가족 관계를 형성하게 된다. 출산이 아닌 법률적 과정을 통해 부모−자녀 관계가 성립되는 사회적 과정이 입양인 것이다(장화경, 2001: 233).

태어난 모든 아이는 부모의 보호하에서 양육될 권리를 가지고 있다. 그런데 부모에게 양육될 수 없는 아동도 있다. 입양은 이런 아동에게 가족을 만들어 주는 바람직한 대안이다. 그동안 우리 사회에서 입양은 계속 존재해 왔음에도 입양에 관한 사회적 인식은 그다지 좋은 편이 아니었다. '낳은 정보다 기른 정이 더 깊다.'는 사례는 예외적인 것으로 간주되고, '피는 물보다 진하다.'는 혈연의식이 강하게 작용하였다. 이렇게 전통적인 유교 문화로 인해 혈연을 중요시하다 보니 입양에 대한 선입견이 많았고, 심지어는 '해외입양 1위 국가'라는 오명을 얻기도 하였다. 하지만 최근에는 국내입양에 대한 긍정적인 여론 및 사회적 분위기가 다방면에서 조성되고 있다. 『가족의 탄생』은 불임은 아니었지만 엄마가 필요한 아이들에게 가족이 돼 주고자 하는 마음 하나로 창의적인 가족 만들기에 나선 젊은 부부의 이야기다(이설아, 2013).[2] 언제부터인가 우리 사회에서 '가슴으로 낳은 아이'라는 말이 낯설지 않고 때론 따뜻한 감동으로 다가온다. 드라마에서는 입양자녀가 긍정적 캐릭터로 다루어지고 가족 힐링 드라마가 되기도 한다.[3] 또한 공개입양을 실천한 유명 연예인이 가족은 혈연으로만 이루어져야 한다는 잘

구분	계	2010년 이전	2011	2013	2015	2017	2019	2020
계	249,220	238,105	2,464	922	1,057	863	704	492
국내	81,124 (32.6%)	74,409 (31.0%)	1,548 (62.8%)	686 (74.4%)	683 (64.6%)	465 (53.9%)	387 (55.0%)	260 (52.9%)
국외	168,096 (67.4%)	163,696 (69.0%)	916 (37.2%)	236 (25.6%)	374 (35.4%)	398 (46.1%)	317 (45.0%)	232 (47.1%)

표 3-10 국내외 입양현황 (단위: 명)

출처: 보건복지부(2021. 12. 30.), p. 1.

못된 인식 개선을 위해 앞장서기도 한다(박미라, 2012. 9. 8.).[4] 이런 맥락에서 정부는 2005년 「입양촉진 및 절차에 관한 특례법」 개정으로 입양의 날(5월 11일)을 제정했다. 여기서 11일 입양의 날은 가정의 달(5월)에 한 가정(1)이 한 명의 아동(1)을 입양해 새로운 가정(1+1)으로 거듭나자는 의미를 담고 있다.

국내외 입양현황을 살펴보면, 2010년 이전까지는 해외입양의 비중이 훨씬 컸다. 즉, 해외입양은 16만 3,696명(69.0%)이었고 국내입양은 7만 4,409명(31.0%)이었다. 그러나 국내 입양가정에 대한 지원을 확대하면서 2020년에는 전체 492명 중 국내입양 260명, 해외입양 232명으로 비중이 비슷해졌다. 보건복지부는 2022년부터 출산 시에 '첫 만남 꾸러미'가 지급되는 것과 동일하게 "입양=출산"이라는 인식 확산 및 아동 양육 초기 부담 완화를 위해 입양 시 200만 원의 입양축하금을 지급하고 양육수당도 월 15만 원에서 20만 원으로 인상하였다. 또한 2021년부터 추진하고 있는 심리정서 지원사업[5]을 확대하고, 입양가정에 대한 통합서비스 지원사업[6]도 내실 있게 운영하는 등 입양가정에 대한 서비스를 강화할 예정이다(보건복지부, 2021. 12. 30.: 2).

2) 입양가족의 형성 및 적응

입양가족의 형성 및 적응의 출발점은 입양 동기다. 입양부모 중에는 생물학적 방법

---

4) 차인표, 신애라 부부는 2005년에 딸 예은 양과 3년 후인 2008년에 둘째 딸 예진 양을 공개 입양했다. 그리고 탤런트 이아현과 송옥숙 역시 공개입양 사실을 밝혀 화제가 된 바 있다(박미라, 2012. 9. 8.).

5) 심리상담 전문가 연계를 통해 입양 초기 육아 관련 심리상담 · 검사 등 지원

6) 입양 상담 전문기관을 통해 생애주기별 입양 이슈에 대한 통합서비스(교육, 멘토링, 상담 등)

표 3-11	두 딸을 입양한 최철규 씨 가족

"우리 집에는 배로 낳은 아들 둘, 가슴으로 낳은 딸 둘이 있습니다." … 이 부부가 현진 양의 입양을 결정하기까지의 과정은 순탄치 않았다. 최 씨는 "아내에게서 입양을 제안받았을 때 당황했고, 쉽게 결정하기 어려웠다."라며 "좋은 일이긴 하지만 아직 마음의 준비가 되어 있지 않았고, 또 이미 우리에게는 두 아들이 있는데 뭐가 아쉬워서 입양을 해야 하는지 망설였다."라고 말했다. 그러나 고민 끝에 최 씨는 입양이 잘못된 일도 아니고, 그렇다고 남들에게 지탄받는 일도 아니었기에, 아내의 제안에 '한번 해 보자.'라는 마음으로 동의했다.

아내인 주 씨도 현진 양을 입양할 당시 감회에 젖었다. 방송을 통해 홀트 여사의 삶을 조명한 프로그램을 보면서 입양에 대한 생각을 품게 된 주 씨는 '내가 좋은 엄마가 될 수 있을까?' 하는 것이 가장 큰 고민이었다. 그러나 입양 상담을 갔을 때 상담 선생님이 그녀와 많이 닮은 아이가 있다면서 한 여자아기를 안고 나왔고, 그렇게 처음 현진이를 안게 된 주 씨의 감동은 이루 말할 수 없었다.

주 씨는 "엄마들이 모두 겪어야 하는 해산의 고통이 있듯이 입양도 입양 전까지 마음으로 해산하는 고통이 있다. 나를 뚫어지게 바라보는 맑은 눈망울에 마음 저 밑에서부터 밀려 올라오는 알 수 없는 뜨거움으로 눈물이 쏟아질 것만 같았고, 지금도 그때를 생각하면 가슴이 두근거린다."라고 말했다.

출처: 김민(2013. 1. 22.).

으로 자녀를 가질 수 없는 불임부부도 많다. 불임은 자존심의 손상뿐 아니라 여러 가지 상실을 경험하는 아픈 과정을 수반하는 것이 보통이다. 장화경에 따르면, 불임이라는 믿고 싶지 않은 판정을 받고 실망, 좌절, 분노, 상실감을 경험한 다음에 입양을 본격적으로 생각하게 된다. 이때는 이미 결혼 후 상당 기간이 소요된 후이므로 입양부모의 연령은 30대 후반에서 40대 초가 주류를 이룬다(장화경, 2001: 238-240). 한편, 유자녀 가족의 입양은 대개 아이의 양육 자체에 관심이 많지만, 이 경우에도 부부는 나름의 특별한 입양 계기가 있으며 마음으로 해산의 고통을 겪기도 한다.

입양아는 아이를 키운다는 점에서 본질적으로 내 자식을 키우는 것과 다르지 않다. 그러나 입양부모는 입양아와 생물학적으로 연결되어 있지 않기 때문에 불안을 경험하기도 한다. 그리고 입양부모의 자녀양육은 친부모의 자녀양육과 다른 측면이 있다. 아이가 신생아 때 입양된 경우가 아니라면, 입양부모는 입양아가 정상적인 상황 속에서 양육되는 아동보다 많은 '분리'를 경험했다는 사실을 인정해야 한다. 어떤 아동보다도 건강하게 성장하는 입양아동도 많지만, 경우에 따라 애착 관계를 맺고 있던 사람과의 분리 경험은 입양아의 신뢰감과 자존심 형성에 부정적 영향을 미칠 수 있고, 다른 사람과 정서적 관계를 형성하는 능력을 저하시키기도 한다(장화경, 2001: 251).

3) 입양가족의 이슈

(1) 공개입양

입양 사실을 공개할 것인가 하는 문제는 입양가족에게 민감한 이슈다. 입양가족은 입양을 공개할 의사가 있더라도 현실적으로는 가까운 사람에 한정하여 알리는 반(半)공개를 많이 하고 완전공개는 드물다. 입양기관의 전문가는 다양한 가족 관계를 인정하는 것이 바람직하므로 공개입양을 확산해야 한다고 주장하고, 입양아에게 입양 사실을 말해 주는 것은 빠를수록 좋고 입양아끼리 만나게 하는 것이 필요하다고 조언한다. 그러나 입양부모의 입장에서는 입양아가 자라면서 겪을지도 모르는 차별을 걱정할 수

표 3-12	엄마가 학교에 와서 입양교육 좀 해 주면 안 돼?

지난 11월 중순 희은(9 · 초등 2) 양은 울면서 엄마인 김경아(43 · 서울 서대문구) 씨에게 부탁했다. 희은 양은 생후 한 달 만에 김 씨의 가족이 된 입양아다. 사연을 들어 보니, 희은 양이 절친한 친구에게 '자신이 입양됐다'는 비밀을 털어놓았는데 이후 사이가 나빠지면서 그 친구가 반 아이들에게 희은 양의 비밀을 하나둘씩 퍼뜨렸다는 것이다. 엄마인 김 씨는 올 초부터 전국 초 · 중 · 고교를 돌면서 '반편견 입양교육'을 하는 강사다.[7]

"괜히 너무 많은 사람이 자기의 입양 사실을 아는 게 부담스럽다며 자기 학교에는 오지 말라고 했거든요. 근데 어차피 친구가 다 소문내고 다닐 테니까, 친구들에게 제대로 입양을 설명해 달라고 부탁하더라고요."

지난 16일 김 씨는 희은 양의 교실 문을 열었다. 결혼과 출산을 통해 가족이 되기도 하지만, 낳아 준 부모와 살 수 없게 된 아이를 입양함으로써 가족이 되는 방법도 있다는 설명에 반 친구들은 고개를 끄덕였다. 수업 내내 긴장한 희은 양은 수업 말미에 가족사진을 보여 주자, 다른 친구들처럼 깔깔대며 웃었다.

"입양이 비밀스러운 것도 아니고, 잘못도 아니고, 약점도 아니라는 걸 알려주고 싶었어요. 입양교육 이후 친구들은 희은이에게 입양에 대해 솔직하게 물어보고, 더 이상 약점으로 삼아 따돌리는 일이 없어졌대요. 희은이는 쾌재를 부르고 있어요(웃음)."

출처: 박란희(2012. 12. 10.); 연합뉴스(2011. 12. 7.).

---

7) 한국입양홍보회는 실제 입양 부모로 구성된 입양교육 전문강사를 각 학교로 파견해서 입양에 대한 인식 개선 교육인 '반편견 입양교육'을 실시하고 있다.

밖에 없는 현실적인 어려움이 있다(장화경, 2001: 233). 최근 입양에 대한 사회적 인식이 변화하면서 공개입양에 대한 인식이 점차 개선되고 있으므로 앞으로 공개입양을 선택하는 입양가족이 늘어날 것으로 보인다.

(2) 뿌리찾기

뿌리찾기는 입양아동과 가족에게 또 다른 중요한 이슈이며, 특히 공개입양 아동에게 보다 보편적인 현상이다. 이는 입양아동의 자아정체감에 커다란 영향을 미치며, 상실과 애도, 애착형성에도 관련된다. 즉, 자신을 낳은 부모가 따로 있다는 것을 알게 되면서 입양아동은 상실감을 갖게 되고 이에 대해 애도하며, 이는 다시 입양부모와의 애착에 영향을 미칠 수 있기 때문이다(권지성 외, 2010: 211). 뿌리찾기의 동기는, 첫째, 입양된 이유에 대한 궁금증, 둘째, 친생부모의 유전적인 정보를 통한 삶의 연속성에 대한 욕구, 그리고 셋째, 입양인으로서의 정체감 확립 등이다(권지성 외, 2010: 213). 그동안 뿌리찾기에 대해서 긍정적인 결과가 보고되어 왔다. 여기에는 친생부모의 상황과 환경에 대한 이해, 보다 통합된 존재가 된 느낌, 정체감의 확립, 입양부모와의 관계 향상 등이 있다. 경우에 따라 이는 실망스러운 결과를 가져오기도 하지만, 그런 경우조차 입양인은 뿌리찾기 과정 자체를 만족스럽게 여기는 경향이 있다고 보고된다(권지성

표 3-13 아주 특별한 뿌리찾기: 트윈스터스, 사만사 푸터먼과 아나이스 보르디에

"안녕 사만사, 난 아나이스야. 여긴 프랑스야. 얼마 전 네가 출연한 유튜브 영상을 보고 난 심장이 멎는 줄 알았어. 입양 관련 영상을 통해 너도 입양된 걸 알았어. 생일과 출생지가 나와 똑같아. 귀찮게 굴어 미안하지만, 넌 어디에서 태어났어? 걱정 말고 연락 줘." 1987년 부산에서 태어나 프랑스 가정에 입양돼 자란 디자이너 아나이스 보르디에는 2012년 12월 페이스북으로 이 메시지를 보냈다. 상대는 자신과 똑같이 생긴 미국 영화배우 겸 감독 사만사 푸터먼. 자매는 이듬해 2월 25년 만에 처음으로 만났다. 자매의 상봉은 그해 창립 10주년을 맞은 페이스북이 10대 사건으로 선정했고, CNN 등은 화제의 뉴스로 전했다.

이들의 이야기는 '트윈스터스(Twinsters)'라는 제목의 다큐멘터리로 만들어졌고 서로 처음 만나 서울로 뿌리찾기 여행에 나서는 과정을 담았다. 자매는 얼굴은 닮았지만 성격은 달랐다. 상처가 깊었던 아나이스는 내성적이고, 화목한 가정에서 자란 사만사는 외향적이었다.

두 사람이 서로의 삶에 등장하면서 바뀐 게 있을까. 사만사는 "절대로 혼자가 아니라는 사실에 안심이 된다."라며 "생명을 주신 부모님께 고맙다."라고 했다. 아나이스는 "가족이 늘어나서 신난다."라며 "우리가 성공적인 입양 사례가 돼 다른 입양가족에게도 희망을 줬으면 좋겠다."라고 말했다.

출처: 유재혁(2016. 2. 24.).

외, 2010: 215). 뿌리찾기는 주로 성인 입양아동에게서 많이 이루어지고 있으나 최근 연구에는 학령기부터 시작된다는 보고도 있다. 권지성 등은 학령 입양아동의 뿌리찾기는 아동의 발달단계와 맞물려 있어서 자신의 뿌리를 찾고자 하는 결정적 시기가 있다고 지적한다. 아동기의 뿌리찾기는 친생부모에 대한 궁금증을 해결하는 수준에 머무른다(권지성 외, 2010: 221).

해외에 입양된 한국 아동이 정체성을 찾아 가는 과정에서 입양부모가 보이는 태도는 배울 점이 많다. 해외 입양부모는 입양자녀에게 이런 정체성을 가지라고 가르치거나 유도하는 것이 아니라 다양한 길을 보여 주면서 입양인 스스로 선택해 갈 수 있도록 돕는다. '네 인생 네가 알아서 해라.' 식의 방관적인 태도가 아니라, 입양인이 독립적이고 주체적인 존재로 살아가도록 다양한 대안을 제시하면서 자기결정의 기회를 주고, 이를 지켜보면서 더 나은 결정을 하도록 돕는 '너는 네 길을 가라, 내가 옆에 있을게.'라는 태도는 우리에게 시사하는 바가 크다(권지성, 2013: 147).

(3) 「입양특례법」과 이의 안타까운 현실

그동안 입양 관련 법과 제도가 미비하다는 지적이 끊이질 않았다. 2012년 8월에는 입양 절차 전반에 대한 국가의 관리감독 의무를 강화하고 입양아동의 인권을 보호하기 위해 「입양특례법」이 개정되었다.[8] 이 개정법의 핵심은 가정법원의 허가를 받아야 하며, 부모가 출생신고를 하고 일주일의 숙려 기간을 거쳐야 한다는 것이다. 개정된 「입양특례법」에는 국내입양을 우선 추진하기 위한 조치도 있는데, 입양기관의 장은 입양이 의뢰된 때로부터 5개월간 국내입양을 추진하고, 이후 해외입양을 추진하도록 하고 있다. 해외입양 아동은 친생부모 찾기 및 국적 회복 지원, 고충상담 등의 사후 서비스를 받을 수 있다.

「입양특례법」은 진보하였으나, 현실은 이를 따라가지 못해 안타깝다. 2012년 시행된 「입양특례법」 제11조에 따르면 입양을 보내려면 반드시 친부모 또는 미혼모가 출

---

8) 개정된 「입양특례법」에서는 '입양=민간단체의 자선 행위'라는 공식을 깨고 '국가가 책임져야 할 아동의 권리'라는 개념으로 중심 축이 바뀐다. 해외입양인들은 "입양아동의 권익을 보호하는 것이 바로 선진국형 입양정책"이라며 환영을 표시하기도 한다. 그리고 한국입양홍보회 회장은 "입양 절차 전반에 대한 국가의 관리감독 의무가 강화돼, 입양이 보다 신중하게 이뤄질 전망"이라며 "입양아동이 법률적·심리적으로 안정적인 환경에서 성장할 기반이 마련된 것"이라고 말했다(박란희, 2012. 9. 11.).

생신고를 해야 한다. 이는 2010년 4건, 2011년과 2012년 각각 37건과 79건이던 베이비박스 아동이 2013년 252건으로 늘어난 이유다. 미혼모들은 자신은 아이를 키울 여력이 안 되지만 아이가 고아원으로 가기보다는 입양을 통해 새로운 부모를 만나길 원한다. 하지만 현실은 정반대다. 출생신고서가 없는 베이비박스 아기는 입양이 안 되므로 대부분 시설로 보내진다. 2013년 입양 숫자가 급격하게 줄어든 이유다. 지금도 베이비박스에서 연간 200명 정도의 아동이 발견되고 있다. 이에 한국입양홍보회를 비롯한 입양가족 단체에서는 보호출산제 도입이 필요하다고 역설한다. 보호출산제는 미혼모가 신분을 밝히고 출산하는 것이 어려운 지경에 처했거나 양육이 힘든 경우에 한해 출산지원시설에서 출산하도록 하고, 시설로 보내지 않고 입양가정을 알선해 주는 제도다. 보건복지부는 입양 전 위탁제를 도입해 입양 전에 아동과 예비 양부모가 서로 적응할 수 있도록 지원하고 입양심사를 강화한다는 방침이다. 이를 위해 복지부는 입양기관이 외부위원으로 구성된 결연위원회를 구성·운영하도록 했다(나주예, 2021. 5. 11.).

3. 조손가족

1) 조손가족 증가의 배경 및 현황

한지현(11·가명) 양은 3세 때 부모가 이혼한 뒤 외할머니 집에 맡겨졌는데, 5세 때 어머니마저 병으로 세상을 떠났다. 외할머니와의 나이 차는 60세다(박상기, 2013. 1. 5.).

조손가족은 1세대인 조부모와 3세대인 손자녀로 구성된 가족을 의미하며, 자녀를 돌볼 능력을 상실한 2세대 성인 자녀를 대신해서 조부모가 손자녀를 돌볼 책임을 일차적으로 전담하는 가족 형태를 일컫는다. 2005년 인구주택총조사에서 조손가구는 5만 8,101가구로 전체 가구의 0.4%를 차지하였으나, 2010년 조사에서는 11만 9,294가구로 2.1배 증가하여 전체 가구의 0.7%를 차지하게 되었다(양정선, 이정화, 2012: 3). 조손가족의 발생 사유 1위는 친부모의 이혼 및 재혼으로 나타났고(53.2%), 친부모의 가출 및 실종(14.7%), 부모의 질병 및 사망(11.4%), 부모의 실직 및 파산(7.6%), 친부모 취업(맞벌이)(6.7%) 순으로 나타났다(여성가족부, 2010: 12). 나아가서 조손가족의 증가

배경으로는 급속한 노령화, 노동시장 유연성 증가 그리고 이혼율 증가가 지적되고 있다. 즉, 노령화로 인한 노인 인구의 증가, 노동시장 유연성으로 인한 안정적 가계 유지의 어려움, 증가하는 이혼율 등 우리 사회의 현상들이 의도하지 않은 결과로서 조손가족의 증가를 가져오고 있다는 것이다. 보다 구체적으로, 경제적으로 여유가 없는 저소득층은 노후 준비를 충분히 하지 못한 노인 가족을 낳고, 세습된 빈곤에 의해 안정적인 가정을 형성하지 못하는 자녀들 역시 빈곤으로 인한 이혼에 이르게 되며, 이들의 이혼은 결국 자신들의 노년조차 준비하지 못한 상태에서 손자녀의 양육까지 떠맡아야 하는 조손가족을 만들게 된 것이다(여성가족부, 2010: 52-53).

2) 조손가족의 어려움

조손가족에서 조부모가 경험하는 대표적 어려움에는 경제적 부담, 신체적·심리적 돌봄 부담, 사회적 고립이나 배제, 돌봄에 대한 복합적 감정 등이 있다. 손자녀를 외면할 수 없지만 준비 없이 손자녀를 책임지게 된 조부모에게 빈곤은 현실적으로 가장 큰 어려움이다. 이경림의 연구에 따르면, 조손가족은 양부모가족, 모자가족, 부자가족과 비교해 볼 때 가장 열악하였다. 즉, 조손가족은 경제적 수준이 가장 낮았고 주관적 빈곤감 역시 가장 큰 것으로 나타났다(이경림, 2007: 46-50). 조부모의 연령이 높아지면서 근로 능력은 떨어지게 되고, 사회적 자원의 결핍과 성인자녀의 지원 부족은 빈곤 탈출을 더욱 힘들게 한다(윤혜미, 장혜진, 2012: 266). 그리고 조손가족의 조부모는 신체적 돌봄 부담도 적지 않다. 식사준비, 청소, 빨래 등 가사가 힘에 부치고 결과적으로 지병을 악화시키기도 한다. 특히 가사 경험이 없는 조부는 기본적 가사 능력이 부족하여 어려움을 겪게 된다. 신체적 돌봄 부담 이외에도, 조부모는 손자녀를 맡기고 떠난 성인자녀에 대한 서운함과 실망, 노여움, 서글픔 등 다양한 심리적 부담감을 경험하고 때로는 우울증으로 고통받기도 한다. 심지어는 '자식들이 실패했다'는 데 대한 자괴감과 수치심을 느끼기도 하고, '자식이 잘못되어서' 손자녀를 떠맡게 된 형편이 주변에 알려지는 것이 싫어서 스스로 사회적 관계망을 축소 내지 단절시키기도 한다(윤혜미, 장혜진, 2012: 266-268).

한편, 예기치 않게 조부모와 살게 된 손자녀도 여러 어려움을 경험하게 된다. 낯선 곳으로 이사나 전학을 하게 되기도 하고, 이런 과정에서 친구들과 단절이 되고, 조손가

표 3-14 포기하지 않고 끝까지 아이와 함께

아이를 키우던 친할머니가 돌아가시자 시골에서 혼자 생활하시던 친할아버지가 두 명의 남자아이를 키우게 되었다. 어렸을 때부터 할머니와 살았던 아이는 옆에서 학습을 지지해 줄 보호자가 없었고 형이 있었지만 학습에 도움이 되지 못했다. 당뇨병을 앓고 있는 할아버지는 1년 내내 약을 드시며 아이들을 돌보았지만 연로하신 할아버지의 힘으로 혼자 아이들을 챙기는 게 쉽지 않다고 하소연하신다. 주변에 친척이 있지만 거의 연락이 없는 상태이고, 세상의 온갖 짐을 다 지고 살아가는 것 같다며 힘들어하신다. 학교 담임선생님과의 상담이 있던 날, "얘는 장애 등록이 필요할 것 같아요."라고 담임선생님이 말씀하신다. 1학년인 아이를 꾸준히 지도해 왔지만 특수학급의 아이들보다도 학습 능력이 낮다는 것이다.[9]

출처: 최옥채 외(2009), pp. 40-41.

족이라는 낙인감을 느끼기도 한다. 이는 학교생활의 부적응과 또래관계 형성의 어려움을 유발하기도 한다. 심지어는 손자녀가 늙고 건강이 좋지 않은 조부모를 부양하거나 가사를 맡아 하는 등 역할 전환이 일어나서 조기 성숙의 압력을 받기도 한다(윤혜미, 장혜진, 2012: 269-272).

3) 긍정적 관점에서 본 조손가족

조손가족이 직면하고 있는 어려움이 많은 것은 사실이지만, 조손가족이 가지는 긍정적인 측면도 살펴볼 필요가 있다. 조부모는 노화로 인한 신체적·심리적·사회적 기능 약화에도 일생 축적한 경험과 역량을 안정적으로 유지해 온 생산적인 존재다. 그리고 성인자녀의 부재하에 자신과 손자녀의 삶을 존속시켜 온 기능적 존재이기도 하다. 또한 조손가족은 부모의 분리감을 최소화하고 가족 정체성을 지속시킬 수 있다. 이런 의미에서 볼 때 조손가족은 시설이 아닌 가정환경에서 부모와 가장 유사한 대리양육을 수행할 수 있는 대안적 가족의 유형임이 틀림없다(Langosch, 2005; 최혜지, 2009; 양정선, 이정화 2012: 5 인용 및 재인용).

아직 우리나라에서는 조손가족만을 대상으로 삼아 체계적으로 지원하는 정책이나 시스템이 부재한 상황이다. 조손가족을 지원할 수 있는 법적 기반은 「한부모가족지원

---

9) 다행히 이 조손가족은 헌신적인 실무자의 학습 멘토를 체계적으로 받아 학습 능력이 향상되었다. 담임선생님은 "이렇게 변할 수 있다는 믿음 없이 작년에 장애 진단을 받아 버렸으면 정말 큰일 날 뻔했어요."라고 말씀하신다. 끝까지 포기하지 않고 할 수 있다는 믿음이 아이에게 놀라운 변화를 가져왔다(최옥채 외, 2009: 41-42).

| 표 3-15 | 열 부모 부럽지 않은 할머니 |

"나만 그런 줄 알았는디, 여기 와 본 게 나 같은 사람이 쎄부렀네."

"긍케, 저 할마씨는 아그들을 진짜 잘 키웠구만. 나도 그래 볼라고 맘은 묵는디 잘 안 된당께."
… 조손가정 조부모님의 부모교육을 마치고 나니 들려오는 소리들이다.

오늘 강사는 다른 조부모님과 똑같은 처지에서 손자 두 명을 양육하고 있는 칠순이 넘은 병인이 할머니이시다. '아동양육 경험 나누기'라는 제목으로 30분의 강의가 진행되는 동안 꼬깃꼬깃한 종이에 연필로 빽빽하게 쓴 내용을 중간중간 살펴 가며 담담한 어조로 할머니의 이야기가 시작되고부터 여기저기서 소맷귀로 눈물을 훔치는 할머님들이 보이기 시작한다.

"우리 아들이 사업에 실패하고 자살인지 실수인지 저수지에 빠져 죽고 난 후에 네 살, 다섯 살짜리 어린 것들 둘을 맡아 키우기 시작했어요. 아이들 엄마는 그냥 제가 일찍 재가시켰습니다." … 이렇게 시작한 이야기에 참석하신 할머니, 할아버지들께서 고개를 끄덕이고 내 얘기라고 공감하시며 가슴속에 맺힌 한들을 눈물로 풀어 내셨다.

출처: 최옥채 외(2009), pp. 210-211.

법」이지만, 한부모가족 지원 대상자는 일부 저소득층 조손가족만을 대상으로 하고 있으며 그 지원 규모가 자녀 또는 손자녀양육 지원을 위한 최소한의 지원 정책이라는 점에서 제한적이다(김혜영 외, 2011: 88).

4) 조손가족에 대한 지원 내용

첫째, 자녀학습·정서 지원으로 지원대상은 기준 중위소득 100%이하 (손)자녀를 양육하는 한부모가족, 조손가족 등 가족 기능 및 역량강화를 위해 지원이 필요한 가족이며, 사례관리가 필요하다고 판단되는 가구가 이에 해당이 된다. (손)자녀의 지원 연령은 초등학교, 중학교 재학 또는 이에 상응하는 연령대이며, 배움지도사를 파견하여 학습지도 빛 정서지원과 일상생활 지도를 하며 지원 기간은 1년 이내이다. 필요한 경우 1년 연장도 가능하다.

둘째, 생활도움 지원으로 만 18세 미만 (손)자녀와 생계, 주거를 함께하는 가족으로 긴급일시돌봄(건강악화 등으로 인한 긴급상황 시 키움보듬이 파견, 양육부담 경감 지원, 손자녀 돌봄공백 방지), 개인활동 지원 서비스(병원진료 도움, 외출 시 동행 등), 정서지원 서비스(말벗, 의사소통 도움 등)를 지원하며, 지원 시간은 가정당 연 90시간 이내로 받을 수 있다.

셋째, (손)자녀 및 (조)부모의 자존감 향상과 의사소통, 경제교육 등 (조)부모교육 프로그램과 가족 유대감 형성을 위해 가족이 함께할 수 있는 문화체험 프로그램으로 가족관계 향상, 구성원 간의 지지와 격려, 정보 공유 등을 위한 자조모임을 지원한다.

제3절 폭력을 경험하는 가족

불행히도 우리 사회에는 폭력을 경험하는 가족이 여전히 상당수 남아 있다. 가족폭력[10]의 피해자는 주로 아동, 여성 그리고 노인이다. 여기에서는 가족폭력의 현황을 간략히 살펴보고, 가족폭력이 우리 사회에서 사회 문제로 인정받게 된 과정 및 가족폭력을 근절하기 위한 제도적 노력을 알아보고자 한다.

1. 가족폭력의 현황

불행히도 가족 내에서 발생하는 폭력의 문제는 인류 역사에 걸쳐 지속되어 온 문제라고 할 수 있다. 전문가들은 알려진 가족폭력은 빙산의 일각이라고 지적한다. 그만큼 가족폭력은 숨겨진 그리고 보고되지 않은 문제이기 때문에 실태조사나 상담 건수를 통해서 추정할 수밖에 없다. 2014년 전국 아동보호전문기관에 집계된 신고접수 건수는 총 1만 7,791건이며, 이 중 응급 아동학대 의심사례는 2,566건 그리고 아동학대 의심사례는 1만 2,459건으로 전체 신고접수의 84.5%를 차지하였다. 이 중에서 1만 27건이 아동학대로 판정되었다(보건복지부, 중앙아동보호전문기관, 2015: 53, 107).

아동학대는 피해 아동에게 심각한 외상을 가져온다. 러니언(M. K. Runyon)에 따르면, 신체적 학대의 피해 아동은 광범위한 심리적·행동적 및 대인관계의 어려움으로 고통을 겪는다. 분노, 적대감, 죄의식, 수치심, 불안 그리고 우울증은 흔히 나타나는 정서적 반응이며, 심한 경우 외상 후 스트레스 장애가 발생하기도 한다. 아동학대

---

10) 이 책에서 가족폭력은 가족 내에서 발생하는 폭력, 즉 아동학대, 가정폭력 및 노인학대를 포함한다. 그리고 가정폭력은 배우자에 대한 폭력을 의미한다.

표 3-16 학대받던 11살 소녀 맨발 탈출

A양이 지옥과도 같은 집을 빠져나온 것은 지난 12일 오전 10시 30분. 세탁실에 갇혀 있다가 밖으로 나오자 아버지 B(32)씨는 "허락 없이 나왔다."며 빨간색 노끈으로 딸의 손발을 묶었다. 밥을 제대로 주지 않아 며칠째 거의 물만 먹고 지낸 A양은 너무 배고픈 나머지 탈출을 결심했다. 손에 묶인 노끈을 풀고 2층 창문을 나와 가스배관을 타고 집 밖으로 나왔다. 영하권의 추운 날씨에도 반바지에 맨발로 동네를 돌아다니다가 집에서 약 150m 떨어진 슈퍼마켓에 들어갔다. 무엇에 홀린 듯 바구니에 과자·사탕을 마구 담다가 가게 한편에 주저앉아 과자를 허겁지겁 먹기 시작했다. 바구니째 들고 슈퍼를 빠져나오다가 주인에게 들켰고, 추운 겨울에 맨발로 다니는 아이를 이상하게 여긴 슈퍼마켓 주인은 경찰에 신고했다. A양이 털어놓은 아빠의 학대는 충격적이었다.

2013년 가을 인천 연수구 빌라로 이사 온 뒤 집 밖으로 나가지 못한 채 감금되어 2년 넘게 지냈다. 아버지는 직업도 없이 온종일 게임을 하다가 툭하면 손과 발을 때리고 심지어는 행어 쇠파이프도 휘둘렀다. 때리고 나서는 화장실 또는 세탁실에 가뒀다. 부천에서 2학년 1학기까지 학교를 다니고 그 후로는 다니지 못했다. 일주일 가까이 밥을 주지 않아 굶은 적도 있었다. 발견 당시 키는 120cm, 몸무게는 16kg이었다. 11살 아이가 4살 평균 몸무게에 불과했던 것이었다.

아버지 B씨와 동거녀 C(35), 함께 살던 친구 D(36·여)는 달아났다가 경찰에 체포되었다. 동거녀는 경찰서에 와서도 아이를 걱정하기보다는 "우리 강아지는 잘 있느냐?"고 물을 정도로 뻔뻔함을 보였다. 아빠가 처벌받기를 원하느냐는 물음에 A양은 정확하게 "네."라고 답했다.

이 사건과 부천 초등학생 시신 훼손 사건 등 아동학대 사건이 잇따르자 새누리당은 장기결석 상태로 조사된 아동 220명에 대해 전문가 팀을 꾸려 전수조사를 추진하였다.

출처: 강종구(2015. 12. 24.); 이신영(2016. 1. 19.).

는 즉각적인 부정적 심리적 영향뿐 아니라, 개입이 없을 경우 성인기까지 심리사회적 어려움이 지속되고 잠재적으로 다음 세대의 아동에게도 영향을 미칠 수 있다(Runyon, Deblinger, Ryan, & Thakkar-Kolar, 2004: 65-66).

2019년 가정폭력 실태조사에 따르면, 지난 1년간 배우자에 의한 신체적, 성적 폭력 피해율은 여성 5.9%, 남성 1.3%였으며, 4개 유형 폭력(신체적/성적/경제적/정서적 폭력) 피해율은 여성 10.9%, 남성 6.6%였고, 5개 유형 폭력(신체적/성적/경제적/정서적 폭력 및 통제) 피해율은 여성 28.9%, 남성 26.0%로 나타났다. 폭력 유형별로 나누어 살펴보면 여성의 경우 통제 25.4%, 정서적 폭력 8.3%, 성적 폭력 4.6%, 신체적 폭력 2.1%, 경제적 폭력 1.2%였고, 남성은 통제 24.5%, 정서적 폭력 6.0%, 신체적 폭력 0.9%, 경제적 폭력 0.8%, 성적 폭력 0.6%였다. 폭력 유형별로 여성과 남성 모두 통제 피해 경험률이 가장 높았는데, 특히 성적 폭력 피해 경험에서 여성의 경험률이 남성보다 약 5배 정도

표 3-17	학대받는 아동

• 무서울 게 없는 초등 5학년 아이, 폭력적 행동

초등학교 5학년 아들과 1학년 아들을 둔 학부모입니다. 저희 부부는 결혼 초부터 성격 차이와 경제적 이유로 자주 다투었습니다. 그때부터 아이 아빠는 유독 큰아이에게 심하다 싶을 만큼의 폭력과 공포감 조성을 통해 부부 갈등 스트레스를 마구 풀어 온 것 같습니다. 그런데 큰아이는 어느 때부터인가 무서워만 하던 아빠에게 괴성과 함께 욕설을 하며 대들기 시작했습니다. 더욱이 최근 학교 담임선생님으로부터 전화가 왔는데, 아이가 수업시간에 담임에게 공격적으로 말대꾸를 하고 교사의 제재가 들어가면 무차별 욕설을 서슴지 않으며 자신의 마음에 들지 않을 땐 친구들에게도 욕설과 폭력적인 행동을 한다는 것이었습니다.

• 평생 트라우마로 남는 아빠의 폭력

전남의 한 초등학교 4학년 이 모(10) 군은 아버지의 폭력에 시달리다 동생(9)을 데리고 가출했다. 아동보호 기관에 찾아왔을 때 이 군의 등과 엉덩이, 종아리에는 쇠막대로 맞은 자국이 가득했다. 이 군의 아버지는 26세 때 이혼한 뒤 매일 술을 마시며 쇠막대로 이 군을 때리면서 아내에 대한 분노를 쏟아 냈다. 아버지의 폭력에 이 군도 변했다. 어느 날 아버지에게 흉기를 들이대고 "다가오면 죽여 버리겠다."며 반항을 시작했다. 아동보호기관에 온 뒤로도 사소한 일에 다른 친구들에게 흙을 던지며 괴롭히거나 봉사자들에게 "칼로 죽이겠다."며 분노를 표출했다. 뜻대로 풀리지 않으면 눈에 보이는 물건을 마구 집어던졌다. 이 군은 현재 분노조절 및 심리 안정을 위한 약물치료를 받고 있다.

• 흉악범 키우는 가정폭력

여중생을 성폭행하고 살해한 김길태(35), 초등생을 납치해 성폭행한 고종석(23), 초등학교에서 어린이들에게 야전삽을 휘두른 김 모(18) 군 등 최근 일어난 강력범죄 가해자에겐 한 가지 공통점이 있다. '폭력 아버지'가 있었다는 점이다. 아버지의 무자비한 폭력은 이제 가정의 울타리를 넘어 사회 안전망을 위협하고 있다.

• 폭력의 대물림

서울에서 열두 살 난 아들을 키우고 있는 30대 백 모 씨는 어렸을 때부터 아버지의 폭력에 시달리며 컸다. 어른이 된 뒤 백 씨는 우연히 알게 된 아내와 '데이트 강간'으로 결혼하고 아들을 낳았다. 백 씨는 아들이 태어난 지 1년 만에 "내 자식이 아니다."라며 아들을 때렸다. 초등학교에 간 뒤에는 "나와 너무 닮아 제대로 가르쳐야 한다."며 4시간 이상 욕을 하고 때리기도 했다. 백 씨는 자신의 아버지처럼 폭력을 유일한 훈육 수단이라 믿고 있다. 백 씨의 아들은 스스로를 '왕따'라고 부르며 학교에 가길 거부하고 있다.

출처: 김미애(2013. 1. 24.); 김태웅, 박훈상(2012. 11. 19.).

높아 여성의 배우자에 의한 폭력 피해에서 성적 폭력에 관심을 기울일 필요성이 있다(여성가족부, 2019. 12.: 189). 전국 가정폭력상담소의 상담건수는 2015년 16만 4,250건에서 2019년 23만 8,601건으로 늘어났다(여성가족부, 2021. 2. 16.: 1).

한편, 2014년 노인학대는 3,532건이었으며 93.4%(3,299건)에 대해 현장조사가 실시되었다. 이 중 응급 사례는 184건, 비응급 사례가 2,211건 그리고 잠재적 사례가 1,137건으로 나타났다(보건복지부 노인정책과, 중앙노인보호전문기관, 2015. 6.: 67-71). 노인학대의 유형을 살펴보면, 전체 학대 사례 중에서 중복학대가 2,252건(63.8%)으로 가장 높게 나타나 과반수 이상이 중복학대를 경험한 것으로 나타났다. 그다음으로 정서적 학대가 406건(11.5%), 자기방임이 392건(11.1%), 방임이 281건(8.0%)의 순으로 나타났다. 중복학대를 각기 집계하면, 정서적 학대가 37.6%, 신체적 학대 24.7%, 방임 17.0%, 자기방임 8.0%, 유기 1.4%의 순으로 나타났다(보건복지부 노인정책과, 중앙노인보호전문기관, 2015. 6.: 115-117). 학대행위자는 아들 38.8%, 배우자 15.2%, 딸 12.3%로 나타났다(보건복지부 노인정책과, 중앙노인보호전문기관, 2015. 6.: 21).

표 3-18   "연금 넘겨라" 10년간 딸에게 매 맞은 할머니

지난달 22일, 70대 할머니가 다급하게 파출소로 찾아왔습니다. 친딸의 폭언과 폭행이 너무 심해 견디기 힘들다며 울먹였습니다. 77세 고 모 할머니가 딸에게 맞기 시작한 건 10년 전부터입니다. 6 · 25 참전 용사였던 남편이 숨지자 매달 110만 원의 보훈연금을 받았는데, 딸이 이 돈을 전부 달라며 수시로 찾아와 폭행을 일삼은 겁니다.

할머니는 참고 달래 보려 했지만 7년 전부터는 강도가 더 심해졌습니다. "딸이 이혼해서 집에서 함께 사는데, 돈은 없지 정신은 왔다갔다 하고 성질은 나니까 어디다 말 못 하고 나한테만…." 심할 땐 머리채를 잡고 흔들거나 물이 든 페트병을 휘둘렀습니다. 직장도 없이 얹혀살던 딸은 집까지 내놓으라며 생떼를 쓰기도 했습니다.

출처: 주우진(2013. 5. 7.).

2. 가족폭력의 사회 문제화 및 제도화

앞서 언급한 바와 같이, 가족폭력의 피해자는 주로 가족 내에서 상대적 약자라고 할 수 있는 아동, 여성 그리고 노인이다. 가족폭력의 오랜 역사와는 달리, 가족폭력에 반대하는 사회적 노력은 최근 수십 년에 불과할 정도로 오랫동안 방치되어 왔다. 우리 사회에서는 1980년대 초부터 여성단체를 중심으로 아내학대 혹은 가정폭력의 문제를 제기하고 실태조사, 상담과 쉼터 제공 등의 활동을 전개해 왔다. 그리고 김부남 사건과 김보은 · 김진관 사건 등의 발생으로 1990년대 이후 성폭력에 대한 사회적 관심이 증가하면서 아동성폭력 또는 아동성학대 문제가 부각되었다.

여성운동과 맥을 같이한 가정폭력과 성폭력에 비해, 아동학대와 노인학대에 대한 사회적 관심은 다소 늦게 시작되었다. 한 예로, 1979년 한국사회복지협의회가 '아동학대

| 표 3-19 | 가족폭력의 입법화에 영향을 미친 대표적 사건들 |

• 김부남 사건

1991년 1월 아동성학대 피해자인 김부남이 21년 전 자신을 강간한 이웃집 아저씨를 찾아가 살해한 사건이 전라북도 남원에서 일어났다. 김부남(사건 당시 30세)은 9세 때 우물에 물을 길러갔다가 잠깐 방으로 들어오라는 아저씨에게 성폭력을 당한 것이다. 결혼생활의 문제 등 성폭력 후유증으로 고생하던 김부남은 자신의 문제가 과거 아동성학대에 기인함을 알게 되었으나 법적 공소시효가 지났음을 알고, 스스로 가해자를 처벌하기로 마음먹고 식칼을 들고 가해자를 살해한 후 현장에서 검거되었다. 이 사건은 아동성학대의 후유증이 얼마나 심각한지를 보여 준 사건이었다. "나는 사람을 죽인 것이 아니라 짐승을 죽였다."는 절규는 당시 성폭력 피해의 심각성을 사회적으로 인식시키는 데 크게 기여하였다.

• 김보은 · 김진관 사건

1992년 1월 7일 13년 동안 의붓딸을 성폭력해 온 가해자 김영오를 피해자 김보은의 남자친구인 김진관이 살해한 사건이 충북 충주에서 일어났다. 김보은의 어머니는 보은이가 7세 때 김영오와 재혼을 했고, 김영오는 보은이가 9세 때부터 상습적으로 성폭력하였다. 김보은은 대학에 진학하면서 김진관과 가까워지자 이 사실을 털어놓게 되었다. 김진관은 김영오를 찾아가 이제 보은이를 놓아 주라고 간청했지만 당시 충주검찰청 총무과장으로 있던 김영오가 오히려 "다 잡아넣겠다. 죽여 버리겠다."고 적반하장으로 나오는 데 격분하여 살해하였다. 위의 두 사건은 성폭력 특별법이 제정되는 데 직접적인 계기가 되었다.

• 이상희 할머니 사건

이상희 할머니의 딸 정미숙(42)은 남편 오원종(50)으로부터 돈벌이를 강요당하고, 조금이라도 대꾸하면 칼로 위협당하는 상황에 처해 있었다. 정 씨가 더 이상 견디지 못하고 친정으로 피신하면 술에 취한 오 씨가 찾아와 부인은 물론 장모인 이상희 할머니에게도 폭언과 구타를 일삼았다. 이때 신고를 받은 경찰은 출동하지 않거나, 출동하더라도 10분 후면 오 씨를 되돌려 보냈다는 것이다. 이상희 할머니는 지속적으로 구타당하는 딸을 보다 못해 사위를 칼로 찔러 숨지게 한 혐의로 1996년 5월 2일 구속됐다. 이 사건은 여성인권운동사에 한 획을 그었다. 1990년대 초부터의 노력에도 결실을 맺지 못하던 가정폭력방지법이 제정되는 기폭제가 된 것이다.

• 칠곡 계모 사건

칠곡 계모 아동학대 사망 사건은 2013년 계모가 의붓딸을 마구잡이로 폭행하여 숨지게 한 혐의로 계모와 친아버지가 구속 기소된 사건이다. 이 사건은 아동학대 주변의 방관이 돌이킬 수 없는 비극으로 이어진 경우다. 이 사건은 학교, 경찰, 아동보호기관 등에서 학대 사실을 인지한 사람이 37명이나 됐지만 이들이 현실을 방관하면서 피해아동의 사망을 막지 못했다. 이 사건으로 「아동학대 특례법」(2014년), 「아동학대범죄의 처벌 등에 관한 특례법」이 제정되었다.

• 정인이 사건

정인이 사건은 2020년 10월 13일 서울특별시 양천구에서 발생한 아동학대 살인 사건으로 생후 7개월 무렵 입양된 정인 양이 양부모의 학대로 입양 271일 만에 사망한 사건을 말한다. 정인 양은 7개월 때 홀트아동복지회를 통해 서울 양천구의 양부모에 입양되었으나, 양부모의 지속적이고 심한 학대로 결국 세상을 떠났다. 이 사건으로 이른바 「정인이법」, 「아동학대범죄의 처벌 등에 관한 특례법」이 2021년 2월 26일 국회를 통과했고 아동을 학대하고 살해한 경우 사형이나 무기 또는 7년 이상 징역에 처하도록 개정되었다.

출처: 이원숙(2003), pp. 23-25; 여성신문사(2009. 12. 31.); 신진아(2020. 8. 19.)에서 재구성

고발센터'를 처음 설치·운영하였으나 사회적 인식 부족으로 폐지되었다. 이와 같은 맥락에서 1990년대 중반 이후에야 대중매체를 통해 노인학대의 실상이 드러나기 시작하였다.

뒤늦은 감은 있지만 1990년대 후반부터 관련 법이 제정되고 피해자를 상담 및 보호하기 위한 상담소와 쉼터 등 시설이 만들어져 활동하고 있다. 1997년 12월 「가정폭력범죄의 처벌 등에 관한 특례법」과 「가정폭력방지 및 피해자보호 등에 관한 법률」이 제정되었고, 1998년 7월부터 시행되었다. 1999년 12월 아동학대의 신고 의무와 처벌, 시·도 아동학대예방센터(이는 2001년 아동보호전문기관으로 명칭이 바뀜)의 설치를 포함한 개정 「아동복지법」이 국회를 통과하였다. 한편, 2004년 「노인복지법」이 개정되면서 중앙노인보호전문기관이 설립되었다(이원숙, 2012: 183, 243, 281).

한 가지 다행한 사실은 가족폭력에 대한 사회적 관심이 증가하면서 이에 대한 사회적 대처 노력이 커지고 있다는 점이다. 2021년 중앙아동보호전문기관을 비롯하여 전국 73개의 아동보호전문기관이 설치·운영되고 있다. 아동성학대와 관련해서도 전국 각지에 산재해 있는 성폭력상담소와 피해자보호시설뿐 아니라 365일 24시간 상담, 의료, 법률, 수사 지원을 원스톱으로 제공하는 해바라기센터[11]가 2020년 40개소 운영되고 있다. 그리고 2020년 가정폭력상담소 215개소, 가정폭력피해자 보호시설 65개소에서 상담 등 각종 지원 서비스를 제공하고 있다(2021. 2. 16.: 5). 그 외에도 여성긴급전화 1366이 운영 중이고, 폭력을 경험한 이주여성을 위한 이주여성 상담소는 2020년 전국 7개[12] 시·도에서 운영 중이다. 한편, 2020년 중앙노인보호전문기관과 35개소의 노인보호전문기관이 활동하고 있다.

가족폭력에 대한 대안으로 부모의 인식개선을 위한 교육 등도 중요하나, 자녀 체벌을 법적으로 금지한 스웨덴 사례를 참고해 볼 수 있다[13]. 1979년 스웨덴은 세계 최초로 가족 내 자녀 체벌을 금지했다. 당시에는 무모한 실험이라는 비판이 잇따랐지만, 현재

11) 법률상 명칭인 '성폭력 피해자 통합지원센터'는 '성폭력'이라는 부정적 의미보다 피해자가 시설 이용으로 해바라기 꽃처럼 활짝 웃을 수 있는 희망을 함께 가지길 바라는 의미에서 '해바라기'라는 표현을 처음 사용함. 이후 전국 센터 및 관련부처 협의를 거쳐 2015년 1월부터 지금의 '해바라기센터'로 명칭을 일원화하였음.
12) 2019년 대구, 인천, 충북, 전남, 제주, 2020년 충남, 전북 7개 시도에서 모국어 상담과 의료·법률 서비스 등을 지원하고 있음.
13) 시사IN 기사(2018. 7. 24.). 스웨덴은 왜 자녀체벌 금지했나. https://www.sisain.co.kr/news/articleView.html?idxno=32339

스웨덴과 같이 자녀 체벌을 법적으로 금지한 국가는 핀란드(1983년), 노르웨이(1987년), 페루(2015년), 몽골(2016년), 리투아니아(2017년) 등 53개국에 이른다. 당시 스웨덴 법무장관은 입법 취지를 설명하면서 "부모의 사고방식을 바꾸기 위한 정보 제공과 교육이 형벌 제재에 의존하는 것보다 중요하다. 효과적이고 지속적으로 이 법에 대한 정보를 제공해 이 규정을 현실화하는 것이 중요"함을 피력했다(한국건강가정진흥원, 2019. 12.: 229). 국내에서도 「민법」 제915조의 친권자는 그 자(子)를 보호 또는 교양하기 위하여 필요한 징계를 할 수 있다는 자녀 징계권 조항을 삭제하자는 주장들이 제기되었고 2021년 1월 26일에 폐지되었다.

Chapter 04

가족과 다양성,
새롭게 대두되는 가족

———

제1절 뉴 라이프스타일을 선택한 가족
제2절 문화적 다양성을 경험하는 가족
제3절 기타 가족

가족과 다양성,
새롭게 대두되는 가족

앞서 3장에서 구조적 변화를 선택하거나 기능적 변화를 경험한 가족 유형에 대해서 살펴보았다. 이어서 이 장에서는 최근 증가하고 있거나 새롭게 관심을 받는 가족 유형을 조명해 보고자 한다. 특히 이러한 가족들 중에는 새로운 라이프스타일을 선택한 가족이 있다. 즉, 혼자 살기를 택하거나, 가족의 목표를 달성하기 위하여 떨어져 살기로 결정하거나, 자녀를 갖지 않기로 하거나 혹은 혼자서 자녀를 양육하기로 다짐하는 등 새로운 라이프스타일을 선택한 가족에 대한 사회적 관심이 증가되고 있다.

그리고 다문화사회로 급격하게 진입하고 있는 우리 사회에서 문화적 다양성을 경험하는 가족도 주목받고 있다. 흔히 다문화가족이라고 불리는 결혼이민자가족, 그리고 언어는 같지만 문화적 차이를 경험하는 북한이탈가족이 이에 해당한다. 그 밖에도 성적 소수자 가족, 공동체가족 등 다양한 가족이 존재하겠지만, 여기에서는 동성애가족에 대해서만 간략하게 살펴보고자 한다. 마지막으로 미래의 가족은 어떤 형태일까에 대해 탐색해 보고자 한다.

제1절 뉴 라이프스타일을 선택한 가족

사회 변화 속에서 새로운 라이프스타일을 추구하는 가족이 있다. 사람들은 때로는 그들의 용기와 결단을 부러운 눈으로 쳐다보기도 하고, 드물게는 비난과 멸시의 눈초리를 보내기도 한다. 그럼에도 이 가족은 그들이 선택한 삶을 책임과 용기를 가지고 살아가고 있다. 이런 도전을 통해 이러한 가족들의 삶은 점차 우리 사회의 뉴 라이프스타일로 자리 잡고 있으며, 또한 새로운 가족 유형으로 인정받고 있다.

1. 독신가족

1) 1인가구의 증가

우리 사회에서 1인가구의 증가는 가히 놀라울 정도다. 1980년 불과 4.8%이던 1인가구가 2010년에는 23.9%(통계청, 2012. 4. 26., 보도자료: 10), 2021년에는 31.7%로 664만 3,000가구에 이르렀다(통계청, 2021. 12. 8.: 6).

오늘날 대표적인 1인가구 집단은 결혼 전 젊은 청년과 노인가구다. 2000년대 들어서면서 청년층의 1인가구가 급증하고 있는데, 이는 결혼연령이 늦어지면서 경제적으로 독립이 가능하고 이를 기반으로 주거의 독립이 가능한 미혼남녀가 증가하면서부터다. 그 외에도 세대 간의 가치관 차이로 인한 독립, 개인주의적 서구 문화의 영향, 수도권 지역의 확장에 따라 직장이나 학교와 주거지가 멀어지는 등 다양한 원인에 의해 독립 생활이 발생하였다. 최근에 이르러 원룸, 오피스텔 등 독립생활자를 위한 다양한 주거 형태도 늘어났으며, 미혼자녀의 독립생활에 대한 편견과 부정적 시각이 완전히 없어진 것은 아니지만 개인 및 사회적으로 점차 미혼자녀의 독립을 수용하는 추세다(김미숙, 2001: 151-152).

2) 독신가족의 명암

독신가족이 늘어나면서 한국 사회에서도 '싱글족'이라는 새로운 개념이 형성되고 있다. 여기서 말하는 싱글족은 결혼에 대한 고정관념에서 탈피해 결혼에 대하여 탄력적으로 생각하는 자유로운 독신자를 말한다(이상준, 2007: 6). 이와 더불어 〈표 4-1〉에서 보는 바와 같이 독신과 관련된 담론들도 제기되고 있다.

1인가구의 증가는 우리나라에서만 발생하는 현상은 아니다. 이미 선진국에서는 1980년대 후반부터 1990년대에 걸쳐 1인가구의 성장 추세와 형성 원인에 대한 연구가

표 4-1	고잉 솔로: 싱글턴이 온다

1인가구의 증가. 20세기 베이비붐 이후 가장 큰 인구 변동이 찾아온 것이다. 1인가구가 증가한 이유에는 이견이 없다. 여성의 지위 상승, 통신 혁명, 대도시 형성, 고령화가 이유다. 가족 형성을 늦추거나, 사별 또는 이별로 홀로 사는 노인이 늘고 있다. 게다가 세상은 어느 때보다 혼자 살기에 수월해졌다. 디지털 미디어와 소셜 네트워크 발달로 혼자 있다고 고독을 느끼거나 고립되지도 않게 됐다.

'싱글턴(Singleton)'이란 말이 있다. 연령과 장소, 정치적 신념과 무관하게 혼자 살기 시작한 이들을 지칭한다. 1인가구 증가는 필연적으로 파편화된 사회, 공적 생활 약화 등 부정적 해석을 불러온다. 로버트 퍼트넘은 '나 홀로 볼링'에서 공동체 생활 붕괴가 학교의 붕괴, 상호 불신, 마음의 불행을 불러온다고 주장했다.

하지만 에릭 클라이넨버그 뉴욕대 사회학과 교수는 이렇게 단정 짓는다. 싱글턴이 훨씬 덜 고독하고 더 흥미로운 삶을 산다고. 그는 미혼의 전문직 종사자, 이혼한 중년층, 독거노인, 노숙자 쉼터 거주자 등 300명이 넘는 사람들과 심층 인터뷰를 했다.

기사의 결론은 놀라웠다. 혼자 사는 사람들은 기혼자에 비해 외식과 운동을 더 자주 하고, 미술 또는 음악 강좌를 자주 들으며, 공개행사와 강연과 봉사활동에 자주 참여했다. 누군가와 동거하는 사람들보다 혼자 사는 사람들이 정신적으로 건강했다. 또 미국에서 혼자 사는 사람들은 넓은 교외주택보다 도시 아파트를 선호하기 때문에 1인가구의 생활방식은 친환경적이기까지 했다.

혼자 살기가 우리에게 제공하는 가장 큰 혜택은 바로 '고독을 되찾을 시간과 공간'이다. 다시 말하면 혼자 살기는 우리의 자아 발견을 도와주고, 의미와 목적을 찾는 일을 도와준다. 이미 도쿄, 파리, 시드니, 런던은 대중교통 체계를 정비하는 동시에 소형 아파트 공급을 늘리고 있다. 독신자 시대를 준비하는 것이다. 스웨덴에서는 젊은이들이 자기 집을 찾아 독립하는 것을 성인이 되는 필수과정으로 여긴다. 독립이 스스로를 성숙하고 자립적인 존재로 만들어 준다고 믿는 것이다.

도시가 1인가구를 위해 정비되는 것은 비단 젊은 세대에게만 유리한 것은 아니다. 홀로 사는 이 가운데 절반은 노년층이기 때문이다. 개개인이 홀로 살기를 준비하는 것은 고령화 시대에 중요한 문제다. 우리 중 누구라도 언젠가 혼자 살게 될 수 있으니, 혼자 사는 사람들이 지금보다 더 건강하고 행복하고 활발한 사교활동을 즐기도록 만들면 그것은 모두에게 이익이 된다.

출처: 안진이 역(2013); 김슬기(2013. 1. 11.).

활발하게 이루어졌다. 이에 의하면, 후기산업사회로 접어들면서 개개인의 라이프스타일 변화로 인해 1인가구 비율이 증가하는 것은 매우 자연스러운 현상이다(이희연, 노승철, 최은영, 2011: 481). 유럽의 도시들은 나홀로가구가 전체 가구의 약 40%를 차지할 정도로 비율이 높으며, 도쿄도 1인가구의 비율이 약 45%에 달하고 있다. 심지어 2008년 다보스세계경제포럼에서는 '싱글경제의 형성'을 핵심 주제어로 언급하였다. 〈표 4-2〉에서 보는 바와 같이, 이런 현상은 우리나라도 예외가 아니어서 1인가구의 증가는 우리 사회의 소비 패턴까지 변화시키고 있다.

표 4-2 1인가구, 비즈니스 개념을 바꾼다

2015년 5월 대한민국, 네 집 건너 한 집은 1인가구다. 1인가구는 이미 가구유형 가운데 가장 높은 비율을 차지한다. 10년 뒤엔 싱글족 가구의 비율이 30%를 넘어선다. 학자들은 대가족, 핵가족에 이어 '제3의 가족'으로 불리는 1인가구 시대를 기정사실로 보고 있다.

1인가구는 2인 이상 가구와 소비 형태가 다르다. 그러다 보니 비즈니스 환경도 급변하고 있다. 대량생산과 대량소비라는 산업사회의 공식이 깨지고 새로운 패러다임이 부상하는 것이다. 1인가구가 몰고 온 새 패러다임은 국내 산업의 지형도를 바꿔 가며 거스를 수 없는 흐름으로 자리 잡았다. 식품, 주거, 가전, 음식점 등 소비시장 전반에 1인가구를 겨냥한 소형·소용량 제품이 쏟아지고 있다. 1인가구의 급증은 산업별 소비구조 변화에도 영향을 미칠 것으로 예상된다. 산업연구원 한정민 연구원에 따르면, "젊은층을 중심으로 미용서비스업, 오락·문화산업, 통신서비스업의 성장이 예상되고, 고령층에서는 보건·의료서비스업, 복지시설 산업의 큰 시장이 열릴 것"으로 보이며, 또한 소형주택 수요가 계속 늘어나 주택시장에도 변화가 올 것으로 예상된다.

출처: 김연기(2015. 5. 1.).

그러나 1인가구의 증가에는 우려되는 측면도 있다. 장혜경 등에 따르면, 미래의 노인층이라고 할 수 있는 베이비붐 세대의 상당수가 부부끼리 혹은 혼자 살기를 희망하고 있으며, 자녀와 동거하기를 희망하는 경우는 매우 적다(장혜경 외, 2011: 86). 2010년 1인가구의 구성은 25~34세가 22.2% 그리고 65세 이상이 25.7%를 차지해서 기혼 전 젊은 청년과 노인가구에 양분되어 있다. 그러나 2030년에는 25~34세는 13.9%로 감소하고 65세 이상이 42.9%로 증가하게 된다(장혜경 외, 2011: 108). 특히 후기고령의 1인가구는 질병 등으로 간병과 수발의 수요가 증대할 것이라는 점에서 복지 수요의 증대가 예견되고 있다. 심지어 혼자 외롭게 죽어 가는 고독사가 늘면서 심각한 문제로 등장하고 있는 실정이다.

표 4-3 늘어나는 '고독사' 막을 길 없나

홀로 사는 노인 고독사가 사회 문제로 떠오르고 있다. 주변과 단절한 채 살아가는 장애인, 가족, 무연고자도 예외는 아니다.

지난 2월 대구에서는 오래전부터 가족과 연락을 끊고 혼자 살던 기초생활수급자 B(61) 씨가 협심증 등 지병을 앓다 자기 집에서 숨진 지 약 20일 만에 발견됐다. 또 올해 초 강원도 정선군에서 C(87) 씨가 숨진 채 이틀여 만에 발견됐다. 그리고 서울 관악구 삼성동 무허가 판자촌에서도 올해 한 달 동안 고독사가 최소 4건 발생했다.

정부는 앞으로 20년간 국내 독거노인 수가 지금보다 3배가량 늘어난 343만 명에 이를 것으로 보고 있다. 보건복지부에 따르면, 지난 1~3월 전국 독거노인 74만 명을 대상으로 조사한 결과 16%인 11만 8,000명은 가족과 만나지 않거나 연간 1~2회 정도만 만나는 것으로 나타났다. 지난해 국회보건복지위원장 김춘진 의원이 보건복지부에서 받은 자료에 따르면, 무연고 사망자는 2011년 682명, 201년 719명, 2013년 878명으로 점차 늘어나고 있다.

이에 따라 전국 지자체는 고독사 관련 대책을 마련하는 데 힘을 쏟고 있다. 예를 들어, 대전시는 노인고독사를 막기 위한 「노인공동가정조례」를 제정하고 7월부터 시행한다. 그리고 서울 서대문구 홍제3동 지역사회복지협의체는 독거노인 고독사를 예방하기 위해 정기적으로 독거노인을 방문하고 전화로 안부를 묻는 '문안 프로젝트'를 시행 중이다. 이 프로젝트로 생명을 잃을 위기에 처한 70대 할아버지를 긴급 구조하는 성과를 거두기도 했다.

출처: 연합뉴스(2015. 5. 7.).

2. 떨어져 생활하는 가족

1) 떨어져 생활하는 가족의 현황

떨어져 생활하는 가족 혹은 분거가족은 가족 구성원이 여러 가지 이유로 같은 공간에 거주하지 못하고 떨어져 생활하는 가족을 의미한다. 오늘날 우리 사회에서 떨어져 생활하는 가족이 증가하는 것은 주로 사회경제적 변화와 밀접하게 연관되어 있다. 한국 사회에서 분거가족은 1960년대 초기에는 지방산업의 활성화와 교육제도로 인해서, 그리고 1970년대에는 중동지역으로의 노동력 해외수출로 인해 장기적인 분거가족 형태가 나타났다. 1980년대부터는 자녀교육을 위한 주말부부가 생겨났고, 1990년대 후반부터는 세계화 추세로 자녀를 해외유학 보내는 기러기가족이 출현하였다(김주현 외,

2010: 110).

　통계청에 따르면, 배우자와 미혼자녀와의 분거는 2012년 19.6%, 2014년 18.7%였다. 배우자와의 분거는 2012년과 2014년 각기 5.7%였으며, 미혼자녀와의 분거는 2012년 16.3%, 2014년 15.3%를 나타내고 있다. 그리고 분거하는 가장 커다란 이유는 직장과 직업으로 나타났다(통계청, 2016: 108).

2) 기러기가족

(1) 서구 사회에서는 볼 수 없는 독특한 현상, 기러기가족

　떨어져 생활하는 가족 중에서도 기러기가족처럼 많은 관심과 논란이 되는 가족은 없을 것이다. 한국의 교육 환경 문제로 파생된 조기 유학 열풍은 떨어져 사는 가족, 소위 '기러기가족'을 양산하게 되면서 가족 변화의 한 축을 형성하고 있다(김주현 외, 2010: 107). 한국의 교육체계에 실망하고 자녀를 위한 더 좋은 교육환경을 만들어 주고자 하는 갈망, 주변에서 조기유학을 보내는 사례들을 접하는 상황에서, 자녀의 성공을 위한 발판을 마련해 주고자 초국적 가족 형태인 기러기가족을 대안으로 선택하게 된다. 때로 부부간 불화 상태나 자유로운 삶의 추구와 같은 부부 관계가 가족분거를 받아들이는 부수적인 계기가 되기도 한다(김주현 외, 2010: 115-117).

　김양희와 장온정은 1990년대 후반부터 외국으로 가족을 보내고 서로 떨어져 지내는 장기적인 분거가족이 출현하고 있음에 주목하고, 최근에는 고소득 전문직 외에 중산층까지 확산되고 있음을 지적한다. 이러한 가족 형태는 서구 사회에서는 볼 수 없는 학벌 위주의 사회 구조와 자녀 중심적인 가족 문화가 만들어 낸 독특한 현상이다(김양희, 장온정, 2004; 최양숙, 2005: 24 재인용). 서구에서도 한국을 비롯한 중국, 싱가포르 등 동아시아 국가에서 교육을 목적으로 이주하는 중산층 기혼 여성과 자녀, 즉 초국적 가족(transnational family)에 주목하였다. 2008년 6월 8일자 『뉴욕 타임즈』에서는 자녀 영어교육을 위해 아내와 자식을 멀리 보내고, 혼자서 모든 희생을 감수하면서 외로이 살고 있는 희생적인 '기러기아빠'의 모습을 보도하기도 하였다(김주현 외, 2010: 108 재인용).

　2000년대 수많은 '기러기아빠'를 양산한 조기유학 열풍이 다소 잦아들기 시작했다. 교육부와 한국교육개발원에 따르면, 2014학년도 유학을 목적으로 외국으로 출국한 학생은 초등학생 4,455명, 중학생 3,729명, 고등학생 2,723명 등 총 1만 907명인 것으로 집계됐다. 이는 조기유학생 수가 정점을 찍은 2006년도 2만 9,511명과 비교하면 8년 만에 약 3분의 1 수준으로 감소한 것이다(연합뉴스, 2015. 11. 17.).

(2) 기러기가족의 어려움

기러기가족이 가지는 문제점도 여러 가지 지적되고 있다. 최양숙에 따르면, 일부 기러기가족은 만족해하지만 많은 기러기아빠는 만족하지 못한 상태에서 현 상태를 견디며 살아간다. 이들은 현 상태에서 조기 유학을 그만둘 수도 없다고 하는데, 국내로 돌아와도 적응이 어렵고 현재 자녀의 교육에는 대체로 만족하기 때문이다. 이 경우 기러기아빠는 여러 가지 불만족을 경험하게 된다. 보다 구체적으로 부부간 갈등, 소원해진 부부 관계, 성 문제와 같은 부부 문제가 드러나고 있다. 그 밖에도 감정적 혼란, 건강 손실, 경제적 지출 증가, 사회적 불편함, 부모-자녀 관계의 불안정성, 자녀의 정체성 혼란 가능성 등의 문제도 제기되고 있다(최양숙, 2005: 170-186).

이와 같은 맥락에서 김주현 등의 연구에서도 기러기아빠의 고독한 자유, 경제적 부담, 주변 관계망의 축소, 존재감 하락 등의 어려움이 지적되었다. 기러기아빠의 수입 정도에 따라 차이가 있지만 기러기아빠는 경제적으로 많은 부담을 느낀다. 경제적 부담은 장거리 이동으로 많은 비용이 발생하는 가족과의 만남 횟수를 제한하게 하고, 다양한 취미활동과 사교모임 참여에도 제약이 된다. 그리고 기러기아빠는 가족과 분거한 후 원가족의 돌봄을 더 많이 받게 되면서 원가족과의 접촉빈도는 높아지지만, 친구

표 4-4 기러기아빠, 12년째 기러기 생활

이문성(가명 · 55) 씨는 '기러기아빠'다. 아들은 지난 2001년 중학교 3학년이 되던 해에 미국으로 떠났다. 젊었을 때 간절히 원한 유학을 못 간 게 한(恨)이던 이 씨가 먼저 권했다. 처음엔 아이만 보내려고 했지만, 한 달도 안 돼 낯선 외국생활이 힘들다는 아이의 호소에 아내도 따라갔다. 이 씨는 기러기아빠가 됐다. 그는 "기러기아빠였던 내 삶이 행복했다고 할 수는 없다."면서 "하지만 어차피 선택하게 된 기러기아빠의 삶을 버티게 해 준 건 가족이었다."고 말했다.

기러기아빠가 된 지 2개월쯤 됐을 때, 이 씨는 병원을 찾았다. 문득 혼자라는 생각이 들면 심장박동이 빨라지고 현기증이 났던 것이다. 손도 부들부들 떨렸다. 병원에서는 '공황장애'와 비슷한 증상이라며 신경안정제를 처방해 줬다. "회사를 마치고 집에 오는데 마침 함박눈이 펑펑 내리기 시작한 적이 있어요. 괜히 마음이 들떠서 집에 오는데 문 앞에 와서야 생각이 났어요. 저 문을 열고 들어가도 내가 '밖에 눈 온다.'고 말해 줄 사람이 아무도 없다는 걸 말이에요."

출처: 박상기(2013. 2. 6.).

나 가족의 눈치를 보게 되어 만남을 줄이기도 하고, 떨어져 산다는 이유로 주목받는 것이 싫어 모임을 회피하기도 하면서 관계망이 축소된다. 무엇보다도 가족관계에서 에너지가 충전되지 않으면서 재정적 지원만 일방적으로 지속하는 상황에서 자신이 돈 버는 기계가 된 것처럼 느끼고 가족관계에서 존재감이 없어졌다고 힘들어하기도 한다. 심한 경우 분거기간이 장기화되면서 가족과의 거리감이 커지고 유학을 마치고 가족이 재결합하더라도 부부 관계, 부모-자녀 관계에서 문화적 이질감과 소통의 문제가 발생한다 (김주현 외, 2010: 120-125).

(3) 기러기가족의 대처

초국적 가족관계는 가족유대를 유지하기 위해 가치, 라이프스타일 등과 갈등하면서 가족정체감을 창조하고, 가족의 상황에 맞추어 가족 내 역할과 기대를 조정하는 등 능동적으로 가족 내 관계를 재구성하는 것으로 보고되었다(Schamlzbauer, 2008; 김주현 외, 2010: 110-111 재인용). 한국의 기러기아빠에 대한 연구에서도 가족분거에 수동적이지 않고 분거에도 불구하고 자녀에 대한 강한 지지적 역할과 안정적인 상호관계를 유지한다고 나타났다(Lee & Koo, 2006; 김주현 외, 2010: 11 재인용).

가족 차원에서 기러기가족은 아버지의 희생을 강조하고 그에 대한 보답으로 나머지 가족이 감사하며 타국에서 절도 있게 살아가는 가족규칙을 작동하기도 한다. 다시 말해서 부인의 입장에서는 남편이 열심히 애쓰는 것에 부응하기 위해 생활비를 절약하고 자녀의 입장에서는 아버지의 노고에 대한 호응으로 열심히 공부해야 한다는 의식이 자리한다. 이러한 규칙은 기러기가족의 생활에 중심을 잡아 주는 역할을 하며, 기러기가족이 건전하고 성실하게 생활하도록 하는 원동력이 된다(김희정, 최연실, 2012: 2979).

또한 기러기가족은 살아가는 데 어려움이 없는 것은 아니나, 자발적으로 선택했다는 점에서 다양한 대처 방법을 모색하고 있다. 기러기가족은 가족 간 관계 유지를 위해서 전화, 이메일 등 다양한 커뮤니케이션 매체를 적극 활용하고 있다. 또한 이들은 취미 개발, 각종 모임 참여, 운동, 살림하기, 일에 몰두하기, 친구와 이야기하기, 전문적인 분야 개발, 단순한 생활, 종교생활 등 다양한 전략으로 독거생활에 적응한다. 또한 자녀의 조기 유학 선택에 대한 합리화나 인내하는 것으로 기러기가족을 유지한다(최양숙, 2005: 146-154).

| 표 4-5 | "괴롭지만 내가 택한 기러기 삶… 30분 통화가 가족 끈 이어 줬다" |

이때부터 이문성(가명 · 55) 씨는 가족과 매일 요금이 싼 인터넷 전화로 통화하기 시작했다. 한국 시각 오후 2시, 미국은 오후 10시. 가족과 매일 대화하면서 증상이 누그러졌다. 지금도 오후 2시 통화는 이어진다. 하지만 주말은 여전히 힘들어 등산을 다녔다. 전국의 유명하다는 산은 다 찾아다니는 동안 체중이 한창 때보다 11kg이나 빠졌다. "무슨 짓을 해도 가족을 대신할 수 있는 건 없어요. 상상했던 것보다 훨씬 힘들더군요. 그렇지만 돌아오라고 할 수는 없었어요. 먼저 권해서 아들을 먼 타국으로 보내 놓고, 이제 와서 내가 외로우니 돌아오라고 하는 건 내가 원하던 아버지 모습이 아니었으니까요."

그렇게 12년이 흘렀다. 그동안 이 씨는 번 돈의 85%를 꼬박 미국에 보냈다. 대학에 가면 자주 볼 수 있을 줄 알았지만, 미국 사립대학 등록금은 상상 이상으로 비쌌고, 입학 직전 한국에 온 일주일이 아들과 만난 전부였다. 아들은 미국 명문대 경영학과를 졸업했고, 지난해 말 현지에서 다국적 무역회사에 취업했다. 아내는 곧 한국으로 완전히 돌아올 예정이다. 사람들은 이 씨에게 '대단하다'고 했지만, '왜 그렇게 사느냐'는 말을 더 많이 했다. 이 씨는 반문한다. "전화로 매일 가족과 30분 이상 이야기를 나눠요. 오늘 어떤 일이 있었는지 소소한 것까지도 다 알아요. 숨기는 게 하나도 없어요. 멀리 떨어져 있지만 서로를 궁금해하고, 이해하고, 위하는 마음으로 살아요. 함께 살지만 그걸 아는 가족, 얼마나 될까요?"

지난달 23일 충남 아산에서 다시 만난 이 씨의 얼굴이 밝았다. 아산은 서울에 있는 대기업 본사에 다니다 3년 전 현장 근무를 자처해 내려온 곳이다. 정년퇴직을 앞두고 편한 자리로 발령을 받았지만 이 씨는 현장을 고집했다. 이 씨는 "뭐라도 정신없이 하면 덜 외로우니까 현장업무가 좋다."고 했다. 이 씨의 얼굴이 밝았던 이유는 아들이 전화로 "1년만 미국에서 일하고, 한국지사에 지원하려고 한다."고 했기 때문이다. 아들은 "취업하고 어머니랑 떨어져 지내다 보니 비로소 아버지가 혼자 한국에서 얼마나 외로웠을지 조금은 알 것 같더라고요. 아빠 미안해요."라고 말했다. "항상 어디에 있든 한가족이라는 마음만 있으면 된다고 생각했는데…. 아들이 하는 그 말을 듣고 나도 모르게 설레더라고요. 아버지 마음을 헤아리려는 마음이 기특하지 않은가요? 우리 가족… 이 정도면 충분합니다. 가족은 결국 서로를 진심으로 위하는 마음이니까요."

출처: 박상기(2013. 2. 6.).

3. 자발적 무자녀가족

1) 무자녀가족의 현황 및 선택 동기

무자녀가족은 자녀 없이 부부 중심으로 살아가는 가족의 형태를 지칭한다. 일반적으로 무자녀가족은 그 형성 동기에 따라 크게 자발적 무자녀가족과 비자발적 무자녀가족[1]

---

1) 비자발적 무자녀가족은 신체적 혹은 생리적 이유로 배우자와 동거하면서 피임을 하지 않고 정상적인 부부 관계를 가진 상태에서 12개월 이내에 임신이 되지 않거나 생존아를 출산할 수 있는 임신을 지속할 수 없는 상태의 부부가족이다.

출처: 최원영(2011. 5. 4.).

표 4-6 딩크펫가족

맞벌이 결혼 4년 차 서 모(38) 씨는 주말이면 근처에 사는 친정어머니에게 맡긴 강아지를 데려온다. 자녀 없이 부부 둘만 살기 허전했던 그녀는 평일엔 친정어머니에게 강아지를 맡겨 놓고 퇴근 후나 주말에 데리러 간다. 친정이나 시댁에 아이를 맡기는 맞벌이 부부의 모습과 다를 바 없다.

이 부부는 "아기는 절대 낳지 않겠다."고 양가(兩家)에 선언해 놓은 상태. 맞벌이하면서 자녀를 낳지 않고(Double Income No Kids: DINK) 대신 애완동물(pet)을 키우는 '딩크펫가족'인 셈이다. 아이를 낳지 않는 딩크족에서 발전된 형태로 전문가들은 '애완동물이라도 정을 주고 친밀감이 있으면 가족이 되는 것'이라고 말한다.

으로 나누어지지만, 여기에서는 자발적 무자녀가족을 중심으로 살펴보고자 한다. 자발적 무자녀가족을 일컫는 딩크족(Double Income No Kids)은 미국의 베이비붐 세대인 제2차 세계대전 이후에 태어난 이들의 생활양식과 가치관을 대변하는 용어다. 이들은 결혼은 하지만 자녀를 낳지 않고, 상대방의 자유와 자립을 존중하며, 일하는 삶에서 보람을 찾으려는 부부를 가리킨다.

과거에는 결혼을 하면 자녀를 갖는 것을 당연시해 왔기 때문에 자발적 무자녀가족은 아직 우리 사회에서 비교적 생소한 가족 형태다. 그런 점에서 이들이 무자녀가족으로 살기로 결정한 이유가 궁금해진다. 이수연에 따르면, 원가족에서의 부정적 경험, 부모됨에 대한 부담감, 자녀에 대한 의미 변화, 양육 환경에 대한 부정적 인식, 자아실현 등 다양하다. 보다 구체적으로 살펴보면, 원가족에서의 부정적 경험에는 부모의 차별적인 사랑, 부모의 결혼생활을 보면서 느낀 경험, 경제적으로 어려웠던 어린 시절 경험 등이 있다.

그리고 부모됨에 대한 개인적 부담감에는 양육 책임에 대한 부담, 스스로 부모로서의 자질이 부족하다는 인식 등이 포함된다. 또한 자녀에 대한 의미가 변화하고 있으며, 양육 환경에 대한 부정적인 인식이 영향을 미치기도 한다. 일부는 자아실현을 위해서 무자녀를 선택하기도 하며, 만혼이나 신체적인 문제 등으로 인한 '불임'이 원인이 되기도 한다(이수연, 2012: 59).

표 4-7	자발적 무자녀가족의 형성 동기

애들을 안 좋아하면서 또 애들에 대해서 나의 그 결혼생활이라든가 이런 거에 대해서 많이, 어, 구속될까 봐, 사회생활을 많이 못 할까 봐, 그래서 자녀를 별로 생각을 안 했기 때문에 갖지 않았던 것 같아요(#1, 자녀 필요성의 부재 및 약화).

애보다는 남편도 저도 서로에 대한 자기계발과 자아실현에 대한 그게 커요. 또 저 역시 마찬가지고요. 나라는 그 자아에 대한 그게 더 큰 것 같아요. 서로 우리 둘의 삶과 꽃 피워야 하는 꿈과 목표들이 있고 또 자아실현으로 인한 미련이나 아쉬움은 조카를 통해 대리만족하죠(#6, 자아실현의 욕구).

엄마 아빠가 잘 싸우셨어요. 아버지는 여자가 일하는 것을 싫어했거든요. 그래서 좀 다투시고 이러면서 엄마는 … 직업을 갖기 위해서 쓸 수 있는 전공을 꼭 선택해서 여자라도 사회생활을 하기를 바라셨거든요. 그게 영향이 있을 수도 있어요. 아이가 없는 게. 그런 부분을 계속 강조하셨기 때문에(#14, 원가족 경험 요인, 성장과정과 가정환경).

저희는 둘 다 소위 SKY를 나왔거든요. 근데 아이들은 그렇게 키울 자신이 없어요. 그래서 자식을 낳았을 때 과연 우리 기대만큼 커 줄까 … 그런 걱정들… 사실 대학입시만 봐도 그렇고, 아이들이 얼마나 힘들어요, 공부하느라 스트레스 쌓이죠, 성적 안 나오면 혼나고, 날마다 시험에 경쟁에, 전쟁이에요, 전쟁(#13, 양육환경에 대한 불안).

출처: 김정미, 양성은(2013), pp. 85-87.

2) 무자녀가족, 얻는 것과 잃는 것, 그리고 대처

무자녀가족이 가지는 가장 큰 매력은 생활의 자유 또는 독립성이다. 흔히 자녀 돌봄노동은 희생과 책임이 요구되지만 무자녀를 선택하면 독립적으로 자신이 하고 싶은 활동을 하며 지낼 수 있다는 장점이 있다. 그뿐 아니라 자녀양육에 들어가는 경제적 부담을 덜고 보다 많은 여가 활동과 자기계발에 경제적 자원을 사용할 수 있다(Kelly, 2009; 이수연, 공미혜, 2012: 26 재인용). 이들에게는 결혼생활의 의미가 서로에게 가장 좋은 친구가 되어 주고 원활한 의사소통을 하며 배우자에게 집중하는 '우애적 관계', 그리고 배우자를 배려하고 인정하고 각자의 생활과 취향을 존중하는 '정서적 지지'를 포함하고 있다. 그리하여 무자녀부부는 유사한 가치관을 공유하고, 유사한 활동을 즐기며, 개인의 가치 실현을 위해 각자 다양한 활동을 하는 것으로 나타났다(이수연, 공미혜, 2012: 38).

반면, 무자녀부부가 경험하는 가장 큰 손실은 자녀양육의 기회와 전통적인 가족생활이 주는 자녀와의 신체적 · 정서적 상호작용을 경험하지 못하는 것이다. 또한 익숙하지

표 4-8	부부간의 애정과 정서적 유대를 강조하는 무자녀가족

무자녀가족은 부부간의 애정과 정서적 유대를 기초로 하는 우애적 관계가 강하게 나타난다. "저희는 부부에 집중하게 되잖아요. 예를 들면, 회사에 갔다 와서 밥 먹으면서 계속 서로의 관심사에 대해서 이야기를 하고, 서로 뭘 원하는지에 대해서 계속 생각을⋯ 물론 정도의 차이는 있겠죠. 그렇지만 아이가 있는 부부는 주로 아이 이야기만 하잖아요? 대부분 만나면 아이의 미래, 아이와 현재, 아이의 과거⋯ 전 아주 차이가 많이 날 것 같은데요. 살아가는 과정이⋯ 결혼하고 연애도 물론 8년 하고 결혼도 이렇게 오래 됐지만 서로 뭘 원하는지 알고 서로 그걸 지원해 주고, 느낀 걸 서로 이렇게 나누고⋯."

출처: 이수연, 공미혜(2012), p. 32.

않은 무자녀가족에 대한 사회적 인식은 아직 부정적이거나 왜곡되어 있는 경우가 많다. 무자녀가족이 겪는 대표적인 어려움은 사회적 편견이다. 무자녀가족에 대해서 친인척이나 친구, 주변의 지인들이 "애 키워 본 경험도 없는데 무슨 아동교육을" "너도 뭐 요즘 유행하는 무슨 족 그거냐" "애도 없는데 일찍 가면 뭐해, 야근해"라고 하면서 무시하거나, 집안의 행사나 급전이 필요할 때 "너희는 교육비가 안 드니까"라고 하면서 돈을 요구하는 경우가 있는데, 무심코하는 말에 상처를 받는다며 괴로운 심정을 토로한다(김정미, 양성은, 2013: 89).

한편, 무자녀가족은 주변의 오해와 편견에 대해 다양한 반응을 보인다. 자녀가 없다는 이유로 죄인 취급을 받거나 이기적일 거라는 주변의 곱지 않은 시선 때문에 무자녀가족인 것을 드러내지 않거나 대충 받아넘기기도 한다. 반면, 무자녀가족임을 당당히 언급하면서 이에 대처하기도 한다(김정미, 양성은, 2013: 89). 이들은 결혼과 출산이 선택이라고 한다면, 무자녀가족도 하나의 가족 형태로 인정하고 자신들의 선택을 존중해 주는 사회가 되기를 희망한다(김정미, 양성은, 2013: 90).

4. 양육미혼부모가족

1) 미혼부모가족의 현황 및 어려움

최근 입양 대신 양육을 선택하는 미혼부모가족이 증가하고 있다. 양육미혼모의 증가에는 미혼모시설을 통한 아기장래 결정 프로그램, 매스컴을 통한 양육미혼모가족에 대한 인식 전환 그리고 결혼제도 밖에서 태어났다는 이유만으로 미혼모의 자녀를 외면하는 것은 모순이라는 자성의 목소리가 커지기 시작한 것도 영향을 미쳤다(이명희, 2007: 40-42). 그리고 고령화사회로의 진입을 눈앞에 둔 우리 사회에서 어떤 상황에서 그리고 어느 부모 밑에서 태어났는지 따지기보다는 생명의 소중함에 더 많은 의미를 부여하게 된 것 같다. 미혼모에 관한 정의는 시대와 사회 그리고 학자에 따라 약간씩 차이가 있다. 우리나라에서 미혼모란 합법적이고 정당한 결혼 절차 없이 아기를 임신 중이거나 출산한 여성을 말하며, 혼외의 경우는 미혼모라 하지 않고 단지 혼전임신에 한해 미혼모로 통용되고 있다(도미향, 채경선, 2008: 91). 최근에는 결혼을 선택의 문제로 보고 법

표 4-9 어느 미혼모의 수기

저는 7세 아들, 준희(가명)를 혼자 키우고 있는 미혼모입니다. 2005년 5년 동안 교제하던 남자친구와 헤어지고 나서 임신 사실을 알게 되었습니다. 많은 생각으로 혼란스러웠지만 저는 출산을 결심하였습니다. 그러나 주위의 사람들은 저의 결심에 이해할 수 없다는 반응을 보였고, 오랫동안 저와 가족처럼 지내던 지인들도 저의 상황을 이해하지 못하고 낙태를 종용하였습니다. 저는 직장을 다니면서 나름 열심히 태교를 하였지만 주위 사람들의 낙태 강요는 저와 제 아이에게 많은 스트레스를 주었습니다. 임신 초기에 저는 매일매일 죽고 싶다는 생각뿐이었습니다. 뜻하지 않게 임신이 되었지만 어리지 않은 나이에 갑자기 다가온 현실은 너무도 많은 결정을 하여야 했기 때문입니다. 끊임없는 낙태 권유와 미혼모로서의 미래가 두려웠습니다. 그래서 저는 미혼모보호시설에 입소하게 되었습니다.

시설입소 후 저는 또 다른 고민으로 힘들었습니다. 적지 않은 나이이고 오랜 사회생활을 하였기에 혼자 아이를 낳아서 키운다는 것이 얼마나 힘든 일인지 잘 알고 있어 양육과 입양을 두고 많은 고민을 하게 되었습니다. 미혼모로 살아간다는 것이 저 혼자만의 일이 아니라 가족들과 무엇보다 태어날 제 아이의 미래를 생각하니 쉽지 않은 일이었습니다.

시설 퇴소 후 저는 지역사회에서 많은 편견과 싸워야 했습니다. 기초생활수급권자인 제가 창업대출을 받기 위해 주민센터에 서류를 발급받으러 갔습니다. 서류발급 후 수급자임을 밝혔더니 저에게 미리 말하지 않은 것을 심하게 질타하였고 돌아서는 제게 "수급자가 자랑이냐."며 "아침부터 재수없다."고 하였습니다. 저는 참을 수가 없었습니다. 아이와 둘이서 살면서 아이에게 당당한 엄마이고 싶었습니다.

그 사건은 제게 많은 생각을 하게 해 주었고 세상이 제가 생각한 것 이상으로 힘이 들 거라 생각했습니다. 아이가 7개월부터 어린이집에 다니기 시작하였습니다. 네 살 때 한 아이의 엄마가 어린이집으로 찾아와 준희(가명) 엄마가 미혼모가 맞냐며 항의를 하였습니다. 그 사람은 자신의 아이가 미혼모의 자식과 함께 있는 것이 불쾌하다고 어린이집에 항의를 하였다고 합니다. 이것은 제가 겪는 어떠한 차별이나 편견들보다 더 힘이 들었습니다. 세상은 어린아이에게 엄마가 미혼모라는 사실로 인하여 상처를 주고 차별을 하고 있는 것이었습니다.

출처: 안산시건강가정지원센터(2012).

적 혼인 절차 없이 의도적으로 임신과 출산을 한 여성을 '자발적 비혼모'라 칭하고 미혼모 개념과 구별하기도 한다.

2) 드라마를 통해서 본 미혼모가족에 대한 인식 변화

다행히도 미혼모가족에 대한 사회적 인식이 변화하고 있다. 이러한 인식 변화를 잘 보여 주는 것이 드라마 속에 투영된 미혼모의 모습이다. 오늘날 드라마에서 싱글맘, 미혼모가 흔히 주인공이나 주요 역할로 등장하고 있다.[2] 이는 10년 전과 비교했을 때 괄목할 만한 변화다.

2012~2013년에 방영된 〈무자식 상팔자〉에서 미혼모 안소영은 미혼모에 대한 편견에 일침을 가한다. 예비 미혼모가 쏟아 내는 진심 어린 이야기가 시청자의 가슴 깊은 곳을 파고들며 신선한 충격을 안겼다. "무책임한 남자 만났거나 불장난 결과이거나 죽어서 어쩔 수 없는 사정으로 미혼모야. 좋아서 즐거워서가 아니라 차마 뱃 속 아이 죽이는 짓 할 수 없어서 미혼모란 말야."라며 사회가 색안경 쓰고 미혼모를 대하는 현실

표 4-10 〈고맙습니다〉가 남긴 것, 에이즈와 미혼모 편견 깼다

드라마 〈고맙습니다〉가 거둔 성과 중 하나는 미혼모와 에이즈에 대한 사회적 편견을 깨는 데 일조를 한 점이다. 이 드라마의 가장 큰 축은 미혼모 영신과 에이즈에 걸린 딸 봄의 세상살이다. 멀쩡한 부모 밑에서 아무 병 없이 살아도 죽기보다 더 힘든 게 세상살이라고 하는데 이들은 미혼모에다가 다른 병도 아니고 에이즈를 앓고 있다. 자극적인 소재라고 〈고맙습니다〉를 색안경 끼고 보는 사람도 많았다. 이제 안방극장에서 각종 자극적일 것 같은 소재는 다 갖다 붙인다는 말도 있었다. 이 드라마에서 미혼모와 에이즈라는 소재는 '그럼에도 불구하고 세상은 살아가야 한다.'는 너무나도 단순한 명제를 제시하고 있다.

그동안 사람들의 편견 속에 자신을 숨겨야 했던 미혼모는 더 이상 이 드라마에 없다. 영신은 미혼모이지만 그 사실을 다 아는 마을 사람들 앞에 기죽거나 창피해서 자기가 태어나면서부터 지금까지 살아온 고향 푸른도를 떠나는 일도 없다. 그저 어제 그랬듯이 오늘도 내일도 자신의 아이를 한없이 사랑하고 그 아이를 짐이 아닌 보물처럼 안고 살아가는 평범한 젊은 엄마일 뿐이었다. 미혼모와 에이즈에 걸린 사람도 뭔가 결핍되고 큰 죄를 지은 사람들이 아니라 그저 우리 사회를 구성하고 있는 사람 중의 하나일 뿐이라는 사실을 상기시킨 점은 이 드라마가 거둔 빛나는 수확이 아닐 수 없다.

출처: 이정아(2007. 5. 10.).

---

2) KBS 〈노란손수건〉, 〈미스터 굿바이〉, SBS 〈나도야 간다〉, 〈맨발의 사랑〉, 〈연애시대〉, 〈내 사랑 못난이〉 등

을 꼬집었다. 이어 "모두 미혼모 아닌 여자들보다 몇 갑절 열심히 죽도록 일해 아이 키
워 내. 사회적으로 백안시당할 이유가 없는 사람들이야."라며 감정을 폭발시켰다. 특
히 소영은 "엄마 딸이 미혼모야. 편견 버려. 선진국은 미혼모에 대한 편견 같은 거 없
어. 우리 사회도 이제 미혼모 인권, 복지에 대해서…"라며 거침없는 일갈을 이어 갔다
(박아름, 2012. 11. 4.).

3) 양육미혼모가족의 어려움과 적응

미혼모가 자녀를 양육하기로 결정하는 것도 쉽지 않지만 양육 과정에서 여러 어려움
에 직면한다. 우리 사회에서 미혼모는 부모로서의 의무감과 불안, 양육 스트레스, 낮은
자존감, 경제적 어려움 등을 겪는다(남미애, 2013: 98; 이명희, 2007: 57). 대체적으로 미혼
모는 준비되지 않은 상황에서 뜻하지 않게 임신을 하게 된다. 흔히 아이 아빠는 아이에
대한 부담으로 관계를 멀리하고 책임과 결정을 미혼모에게 떠넘기고, 가족은 혼외임신
에 대한 거부감으로 아이를 낙태시킬 것을 요구하면서 미혼모는 위축되고 혼란을 경험
하게 된다(김혜선, 김은하, 2006: 381). 미혼모는 생명에 대한 경이로움을 느끼기도 하고
아이에 대한 연민의 정을 느끼면서 출산을 결정하게 되고(김혜영, 2010: 118; 김혜선, 김
은하, 2006: 284), 그 연장선에서 자녀양육을 결정하게 된다.

이현주와 엄명용은 양육미혼모의 삶의 경험에 대한 종단 연구를 실시하였는데, 이는
미혼모가 출산에서부터 시간이 지나면서 경험하는 어려움을 보여 준다는 점에서 흥미
롭다.

첫째, 출산 직후~자녀 생후 1년: 원가족에서 출산과 양육을 수용하지 않는 한, 시설
에서 생활하는 미혼모는 퇴소 후 자녀와 함께 생활할 수 있는 거처의 마련이 가장 염려
되는 부분이다. 그리고 살아갈 곳이 마련되었다고 해서 모든 것이 해결된 것은 아니다.
수중에 돈은 없는데 태어난 자녀에게 필요한 것은 한두 개가 아니기 때문이다. 원가족
으로 돌아간 경우에도 '새끼까지 달고' 들어간 처지라 눈치 보이는 일이 많다. 그래서
'세상물정 모르고 철부지이던' 이들은 자녀가 조금 크면 아르바이트를 해서 용돈을 벌
기도 하고 취직을 위해 직업훈련을 받기도 하면서 '야무진 엄마'로 탈바꿈해 나간다. 그
러나 현실을 극복하려는 노력에도, 미혼모를 보는 사회적 시선은 이들을 어렵게 한다.

둘째, 자녀 생후 1년~자녀 생후 2년: 자녀가 돌이 지나면서 일을 할 수 있는 여건이

된다. 이들은 자립을 위해 적극적으로 직장을 찾아 나서는데, 어린 자녀를 최우선으로 고려하여 단순히 임금이 많은 직업보다는 자녀와 분리되는 시간이 적거나 일정한 시간 동안 근무하는 일자리를 찾는다는 공통점이 있다. 이런 자립 노력에도 불구하고 직장에서 미혼모라는 사실이 밝혀지면 '출근하지 말라는 통보'를 받기도 하는 등 사회적 차별을 경험하기도 한다. 그럼에도 이들은 이런 수모와 불쾌함을 견디고 스스로 중심을 지켜 나가는 것을 배운다. 이때 같은 처지에 있는 미혼모나 자신의 처지를 이해해 주는 사회복지사 등이 많은 위로가 된다.

셋째, 자녀 생후 2년~자녀 생후 3년: 이때가 되면 미혼모는 비교적 안정을 찾는 시기이며 자녀도 빠르게 성장한다. '쑥쑥 자라는 자녀가 기특하고 대견해' 자녀로 인한 행복이 커지기도 하지만, 그동안 소원했던 원가족이 그리워지기도 한다. 그러나 원가족이 나와 아이를 받아들일 준비가 되어 있는지 확신이 서지 않아 손 내밀기 어렵고, 또 어떻게 다가가야 할지 모르기도 한다. 이때 부딪히는 또 다른 문제는 자녀가 아빠에 대해 궁금해하는 것이다. 아이에게 아빠의 존재에 대해 어떻게 설명해야 할지 난감하기도 하고, 어린이집 등에서 미혼모 자녀인 것이 알려져 무시당할까 걱정이 되기도 한다(이현주, 엄명용, 2013: 164-179). 한 가지 확실한 것은 살아가면서 또 다른 어려움에 직면하겠지만, 양육미혼모는 엄마이기에 자신과 자녀를 위한 최선의 삶을 찾아갈 것이다.

최근 박영혜는 미혼모의 양육효능감에 대한 연구를 실시하였다. 양육효능감은 자녀를 잘 양육할 수 있다는 자신감이란 점에서 양육미혼모가족의 성공적 적응과 관련이 크다. 동 연구에서는 자아존중감과 양육 스트레스, 주거가 양육효능감에 영향을 미치는 것으로 나타났다. 즉, 양육미혼모에게 자아존중감을 향상시키는 프로그램을 제공하고, 육아에 대한 돌봄서비스를 통해 양육 스트레스를 경감시키고, 자녀와 함께 살 수 있는 주거를 제공한다면 양육미혼모의 양육효능감을 향상시킬 뿐 아니라 궁극적으로 자립에 도움이 될 것이다(박영혜, 2015: 110-117).

4) 양육미혼모가족에 대한 지원

양육미혼모가족이 증가하면서 이들에 대한 지원에도 관심이 증대되고 있다. 지역사회 미혼모 · 부자를 위한 거점기관(건강가정지원센터, 한부모가족지원센터 등)이 운영되고 있으며, 지원대상은 혼인기록이 없고 사실혼관계가 아닌 미혼모 · 부 가구다. 시설입소자를 제외한 만 3세 이하 자녀를 양육하는 가구 중 소득이 기준 중위소득 72% 이하인 가구를 대상으로 긴급위기지원과 통합적 지원을 하고 있다(여성가족부, 2016: 282).

지원의 내용으로는 상담을 통한 미혼모·부 및 자녀의 정서 지원과 출산비 및 아이의 입원, 예방접종비 등 모와 아이의 건강을 위해 필요한 병원비, 양육용품, 친자검사비, 교육문화체험 프로그램 운영 지원과 자조모임 지원과 지역유관기관 연계 지원 등을 한다. 미혼모·부 초기지원의 연간 가구당 지원액은 70만 원 이하로 지원하며, 자녀가 2명 이상인 경우 최대 140만 원까지 지원이 가능하다. 또한 한부모가족 공동생활 주거지원은 저소득 무주택 한부모가족의 심리적·경제적 안정을 위해 저렴한 월세로 자립을 준비할 수 있도록 주거 지원을 하고 있다. 미혼한부모가족이 입주 우선순위로 1순위이며, 다음으로 한부모의 부자가족, 모자가족 순으로 입주 순위를 두고 있다. 자립 가능성과 입주 필요성을 검토하며 주거지원 기간은 6년 이내로 하되, 2년마다 입주자 선정 심의를 거쳐 연장여부를 결정한다. 임대 보증금은 70만 원이며, 퇴거 시 다시 반납된다.

그러나 미혼모가족을 위해 앞으로 개선되어야 할 과제도 많다. 우선적으로 경제적 어려움 때문에 양육을 포기하는 미혼모가 생기지 않도록 주거안정 지원, 아이돌봄 지원 등 경제적 지원이 강화되어야 할 것이다. 그리고 미혼모가 학업을 지속하고 안정된 취업을 할 수 있도록 지원하고 이들에 대한 차별을 방지해야 할 것이다. 나아가서 미혼모가족을 다양한 가족의 하나로 인정하는 사회적 인식 개선 프로그램이 활성화되어야 할 것이며, 미혼부모에 대한 상담과 교육, 문화, 지역 네트워크 등 통합적인 가족 서비스가 정착되어야 할 것이다.

제2절 문화적 다양성을 경험하는 가족

오랜 역사를 통하여 단일민족에 대한 자부심이 크던 우리 사회가 급속하게 다문화사회로 진입하는 데 대한 우려가 적지 않았다. 우리 사회의 다문화 현상의 중심에는 결혼이민자가족이 있다. 서구 사회는 우리보다 먼저 다문화 현상을 경험하였다. 그러나 우리 사회의 다문화 현상은 서구의 다문화 현상과는 차이가 있다. 예를 들어, 서구 사회에서는 가족 단위의 이주가 이루어지고 이들의 2세 및 3세 자녀들이 결혼을 통해 다문화가족을 형성하는 경향이 높다. 그러나 우리 사회에서는 결혼이민을 통하여 급속하게 다문화가족이 형성되었다는 점에서 그 파급 효과가 매우 크다고 하겠다. 결혼이민자가족 이외에도 우리가 관심을 가져야 하는 가족이 북한이탈가족이다. 동일한 언어를 사용하지만 이들이 우리 사회에서 경험하는 문화적 차이는 적지 않다.

1. 다문화가족

1) 다문화가족의 증가

세계적 이주화의 영향과 국제 교류의 증가로 우리 사회에서 다문화가족이 증가하고 다문화사회라는 용어가 널리 통용되게 되었다. 결혼이민자, 특히 여성결혼이민자가 구성한 가족 및 그 출산 자녀들이 현재 한국 사회 다문화 현상의 중심에 위치하고 있다. 무엇보다도 이들은 더 이상 이방인으로서가 아니라 '누구 집 며느리' '내 마누라' 그리고 '우리 엄마'로서 존재한다(최명민 외, 2009: 26).

우리 사회에서 국제결혼을 통한 가족의 형성은 1950년대부터 시작되었지만, 1980년대 말을 시작으로 1990년대 중반 이후 급증하고 있는 국제결혼은 외국인 여성이 한국인 남성과 결혼하여 국내로 이주하는 경향이 높다는 점에서 과거 국제결혼과는 근본적으로 다른 양상을 보이고 있다. 이들의 주 거주지가 한국 사회가 됨으로써 가족과 지역사회의 구성원이 되며, 이들의 자녀가 한국에서 태어나 이민 2세로 성장한다는 점에서 우리 사회에 미치는 파급 효과는 크고 빠르다(박경동, 2008: 141-142; 최명민 외, 2009: 26 참조).

한편, 결혼이민자는 본국에서의 개인 상황, 배우자를 만난 방법, 결혼에 이르는 과정 등에 따라 각기 다른 기대를 가지고 있다는 점에서 이들의 결혼에 대한 기대를 일반화하기는 어렵다. 그럼에도 문헌에서 가장 많이 지적되는 것은 여성결혼이민자의 경제적 동기다. 경제 세계화에 따른 국가 간 소득 격차의 확대는 아시아 여성이 본국 가족을 돕고 자신의 삶을 개선할 수 있는 하나의 방식으로 결혼을 통한 이주를 선택하도록 한다. 그러나 결혼이민자가 단순히 경제적인 이유만으로 낯선 한국 남성과 결혼을 결심했다고 보는 것은 지나친 단순화다. 이들은 경제적 동기 외에도 결혼을 하는 모든 사람이 꿈꾸는 것—행복한 가정, 사랑받는 아내, 헌신적 어머니로서의 삶—을 공유하고 있다(김희주, 은선경, 2007: 48).

2015년 전국다문화가족실태조사에 따르면, 다문화가구는 27만 8,036가구이며, 2012년에 비해 4.3% 증가하였다. 이는 우리나라 전체 가구 중 1.3%를 차지하고 있으며, 결혼이민자 · 귀화자는 30만 4,516명으로 추정된다. 혼인 지속기간은 2012년 실태조사에서는 8.8년이었으나 2015년 실태조사에서는 평균 9.77년으로 증가하였고, 결혼 초기(5년 미만) 가족해체율도 2012년 35.2%, 2015년 29.6%으로 낮아지고 있어서 다문화가족의 안정성이 차츰 높아지고 있다고 하겠다(여성가족부, 2016. 4. 27.: 1-2).

2) 다문화가족의 어려움

2012 전국다문화가족 실태조사에 따르면, 결혼이민자와 귀화자는 한국에서 생활하면서 가장 어려운 점으로 경제적 어려움과 언어 문제를 지적하였다. 그다음으로 외로움, 문화 차이, 자녀양육 및 교육, 편견과 차별 등에 어려움이 있다고 응답하였다. 여성의 경우 언어와 외로움, 자녀양육 및 교육의 어려움을, 그리고 남성은 경제적 어려움, 편견과 차별을 더 많이 지적하였다. 2009년과 2012년의 실태조사를 비교해 보면, 자녀양육 및 교육의 어려움을 지적한 비율은 감소하였지만, 편견과 차별은 증가하였다(전기택 외, 2013. 1.: 199). 반면, 2012년과 2015년의 실태조사를 비교해 보면, 문화 차이와 편견 · 차별로 한국 생활에서 어려움을 느끼는 비율은 47.1%에서 38.3%로 감소하였고, 외로움 · 자녀양육 등으로 인한 어려움은 다소 증가하였다(여성가족부, 2016. 4. 27.: 5).

이와 같이 결혼이민자는 한국에서 생활하면서 여러 가지 어려움에 직면하게 된다. 의사소통은 가장 대표적인 어려움이다. 언어의 장벽은 부부간의 친밀성을 구축하는 데 장애가 될 뿐 아니라 때로는 가족 간의 오해를 초래하기도 한다. 또한 언어 문제는 가족 관계뿐 아니라 자녀의 양육과 교육, 경제 활동 등 다른 영역에도 영향을 미친다. 많은 결혼이민자가 국제결혼을 하는 대표적인 이유는 경제적 동기다. 그러나 실제 한국에서 생활하면서 이들은 기대한 것과 현실 간의 괴리를 느끼는 경우가 많다. 또한 경제적 문제는 소득 자체뿐 아니라 누가 소득을 관리할 것인가와 본국으로의 송금 문제로 인한 갈등도 발생한다. 문화적 차이는 결혼이민자가 극복해야 할 난관 중의 하나다.

표 4-11	여전히 서러운 다문화 자녀

'필리핀 엄마'가 알려진 날… 내 이름은 '야! 다문화'로 바뀌었다. 한국인 아버지와 베트남 출신 어머니 사이에서 태어난 김우림(가명·13) 군. 최근 초등학교 같은 반 친구들에게 "네 나라로 돌아가."라는 말을 들었다. '리틀 싸이' 황민우 군이 다문화가정 어린이라는 사실이 알려지면서 사이버 공격을 받은 직후의 일이었다. 김 군의 친구들은 이렇게 말했다. "리틀 싸이 설레발치는 거 정말 꼴도 보기 싫어. 너도 다문화라며? 눈앞에서 꺼져." 김 군은 갑자기 돌변한 친구들의 태도에 깊은 상처를 입었다. 김 군은 울먹이며 말했다. "전 한국에서 태어났는데…. 어디로 돌아가야 하나요? 친구를 잃은 일도 슬프지만 저는 진짜 조국이 없는 것 같아 더 슬퍼요."

출처: 유근형, 이샘물(2013. 5. 6.).

표 4-12	다문화 1호 국회의원, 이자스민의 1년

'완득이 엄마'가 국회의원이 된 지도 1년이 넘었다. 이자스민(36) 새누리당 의원. 영화 〈완득이〉에서 이방인 엄마로 분했지만, 실제로도 완득이 만한 아들이 있다. 그는 고등학교 2학년짜리 아들에 중학교 1학년 딸까지 키우고 있는 워킹맘 의원이다.

헌정 사상 최초의 귀화인 국회의원이란 타이틀을 달기 전 그는 〈러브 인 아시아〉 같은 TV 프로그램에 자주 출연한 방송인이자 영화배우였다. 그래서 국회의원이 됐을 땐 그를 '얼굴마담' 정도로 간주하는 시선이 있던 게 사실이다. 그러나 이런 예상은 빗나가고 있다. 이자스민 의원은 한 해 동안 13개의 법안을 대표발의했다. 한 달에 한 번꼴이다. 이 중 3개가 본회의를 통과했다. 국회 본회의와 상임위원회엔 단 한 번도 빠지지 않았다. 이 의원이 대표발의한 13개의 법안들은 다문화에 대한 지원금 제도를 새롭게 만든다든지 출입국 정책을 통째로 손보는 정책이 아니다. 결혼중개업 관리 강화, 다문화 정책 교육 의무화와 같이 조금씩 개선해 나가는 것들이다. 이 의원은 지난해 8월 초·중·고 교사·공무원을 대상으로 다문화 교육을 의무화하는 법안을 냈다. 법안은 논의 끝에 권고조항으로 수정돼 통과됐다. '우리나라가 다문화사회로 나아갈 것인지에 대한 사회적 합의가 없기 때문에 의무조항으로 두기는 힘들다.'는 이유였다.

이 의원은 필리핀에서 선원이던 남편을 만나 1995년 결혼했다. 연애결혼이었다. 아이가 생긴 1998년에 필리핀 국적을 포기하고 귀화했다. 아이를 키우던 중 '의사가 되고 싶어 하던 꿈 많던 내가 지금 뭐 하고 있지?'라는 생각이 들었다고 한다. 육아로 인한 경력 단절 여성들이 주로 하는 고민이었다. 결국 2006년부터 방송일을 시작해 워킹맘이 됐다. 팔불출처럼 그의 편만 들어 주던 남편은 2010년 세상을 떠났다.

그의 연희동 자택은 항상 시끌시끌하다. 시어머니와 시동생 가족까지 9명이 함께 지낸다. 최근엔 찾아보기 힘들어진 대가족이다. 그런 게 너무 좋다고 한다. "사람들이 다 나를 안타깝게 바라보잖아요. 결혼이주 여성이라 힘들게 산다고. 그런데 저는 하나도 안 힘들어요. 우리 어머님이 그러세요. '내가 너를 모시는 거지.'라고요."

출처: 권혁재(2013. 6. 29.).

문화적 차이는 고맥락 언어, 부부 역할 기대에 대한 차이, 음식 문화의 차이 등 다양한 일상생활 영역에서 나타난다. 또한 다문화가족 내에서 발생하는 가족 내 폭력과 억압의 문제와 사회적 차별의 문제는 우리 사회가 풀어 나가야 할 과제이기도 하다(이원숙, 2012: 383-399). 그동안 다문화가족의 정착을 위한 지원이 다각도로 이루어졌지만, 반면 다문화가족을 취약계층과 동일시하거나 부정적으로 바라보는 인식도 우려되고 있다(여성가족부, 관계부처합동, 2012. 12: 25). 한 예로, 이자스민 의원은 "20년 전에는 '외국인'이라는 신기한 대상에 대한 호기심이었다면, 2000년대 중반쯤부터 '너네 대체 뭘 가져가려고 왔느냐'는 시선으로 바뀌었어요. 이주민에 대한 정책 지원은 좋아졌지만, 사람들의 시선은 옛날이 훨씬 좋았습니다."라고 이주민에 대한 변화된 시선을 우려하였다(이재훈, 2016. 1. 7.).

3) 다문화가족의 적응 및 지원

결혼이민자는 적응 과정에서 여러 어려움에 부딪히지만, 이에 적극 대처해 나가는 결혼이민자 역시 많다. 이들은 중첩된 어려움과 시련에도 결혼과 이주라는 선택의 주체로서 가정과 이웃 그리고 사회에서 성공적으로 적응해 가고 있다. 〈표 4-13〉에서 보는 바와 같이, 성향숙은 여성결혼이민자의 가족생활 적응 전략을 분석하였다. 이 연구에 따르면, 여성결혼이민자는 부부 관계, 시부모 관계, 자녀 관계 및 심리적 적응 전략을 다양하게 구사한다. 첫째, 여성결혼이민자는 착한 남편을 바라보며 인내하기도 하고, 남편을 나의 편으로 만들기 위해 남편의 지지를 요청하거나 남편을 변화시키기 위해 적극적인 방법을 모색한다. 둘째, 시부모 관계에서는 거리 두기, 힘겨루기, 시부모에게 저항하기 등 시집 식구를 배제하는 적응 전략을 구사하기도 하는 한편, 돌봄의 역할을 수용하기도 한다. 셋째, 자녀가 결혼생활의 목표가 되기도 한다. 그리하여 자녀를 위해 결혼생활을 유지하고자 노력하며, 자녀를 한국 사람에게 지지 않게 교육하기 위해 노력한다. 이와 더불어 자녀에게 무시당하지 않기 위해 노력하고 모국어를 가르치는 등 부모로서의 권위를 지키기 위해서도 노력한다. 넷째, 여성결혼이민자는 자신의 정체성을 지키고 능력을 갖추고 긍정적으로 생각하면서 자존감을 유지하기 위해 노력한다(성향숙, 2011: 319-325).

흥미로운 사실은 이들의 본국 사람들과의 연대 및 소통은 한국 생활에 정착하는 데

표 4-13 여성결혼이민자의 가족생활 적응 전략의 사례

아저씨(남편)가 너무 착하잖아요. 여자는 사람 보고 살잖아요. 돈 아무리 많아도 만날 속 썩이면… 텔레비전 보면 많잖아요. 없으니깐 참 힘들지만은, 만날 놀러다니는 사람들이 부럽지만, 나는 만족하고 삽니다… (참여자 A, 착한 남편 때문에 인내함).

… 남편은 처음에는 분가를 반대했죠. 근데 계속 시간이 지날수록 자기도 내가 힘들어 보이니까 그래서 미안하다고. 그때 분가했지. 저도 분가 안 하면 신랑하고 같이 못 살겠다고(참여자 D, 남편의 지지를 요청함).

시누이, 시동생이 시아버지 몸이 약해서 오래 못 살아요. 좀 도와달라고 했어요. 친정 엄마도 아픈 사람(시아버지)이 마음이 안 좋으니까 말을 안 좋게 한다고 했어요. 그래서 제가 이해해요(참여자 D, 돌봄의 수용).

애들 어려서 아빠 없으면 안 돼요. 제 남편도 술 먹고 그런 거 있는데. 한 번씩 이혼 생각하지만 애들 생각해야 해요. 지금은 그냥 참아야 해요(참여자 E, 자녀를 위해 결혼생활을 유지함).

저는 모르는 게 많고요. 한국 수준에 떨어지는 거 싫거든요. 일단 말을 배워야 하니깐 유치원을 일찍 보내라 하대요. 이렇게 살아도 애는 교육을 시켜야 하잖아요. 더 시키고 싶고, 더 잘했으면 좋겠고(참여자 A, 한국 사람에게 지지 않기).

필리핀 이름도 자기 이름인데 바꾸면 좀… 한글로 바꾼다고 외모가 한국 사람은 아니잖아요. 필리핀 이름이 좀 길잖아요? 그래도 자기 이름 좋아요(참여자 F, 자신의 정체성 지키기).

출처: 성향숙(2011), pp. 319-322.

중요한 요인의 하나다. 그리하여 친정 식구들과의 유대는 한국으로 데려와 같이 또는 가까운 곳에서 함께 사는 연쇄 이주의 방식을 취하기도 한다. 예를 들어, 자신의 여동생을 한국 남자와 결혼시켜서 이웃으로 살기도 하고, 취업비자로 불러오기도 하고, 자녀의 경우 유학비자로 불러와 함께 살기도 한다. 또 다른 방법으로는 이미 한국에 들어와 있는 다른 본국 사람과 접촉하기도 한다. 이들이 본국 사람을 만나는 것은 단순한 오락이나 시간 때우기가 아니라 장사를 하거나 일자리를 구해 주거나 한국 생활의 정보를 교환하는 지극히 실제적인 동료를 확보하는 것이기도 하다(김민정, 유명기, 이혜경, 정기선, 2006: 181; 김희주, 은성경, 2007: 54; 박경동, 2008: 167).

2. 북한이탈가족

1) 북한이탈가족의 현황

중국과 제3국 등에 은신하는 것으로 추정된 탈북자는 10~30만여 명이다(최현실, 2011: 2). 통일부 자료에 따르면, 북한이탈주민[3]은 꾸준히 증가하였고, 2016년 3월까지 총 2만 9,137명이 입국하였다. 이 중 남자는 8,580명이고 여자는 2만 557명(71%)으로 여자가 훨씬 많다(통일부, www.unikorea.go.kr). 과거 북한이탈주민은 기아에 따른 죽음과 같은 극단적 환경의 폐해를 극복하거나 정치적 박해를 벗어나기 위한 최후의 수단으로 탈북했다. 그러나 최근에는 '더 나은 삶의 조건과 환경'을 찾기 위한 목적에서 탈북하는 경우가 늘어나고 있다. 특히 관심을 모으는 것은 어려운 이주 과정을 거쳐 가족 단위의 입국이 증가하고 있다는 사실인데, 독신으로 먼저 입국한 사람이 북한과 중국 등에 잔류한 자신의 가족을 추후 데려오는 소위 '연쇄 이주(chain migration)'가 급증하기 때문이다(최명민 외, 2009: 201-202). 이와 같이 남한 사회에 입국하는 북한이탈주민의 수가 지속적으로 증가하면서 이들의 심리사회적 적응의 문제가 관심을 끌고 있다.

2) 탈북 과정과 그 후유증

탈북자가 남한으로 오기까지는 중국이나 제3국의 경로를 통해야 하는데, 중국은 북한과의 협정에 따라 탈북자를 불법 월경자로 체포하여 북한으로 송환하고 있다. 이 과정에서 탈북자는 어느 나라의 법적 보호도 받지 못하고 극심한 인권 사각지대에서 생존하게 된다. 국내로 입국한 탈북자의 상당수는 입국 전 짧게는 12개월 이하, 길게는 10년 이상 중국, 대만 등 제3국에서 불법체류자 신분으로 떠돌게 된다. 특히 이 과정에서 탈북 여성은 인권 유린, 감금, 폭행, 강제노동, 성폭력, 인신매매, 매춘 등의 가혹한 처우와 외상적 경험을 하는 경우가 많다(최현실, 2011: 2).

---

3) 북한이탈주민을 뜻하는 용어로 그동안 '새터민'이 널리 사용되어 왔다. 현재 통일부에서 공식 용어로 '북한이탈주민'을 사용하기 때문에 이 책에서도 이를 사용하고자 한다. 용어의 통일을 위해 인용한 자료에서 새터민이라고 사용한 경우에도 북한이탈주민으로 통일하였음을 밝힌다.

표 4-14	북한이탈 여성들의 이야기

• 감옥 같은 결혼생활

"처음엔 팔려 갔어요. 뿐시에서 1시간 거리의 시골마을 한족 남성에게 2만 원에 팔려 시집을 갔어요. 중국의 깊은 시골에서 장가를 가기 위해 2만 원에 북한 여성을 샀기에(대체로 3년 이상 모아야 하는 큰돈) 화장실까지도 따라다녀요…. 도망치다 잡히면 반죽음이에요…."(진별이 사례).

• 나의 일거수일투족이 감시되는 불안감

"탈북 과정에서 가장 힘든 점은 여성으로서의 인권을 보장받지 못한 겁니다. 원하지 않아도 잠자리를 갖고, 권리를 찾지 못하고 억누르고 남의 비위를 맞춰 하루하루 이어 가는 것이죠…. 국적도 없고, 공포심, 두려움. 불안감, 국경도 북한이란 두려움… 경찰차 윙윙 지나가면 날 잡으러 오지 않을까… 도망칠 통로부터 찾고, 순간이라도 뛰고… 중국에서 나온 지 몇 년 되어도 집 밖 못 나오고… 커튼 치고… 잘 때 일체 창문부터 걸어 잠그고… 한국에서도 습관이 되어 더운데도 특수키 만들고 최대한 잠글 수 있는 것 다 잠그고… CCTV가 나의 일거수일투족을 감시하는 불안감이 늘 덮쳐요. 지금도 실수했을 때나 전부 다 안 잠그지… 문을 무조건 확인하고 자고, 창문을 이제야 잠시 엽니다…. 밤에는 반드시 닫습니다…. 정신적으로 힘들면 육체까지도 망가지고…." (진별이 사례).

출처: 최현실(2011), pp. 17, 20.

3) 한국 사회에서의 적응

〈표 4-14〉에서 보는 바와 같이, 탈북 과정에서 극도의 정신적인 외상을 경험한 탈북자는 탈북에 성공하여 남한에 와서도 오랜 기간 긴장과 두려움으로 고통받는다. 이들은 신체적·정신적으로 매우 취약한 상태에서 남한 사회에 적응해야 한다. 그런데 북한 사회에서 남한 사회로의 이주는 북한이탈주민에게 크나큰 문화적 충격이며, 적응 과정에서 가족과 이웃 그리고 사회에서 여러 가지 어려움에 봉착한다.

북한 사회에서의 지배−복종적이고 가부장적인 부부 관계에 익숙한 북한이탈가족은 남한에 정착하는 과정에서 아내의 적응 속도가 남편보다 빠른 경우가 많다. 또한 아내는 경제적으로도 취업을 통해 새로운 생활 기반을 마련하기가 용이하기 때문에 부부간의 갈등이 발생한다. 즉, 직상도 불안정한 데다 가부장적인 권위주의가 강하게 남아 있어 성별 위계를 고수하려는 북한 출신 남편과 하루 종일 생계에 내쫓기다 집에 돌아와서도 가사노동을 해야 하는 북한 출신 아내는 심한 부부 갈등을 겪기도 하고, 때로 가족 폭력이 발생하거나 이혼에 이르기도 한다. 또한 가족 간의 갈등은 부모−자녀 관계에서도 발생한다. 부모는 북한식으로 여전히 권위주의적인 데 비해, 10대 청소년 자녀는 남한 교육의 영향으로 민주적인 관계를 요구해 세대 갈등이 심하다. 특히 탈북 과정에

표 4-15 알리고 싶지 않은 북한 출신이라는 사실

"지금은 많이 나아졌지만 처음엔 북한 사투리를 쓰고 하다 보니까 남편이 창피하다고 했어요. 사투리 쓸 때는 어디 데려가지도 않고, 놀러가지도 않고, 무시도 많이 당하고. 이 악물고 사투리를 고치긴 했지만 지금도 집이나 시댁 가면 말을 되도록 아껴요. 혹시라도 사투리가 튀어나올까 봐."

"학교에서 이것저것 공문이 내려와요. 탈북자 자녀들에게 지원해 주는 프로그램도 안내해 주고. 선생님께 말했죠. 이런 것 보내지 말고, 아이에게도 엄마가 탈북자라는 거 알리지 않았으면 한다고. 알려졌다가 혹시라도 위축되고 친구들한테 따돌림당할까 봐서요."

"지금 직장으로 오기 전에 알 만한 대기업 총무직에 지원한 적이 있어요. 1, 2차 합격하고 면접까지 갔는데 이사라는 분이 나오셨더라고요. 그런데 그분이 대뜸 어떻게 이런 사람(새터민)이 여기까지 올라왔느냐고 호통을 치더라고요. 지금도 그때 받았던 충격이 생생해요. 정말 차별이었구나. 깊은 상처를 받았던 것 같아요. 두고 보자는 생각도 들고. 나중에라도 잘 살게 되면 꼭 그 사람한테 찾아가서 한마디 하고 싶다는 생각도 해요."

출처: 박준규, 김형선(2013. 2. 13.).

서의 장기간 도피생활에 따른 학업 결손, 이에 따른 학업 부진이 10대 청소년의 적응을 힘들게 하고 있다(홍욱화, 2005: 368-386).

그런가 하면 북한이탈주민은 남한 사회에 적응하는 과정에서 가족, 학교, 직장 등에서 차별을 경험하기도 한다. 심지어는 남한 남성과 결혼하여 가족을 이룬 북한이탈 여성까지도 자녀를 교육하면서 북한 출신임이 알려질까 조심하기도 한다. 이는 우리 사회에서 아직도 다문화가족이나 북한이탈가족 등 우리와 다르게 느껴지는 가족에 대한 편견이 작용하고 있음을 드러내 준다.

현재 정부는 「북한이탈주민의 보호 및 정착지원에 관한 법률」을 제정 및 개정하여 과거 '일방적 수혜적 보호' 대신 북한이탈주민이 우리 사회 일원으로 자립·자활 의지를 갖고 안정적으로 정착하도록 돕고 있다. 정착지원금의 기본금을 축소하고 직업훈련, 자격 취득, 취업 등에 따른 장려금 제도를 폭넓게 도입하는 등 바람직한 방향으로 개선되고 있다.

한편, 북한이탈가족에 대한 경제적 지원 이외에도 심리적 지원의 필요성이 지적되고 있다. 강숙정에 따르면, 탈북 과정과 정착 전 심리 상태를 고려하여 무엇보다도 북한이탈주민의 심리 안정과 치료적 개입에 주안점을 두어야 한다. 그리고 북한이탈주민이 경직된 마음과 경계심을 풀고 지역사회 공동체에서 사회적 지지를 받으며 자기실현을 이룰 수 있도록 효과적인 대인관계 및 대화 기술을 습득하도록 도와야 한다. 또한 북한

表 4-16 **탈북 대학생 복서 최현미 씨가 본 한국**

북한이탈주민이 증가하면서 대학 캠퍼스는 물론 초 · 중 · 고교에서도 함께 수업을 받는 탈북 학생을 만날 수 있다. 탈북 학생들은 어떤 시각으로 남한 교실과 학생들을 바라볼까? 전혀 다른 교육 환경에서 어떤 차이를 느낄까? 탈북 복서로 알려진 최현미 선수(20 · 성균관대 스포츠과학부)를 만났다.

평양에서 지낸 어린 시절, 그는 무역업을 하던 아버지 덕분에 부유한 환경에서 자랐다. 어릴 때부터 예체능에 뛰어난 소질을 보였다. 유치원에 다닐 땐 어린이들의 재능을 뽐내는 〈세상에 부러움 없어라〉라는 북한 TV 프로그램에 출연해 춤 솜씨를 선보였다. 또한 체격이 좋고 운동능력이 뛰어난 최 선수는 13세 때 복싱선수로 발탁되었다. 본격적으로 복싱을 배우던 중 최 선수는 2004년에 가족과 함께 평양을 탈출해 한국에 왔다.

최 선수는 한국의 일반중 2학년에 편입했다. 가장 인상적이었던 것은 수업시간에 교사와 학생이 자유롭게 농담을 주고받는 모습이었다. 교사는 곧 '하늘'로 통했던 북한에선 상상조차 할 수 없는 일이었다. 최 선수는 "북한에선 수업시간에 학생들이 숨소리조차 내기 어렵다."고 했다. 친구들은 "북한 학생들은 어떤 운동을 좋아하나?" "북한 학생들도 학원에 다니느냐?"면서 수시로 궁금한 것을 물었다. 최 선수는 "학교 친구들과 스스럼없이 어울리면서 빠르게 적응할 수 있었다."고 말했다. … 그러나 열심히 공부했으나 성적은 예전만 못했다. 그래서 '내가 잘하는 것을 보여 주자'는 각오로 권투를 시작했다.

부모는 복싱을 하겠다는 딸의 선택에 대해 "좋아하고 잘할 자신이 있다면 그렇게 해라. 단, 그 분야에서 최고가 안 될 생각이면 시작도 마라."라고 했다. 최 선수는 "복싱을 좋아하지 않으면 매일 울면서 하는 고된 훈련을 어떻게 견딜 수 있겠느냐."면서 "결국 원하는 분야에서 최고가 되라는 부모님과의 약속을 지켜서 뿌듯하다."고 했다. 최 선수의 미니홈피 제목은 '노력하는 자는 즐기는 자를 이길 수 없다.'다.

출처: 봉아름(2010. 6. 22.).

이탈주민을 힘없는 수혜자나 수급자로 취급하던 종래의 사회적 인식을 전환시키고, 강인한 정신력과 적응력, 자존심을 가진, 남한 사회에 유익을 주는 존재로 새롭게 각인시킬 필요가 있다(강숙정, 2009: 108-109).

제3절 기타 가족

앞 절에서 뉴 라이프스타일을 선택한 가족과 문화적 다양성을 경험하는 가족에 대해 살펴보았다. 지금 이 시점에도 가족은 자신들의 삶의 여건에 가장 적합한 가족 형태를 창의적으로 만들어 가고 있다는 점에서 앞에서 살펴본 가족 이외에도 우리 사회에는 다른 유형의 가족이 공존할 것이다. 여기에서는 그 대표적 예로서 동성애가족에 대해서 간략하게 소개하고자 한다. 그러고 나서 앞으로도 가족은 사회 변화에 유연하게 대처할 것이란 점에서 미래의 가족 형태를 예측해 보는 것으로 이 장을 마무리하고자 한다.

1. 동성애가족

동성결혼을 허용하는 국가가 점차 늘어나고 있다. 세계 최초로 동성애자 커플의 결혼을 법적으로 허용한 나라는 2000년 네덜란드이며, 이후 2003년 벨기에가 동성애자의 결혼을 허용하는 법률을 통과시켰다. 2005년에는 캐나다와 스페인, 2009년에는 노르웨이와 스웨덴, 2010년에는 포르투갈과 아이슬란드, 아르헨티나가 동성 커플의 결혼을 법적으로 허용했다. 그 밖에도 남아프리카공화국, 덴마크, 룩셈부르크, 벨기에, 브라질, 미국, 아일랜드, 우루과이, 프랑스, 핀란드 등 동성결혼을 합법화하는 국가들이 점점 늘어나고 있다.

그러나 우리 사회에서는 아직 동성애가족에 대한 관용적 태도가 미흡하다. 동성애에 대해 허용적인 사회에서 '커밍아웃(come out)'한다는 연구 결과에도 불구하고, 동성애자는 사회적 비승인, 고립, 공공연한 굴욕감을 겪는 경우가 적지 않다. 그들의 관계는 법적으로 인정받지 못하고, 이성애자에게는 당연히 인정되는 많은 사회적 보호를

표 4-17 동성애자이기에 요란한 결혼식

영화감독 김조광수(48) 씨와 영화사 레인보우팩토리의 대표 김승환(29) 씨가 지난 7일 오후 우리나라에서는 처음 공개적인 동성 결혼식을 올렸다. '당연한 결혼식 어느 멋진 날'이라는 타이틀도 걸었다. 두 사람은 결혼식이 열릴 서울 청계천 광통교 앞에서 기자회견을 갖고 "우리의 결혼을 시작으로 결혼하고 싶은 많은 동성애자가 이성애자처럼 결혼을 선택할 수 있었으면 한다."며 공개 결혼식을 강행한 이유를 밝혔다.

앞서 이날 오전에는 기독교단체 회원들이 결혼식 현장을 찾아 예배를 하고 찬송가를 부르는 등 무대설치 작업을 방해해 준비작업이 지연되기도 했으며, 결혼식 도중엔 기독교인으로 알려진 불청객이 식장에 오물을 투척하는 불상사가 벌어져 경찰에 연행되는 소동이 벌어지기도 했다.

이들의 결혼식은 우리나라에서도 동성결혼에 대한 논의를 펴고 이를 허용할 것을 촉구한 공개적인 퍼포먼스로 기록될 것이다. 이를 계기로 동성애자들과 진보적 지식인들의 동성결혼 허용 요구도 거세질 것으로 보인다.

출처: 김강석(2013. 9. 11.).

받지 못하고 있는 실정이다(Comstock, 1991; 전귀연, 구순주, 1998: 168 재인용). 이는 〈표 4-17〉에서 보는 바와 같이 혐오적인 행동으로 나타나기도 한다. 앞으로 이 사건을 계기로 동성애자들이 합법적 가족을 형성할 권리를 얻고자 하는 움직임이 강해질 것으로 예측된다.

2010년 SBS에서 방영된 〈인생은 아름다워〉는 동성애라는 주제를 공중파 방송 드라마에서 처음 다루었다. 이에 대한 반응은 "아직은 쉽지 않은, 낯선 이야기"(연합뉴스, 2010. 4. 11.) "드라마의 일탈"(국민일보. 2010. 6. 6.) "불편한 동성애 드라마"(세계일보, 2010. 5. 27) 등 언론의 수식어에서 짐작할 수 있다(우주현, 김순남, 2012: 72).

심지어는 '동성애 허용법안 반대 국민연합'에서 "남자끼리, 여자끼리 결혼하면 어떻게 자녀를 낳겠습니까? 동성 부부가 아이를 입양하여 기른다고 하지만 남자 엄마 밑에서 자란 아이들이 과연 행복하겠습니까?"라며 〈인생은 아름다워〉가 동성애를 조장한다고 조선일보에 광고를 게재하기도 하였다(우주현, 김순남, 2012: 77-78). 물론 반론이 없는 것은 아니었다. "누가 미쳤다고 그런 길을 스스로 가겠는가? 어쩔 수 없음에도 불구하고 그럴 수밖에 없는 그들을 선택의 잣대로 평가하다니⋯."라는 의견도 있다(우주현, 김순남, 2012: 104).

동성애자는 이성애가 규범인 사회 속에서 고립되거나 삶을 공유할 타자가 거의 없는 극히 제한된 삶을 살아간다. 이와 같이 사회적으로 배제, 차별의 환경 속에서 그리고 이성애가족과는 달리 삶의 모델이 부재한 상황에서, 이들은 자신의 정체성을 유지하면서 가족으로서 살아가는 실천에 도전하고 있다. 한빛나의 연구에 따르면, 동성애가족

표 4-18 | **성소수자, 그가 자신의 프로필을 '여장' 사진으로 교체한 까닭은?**

2015년 12월 중순, 삼성SDS가 발칵 뒤집혔다. 성전환 수술을 받을 계획이던 30대 남성 직원 P씨가 자신의 사원 정보 프로필을 여장 사진으로 바꿨기 때문이다. 이를 두고 회사 안팎에서 설왕설래가 이어졌다. 회사에서는 "P씨가 12월 31일까지 퇴사하겠다고 회사에 밝혔다."고만 말하고 있지만 퇴사 압박 가능성도 배제할 수 없는 상태다. IBM이나 P&G, 구글, 페이스북 등 글로벌 기업들은 이미 다양성을 인정하는 방향으로 진화하고 있다. 팀 쿡 애플 CEO는 2014년 게이임을 밝혀 주목을 받았다. 국내 기업들 사이에서도 최근 다양성이 경영 이슈로 떠오르고 있다. 장애인과 외국인, 여성 등 '마이너리티 직원'들이 차별받지 않고 역량을 발휘하도록 경영방향을 급선회했다. 그러나 아직 성소수자는 예외다. 국가인권위원회가 2014년 발표한 '성적 지향, 성별 정체성에 따른 차별 실태조사' 보고서에 따르면, 응답자의 44.4%가 성정체성을 이유로 한 가지 이상 차별을 당했다. 성소수자라는 이유로 해고나 권고사직을 당한 경우도 많았다.

출처: 이석(2016. 3. 29.).

은 성정체성을 인식하고 수용하는 과정에서 동성애자로서의 삶의 양식을 받아들이고
자신들의 삶을 재설정한다. 그러다 보니 동성애가족은 일상적인 가족실천 모델이 공백
인 상태에서 커플 사이에서 역동과 협상 그리고 주관적 의미를 바탕으로 가족으로서의
삶을 형성해 나가게 된다. 즉, 이들은 가족으로서의 소속감과 유대를 공고히 해 나가면
서 가사 노동과 경제적 자원의 운영을 각자의 상황에 맞추어 협상해 나가는 실용적 실
천을 해 나간다. 그리고 이들은 커밍아웃의 수위를 조절하면서 원가족과 친족 관계를
선택하고 관리해 나간다. 때로 이들은 '부부'로서의 정체성을 표명하기 위해 결혼식으
로 대표되는 의례를 실천하기도 한다(한빛나, 2015: 85-86).

2. 미래의 가족 형태는?

가족이 재구성되고 있다. 학자들은 미래에는 패치워크(patchwork) 가족이 증가할 것
이라고 예측한다(〈표 4-19〉 참조). 패치워크는 자투리 조각보를 이어 만드는 수공예 제
품을 말한다. 색깔도 모양도 다른 조각보가 하나로 연결되듯 다양한 구성원이 모여 가
족을 만들었다는 의미다. 전통적인 가족 개념에서 패치워크 가족은 '비정상적 예외'로
간주됐다(김민철, 2009. 7. 25.). 그러나 이제는 비정상도 예외도 아니고 본인들이 쉬쉬
하며 숨기지도 않는다. 이혼과 재혼이 급증하면서 패치워크 가족은 주변에서 종종 볼
수 있는 가족 형태가 되었으며, 앞으로는 점점 증가할 것으로 보인다.

표 4-19 **미래의 가족 형태는?**

1990년대 이후 전 세계의 모든 사회는 줄곧 가족의 '해체 위기'에 시달려 왔다. 이에 대해 상대적으로 개인
주의에 익숙한 서구 사회에서는 '패치워크 가족'이 하나의 대안으로 떠오르고 있다. 패치워크 가족이란 조각
보처럼 여러 인간관계가 모여 복합적으로 가족적 유대감을 이루어 내는 공동체다.

몇 년 후 미국에서 패치워크 가족이 전형적인 가족 형태로 수십 년을 군림해 온 핵가족을 밀어내고 미래의
대표적인 가족 형태가 될 것이라는 예측도 있다. 동거가 일반화되어 있는 독일에서는 이혼과 재혼으로 이루
어지는 가족보다 훨씬 화려한 무늬의 패치워크 가족이 탄생하고 있다. 독일 제2방송 ZDF 시리즈 〈마마 마리
안네〉는 이런 현실을 잘 반영하는 드라마다. 마리안네는 50대 이혼녀로 아들, 딸을 모두 독립시켰다. 그렇다
고 그녀가 혼자 사는 것은 아니다. 그동안 사귀던 남자친구 얀과 동거하고 있다. 그러나 아침식사 때면 어김
없이 마리안네의 아들이 찾아오고, 이어 베이비시터를 구하지 못해 발을 동동거리는 딸이 출근해야 한다며

아이를 안고 문 앞에 서 있다. 어디 그뿐인가. 과거의 시어머니가 아들, 그러니까 마리안네 전 남편의 새 여자친구와 성격이 맞지 않는다며, 옛 며느리인 마리안네와 같이 살겠다고 찾아온다.

이렇게 가족 관계가 쉴 새 없이 흩어졌다 새로 맺어지면서 만들어 내는 복잡하고 다층적인 새로운 가족 문화는 일시적 유행으로 끝나지 않을 것이다. 패치워크 가족이 미래의 대안 가족으로 부각된 것은, 단지 사랑에 대한 기대감으로 이 파트너에서 저 파트너로 전전하기 때문이 아니다. 패치워크 가족은 핵가족 문화에 감춰져 있는 성차별 의식, 소수 문화에 대한 배타성, 단절된 세대 간 연대의식을 극복하려는 새로운 시대의 가치관을 그 안에 담고 있다. 즉, 다양한 존재를 인정하고 그들 간의 조화를 추구하려는 성향을 잘 대변해 주는 가족 형태인 것이다.

출처: 정미라 역(2008), pp. 175-176.

경기도 파주에 사는 조민수(43·가명) 씨의 다섯 식구는 성이 제각각이다. 엄마는 조 씨, 지금 남편과 부부 사이에 난 막내딸은 김 씨, 아들과 큰딸은 친부의 성을 따른 신 씨다. 주변 시선이 신경 쓰일 것도 같은데 이들은 "아무렇지도 않다."고 했다.

조 씨는 "처음엔 학교 생활기록부에 지금의 남편 성을 신씨로 고쳐 쓰기도 했다."며 "그런데 아이들이 어른보다 열려 있었다. '뭐 어때, 창피한 것도 아닌데…. 그냥 사실대로 얘기해요. 그리고 엄마나 아빠랑만 사는 친구들도 많아요.'라고 하더라."고 말했다(김민철, 2009. 7. 25.).

이런 패치워크 가족은 서구 사회뿐 아니라 한국, 일본, 중국 등 동아시아 지역에서도 이미 출현하고 있다.

〈표 4-20〉에서 보는 바와 같이 영화 〈어느 가족〉은 일본 사회를 기반으로 새로운 형태의 가족을 보여 주고 있다. 이런 사회적 현상은 같은 동아시아 국가에 속하는 중국의 드라마에서도 나타나고 있다. 중국의 가족드라마 〈이가인지명〉은 '가족이라는 이름으로'라는 뜻이다. 이 드라마에서는 식당을 운영하는 아버지 리허이차오와 딸 리젠젠, 이 집에 얹혀 살게된 허쯔추, 그리고 윗집으로 이사온 경찰 링허핑과 아들 링샤오이가 가족을 이루고 살게 된다. 〈어느 가족〉과 마찬가지로, 이 드라마 역시 혈연으로 연결된 가족과 비혈연가족을 비교해 보여 주면서 전통적인 가족개념에 도전을 하고 있다. 혈연가족이 진짜 가족일까, 아니면 사랑으로 살아가는 식구들이 진짜 가족일까? 이런 가족에 대한 질문은 우리나라 드라마나 영화에서도 나타나고 있다. 〈어쩌다 가족〉, 〈오, 삼광빌라〉 같은 프로그램들은 혈연은 아니지만 같이 어울려 살아가면서 가족이

표 4-20 '가족이란 무엇일까?'라는 근본적인 물음을 담고 있는 일본 영화 〈어느 가족〉

영화 〈어느 가족〉은 가족에 대한 따뜻한 시선으로 작품을 만드는 고레이다 히로카즈 감독의 2018년 작품으로 칸영화제에서 황금종려상을 수상했다. 이 영화에는 아주 특이한 가족이 등장한다.

오사무는 마트에 들어서더니 쇼타에게 눈짓을 한다. 두 사람은 능수능란하게 눈빛을 교환하면서 물건을 훔친다. 훔친 물건을 들고 집으로 향하다가 집 근처에 사는 꼬마 아이가 집 밖에 나와 있는 모습을 여러 차례 목격한다. 먹던 고로케를 주면서 집에 데려온 5살 유리는 하룻밤만 재우고 집으로 돌려보낼 생각이었다.

그러나 가정폭력과 낳고 싶지 않은 아이라고 소리 지르며 싸우는 부모를 보고 다시 유리를 집으로 데려온다. 학교를 다니지 않는 쇼타는 주차장에 버려진 아이를 오사무 부부가 데리고 왔던 것이었다. 그리고 시바타 할머니는 이 식구들이 사는 집주인인데 남편이 남긴 연금으로 살고 있다. 시바타 할머니를 따르는 아키는 윤락가에서 일하면서 돈을 벌고 있다. 흥미롭게도 도둑 가족은 도둑질로 연명하는 건 아니다. 아빠 같은 오사무와 엄마 같은 노부요 모두 일을 한다. 비정규직 노동자라서 생활비가 부족하고 이를 도둑질로 메꾸고 있다.

쇼타 같은 아들이 갖고 싶었던 오사무, 유리 같은 딸을 갖고 싶었던 노부요, 할머니 품이 그리웠던 아키, 이혼 후 혼자 살아가던 시바타 할머니. 이런 유사 가족이 영원할 수 없다는 것을 예감한 이들은 기차를 타고 바닷가로 간다. 시바타 할머니는 바닷가에서 노는 이들을 보며 속으로 함께 해줘서 고맙다고 말한다.

이 영화는 "가족이란 무엇일까? 피가 섞였지만 가정폭력과 아동학대 등으로 상처를 주는 가족과 어느 누구도 혈연으로 연결되어 있지 않지만 애정과 선택으로 만들어진 이 가족 중 어느 가족이 진짜 가족일까?"라는 질문을 던진다.

출처: 썬도그(2018. 7. 31.); 정지혜(2019. 5. 28.).

되어 서로에게 소중한 존재가 되어 가는 모습을 그리고 있다.

앞으로의 대표적 가족 형태가 패치워크 가족이 될 것이라는 것 혹은 가족이 재구성되고 있다고 하는 것은 그만큼 가족의 다양성이 증가하고 있음의 또 다른 표현일 것이다. 가족의 다양성은 사회 변화 속에서 가족의 유연한 적응 능력을 반영한다는 점에서 열린 자세로 이들의 존재를 인정하고 공존하는 지혜를 배워 나가야 할 것이다.

Chapter 05

가족과 사회학 및
사회복지이론

———

제1절 가족과 사회학적 이론
제2절 가족과 사회복지 이론 및 관점
제3절 건강가족을 위한 실천 원칙 및 실천 사례

가족과 사회학 및
사회복지이론

가족 이론은 가족과 관련된 현상들을 바라보고 해석하는 체계적 시각과 방법을 제시한다(이여봉, 2008: 35). 그런가 하면 가족과 그 구성원들이 보다 건강하게 기능할 수 있도록 돕는 이론들도 있다. 이와 같이 가족에 관한 이론은 사회학, 사회복지학 등 여러 학문 분야에서 발달되어 왔기 때문에 이를 체계적으로 제시하는 것은 쉽지 않은 과제이다.

이와 같은 어려움에도 불구하고 가족에 관한 이론은 건강가정론의 이론적 기반이라는 점에서 그 중요성이 매우 크다. 이와 같이 가족에 관한 이론의 중요성 때문에 건강가정론 관련 저서들에는 가족 이론이 반드시 다루어진다. 다소 차이는 있지만, 체계이론, 생태체계 이론, 가족발달 이론, 생애주기 관점, 교환이론, 페미니스트 이론 등이 주로 포함되고 있다(도미향 외, 2011; 윤경자 외, 2012; 조희금 외, 2005). 그러나 이 저서들은 가족의 현상을 조명하는 '사회학적' 이론과 가족을 대상으로 하는 '사회복지실천' 이론들을 구분하지 않아서 다소 혼란스럽다. 이 장에서는 이런 모호성을 극복하고 명료성을 높이기 위해서 가족 이론을 가족을 조명하는 사회학적 이론들과, 가족을 대상으로 실천하는 사회복지 이론으로 나누어 설명하고자 한다. 우선 가족의 현상을 소명하기 위해 주로 사회학에서 발전해 온 이론들을 소개하고자 한다. 다음으로 가족의 건강성을 증진시키는 데 폭넓게 적용할 수 있는 사회복지이론들을 고찰하고, 이를 실천에서 어떻게 적용하는지를 살펴보고자 한다.

제1절 가족과 사회학적 이론

1. 구조기능론

구조기능론(structural-functionalism)의 입장에서 바라볼 때, 가족은 사회의 필요에 의해서 자연스럽게 생성되어 존재하면서 개인과 사회를 이어 주는 제도다. 구조기능론은 가족 구성원이 각자 자신의 위치에 부합하는 역할을 통해 상호 의존하면서 가족 단위의 역할을 얼마나 잘 수행하느냐에 따라 가족이 기능적인지를 평가한다. 이는 법적 부부간의 성관계에 따른 출산과 양육, 노동력 재생산, 노인과 환자 부양 등과 같은 여러 조건을 동시에 만족시키는 것을 의미한다. 그런데 이러한 조건들을 무리 없이 충족하기 위해서 누군가 가사노동과 육아 및 노인 부양 등을 감당해야 하고, 또 다른 누군가는 이러한 일에 소요되는 비용을 마련해야 한다. 그리고 이는 가족 구성원에게 일련의 역할—가사 역할과 경제적 부양—이 주어지고, 제각기 자신의 역할을 충실히 수행할 때 비로소 가능하다. 이런 견해는 "이상(理想)적 가족이란 기본적으로 애정과 조화 및 가족 구성원 간의 만장일치(滿場一致)에 기반을 두기 때문에 가족 구성원 각자의 관심과 이익보다는 가족 전체의 이익을 위해 협동한다."는 전제에서 출발한다.

그러나 구조기능론적 설명은 과연 "가족 구성원이 모두 각자의 위치와 역할에 만족하는가?"에 대한 의문을 간과하고 있다. 가족은 애정과 만장일치만 존재하는 관계는 아니다. 가족은 성별, 나이, 취향 등이 다양한 사람으로 이루어져 있기 때문에 가족 구성원은 자신의 입장에 따라 이해관계가 충돌할 수 있다. 예를 들어, 직장에서 남들과 경쟁하면서 성취감을 느끼고 싶은 여성이 전업주부로 살아간다면 과연 행복할 것인가? 적성에 전혀 맞지 않는 일을 하면서 가족을 벌어 먹이기 위해 새벽부터 밤까지 직장에 매여 있는 남편도 행복하다고 할 수 없을 것이다(이여봉, 2008: 37-38).

2. 갈등이론

갈등이론(conflict theory)은 구조기능론과는 상반되는 방향에서 가족을 바라본다. 갈등론에서는 가족을 자연발생적으로 생겨나서 사회적·개인적 합의에 의해 존속해 가는 제도가 아니라, 소수의 기득권을 보호하기 위해 의도적으로 시도된 것으로 본다. 이에 따라 갈등론은 가족이 경험하는 어려움의 상당수가 가족 전반의 구조적 문제에서 비롯된 것이라고 설명한다.

가족 내부의 역학(dynamic)에 관련하여, 갈등론은 상호 애정에 기반을 둔 화합이 아니라 개별적 이익을 극대화하고자 하는 가족 구성원들 간 이해관계의 충돌이자 갈등 관계로 설명한다. 한 가족 구성원의 이익에 부합하는 가족 행동이 때로는 다른 가족 구성원에게는 희생을 요구하기도 하며, 가족 안에 존재하는 불균형한 힘의 향배에 따라 가족 결정이 이루어진다. 이 경우 원하지 않는 결정을 따라야 하는 개인은 불만을 가질 수밖에 없다. 이와 같이 가족을 이루고 살아가면서 가족 구성원들은 끊임없이 상충되는 이해에 맞닥뜨릴 수 있다.

이런 관점에서 갈등론에서는 가족 갈등을 역기능적인 것이 아니라 지극히 정상적인 것으로 바라본다. 예를 들어, 사회가 노인 및 환자 부양을 가족에게 떠넘기고 가족은 또 구성원 누군가의 개인적 희생에 기초하여 불만과 갈등을 억압하면서 돌봄 역할을 수행하면 가족 안의 어느 누구도 행복하지 않을 것이다. 돌봄의 주 담당자인 여성은 장기적 스트레스에 시달리고, 피부양자는 마음 편히 보살핌을 받기 힘들며, 다른 가족 구성원 역시 마음이 편안하지 않을 것이다. 최근 아이돌봄 사업처럼 사회와 가족이 돌봄의 역할을 공유하고 분담하는 방향의 제도적 노력이 요구된다. 그럼으로써 가족과 사회 간의 그리고 가족 구성원들 간의 불만과 갈등을 해소하는 합리적인 방안을 모색할 수 있다.

이러한 갈등론적 견해는 구조기능론이 지니고 있는 한계에 대한 반박이지만, 반면에 구조기능론이 지니는 타당성, 즉 가족 안에 존재하는 가족 구성원 간의 애정과 배려, 동질감, 자발적 희생 등의 비중을 지나치게 축소하고 있다는 한계점을 가진다(이여봉, 2008: 39-42 참조).

3. 상징적 상호작용론

상징적 상호작용론(symbolic interactionism)은 가족 구성원 간의 상호작용 자체에 주목한다. 즉, 개인이 지니고 있는 생각이나 믿음 등의 주관적 의미를 어떻게 표현하고 인식하며 해석하고 반응하는지, 상호적인 의미 교환이 반복되면서 서로 어떻게 영향을 미치고 관계를 특징짓는지가 주요한 관심사다. 미드(G. Mead)는 주변의 중요한 타인(significant other)과 상징을 통한 상호작용을 하면서 자아정체성을 형성해 간다고 보았다. 또한 쿨리(C. H. Cooley)는 중요한 타인이 보내는 상징을 해석하고 이를 토대로 자아가 형성된다고 설명하면서, 이를 '거울 자아(looking-glass self)'라는 개념으로 표현하였다. 여기에서 중요한 타인이란 부모, 형제, 친구, 스승, 애인 등 개인에게 중요하게 여겨지고 서로 자주 접촉하는 주변 사람을 뜻한다. 그리고 상징이란 말이나 문자뿐 아니라 표정과 말투, 음성, 몸짓, 태도 등과 같이 의사소통의 도구가 될 수 있는 것을 의미한다.

가족 구성원은 서로에게 중요한 타인으로서 상징을 주고받으면서 상대방의 반응을 해석하고, 그 해석에 기초해서 상대방에게 다시금 반응하는 과정을 되풀이한다. 상호관계가 원활하지 않거나 의사소통 문제로 갈등을 겪는 가족에게 가족상담이나 부부상담 등을 통해 구체적 해결 방안을 제공할 수 있는 이론적 근거가 된다는 점에서 상징적 상호작용론은 실용적이다.

그러나 상징적 상호작용론은 개인의 주관적 해석과 상호작용을 통해 부여된 의미에만 주목하다 보니 객관적 사실을 간과할 수 있다. 그리고 가족 내부의 상호작용에 초점을 두기 때문에 가족과 사회 간의 관계가 지니는 중요성을 간과한다는 비판 또한 피할 수 없다(Benokraitis, 1996; Cooley, 1902; Mead, 1934; 이여봉, 2008: 43-44 재인용).

4. 교환이론

사회교환이론(social exchange theory)은 "인간은 기본적으로 최소한의 대가를 지불하고 최대한의 보상을 받고자 노력한다."는 것에 기초하여 자원을 주고받는 과정에 주목한다. 돈이나 물질과 같은 유형의 자원뿐 아니라 지위나 미모, 젊음, 지성, 재능, 권력 등과 같은 무형의 자원도 있다. 동일한 자원일지라도 사람과 상황에 따라 다르게 평가하기 때문에, 양편에서 모두 보상이 대가보다 크거나 최소한 같다고 여길 경우에 교환은 이루어진다. 데이트나 결혼에서도 자신이 얻는 것이 잃는 것에 비해 많다고 생각될 때 관계를 유지하고, 잃는 것이 더욱 많다고 생각될 때 관계를 종결하는 경향이 있다.

그러나 사회교환이란 시장경제의 교환 논리로 설명될 수 있는 것 이상의 차원을 내포한다. 그뿐 아니라 사회교환은 단기적으로만 이루어지는 것은 아니다. 자녀가 의존적이던 어릴 적에 부모가 자녀를 보살피고 수십 년이 지나서 부모가 늙은 후에 자녀가 부모를 부양하는 관행은 세대 간 교환으로 설명이 가능하다. 그리고 사회교환이란 늘 두 사람 관계에서만 이루어지는 것은 아니다. 즉, A가 B에게 자원을 베풀었다고 해서 반드시 B가 A에게 되갚는 맞교환만 있는 것은 아니다. "A가 B에게 베풀고, B가 상황이 허락할 때 C에게 베풀고, C는 D에게 베풀다 보면, 어느 날 A는 자신이 베풀지도 않은 누군가로부터 혜택을 받을 수도 있다."는 것이 다자 간의 원거리 교환 원리다. 이와 같은 원거리 교환에는 개인적 차원뿐 아니라 사회적 차원에서 합리적 선택을 하도록 이끄는 원칙이 내재해 있다(이여봉, 2008: 45-47).

교환이론은 가족 연구에서 배우자 선택, 결혼 여부와 결혼 시기, 출산 시기, 부부 관계, 부모자녀 관계, 이혼 결정 등을 규명하는 데 유용하다. 예를 들어, 개인이 결혼 여부 및 결혼 시기를 결정할 때, 결혼으로 인한 보상이 없거나 더 큰 손실이 있다면 이를 포기하거나 지연시킬 것이다. 반면, 결혼으로 얻어지는 이익이 크다면 동거나 독신 등의 대안적 형태의 관계보다는 사회적으로 승인된 '결혼'을 선택할 것이다(김승권 외, 2005: 103).

5. 페미니스트 이론

페미니스트 이론은 1960년대 광범위하게 진행된 여성운동의 영향을 받아 형성되었다. 페미니즘(feminism)은 여성 억압과 양성 불평등을 바라보는 관점에 따라 자유주의 페미니즘, 급진주의 페미니즘, 사회주의 페미니즘, 포스트모던 페미니즘, 생태주의 페미니즘 등 다양한 입장으로 발전하였다. 그러나 이러한 페미니즘은 여성의 문제를 개인의 문제가 아닌 사회 구조의 문제로 인식하고, 이의 해결을 위해 개인적 적응이 아닌 사회 변화가 수반되어야 한다는 데 합의한다(정순둘 외, 2011: 296).

페미니스트 관점에 따르면, 성(sex)은 생물학적이며 젠더(gender)는 문화적이다. 많은 사회에서 여성다움은 동정심, 협동, 충실함, 보살핌, 나눔, 사람 관계에 대한 관심과 같은 특성과 연관되어 있다. 반면, 남성다움은 합리성, 경쟁, 권한, 통솔력, 용기, 명예, 일과 상황에 대한 관심과 같은 특징과 연관되어 있다. 이와 같이 성별 간의 인지된 차이는 생물학적 특징이라기보다는 역사적인 영향력과 문화적·사회적 역동에 따른 것이다(남기철 외 역, 2010: 113).

이런 맥락에서 페미니스트 관점에서는 가족을 포함한 사회의 모든 제도 그리고 사회 자체가 가부장적이라고 간주한다(이원숙, 2012: 247). 이 관점에 따르면, 가부장제는 남성이 가족 및 정치적·경제적 구조를 지배하고, 본질적으로 여성보다 더 중요하며, 선천적으로 지도력과 의사결정에 더 적합하다는 신념에 기초하고 있다. 이러한 성차별주의하에서는 성별(보통 여성)에 따라 역할과 책임이 불공평하게 분배되고, 사회적·경제적 혜택과 기회도 불공평하게 주어진다(남기철, 정선욱, 조성희 역, 2010: 113).

그리하여 페미니스트 관점에서는 가정을 불평등과 투쟁이 존재하는 장소로 보고 여성의 경제적 기여는 남성들만큼 노동의 대가를 인정받지 못한다고 주장한다. 이 관점은 여성의 가사노동의 가치를 가시화하고, 맞벌이가족이 보편화되면서 일과 가정을 양립할 수 있는 다양한 제도와 서비스를 제도화하는 데 기여했다. 또한 양성 평등하고 민주적인 가족 관계를 정착시키는 데 공헌하였다(송혜림, 2006: 82).

제2절 가족과 사회복지 이론 및 관점

사회복지 및 인간서비스 분야에서는 많은 이론과 관점이 발달되어 왔다. 이들은 개인, 가족 및 집단에 폭넓게 적용되고 있다. 이 절에서는 가족에게 유용하게 적용될 수 있는 사회복지 및 인간서비스 분야의 이론과 관점들을 살펴보고자 한다. 그리고 이들 이론과 관점이 실천에서 어떻게 적용되는지를 소개하고자 한다. 여기서 살펴보는 이론과 관점들은 다양한 방식으로 실천에 적용된다. 예를 들어, 강점관점은 최근 사회복지 실천에서 그 중요성이 매우 강조되면서 그 자체로서 널리 실천되고 있지만, 회복탄력성이나 임파워먼트를 이끌어 내는 기법으로도 많이 활용되고 있다. 나아가서 이 절에서 소개하는 모든 이론과 관점들은 6장의 건강가족과 건강가족 실천에서 개별적으로 또는 복합적으로 적용된다. 예를 들어, 체계 이론의 경계성, 하위체계 등의 개념은 가족상담 모델의 하나인 구조적 가족치료에서 핵심 개념으로 자리하고 있다. 그리고 가족발달주기 관점은 생애주기에 걸친 가족생활교육의 이론적 기반으로서의 유용성이 매우 크다. 또한 가족생활교육 프로그램의 내용에 따라 생태체계 이론과 강점이론이 함께 적용될 수도 있다.

1. 체계 이론

1) 체계 이론의 주요 개념

체계(system)는 전체의 목표 및 기능을 달성하기 위하여 각 부분 또는 공통의 부분들이 상호작용하고, 상호 관련되는 부분들의 집합체다. 체계는 기능하고, 성장 · 발달하고, 다른 체계와 상호작용한다. 따라서 체계의 한 요인이 변화하면 그에 따라 다른 요인도 변화하게 된다(김혜란, 2001: 129).

체계에는 경계, 하위체계, 개방체계와 폐쇄체계, 역동적 평형 혹은 안정 상태 그리고 과정 등 여러 개념이 있다. 모든 체계는 경계를 가진다. 경계(boundary)는 체계를 외부 환경으로부터 구분해 주는 눈에 보이지 않는 선 혹은 테두리를 의미하는데, 이는 체계 내부의 관계를 특징짓고 체계에 특정 정체성을 제공한다. 어떤 체계는 외부의 영향에 대해 매우 강하게 저항하는 '견고한' 경계를 가지는 반면, 경계가 너무 '얇고' 침투적이며 외부의 압력에 쉽게 영향을 받기도 한다. 그리고 체계는 하위체계들로 구성되어 있다. 예를 들어, 가족의 하위체계에는 부부 체계, 부모–자녀 체계, 형제자매 체계 등이 있다.

그리고 체계에는 개방체계와 폐쇄체계가 있다. 모든 생물학적 및 사회적 체계는 개방체계다. 체계마다 개방성의 정도는 차이가 있으나 개방체계는 경계가 침투성이 있고, 문제와 에너지, 정보의 상호교환이 가능하다. 그리고 체계는 역동적 평형 혹은 안정 상태를 유지하고자 한다. 보다 구체적으로 체계들은 자연적으로 성장과 발전을 추구하면서도 안정 상태를 유지하고자 하기 때문에 갑작스러운 변화를 거부한다. 변화에 직면하면, 체계는 가능한 한 빨리 안정적인 수준으로 이동해서 새로운 안정 상태를 확립하는 경향이 있다(남기철 외 역, 2010: 107–108).

또한 살아 있는 체계는 목적과 생존을 추구하면서 정보, 에너지 그리고 자원을 프로세스(process)시킨다(이원숙, 2008: 133). 체계의 과정에는 다음의 네 가지 활동, 즉 ① 투입(필요한 에너지와 정보 등을 취함), ② 전환조작(투입을 처리하고 기능 유지를 위해 체계가 사용할 수 있는 형태로 전환하는 활동), ③ 산출(다른 체계와의 상호작용), ④ 피드백(체계가 자신의 기능을 모니터하고 안정된 상태를 유지하기 위해 필요한 적응을 하는 과정)이 포함된다(남기철 외 역, 2010: 108).

2) 체계 이론에서 본 가족

가족을 체계로서 보는 것은 가족을 이해하고 분석하는 데 중요한 패러다임을 제공한다(Chibucos, Leite, & Weiss, 2005; Ingoldsby, Smith, & Miller, 2004; White & Klein, 2008; Darling, Cassidy, & Powell, 2014: 175에서 재인용). 전체로서의 가족은 그 부분의 합보다 크다. 체계는 서로 연결되고 상호의존적인 요소들의 집합체로서 간주될 수 있으며, 이에 따라 가족의 한 사람에게 영향을 미치는 것은 다른 구성원들에게 영향을 미친다. 가족체계는 개방(가족 밖에 있는 구성 요소들이 영향을 미치도록 허용하는)에서 폐쇄(스스로 갇히고 가족을 환경으로부터 고립시키는)에 걸쳐지는 연속선상의 어느 지점에 있는 경계에 의해 유지된다. 그러나 어느 가족도 완전히 개방되거나 폐쇄될 수는 없다(Darling, Cassidy, & Powell, 2014: 175). 보다 구체적으로, 체계론적 관점에서 볼 때 가족체계는 다음과 같은 특성을 가지고 있다.

- 가족은 하나의 유기체로서 전체성을 이루고자 한다.
  가족은 구성원들의 단순한 합이 아니다. 가족은 그 구성원의 상호작용에 따라 가족만의 특수한 모습을 갖게 된다. 이와 같이 가족은 구성원들의 관계에 따라 전체의 모습이 달라지므로, 관계를 포함하여 전체성을 봐야 한다.
- 가족은 하나의 역동적인 체계이다.
  가족은 구성원 개인이 발달 과정에 따라 변화하고, 가족 또한 발달 과정을 거치면서 변화해 간다. 이에 따라 부부 관계, 부모-자녀 관계 등 가족 관계도 역동적으로 변화해 간다.
- 가족은 체계로서 구성원들끼리 상호성을 지닌다.
  가족은 구성원들의 상호작용에 따라, 한 명의 구성원이 변화하게 되면 연속적으로 다른 구성원도 영향을 받게 된다.

- 가족은 유기체적 체계로서 항상성을 유지하고자 한다.

  일반적으로 가족은 안정된 상태를 유지하고자 하며, 이는 항상성 개념으로 설명될 수 있다. 그러나 항상성을 유지하고자 하는 것이 지나치면 변화하거나 성장하는 데 걸림돌이 된다. 건강한 가족은 자녀가 성장하는 등 변화에 따라 항상성이 깨어지면, 새로운 수준에서 항상성이 형성된다.

- 가족은 체계로서 순환적이다.

  순환성은 가족 구성원들의 관계 패턴을 잘 드러내 준다. 단순히 원인과 결과라는 단선론적 인과론이 아니라, 가족 구성원의 특정한 행동이 다른 구성원에게 특정한 반응을 순환적으로 야기한다.

- 가족체계는 피드백에 의거하여 움직인다.

  체계는 지속적으로 변화에 대한 평가를 하고, 이런 피드백을 통해 체계는 생존하고 성장해 나간다.

- 가족은 상위체계와 하위체계가 있다.

  가족은 여러 하위체계를 가지고 있다. 부부 하위체계, 부모 하위체계, 형제자매 하위체계는 대표적인 하위체계이다. 동시에 가족체계는 확대가족이나 친족과 같은 상위체계에 소속되어 있다.

- 가족체계 내에는 규칙이 있다.

  가족은 하나의 체계로서 이를 움직일 수 있는 규칙을 가지고 있다. 가족의 규칙은 구성원의 행동양식에 영향을 미치게 된다(송정애, 2015: 21-24 참조).

이와 같이 가족을 체계로 보는 관점은 가족을 개인이 아닌 전체 가족의 맥락에서 접근한다는 점에서 새로운 패러다임을 제공해 준다. 즉, 가족이 단순히 개인들의 집합체가 아니라 부분들의 총합보다 커다란 전체란 점에서, 개인의 행동은 전체의 맥락, 즉 가족의 맥락에서 보다 분명하게 이해될 수 있다. 나아가서 체계 이론은 보다 큰 체계가 가족에게 어떠한 영향을 미치는지를 분석하는 데도 유용하다. 특히 경계, 하위체계, 항상성, 순환성 등의 개념은 가족상담의 이론에 접목되면서 구체적인 개입기술로 발전하였다(자세한 내용은 6장 참조).

앞서 체계의 개념을 간단히 살펴보았는데, 가족을 체계로 보는 관점은 가족을 개인이 아닌 전체 가족의 맥락에서 접근한다는 점에서 유용성이 크다. 다시 말해서, 가족이 단순히 개인들의 집합체가 아니라 부분들의 총합보다 커다란 전체란 점에서 개인의 행동은 전체의 맥락, 즉 가족의 맥락에서 보다 분명하게 이해될 수 있다. 또한 이 개념은 가족체계를 이해하는 데도 도움이 되지만, 보다 큰 체계가 가족에게 어떠한 영향을 미치는지에 대한 이해를 제공한다(이원숙, 2012: 110). 건강가정지원센터에서 서비스를 제공하는 상당수 가족들이 빈곤, 실직 문제 등 다양한 스트레스 요인을 가지고 있다는 점에서 가족을 체계 관점으로 접근하는 것은 유용하다.

2. 생태체계 이론

1) 생태체계 이론의 주요 개념

생태체계 관점은 생물학의 한 학파인 생태학으로부터 개념과 용어들을 빌려 와서 사회 과정을 설명하기 위한 은유로 활용한다. 생태학적 은유는 개인의 행동은 항상 특정한 환경 내에서 발생하고, 모든 개인과 모든 집단의 행동들은 다른 모든 개인과 집단에 영향을 미친다는 것을 보여 준다. 생태학은 유기체와 그의 생물학적 · 물리적 환경 사이의 관계에 대한 연구다. 스미스(A. Smith)는 생태학의 연구 단위인 생태 체계를 "지역사회의 유기체들이 서로 그리고 환경과 상호작용하고, 물질순환을 일으키는 부분적 혹은 완전한 유기체의 총체"라고 정의하였다.

생태체계 관점의 대표적 개념에는 활동공간, 수용 능력, 전문화, 상호작용 등이 있다. 개인은 다른 환경보다 어떤 특정한 환경에서 잘 적응할 수 있고 더 기능적이 된다. 바꾸어 말하면, 우리는 모두 최적의 적응을 할 수 있는 공간을 가진다는 의미다. 이는 생태학에서 일컫는 활동공간(niche)의 개념으로, 특정한 종에게 필요한 조건과 상황(예: 온도, 토양, 화학 작용)을 의미한다. 인간은 상당히 적응적이고, 과학기술의 활용으로 활동공간을 확장해 왔다. 불행히도 이 과정에서 장기적으로 물, 공기, 토지 등 환경을 오염시키고, 지역사회와 문화재를 손상시키기도 하였다.

2) 가족 생태체계의 개념적 틀

생태체계 이론의 저변에는 몇 개의 기본적 전제가 있다. 우선적 그리고 가장 기본적인 전제는 가족과 그 구성원 개인은 환경과 상호작용하는 존재이며, 이것들이 가족 생태체계를 구성한다는 것이다(Andrews et al., 1981; Bubolz et al., 1979; Bubolz & Sontag, 1993; Darling, 1987; Darling & Turkki, 2009; Darling, Cassidy, & Powell, 2014: 176 재인용). 이런 생태체계에서, 부분들과 전체는 서로 연결되어 있고 상호의존적이다. 두 번째 전제는 가족은 그 구성원을 위해서, 집합체로서의 가족을 위해서 그리고 보다 큰 사회를 위해서, 본질적인 신체적 · 생물학적 · 경제적 · 심리사회적 · 양육적 기능을 수행한다는 것이다. 그리고 세 번째 전제는 전 세계의 모든 사람이 자원이라는 측면에 있어서 상호의존적이라는 점이다. 생태체계 틀의 핵심 가치는 인간, 다른 생명체 그리고 지구 자원의 생존에 있다. 지구의 전반적인 안녕과 건강은 전체 생태체계의 맥락과 불가분의 관계에 있다(Darling, Cassidy, & Powell, 2014: 176).

3) 생태체계 이론의 실천에의 적용

생태체계 이론을 실천에 적용한 대표적인 도구가 생태도다. 생태도(ecomap; Hartman, 1978; Meyer, 1970; Meyer & Mattaini, 1998: 43 재인용)는 가족의 생태학적 체계를 그림으로 보여 준다. 생태도는 중앙에 가족체계를 나타내는 커다란 원을 그리는 작업부터 시작한다. 중심원 내부에 가족 구성원을 그린다. 가계도와 마찬가지로, 남자는 네모, 여자는 원으로 표시한다. 가족과 상호작용하는 다른 체계들은 중심원 외부에 보다 작은 원으로 표시한다. 이러한 체계에는 확대가족, 친구, 학교, 사법기관, 사회복지기관, 교회, 직장, 의료기관 등이 포함될 수 있다. 가족이 상호작용하는 의미 있는 체계들을 표시하고, 이들과의 관계는 선으로 표시한다. 그리고 체계들 간에 에너지 혹은 자원의 상호교환 관계는 화살표로 표시한다(Sheafor & Horejsi, 2006: 256-257).

생태도는 사회복지실천의 100여 년 역사를 통하여 발전되어 온 인간과 환경에 대한 이중적 초점을 실천하는 데 도움이 된다. 사회복지실천에 있어서 인간과 환경이 강조되고는 있지만, 실무자가 개입을 하다보면 때로는 인간과 환경 중 어느 하나에 치중하게 된다. 예를 들어, 학교에 가기를 거부하는 아동 사례를 접근할 때, 아동의 행동에 초점을 두다 보면 학교나 가족에 대한 관심이 불충분할 수 있다. 반대로 학교나 가족의 역기능에 관심을 가지다 보면 아동이 가진 문제점을 간과하기 쉽다. 생태체계 이론을 근거로 만들어진 생태도는 가족, 학교, 직장, 친구, 건강문제 등 상호작용하는 여러 요인들을 이해하는 데 유용하다. 이는 사례를 지나치게 단순화하거나 축소하지 않으면서 문제의 복잡성을 명료화해 준다(Meyer & Mattaini, 1998: 41-43).

존(12세)이라는 약물 문제를 가진 청소년의 사례를 생태도로 그린다고 가정해 보자([그림 5-1] 참조). 존의 생태도를 작성해 보니, 아르바이트, 가족, 학교, 약물, 질병, 친구가 관련이 있는 것으로 드러났다. 존이 마약을 그만두지 못하면, 학교에서 학업을 제대로 수행하지 못할 것이며, 아르바이트, 가족 및 친구의 관계 등 생태도 안에 드러난 다른 요소에도 영향을 미칠 것임을 예측할 수 있다. 반대로 어느 하나의 구성 요소에 대한 개입이 성공한다면 약물남용의 문제도 개선될 것이다. 즉, 학교에서 교사가 존

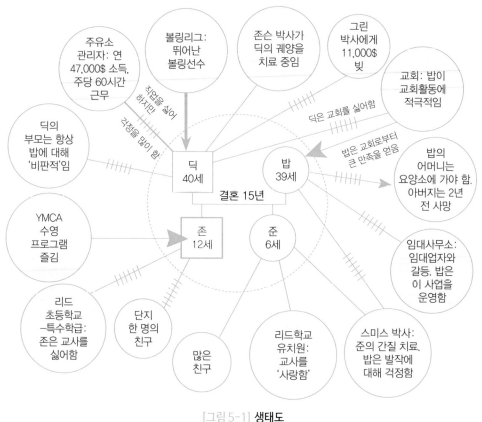

[그림 5-1] 생태도

출처: 이필환 외 역(1999).

의 문제를 알아채고 상담을 권유하고, 이 조언을 받아들어 존이 약물문제를 해결하기 시작한다면 다른 구성 요소에도 영향을 미칠 것이다. 이와 같이 생태체계 관점은 인간과 환경을 분리하지 않고 환경 속의 인간을 접근하는 데 유용한 실천 관점이다(Meyer & Mattaini, 1998: 43-44 참조).

지금까지 생태체계 이론이 개인과 환경의 이중적 초점을 실천하는 데 효과적임을 살펴보았다. 그뿐 아니라, 생태체계 이론은 복잡하고 변화하는 환경에서 가족과 그 구성원에 관련된 광범위한 범주의 이슈들을 검토하는 데 활용될 수 있다. 이는 어느 특정 가족 형태에 기반하고 있지 않으므로, 다양한 구조, 배경 및 가족 환경에 있는 가족들에게 적용될 수 있다(Andrews, Bubolz, & Paolucci, 1981; Bubolz, Eicher, & Sontag, 1979; Bubolz & Sontag, 1993; Bronfenbrenner, 1979, 2005; Darling, 1987; Darling & Turkki, 2009; Darling, Cassidy, & Powell: 176 재인용). 생태체계 이론은 가족교육을 위시하여 가족상담, 사례관리 등에서 가족실천에 대한 이해와 맥락의 폭을 넓히는 데 매우 유용하다.

보다 거시적으로 생태체계 이론은 가족을 대상으로 하는 서비스가 이루어지는 맥락에도 적용될 수 있다. 윤종희는 건강가정지원사업에서 가족중심 개입 서비스의 생태학적 모형을 [그림 5-2]와 같이 제시하였다.

생태체계 관점에 따르면, 인간의 사회적 기능은 개인적·환경적 압력뿐 아니라 인간

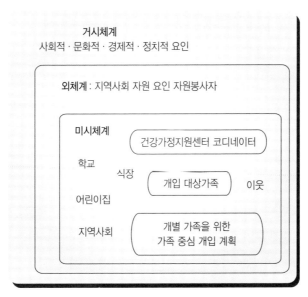

[그림 5-2] **가족중심 개입 서비스의 생태학적 모형**

출처: 윤종희(2006), p. 123.

과 환경의 상호작용에 기인한다. 이에 따라 실무자는 인간의 성장과 발전, 적응 능력을 향상하고, 효과적인 기능을 방해하는 환경적 장애물들을 제거하며, 부족한 자원을 확충하는 데 초점을 맞추어야 한다(Smith, 1986: 12; 남기철 외 역, 2010: 108-110 인용 및 재인용).

3. 가족생활주기 관점

1) 가족생활주기의 개념

가족생활주기 관점은 가족체계 이론을 토대로 가족생활에서 발생하는 예측 가능한 위기를 이해하는 데 유용한 이론적 틀이다. 가족생활주기란 가족도 개인과 마찬가지로 탄생과 죽음을 반복한다는 것을 전제로 하여, 부부가 혼인해서 사망할 때까지 가족이 겪게 되는 주요한 경험을 단계적으로 설정한 것이다. 일반적으로 가족은 결혼, 첫 자녀의 출생, 부모의 은퇴와 같은 출발점 혹은 전환 사건을 특징으로 하는 유사한 발달 과정을 거친다. 이와 같이 가족은 상대적으로 예측 가능한 방식으로 성장하고 변화하므로 가족을 이해하는 데 각 발달 단계를 검토하는 방법은 유용하다. 가족생활주기의 각 단계에서 가족은 고유한 발달 문제, 과업 그리고 해결이 필요한 위기에 직면한다. 새로운 단계로의 전환에는 일종의 위기가 수반되므로 가족체계는 이에 적응해야 한다(Collins, Jordan, & Coleman, 1999: 61-62).

그러나 가족생활주기 모델은 몇 가지 단점도 있다. 첫째, 각 가족은 고유하므로 발달 단계는 가족에 따라 상이할 수 있다. 둘째, 발달 모델은 한 개인, 대체적으로 첫 자녀의 이정표에만 초점을 두는 경향이 있다. 셋째, 이혼가족, 재혼가족, 무자녀가족 등 가족 형태가 다양해지고 있으나 기존의 가족생애주기는 이를 제대로 반영하지 못하고 있다(이원숙, 2012: 67-68).

카터와 맥골드릭은 가족생활주기 관점(life cycle perspective)에서 유의할 점을 지적하였다. 만약 가족생활주기가 규범으로부터의 일탈이 병리적이라는 두려움을 촉발한다면, '정상적' 생활주기라는 심리학적 개념을 경직되게 적용하는 것이며 이는 유해한 영향을 미칠 수 있다. 그들은 가족생활주기 틀을 시간에 걸친 삶의 자연적 현상으로 간주함으로써, 실무자들이 가족문제와 강점을 바라보는 깊이를 더하기를 희망하였다

(Carter & McGoldrick, 1988: 3-4). 카터와 맥골드릭은 가족생활주기를 어떻게 이해하고 어떻게 적용해야 하는지에 대한 올바른 방향을 제시해 준다. 〈표 5-1〉은 카터와 맥골드릭, 듀발의 가족생활주기를 우리나라의 가족문화에 맞게 재구성한 것이다.

표 5-1 한국형 가족생활주기

단계	가족 과업
결혼과 가족 형성	• 관계에 헌신하고 신뢰를 지키기 • 부부 체계 형성에 따른 역할과 규칙을 형성하기 • 원가족에게서 분리하면서 부부로서 차별화하되, 양가와의 관계 설정하기(결혼은 부부의 결혼이 아닌 양가의 결혼임을 인정) • 결혼 전과 후의 차이, 성장 배경에 따른 문화와 생활양식의 차이를 인정·존중하면서 부부 체계의 생활규칙 형성하기 • 부부 체계와 개인 체계의 조화로 분화와 동화의 범위 정하기 • 가족 경제 운영 계획하기
학령 전 자녀 가족	• 자녀 출산과 양육에 대한 부부 협력 증진하기 • 부모 역할 교육과 협의를 통해 자녀양육 환경과 가족규칙 만들기 • 양 원가족의 문제 관여 혹은 자녀양육 도움받기에 대한 부부 협의하기 • 자녀양육에 따른 다양한 도전에 대한 부부 중심 해결하기 • 직장과 가족생활의 관계, 병행에 따른 역할 과중 등 부부 협의하기
학령기 자녀 가족	• 자녀의 독립심 허용과 관련 가족규칙 변화하기 • 부부 중심 가족체계를 유지하면서 자녀 성장에 따른 자녀 의견 수용, 응집력과 문제해결 능력 향상하기 • 가족 경제 계획 재수립하기 • 역할 변화를 이해하고 수용하기
십대 자녀 가족	• 경계를 조정하여 십대의 독립에 대처하기 • 가족원의 자율성 추구와 역할 변화 수용하기 • 규칙 변화와 한계 재설정하기 • 원가족의 문제와 요구에 대한 관여 부부 협의하기 • 가족 경제 계획 재수립하기
자녀진수기 가족	• 자녀 독립 생활 준비 및 청년 자녀의 독립 수용하기 • 부부 체계 중심으로의 전환 준비하기 • 원가족의 문제와 요구에 대한 관여 부부 협의하기
중년기 부모	• 빈 둥지 적응하기 • 사회참여 및 노후 준비하기
노년기 가족	• 손자녀 지원하기 • 노화 문제 대처하기

출처: Carter & McGoldrick (1988), Duvall (1977)을 우리나라의 가족문화에 맞게 재구성; 김정진(2014), p. 366.

2) 가족생활주기의 단계

카터와 맥골드릭은 가족생활주기를 집 떠나기, 결혼으로 가족 형성하기, 어린 자녀 가족, 청소년 자녀 가족, 자녀 진수 그리고 노년 가족의 6단계로 제시하였다(Carter & McGoldrick, 1988: 15). 콜린즈 등은 카터와 맥골드릭을 비롯한 다른 모델을 바탕으로 7단계를 제시하였다(Collins, Jordan, & Coleman, 1999: 65-74). 이들의 차이점의 하나는 카터와 맥골드릭은 집을 떠나 혼자 삶을 살아가는 단계부터 시작하고 있으나, 콜린즈 등은 부부가 가족을 형성하는 단계에서 출발한다는 점이다. 이 책은 가족을 초점으로 하고 있으므로 가족형성 단계에서 출발하는 콜린즈 등의 단계를 토대로 살펴보고자 한다.

(1) 결혼/파트너되기

가족생활주기의 각 단계는 역할과 과업에서 적응을 요구한다. 문화적 차이나 인종적 배경 등에 따라 차이가 있을 수 있지만, 각 단계로의 변화에는 직면해야 하는 과업들이 있고, 이의 해결 과정에서 스트레스와 갈등을 경험할 수 있다. 새로 배우자가 된 부부가 마주하게 되는 주요 과업은 서로 만족할 수 있는 관계의 수립, 확대가족과의 관계의 재조정, 그리고 부모기(parenthood)에 대한 의사결정이다. 새로운 관계에 접어들면서, 부부는 가족생활의 여러 영역에서 자신들에게 익숙한 방식에 차이가 있다는 것을 발견한다. 이에 따라 부부는 재정관리, 가사유지, 사회 및 여가 활동, 그리고 시가/처가와의 관계를 포함한 여러 생활 영역에서 타협해 나갈 필요가 있다.

다른 사람과 관계를 형성한다는 것은 설사 그것이 사랑에 의한 결혼일지라도 적응, 타협 그리고 노력을 필요로 한다. 부부는 이 단계에 적응하면서 여러 문제에 직면할 수 있다. 예를 들어, 원가족으로부터 독립을 원활하게 하지 못하면, 배우자와의 새로운 관계를 위협하는 분열된 충성심(divided loyalties)을 느낄 수 있다(Collins, Jordan, & Coleman, 1999: 65-66).

(2) 첫 자녀의 출생

부모기(parenthood)는 부부의 삶에 커다란 변화가 야기되는 시기이며, 무엇보다도 첫 자녀의 출생은 상당한 적응을 필요로 한다(LeMasters, 1957; Collins, Jordan, &

Coleman, 199: 66 재인용). 자녀를 갖기 이전에 부부는 직업 개발과 부부 결속 그리고 취미생활 등을 비교적 자유롭게 추구할 수 있다. 그러나 자녀의 출생과 더불어 부부의 삶의 양식은 급격히 변화하게 된다. 부부는 그들이 함께하는 또는 각자를 위한 시간과 돈은 줄어들고, 반대로 책임은 늘어나는 것을 발견한다. 대다수 부모는 자녀를 위한 사랑에서 이런 노력과 희생을 기꺼이 감내하지만, 부모역할은 시간과 에너지를 필요로 한다. 이 단계에서 부모는 부부로서의 만족할 만한 관계를 유지해 나가면서, 상호 만족하는 부모-자녀 관계를 발달시켜야 하는 과업을 가진다(Collins, Jordan, & Colman, 1999: 66-67).

(3) 학령 전 자녀 가족

아동은 운동기능이 발달하면서 점차 활동적이 된다. 이 시기의 아동은 새로운 자극을 탐구하지만 아직 안전 의식이 발달하지 않았다. 이에 따라 부모는 아동의 안전에 유의하면서 인지발달을 위한 자극을 충분히 제공해야 하는 과제를 가진다. 때로 부모는 너무 많은 독립을 허용함으로써 아동을 위험에 처하게 할 수도 있고, 반대로 너무 보호적이라서 발달을 저해할 수도 있다. 점차 아동은 부모 이외의 의미 있는 타자들과 접촉하면서 형제자매 관계 그리고 동년배 관계를 발전시켜 나가게 된다(Collins, Jordan, & Coleman, 1999: 68).

(4) 학령기 아동 가족

첫 자녀가 학령기에 도달하면, 아동의 학교 및 과외 활동에 따라 가족 패턴이 다시 변화하게 된다. 대다수 아동은 학령기에 도달하면 부모로부터 분리되고 재결합하는 일상(예: 유치원에 다녀오기)에 적응하게 된다. 이 단계에서 가족은 아동이 동년배 그리고 부모 이외의 권위적 인물과 상호작용하는 것을 배우도록 돕는다. 그리고 일하는 부모는 적당한 방과후 보호 수단을 강구해야 한다.

이 단계 동안, 부모의 주요한 과업은 아동이 학교 환경에서 생존하는 데 필요한 기술과 태도를 습득하도록 돕는 것이다. 현대사회에서 학교에서의 성공은 인생에서의 성공과 상당히 직결된다. 아동이 학교에서 성공하도록 돕기 위해서 부모는 '학문적 문화(academic culture)'를 조성해야 하며, 학업에 관해 긍정적 태도를 표명해야 한다. 부모는 아동이 학교라는 새로운 세상에 책임감을 가지고 자기주도적으로 적응하도록 돕고,

무엇인가를 성취하였을 때 이를 강화시켜 줘야 한다. 한편, 부모는 아동이 학교에서의 스트레스에서 벗어나 돌아올 수 있는 안전한 장소를 제공해야 한다(Garbarino, 1982; Collins, Jordan, & Coleman, 1999: 68-70에서 인용 및 재인용).

(5) 십대 자녀 가족

청소년기는 청소년 가족 모두에게, 특히 청소년에게 급격한 변화의 시기이다. 청소년기는 모순의 시대이다. 이 시기의 청소년은 독립과 자율을 추구하면서 여러 시행착오를 겪게 된다. 부모는 과거 순종적이던 자녀가 갑자기 도전해 오면, 불편함을 느끼거나 심한 갈등을 겪을 수 있다. 때로 이들의 성장 노력이 이해하기 어렵고 지켜보는 데 인내가 필요하기도 하지만, 자녀의 성장은 부모에게 자랑스럽기도 하다. 이 시기의 부모는 어느 정도의 틀을 유지한 채로 독립을 위한 자녀의 노력과 도전을 지지해야 하는 과업을 가진다.

청소년은 성인기를 향해 씨름하면서 그 이전의 모든 발달 단계를 점검하고 반복하게 된다. 이 시기에 청소년은 다른 사람을 신뢰하는 것 배우기, 안정된 정체성 찾기, 생의 목적에 따른 의문들 해결하기 등의 과업을 수행하게 된다. 청소년이 미래의 방향을 탐색해 나감에 따라, 친밀감, 관계, 도덕성, 또래 간 유대 그리고 인생의 목적에 관한 질문들이 차지하는 중요성이 커지게 된다(Collins, Jordan, & Coleman, 1999: 70-72).

(6) 자녀진수기 가족

청년들은 영구적으로 집을 떠나는 것으로 귀결되는 점진적 단계를 거쳐 독립하게 된다. 청년에 따라 충분한 준비를 갖춘 후 단번에 독립하기도 하겠지만, 여러 차례 떠났다 돌아오기를 반복하는 전진과 후퇴의 과정을 거칠 수도 있다. 이 전환은 부모에게는 성장한 자녀를 보는 기쁨을 줄 수도 있고, 내 품에서 떠나는 자녀에 대한 아쉬움이 섞인 복합적 감정을 야기할 수도 있다. 특히 부모가 자신의 삶을 전적으로 자녀에게 헌신해 왔다면, 막내가 독립하는 것은 위기를 초래할 수 있다. '빈 둥지(empty nest)'에 적응하기 위해서는 자녀에게 집중되었던 에너지와 시간에 대한 대안을 필요로 한다. 사람에 따라 보다 친밀한 부부 관계를 재발견하기도 하고, 취미생활에 몰두하기도 한다(Collins, Jordan, & Coleman, 1999: 72).

현대사회에서 독립된 성인으로서 자립하는 과업에 어려움을 가진 청년들이 많다. 특히 청년실업이 심화되면서 청년이 부모로부터 경제적으로 독립하는 시기가 늦춰지고, 이는 청년과 부모 모두에게 스트레스가 될 수 있다.

(7) 중년부부 및 노년가족

자녀가 독립한 후 중년부부의 주요 과업은 부부로서의 자신들을 재확립하는 것이다. 이들은 배우자 관계에서 새로운 역할과 규칙을 발견하면서 더욱 두터워진 친밀감을 형성할 수 있다. 그러나 일부 부부는 그들을 묶어 주었던 자녀가 없는 상태에서 같이 살아야 할 이유를 발견하지 못할 수도 있다(Collins, Jordan, & Coleman, 1999: 73).

마지막 노년가족은 부부 중 한 사람이 사망할 때까지 지속된다. 부부는 늙어 가는 것과 죽음에 적응해야 한다. 부부 중 어느 한쪽에 심각한 건강문제가 생겨서 일상생활 기능이 떨어지면 부부간 역할구도의 변화를 겪을 수밖에 없다. 자녀 또는 사회적 자원의 도움을 받을 수 있으나, 현실적으로 아픈 배우자를 간병하는 일차적 책임은 배우자의 몫이 될 가능성이 크다. 전통적인 역할분담에 기초하여 결혼생활을 유지해 온 부부가 노년에 이르러 상대편이 해 오던 역할을 맡아야 하고 간병까지 하게 되는 상황은 상당한 스트레스를 유발한다(이여봉, 2006: 109-110 참조).

3) 이혼가족 및 재혼가족의 가족생활주기

지금까지 살펴본 가족의 발달단계는 가족은 자녀가 있으며, 부모는 생애 동안 부부 관계를 유지하고 있다는 전제를 토대로 일반화한 것이다. 그러나 실제로는 이와 다른 발달단계를 거치는 가족들이 많이 있다. 무엇보다도 오늘날 이혼율이 높은 수준으로 유지되고 있으며, 이에 따라 재혼도 증가하고 있다. 이런 점에서, 카터와 맥골드릭은 가족생활주기의 주요 변이로서 이혼가족과 재혼가족의 생활주기를 〈표 5-2〉, 〈표 5-3〉와 같이 별도로 제시하고 있다.

표 5-2   이혼가족 생활주기

국면	전환의 정서적 과정, 전제가 되는 태도	발달문제
이혼		
1. 이혼 결정	• 관계를 지속할 만큼 부부 긴장을 충분히 해결할 수 없음을 수용하기	• 결혼 실패에 자신이 기여한 바를 수용하기
2. 체계해체 계획	• 체계의 모든 부분이 생존할 수 있는 해결책을 지지하기	• 양육권, 면접교섭권, 재정문제를 협조적으로 처리하기 • 이혼에 관한 확대가족의 반응 다루기
3. 별거	• 협조적인 공동 부모관계를 지속하고자 하는 의지를 갖기 • 배우자에 대한 애착을 해결하기	• 온전가족(intact family)에 대한 상실을 애도하기 • 부부 및 부모-자녀 관계를 재구조화하고 따로 사는 것에 적응하기 • 확대가족과의 관계를 재조정하기, 배우자의 확대가족과 유대를 지속하기
4. 이혼	• 정서적 이혼을 다루고, 상처, 분노, 죄책감 등을 극복하기	• 온전가족의 상실을 애도하기, 재결합의 환상을 포기하기 • 결혼에 대한 희망, 꿈 기대 회복하기 • 확대가족과의 유대를 지속해 나가기
이혼 후 가족		
A. 한부모가족	• 전 배우자와 부모로서의 접촉을 유지하고, 아동과 그 가족의 접촉을 지원하고자 하는 의지	• 전 배우자와 그 가족에 대한 융통성 있는 방문을 허용하기 • 사회적 망 재구축하기
B. 한부모 (비양육부모)	• 전 배우자와 부모로서의 접촉을 유지하고, 아동과 양육부모와의 관계를 지지하고자 하는 의지	• 아동에 대한 효과적인 부모역할이 가능한 관계를 지속하는 방법 찾기 • 사회적 망 재구축하기

출처: Carter & McGoldrick (1988), p. 22; 이원숙(2016), p. 302.

표 5-3   재혼가족 생활주기

단계	전제조건	발달문제
1. 새로운 관계로 들어가기	• 첫 번째 가족상실로부터의 회복(적절한 정서적 결별)	• 결혼에 다시 헌신하고, 복잡성과 모호성을 다루기 위해 준비하며 가족을 형성하기
2. 새로운 결혼과 가족을 개념화하고 계획하기	• 자기 자신, 새 배우자 및 아동의 재혼에 대한 두려움을 수용하고, 계부모가족을 형성하기 • 다음과 같은 복잡성과 모호성에 적응하기 위한 시간과 인내의 필요성을 수용하기	• 가식적 상호성을 피하기 위해서 새로운 관계에서 개방성을 추구하기 • 전 배우자와의 협조적인 부모관계를 유지하기 위한 계획

		• 아동의 두려움, 충성심 갈등 그리고 두 가구(체계)에 소속됨으로써 생기는 문제를 돕기 위한 계획
	– 복합적인 새로운 역할들 – 경계: 공간, 시간, 구성원, 권위 – 정서적 문제: 죄의식, 충성심 갈등, 상호성에 대한 욕구, 해결할 수 없는 과거의 상처	• 새 배우자와 아동을 포함시키기 위해서 확대가족과의 관계를 재조정하기 • 전 배우자의 확대가족과 아동과의 연계를 유지하기 위한 계획
3. 재혼과 가족의 재구조화	• 전 배우자에 대한 애착과 온전가족(intact family)에 대한 이상을 최종적으로 해결하기 • 융통성 있는 경계를 지닌 다른 가족모델을 수용하기	• 새 배우자/계부모의 유입을 허용하는 가족경계의 재구조화 • 재혼가족과 관련된 여러 체계를 연계시킬 수 있도록 하위체계를 통한 관계의 재조정 • 모든 아동이 생물학적(비양육) 부모, 조부모 그리고 다른 확대가족과의 관계를 맺을 수 있는 여건을 조성하기 • 계부모가족의 통합을 촉진시키는 추억과 역사를 공유하기

출처: Carter & McGoldrick (1988), p. 24; 이원숙(2016), p. 331.

4. 강점관점

1) 강점관점의 개념

최근 실천 이론 중에서 가장 관심을 많이 받고 있는 관점이 강점관점일 것이다. 강점 지향의 실천을 한다는 것은 서비스 대상자가 목적을 달성하고, 꿈을 실현시키며, 억압과 불안 및 사회의 지배를 떨쳐 버리도록 돕기 위하여 대상자의 강점과 자원을 발견하고 개발하도록 돕는 것이다. 이는 진솔성과 창의성, 용기와 상식에 크게 의존하는 융통성 있는 실천 접근법이다. 그리고 이는 실무자와 대상자가 단순한 기능인이 아니라 목적을 가지고 협력하는 과정이다. 또한 이는 인간 정신의 내재적 지혜, 심지어는 가장 비천하고 학대받은 사람들까지도 변형시킬 수 있는 내재적 능력을 귀하게 여기는 접근법이다(Saleebey, 2006a: 1).

이와 같이 강점관점은 사람들에게 아직 개발되지 않은 정신적 · 신체적 · 정서적 · 사회적 · 영성적 능력의 저장소가 있다는 개념에 동의한다. 이런 능력이 존재한다는 사

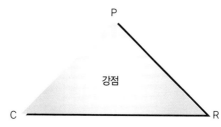

C : 역량, 능력, 용기
P : 약속, 가능성, 긍정적 기대
R : 탄력성, 보유, 자원

[그림 5-3] **살리베이의 강점관점의 본질(CPR)**

출처: 이원숙(2008), p. 144.

실은 사람들이 이에 합당한 존경을 받아야 함을 의미한다. 이 능력은 현재의 삶과 앞으로 살아갈 삶의 양상 모두를 인정한다(Weick et al., 1989; Miley, O'Melia, & DuBois, 2007: 81 재인용).

나아가서 강점관점은 분배적 정의, 평등, 개인의 존엄성에 대한 존중, 관용성과 다양성 등과 부합되며, 민주적이며 정의롭고 다원적인 사회를 운영하는 데 필수적이다 (Saleebey, 2002; Miley et al., 2007: 81 재인용).

[그림 5-3]에서 보는 바와 같이, 살리베이(D. Saleebey)는 강점관점의 본질을 CPR로 설명한다. 여기에서 C는 역량(competence)·능력(capacities)·용기(courage)를, P는 약속(promise)·가능성(possibility)·긍정적 기대(positive expectations)를, 그리고 R은 탄력성(resilience)·보유(reserve)·자원(resource)을 의미한다(Saleebey, 2006a: 10-11).

2) 강점기반 실천의 구성 요소

살리베이는 강점기반 실천(strength-based practice)에서 ① 삶과의 씨름(struggle)에서 강점의 징표와 힌트 찾기, ② 회복탄력성과 강점의 대화와 이야기 자극하기, ③ '맥락 속에서 행동하기' 프로젝트, ④ 강점을 정상화하고 자본화하기 등의 네 가지 구성 요소를 제시하였다. 이를 구체적으로 살펴보면 다음과 같다.

(1) 삶과의 씨름에서 강점의 징표와 힌트 찾기

클라이언트(개인, 가족 및 지역사회)는 불만, 스트레스, 고통, 상실 등을 느끼거나 인지 혹은 경험하기 때문에 전문가를 찾는다. 이것이 지금 이 시점에서의 그들의 현실이다. 그들은 이에 대해 이야기하기를 원한다. 그리고 그들은 실무자가 이를 경청해 주기를 원한다. 한편, 전문가의 입장에서도 클라이언트가 있는 곳에서 출발하도록 요구받는다. 다 맞는 말이다.

그렇지만 강점관점의 실천에 있어서 실무자는 거기에 있다는 것이 거의 확실시되는 (혹은 고통의 언어 속에 감춰져 있는) 능력, 의지, 결단과 희망의 증거(아직은 미미할지라도)에도 귀 기울여야 한다. 보통 클라이언트는 고통과 역경에 대해 이야기할 때에조차 그들이 내렸던 결정, 그들이 했던 건강하거나 긍정적이었던 일들에 대해 언급한다는 것을 실무자는 기억해야 한다(Saleebey, 2006b: 88).

(2) 회복탄력성과 강점의 대화와 이야기를 자극하기

흔히 사람들은 자신의 능력, 저력 그리고 수완이 있음을 인정하기를 주저한다. 덧붙여, 강점의 징표라고 할 수 있는 자질과 능력은 장기간에 걸친 자기의심, 타인의 비난, 경우에 따라 진단적 라벨 속에 숨겨져 있다. 때로 강점 발견에 있어서의 문제는 어휘력의 부족에 기인하기도 하고, 때로는 불신으로 인해 그리고 때로는 신뢰의 결여에서 비롯되기도 한다. 사회복지사와 건강가정사 등 실무자는 사람들이 과거와 현재에 보여 준 회복탄력성을 언어화하고 탐색하고 언급하고, 이에 이름 붙여 주기를 시작해야 할 것이다. 그들의 이야기에서 표출된 매일의 삶에서의 씨름과 승리(예: 무엇을 했는지, 어떻게 생존했는지, 무엇을 원하는지, 무엇을 피하기를 원하는지)는 매우 유용하다. 어느 시점에 도달하면 사람들은 자신들의 강점을 인정하고, 이를 작동시키고, 과거와 현재에서 이를 확인하고, 실무자와 다른 사람들로부터 인정받고자 할 것이다.

이런 대화를 촉진하고 개인적 강점과 능력 언어를 발달시키는 것은 세 가지 요인에 달려 있다. 첫째, 실무자가 클라이언트 스스로 명료화하지 못하고 있는 강점, 능력 등에 대한 어휘와 이미지를 클라이언트에게 제공하는 데 달려 있다. 둘째, 실무자가 클라이언트의 긍정적 자질, 성취, 기술 및 재능을 클라이언트에게 다시 비춰 주는 거울이 되어 주는 것이 중요하다. 마지막으로, 클라이언트의 삶에서 크건 작건 간에 가능한 일을 조심스럽게 이끌어 내는 것이 지혜다. 무엇보다도 이 모든 것은 클라이언트에게 진실로 받아들여져야 하며, 삶의 일상에 뿌리내리고 있어야 한다(Saleebey, 2006b: 88-89).

(3) '맥락 속에서 행동하기' 프로젝트

능력과 회복탄력성에 관한 교육이 계속되면서, 클라이언트는 희망, 목적, 비전, 그리고 관련된 외적 자원들에 연결된다. 클라이언트는 이미 작동하는 능력뿐 아니라 새로이 발견한 혹은 분명해진 능력을 사용하여 자신의 기대를 향해 나아가도록 격려받는다. 실무자와의 지속적인 협력을 통해서, 클라이언트는 성취 가능한 목적을 향해 움직임이면서 자신의 강점을 적용하기 시작한다. 내적 자원과 지역사회 자원을 활용하여 바람직한 목적을 달성하기 위한 클라이언트와 실무자의 협력은 사실상 하나의 프로젝트라고 할 수 있다.

클라이언트는 의사결정을 내리고 이에 따라 행동하면서 자신에게 맞는 적성 (aptitude)을 발견하고 이를 풍성하게 채워 간다. 물론 아직은 아픈 지점과 상처의 영향 그리고 회복탄력성의 한계를 경험하기도 한다. 그럼에도 궁극적으로 클라이언트의 목적과 강점에 보다 일치하는 생각, 감정 그리고 관계에서의 변화를 가져오는 것은 클라이언트 자신의 의사결정과 행동이다(Saleebey, 2006b: 89). 이 과정에서 실무자

위험 요인들			보호적/생성적 요인들		
도전			자원		
손상 트라우마 장애 스트레스	내적 및 외적	+	강점 능력 재능 타고난 재능	내적 및 외적	→
기대/가능성			의사결정		
희망 꿈 비전 목적 자기교정적		→	취해야 할 경로에 대한 선택 기회를 정의하고 방향을 설정하기 자원을 수집하고 강점을 동원하기		→
프로젝트					
상호적 협업 ──→ 보다 나은 미래					

[그림 5-4] **강점기반 실천의 구성 요소들**

출처: Saleebey (2006b), p. 90.

는 클라이언트에게 이용 가능하고 접근 가능한 자연적 · 공식적 자원을 연계할 수 있다 (Kisthardt, 1993; Saleebey, 2006b: 89 재인용).

(4) 강점을 정상화하고 자본화하기

사회복지사와 클라이언트는 발굴해 낸 강점을 공고히 하고, 새로 찾은 강점과 회복 탄력성의 어휘를 강화하고, 내적 · 외적 자원을 발견하는 능력을 높이기 위해 노력한 다. 이의 목적은 강점의 기초를 탄탄하게 하고, 강점을 지속적으로 발전시키고 정교화 하는 시너지를 만들어 내고, 클라이언트 자신이 있어야 할 자리를 확보하기 위한 것이 다. 흥미롭게도, 강점기반의 접근을 통해 도움을 받은 많은 이들에게 있어서 정상화를 위한 중요한 방식의 하나는 다른 사람에게 자신이 배운 것을 가르치는 것이다. 이는 또 한 사회복지사와 클라이언트가 분리되는 과정이기도 하다(Saleebey, 2006b: 90).

3) 강점 찾기의 기법

강점을 찾는 것은 어려워 보이지만 의외로 단순한 아이디어에서 비롯된다. 주변을 둘러보며, 또한 클라이언트의 관심, 재주 그리고 역량의 증거들을 살펴보아야 한다. 다 음의 질문들은 강점을 찾는 데 효과적이다(Saleebey, 2006b: 86-87).

(1) 생존 질문(survival questions)

그동안 삶에서 씨름해야 했던 모든 도전을 돌이켜볼 때, 어떻게 여태까지 살아남을 수 있었는가? 어떻게 당신 앞에 놓인 도전에 맞설 수 있었는가? 이러한 곤경을 마주할 때 어떤 마음가짐이었는가? 이런 역경 속에서 당신 자신과 세상에 대해서 무엇을 배웠 는가? 이런 어려움들 중에서 어느 것이 당신에게 특별한 강점, 통찰력 혹은 기술을 얻 게 해 주었는가? 당신이 믿고 의존할 수 있는 특별한 자질은 무엇인가?

(2) 지지 질문(support questions)

어떤 사람이 당신에게 특별한 이해, 지지 그리고 지도를 해 주었는가? 당신이 의지 할 수 있는 특별한 사람은 누구인가? 이들이 당신에게 준 것 중에서 예외적 것은 무엇인 가? 어떻게 당신은 그들은 발견했는가 혹은 어떻게 그들이 당신에게 다가왔는가? 그들이 당신 안에 있는 무엇에 반응한 것인가? 과거 어떤 협회, 조직 혹은 집단이 당신에게 특별히 도움이 되었던 적이 있는가?

(3) 예외 질문(exceptional questions)

언제 삶에서 일이 잘 풀렸는지, 어떻게 달랐는가? 과거 당신의 삶, 세상 그리고 관계 가 보다 나아지거나 흥미롭거나 혹은 안정된다고 느낀 때는 언제인가, 그때 당신의 생 각이 특별했거나 혹은 달랐었는가? 세상과 존재 자체에 있어서 당신은 어느 부분을 다 시 붙잡거나, 다시 시도해 보거나, 다시 살고 싶은가? 삶에서 어느 순간이나 사건이 당 신의 삶에 특별한 이해, 회복탄력성 그리고 지침을 주었는가?

(4) 가능성 질문(possibility questions)

지금 당신은 삶에서 무엇을 원하는가? 당신의 희망, 비전 그리고 열망은 무엇인가? 이것들을 성취하기 위해 당신은 어디까지 노력해 봤는가? 어떤 사람 혹은 개인적 자질 이 당신을 이 방향으로 움직이게 했는가? 당신은 무엇을 하는 것을 좋아하는가? 당신의 특별한 자질과 능력은 무엇인가?, 어떤 환상과 꿈이 당신에게 특별한 희망이 되고 당신 을 인도해 주었는가? 어떻게 하면 당신이 목적을 성취하거나 과거 당신이 가졌던 특별 한 능력을 회복하도록 내가 도울 수 있는가?

(5) 자존감 질문(esteem questions)

언제 사람들이 당신에 대해 좋게 말했었는가, 그들이 무엇이라고 말했는가? 당신의 삶, 당신 자신 그리고 당신의 성취에서 당신이 진정으로 자부심을 가지는 것은 무엇인 가? 당신은 삶에서 일이 잘 풀려 나가는 것을 어떻게 알 수 있는가(그때 당신은 무엇을 하 고 있는가, 당신은 누구랑 있는가, 당신은 어떻게 느끼고 생각하고 행동하고 있는가)? 무엇이 당신의 삶에서 진정한 기쁨을 주는가? 당신이 삶에서 원했던 일을 성취할 수 있다고 믿 기 시작했던 때는 언제였는가? 어떤 사람, 사건과 아이디어가 관여되었는가?

(6) 관점 질문(perspective questions)

현 상황에 대한 당신의 아이디어나 이론은 무엇인가? 삶에서의 최근 경험과 씨름을 당신은 어떻게 이해하고, 여기에서 어떤 의미를 찾는가? 당신은 어떻게 이것들을 당신 자신에게, 나에게 혹은 누군가에게 설명할 것인가?

(7) 변화 질문(change questions)

당신은 어떻게 생각, 감정, 행동, 관계 등이 변화한다고 보는가? 과거 무엇이 당신에게 보다 나은 삶을 가져왔는가? 당신은 지금의 지위나 상황을 개선하기 위해서 무엇을 해야 할 지 혹은 무엇을 할 수 있다고 생각하는가?

지금까지 강점관점의 개념, 강점기반 실천의 구성 요소 그리고 강점 찾기의 구체적인 기법들을 살펴보았다. 강점관점의 실천은 그 자체로서도 폭넓게 사용되고 있지만, 다음에서 살펴볼 회복탄력성 관점과 임파워먼트 관점을 실천하는 효과적인 방법이기도 하다.

5. 회복탄력성과 가족 회복탄력성 이론

1) 회복탄력성과 가족 회복탄력성의 개념

탄력성(resilience)이란 '탄성' '회복력' 등을 뜻하는 말로, 역경으로부터 다시 일어나 강해지고 자원을 더 풍부하게 할 수 있는 능력으로 정의될 수 있다. 이는 위기와 도전에 대한 반응으로 인내하고, 자정하며, 성장해 가는 역동적 과정을 말한다. 이러한 탄력성의 개념은 정신병리가 예상되는 역경적 상황에 노출되었음에도 유능하게 기능하는 아동에 대한 연구로부터 일차적으로 출발하였다(Garmezy, 1991; Mastern, 1994; Rutter, 1987; Patterson, 2002; 양옥경, 김연수, 2002: 126 재인용). 가족 회복탄력성은 강점관점, 생태체계 관점 그리고 발달적 관점을 기반으로 하고 있으며, 가족을 위기와 스트레스를 극복할 수 있는 내적·외적 자원을 가진 체계로서, 그리고 삶의 도전을 성공적으로 극복하고 성장을 이루는 잠재력을 가진 존재로서 이해한다. 즉, 건강한 가족이란 문제가 없는 가족이 아니라 위기 상황에 함께 대처하고 문제해결 능력이 있는 가족을 말하며, 가족은 이런 대처 노력 과정을 통해 더욱 강화될 수 있다고 보는 것이다(양옥경, 김연수, 2002: 126).

> 역경을 통해 단련되는 강인함: 나는 내가 탄력적이라고 생각하면서 자라 왔다. 나는 내
> 자신이 고통받고 있는 가족의 결함과 역경에도 '불구하고' 강하다고 생각했다. 그러나 나
> 는 근래에 들어서야 그런 경험들 '때문에' 나의 강점이 나타난 것이라는 것을 깨달았다. 연
> 구자들이 발견해 온 것처럼 탄력성은 '역경에도 불구하고'가 아니라 '역경을 통해' 형성된
> 다. 삶의 위기와 어려움은 우리가 그 도전에 직면하여 일어설 때 가장 최고의 것을 가져다
> 준다(양옥경 외 역, 2002: 37).

2) 회복탄력성, 어떤 토양에서 자라나는가

경험이 많은 실무자에게도 클라이언트와 가족에게 회복탄력성을 성장시키는 것은
난제라고 할 수 있다. 버나드(Bernard)는 「가족의 회복탄력성을 끄집어내기 위한 강점
기반 실천 활용하기」에서, 과연 어떤 보호적 요인들이 있을 때 회복탄력성이 자랄 수
있는지에 대한 흥미로운 연구 결과를 보여 주고 있다(Bernard, 2006). 다음의 워너와 스
미스의 글을 인용하면서, 버나드는 회복탄력성이 자라나는 토양에 대한 참신한 시각을
제공해 준다.

> 이제는 성인으로 성장한 회복탄력성을 지닌 젊은이[1]를 통해서, 성장과정에서 신뢰
> 감, 자율성 그리고 주도성이 발달할 수 있는 안정된 기반을 제공하는 사람을 접할 수 있다
> 면, 심지어는 역경 속에서도 역량, 자신감과 돌봄 능력이 자랄 수 있다는 것을 알 수 있다
> (Werner & Smith, 1992: 209; Bernard, 2006: 199에서 재인용).

이 인용글은 회복탄력성 연구자들이 지난 20여 년간 탐색해 온 질문에 매우 단순하
고도 상식적인 답변을 해 준다. 그렇게 많은 도전에 직면한 사람들이 어떻게 '잘 사랑하
고, 잘 일하고, 잘 놀도록' 자랄 수 있었는가? 보호적 요인들은 매우 단순한 레시피, 물
론 쉬운 것은 아니지만, 즉 돌봄이 있는 관계, 높은 기대를 담은 메시지 그리고 참여와
기여할 수 있는 기회이다(Bernard, 2006: 199).[2]

---

1) 저자는 회복탄력성을 지닌 젊은 사람들이 역경에서 어떤 보호적 요인을 접했는지를 연구하였다. 이들은 서비스
를 받으러 온 클라이언트가 아니므로 여기에서는 원문에서와 같이 젊은이 또는 젊은 사람으로 번역하였다.

(1) 돌봄이 있는 관계

돌봄이 있는 관계(caring relationship)는 애정 어린 지지―누군가가 나를 위해 거기에 있어 준다는 신뢰의 메시지와 무조건적인 사랑의 메시지―를 전해 준다. 또한 돌봄제공자(caregivers)의 연민―개인의 부정적 행동의 이면을 들여다보고 그 아픔과 고통을 바라봐 주는―은 비심판적 사랑을 전달해 준다. 설사 젊은 사람의 행동이 어느 측면에서 부정적이었더라도, 돌봄제공자는 그 젊은이가 세상을 보는 지점에서는 그게 최선이었다고 이해해 준다. 그리고 마지막으로 적극적으로 경청하고 사람들의 자질을 알아봄으로써 "너는 이 세상에 소중하다."라는 메시지를 전해 준다(Bernard, 2006: 200).

(2) 높은 기대

돌봄이 있는 관계의 핵심에는 분명하고도 긍정적인 인간중심적 기대(person-centered expectations)가 있다. 분명한 기대는 젊은 사람을 발달시키는 데 도움이 되는 지침과 규제의 기능을 가진다. 그리고 이는 젊은 사람에게 구조와 안전감을 조성해 주는데, 이는 그들로부터 공정하다고 인정받을 뿐 아니라 그들의 창의성을 포용하는 규칙과 훈육적 접근을 통해서 가능해진다.

긍정적인 인간중심의 메시지는 젊은이의 자연적 회복탄력성과 스스로 고쳐 나가는 능력에 대한 깊은 믿음을 보호제공자가 소통해 주고, 젊은이가 그 자신일 수 있도록 도전해 주는 것이다. "내가 나를 믿지 못할 때 그분이 나를 믿어 주셨다."라는 표현은 삶의 특별한 순간에 경험했던 메시지를 반추하는 워크샵에서 흔히 듣게 되는 말이다. 이 흔한 클리셰에서 놓치지 말아야 하는 것은 보호제공자의 높은 기대는 인간중심, 즉 젊은이 중심이어야 한다는 것이다. 이것은 보호제공자가 젊은이가 어떤 사람이 되기를 원하는가가 아니라, 젊은이 자신의 강점, 관심, 희망 그리고 꿈에 토대를 두고 있어야 함을 의미한다(Bernard, 2006: 201).

(3) 참여와 기여할 수 있는 기회

젊은이 혹은 클라이언트가 참여하고 기여할 수 있는 기회를 조성해 주는 것은 돌봄과

---

2) 버나드에 따르면, 이 세 가지의 환경적인 '보호적 요인'은 그의 1991년 논문인 「아동에게 회복탄력성을 촉진시키기: 가족, 학교 그리고 지역사회에서의 보호적 요인들」에서 처음 개념화되었다(Bernard, 2006: 199).

높은 기대를 토대로 한 관계에서 나오는 자연스러운 발전이다. 여기에는 핵심적 생존기술과 회복탄력성, 강점을 발달시킬 수 있는 직업 기회뿐 아니라, 도전이 되고 흥미로운 활동이나 충분한 경험 기회를 제공하는 것 등이 포함된다. 또한 이는 젊은이와 클라이언트에게 소속감을 느낄 수 있는 활동 기회를 제공함을 의미한다(Bernard, 2006: 202).

3) 가족 회복탄력성의 요인

대개 가족은 위기 시에 도움을 받으러 온다. 이때 가족은 위기에 압도당한 상태인데, 회복탄력성에 근거한 준거 틀은 개입을 위한 긍정적·실용적 초점을 제공해 준다. 월시는 가족 회복탄력성의 개념적 틀을 신념체계, 조직 유형 그리고 의사소통 과정으로 조직화하였으며, 이 세 가지 구성요인이 상호작용하면서 가족 회복탄력성이 시너지 효과를 갖게 된다고 하였다.

(1) 신념체계

신념체계(belief system)란 경험에 의미를 부여하고 삶의 과정에서 세계를 바라보는 렌즈로서 가치, 확신, 태도, 편견, 가정 등을 포함한다. 신념체계는 가족에게 응집력을 제공하고, 가족 구성원이 위기 상황과 역경을 해석하고 행동을 결정하는 데 커다란 영향을 미친다. 가족탄력성의 핵심 신념체계는 역경에 대한 의미 부여, 긍정적 시각, 초월과 영성의 세 가지로 구성된다.

첫째, '역경에 대한 의미 부여'란 가족이 위기 상황을 어떻게 이해하고 해석하는가를 의미하며 탄력성의 중요한 요소다. 역경의 의미는 가족의 상호작용을 통하여 여과되며, 가족이 위기 상황에 대한 공유된 해석을 하는 것이 중요하다. 이를 위해서 가족의 강한 신뢰와 결속감이 필요하다.

둘째, '긍정적 시각'은 역경의 상황에서 가족이 불굴의 인내심을 가지고, 상호 간에 용기와 격려를 주며, 희망을 유지하고, 삶에 대해 낙관적인 태도를 취하는 것을 말한다. 또한 유머의 사용은 가족이 어려운 상황을 잘 대처하고 긴장감을 감소시키는 데 도움을 준다. 가족은 변화시킬 수 없는 것은 수용하되, 변화 가능한 것에 최선을 다함으로써 수용과 극복에 대한 균형을 찾는다.

셋째, '초월과 영성'은 역경을 뛰어넘는 삶의 의미와 목적을 제공함으로써 고통 속에

| 표 5-4 | 가족 회복탄력성의 핵심 과정 |

주요 요소		핵심 과정
신념 체계	역경에 대한 의미 부여	• 제휴가치: 관계에 기초한 회복탄력성 • 가족생활주기 오리엔테이션: 역경과 고통의 정상화와 개념화 • 결속력: 의미 있고, 이해할 수 있으며, 관리할 만한 도전으로서의 위기 • 위기, 고통, 회복의 평가: 활성화 대 강요된 신념
	긍정적 시각	• 적극적 주도성과 인내 • 용기와 격려 • 희망과 낙관적 관점의 유지: 불평등을 극복하는 자신감 • 강점과 잠재력에 초점 두기 • 가능성 정복하기: 변화할 수 없는 것 수용하기
	초월과 영성	• 보다 큰 가치와 목적 • 영성: 믿음, 친교, 의식들 • 영감: 새로운 가능성 계획하기, 창조성, 영웅들 • 변화: 역경으로부터 학습과 성장
조직 유형	융통성	• 변화 능력: 시간의 경과에 따른 도전에 적합한 복귀, 재조직, 적응하기 • 안정성에 의한 평형: 혼란을 통한 지속성, 의존성
	연결성	• 상호지지, 상호협력, 책임 • 개인적 욕구, 차이, 경계의 존중 • 강력한 리더십: 아동과 상처 입기 쉬운 가족 구성원에 대한 양육, 보호, 안내
	사회적 · 경제적 자원	• 확대가족과 사회적 지지의 이동: 지역사회망 • 재정적 안정성 확립: 직장과 가족 긴장의 조화
의사소통 과정	명료성	• 명확하고 지속적인 메시지(말과 행동들) • 애매한 상황의 명료화: 진실 찾기/진실 말하기
	개방적 정서표현	• 감정의 범위 공유(기쁨과 고통, 희망과 공포) • 상호 감정이입: 차이에 대한 관용 • 자신의 감정, 행동에 대한 책임감: 비난 피하기 • 유쾌한 상호작용: 유머
	상호 협력적 문제해결	• 창조적인 브레인스토밍: 자원 • 공유된 의사결정: 협상, 공정성, 상호관계 • 갈등해결 • 목적에 초점 두기: 구체적인 단계 밟기 • 성공 위에 세우기: 실패로부터 배우기 • 예방적 자세: 문제, 위기예방, 미래에 대한 준비

출처: 양옥경 외 역(2002), p. 216에서 재구성.

서 위안을 주며, 가족을 경험과 지식의 한계를 초월하는 더 큰 체계에 연결한다.

(2) 조직 유형

조직 유형(organizational patterns)은 가족이 하나의 단위 체계로 통합되어 있는 정도를 의미하며, 위기와 역경을 다루기 위해 자원을 동원하고, 스트레스를 중재하며, 변화하는 상황에 적합하도록 가족의 구조를 재조직하는 능력을 뜻한다. 여기에는 융통성, 연결성 그리고 사회적·경제적 자원의 요소가 포함된다.

첫째, '융통성'이란 가족이 삶 속에서 안정과 변화의 균형을 이루는 것을 말한다. 특히 융통성은 가족생활주기의 주요한 전환점이나 혼란의 시기에 중요하다. 탄력적인 가족은 위기와 변화의 상황에 직면하면 기존의 가족 규칙이나 역할을 변경하여 새로운 적응과 안정성을 이루는 능력을 가진다.

둘째, '연결성'이란 가족 구성원 간의 연합·지지·협력하는 능력을 말한다. 건강한 가족에서 구성원들은 분화되어 있는 동시에 상호 연결되어 있다. 이를 위해서 부모는 관심과 인정, 승인을 통해 자녀의 성공을 지지하고, 규칙을 정해 이를 일관성 있게 적용하며, 효과적인 통제 방법을 사용하고, 따뜻함과 확고함을 바탕으로 자녀를 보호·양육해야 한다. 또한 부부 관계에서는 상호 간에 애정과 존중을 바탕으로 한 동등한 파트너로서의 역할이 중요하다.

셋째, '사회적·경제적 자원'이란 가족이 외부의 자원을 동원하고 활용하는 것을 의미한다. 탄력적인 가족은 위기와 도전에 직면하면 적극적으로 외부에게 도움을 구한다. 가족이 지역사회 내의 자원 체계와 연결되어 있다.

(3) 의사소통 과정

좋은 의사소통이 가족 기능에 필수적이라는 것은 언급할 필요조차 없다. 가족 회복탄력성의 핵심을 이루는 의사소통 과정(communication process)은 의사소통의 명료성, 개방적인 정서표현 그리고 상호 협력적 문제해결로 구성된다.

첫째, 의사소통의 '명료성'이란 명확하고 일관성 있는 말과 행동을 의미하는 것이다. 특히 위기나 스트레스하에서 가족 구성원 간에 상황에 대한 명료한 의사소통을 하는 것이 중요하다.

둘째, '개방적 정서표현'이란 가족 구성원이 기쁨과 고통뿐만 아니라 희망과 두려움까지 공유하는 것이다. 탄력적인 가족은 자신의 감정을 솔직하게 이야기할 뿐 아니라 서로의 의견 차이를 이해하고, 수용하며, 상호 간의 사랑·감사·존중 등의 긍정적인 감정의 개방적 표현이 활발하다.

셋째, '상호 협력적 문제해결'이란 가족이 창조적인 브레인스토밍 과정과 공유된 의사소통 과정을 통하여 함께 문제와 갈등을 해결해 나가는 것을 말한다. 탄력적인 가족은 이러한 문제해결 기술이 있는 가족이며, 성공적인 문제해결의 경험은 가족이 문제를 예방하고 미래의 위기와 도전에 대비하는 데 도움이 된다.

4) 가족 회복탄력성의 실천

개인의 회복탄력성은 가족의 회복탄력성과 함께 활성화될 때 시너지 효과가 있다는 점에서 가족과 구성원의 회복탄력성은 불가분의 관계에 있다고 하겠다. 가족지원 프로그램에서는 젊은이의 회복탄력성을 육성하는 최선의 그리고 가장 효과적인 방식은 클라이언트 개인의 회복탄력성에만 초점을 두는 것이 아니라, 가족 보호제공자의 회복탄력성을 육성하는 것임이 밝혀졌다(Bernard, 2006: 213-214). 이 접근법은 가족이 아동의 일차적인 그리고 가장 중요한 환경임을 인정하는 것이며, 가족 구성원 개인의 회복탄력성뿐 아니라 가족의 회복탄력성을 양육하는 데 초점을 두고 있다. 가족을 대상으로 하는 강점기반의 회복탄력성 실천은 다음을 반영한다(Bernard, 2002: 217; Bernard, 2006: 214 재인용).

- 그들의 이야기를 경청하기
- 그들의 고통을 알아주기
- 강점을 찾기
- 생존, 지지, 긍정적 시간들, 관심, 꿈, 목적과 자부심에 대해 질문하기
- 강점을 드러내 주기
- 강점을 가족/구성원의 목적과 꿈에 연결하기
- 가족을 목적과 꿈을 성취하기 위한 자원에 연결하기
- 가족/구성원이 교사/준전문가가 되도록 하는 기회를 발견하기

가족지원 프로그램은 다양하고 구조적으로 다르지만, 이것들은 실무자가 가족에게 돌봄 관계를 제공하고 있으며, 가족이 활성화시킬 만한 강점을 가지고 있을 뿐 아니라 회복탄력성을 내재하고 있으며 변화하고 성장할 수 있는 능력을 가지고 있다는 높은 기대를 하며, 그리고 가족과 일하는 가장 효과적인 방식은 강점기반의 접근이라는 것, 그리고 가족들의 협력과 기여가 환영되는 파트너십에 기초하고 있다(Family Support America, 2000; Schorr, 1997; Bernard, 2006: 215 재인용). 이런 맥락에서 미국가족자원연맹(the Family Resource Coalition of America)은 가족지원센터에 다음과 같은 지침을 제시하였다(www.familysupportamerica.org; Bernard, 2006: 215 재인용).

- 실무자와 가족은 평등성과 존중을 토대로 한 관계를 가지고 함께 일한다.
- 실무자는 모든 가족 구성원(성인, 젊은이 그리고 아동)의 성장과 발달을 지지하는 가족의 능력을 향상시킨다.
- 프로그램은 가족의 문화적·인종적·언어적 정체성을 인정하고 강화하며, 다문화적 사회에서 기능하는 능력을 향상시킨다.
- 프로그램은 지역사회에 뿌리내려야 하며, 지역사회 공동체 형성 과정에 기여한다.
- 프로그램은 서비스를 제공하는 가족에게 공정하고 반응적이며, 책임감 있는 서비스와 체계들을 가족들과 함께 옹호한다.
- 실무자는 가족발달을 지원하는 공식적·비공식적 자원을 동원하기 위하여 가족과 함께 일한다.
- 프로그램은 새로 대두되는 가족과 지역사회 이슈들에 융통성을 가지며 지속적으로 반응한다.
- 가족지원의 원칙은 모든 프로그램 활동(계획·운영·관리를 포함하여)에 투영되어 있다.

6. 임파워먼트 이론

1) 임파워먼트의 개념

강점관점과 더불어 최근 임파워먼트 관점이 실천에서 각광을 받고 있다. 임파워먼트는 개인, 가족, 조직, 지역사회 그리고 사회가 그들의 상황을 개선하기 위하여 개인적·대인관계적·정치적 힘을 증대시키는 과정이다(Gutierrez, 1994; Miley et al., 2007: 85 재인용). 이와 같이 임파워먼트는 개인적·대인관계적·구조적 차원을 가지고 있다.

개인적 임파워먼트는 대상자의 역량(competence), 지배력(mastery), 강점 그리고 변화를 가져오는 능력을 고취한다.

> (임파워먼트는) 성격, 인지 및 동기에 있어서 자신의 삶에 대한 통제감을 제시한다. 이는 감정의 차원에서, 자기가치에 관한 아이디어의 차원에서, 우리 주변에 변화를 가져올 수 있는 존재의 차원에서, 그리고 심지어는 거의 영성에 가까운 차원에서 표현될 수 있다…. 우리 모두는 이에 대한 잠재력을 가지고 있다. 이는 구매될 필요가 있는 것도 아니고 희귀자원도 아니다(Rappaport, 1985; Miley et al., 2007: 87 재인용).

그리고 임파워먼트는 내 안에 있는 감정으로 경험되지만 이는 다른 사람과의 상호작용에서 나온다. 대인 간 임파워먼트는 다른 사람에게 영향력을 줄 수 있는 능력을 의미한다(Gutierrez & Ortega, 1991; Miley et al., 2007: 88 재인용). 다른 사람과의 성공적인 상호작용 그리고 다른 사람들이 우리에게 가지고 있는 관심은 우리가 느끼는 대인 간 임파워먼트감(sense of interpersonal empowerment)에 기여한다. 우리 사회에는 대인 간 임파워먼트를 저해하는 많은 편견적 태도가 작용한다. 〈표 5-5〉는 억압을 조장하는 편견적 태도들을 보여 주고 있다.

나아가서 임파워먼트는 구조적 차원을 가지고 있는데, 이는 사회적·정치적 구조와의 관계가 포함된다는 것을 의미한다. 사람들은 자원에 대한 접근과 통제가 커졌을 때 임파워먼트를 경험한다(Rappaport et al., 1992; Miley et al., 2007: 88-89 재인용). 자원과 기회에 대한 접근성은 개인적 강점을 발달시키고 대인 간 역량을 강화시켜 준다. 예

표 5-5	억압을 조장하는 편견적 태도
인종주의 (racism)	인종집단의 구성원들에 대한 개인적·제도적 차별을 영속화하는 부정적 고정관념을 토대로 한 이데올로기
성차별주의 (sexism)	성 역할 고정관념과 특정 성이 다른 성보다 우월하다는 문화적 믿음에 근거
계층주의 (classism)	사회경제적 지위 혹은 계층을 토대로 한 엘리트적 태도들
이성애주의 (heterosexism)	동성애자에 대한 편견과 차별
능력주의 (ableism)	신체적·정신적 장애를 이유로 불평등한 처우를 하는 편견적 태도와 행동들
연령차별주의 (ageism)	연령을 토대로 한 부정적인 고정관념
지역주의 (regionalism)	출신지 혹은 거주지를 토대로 한 개인이나 인구집단에 대한 일반화
민족중심주의 (ethnocentrism)	자신의 민족집단, 문화 혹은 국가가 다른 민족, 문화 또는 국가보다 우월하다는 생각을 가지고 있으면서 짐짓 겸손한 체하는 신념

출처: Miley et al. (2017), p. 78; 이원숙, 임수정(2020), p. 159.

를 들어, 지역사회가 좋은 자원을 가지고 있을수록 직면하고 있는 문제에 효과적으로 반응할 수 있을 것이다. 역량 있는 사회 체계는 구성원들이 효과적으로 기능하도록 기여하고, 그들의 환경에 있는 다른 체계들을 위한 기회 구조로서 기능한다(이원숙, 2008: 153–155).

2) 임파워먼트 실천의 구성 요소

마일리 등은 임파워먼트 실천의 구성 요소로서 ① 생태체계 관점 도입하기, ② 사회 정의에 대한 헌신 반영하기, ③ 강점지향 적용하기, ④ 클라이언트와 협력하기 등을 제시한다(Miley et al, 2017: 94-96; 이원숙, 임수정, 2020: 160-162).

생태체계 관점과 같은 맥락에서, 임파워먼트 접근은 실무자와 클라이언트가 도전과 강점을 맥락 속에서 바라보도록 한다. 사회복지사는 생태체계 관점을 통해 확보한 정보를 토대로 클라이언트의 문제를 해결하고 변화를 위한 자원을 찾아낼 수 있다. 그리고 임파워먼트 접근법에서는 클라이언트가 중심이라는 점을 지속적으로 밝히며, 사회적·경제적·환경적 정의에 헌신하는 데 초점을 둔다. 무엇보다도 임파워먼트 실천에서는 클라이언트의 강점과 자원을 육성하는 것을 중요시한다. 나아가서 클라이언트의 강점은 모든 사람에게 공평한 기회가 주어지는 사회적·경제적 환경에서 가장 효과적이라는 점에서 이에 대한 관심과 노력을 가진다. 임파워먼트 실천에서는 실무자와 클라이언트의 관계에 있어서 파트너십 관계를 추구한다. 파트너십을 위한 협력은 클라이언트가 자신의 해결방법을 발견하고 변화의 주체가 되도록 격려함으로써 권리와 책임을 위임하는 것이다. 이런 관계를 통하여, 클라이언트는 파워를 느끼게 되고 역량감과 통제감을 경험하게 된다.

7. 다문화 관점

1) 다문화 관점의 개념

우리 사회는 빠르게 다문화사회로 접어들고 있다. 이에 따라 최근 다문화관점을 실천에 적용하는 것이 중요시되고 있다. 최현미 등은 다문화 관점에 의한 실천이 내부인과 외부인을 구분하거나 이쪽과 저쪽을 구분하는 또 하나의 경계 짓기가 되어서는 안 될 것이라고 경고한다. 그들에 따르면, 다문화 관점에 의한 실천은 그동안 실천에서 외면해 온 문화적 이슈를 고려하는 한 단계 성숙한 실천이다. 그들은 문화적 요소를 고려하지 않은 실천은 윤리적 요소를 고려하지 않은 실천에 비유할 수 있다고 논하면서, 윤리적 요소가 어떤 특정 대상이나 영역에서만 요구되는 것이 아닌 것처럼 다문화 관점에 의한 실천은 문화적 요소를 고려한 실천이라고 주장한다(최명민, 이기영, 최현미, 김정진, 2009: 217-218).

럼(Lum)은 다문화 관점에 의한 실천을 "사람들 사이에 존재하는 다양성과 차이점을 존중하고 원조 관계에서 작용하는 문화적 요소를 인식하는 실천"이라고 정의한다. 그는 민족적 정체성과 사회경제적 지위로 인해 역사적으로 차별받아 온 사람들, 가족들 그리고 지역사회가 다문화 관점에 의한 실천의 주요 대상이며, 이들과 사회환경의 상호작용 속에서 심리사회적 기능의 질을 향상하는 것이 다문화 관점에 의한 실천의 목표라고 하였다(Lum, 2004: 11: 최명민, 이기영, 최현미, 김정진, 2009: 219 재인용).

2) 다문화 관점의 실천

다문화 실천은 기본적으로 실무자의 문화적 역량을 기반으로 하는 실천이다. 문화적 역량은 개인과 체계들이 개인, 가족 그리고 지역사회의 가치를 인정 · 확인하고 가치를 부여하는, 그리고 각각의 존엄성을 보호하고 보유하는 방식으로, 모든 문화, 언어, 계급, 인종, 민족적 배경, 종교, 영적 전통, 이민 지위, 그 밖에 다른 다양한 요인들을 존중하고 이에 효과적으로 반응하는 과정을 의미한다(Fong, 2004; Fong & Furuto, 2001; Lum, 2011; NASW, 2015 재인용).

흥미로운 사실은 다문화 관점이 다양성의 개념으로 확장되고 있다는 점이다. NASW에서는 문화적 역량과 더불어 사회적 다양성을 실천할 것을 요구한다. 사회적 다양성은 연령, 계층, 성 등의 차이에서 오는 다양성을 의미한다. 이런 다양성에 개념에서 보면 다른 언어와 문화를 가진 외국인뿐만 아니라, 우리 모두가 다양성의 측면에서 연령의 차이, 세대 간 차이 등 차이를 가진다고 하겠다.

딜러(Diller)는 문화적 역량을 갖춘 실무자는 자신의 문화적 가치와 편견을 인식하고, 클라이언트의 세계관을 이해하며, 이에 의거하여 적절한 개입을 해나갈 수 있다고 하였다(최명민 외, 2010; 김정진, 2014: 95 재인용). 최근 NASW는 사회복지사가 모든 문화에 대한 역량을 갖추는 것이 현실적으로 가능한가에 대한 논의를 바탕으로 '문화적 역량과 사회적 다양성' 대신에 '문화적 인식과 사회적 다양성(cultural awareness and social diversity)'으로 개정하였다(www.socialworkers.org).

이 절에서 살펴본 이론과 관점들이 가족과 구성원 개인에게 어떻게 실천하는가에 초점이 있는 반면, 다문화 실천은 실무자의 문화적 역량에 기반을 두기 때문에 실무자가 다문화 실천에 적합한 태도와 신념, 지식과 역량 등을 갖추었는지에 초점을 둔다. 코리 등은 유능한 실무자는 다른 인종, 민족 집단에 대한 자신의 고정관념과 선입관을 지각하고 이해해야 한다고 주장한다. 다양성 역량을 갖춘 상담자는 다음과 같은 신념과 태도[3]를 갖출 것이 요구된다(김진숙 외 역, 2016; Corey, Corey & Corey, 2014: 18-19).

---

3) 코리 등은 집단상담자를 대상으로 다양성 역량을 제시하고 있다. 이는 가족을 대상으로 하는 경우에도 준용될 수 있을 것이다. 여기에서는 이 책을 맥락에 부합되도록 집단상담자를 실무자로 대체하였다.

- 실무자의 개인적 편견, 가치, 문제들이 문화적으로 자신과 다른 클라이언트들을 대상으로 작업하는 능력에 방해되지 않도록 한다.
- 실무자의 문화적 배경과 경험이 심리적으로 건강한 개인을 만드는지에 대한 태도, 가치, 편견에 어떻게 영향을 미치는지를 인식하도록 한다.
- 실무자의 인종적 · 민족적 · 문화적 유산과 성별, 사회경제적 지위, 성적 취향, 능력, 영적 신념의 인식 수준을 점차 높이며, 차이에 가치를 두고 존중한다.
- 클라이언트의 시각에서 세계를 검토하고 이해하려고 노력하고, 클라이언트의 종교적 · 영적 신념과 가치들을 존중한다.
- 실무자의 문화적 유산이 우월하다고 주장하는 대신에 문화적 다양성을 수용하고 존중한다. 클라이언트의 핵심적인 문화적 구조를 확인하고 이해할 수 있으며, 클라이언트에게 실무자의 문화적 구조를 적용하지 않는다.

제3절 건강가족을 위한 실천 원칙 및 실천 사례

앞 절에서 건강가족에게 적합한 실천 이론과 관점들을 살펴보았다. 이 절에서는 실천 이론과 관점을 바탕으로 건강한 가족을 증진시키는 데 유용한 핵심적인 실천 원칙과 실천 사례를 소개하고자 한다.

1. 핵심적인 실천 원칙

1) 전체로서의 인간에 대한 초점

대부분의 전문직은 인간의 단일한 차원에 초점을 둔다. 그러나 건강가정 실천 현장에서 실무자는 전체로서의 인간, 즉 생물학적 · 심리적 · 사회적 측면 모두에 관심을 두어야 한다.

2) 서비스 대상자에 대한 존중

철학적으로 모든 사람이나 집단이 존엄성이 있고, 존중받고 이해받을 만한 자격이 있다는 명제를 받아들여야 한다. "있는 그대로 수용하라"는 문구는 서비스 대상자의 행동, 외모 혹은 상황에 상관없이 존중받을 만한 존엄성을 지닌 사람으로 접근하라는 의미다.

3) 양성평등, 성인지적 관점

대체로 가족 관계가 민주적이고 평등할수록 가족 구성원의 만족도가 높아진다. 아동과 성인, 여성과 남성 그리고 성인과 노인이 가족 안에서 각자의 권리를 인정받고 자신들의 능력을 발휘할 수 있도록 기존의 성차별적인 부분들을 찾아내고, 보다 평등적인 서비스와 프로그램을 제공할 필요가 있다.

4) 가족생활주기 관점에 의한 포괄적 서비스 제공

가족은 가족생활주기를 거치면서 과업을 수행한다. 각 가족생활주기 단계에서 과업 수행에 도움이 되는 서비스와 프로그램을 제공한다면 가족이 발달과업을 보다 성공적으로 수행할 것이다.

5) 실무자와 서비스 대상자의 협력적 관계를 지향하는 실천 원칙

강점관점, 임파워먼트 관점 등이 강조되면서 실무자와 서비스 대상자의 협력적 관계가 중요시되고 있다. 협력적 관계에서 서비스 대상자는 자신의 삶에 대한 전문가로 간주된다. 협력적 관계를 추구하는 것은 '함께하는(doing with)'이라는 아이디어를 선호하기 때문에 '누구에게 해 주는(doing to)'의 개념, 심지어는 '누구를 위해 해 주는(doing for)'의 개념까지도 조심한다.

6) 자기주도적인 문제해결

"서비스 대상자가 스스로를 돕도록 지원하라."는 것은 개인, 집단, 지역사회 혹은 다른 체계가 변화 과정에 능동적으로 참여해야 의미 있고 지속적인 변화가 발생한다는 신념에 기초한 원리다.

이는 "현재뿐 아니라 미래에도 사람들이 스스로를 돕도록 지원하라."와 같은 문장으로 확장될 수 있다. 실천 현장에서의 전문적 개입은 서비스 대상자가 미래의 어려움에 직면하여 성공적으로 대처하고 또 다른 문제에 직면할 때 자기주도적인 문제해결을 할 수 있도록 돕는 데 있다.

7) 임파워먼트

실천 현장에서는 다양한 형태의 차별과 억압을 당하는 사람들과 활동하게 된다. 서비스 대상자가 자신의 삶에 최대한 참여하도록 하고, 최대한 스스로 결정하도록 하며, 주도적으로 문제해결을 하도록 돕는다면 자신의 삶에 대한 통제력이 구축된다.

8) 강점의 활용

흔히 실무자들은 서비스 대상자의 문제를 규명하는 데 상당한 노력을 기울인다. 이런 부정적인 접근보다는 서비스 대상자의 능력과 잠재력에 주목해야 한다. 그리하여 서비스 대상자가 자신의 강점을 인식하고 활용하여 문제를 해결해 나갈 수 있도록 돕는다.

9) 비전 제공

실천 현장에서 서비스를 제공할 때 비전—문제 상황에 대해 새로운 아이디어, 새로운 관점, 보다 효과적인 변화 전략 등—을 제공하는 것은 매우 중요하다. 개인이나 집단이 힘든 변화 과정에 시간과 노력을 들이도록 하려면 노력한 만큼 성과가 가치 있을 것이라는 확신이 필요하다. 지금의 상황을 변화시킬 수 있으며 그 상황을 다룰 보다 나은 방법이 있다는 비전을 제공한다면, 서비스 대상자의 동기가 높아지고, 희망을 가지게 되며,

변화에 개방적이 될 것이다(Compton et al., 2005: 81-84; 남기철 외 역, 2010: 90-96 재인용).

2. 실천 사례

1) 생태체계 관점의 실천 사례

서비스 대상자는 환경 속에서 생활한다는 점에서 이들에 대한 서비스는 대상자가 관련을 맺고 있는 다양한 체계와의 연계 속에서 제공되어야 할 필요가 있다.

> 가족문제는 복잡, 다양해지고 있어서 더 이상 일개 가족이 해결할 수 있는 차원을 넘어선 지 오래다. 가족이 문제를 가진 가족 구성원의 주 보호자로서 기능할 수 있도록 전체 가족을 지원하는 가족중심 개입이 효과적이다. 여기에서 지원이란 가족이 맺고 있는 사회체계들이 연계적으로 지원하는 것을 의미한다. 예를 들면, 미시적 차원의 직접 서비스를 제공하는 전문 인력 외에 지역사회의 자원봉사자를 포함하는 민간 차원의 자원과의 연계, 지방과 중앙 정부의 지원, 법·정치·경제 제도의 뒷받침, 매스컴과 전체 사회에서 펼치는 가족친화적 분위기 등 다양한 측면에서 지원이 제공될 수 있다(윤종희, 2006: 116-117).

생태체계 관점은 [그림 5-5]에서 보는 바와 같이, 미시적인 차원뿐 아니라 보다 거시적인 차원에서 건강가정지원사업 전달체계의 개념모형에도 적용될 수 있다.

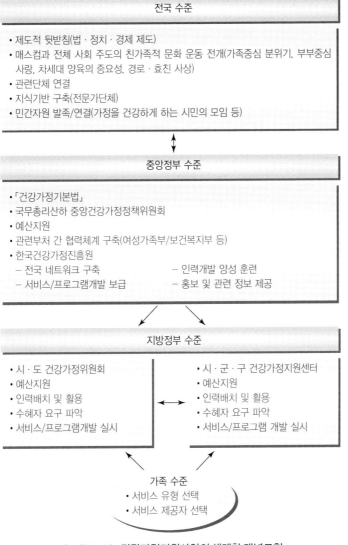

[그림 5-5] 건강가정지원사업의 생태학 개념모형

출처: 윤종희(2006), p. 123.

2) 강점관점의 실천 사례

아동 및 가족을 대상으로 임파워먼트 관점으로 사례 관리를 하는 것은 중요한 실천 원칙이다. 〈표 5-6〉은 서비스 대상자의 강점과 자원 발견을 통해서 대상자를 임파워 먼트하는 과정을 보여 준다.

표 5-6	서비스 대상자의 강점과 자원 발견하기

배너지와 뒤플로는 디디에 듀가스트(Didier Dugast)가 고안한 영 크리에이터 프로그램을 '존중'을 기반으로 하는 프로그램이라고 소개하고 있는데, 임파워먼트 접근이 잘 실천되고 있다. 이 프로그램은 실업상태인 젊은이가 창업을 할 수 있게 돕는 프로그램이다. 듀가스트는 전통적인 접근방식이 완전히 실패하는 경우가 자주 있다고 지적한다. 도움을 받으러 오는 젊은이들은 평생 이러저러한 것을 '해야 한다'는 이야기를 들었고, 집에서도 학교에서도 잘하지 못한다는 이야기를 들어왔다. 그들은 멍들고 상처 입은 채로 매우 낮은 자존감을 가지고 도움을 청하고 온다는 것이다.

영 크리에이터 프로그램은 젊은이들 '본인'이 제안하는 프로젝트에서 출발하고, 그들 자신의 생각을 진지하게 받아들이는 것을 원칙으로 한다. 첫 회의에서 그들은 자신이 하고 싶은 것이 무엇인지, 왜 그것이 하고 싶은지, 그것이 자신의 삶과 계획에는 어떻게 맞물리는지 이야기한다. 배너지와 뒤플러는 이런 면접을 참관하였는데, 한 젊은 여성은 중의학 약방을 열고 싶어 했고, 한 젊은 남성은 자신의 그래픽 디자인을 온라인으로 판매하고 싶어 했고, 또 다른 젊은 여성은 노년층을 위한 홈케어 사업을 하고 싶어 했다. 모든 사례에서 첫 면접에는 한 시간 이상의 넉넉한 시간이 할애되었고, 상담자는 가치판단을 하지 않으면서 젊은이들을 이해하는 데 충분한 시간을 들였다. 이후 심층면접이 더 이루어지고, 그룹 워크숍도 진행된다. 이런 과정에서 상담자는 젊은이들에게 스스로의 운명을 통제할 수 있으며, 성공에 필요한 자질을 이미 가지고 있다는 확신을 주는 데 초점을 둔다. 동시에 성공에는 한 가지 방법만 있는 것이 아니라는 점도 분명히 전달되도록 한다. 이런 과정을 걸쳐 젊은이들은 자신이 원래 계획했던 길을 찾아 갈 수도 있고 다소 경로를 바꿀 수도(예: 중의학 약사 지망생은 간호사나 긴급 의료원이 되는 교육을 받는 것) 있을 것이다. 이 프로젝트 효과를 평가하는 연구에서 영 크리에이터 프로그램에 참여한 젊은이들은 고용 상태에 있을 가능성도 높았고, 소득도 더 높게 나타났다. 프랑스 세나르시에서 실시된 이 프로그램이 젊은이들의 존엄을 존중하고 주도적으로 자신의 길을 찾도록 한 것이 성공 요인으로 평가되고 있다. 이와 같이 내담자의 존엄을 존중하고 주도적으로 자신의 문제를 해결해 나감으로써 역량을 향상시키는 것은 임파워먼트의 실천의 핵심이라고 하겠다.

출처: Banerjee & Duflo (2019); 김승진 역(2020), pp. 541-543.

Chapter 06

건강가족과
건강가족 실천

———

제1절 건강가족 실천의 개념적 틀
제2절 건강가족
제3절 건강가족 실천

건강가족과
건강가족 실천

건강가족은 건강한 가정(healthy families), 튼튼한 가족(strong family), 균형 잡힌 가족(balanced family), 기능적 가족(optimally functioning family), 탄력적 가족(resilient family) 등 다양하게 불린다. 2000년대에 들어서면서 우리 사회에서 건강가정 또는 건강가족에 대한 관심이 매우 높아졌다. 이는 부분적으로 이혼율이 급증하면서 가족의 위기에 대해 관심이 증가하고, 어떻게 하면 건강한 가족을 육성할 수 있을까 하는 사회적 관심에 기인한다. 특히 이런 위기의식은 일정 부분「건강가정기본법」의 제정에 기여하였고, 건강가정은 법적·정책적·실천적 측면에서 중요한 위치를 차지하게 되었다.

이런 맥락에서 건강가정에 대한 규명은 건강가정론을 탄탄하게 떠받치는 초석이 될 것이다. 이 장에서는 우선 건강가족은 어떤 특징을 지녔는지 구성 요소를 살펴보고자 한다. 이는 가족이 가진 건강한 요소를 발견하고 이를 강화하는 실천적인 측면에서 유용성이 높다.

다음으로, 건강가족의 실천 영역에 대하여 살펴보고자 한다. 건강가족을 위한 실천은 크게 세 개의 축으로 나누어 볼 수 있다. 첫째, 예방적 차원에서 가족생활교육을 들 수 있다. 특히 건강가정지원센터에서는 생활주기에 걸친 가족생활교육을 통해 건강한 가족을 지원하고 있다. 둘째, 가족 관계 등에서 어려움을 겪는 가족의 건강성을 회복시키기 위한 가족상담이 있다. 그동안 가족상담 또는 가족치료에 대한 모델이 많이 개발되어 왔지만 체계기반의 가족치료 모델로는 보웬의 다세대 가족치료, 미누친의 구조적 가족치료 그리고 휘태커와 사티어가 발달시킨 경험적 가족치료가 대표적이다. 이 장에서는 이 세 가지 가족치료 모델과 정서중심 부부치료 이론을 살펴보고자 한다. 셋째,

가족에 따라 상담만으로는 문제가 해결되지 않고, 다양한 지원서비스와 상담이 병행되고 일정 기간 동안 서비스가 지속하면서 가족의 역량을 강화해야 하는 가족도 있다. 이런 가족을 위해서는 가족중심 사례관리가 핵심적인 실천모델로 자리잡고 있다. 사례관리는 개인을 중심으로 출발한 실천모델이지만 가족을 대상으로 적용되는 사례들이 늘어나고 있다. 특히 건강가정지원센터는 일차적으로 가족을 대상으로 서비스를 제공하고 있으므로 가족중심 사례관리를 지향하고 있다. 이 장에서는 사례관리의 기본적 내용을 살펴보고 제11장에서 가족사례관리에 대해 자세히 다루고자 한다.

제1절 건강가족 실천의 개념적 틀

건강가족의 실천에서 가족생활교육, 가족상담 또는 가족치료 그리고 가족사례관리는 3개의 핵심축이다(Myers-Walls, Ballard, Darling, & Myers-Bowman, 2011; Darling, Cassidy, & Powell, 2014 재인용). 이들은 서로 협력적인 측면도 있고 연속적이거나 중복적인 측면도 있다. 우선, 가족생활교육, 가족상담 그리고 가족 사례관리는 모두 튼튼한 건강한 가족(strong healthy families)이라는 목적을 공유한다. 가족생활교육은 가족이 지식과 기술을 습득하도록 돕고, 가족상담은 가족과 이의 기능을 회복시키고자 하며, 가족사례관리는 가족에게 필요한 자원 등 직간접적인 서비스를 제공한다(Darling, Cassidy, & Powell, 2014: 11). [그림 6-1]는 건강가족 실천의 틀을 보여 준다. 이는 달링(Darling) 등의 가족 실천모델의 개념적 틀을 재구성한 것이다.

가족생활교육, 가족상담 그리고 가족사례관리는 내용적인 측면에서 구분해 볼 수 있다. 달링에 의하면, 이들은 공유영역을 가지는 동시에 각기 고유영역을 가지고 있다. 예를 들어, 공유영역에는 ① 기본적 가족 기능, ② 문화적 다양성, ③ 체계 이론과 개념, ④ 이론, 조사연구, 실천을 연계하기, ⑤ 전문가주의와 윤리, ⑥ 가족의 웰빙이 포함된다.

가족생활교육, 가족상담 그리고 가족사례관리는 각기 고유의 영역을 가진다. 가족생활교육의 영역에는 ① 사회적 맥락에서의 가족과 개인, ② 가족의 내적 역동, ③ 생활주기에 따른 인간 성장과 발달, ④ 인간 섹슈얼리티, ⑤ 대인간 관계, ⑥ 가족자원관리, ⑦ 부모교육과 지침, ⑧ 가족법과 공공정책, ⑨ 전문적 윤리와 실천, ⑩ 가족생활교육

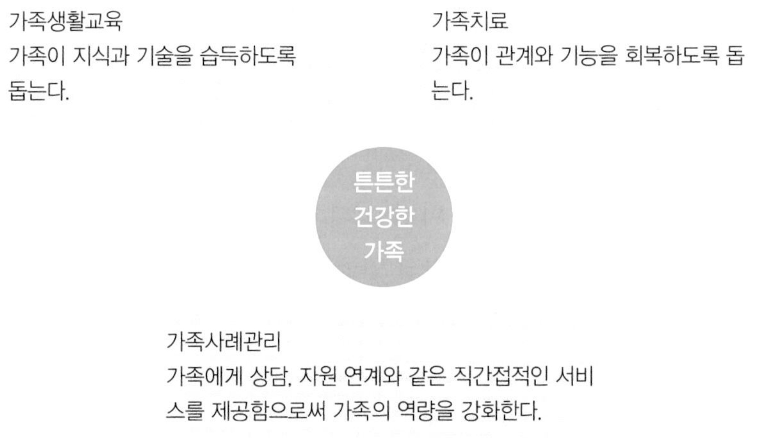

가족생활교육
가족이 지식과 기술을 습득하도록
돕는다.

가족치료
가족이 관계와 기능을 회복하도록 돕
는다.

튼튼한
건강한
가족

가족사례관리
가족에게 상담, 자원 연계와 같은 직간접적인 서비
스를 제공함으로써 가족의 역량을 강화한다.

[그림 6-1] **건강가족 실천의 틀**

출처: Darling, Cassidy, & Powell (2014), p. 11에서 재구성.

방법론이 포함된다. 가족상담은 임상적 사정과 진단, 치료 등 가족을 대상으로 하는 상
담을 그 영역으로 한다. 그리고 가족사례관리는 다학제간 협력과 서비스를 기반으로 사
례계획, 사정, 치료와 의뢰 등을 수행하게 된다(Darling, Cassidy, & Powell, 2014: 12 참조).
한편, 서비스의 타이밍, 다시 말해서 서비스가 언제 주어지는가는 1차적 예방(무엇인
가 발생하기 전에 건강한 사람들을 보호하는 것), 2차적 예방(문제, 갈등, 위험이 발생했으면,
문제의 진전을 멈추게 하거나 가능한 한 지연시키는 것), 그리고 3차적 예방(복잡한 장기적
문제를 관리하도록 돕는 것)으로 구분할 수 있다. 이런 견지에서 볼 때, 가족생활교육은
1차적 · 2차적 예방에 해당되며, 가족상담은 2차적 · 3차적 예방에, 그리고 가족사례관
리는 3차적 예방에 초점을 두고 있다(Darling, Cassidy, & Powell, 2014: 14). 이 장에서는
달링 등의 가족 실천모델을 기반으로 건강가족, 가족생활교육, 가족상담, 가족사례관
리의 순으로 살펴보고자 한다.

제2절 건강가족

건강가족에 대한 연구, 즉 건강하게 기능하는 가족에 대한 연구는 미국에서 처음 시작되었다. 미국에서는 1970년대의 "가족이 왜 실패하는가?"를 규명하는 가족의 부정적이고 병리적인 측면에 초점을 맞춘 그동안의 연구에서 벗어나서, "가족이 어떻게 성공하는가?"에 대한 답을 찾는 과정을 중시하는 가족강점 관점(family strength perspective)으로 초점이 바뀌었다. 올슨(D. Olson)과 드프레인(J. Defrain)은 가족의 건강성은 가정의 구조나 형태가 아닌 가족의 기능에 있다고 지적한다(조희금 외, 2005; 송혜림, 2006: 77 재인용).

올슨은 전 세계 27개국의 2만 1,000여 가족을 조사한 결과, 건강한 가족의 강점으로 의사소통, 시간을 함께 나누기, 지지, 영성 그리고 신체적·정신적 건강을 꼽았다(조희금 외, 2010: 35). 스티넷(S. Stinnett) 등에 의하면, 건강가족은 헌신, 감사와 애정, 긍정적 의사소통, 함께 보냄, 영성적 성장, 스트레스와 위기에 대한 대처 능력의 여섯 가지 특징을 가진다. 무엇보다도 흥미 있는 사실은 문화권이 다르더라도 정서적으로 건강한 가족의 기본적인 특성은 유사하다는 사실이다. 전 세계의 각 가족 및 각 문화권은 모두 독특한 특징을 가지고 있지만, 건강한 가족은 차이점보다 유사점이 더 많다는 사실은 건강가족이 보편적인 특성을 가진다는 것을 의미한다(제석봉, 박경 역, 2004: 28).

이와 같은 맥락에서 유영주는 한국형 가족건강성 척도 개발 연구에서 건강한 가족 요인으로 가족 구성원에 대한 존중, 가족 구성원 간의 유대의식, 감사와 애정, 긍정적 의사소통, 가치관 목표 공유, 역할 충실, 문제해결 능력, 경제적 안정, 신체적 건강, 사회와의 유대를 제시하였다. 한편, 조희금 등은 건강가정의 구성 요소로 경제적 안정, 안정적인 의식주생활, 민주적 평등가족, 열린 대화, 휴식 및 여가 공유, 자녀의 성장 지원, 합리적인 자원 관리, 가족 역할 공유, 일과 가정의 조화, 건강한 시민의식, 자원봉사 참여, 가정문화 창조·유지 등을 제시하였다(조희금 외, 2005: 29-30).

이와 같이 국내외에서 가족의 병리적 측면에 대한 초점에서 벗어나서 가족의 건강성, 즉 건강한 가족의 구성 요소를 규명하는 데 관심이 높아지고 있다. 이는 실천적인 측면에서도 가족이 가진 건강한 요소를 찾아내서 강화할 수 있다는 점에서 매우 유용하다. 이 절에서는 건강가족에 대한 대표적 연구라고 할 수 있는 스티넷 등의 튼튼한 가족을 중심으로 건강한 가족의 구성 요소와 그 실천 전략을 살펴보고자 한다.

1. 스티넷 등의 '튼튼한 가족'의 개념

'성공적인' '균형 잡힌' '건강한' '기능적인' '좋은' '튼튼한' 등 건강가족을 표현하는 단어는 많다. 스티넷 등은 이런 단어 중에서 '튼튼한(strong)'이라는 용어를 사용하였는데, 이 단어가 분명하고 직선적이고 긍정적이기 때문이다.

스티넷 등은 "튼튼한(strong) 가족이란 어떤 가족인가?"에 대하여 다음과 같이 설명한다. 건강한 가족이라 해서 문제가 없는 가정은 아니다. 튼튼한 가족도 얼마든지 문제가 있을 수 있다. 그리고 튼튼한 가족도 고통을 겪는다. 그러나 튼튼한 가족은 문제와 이에 따른 고통을 겪으면서도 서로 배려하는 방법을 배운 덕분에 즐겁고 긍정적인 자세를 가지고 산다. 가족 구성원은 서로 지지하고 사랑하며 정성을 다한다. 그들은 서로 대화를 나누며 즐긴다. 튼튼한 가족의 구성원은 서로 하나의 단위 또는 팀으로서 자신에 대한 좋은 감정을 가지고 산다. '우리'라는 소속감을 가지고 있지만, 그렇다고 해서 서로 얽어매려 하지 않고, 각자 자신의 가능성을 발휘하도록 격려한다. 튼튼한 가족은 위기를 극복할 수 있는 나름대로의 능력을 가지고 있으며, 위기에 직면할 때 합심하여

표 6-1 스티넷 등의 '튼튼한 가족'의 구성 요소

1. 헌신(commitment): 튼튼한 가족의 구성원은 서로 복지와 행복을 촉진하기 위해 헌신할 줄 안다. 그들은 가족이라는 단위에 가치를 부여한다.

2. 감사와 애정(appreciation & affection): 튼튼한 가족의 구성원은 서로 상대방의 진가를 인정하고 고마움을 표할 줄 안다. 그들은 가족이 얼마나 좋은지 느끼고 있다.

3. 긍정적 의사소통(positive communication): 좋은 가족 구성원은 의사소통 기술이 뛰어나고 대화하는 시간을 많이 갖는다.

4. 함께 보냄(time together): 튼튼한 가족의 구성원은 서로 함께 보내는 시간을 많이 갖는다. 함께 보내는 시간이 양적으로도 충분하고 질적 수준도 높다.

5. 영적적 성장(spiritual well-being): 신앙을 가지고 있든 가지고 있지 않든, 튼튼한 가족은 삶에 대한 비전을 가지고 있다. 이러한 비전과 신념에서 강점과 목적이 나온다.

6. 스트레스와 위기에 대한 대처 능력(ability to cope with stress and crisis): 튼튼한 가족의 구성원은 스트레스나 위기를 성장의 기회로 삼는다.

출처: 제석봉, 박경 역(2004), p. 31.

대처하는 효율적인 문제 해결자다(제석봉, 박경 역, 2004: 29-30). 스티넷 등에 의하면, 튼튼한 가족은 〈표 6-1〉에 제시된 여섯 가지의 구성 요소를 지닌다.

2. '튼튼한 가족'의 구성 요소

1) 헌신

헌신은 따뜻하고 애정이 넘치며 가족이 성장할 수 있는 환경을 만든다. 그리고 헌신은 가족 구성원이 두려움과 분노, 거절, 고독 같은 것으로부터 보호받을 수 있는 안식처가 된다. 또한 헌신은 다른 모든 것의 토대를 이룬다. 가족이 서로 헌신할 때 다른 주요 구성 요소들이 발달되기 쉽다. 건강가족은 서로 간의 행복과 복지를 증진시키는 데 헌신적인 가족이다.

(1) 부부간의 헌신

부부간의 헌신은 가족 전체 헌신의 기초를 이룬다. 먼저 부부끼리 서로 헌신할 수 있어야 가족 모두를 위해 헌신할 수 있다.

> 사이먼(K. Simon)은 자신의 연구가 끝나갈 무렵 드프레인 박사에게 물었다. "아버지가 자녀에게 줄 수 있는 가장 좋은 선물이 무엇인지 아십니까?"
>
> 드프레인 박사는 골똘히 생각하다 "아버지가 아이에게 줄 수 있는 가장 훌륭한 선물은 시간, 사랑, 그리고 자녀에게 최상의 자기존중감을 발달시켜 주려는 노력이겠지요."라고 말했다.
>
> "저런, 틀렸습니다. 아버지가 자녀에게 줄 수 있는 최상의 선물은 부부가 행복하게 사는 모습이지요." 하고 사이먼은 웃으며 말했다. 사이먼은 부부 관계가 얼마나 튼튼한가 하는 것이 자녀의 행복과 안녕에 지대한 영향을 미친다는 사실을 깨닫고 있었다. 부부가 불행하다면 바로 자녀의 삶에 직접적인 영향을 미친다는 것이다(제석봉, 박경 역, 2004: 41).

자녀는 부모가 서로 사랑하고 매일 서로 헌신하는 모습을 보여 줄 때 최상의 발달을 해 나갈 수 있다. 서로 사랑하는 부모를 볼 수 있는 자녀는 자기 가정이 영원히 이어질 것이라는 안정감을 갖는다. 부모가 서로에게 헌신할 때, 자녀와 가족 전체에 헌신할 수 있음을 보여 줄 수 있다.

(2) 개인에 대한 헌신

튼튼한 가족 구성원은 다른 구성원에게 자신의 헌신을 표현한다. 말뿐만 아니라 시간과 에너지의 투자를 통해서 그들의 헌신을 행동으로 보여 준다.

> 우리는 하나의 팀을 이루고 있습니다. 가족은 우리 사고의 중심이자 심장이죠. 우리 중에 누가 고통을 겪으면 서로 나누고자 합니다. 한 사람이 고통을 받으면 우리 모두에게 상처를 주지요. 우리 한 사람 한 사람 모두가 다 중요합니다. 우리의 목표는 각자 자신의 일을 충실히 하면서, 일이 끝나면 함께 즐기는 것이지요(제석봉, 박경 역, 2004: 54).

(3) 중요한 일에 먼저 헌신하기

튼튼한 가족은 가족이 먼저이며, 다른 것은 아무리 중요해 보여도 가족에 대한 헌신을 희석시킬 수 없다는 점을 인식하고 있다. 일 때문에 가족생활이 어려움에 처할 때, 튼튼한 가족은 어떻게 할까? 튼튼한 가족이라도 일을 모두 포기하지는 않을 것이다. 이들이 할 수 있는 것 중의 하나는 가정이 일이나 경력이나 위신보다 더 중요하다는 사실을 일깨우는 것이다. 양쪽 배우자가 모두 일하기를 그만둘 수 없을 때 튼튼한 가족은 가정과 일의 균형을 맞춤으로써 직장의 압력을 조정한다. 많은 부부는 양육과 가사를 좀 더 균등하게 분배함으로써 이 문제를 해결한다.

> 하루에 쓸 수 있는 에너지가 10개가 있다면 사용계획을 짭니다. 그냥 일에만 묶이면 일하는 데 에너지의 아홉 개 반을 소모하게 되지요. 그래서 일에는 다섯 개 정도의 에너지를 사용하고, 자녀들에게 세 개 그리고 나와 남편에게 둘을 씁니다. 바쁠 때에는 회사 일에 여덟 개를 쓰고 집에서 쓸 둘을 남겨 두지요. 이렇게 항상 사용계획을 수립하여, 가정을 위한 에너지를 남겨 둡니다(제석봉, 박경 역, 2004: 61).

2) 감사와 애정의 표현

튼튼한 가족은 서로 인정하고 감사하고 애정을 표현한다. 모든 개인은 인정받고자 하는 기본적 욕구가 있다. 건강가족은 서로에게서 좋은 자질을 발견하고 이를 인정해 주는 가족이다. 모든 사람은 강점과 긍정적 자질을 가지고 있으며, 가족은 이를 확인시켜 주는 일차적 장소다. 건강한 가족은 긍정성에 초점을 두고 있다.

감사의 표현은 감정 없이 순수한 지적 차원에서 이루어질 수 있다. 우리는 때로 어떤 이득을 위해 다른 사람에게 감사하다는 말을 한다. 그러나 애정은 그 이상의 것이다. 애정에는 정서적 반응이 따른다. 애정이라는 정서적 요소가 가미된 감사의 표현은 더욱 강력한 힘을 발휘한다.

한 사람이 다른 사람을 인정하거나 감사를 표할 때, 그 속에는 "당신은 가치 있고 소중한 사람이다. 나는 당신에게 관심이 있고 당신의 좋은 점을 잘 알고 있다."는 메시지가 숨어 있다. 우리가 다른 사람으로부터 인정을 받을 때 '자기가치(self-worth)'가 강화된다. 감사와 애정의 표현은 가족의 자기존중감을 높여 가족 구성원을 성장시키고 삶을 풍요롭게 한다. 다음에서는 감사와 애정을 활성화하는 실천 전략을 살펴보고자 한다.

(1) 다이아몬드를 캐내라

감사와 애정의 아낌없는 표현은 가족생활을 개선하고 강화하기에 충분하다. 그러나 사람은 서로 인정하고 고마움을 표현하는 데 어려움을 겪는다. 다이아몬드를 캐내는 광부는 소량의 다이아몬드를 찾기 위해 수천 톤의 돌과 먼지 속에서 일한다. 비록 소량의 다이아몬드라 하더라도 수천 톤의 돌과 먼지 속에서 일한 수고를 갚고도 남을 만큼 가치 있다는 것을 알기 때문이다. 그러나 대부분의 가정은 이와 반대로 살고 있다. 다이아몬드는 다 쓸어내 버리고 먼지만 열심히 찾고 있는 것이다. 그러나 행복한 가정의 구성원들은 다이아몬드를 캐내는 전문가들이다. 그들은 서로에게서 좋은 점을 찾으려고 한다. 심리학자들은 '자기충족적 예언(self-fulfilling prophecies)'에 대해 이야기를 많이 한다. 인생에서 긍정적으로 생각할수록 얻는 것이 많다는 것이다. 가족에게서도 나쁜 점만을 찾는다면 불행한 삶만 보일 것이다. 그러나 가족에게서 좋은 점을 찾는다면 행복한 삶이 보일 것이다(제석봉, 박경 역, 2004: 91).

(2) 자녀에게 말로 확인시키라

가정 안에서 애정과 감사의 분위기를 조성하는 가장 좋은 방법은 자녀가 태어나는 날부터 그들이 가진 가치를 가르치는 것이다. 우리는 감사와 인정을 통해 자기존중감을 가르친다. 진정한 애정이 넘치는 가정으로 만들려면 자녀가 얼마나 사랑스럽고 특별한 존재인지 말로 확인시켜 주어야 한다.

> 우리가 살고 있는 순간순간은 과거에도 없었고 앞으로도 다시 없을 소중한 순간입니다. 그런데 우리는 학교에서 어린이에게 무엇을 가르칩니까? 우리는 어린이에게 둘 더하기 둘은 넷이라고 가르치고, 프랑스의 수도는 파리라고 가르칩니다. 그런데 어린이에게 어떤 사람이 될 것인지 가르치고 있습니까?
>
> 우리는 어린이에게 "너는 어떤 인물이 될지 알고 있니? 너는 경이로운 존재란다. 이 세상에 하나밖에 없는 특별한 존재야. 이 세상에는 너와 똑같은 사람은 단 한 사람도 없단다. 그리고 네 몸을 보렴. 얼마나 멋지니? 네 다리, 네 팔, 네 손가락, 네 동작 하나하나! 너는 셰익스피어도 될 수 있고 미켈란젤로도 될 수 있고, 베토벤도 될 수 있어. 너는 그 어떤 것이든 할 수 있는 능력을 가지고 있어."라고 가르쳐야 합니다(제석봉, 박경 역, 2004: 96).

(3) 자녀를 애정이 넘치고 감사할 줄 알도록 가르치라

좋은 가족이 가진 또 하나의 특징은 자녀에게 어릴 적부터 애정을 표현하는 법을 가르친다는 점이다. 아동은 부모를 모델로 삼아 타인에게 고마움을 표현하는 것을 배워 나간다. 이렇게 아동은 차츰 다른 사람들의 장점을 볼 줄 알고 이를 칭찬함으로써 안락감을 느끼는 토대를 구축해 나간다.

> 제가 아주 어렸을 때 우리 부모님은 저에게 메모장을 주셨어요. 전 부모님이 카드에 청개구리 그림이나 그리라는 줄 알았지만 감사 노트로 쓰라고 주신 것이었어요. 저는 선물을 받을 때마다 저에게 선물을 준 사람에게 감사 노트를 썼어요. 만약 친구의 부모님이 동물원이나 서커스에 데려가 주시면 노트에 꼭 적어요(제석봉, 박경 역, 2004: 97).

(4) 유머를 사용하며 즐기라

유머의 사용과 즐김은 애정과 감사 표현의 중요한 측면이다. 튼튼한 가족은 '긍정적'

으로 유머를 사용했다. 이런 가족은 함께하기를 즐기고, 잘 웃고 이야기하기를 좋아하며, 함께 놀기를 즐기고, 부드러운 유머로 애정을 표현했다. 그러나 상대방을 비꼬거나 깎아내리려는 유머는 사용하지 않았다. 부정적인 유머는 버리고, 따뜻하고 유쾌하고 재미있는 유머를 찾아야 한다. 중요한 것은 함께 웃는 것이고, 즐겁고 행복한 시간을 보내는 것이며, 아무리 사소한 것이라도 상대방을 깎아내리거나 수치스럽게 하는 말은 피해야 한다(제석봉, 박경 역, 2004: 99).

(5) 의도적으로라도 애정과 감사를 표현하라

가족 간에 정기적으로 감사와 애정을 표현하라는 법안을 통과시킬 수 있다면 우리의 삶은 한결 단순해질 것이다. 그러나 이것은 불가능한 일이다. 하지만 튼튼한 가족의 구성원은 감사와 애정의 표현을 촉진하는 방법을 안다.

> 결혼 후 첫 두 해 동안 남편은 기념일이나 내 생일을 잘 기억했어요. 하지만 이후엔 점점 희미해지기 시작했어요. 그가 세 번째 결혼기념일을 잊어버렸을 때 나는 매우 당황했고 밤새 울었어요. 그 후 몇 년 동안 남편은 기념일과 생일을 여러 번 잊었고, 나는 울고 화를 냈고 남편은 나중에 꽃이나 다른 선물을 들고 왔어요. 친구의 제안대로 나는 다른 방법을 써 보기로 했어요. 이젠 그날을 앞두면 특별한 이벤트에 관해 언질을 주기 시작하지요. 그냥 자연스럽고 장난기 어린 투로 "다음 주 우리 결혼기념일에는 새로 생긴 이탈리아 식당에 가는 게 좋을 것 같은데."라거나 "곧 다가올 내 생일에 아이들을 어머니께 맡기고 좀 색다른 일을 하면 어떨까?"라고 말을 걸죠. 내가 전술을 바꾼 후로 남편은 생일이나 기념일을 잊은 적이 없어요(제석봉, 박경 역, 2004: 100).

3) 긍정적 의사소통

건강가족은 좋은 의사소통 패턴을 가지고 있고, 서로 대화를 할 뿐 아니라 서로 경청해 주기 때문에 상호 존중을 표현할 수 있다. 좋은 의사소통은 가족으로 하여금 문제를 효율적으로 해결하게 하여 일상생활의 좌절을 잘 해결할 수 있도록 도와준다.

> (남편) 나는 일에 지쳐 있었어요. 해야 할 일은 산더미같이 쌓였고, 시간은 부족했습니

다. 하지만 집에 돌아오면 아내는 내 이야기를 듣고 차분히 현실을 일깨워 줄 뿐만 아니라 새로운 시각과 희망을 주곤 합니다.

　　(아내) 나의 생각과 포부와 꿈과 두려움까지도 남편과 나눌 수 있다는 것을 발견했습니다. 나는 진심으로 우리가 하나가 될 수 있는 둘이라고 느낍니다(제석봉, 박경 역, 2004: 113–114).

　가족끼리 긍정적인 의사소통을 많이 할수록 정신건강은 촉진될 수 있다. 자신의 생각과 감정을 나누면 다른 각도에서 볼 수 있는 여유가 생기고, 타인과 긍정적인 상호작용도 가능하다. 진실하고 상호작용적인 의사소통을 통해 상대방에게 수용되고 있다는 느낌을 가질 때 자신에 대한 좋은 이미지와 자기가치를 발견할 수 있다. 사랑은 말로 나누고, 존중과 수용을 통해 나누는 것이다. 다음에서는 좋은 의사소통을 위한 규칙을 구체적으로 살펴보고자 한다.

(1) 충분한 시간을 주라

　튼튼한 가족은 가족끼리 의사소통하는 데 많은 시간을 보낸다. 어떤 가족은 저녁식사 시간을 이용하여 그날 있었던 재미있는 일에 대해 이야기를 나누곤 한다. 또 어떤 가족은 구성원이 겪었던 일이나 문제나 관심사에 대해 이야기를 나누기 위해 특별한 시간을 정하거나 가족회의 시간을 갖기도 한다.

　　우리는 이것저것 어떤 것이든 이야기를 많이 나눕니다. 나누는 대화는 무슨 심오한 문제가 아닙니다. 이야기 내용은 대부분 그저 일상적이고 사소한 이야기이지만, 별것 아니더라도 서로 이야기 나누는 것을 즐깁니다. 한 가지 재미있는 것은 이런저런 이야기를 하다 보면 우리가 의논해야 할 필요가 있는 감정이나 가치와 같은 주요한 주제가 떠오른다는 사실입니다. 자녀들이 부모와 자동차나 테니스와 같은 사소한 문제를 이야기할 수 없다면, 어떻게 학교에서 일어난 약물 사고와 같은 큰 문제를 경청해 주리라 기대하겠습니까?(제석봉, 박경 역, 2004: 118)

(2) 경청하라

경청은 상대방을 따뜻하게 배려하고 존중한다는 메시지를 전달하기 때문에 관계를 강화해 준다. 튼튼한 가정에서는 '적극적 경청'을 통해 상호 이해를 증진시킨다. 적극적 경청이란 상대방의 말뿐 아니라 표정, 제스처, 목소리 톤까지 다 듣는다는 것을 의미한다.

(3) 이따금 점검해 보라

불명확한 메시지의 의미를 한 번씩 점검하는 것도 의사소통의 중요한 기법이다. "무슨 뜻으로 말씀하셨는지 잘 모르겠군요." "제가 이해하기로는 ~했는데, 맞는지 모르겠군요."라고 말함으로써 모호한 메시지의 의미를 분명하게 밝힐 수 있다.

(4) 상대방의 세계로 들어가 보라

우리는 각자 자기의 고유한 세계 안에서 살아간다. 아무도 인생을 똑같은 방법으로 바라보지 않는다. 사람이 상황을 바라보는 눈은 지금까지 살아온 과거의 경험, 자신이 가지고 있는 가치, 성격적 특징에 따라 다르다. 각자 다른 세계에서, 다른 각도에서 보기 때문이다. 의사소통을 잘하는 사람은 상대방의 세계에 들어가 상대방의 입장에서 볼 줄 아는 능력이 있다. 이것을 공감(empathy)이라고 부른다.

4) 함께 시간 보내기

건강한 가족은 서로 함께하는 시간을 진정으로 즐길 수 있는 가족이다. 가족이 시간을 함께하는 것은 저절로 되는 것이 아니라 미리 계획하고 조직할 필요가 있으며, 건강한 가족은 이를 능숙하게 해낸다.

> "가족을 행복하게 만드는 것은 무엇이라고 생각합니까?" 이 질문에 어린이들이 답한 지혜로운 대답은 우리를 놀라게 한다. 그들이 가장 우선으로 꼽은 것은 돈, 차, 좋은 집, 텔레비전이 아니라 '함께 보내는 것'이다(제석봉, 박경 역, 2004: 146).

가족과 함께 시간을 보낼 때 고독과 소외가 사라지고, 관계가 강화되며, 가족 정체성이 발달된다. 가족이 함께 시간을 보내면 행복한 추억을 만들 수 있다. 어린 시절의 소중한 감동이나 추억은 돈으로 살 수 없는 것이다. 아이에게는 부모가 선물이다. 가족이 함께 시간을 보내면 고립이나 고독이나 소외가 자리 잡을 틈이 없다. 튼튼한 가족은 나무나 아기가 자라듯이 관계를 발달시켜 나가야 한다는 사실을 거듭해서 강조한다. 그렇게 하지 않으면 관계는 성장하지 못한다. 좋은 가족은 함께 지내면서 관계를 강화해 나간다. 다음에서는 가족이 함께 보내는 시간의 특성에 대해 살펴보고자 한다.

(1) 시간의 양과 질

튼튼한 가족은 함께 지내는 시간의 양과 질이 다 중요하다는 사실을 강조한다. 함께 보내는 시간은 당연히 좋은 시간이어야 한다. 말다툼이나 논쟁으로 지내고 싶은 사람은 없을 것이다. 그리고 양도 충분해야 한다.

(2) 충분하지만 숨 막히지 않은 시간

튼튼한 가족은 함께 일하고, 놀며, 여행을 가고, 외식을 한다. 그러나 함께 보낸다고 해서 상대방을 숨 막히게 하지 않는다. 왜냐하면 개인마다 경계를 가지고 있기 때문이다. 개인은 집단 안에서 자신을 상실해서는 안 된다. 튼튼한 가족은 개성과 동질성 간의 균형을 유지한다. 튼튼한 가족은 어느 한쪽으로 치우치지 않고 균형을 유지할 줄 안다.

> 우리 가족은 함께하는 일도 많지만 모든 활동을 다 함께하는 것은 아닙니다. 저와 딸이 쇼핑을 가거나 아이들끼리 도서관을 가는 것도 함께하는 일이지요. 저와 남편은 둘이서 시간을 보내기도 합니다. 그때 아이들은 자기들끼리 놀지요. 우리 네 식구가 모두 함께하는 일도 있지만, 둘이나 셋이서 하는 일도 있습니다. 우리는 가족이 다 함께 지내려고 하지만, 두 사람씩—모녀, 부녀, 모자, 부부, 형제나 자매끼리—함께하는 것도 중요합니다(제석봉, 박경 역, 2004: 159).

(3) 계획적이지만 기계적이지 않은 시간

튼튼한 가족 구성원은 가족과 함께 시간을 보낼 때 삶이 더욱 풍요로워진다는 사실을 깨닫고 있다. 함께하는 시간을 계획하기도 하지만, 특별한 일이 없더라도 함께 시간 보내는 것을 걱정하지 않는다. 튼튼한 가족은 서로가 함께하는 것을 기뻐해서 서로에게 많은 시간을 투자한다.

부모가 되자 가족이 함께 보낼 시간이 저절로 생기는 것은 아니라는 것을 깨달았습니다. 함께 보낼 수 있는 시간은 계획해서 만들어야 합니다. 조심하지 않으면 각자 자기 일에 파묻혀 버리고 말 겁니다. 일주일에 하루를 가족의 날로 삼아 함께 보내기를 권합니다. 우리는 월요일을 가족의 날로 잡았습니다. 가족의 밤이 의례적이거나 지루한 시간이 되지 않도록 하기 위해서 다양한 일을 하려고 합니다(제석봉, 박경 역, 2004: 159).

5) 종교적 지향

흥미롭게도 건강가족은 높은 수준의 종교적 지향을 가진다고 지적되고 있는데, 이 종교적 지향은 단순히 교회나 절에 가는 것이나 종교 행사에 참여하는 것 이상을 의미한다. 스티넷 등은 많은 가족에게서 위대한 힘에 대한 인식이 목적과 강점에 대한 인식을 고취하는 것을 발견하였다. 또한 가족 관계의 측면에서 이런 인식은 가족 구성원 서로가 인내하고, 용서하며, 분노를 극복하고, 긍정적이며, 지지적이 되도록 돕는다.

튼튼한 가족은 '영성(spirituality)'과 '보다 높은 차원'에 대한 깊은 관심을 가지고 있었다. 비록 문화권이 다르더라도 전 세계의 튼튼한 가족은 외부의 어떤 초월적 힘을 느끼고 있었다(제석봉, 박경 역, 2004: 177). 튼튼한 가정을 건설하기 위해서는 영성적인 측면을 무시할 수 없다. 자신을 초월한 어떤 힘에 대한 믿음과 의지는 가족을 묶어 주고 튼튼하게 만드는 접착제와 같은 역할을 한다.

6) 스트레스와 위기 대처

우리는 매일 스트레스를 받으며 살아간다. 스트레스를 받으면 아드레날린이 분비되고, 혈압이 올라가며, 심장 박동이 빨라진다. 스트레스는 일상생활의 한 부분이기 때문에 그 심각한 결과를 무시하기 쉽다. 그러나 스트레스는 우리도 모르는 사이에 치명적인 영향을 미치기 때문에 '소리 없는 살인자'라 불리기도 한다. 건강한 가족은 일상생활에서 겪는 스트레스를 잘 관리해 나가는 법을 알고 있었다. 그들은 스트레스를 제거하지는 못해도 심신이 고갈될 정도로 방치하지는 않았다. 만성질병, 죽음, 해고, 화재, 이혼, 배우자의 부정, 지진, 파산 같은 것을 겪을 수도 있다. 나쁜 소식은 스트레스가 우리를 죽일 수도 있다는 것, 그것을 매일 겪어야 한다는 것, 그리고 그것으로부터 벗어날 수 없다는 점이다. 좋은 소식은 우리가 스트레스에 굴복당하지 않을 수 있다는 점이다. 우리는 스트레스에 대처할 여러 가지 행동을 취할 수 있다. 튼튼한 가정은 다음과 같은 스트레스 대처 전략을 성공적으로 활용한다.

(1) 균형 잡힌 시각으로 바라보라

스트레스를 최소화하기 위해 튼튼한 가족이 사용하는 가장 중요한 방법 중 하나는 균형 잡힌 시각으로 바라보고, 스트레스가 일상생활의 한 부분임을 깨닫는 것이다. 테일러(J. Talor)는 우울을 경험하지 않는 사람은 없다고 말했으며, 튼튼한 가족도 이를 인정한다. 나 혼자만 겪는 것이 아니라는 사실을 알면 용기가 생기고 이겨 낼 수 있는 힘이 생긴다.

> 누구에게나 어려운 시기가 있습니다. 주차위반 스티커가 붙고, 상사와 부딪치고, 교통이 막히고, 세탁기가 고장나고… 이러한 일을 경험하지 않는 사람이 어디 있겠습니까. 저는 어려움을 겪는 사람이 저 혼자가 아니고 수없이 많다는 생각을 합니다. 이러한 생각이 스트레스를 이겨 내는 데 도움이 됩니다(제석봉, 박경 역, 2004: 210).

(2) 자신보다 더 큰 것에 초점을 맞추라

사명감이나 목적을 갖거나 우리 자신보다 더 큰 것으로 눈을 돌릴 때 일상생활에서 받는 스트레스에 대처하는 데 도움이 될 수 있는 안정감이나 신뢰나 평온함을 얻을 수 있다.

(3) 한 번에 한 걸음씩

한꺼번에 많은 일에 시달리다 보면 몸과 마음이 지친다. 이렇게 지친 상태에 오래 놓여 있으면 쇠약해져 죽을 수도 있고, 가족에게 피해를 줄 수도 있다. 인간의 몸을 공격하려고 바이러스나 박테리아가 잠복하듯이, 이 세상에는 가족을 공격하는 것도 있다. 튼튼한 신체가 대부분 세균 침입을 막아 내듯이, 튼튼한 가족도 그것을 이겨 낸다. 일이 지나치게 많을 때는 한 번에 해야 할 일을 줄이는 것이 좋은 방법이 될 수 있다.

> 나는 내 일을 여러 부분으로 쪼개어 한 번에 한 가지씩만 합니다. 오직 그것 한 가지에

만 집중하고 나머지 것에 대해서는 신경 쓰지 않습니다. 이것이 압박감에서 벗어나는 좋은 방법입니다. 덤으로 한 가지 일이 끝날 때마다 성취감도 느낄 수 있고요(제석봉, 박경역, 2004: 217).

(4) 기분 전환과 재충전

우리는 몸과 마음과 정신을 이따금 재충전할 필요가 있다. 튼튼한 가족은 정기적으로 즐겁고 편안한 활동에 참여함으로써 휴식과 재충전을 추구한다.

우리는 일 년에 한두 번 정도는 '특별한 계획을 세우지 않고' 여행을 합니다. 그렇게 멀지 않은 장소를 택해서 애써 준비하지 않고 편안하게 떠납니다. 고속도로든 국도든 드라이브하기 좋은 곳으로 갑니다. 가다가 박물관에도 들리고, 지방의 특별한 상점이나 노점상에 들리기도 합니다(제석봉, 박경 역, 2004: 220).

3. '튼튼한 가족' 만들기

1) '튼튼한 가족' 만들기 실천 아이디어

스티넷 등은 튼튼한 가족 만들기를 위한 실천 아이디어를 구성 요소에 따라 각각 다음과 같이 제시한다.

(1) 헌신
- 정기적으로 가족 회의를 개최하여 가족 구성원들에게 "어떤 일을 하는가, 무엇이 필요한가, 우리 가족의 목표가 무엇인가?"를 물어본다.
- 헌신하고자 하는 마음을 다질 수 있도록 결혼서약을 다시 한다.
- 가족의 스케줄을 재조정한다.
- 부부 관계에 어떤 위험 신호는 없는지 이따금 점검한다.
- 함께 좋은 책을 읽는다.
- 가족 간의 헌신을 다룬 영화를 함께 보고 이야기를 나눈다.

(2) 감사와 애정의 표현

- 배우자 또는 가족 구성원에게서 좋아하는 점을 열 가지씩 적고 함께 읽는다.
- 부정적이고 비판적인 말을 긍정적인 말로 바꾸어 가정을 긍정적이고 즐거운 환경으로 만든다.
- 우리 자신이나 타인에게서 발견되는 흠에서도 긍정적인 면을 찾아 상황을 재정의해 본다.
- 감사를 표할 때 이를 고맙게 받아들임으로써 감사 표현을 촉진한다.
- 가족에게 하루에 하나씩 칭찬하는 것을 매일의 목표로 삼는다. 차트를 만들어 매일 칭찬한 목록을 정리해 둔다.
- 생일날 사랑의 편지를 쓴다.

(3) 긍정적 의사소통

- 매일 가족과 이야기하는 시간(15~30분 정도)을 마련해 본다.
- 자신의 의사소통 습관을 객관적인 입장에서 검토해 본다.
- 식사 시간을 대화의 장으로 삼는다. 모든 가족이 함께 모일 수 있는 시간을 정해 아침식사 때는 그날의 계획을 이야기하고, 저녁엔 그날 있었던 가장 재미있는 이야기를 나눈다.
- 가족의 의례나 전통(잠자기 전에 서로 안아 주기, 토요일 저녁에는 팝콘을 먹으며 게임하기, 매년 7월에 가족여행 가기, 특정 기념일에 부부끼리 호텔 같은 곳에서 보내기, 가족의 특별한 날에는 꽃을 보내기 등)을 세운다.
- 가족에게 있었던 재미있는 이야기나 가슴 뭉클한 사연들을 적어 가족의 일기나 잡지를 만들어 모아 둔다.
- 생일날에 축하하는 장면을 동영상으로 찍어 기념한다. 아이들이 좋아하거나 싫어하는 음식, 집안일, 과목을 질문하고, 좋아하는 옷을 입고 노래를 부르거나 동화책 읽는 모습 등을 찍어 보관한다.

(4) 함께 시간 보내기

- 눈을 감고 어린 시절을 돌이켜 보며 행복한 추억 여행을 떠난다.
- 아이들이 학교에서 돌아왔을 때 간식을 먹으며 이야기를 나눌 15분 정도의 시간을

마련한다.

- 가족에게 추억이 될 벽이나 방을 정해 사진, 기념품 등으로 장식한다. 이는 당신의 가족을 기념하는 것으로 가족의 정체성을 느낄 수 있게 해 줄 것이다.
- 가족의 상징이나 로고를 함께 디자인해 본다. 티셔츠나 재킷에 그것을 프린트해서 가족 티를 입어 본다.
- 가족 역사를 기록하거나 녹화해 둔다.
- 일대일 관계를 위한 기회(아버지는 아들과 영화를 본다, 엄마는 아이들과 요리를 한다. 아이들은 같이 컴퓨터 게임을 한다)를 계획한다. 이런 시간은 개별적 관계를 만들 수 있는 기회가 된다.

(5) 영성적 성장

- 매일 15분에서 30분 정도 기도와 묵상을 할 시간을 마련한다.
- 종교적 주제, 가치와 관련된 문제, 철학적 문제를 다루는 토론 그룹에 참여한다.
- 삶에서 가장 중요한 것이 무엇인지 함께 토의해 본다.
- 약점과 강점을 찾는다. 약점을 어떻게 고칠 것인지 계획을 짜 보고, 강점을 더욱 발달시킬 방법을 찾아본다.
- 개인으로나 가족 단위로 이웃을 위한 봉사에 시간과 돈과 정력을 투자한다.

(6) 스트레스와 위기 대처

- 생활상의 스트레스를 측정해 본다.
- 운동을 열심히 하고, 유머 감각을 키운다.
- 기분을 전환시켜 주거나 상쾌하게 만드는 취미를 갖는다.
- 텔레비전이나 영화 장면을 가족 대화의 촉매제로 삼아 다른 사람의 위기를 보고 가족과 "나 같으면 무엇을 할 수 있겠는가? 도와줄 사람은 누구인가?"에 대해 대화한다.

2) '튼튼한 가족' 만들기 행동 단계

(1) 행동 단계 1: 가족강점을 평가한다

'가족강점 척도'를 사용하여 자기 가족의 '강점(strength)'이 무엇인지 찾는다. 또한 성장이 필요한 부분과 고쳐야 할 점을 파악한다. 이 척도는 자기 가족이 이미 가지고 있는 강점을 발견하고, 앞으로 발달시켜 나가야 할 강점을 찾는 데 사용한다(가족강점 척도는 '부록 1' 참조).

(2) 행동 단계 2: 가족의 꿈을 펼쳐 본다

가족이 모두 모여 조용히 명상을 하면서 어떤 가족이 되기를 바라는지 이상적인 가족의 모습을 그려 본다. 그런 다음 가족 각자 돌아가며 자신이 내다본 아름다운 가정의 모습이 어떤 것인지 발표한다. 이때 어떤 말을 하든 따뜻하고 수용하는 자세로 들어 준다.

(3) 행동 단계 3: 구체적인 목표를 선정한다

가족이 모두 모여 꿈을 이야기하는 동안 가족이 이룰 수 있는 목표와 목록을 함께 작성한다. 이 목록 중에서 가족 모두가 동의하는 '열 가지' 목록을 작성한 다음, 그것을 달성할 날짜를 기입한다.

(4) 행동 단계 4: 가족 행동계획을 수립한다

가족 모두가 동의한 목표를 달성할 수 있는 행동계획을 수립한다. 예를 들어, '가족이 함께 모여 즐기는 것'이라는 목표를 정했다면 이를 위한 활동에는 어떤 것이 있는지 생각해 본다. 이때 브레인스토밍이 도움이 될 것이다. 가족행동계획을 이끌어 갈 '담당관'을 정하는 것도 좋은 방법이다.

(5) 행동 단계 5: 외부 자원을 활용한다

때로 외부 자원으로부터의 강화와 격려가 필요할 경우도 있다. 부부 성장, 자녀양육, 건강한 가족 만들기 등의 세미나나 강연이 있으면 가족이 함께 참여하면 도움이 될 것이다.

(6) 행동 단계 6: 충실하게 참여한다

튼튼한 가족 만들기는 '사건'이 아니라 계속 이어져야 할 '과정'이다. 따라서 이를 오랜 세월 동안 지속해 나가는 자세가 필요하다(제석봉, 박경 역, 2004: 254-258 참조).

제3절 건강가족 실천[1]

1. 가족생활교육

1) 가족생활교육의 개념

가족생활교육은 마치 강을 거꾸로 거슬러 올라가는 것과 같다. 문제가 발생하고 이로 인해 가족과 그 구성원이 고통받을 때까지 기다리는 대신, 가족생활교육은 가족과 구성원의 이슈에 대한 예방적·교육적·협력적 접근을 시도한다. 이와 같은 선제적 접근은 문제를 예방하고 잠재력을 발휘시키는 효과가 있다. 가족생활교육은 다양한 이슈, 관심사와 상황에 대해서 다양한 청중을 목표로 다양한 세팅에서 실시될 수 있다.

가족생활교육에 대한 개념 정의는 지난 50여 년간 논란이 되어 왔다. 이는 가족생활교육 실천의 내용, 목적, 청중, 초점, 타이밍 등에 있어서 의견의 차이를 보였다. 최근의 개념 정의를 중심으로 살펴보면 다음과 같다.

> 가족생활교육은 개인과 가족 이슈에 대한 예방적 및 교육적 접근을 통합한다. 가족생활교육은 의사소통 기술, 갈등해결, 관계기술, 부모교육, 결혼교육, 의사결정 그리고 일상생활에서 오는 스트레스에 대처하도록 돕는 기술과 지식과 같은 영역들을 포함한다(Boyd, Hibbard, & Knapp, 2001; Darling, Cassidy, & Powell, 2014: 7 재인용).

> 예방적, 가족체계 관점 내에서 개인과 가족이 최적의 수준에서 기능하기 위한 지식을

---

[1] 가족생활교육의 내용은 Darling, Cassidy, & Powell (2014). *Family Life Education: Working with Families across the Lifespan*(3rd ed.)를 토대로 작성되었다.

배우고 기술을 습득할 수 있도록 예방적, 가족체계 관점에서 건강한 가족발달(healthy family development)에 관한 정보를 활용하는 것(NCFR, n.d.; Darling, Cassidy, & Powell, 2014: 7 재인용)

아커스 등(Arcus et al.)은 가족생활교육의 목표 혹은 타당성을 다음의 세 가지로 좁혔다. 첫째, 가족에게 영향을 미치는 문제를 다룬다. 둘째, 문제를 예방한다. 그리고 셋째, 개인과 가족을 위한 잠재력을 발달시킨다. 다른 말로 하면, 가족생활교육은 개인과 가족의 안녕을 강화하고 향상시키기 위해 고안된 과정이다. 가족생활교육에 대한 문헌을 광범위하게 검토한 후, 아커스 등은 가족생활교육을 다음과 같이 규정했다(Arcus et al., 1993: 12: Darling, Cassidy, & Powell, 2014: 8 재인용).

- 생애주기에 걸친 개인과 가족에 관련된다.
- 개인과 가족의 욕구를 토대로 한다.
- 이의 실천은 영역과 전문가의 측면에서 다학제적이다.
- 여러 다른 세팅에서 제공된다.
- 치료적 접근이라기보다는 교육적 접근이다.
- 서로 다른 가족가치를 인정하고 존중한다.
- 가족생활교육의 목적을 인지하는 자질을 갖춘 교육자를 필요로 한다.

가족생활교육의 개념을 정의하고 이에 대한 합의점을 찾고자 하는 노력들이 지속되면서 점차 명확해지고 있다. 엄격한 의미에서 개념 정의라고 할 수는 없지만, 전국가족관계협의(the National Council on Family Relations: NCFR)의 웹사이트는 가족생활교육에 대한 목적과 내용에 대해 다음과 같이 집약해 준다.

가족생활교육은 가족체계관점에서 건강한 가족 기능에 초점을 두며, 일차석으로 예방적 접근을 제공한다. 건강한 기능에 필요한 기술과 지식—효과적인 의사소통 기술, 전형적인 인간발달에 대한 지식, 좋은 의사결정 기술, 긍정적 자아존중감 그리고 건강한 대인관계—은 널리 알려져 있다. 가족생활교육의 목적은 개인과 가족이 최적으로 기능할 수 있도록 가르치고 육성하는 데 있다(NCFR, n.d.; Darling, Cassidy & Powell, 2014: 8 재인용).

2) 가족생활교육의 내용

가족생활교육의 내용은 평생발달적 접근방법, 주제중심적 접근방법 및 통합적 접근
방법에 따라 구분되기도 한다. 이 중에서 통합적 접근은 가족발달단계 접근과 주제중
심적 접근을 통합하여 각 가족생활주기에서 학습되어야 할 지식, 태도, 기술과 성취 개
념을 제시한다(김희성 외, 2013: 23). 〈표 6–2〉는 일반적으로 가족에게 각 발달단계에서
제공될 수 있는 가족생활교육의 내용을 보여 준다.

표 6–2 가족생활교육 내용

단계	일반영역 중심주제 내용	
미혼기	• 결혼준비 교육 −건강한 자아상 확립 −자아분화, 가족분화 −이성교제 −배우자 선택 −혼전 성교육	• 의사소통 교육 −말하기 −듣기 −갈등해결하기
신혼기	• 신혼생활 적응교육 −성격적응 −성 역할 및 가사분담 −부부대화 패턴 • 부부교육 −부부권력 및 의사결정 −사랑의 기술 −대화기술	• 성교육 −배우자의 성 이해 −성 가치관 및 태도 −가족계획 • 결혼과 직업 −맞벌이가족의 이해 −역할분담 및 가사분담 −직장 일과 가정 일의 조화 • 고부교육 −시가−처가의 관계
자녀아동기	• 부부교육 −부부권력 및 의사결정 • 아동기 부모교육 −의사소통(부부, 자녀)	• 아동기 자녀교육 −가족규칙 −자녀훈육 • 가족놀이 교육 −친밀감 형성 −원만한 대인관계

자녀청년기	• 부부교육 －육체적 변화 －심리적 변화 －정체성 재확립 • 청소년기 부모교육 －의사소통(부부, 청소년 자녀)	• 청소년기 자녀교육 －가족규칙 －또래집단 압력 －정체성 확립 • 청소년기 성교육 －신체 및 심리 변화 이해 －청소년기 성 이해 －이성교제
중년기	• 중년기 부부교육 －중년의 위기대처방법 －빈 둥지 증후군 －삶의 재평가(개인, 가족, 직업) －부부 의사소통	• 중년기 부부 성교육 －갱년기 적응 －성장애 • 은퇴준비 교육 －지역봉사 －여가활동
노년기	• 은퇴생활 적응교육 －인생은 60부터 －건강한 자아상 확립 • 치매교육 －치매증후 및 예방 －가족 스트레스 대처방법 －자녀와의 대화	• 죽음준비 교육 －남기고 싶은 이야기 －유서 작성 －죽음에 대한 두려움 해소

출처: 송정아(1995), p. 14; 김희성 외(2013), pp. 23-25에서 재인용.

3) 가족생활교육의 구성

(1) 프로그램 참여자의 욕구 규명하기

가족생활교육은 생활주기에 걸쳐 다양하게 이루어진다. 예를 들어, 갓 태어난 아기 돌보기를 배우기를 원하는 부모, 청소년을 위한 성교육, 진로 선택을 돕기 위한 대학생 교육, 의사소통과 갈등해결 기술을 배우고자 하는 신혼부부 혹은 은퇴를 준비하는 노인이 대상이 될 수 있다. 가족생활교육을 실시하려면, 프로그램 기획자 또는 교육자는 참여자에 대해 알아야 한다. 이를 위해서는 프로그램에 참여할 대상의 배경, 욕구, 관심 및 목적뿐 아니라 지역사회의 인구학적 자료에 대한 지식이 유용할 것이다(Darling et al., 2014: 60).

(2) 가족생활교육 프로그램의 세팅

가족생활교육은 다양한 세팅에서 이루어지고 있을 뿐 아니라 앞으로 더욱 확장될 것이다. 이는 가족생활교육에 있어서 도전이기도 하고 기회이기도 하다. 가족생활교육에는 대표적으로 교육 세팅, 지역사회 기반 세팅, 기업체와 같은 사적 영역, 정부와 군대 세팅, 의료보호 세팅 등이 있다. 교육 세팅에 따라 기대효과와 한계에 다소 차이가 있다(Darling et al., 2014: 94-112).

2. 가족상담

가족생활교육이 건강한 가족을 육성하고 문제를 미연에 예방하기 위한 접근이라면, 가족상담은 가족에게 문제, 특히 가족관계에 문제가 발생하였을 때 이를 가족에 대한 상담을 통해 회복시키고자 하는 접근법이다. 가족상담에 적용할 수 있는 치료적 모델은 매우 다양하며, 이들은 흔히 가족치료 모델로 알려져 있다. 가족치료 초기의 대표적 모델에는 다세대 가족치료, 구조적 가족치료, 경험적 가족치료, 전략적 가족치료 등이 있으며, 후기모델에는 포스트모더니즘과 구성주의의 영향을 받은 해결중심 가족치료와 이야기 치료 등이 있다. 그 외에도 가족이나 부부를 대상으로[2] 하는 다양한 치료모델들이 개발되어 왔다. 이 절에서는 가족을 체계로서 접근하는 가족치료 모델을 중심으로 살펴보고자 한다. 가족치료 모델을 자세히 살펴보는 것은 이 책의 범위를 넘어서므로 여기에서는 체계로서의 가족이 가지는 문제의 원인이 무엇이라고 보는지, 그리고 이를 회복시키기 위해 어떤 개입을 하는지 등 핵심적 개념을 중심으로 살펴보고자 한다.

1) 다세대 가족치료

다세대 가족치료는 일반체계 이론과 자연체계 이론을 바탕으로 가족을 하나의 체계로 보고 체계 안에서의 개인의 변화를 도모하고자 하는 이론이다. 다세대 가족치료는 핵가족체계를 넘어서 3세대 이상의 가족 구조와 관계를 파악한다(한재희 외, 2013:109).

---

2) 부부를 대상으로 하는 치료모델의 대표적인 것은 정서중심 부부치료와 가트만의 부부상담 등이 있다.

가족상담 분야뿐 아니라 사회복지실천 분야에서 가장 기본적인 사정도구로 알려져 있는 가계도(genogram)는 보웬 이론에 기반을 둔 것이다.

(1) 이론적 배경

보웬은 1940년대 후반 메닝거 클리닉에서 수련을 받으면서 조현병 환자와 어머니의 정서적 관계에 대해 관심을 가지고 이들 간의 불안애착인 '모자공생'[3] 현상을 발견하였다. 점차 연구 단위와 치료에 어머니뿐만 아니라 아버지까지 포함시키면서 정서적 유대가 전체 가족에 관련되고 있음을 발견하였다. 그 후 수십년 동안 보웬은 다세대 가족치료 이론을 발달시켰다(정문자 외, 2018: 138-139).

보웬 이론의 배경에는 체계 이론이 있다. 체계 이론에서 "전체는 부분의 합 이상이다."는 가장 핵심적 개념이다. 보웬은 가족이 하나의 정서적 체계이며, 이에 따라 가족 구성원의 행동이나 정서는 독립적으로 만들어진다기보다는 서로 얽혀진 관계 속에서 만들어진다고 간주한다. 또한 가족은 홀로 존재하는 것이 아니라 더 큰 상위체계와의 관계를 고려해야 한다. 예를 들어, 남녀의 결혼으로 부부체계가 형성된다. 이들의 확대가족은 상위체계가 되며, 자녀를 낳으면 자녀체계라는 하위체계가 형성된다(서진숙, 2013: 110).

그리고 보웬의 이론은 다윈의 진화론의 영향을 받았다. 자연체계에서 각 유기체들은 상호보완적 관계에서 생존해 나간다. 자연체계에서 생존은 '존재가 없어지거나 공격받을 수 있다는 불안'을 내재하고 있다. 흥미롭게도 보웬 이론에서 불안은 동물적인 생존 본능에서 비롯된 것이며, 자연체계의 모든 유기체가 느끼는 보편적인 현상이다(서진숙, 2013: 111). 〈표 6-3〉의 사례에서 보는 것처럼, 불안은 정서적 체계로서의 가족과 그 구성원에게 커다란 영향을 미칠 수 있다.

또 다른 진화론의 영향에서 개별성과 연합성 개념이 나왔다. 연합성(togetherness)은 가족 안에서 구성원들을 자동적 · 본능적으로 끌어당기고 함께할 것을 요구한다. 연합성은 가족 구성원이 '지나치게' 자기 자신이 되고자 할 때 가족 안으로 끌어당기는 힘이다. 이는 "너 자신보다 우리를 위해라. 혹은 우리가 생각하는 대로 생각하라."와 같은

---

3) 모자공생이란 어머니와 조현병 자녀가 서로에 대한 정서적 개입이 지나쳐서 별개의 두 사람이 아닌, 하나의 존재로 간주될 정도로 강한 정서애착을 갖고 있는 상태를 의미한다(Bowen, 1978; 정문자 외, 2018: 138)

표 6-3	불안이 가족에게 미치는 영향

내가 열두 살 때 어머니는 자궁암 말기라는 진단을 받았다. 1950년대였던 그 당시 아이들에게는 이런 고통스런 사실을 비밀로 하거나 쉬쉬하였다. 어머니가 죽어 가고 있다는 것이 명백한데도 아무도 어머니의 병을 알려 주지 않았다. 우리 가족의 불안이 점점 커져 갔지만, 불안의 근원은 감추어져 있었고 '암'이라는 말은 언급조차 되지 않았다.

그 당시 버나드 대학 1학년이었던 언니는 브루클린과 맨해튼 사이를 지하철로 매일 세 시간 걸려 왕복했으며, 집에 돌아와서는 모든 집안일을 준비하고 돌보았다. 음식을 만들고 청소를 하고 아무런 불평 없이 완벽하게 모든 일을 해냈다. 언니는 두렵고, 약해지며, 짜증스럽거나, 불행하다는 느낌을 자신에게조차 숨겼다. 반면, 나는 이런 감정을 가족 모두에게 표현하였다. 언니가 착한 만큼 나는 못되게 굴었는데, 옷을 사 달라고 억지를 부린다거나, 언니가 청소하고 정리하기 무섭게 물건을 어지럽혀 놓곤 하였다. 나는 학교에서 제멋대로 행동하였고, 부모님은 내가 결코 '쓸모 있는 사람'이 될 수 없을 거라는 말을 들을 정도였다.

이 사례는 뛰어난 임상심리 전문가이면서 보웬 이론을 토대로 상담을 하는 해리엇 러너가 불안이 가족에게 미치는 영향을 보여 주기 위해서 자신의 경험을 이야기한 것이다. 이는 불안에 직면하여 가족 내에서 나타날 수 있는 여러 패턴 중에서 과대기능(overfunctioning)과 과소기능(underfunctioning)의 상호작용이 발생한 것을 보여 준다.

출처: 박태영, 김현경 역(2004), pp. 49-50.

메시지를 준다(김경 역, 2018: 21). 반면, 개별성은 가족 구성원이 자기 자신이 되고자 하는 힘이다. 예를 들어, 개별성은 당신에게 "자기 자신이 되어라. 가족에 꼭 사로잡히지 말아라."라고 말한다(김경 역, 2018: 44). 가족체계가 건강하게 생존하기 위해서는 개별성과 연합성의 조화가 필요하다. 지나치게 개별성만 강조하면 위기상황에 대처하는 능력이 부족하며, 반대로 연합성만 강조하면 가족 구성원 개인의 고유한 능력과 자질을 발휘하지 못하게 된다.

(2) 주요 개념

보웬의 이론은 8개의 상호 연관된 개념으로 구성되어 있다. 이 개념들은 기본적으로 핵가족과 확대가족에서 일어나는 정서적 과정을 설명하고 있으나, 이 개념은 사회로까지 확장되었다. 여덟 가지 개념에는 자아분화, 삼각관계, 핵가족 정서체계, 가족투사 과정, 정서적 단절, 다세대 전수과정, 형제자매 위치, 사회적 정서과정이 있다. 여기에서는 이 개념들을 모두 설명하지 않고 건강가족에 초점을 두고 핵심 개념을 중심으로 살펴보고자 한다.

① 자아분화

다세대 가족치료에서 가장 중요한 개념은 자아분화(differentiation of self)다. 자아분화란 정서적인 부담이나 스트레스를 주는 문제가 생겼을 때 불안에 자동적으로 반응하지 않는 것을 의미한다. 프리드먼은 자아분화란 자신의 반응성(reactivity)을 조절할 수 있는 능력이라고 하였다(Friedman, 1993; 한재희 외, 2013: 113에서 재인용).

과도하게 방어적인 사람은 원가족과의 정서적 단절을, 그리고 과도하게 맹목적인 사람은 원가족과 정서적으로 융합된다. 개별성과 연합성의 개념에서 보면 두 에너지가 조화를 이룬 것이 자아분화 수준이 높은 것이다. 자아분화가 잘못 이해되는 경우도 있다. 예를 들어, 자아분화 수준을 높이는 것이 마치 가족과 물리적·정서적 단절을 이루거나 독립적으로 사는 것이라고 생각하는 것이다. 진정한 자아분화는 '나'도 희생하지 않고 '타인'도 희생시키지 않으면서 가족관계를 형성해 나가는 것이다. 다르게 말하면, 개별성과 연합성이 균형을 이루어서 가족 구성원과 친밀하면서도 나 자신으로 살아가는 것이 진정으로 자아분화가 높은 것이다(한재희 외, 2013: 115).

자아분화와 관련해서, 앞서 〈표 6-3〉의 사례에서 설명한 과대기능과 과소기능을 살펴볼 수 있다. 과대기능과 과소기능을 하는 구성원은 자아분화 수준이 높지 않다는 공통점을 가지나, 외적으로 드러나는 정서와 행동양식은 상반된다. 과대기능을 하는 구성원은 다른 사람의 기대를 충족시키기 위해 부지런히 움직이고 아낌없이 희생하기도 한다. 반면, 과소기능을 하는 구성원은 문제를 일으키는 경우가 많다. 과대기능과 과소기능은 대개 짝을 지어 나타나는 경우가 많은데, 예를 들어 집안에서 아버지가 과소기능을 하면 어머니는 과대기능을 하면서 힘들어하고 푸념을 한다. 과대기능이건 과소기능이건 환경적인 요구를 위협으로 받아들여 불안해하고 그 불안에 각기 다른 반응적 행동을 일으키는 것이다(한재희 외, 2013: 115-116). 자아분화 수준이 높아지면 이런 과대기능 또는 과소기능에서 벗어날 수 있다.

② 삼각관계

삼각관계는 보웬 이론의 핵심 개념이며, 일상생활 대화에서도 널리 쓰이고 있다. 이 개념은 가족 내 불안과 긴장을 해소하기 위해 만들어지는 삼인체계의 정서적 역동을 의미한다. 이인관계가 불안정해지면서 불안이 증가하면 긴장을 해소하는 방법으로 삼각관계가 형성된다. 불안정한 이인관계에서 제삼자를 끌어들여 삼각관계가 형성되면,

> **표 6-4** 삼각관계
>
> "내가 랍과 결혼한 후 시어머니 셜리 때문에 몹시 고통스러웠어요"라고 줄리는 말했다. 줄리는 시어머니 셜리가 괴팍하며, 결혼으로 외아들을 '잃어버린' 후 성품이 더 나빠졌으며 지나치게 참견한다고 말했다. 줄리와 랍이 결혼한 지 1년이 지나가기도 전에, 줄리와 시어머니는 서로를 불신했고 양립할 수 없었다. 줄리는 남편에게 뿐 아니라 모든 사람에게 시어머니를 비난했다.
>
> 이것은 전형적인 '고부간의 삼각관계'이다. 줄리와 랍의 부부 관계가 안정을 구축하지 못하고, 아들, 며느리, 시어머니의 삼각관계가 형성되었다. 사실 랍과 어머니의 관계도 문제가 있었지만, 그 불편함이 줄리와 시어머니에게로 우회하였기 조용히 유지될 수 있었다.
>
> 딸 에마가 태어나자 다른 삼각관계가 만들어졌다. 아버지가 된 랍은 불안감으로 일에 몰두하였다. 줄리는 부부간의 친밀감 부족과 남편과 시어머니 사이에서의 소외감으로 인해 딸 에마와 밀착된 관계를 형성하였다. 심지어 에마조차도 삼각관계의 적극적 참여자라고 할 수 있다. 에마는 성장하면서 엄마의 불행을 레이더 같은 감지력으로 알아채고, 엄마의 텅빈 마음을 채웠다. 이는 에마 양육을 둘러싸고 엄마 줄리, 시어머니 셜리 그리고 에마가 포함된 삼각관계로 발전하였다.

출처: 박태영, 김현경 역(2004), pp. 190-193.

이인관계의 불안이 감소된다. 보웬은 삼각관계를 가장 적은 안정적 관계 체계라고 하였다.

〈표 6-4〉의 사례는 부부가 결혼한 후 전형적인 고부간의 삼각관계가 형성되고, 딸이 태어난 후 부모와 딸의 삼각관계가 형성되는 등 삼각관계가 지속적으로 만들어지는 것을 보여 준다. 이 사례에서 며느리 줄리는 삼각관계에서 벗어날 수 있을까? 예를 들어, 그녀가 시어머니와 차분하고 진심어린 관계를 맺는 방법을 배우게 되고, 남편 랍에게 어머니를 비난하지 않게 되었다면 어떻게 되었을까? 그리고 줄리가 시어머니와 에마의 양육을 둘러싼 갈등을 멈추고 감정적인 반응을 하는 대신 여유를 가지고 시어머니에게 반응을 하고 시어머니의 양육경험을 나누게 되었다면 어떻게 되었을까? 이러

[그림 6-2] **삼각관계로의 이동과정**

한 새로운 반응방식은 삼각관계에 변화를 가져오게 될 것이다. 아들 랍과 어머니 셜리 사이의 갈등이 표면화되고 랍과 줄리의 부부 문제도 분명해져서, 이를 다룰 수 있는 기회가 생길 것이다. 그리고 에마는 삼각관계의 부정적 영향에서 벗어나 자신의 성장에 에너지를 집중할 수 있을 것이다(박태영, 김현경 역, 2004: 195-197).

③ 다세대 전수과정

보웬은 조현병을 비롯한 개인과 핵가족의 적응력 손상이 다세대 전수과정의 결과로

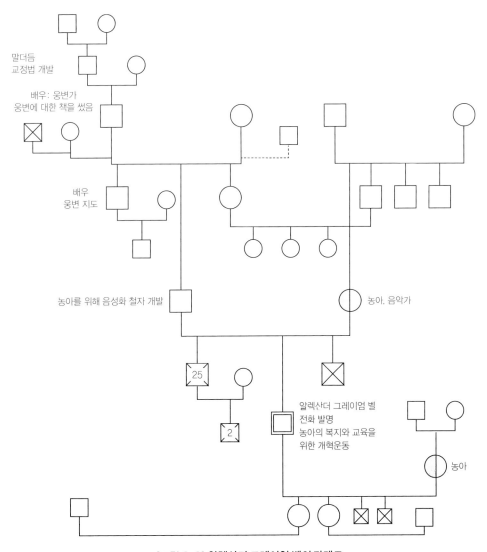

[그림 6-3] **알렉산더 그레이엄 벨의 가계도**

출처: McGoldrick, Gerson, & Shellenverger (2005), p. 154; 정문자 외(2018), p. 175에서 재인용.

발생한다고 보았다. 분화수준이 낮은 두 사람이 결혼하고, 투사의 결과로 부부보다 분화수준이 더 낮은 자녀가 발생하는 과정이 여러 세대에 걸쳐 반복되면 조현병과 같은 역기능을 유발하는 수준에 이르게 된다는 것이다(정문자 외, 2018: 156).

최근에 와서 건강한 정세체계의 다세대 전수과정에도 관심을 가져야 할 필요성이 제기되고 있다. [그림 6-3]은 전화를 발명하여 유명한 알렉산더 그레이엄 벨의 가계도다. 이 가계도는 세대를 걸쳐 내려오면서 이 집안의 농아문제에 대한 노력을 살펴볼 수 있다. 이처럼 가계도는 세대를 걸쳐 내려오는 자질, 능력, 헌신적 노력, 강점 등을 규명하는 데 적극 활용될 수 있다.

2) 구조적 가족치료

가족 구성원의 상호작용을 관찰하면 일정한 패턴이 있다. 구조적 가족치료에서는 가족의 상호작용 패턴을 가족 구조의 개념으로 설명한다(정문자 외, 2018: 219). 구조적 가족치료는 가족 구조가 바뀌었을 때 각 구성원의 삶 역시 바뀐다는 가설을 바탕으로 한다(오제은 역, 2013: 73).

흥미롭게도 초기 가족치료 모델의 일부는 치료자 자신의 성장배경이나 치료과정에서의 경험에서 영향을 받았다. 미누친(Salvador Minuchin)은 가족을 연구하면서, 가족의 행동은 일정한 패턴을 따른다는 사실을 깨닫게 되었다. 미누친은 신체구조가 유기체의 생물학적 기능의 토대가 되는 것처럼, 가족도 인간의 몸과 마찬가지로 가족 구조를 가진다는 개념을 발달시켰다(오제은 역, 2013: 78-79). 그에 따르면, 우리가 인식하든 인식하지 못하든 간에 가족은 우리의 삶을 지배하는 구조적인 패턴을 갖고 있다(오제은 역, 2013: 108). 구조적 가족치료는 가족 구조의 개념을 중심으로 하위체계, 경계선, 위계구조 등의 개념을 제시함으로써 무엇이 기능적 가족이며 또는 역기능적 가족인지에 대한 명확한 지도(map)를 제공한다(정문자 외, 2018: 219). 이런 점에서 구조적 가족치료는 체계 이론의 개념을 가장 직접적으로 적용하고 있다.

(1) 이론적 배경

미누친은 유럽에서 아르헨티나로 이민을 간 유태인 부모의 세 자녀 중 장남으로 태어나 성장하였다. 미누친은 마치 한국 농촌의 집성촌을 연상시키는 아르헨티나 농촌

지역의 유대인 마을에서 성장하였다. 그의 성장과정은 가족 구조, 하위체계, 위계구조, 경계선에 대한 개념의 단초를 엿볼 수 있어 흥미롭다.

미누친은 아르헨티나에서 의과대학 훈련을 받은 후 미국으로 건너가 소아정신과 훈련을 받았다. 그 후 이스라엘에 가서 유태인 가족을 돕는 일을 하다가, 1954년 미국으로 돌아가 정신분석 훈련을 받고 정신과 의사가 되었으며, 뉴욕 근교 윌트윅 비행청소년 기숙학교에서 일하게 되었다. 이런 과정에서 미누친은 비행청소년 개인뿐 아니라 청소년을 둘러싼 가족과 사회적 맥락을 변화시켜야 할 필요성을 느끼고 가족의 구조를 바꾸기 위한 개입을 개발하는 데 주력하였다. 그는 1965년 필라델피아 아동지도 클리닉의 소장이 되었고, 1996년 은퇴할 때까지 수십 년 동안 구조적 가족치료 모델을 발전시켰다. 그는 2007년 심리치료 네트워커의 조사에서 지난 25년 동안 심리치료 관련 전문가 2,600여 명 가운데 가장 영향력 있는 10명 중 한 명으로 선정되었다(www. psychotherapynetworker.org; 정문자 외, 2018: 220에서 인용 및 재인용).

표 6-5 미누친의 성장과정

그 지역에는 사람들이 여섯 구획 안에 살았는데, 그중 1/4이 유대인이었다. 나는 그 여섯 구획 안의 모든 사람을 알았고, 그들 또한 나를 알고 있었다. 왼쪽으로 우리 이웃에는 내 사촌 폴리나가 살고 있었다. 그들의 집과 길모퉁이 사이에는 엘리아스 삼촌의 약국이 위치해 있었다. 우리 집의 오른쪽으로는 에스터 고모와 이삭 고모부가 철물점을 운영하고 있었다.

나는 삼 남매 중 맏이다. 아버지는 지역에서 영향력을 가졌고, 근면 성실하여 성공한 분이었다. 어머니는 정성을 다해 아버지를 내조하였다. "조용히 해라. 아버지가 주무시잖니…. 아버지가 식사하시잖아…." 어머니는 아버지의 생활이 체계적으로 움직이는 작은 세상이 될 수 있도록 해 주는 감독관이었다.

부모님이 부부로서 가졌던 강점은 서로가 서로를 필요로 했으며, 각자의 영역이 분명하다는 데 있었다. 그들은 전통적인 역할, 즉 생계를 유지하고, 아내와 자녀들의 존경을 받는 아버지로서의 역할과 중요한 양육자인 어머니로서의 역할에 만족해했다. 내 생각에 어머니는 당신 인생의 첫 번째 목표를 아버지를 보좌하는 일에, 그 다음으로는 자식들을 보호하는 일에 두셨다. 가족 내에서의 위계질서와 상호의존성은 내 성장의 밑바탕이 되었다. 내 치료방법 역시 부분적으로 그 시절의 유대인촌에서의 생각에 기인하고 있다. 이런 출발로부터 대가족과 핵가족, 가족의 하위체계와 그 경계에 대한 연구가 가능해졌다.

출처: 오제은 역(2013), pp. 33-49.

(2) 주요 개념

① 가족 구조

가족 구조는 눈에 보이지는 않으나 가족의 상호작용을 조직화하는 비유이다. 가족 구조란 반복적이고 체계화되어 있어서 예측할 수 있는 가족의 행동양식이다. 가족의 상호작용 패턴을 관찰하면, 누가, 언제, 어떻게, 누구와, 얼마나 자주 관계를 맺는지, 그리고 그들의 관계는 얼마나 친밀한지를 파악할 수 있다(정문자 외, 2018: 223).

미누친은 하나의 구조로서의 가족체계의 개념을 설명하기 위해 지도를 그리는 방법을 개발하였다. 예를 들어, [그림 6-4]에서는 강한 결속력을 보이는 어머니와 아들의 관계는 둘 사이에 다중선으로 나타내고 이 두 사람이 아버지에 대해서는 배타적임을 보여 준다.

$$M \equiv\!\!\equiv\!\!\equiv S$$
$$\overline{\qquad F \qquad}$$

[그림 6-4] **가족의 지도**

출처: 오제은 역(2013), p. 82.

이혼했거나 사별한 배우자가 재혼을 하게 된 경우, 구조적 적응을 필요로 하는 큰 변화가 발생한다. 재혼가족은 새로운 경계선에 적응할 필요가 있으며, 변화에 따른 갈등을 경험할 수 있다. 이혼 후 이미니가 자녀를 양육하게 되면, 자녀들은 아버지(이혼한 남편)와 분리되면서도 아버지와의 접촉이 지속되는 것을 허용하는 경계선이 설정되고, 이에 적응해야 하는 과제가 발생한다. 그 후 어머니가 재혼을 하게 되면, [그림 6-5]에서 보는 바와 같이 가족지도는 가족 구조에 어떤 변화가 필요한지를 간결하면서 명쾌하게 보여 준다. 즉, 자녀들은 계부와 살아가면서 친부와의 관계도 지속해 나가야 할 것이다(김영애 역, 2015: 217-218).

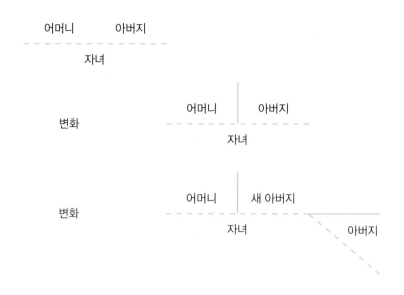

[그림 6-5] 이혼과 재혼

출처: 김영애 역(2015), p. 217.

② 하위체계

체계로서의 가족에는 하위체계가 존재한다. 개인도 가족의 하위체계다. 부부, 어머니와 딸, 아버지와 아들과 같이 2인 하위체계도 있다. 가족은 하위체계들이 제 기능을 수행해야 건강성을 유지할 수 있다. 미누친은 부부, 부모, 부모-자녀, 형제자매 하위체계가 제대로 기능하도록 돕는 데 많은 관심을 가졌다(정문자 외, 2018: 224 참조).

가족의 가장 대표적인 하위체계는 부부, 부모-자녀 그리고 형제자매 하위체계이다. 부부 하위체계는 가족의 기초가 되는 하위체계이다. 부부가 함께 의사결정을 하고 갈등을 관리하며, 가족의 미래를 계획하고 부부간의 친밀감을 보여 주는 방식은 부부 하위체계의 건강한 토대가 될 뿐 아니라, 장차 자녀가 그들의 배우자와 어떤 관계를 맺어 나갈 것인지에 까지 영향을 미친다. 그리고 부모-자녀 하위체계는 아동에게 양육, 지도·감독, 한계 설정과 사회화 등의 기능을 수행한다. 한편, 형제자매 하위체계를 통해서 아동은 타협, 협동, 경쟁, 상호지지 등을 발달시키게 된다(Goldenberg & Goldenberg, 1998: 28-30; 이원숙, 2016: 48-49).

③ 경계선

가족체계에서 경계는 누가 구성원인지 여부를 결정짓는다. 흔히 부모와 그 자녀들이 가족체계의 구성원이지만, 경우에 따라 조부모가 포함될 수도 있다. 최근 애완동물을 키우는 가정이 많아지면서 애완동물이 가족 구성원으로 간주되기도 한다. 그리고 경계는 가족과 외부세계를 구분 짓기도 하지만 체계 내에서 하위체계를 구분해 주기도 한다. 예를 들어, 경계는 배우자 하위체계와 형제자매 하위체계를 구분해 준다. 경계는 하위체계의 구성원들이 불필요한 간섭 없이 기능을 수행할 수 있도록 분명하게 설정되어야 하며, 다른 하위체계의 구성원들과의 충분한 접촉이 허용될 만큼 개방되어야 한다. 부모-자녀의 분명하면서도 융통성 있는 경계는 친밀감을 허용하면서도 개별성을

표 6-6 미누친의 부부 하위체계의 기능과 경계에 대한 탐색

부모는 아이들을 다루느라 정신이 없었기 때문에 우리(치료자와 부모)의 대화는 금방 끊어져 버렸다.
"두 분, 혹시 휴식을 취해 본 적이 언제인가요? 아이들을 지켜보지 않고 두 분만의 대화를 나누는 게 가능한 적이 있으신가요?"
"아이들이 모두 잠들거나 텔레비전을 볼 때 외에는 그런 적이 없습니다." 아내 허니가 말했다.
나는 이 부부가 대화에 집중하고 더 이상 아이들을 바라보지 않게 하려고 노력했다.
"집은 넓습니까?"라고 나는 질문했다.
"아니요."
"그럼 침실은 몇 개인가요?" 쓸데없는 질문이 아니었다. 나는 공간과 경계에 관심이 있었다.
"세 개입니다." 그가 말했다. 예전에는 아이들이 한 방을 사용했지만, 지금은 각자 자기 방이 있었다.
"퇴근해서 집에 돌아오면 어떤 일이 있습니까?"
"아이들을 재울 때쯤이면 남편은 텔레비전을 시청하거나 독서를 하고 있지요. 내가 일을 마칠 때면 대부분 그이는 잠들어 있지요."
"그래서 두 분은 아무 것도 할 수 없다는…."라고 이야기를 시작했지만, 허니는 아이들에게 완전히 마음을 빼앗겨 내 말을 듣지 못하는 듯했다.
"당신은 나를 바라보고 있지만 아이들이 당신의 주의를 온통 빼앗고 있군요. 당신의 인생은 대부분 어머니의 역할로 가득 차 있죠?"
"네, 대부분이요." 그녀는 한숨을 쉬었다.
아이들이 서로 잡으려고 소란스럽게 떠들기 시작하자, 아버지 톰이 그들을 향해 고함을 질렀다.
"깨질 만한 물건은 다른 장소로 옮기셨습니까?" 나는 다시 어른들의 대화를 시도하면서 질문을 던졌다.
"다 깨져 버렸습니다. 벽에는 구멍이 뚫려 있습니다. 문에도 구멍이 나 있고요."
"믿을 수가 없군요." 나는 놀라워하며 말했다.
어른들의 대화를 시도했으나, 그는 아이들로부터 눈을 뗄 수가 없었다.
"저는 두 분이 더 걱정됩니다. 아이들이 아니라 두 분이요. 두 분의 삶이 너무나 끔찍합니다."

출처: 오제은 역(2013), pp. 221-224.

보장해 주며, 각 하위체계가 과업과 책임을 자유롭게 수행하도록 허용한다(Goldenberg & Goldenberg, 1998: 32; 이원숙, 2016: 45). 〈표 6-6〉의 사례는 치료자 미누친이 부부 하위체계의 기능과 경계에 대한 탐색을 어떻게 하는지를 단편적으로 보여 준다.

〈표 6-6〉은 아이들의 행동문제를 상담해 주던 상담사가 진전이 별로 없자 미누친에게 조언을 부탁했던 사례이다. 이 가족과의 상담을 마치고 미누친은 아이들 중심의 가족상담을 그만두고 부부상담을 통해 부부 관계를 개선해 나가도록 조언하였다(오제은 역, 2013: 239). 즉, 부부상담을 통해 부부 하위체계를 강화시켜야 할 필요성을 지적한 것이었다.

④ 위계구조

구조적 가족치료에서는 가족이 적절히 기능하기 위해서는 효율적인 위계구조가 확립되어야 한다고 본다. 보다 구체적으로, 가족이 기능적이려면 부모와 자녀가 분화된 권위를 가져야 하며, 자녀의 성장과 발달에 책임을 지는 부모 하위체계가 자녀 하위체계보다 위계구조에서 상위에 위치해야 한다. 〈표 6-6〉 사례에서는 부모가 아이들의 심각한 행동문제를 전혀 통제하지 못하면서 아이들에게 끌려 다니고 있었다. 그러나 〈표 6-7〉 사례에서 미누친은 부모자녀의 위계구조를 바로 잡기 위해서 매우 노련하면서도 놀라운 개입을 하였다. 흥미롭게도 위계구조를 재확립하고자 하는 구조적 가족치료에 경험주의 가족치료에서 많이 사용되는 기법을 적용하였다.[4]

부모와 자녀 간의 분명한 위계구조의 필요성을 강조하는 구조적 가족치료는 부부유별, 부자유친 등 유교적 전통사회의 가족을 연상시킨다. 전통적 가족에서건 아니면 현대적 가족에서건 가족이 건강하게 기능하려면 부모는 부모답고, 부부는 부부답고, 부모-자녀는 부모-자녀다워야 한다는 것은 고금의 진실이 아닌가 싶다. 물론 사회가 변화함에 따라 무엇이 부모다운 것인지, 무엇이 부부다운 것인지, 그리고 부모-자녀 관계는 어떠해야 하는지는 그 시대와 문화에 따라 차이가 있을 것이다. 마지막으로, 가족의 재구조화를 위한 지침을 몇 가지 소개하고자 한다. 이는 구조적 가족치료의 측면에

---

4) 수십 년 동안 구조적 가족치료를 개발하면서 직접 가족상담을 하였던 미누친은 노년에 이르러서는 초기에 비해 훨씬 융통성 있고 창의적인 기법들을 활용하고 있다. 미누친의 저서 『구조적 가족치료: 가족치유』(오제은 역, 2013)에는 미누친의 여러 사례가 실려 있다.

표 6-7	미누친의 위계구조 재확립 기법

"스티븐!" 내가 말했다. "잠깐 이리 와 볼래? 네가 얼마나 키가 큰지 알고 싶구나." 형 스티븐이 오자, 나는 그에게 똑바로 서 달라고 부탁했다. 그리고 동생 라이언을 불러 스티븐 옆에 서도록 했다. 아이들은 서 있었지만 내 앉은 키보다 작았다. 하지만 스티븐은 부모의 눈에 실제보다 더 커 보이고 있었다. 이 방법은 아이들을 실제 크기로 되돌리는 시도였다.

그 다음에는 스티븐에게 주먹으로 내 손을 힘껏 때려 보라고 요구했다. 처음에는 자신이 마치 헤비급이라도 되는 듯 약간 망설였다. 그렇지만 "아냐, 더 세게! 너의 온 힘을 다해서!"라는 부추김에 스티븐은 손을 올려 주먹을 날렸다. 나는 실제로 그 아이들이 얼마나 작은지를 증명하여, 이들 모두가 소년들이 강력하다고 느끼는 데서 깨어나게 해 주고자 시도하였다.

아버지 톰은 아이가 주먹을 날릴 때 주춤거리면서 걱정스럽게 쳐다보았다. "이게 네가 최선을 다한 거니?" 나는 말했다. 그러자 스티븐은 얼굴을 찡그리며 헐크 흉내를 냈다. 그럼에도 그는 작은 소년에 불과했으며, 그의 주먹은 힘이 없었다.

나는 톰에게 아들 옆에 서도록 요청했다. "네 키가 얼마나 되는지 보고 싶구나. 스티븐, 아빠 옆에 서서 네가 얼마나 큰지 보렴." 물론 1미터 정도의 소년과 어른의 차이는 매우 컸다. 다음에 나는 톰에게 스티븐을 공중으로 들어 올려 보라고 요청했다. 이제 내가 부모에게 무엇을 말하려고 하는지가 명확해졌다. 톰은 아이를 천장 높이 들어 올렸다. "우아!" 그 순간 스티븐이 즐거워하며 소리쳤다. 나는 다시 톰에게 동생 라이언을 들어 올리라고 요청했다. "나는 아빠가 힘이 센지 안 센지 알고 싶었단다." 나는 스티븐에게 말했다. "아빠가 힘이 세니?" 스티븐은 크게 고개를 끄덕였다.

출처: 오제은 역(2013), pp. 234-235.

서 건강한 가족이 어떻게 기능해야 하는지를 제시해 준다.

첫째, 가족 위계구조를 적절히 확립한다. 적절한 위계구조란 부모가 권위와 책임을 맡고 부모의 권위를 바탕으로 부모-자녀가 세대 간 차이를 인정하는 구조다.

둘째, 부모가 연합한다. 부모는 서로 지원하고 서로에게 적응함으로써 자녀에게 일관된 모습을 보여야 한다.

셋째, 부모가 연합된 모습을 보일 때, 자녀들은 형제자매체계로 기능할 수 있다. 부모는 자녀끼리 협상하고 지원하고 갈등이나 차이를 해결하고 서로를 존중할 수 있도록 지원한다.

넷째, 부부 하위체계는 부모 하위체계와 분리되어 존재한다. 부모 하위체계와는 별도로 부부만의 독립적인 영역과 시간을 가지고 부부 간의 친밀감과 사랑을 발달시킬 수 있어야 한다.

다섯째, 경계선이 과도하게 경직되어 있으면 상호작용을 증진시키고, 반대로 경계선이 밀착된 가족은 구성원 개인이나 하위체계가 분명한 경계를 갖도록 돕는다(Becvar & Becvar, 2016; 정문자 외, 2018: 236-237 재인용).

3) 경험적 가족치료

경험적 가족치료는 즉각적이고 지금−여기에서의 경험을 중요시하는 인본주의 심리학에 뿌리를 두고 있다. 사티어(V. Satir)와 휘태커(Carl Whitaker)는 이 모델을 발달시킨 대표적인 치료자다. 특히 사티어는 성장과정의 체험 연습임을 주장하며, 가족이 성숙한 인간으로 성장할 수 있도록 도와야 한다는 성장모델을 개발하였다(정문자, 2007; 정문자 외, 2018: 178-179 재인용)

(1) 이론적 배경

사티어는 캘리포니아 주의 팔로알토에 위치한 정신건강연구소(Mental Research Institute: MRI)의 창립 멤버로 가족이 정서적 경험을 하고 의사소통을 개선하는 데 초점을 두었다. 사티어는 1948년 시카고대학교 대학원에서 사회사업을 전공하였다. 1959년 잭슨(Don Jackson)을 도와 MRI를 설립하였고, 1966년에는 캘리포니아주에 있는 에살렌연구소로 옮겼고, 그 이후 성장기법의 개발에 큰 관심을 보였다(정문자 외, 2018: 179-180). 무엇보다도 사티어는 '가정이 사람을 만드는 장소'라고 할 만큼 인간의 성장에 있어서 가정의 중요성을 강조하였다. 이는 건강한 가족과 관련하여 주목할 만한 이론이다. 여기에서는 가족과 관련하여 사티어의 이론을 살펴보고자 한다.

(2) 양육적인 가족과 자아존중감

① 양육적인 가족

사티어에 따르면, 가정은 한 인간이 사람으로 성장하는 장소이고, 감독을 맡은 부모는 '아름다운 가족'을 만드는 사람, 즉 피플메이커(people-maker)다. 사람은 언제나 자신이 할 수 있는 최선을 다하며 살고 있지만, 가정을 발달시키는 것은 세상에서 가장 힘들고 복잡한 일이다.

사티어는 많은 가족을 연구하면서 각 가정이 매우 양육적인 가족에서 매우 문제 있는 가족의 연속선의 어느 지점에 위치한다는 사실을 발견하였다. 문제 가정에서 사람의 몸은 굳어 있고, 움츠러들어 있거나 구부정하며, 얼굴은 뚱한 표정이거나 슬퍼 보이거나 가면처럼 무표정하고, 눈은 아래로 내리깔고 사람을 똑바로 쳐다보지 못한다. 가족은 서로 참으려 노력하고 서로 간에 느끼는 기쁨이 거의 없다. 반면, 양육적인 가족에서는 생동감, 순수함, 정직함 그리고 사랑을 감지할 수 있다. 몸은 우아하고, 표정은 편안하며, 서로를 바라보고, 자신에 대한 분명한 권리—나를 인정해 주고, 가치 있게 여기며, 사랑받고 사랑할 것을 분명히 요구할 수 있는—를 가진 인간임을 느낄 수 있다.

표 6-8 문제가 있는 가정과 문제가 없는 가정

문제가 있는 가정	문제가 없는 가정
• 자아존중감이 낮다.	• 자아존중감이 높다.
• 의사소통이 직접적이지 않고, 모호하며, 솔직하지 못하다.	• 의사소통은 직접적이고, 분명하며, 명확하고, 솔직하다.
• 가족 간의 규칙이 너무 엄격하고, 인간적이지 못하며, 타협이 불가능하고, 절대로 바꿀 수 없다.	• 가족 간의 규칙은 융통성이 있고, 인간적이며, 적절하고, 변화 가능하다.
• 사회와 유대를 맺는 것을 두려워하고, 회유적이며, 책임을 떠넘긴다.	• 사회와의 유대는 개방적이고, 희망적이며, 선택을 기본으로 한다.

출처: 나경범 역(2006), p. 6.

② 자아존중감

자신을 사랑하고 가치 있게 여기는 사람은 다른 사람을 사랑하고 가치 있게 여길 수 있다. 확고한 자기가치감을 가지면 충만한 사람이 되며, 건강하고 행복하며, 만족스러운 인간관계를 획득하고 유지하며, 책임감 있는 사람이 될 수 있다. 다른 사람과의 공통점과 차이점과 더불어, 나 자신이 독특한 존재라는 것을 인정할 수 있을 때 나 자신을 비판하고 벌하는 것을 그만둘 수 있다.

각 사람의 독특함을 연구하고 그 사람의 특별함을 발견하고 반응할 필요가 있다. 인간은 이름을 모르는 식물 씨앗과 같다. 우리는 그것을 심고, 자라면 무엇이 되는지, 무엇이 열리는지를 기다린다. 일단 그것이 자라면 우리는 무엇을 필요로 하는지, 모습은 어떤지, 어떻게 꽃을 피우는지 등을 알아내야 한다. 부모에게 가장 큰 도전은 아마도 성의 있게 씨

앗을 심고 어떤 나무가 자라는지를 기다리는 일일 것이다. 자녀가 어떠해야 한다는 선입견을 가지지 않는 것이 중요하다. 부모는 자녀가 특별한 존재라는 사실을 받아들일 필요가 있다. 모든 개인은 끊임없이 움직이고 변화한다. 이런 끊임없는 변화의 과정 속에서 용기 있게 자신을 발견하는 일을 계속해야 한다. "최근에 나에게 어떤 변화가 일어났는가?"라는 주제로 이야기를 나눌 기회를 가져 보는 것도 좋다. 자신과 가족이 변화와 성장으로 날마다 새로워지게 해야 한다(나경범 역, 2006: 33-34).

자아존중감은 자기 자신에게 가치를 부여하고, 자기 자신을 귀히 여김과 사랑 그리고 진실성을 가지고 대하는 능력을 말한다. 자아존중감은 하나의 관념이고, 태도이며, 감정이고, 상징이다. 또한 그것은 행동을 통해 나타난다. 성실, 정직, 책임감, 정열, 사랑 그리고 능력은 모두 자아존중감이 높은 사람으로부터 나온다. 자아존중감이 높은 사람은 자신의 능력을 믿고, 변화에 대해서도 개방적이다.

높은 자아존중감을 가진 부모는 양육적인 가족을 만들 가능성이 더 많고, 낮은 자아존중감을 가진 부모는 문제 가정을 만들어 낼 가능성이 많다. 양육적인 가족에서는 개인차를 인정하고, 사랑을 표현하며, 실수를 배움의 기회로 이용하고, 의사소통은 개방적이며, 규칙은 융통성이 있고, 책임감이 무엇인지 배울 사람이 주변에 있으며, 언제나 정직한 분위기 속에서 건강하고 유능하게 기능할 수 있다. 무엇보다도 중요한 것은 누구든 자신의 나이와 조건에 관계없이 자아존중감을 향상할 수 있다는 것이다. 낮은 가치감은 학습된 것이기 때문에 얼마든지 잊어버릴 수 있고, 새로운 것이 학습될 수 있다. 사람은 현재 어떤 지점에 있더라도 더 높은 자기가치를 학습할 수 있다(나경범 역, 2006: 26).

(3) 의사소통

의사소통은 두 사람이 자기가치를 재는 척도이고, 자아존중감의 수준을 변화시킬 수 있는 도구다. 자기가치에 대해 확신과 감사하는 감정을 가지지 못할 때 자아존중감이 바닥나는 것을 볼 수 있다. 자기가치에 대해 의심을 가지면, 쉽게 다른 사람의 행동과 반응을 통해 자기 자신을 정의하게 된다.

내가 사람들로부터 가장 자주 들어온 가족에 대한 불평은 "도대체 그가 어떻게 느끼고 있는지를 모르겠어요."입니다. 알지 못하는 것은 소외된 느낌을 가지게 합니다. 이것은 우리의 인간관계, 특히 가족 관계에 극도의 긴장을 불러일으킵니다. 나에게 감정을 드러내지 않거나 말하지 않는 가족과 뭔가 연결고리를 만들고자 할 때 마치 무인도에 가 있는 것 같은 기분이 느껴집니다(나경범 역, 2006: 49-50).

상대가 말을 할 때 우리는 표정, 목소리의 높낮이, 몸의 위치, 근육의 상태, 호흡 속도, 몸짓을 함께 살펴야 한다. 의사소통을 진솔하게 하지 못한다면 어떤 가족도 성장에 필요한 신뢰와 애정으로 이끌지 못한다. 사티어는 의사소통이란 인간과 인간 사이에 오고 가는 모든 것을 의미하며, 서로 영향력을 행사하는 것이라고 보았다. 그리고 모든 의사소통은 학습되기 때문에 의사소통 유형은 변화될 수 있다고 믿었다. 사티어는 사람들이 긴장과 스트레스 상황에 대처하는 방식에 공통적 특징이 있는 것을 임상 경험에서 발견하고, 그것은 자아존중감이 위협받을 때 자기를 보호하고 생존하기 위한 전략이라고 해석하였다. 우리의 몸은 깨닫든 깨닫지 못하든 간에 자기가치에 대한 느낌을 표현한다. 사티어는 회유형, 비난형, 초이성형, 산만형이 사람들이 많이 사용하는 네 가지 의사소통 유형이라고 설명한다. 사티어는 가장 바람직한 의사소통 유형으로 일치형을 제시한다(최규련, 2008: 129-131).

① 회유형

회유형(placating)은 자신의 느낌이나 생각을 무시하고 다른 사람의 기분을 맞춰 주려고 애쓰는 유형이다. 결국 자기가치나 자신의 감정보다는 다른 사람이 기분 상하지 않게 하는 데 열중한다. 회유형의 의사소통은 다른 사람이 화를 내지 않도록 노력한다. 무슨 일이건 언제나 상대방의 비위를 맞추고, 기분을 맞추려 사과하며, 결코 반대하지 않는다. 회유형의 역할을 할 때는 자신이 가치 없는 사람이라고 생각하면 잘된다. 이 역할을 5분만 해 보면 메스꺼움을 느끼게 될 것이다. 한쪽 무릎을 꿇고 앉아 구걸하듯이 한 손을 내밀고 얼굴을 위로 향해 목을 치켜들고 있으면, 목이 아파 오고 눈은 뻣뻣해지며 얼마 지나지 않아 머리가 아프기 시작할 것이다.

② 비난형

비난형(blaming)은 자신을 보호하기 위하여 다른 사람을 무시하고, 결점을 지적하며,

독재자처럼 남을 통제·명령한다. 일이 잘못될 때 남의 탓으로 돌리고 공격적이다. 그러나 내적으로는 나약한 자신의 모습을 인정하지 않으려 하며 남을 거칠게 비난한다. "만약 당신만 아니었더라면 모든 일이 잘 되었을 텐데."라는 식으로 말하고, 우울감을 나타낸다. 비난할 때 근육은 긴장하고, 혈압은 상승하며, 목소리는 딱딱하고 날카롭고 크다. 책망하듯이 손가락질하며, "다시는 이러지 말아라." "너는 언제나 그런 식이지." "왜 만날 그러니." 등과 같은 식으로 이야기한다. 이들은 어떤 것을 진정으로 발견하기

회유형

말(동의한다): "당신이 원하는 것이라면 무엇이든지 다 좋습니다"
몸(양보한다): "나는 무력합니다"
내면(나는 아무것도 아니다): "당신 없이는 나는 죽은 것이나 다름없습니다"

비난형

말(반대한다): "당신은 무슨 일이든 제대로 하는 일이 없어"
몸(책망한다): "나는 여기에서 대장입니다"
내면: "나는 외롭고 실패했습니다"

초이성형

말(초이성적): "만약 주의 깊게 관찰한다면 누군가에게서 일벌레의 손을 발견할 수 있을 것입니다"
몸(계산한다): "나는 조용하고 냉정하고 또한 침착합니다"
내면: "나는 상처받기 쉽다고 느낍니다"

산만형

말(관련이 없다): "말에 뜻이 통하지 않거나 전혀 관계 없는 주제에 대한 것입니다"
몸(각도가 있다): "나는 다른 곳에 있습니다"
내면: "아무도 내게 신경 쓰지 않습니다"

[그림 6-6] **사티어의 의사소통 유형**
출처: 나경범 역(2006), pp. 60-65, 275-278: 회유형, 비난형, 초이성형; 송성자, 정문자(1998), p. 82: 산만형

보다는 자신의 중요성을 주위에 알리는 데 더 관심이 있다. 만약 자신에게 복종할 누군가를 얻게 되면 자신이 중요하게 되었다고 느낀다.

③ 초이성형

초이성형(super reasonable)은 원칙을 중시하고 정보와 논리를 절대적으로 생각한다. 문제가 발생하면 감정에 치우쳐서 일을 그르칠 수 있다는 강박적인 생각에 다른 사람과 거리를 두고 지나치게 이성적으로 상황에 초점을 맞춘다. 조용하고, 냉정하며, 침착해 보이고, 자기가치를 호언장담과 지적인 개념 뒤에 숨긴다. 몸은 메마르고, 자주 차갑다. 독립되어 있다고 느끼고, 목소리는 무미건조하며, 추상적인 말을 많이 한다.

④ 산만형

산만형(irrelevant)은 생각과 말, 행동이 자주 바뀌고 동시에 여러 가지 행동을 하려 한다. 주제에 집중하지 않고 다른 사람의 관심을 분산시키고자 계속 움직이고 횡설수설하고 안절부절못한 행동을 한다. 상황에 적절하게 반응하기보다는 분주하고 바쁜 척하며 심각한 상황에서도 가볍게 생각하는 위선적인 면이 있어 농담이나 딴전을 피우고 그 자리를 모면하려 한다. 이런 사람은 초점에 맞게 반응하지 못하고 내면에서 어지러움을 느낀다. 목소리는 단조로우며 말과 조화가 안 된다. 혼란형의 역할을 할 때는 자신의 입, 몸, 팔, 다리를 움직이느라 너무 바쁘다. 요점 없고 주제와 상관없는 말을 할 때 지독한 외로움과 무의미한 감정이 일어날 것이다.

⑤ 일치형

일치형(congruent)은 신체 자세와 목소리 톤, 표정이 자연스럽고 말과 일치되어 있다. 생기가 있고, 솔직하며, 창의적이고, 적절한 행동을 한다. 의사소통할 때 말과 정서가 일치되어 균형을 이룬다. 자신의 생각과 느낌을 분명하게 말하고, 자신이 무엇을 하는지 알고 있으며, 그 결과를 받아들일 준비가 되어 있고 변화에 대해 융통성이 있다.

일치형 의사소통에서는 주체성이 있고, 자신 · 타인 · 상황 모두를 존중하여 일치된 생각과 행동을 보이며, 자신의 감정을 인정하면서 여러 감정을 객관적으로 다룰 수 있다.

4) 정서중심 부부치료

(1) 이론적 배경

캐나다 오타와 대학의 수잔 존슨(Susan M. Johnson)의 정서중심치료(Emotionally Focused Therapy: EFT)는 경험주의와 체계주의 관점, 애착이론을 기반으로 하여 가족의 애착욕구를 표현하게 하고 회복시켜 다른 가족 구성원과 상호작용하게 하고 가족의 연결을 통해 자녀와 부모를 성장하고 발전시키는 접근이다. EFT는 정서에 초점을 두며, 핵심적인 부정적 상호작용 패턴, 상호작용을 재구조화하여 위축된 정서적 반응을 확장시키고, 안정된 긍정적 상호작용으로 발전하게 한다. 이를 통해 관계를 개선하여 접근하고 반응하도록 친밀감을 향상시켜 자녀가 성장하여 떠날 수 있는 안전 기지를 만들수 있도록 돕는다(Johnson, Bradley, Furrow, Lee, & Palmer, 2005). 또한 가족이 안전한 결합을 형성하고 안전감과 연결감을 만드는 데 목표를 두어 애착, 관심, 안전, 신뢰와 접촉 및 이러한 것을 방해하는 요소에 초점을 맞춘다.

EFT의 일차적인 목표는 경직된 상호작용 이면에 놓여 있는 정서경험에 접근하여 접근성과 반응성을 유도하는 것이며 이차적인 목표는 새로운 상호작용의 계기를 만드는 것이다. 이러한 목표를 달성해 가기 위하여 EFT 치료자가 갖추어야 할 조건은 내담자 문제에 대하여 비병리적 태도를 가져야 하고, 과정에 집중하며, 인간의 애착 관점을 존중하는 것이다(서미아, 2016: 52).

개인상담에서는 상담자가 내담자의 내면의 정서를 탐색하고 확인하도록 돕는 것에 초점을 둔다면, 부부상담에서는 부부간의 정서의 확인과 소통을 강조하여 부부가 서로의 대상이 되어 줄 수 있도록 돕는다. 유사한 주제를 다루는 개입이라도 개입의 대상과 강조점을 두는 방향에 따라 부부상담과 개인상담에서의 개입의 방식은 확연히 다르다. 개인상담에서 문제의 이해를 위한 주요한 개입은 심리적인 내면의 역동을 파악하는 것이지만, 부부상담에서는 자신에 대한 이해뿐 아니라 부부체계에 미치는 영향과 상대 배우자에 대한 이해를 돕기 위한 목적이 크기 때문이다(이홍숙, 최한나, 2016: 36).

정서중심치료는 경험주의와 체계론적 이론을 통합하여 치료자가 부부와 동맹관계를 형성하여 새롭고 융통성 있는 태도, 패턴, 그리고 내적 세계의 처리 방식을 만들어가도록 돕는다. 정신 내적인 정서 경험뿐만 아니라 부부 상호작용이라는 순환적 고리에 초점을 맞추어 대인관계적인 면을 통합하고 상호보완적으로 서로를 발전시켜 자기 개념과 관계에 대한 정의를 재구성하여 안전한 결합을 촉진시킨다.

부부가 안전하게 결합하게 되면, 그들이 본래 가지고 있던 해결 방식을 사용하게 되고 애착 갈등과 불안정한 관계로 인해 그동안 드러나지 않았던 점들이 보다 명확해지고 더 이상 문제시 않게 된다고 본다. 따라서 부부간에 긍정적인 애착관계가 이루어지도록 돕는 것이 중요한데, 이때 부부에 의해 표현되는 정서는 부부를 춤추게 만드는 음악이며, 상호작용은 춤을 추는 것으로 은유한다. 각자의 정서를 경험하는 것은 관계에서 부드러움을 만드는 데 도움이 된다. 즉, 부부간의 문제 뒤에 있는 정서를 경험하고 인정함으로써 부부는 새롭고 더욱 친밀한 방식으로 각자를 경험하게 되고, 이것은 그들의 춤에서 변화를 가져오는 것이다. 이렇게 정서는 부부 관계에서 나타나는 상호작용인 애착이라는 춤에서 중요한 역할을 하기 때문에 춤을 만드는 음악으로서 소개된다 (박성덕 역, 2006: 86).

(2) 정서중심 부부치료의 과정

EFT는 〈표 6-9〉와 같이 3기 9단계로 구조화되어 있다. 제1기는 상호작용 고리의 단계적 약화 시기로서, 부부의 갈등문제를 밝히는 1단계, 부정적 상호작용 고리를 규명하는 2단계, 숨겨진 정서에 접근하는 3단계, 부부의 문제를 부정적 고리, 내재된 정서, 애착욕구의 관점으로 재구성하는 4단계가 해당된다. 제2기는 부부의 상호작용 태도가 변화하는 시기로서, 숨겨진 애착정서와 욕구를 드러내도록 돕는 5단계, 배우자의 수용이 일어나는 6단계, 부부의 정서적 교류가 일어나는 7단계가 해당된다. 제3기는 강화와 통합의 시기로서, 과거의 문제에 대한 새로운 해결책을 촉진하는 8단계, 애착행동의 새로운 고리가 강화되는 9단계가 해당된다. 부부상담사로서 변화가 유도되는 과정을 아는 것은 중요하다. EFT의 구조적 단계는 상담사로 하여금 각 단계에 따라 어떠한 치료적 개입을 해야 할지 알도록 하고, 내담자의 변화 과정이 현재 어느 단계에 머물고 있는지 알 수 있도록 하는 지침을 제공한다.

| 표 6-9 | 정서중심치료 진행 단계별 주제와 목표 |

변화 과정	단계 및 핵심 주제	목표	하위 목표
제1기: 부정적 상호작용 고리의 단계적 약화	1단계: 치료적 동맹 형성 및 갈등문제를 밝히기	내담자와의 치료적 동맹 형성 및 부부의 갈등 문제 나누기	• 상담의 구조화 및 치료적 동맹 형성하기 • 부부의 갈등 문제 나누기 • 체계적 관점에서 부부문제 규명하기
	2단계: 부정적 상호작용 고리를 규명하기	부부에게 형성되어 있는 부정적 상호작용 고리 규명하기	• 부부의 부정적 상호작용 고리 규명하기 • 고리를 부부의 공공의 적으로 인식하기
	3단계: 상호작용 태도 이면의 정서에 접근하기	부부간에 형성된 부정적 고리의 이면에 있는 정서를 자각·표현하고 상대 배우자는 이를 수용하기	• 부정적 고리 이면의 일차 정서 자각하기 • 숨겨진 일차 정서를 배우자에게 표현하기 • 부정적 고리와 애착욕구의 관계성 이해하기
	4단계: 문제를 부정적 고리, 내재된 정서, 애착욕구의 관점으로 재구성하기	부부의 문제를 충족되지 못한 애착욕구-정서-고리의 맥락에서 이해하기	• 문제를 애착욕구-정서-고리의 맥락에서 이해하기 • 충족되지 못한 애착욕구와 애착정서가 부부의 공통적인 고통이었음을 인식하기
제2기: 상호작용 태도의 변화	5단계: 숨겨진 애착정서와 욕구를 나타내기	숨겨진 내면의 애착정서와 애착욕구를 배우자에게 표현하기	• 부부 관계 속에서 경험한 자신의 상처와 욕구 인식하기 • 그동안 숨겨 오던 내면의 정서와 욕구 표현하기
	6단계: 배우자의 새로운 상호작용을 수용하기	부부의 새롭고 긍정적인 정서적 접촉하기	• 배우자의 고통 수용하기 • 새로운 대화 방식 전개하기
	7단계: 부부의 욕구와 소망을 표현하기	자신이 받은 상처에 대해 배우자를 용서하고 애착욕구와 친밀감에 대한 소망 표현하기	• 애착상처에 대해 구체적으로 나누고, 용서 단계 진행하기 • 자연스럽게 애착욕구 나누기 • 미래에 대한 새로운 소망 나누기
제3기: 강화와 통합	8단계: 과거 문제에 대한 새로운 해결책을 가지기	부부가 자연스럽게 접촉하며, 과거 문제에 대해 새로운 해결책 찾기	• 문제를 새로운 고리의 맥락에서 해결해 가기 • 부부가 자연스럽게 다가가고 반응하여 상호 교감하기
	9단계: 새로운 고리와 애착행동을 강화하기	애착행동의 새로운 태도와 고리 강화하기	• 애착욕구를 기반으로 안전한 결합 이루기 • 안식처로서의 배우자를 경험하기 • 부부의 새로운 이야기 만들기

출처: 서미아(2016), p. 55.

3. 사례관리[5]

1) 사례관리의 개념

목슬리(Moxley)는 고전적인 사례관리의 개념을 보여 준다. 그에 따르면, 사례관리는 복합적 욕구를 가진 사람들의 기능과 안녕을 최적화하기 위해 고안된 공식적·비공식적 지지와 활동의 네트워크를 조직하고 조정하고 유지하는 것이다(Moxley, 1997: 17). 영국사례관리자협회(CMSUK)에서는 사례관리란 "질적인 비용효과적 성과를 높이기 위해 커뮤니케이션과 이용 가능한 자원을 활용하여, 개인의 건강, 사회보호, 교육과 고용 욕구를 충족시키기 위해 요구되는 옵션과 서비스를 사정·계획·실행·조정·평가하는 협력적 과정"이라고 정의한다(http://www.cmsuk.org).

우리나라에서도 사례관리가 적극 도입되면서 이에 대한 개념 정의가 시도되었다. 권진숙에 따르면, 사례관리란 복합적이고 장기적인 욕구가 있는 클라이언트와 가족의 사회적 기능 회복을 위해 서비스 운영체계를 확립하고, 이를 기반으로 체계적 사정과 지역사회의 다양한 자원을 활용하여 지속적·효과적 사회복지서비스를 제공하는 통합적 실천방법이다(한국사례관리학회 편, 2018: 21). 이와 같은 맥락에서 한국사례관리학회에서는 "사례관리란 복합적이고 다양한 욕구가 있는 클라이언트와 그 가족의 사회적 기능 회복을 돕는 통합적 실천방법이다. 이를 위해 운영체계를 확립하고, 클라이언트와 함께 강점관점의 체계적인 사정을 해야 하며, 클라이언트의 내적 자원 및 지역사회 자원을 개발하고 활용하여 삶의 질 향상을 위해 노력해야 한다."고 정의하였다(한국사례관리학회 편, 2018: 24).

이를 요약해 보면, 다음과 같이 정리될 수 있다. 첫째, 사례관리의 클라이언트는 복합적이고 다양한 또는 장기적 욕구를 가진 클라이언트와 그 가족이다. 둘째, 사례관리는 클라이언트와 그 가족의 사회적 기능 회복을 돕는 통합적 실천방법이다. 셋째, 클라이언트와 가족의 내적 자원뿐 아니라 지역사회 자원을 활용한다. 넷째, 강점관점 등 클

---

5) 사례관리 관련 서적에서는 클라이언트 또는 대상자라는 용어가 혼재된다. 이 책에서는 클라이언트로 통일하였다.

라이언트와 가족의 삶의 질을 향상시키는 접근법을 활용한다.

2) 사례관리의 배경

사례관리의 등장배경에는 탈시설화 경향에 따른 지역사회 보호의 확대, 복합적 욕구를 갖는 인구의 증가와 서비스 전달의 단편성, 비용 억제의 필요성 등이 있다. 이런 사회적 맥락에서 가족, 이웃, 친구, 친척 등 비공식적 지지망이 제공하는 서비스의 중요성에 대한 인식이 높아지면서, 이를 공식적 서비스와의 통합하는 효과적 기제로서 사례관리가 대두되었다(한국사례관리학회 편, 2018: 46-51).

탈시설화는 대표적인 사례관리의 등장배경으로 지적되고 있다. 보다 구체적으로, 사례관리는 병원이나 시설에 거주하는 수용자들이 상대적으로 자유와 자율성을 보장받지 못하고 가족과 지역사회와 격리된 채로 살아가는 것에 대한 대안으로서 출발하였다. 탈시설화 운동이 시작되면서, 많은 정신장애인이 지역사회에 거주하면서 보호와 관리를 받게 되었으나 서비스에 접근하는 데 어려움이 발생하였다. 이에 따라 지역사회에 부재하거나 분산되어 있는 서비스를 통합적으로 제공하기 위해 사례관리의 필요성이 제기되었다(전혜성 외, 2018: 29-30).

3) 사례관리의 목적

사례관리에서 보호의 연속성, 서비스의 통합성, 서비스에 대한 접근성, 클라이언트 역량강화 등은 학자에 따라 사례관리의 원칙으로 설명하기도 하고, 목적으로 제시하기도 한다. 한국사례관리학회에서는 이를 목적으로 설명하고 있으므로, 여기에서도 목적으로 다루고자 한다(한국사례관리학회 편, 2018: 22-24).

(1) 클라이언트의 역량강화

사례관리의 궁극적 목적은 클라이언트가 사례관리자의 도움 없이 자신이 원하는 삶을 살도록 하는 것이다. 클라이언트의 역량강화는 클라이언트가 자원을 스스로 얻을 수 있는 힘을 갖추는 것으로, 강점과 역량을 키우고 사회관계를 회복하는 것을 의미한다.

(2) 보호의 연속성 보장

클라이언트의 욕구충족을 위해 일정 기간 동안 서비스를 지속적으로 제공하는 것이다.

(3) 서비스의 통합성 증진

복합적이고 변화하는 클라이언트의 욕구를 해결하기 위해 많은 기관의 서비스와 자원들이 연계 · 조정 · 통합될 필요가 있다. 나아가서 서비스의 통합은 서비스의 파편화와 중복을 감소시킨다.

(4) 서비스의 접근성 증진

정보의 부족, 서비스 제공의 복잡성 등으로 인해 클라이언트가 서비스에 접근하는데 어려움이 발생할 수 있다. 클라이언트가 서비스에 접근하는 데 따른 장애를 극복하고, 필요한 서비스에 접근할 수 있도록 도와서 서비스의 접근성을 높인다.

(5) 사회적 책임의 증진

클라이언트의 욕구에 적합한 서비스를 적당한 시점에 적절한 방식으로 제공하여 서비스의 효율성과 효과성은 높이는 것은 사회적 책임이다.

(6) 성과 관리

사례관리는 서비스의 효과성과 효율성을 중요시하며, 그 연장선에서는 성과(outcome)관리는 중요한 목적의 하나다. 사례관리의 성과는 클라이언트의 변화에 관한 목적이 구현되는 정도이며, 이 결과 외에도 과정에 대한 평가에 주목해야 한다.

4) 사례관리와 이론의 적용

제5장에서 설명한 생태체계 관점, 강점관점, 임파워먼트 관점을 비롯하여 다양한 이론이 사례관리 실천에 적용될 수 있다. 앞에서 설명하였기 때문에 여기에서는 이해를 돕기 위해 간략하게 언급하고자 한다. 생태체계 관점은 클라이언트와 그를 둘러싼 환경의 다양한 관계망과 상호작용, 사회 변화 등에 대한 관심을 강조한다. 생태체계 관점에 근거한 실천은 전체로서의 개인뿐 아니라 가족과 지역사회의 상호작용에 대한 포괄

적인 이해를 통해 보다 효과적인 접근을 모색한다는 점에서 통합적 실천을 추구하는 사례관리의 이론적 근거로서 적합하다(사례관리학회학회 편, 2018: 25 참조), 그리고 사례관리의 궁극적인 목표가 클라이언트의 잠재력을 극대화함으로써 문제를 해결하고 환경체계를 활용할 수 있는 역량강화라는 점에서 강점관점과 임파워먼트 관점은 매우 효과적이다(한국사례관리학회 편, 2018: 26-30 참조)

5) 사례관리의 과정

사례관리의 과정은 대체로 초기단계, 사정, 계획, 실행, 그리고 평가와 종결로 구분된다(한국사례관리학회 편, 2018; 한국사례관리학회 편, 2019). 이렇게 구분할 때 사례관리의 과정은 일반적인 사회복지실천의 과정과 동일해진다. 그런 점에서 일부 학자는 사례관리의 과정에 모니터링을 포함하기도 한다(Hepworth et al., 2017: 413; Kirst-Ashman & Hull, 2017: 583-594; Moxley, 1989: 20-22). 물론 한국사례관리학회에서도 사례관리의 기능에 재사정을 포함하고 있으며(한국사례관리학회 편, 2018: 71), 이를 별도로 구분하지 않았지만 실행단계에 조정 및 점검이라고 하여 주기적인 모니터링을 포함시키고 있다. 사례관리의 클라이언트 가족은 흔히 복합적이고 때로는 장기적인 욕구를 가졌다는 점에서 주기적으로 욕구를 재사정하고 서비스를 조정할 필요성이 크다. 이를 감안할 때, 재사정을 실행단계에 포함시키지 않고 하나의 단계로 독립시키면 사례관리의 과정을 보다 명료화할 수 있는 장점이 있다. 여기에서는 사례관리의 과정에 모니터링 및 재사정 단계를 별도로 구분하여 살펴보고자 한다.

(1) 초기단계

초기단계에서는 사례관리 클라이언트의 발견, 접수 및 초기면접(인테이크)이 주요 내용을 이룬다. 사례관리에서 클라이언트의 발견은 사례관리자와 도움을 필요로 하는 사람이 처음 만나는 지점이다. 사례의 발견은 클라이언트의 직접 요청, 의뢰, 사례관리자에 의한 발굴(아웃리치) 등의 방법이 있다. 클라이언트를 발견한 후, 사례관리기관은 클라이언트에 관한 기본적인 정보를 수집하여 사례관리 서비스 대상으로서의 적합성 여부를 판단하게 된다. 나아가서 이와 같은 스크리닝 과정을 통해 일반 사례관리 대상자인지 아니면 위기 또는 응급사례관리 대상자인지를 파악하고 필요시 신속하게 서비스가 제공될 수 있도록 한다(전혜성 외, 2018: 99-101 참조).

(2) 사정단계

사정이란 사례관리자와 클라이언트가 함께 클라이언트의 욕구에 관한 정보를 수집·분석하고, 우선순위를 정하고, 종합하는 과정이다. 사정은 크게 욕구사정과 자원사정으로 나누어 볼 수 있다. 사례관리의 사정에서는 사회복지실천의 사정에서 사용되는 대다수 도구(예: 가계도, 생태도, 사회적 지지망 지도 등)들을 사용할 수 있다. 그럼에도 사례관리의 사정이 가지는 차별화된 부분이 있다. 이는 사례관리 모델의 이론적 기반에서 기인한 것이다. 보다 구체적으로 클라이언트가 살아가는 데 있어서 비공식적 지지망의 역할과 기능에 대한 중요성이 인식되면서, 이런 비공식적 지지망의 보호능력을 공식적 지지망의 보호와 결합하고자 하는 노력이다. 사정단계에서는 이러한 사례관리의 특성을 잘 나타내는 사정 내용에 초점을 두고 소개하고자 한다.

사례관리자는 포괄적인 사정활동에 관여된다. 사례관리의 사정에서는 다음을 달성하고자 한다(Moxley, 1989: 26).

- 클라이언트의 욕구의 정도와 본질에 대한 규명
- 클라이언트가 이들 욕구를 다루는 능력에 대한 규명(클라이언트의 자기보호 능력)
- 클라이언트의 사회적 망이 이들 욕구를 다루는 능력에 대한 규명(사회적 망의 보호 제공 능력)
- 인간서비스가 이들 욕구를 다루는 능력에 대한 규명(공식적 지지체계의 보호제공 능력)

이를 토대로 살펴보면, 크게 클라이언트의 능력 사정, 사회적 지지망의 보호 제공 능력 사정 그리고 공식적 자원 사정으로 나누어볼 수 있다.

① 환경적 도전에 대응하는 클라이언트의 능력 사정하기

환경적 도전에는 클라이언트의 자기보호 능력(신변위생, 옷입기, 돈관리 등)이 포함된다. 클라이언트의 욕구에는 사례관리자와 클라이언트가 질적인 삶을 사는데 필요하다고 간주하는 모든 것이 포함된다. 사정에서는 클라이언트의 욕구 중에서 어떤 욕구가 외부의 도움이 전혀 없이 혹은 거의 없이 충족될 수 있는지 결정한다. 이때 사정의 초점은 클라이언트의 강점과 능력에 있는 것이지, 결함이나 단점에 있는 것이 아니다. 또한 클라이언트가 활용할 수 있는 서비스나 자원에는 어떤 것이 있는지 결정해야 한다 (이원숙, 임수정, 2020: 376; Kirst-Ashman & Hull, 2017: 519-520).

② 비공식적 지지망의 보호 제공 능력 사정하기

가족과 친구가 클라이언트의 욕구를 얼마나 충족시킬 수 있는가? 이들 욕구에는 음식이나 주거와 같은 기본적 욕구도 있을 것이며, 사회적 지지나 정서적 지지와 같은 추상적인 것도 포함될 수 있다. 사례관리자는 가족 및 확대가족 구성원 그리고 이들과 클라이언트의 관계에 대해 알아볼 수 있다. 그 외에도 사례관리자는 클라이언트의 비공식적 자원이 되어 줄 수 있는 다른 사람들(친구, 동료, 이웃, 교인 등)이 있는지 탐색한다. 또한 이들이 클라이언트에게 어떤 도움을 줄 수 있는지, 그리고 이들과 공식적 자원체계와의 상호작용이 어떠한지에 대해 알아본다(이원숙, 임수정, 2020: 377; Frankel & Gelman, 2014; Kirst-Ashman & Hull, 2017: 586-587).

③ 공식적 자원 사정하기

자원은 클라이언트의 복합적이고 장기적인 욕구를 충족시키는 인적·물적 서비스를 의미한다. 프랭클과 겔만(Freankel & Gelman, 2004)은 클라이언트를 서비스 체계에 연결시키는 것을 강조하였고, 클라이언트의 욕구를 충족시키기 위해 자원과 서비스를 하나로 묶어 제공하는 접착제 역할을 사례관리자의 중요한 역할로 규정하였다. 공식 자원에는 보건소, 지역사회 정신건강복지센터, 사회복지공무원, 복지재단, 건강가정지원센터, 다문화가족지원센터와 같은 것이 포함된다. 사례관리자는 공식적 자원체계의 다양한 서비스를 확인하고 목록화하여 필요시 이를 클라이언트에게 연결해야 한다(전혜성 외, 2018: 44-45 참조).

(3) 계획단계

계획단계는 사정에서 규명된 욕구를 실행으로 옮기기 위한 전략을 수립하는 단계이다. 사례관리자는 사정을 바탕으로 달성하고자 하는 변화목표를 분명히 하며, 이를 달성하는데 필요한 전략과 방법을 구축한다. 이 단계에서 사례관리자는 클라이언트가 자신의 문제를 직면하고 해결하기 위해 적극적으로 참여할 수 있도록 독려한다. 계획단계에서 클라이언트의 변화를 촉진하기 위해서는

첫째, 사례관리자와 클라이언트가 신뢰관계를 바탕으로 함께 구체적이고 세부적인 목표를 설정한다.

둘째, 사정에서 확인된 주요 문제나 욕구의 해결을 위해 우선순위를 정한다.

셋째, 목표 달성을 위한 선택방법을 함께 수립한다.

넷째, 목표는 클라이언트의 현재 상황을 기반으로 현실과 실행가능성이 고려되어야 한다(전혜성 외, 2018: 51).

(4) 개입

목슬리는 사례관리자가 직접적 개입과 간접적 개입의 두 가지 유형의 개입을 하게 된다고 지적한다(Moxley, 1989: 21-22). 직접적 개입은 사례관리자가 클라이언트의 서비스 접근 및 활용 기술과 능력을 향상시키기 위해 노력할 때 발생한다(Moxley, 1989: 22). 직접적 서비스에는 위기개입, 클라이언트가 어려운 결정 내리는 것을 지지하기, 클라이언트에게 금전관리나 위생관리를 가르치기 등이 있다(Kirst-Ashman & Hull, 2017: 591).

커스트-애쉬만과 헐은 사례관리자가 제공하는 간접적 서비스는 크게 두 가지 역할, 즉 ① 클라이언트에게 필요한 자원체계를 연계하는 것, ② 다양한 체계에 클라이언트를 옹호하는 것과 관련된다고 한다(Kirst-Ashman & Hull, 2017: 591-592).

(5) 모니터링 및 재사정

사례관리자는 서비스 계획의 실행과 성취를 모니터링하는 데 관여한다(Moxley, 1989: 22). 다시 말해서, 모니터링은 제공된 서비스가 적절한지, 그리고 이들 서비스가 클라이언트의 욕구를 충족시키고 있는지를 확인하는 것이다. 위기상황이 발생할 수 있다는 점에서, 세심한 모니터링은 시기적절한 치유적 조처를 가능케 할 것이다.

또한 장기적인 보호를 제공해야 하는 경우, 지속적인 재사정이 필수적으로 요구된다. 클라이언트의 상태, 기능, 진전, 장애 그리고 결과를 일정한 시간적 간격을 두고 주기적으로 재사정해야 한다(Hepworth et al., 2006: 452).

(6) 평가, 종결 및 사후지도

평가단계는 사례관리 클라이언트의 욕구와 문제가 개입을 통해 어느 정도 달성되었는지를 확인하는 과정이다. 그리고 목표가 적정 수준에서 달성되었다면 사례관리가 종결될 수 있다. 종결에서는 그동안 사례관리 과정에서 일어난 변화의 내용을 점검하면서 클라이언트가 문제해결을 위해 노력했던 행동, 긍정적 경험 및 성과 등을 격려하고 지지하면 바람직하다(전혜성 외, 2018: 52-53 참조).

사후지도는 시간과 비용 등의 문제로 사례관리 과정에서 간과되기 쉬운 부분이다. 사후지도는 사례관리자가 시간을 내서 클라이언트나 기관의 전문가들이 어떻게 지내는지 확인하는 것이다. 이는 전화나 편지 등을 통해서 이루어질 수도 있다. 사후 접촉은 클라이언트에게 지원이 더 필요한지, 지역사회 자원을 잘 이용하고 있는지를 알 수 있게 해 준다(Frankel & Gelman, 2004: 50-51).

Chapter 07

가족정책

———

제1절 가족정책
제2절 한국의 가족정책

가족정책

해방과 6·25전쟁을 거치면서 신생 대한민국은 전 세계에서 가장 가난한 나라 중 하나였다. 당시 외국 원조를 받는 형편에 국가가 가족을 위한 정책과 서비스를 제공할 여력은 전무하였다. 그 후 경제 개발에 박차를 가했지만 가족에 대한 지원은 우선순위에 들어 있지 않았다. 이런 맥락에서 우리 사회에서는 오랫동안 '선가정 후사회'의 원칙에 의거하여 요보호 가족에 대한 최소한의 지원만이 이루어졌다.

2000년대에 들어서면서 체계적인 가족정책의 도입, 가족의 변화를 반영하고 가족의 다양성을 인정하는 가족정책, 일과 가정의 균형을 추구하는 가족정책 등 가족정책의 필요성과 새로운 방향에 대한 논의가 활발하게 진행되었다(이원숙, 2012: 144-146). 무엇보다도 2004년 「건강가정기본법」이 제정되고 2005년 여성가족부가 출범하면서, 우리 사회에서도 가족정책이 계획되고 실천되는 새로운 시기가 도래하였다. 이 장에서는, 첫째, 가족정책의 필요성과 발달 과정 그리고 개념과 유형에 대해서 알아보고자 한다. 둘째, 가족정책 관련 법의 제정과 주요 내용, 건강가정기본계획, 가족정책의 현주소 등 한국의 가족정책에 대해 살펴보고자 한다.

제1절 가족정책

"과연 가족정책은 필요한 것인가? 그렇다면 왜 필요한 것인가?"에 대한 답변은 가족정책에 대한 논의를 시작하는 좋은 출발점이다. 그런 의미에서 이 절에서는 가족정책의 필요성과 발달 과정을 살펴보는 것으로 시작하고자 한다.

다음으로 가족정책의 개념과 유형을 고찰하고자 한다. 가족정책을 이해하기 위해서 근원적으로 규명되어야 하는 것은 '가족정책이란 무엇인가?'에 대한 개념 정의다. 이와 더불어 가족정책이 어떤 목적을 달성하고자 하는지, 가족의 어떤 기능을 지원하고자 하는지 등을 분석적으로 이해하는 데 도움이 되는 가족정책의 유형을 소개하고자 한다.

1. 가족정책의 필요성 및 발달 과정

1) 가족정책의 필요성

가족정책은 사회가 아동을 필요로 하고 그 아동이 건강하게 자라고 교육을 받아 궁극적으로 생산적인 근로자, 시민 그리고 부모가 되도록 한다는 전제에서 출발한다. 아동을 출산하고 사회화하는 역할에 가족을 대체할 만한 것이 없으며, 사회가 추구하는 목표에 도달하려면 애정이 담긴 양육과 돌봄이 필수적이라는 점이 더욱 분명해지고 있다. 20세기 후반 가족정책에 대한 관심이 증가한 것은 이와 같은 가족의 역할이 위협을 받는 상황 혹은 위협을 받을 것이라는 상황에 기인하고 있다. 유엔은 1994년 '세계 가족의 해'를 맞이하여 가족정책의 필요성을 다음과 같이 제기했다(이원숙, 2012: 135).

첫째, 가족은 보편적으로 사회의 기본적 단위로 인지되고 있다. 사회 변화는 가족의 역할과 기능에 변화를 가져왔지만, 그럼에도 가족은 그 구성원의 성장과 안녕에 본질적인 정서적ㆍ물질적 지지를 제공해 왔다.

둘째, 가족에 대한 주제는 광의의 사회정책과 발달 문제의 주축이다. 최근 핵심적인 사회적 안전망으로서의 가족의 위치에 대한 인식이 증대되고 있다.

셋째, 가족은 살아 있으며, 진화해 나가는 사회제도로서 인류 역사상 가장 어려운 시련을 맞이하고 있다. 오늘날 사회가 너무 급격하게 바뀌고 있어서 변화 속도 자체만으로도 가족에게 커다란 스트레스가 되고 있다(UN, 1996: 9-10).

가족정책에 대한 필요성과 이에 대한 관심은 오늘날에도 지속되고 있다. 최근 OECD는 「가족을 위한 더 나은 정책(Doing Better for Families)」이라는 보고서를 발간하였다. 이 보고서는 부모들에게 일과 가족에 대한 선택의 기회를 주고 있으며, 정부의 가족지원 정책에 관한 질문에 답하는 방식을 택하고 있다. 이 보고서는 "가족에게 지출하는 것이 가족의 이익을 증가시킬 것인가? 부모휴가 프로그램이 여성 노동시장과 아동의 삶의 질에 어떤 영향을 미칠 것인가? 아동양육에 대한 비용이 부모 고용에 장벽이 될 것인가? 여성이 출산 이후 직장에 복귀하는 가장 좋은 시기는 언제인가? 한부모가족의 빈곤을 줄이기 위한 가장 좋은 정책은 무엇인가?" 등과 같은 가족 관련 질문에 답하고 있다(OECD, 2011; 여성가족부, 2011. 7.: 8 재인용).

2) 가족정책의 발달 과정

19세기 말 서구 사회에서 대두된 가족정책은 각 발달 단계의 시대적 상황과 사회적 관심에 따라 해결하고자 하는 이슈가 변화하였다. 다음에서는 각 발달 단계에서의 주요 초점이 어떻게 변화하였는지, 이에 따라 어떤 가족정책이 도입되었는지를 살펴보고자 한다.

(1) 1단계: 인구 증가와 빈곤 문제에 대한 초점

19세기 말에는 산업화와 도시화, 세계대전으로 가족의 빈곤율과 불안정이 증가하였다. 특히 영아 사망률이 높아지자 가족 내 여성과 아동을 보호하고자 하는 공적 개입이 시작되었다. 아동복지센터의 설립, 빈곤한 어머니, 과부, 고아 등에 대한 제한적 현금급여 등이 생겨났으며, 이어서 출산수당, 결혼과 출산 장려 조치 등이 마련되기도 하였다. 이 단계에서의 가족정책은 인구 증가와 빈곤 문제 해소라는 사회적 목적을 달성하기 위한 일차적 정책 도구였다.

(2) 2단계(1960~1974): 소득 불평등과 소득 재분배에 대한 초점

이 시기에는 역사적으로 가장 높은 경제성장률을 기록하였으나, 일부 국가는 빈곤 문제를 재발견하면서 저소득가족의 문제에 관심을 가지게 되었다. 이런 맥락에서 서구 산업화된 국가에서는 소득이전, 건강보호, 교육, 주거, 고용 등 여러 영역에서 사회적 보호체계를 확대하는 사회보장 및 사회복지 관련 정책이 왕성하게 시행되었다. 또한 노인에게 관심을 가지기 시작하면서 노인에 대한 사회정책이 유럽과 미국에서 시작되었다. 또한 이 시기에는 페미니스트 운동에 힘입어 성 평등과 출산에 대한 통제권 이슈가 쟁점화되기도 하였다.

나아가서 이 시기에는 소득 불평등에 초점이 맞춰졌고, 이를 해소하기 위해 빈곤한 가족에게 소득을 재분배하는 가족정책, 소득 불평등으로 차별을 받고 있는 노인과 여성의 권익을 위한 가족정책 등에 관심이 주어졌다.

(3) 3단계(1975~): 가족 구조 및 성 역할 변화로 인한 가족 대처에 대한 초점

이 시기의 주요 사회 변화로는 저출산 현상과 여성의 노동시장 참여율 증가 및 가족 형태의 다양화 등을 들 수 있다. 여성의 노동시장 참여가 증가하면서 일하는 부모에 대한 부모휴가, 탄력적인 근무시간 정책과 아동보호 서비스의 공급 등 다양한 가족정책이 도입되었다. 또한 전형적 가족뿐 아니라 다양한 가족까지 포함하는 가족정책이 요구되었다. 그리하여 이 단계에서는 가족이라는 사적 영역뿐 아니라 가족과 연관된 공적 영역까지 초점을 확대하여, 일과 가족생활의 균형이 가능하도록 하는 가족정책 그리고 가족 구조의 변화 등 가족의 변화에 대처하여 가족에게 기본적인 복지를 제공하는 정책이 펼쳐졌다(권금주, 2011: 49-50; 이원숙, 2012: 136; Kamerman, 1995: 927-928).

2. 가족정책의 개념 및 유형

1) 가족정책의 개념

가족정책이라는 용어는 흔하게 사용되고 있으나 가족정책의 개념을 정의하는 것은 쉽지 않다. 즉, 가족정책의 개념은 시대의 흐름이나 학자에 따라 다양한 정의가 존재할 정도로 합의된 정의는 없다. 여기에서는 가장 대표적이며 우리나라의 가족정책을 이해하고 분석하는 데 유용한 개념을 소개하고자 한다.

카머만(S. B. Kamerman)의 가족정책에 대한 정의는 가장 널리 알려진 대표적 개념 정의다. 그에 따르면, 가족정책은 정부가 아동과 그 가족을 위해서 하는 것, 특히 자녀가 있는 가족에 영향을 미치기 위해서 고안된 공공정책 그리고 이들 가족에게 영향을 주고자 하는 의도는 없으나 뚜렷한 영향력이 있는 정책이다(Kamerman, 1995: 929). 이와 같은 맥락에서 짐머만(S. L. Zimmerman)은 가족정책을 "가족에게 직간접적으로 영향을 미치는 모든 행위"라고 정의하고 있다(Zimmerman, 1988: 13 참조).

지금까지 살펴본 것에 따르면, 가족정책에 대한 개념 정의는 시대나 학자에 따라 차이가 있으나, 정부가 가족을 위해서 하는 것, 특히 가족에게 직간접적 영향을 미치는 정책을 의미한다.

2) 가족정책의 유형

카머만은 가족정책을 정책 분야, 정책 도구(혹은 정책 기준), 정책 관점의 세 가지 측면에서 접근한다. 가족정책 분야는 가족법, 소득이전 정책(아동 혹은 가족 수당, 출산급여 등), 부양자녀에 대한 소득세 감면 그리고 아동보호 서비스와 같이 뚜렷하게 가족을 목표로 하는 법을 포함한다. 도구로서의 가족정책은 다른 사회정책의 목표와 도구로 가족정책이 활용되는 것을 의미한다. 예를 들어, 가족정책은 더 많은 자녀의 출산을 권장하는 인구학적 목적을 달성하는 도구로 사용될 수 있다. 관점으로서의 가족정책은 모든 사회정책에서 가족에게 미치는 효과와 영향력이 고려되어야 한다고 가정한다(Kamerman, 1995: 929-930).

가족정책의 유형과 관련하여, 가족정책을 가족의 기능과 역할을 중심으로 구분하는 것은 실용적 측면에서 유용성이 크다. 이는 가족정책의 목적을 가족 기능의 지원과 통제에 둔다는 점에서 기능주의적 입장을 강조한다는 비판을 받기도 하지만 상당한 설득력을 가지고 있는 것이 사실이다(윤홍식, 송다영, 김인숙, 2011: 49). 가족의 사회적 기능은 재생산 기능, 경제적 기능, 사회화 기능, 성적·정서적 기능, 돌봄의 기능으로 구분될 수 있다. 보다 구체적으로 재생산 기능과 관련된 가족정책은 노동력을 재생산하는 기능을 지원하는 정책이다. 여기에는 산전·산후 휴가, 육아휴직, 방과 후 보호, 양육비 지원, 보육 서비스 등이 포함된다. 그리고 경제적 기능과 관련된 가족정책은 가족의 소득을 지원하는 정책이다. 가족수당, 아동수당, 가족에 대한 각종 소득공제, 공적연금, 공공부조, 주택보조 등이 이에 해당된다. 또한 사회화 기능과 관련된 가족정책에는 가족 구성원의 교육비에 대한 지원 혹은 공제, 그리고 성적·정서적 기능과 관련된 가족정책에는 가족상담 및 가족치료를 포함한 사회복지 서비스를 예로 들 수 있다. 마지막으로, 돌봄의 기능과 관련된 가족정책에는 노인장기요양보험, 간병휴가 등이 있다(윤홍식 외, 2011: 49).

| 표 7-1 | 가족 기능 중심의 가족정책 |

가족의 기능	관련 가족정책
재생산 기능	산전·산후 휴가, 육아휴직, 방과후 보호, 양육비 지원, 보육 서비스
경제적 기능	가족수당, 아동수당, 가족에 대한 각종 소득공제, 공적 연금, 공공부조, 주택보조
사회화 기능	교육비 지원 및 공제
성적·정서적 기능	가족치료, 가족상담, 가족교육을 비롯한 사회복지 서비스
돌봄의 기능	노인장기요양보험, 간병휴가

출처: 윤홍식 외(2011), p. 50.

보다 최근 로슨(H. A. Lawson) 등은 정책 입안자와 가족 안녕에 관심을 가진 전문가들이 분석적·평가적 지침으로 사용할 수 있는 가족정책의 연속선(family policy continuum)을 다음과 같이 제기하였다(Lawson, Briar-Lawson, & Hennon, 2001: 136-138; 이원숙, 2012: 139-140 재인용).

첫째, 가족둔감적 틀(family-insensitive framework)이 있다. 이 틀에서 가족은 정책 입안 과정에서 전적으로 무시되거나 간과된다. 이런 정책에서는 가족에게 서비스가 제공되지 않거나 지원되지 않으며 최악의 경우에는 가족에게 유해하게 작용하기도 한다.

둘째, 가족민감적 틀(family-sensitive framework)에서는 가족에 대한 영향 평가 그리고 가족의 기능이 체계적으로 사정되지 않는다. 또한 실천 면에서 가족민감적 접근은 의도하지는 않았지만 가족에게 해로움을 가져올 수도 있다.

셋째, 가족초점적 틀(family-focused framework)에서 가족은 그들의 가치에 부합되는 관심을 받게 되며, 정책 결정 과정에서 ① 가족에게 해가 되지 않을 것이라는 점, ② 가족이 이끌어 낼 수 있는 모든 예견 가능한 지원과 혜택이 규정되고 극대화될 것이라는 점을 확실히 한다.

넷째, 가족지지적 틀(family-supportive framework)에서는 정책이 가족에게 미치는 직접적·간접적 영향이 중시되며, 명시적 목적은 가족을 지지하고 가족의 능력을 구축하는 데 있다. 가족 영향 분석이 의제(agenda)를 설정하고 정책적 고려를 하는 토대가 된다.

다섯째, 가족중심적 틀(family-centered framework)에서는 가족의 안녕이 최우선시된다. 정책이 가족과 관련되는 한 총체적(holistic)이며 가족 중심적이다. 이 접근법에서 가족은 교육과 보건과 같은 다른 부문을 능가하는 최고의 지위가 부여된다. 가족 중심적 틀에서 가족은 단순히 대상이 아닌 정책의 파트너이자 동료이며 평가자가 된다.

이와 같은 가족정책 연속선은 정책 입안자들이 가족친화적 의제를 설정하도록 할 뿐 아니라 기존의 정책을 분석하고 새로운 정책이 추가되는 과정에서 보다 가족중심적인 정책을 추구하는 데 기여할 것이다(Lawson, Briar-Lawson, & Hennon, 2001: 136-138).

지금까지 살펴본 가족정책의 유형들은 가족정책이 어떤 정책 목적을 달성하기 위해서 혹은 어떤 정책 도구로서 사용되었는지 등 가족정책을 분석적으로 이해하는 데 유용할 것이다. 또한 이런 유형 구분은 우리 사회가 가족의 어떤 기능을 지원하는지를 명료화하고 가족 기능을 포괄적으로 지원하는 정책을 수립하는 데 도움이 될 것이다. 최근 모든 사회정책 및 가족정책이 가족에게 어떤 영향을 미치는지, 즉 가족영향 평가[1] 에 대한 관심이 증대하고 있는데(이현아, 2012: 98), 가족정책의 연속선은 이를 이해하는 데 유용한 개념적 틀을 제공해 준다.

제2절 한국의 가족정책

이 절에서는 한국의 가족정책에 대해 살펴보고자 한다. 우리 사회에서 체계적인 가족정책의 도입은 「건강가정기본법」 제정 이후의 일이다. 그 이전에는 가족 관련 업무를 담당하는 부서가 있었을 뿐인데, 가족정책 담당 부처의 제도화 과정을 통해 간략하게 살펴보고자 한다. 다음으로, 가족정책의 법적 토대가 되는 가족정책 관련 법의 제정과 주요 내용을 살펴보고자 한다. 그다음으로, 건강가족기본계획에 대해 고찰해 보고자 한다. 이는 「건강가정기본법」이 제정되고 이에 근거하여 가족정책의 장기적 방향이 제시되고 있다는 점에서 우리 사회의 가족정책의 방향성을 탐색하는 데 도움이 될 것이다. 이와 더불어, 다문화가족정책 기본계획을 간략히 소개하고자 한다. 마지막으로, 가족정책의 현주소를 기본 방향 및 주요 역점 추진 과제를 통해 탐색해 보고자 한다.

---

1) 가족영향 평가(family impact analysis)는 가족정책의 영향이 어떠한지를 평가하는 것으로, 가족정책 시행으로 가정의 건강성이 얼마나 향상되었는가를 평가하는 것이다. 즉, 정책에 가족 친화적 관점을 도입하고 그 영향을 사정하기 위한 평가 체계라고 할 수 있다(이현아, 2012: 98).

l. 가족정책의 흐름

1) 가족정책 담당 부처의 제도화 과정

〈표 7-2〉에서 보는 바와 같이, 2005년 여성가족부 출범 이전에 우리나라에는 가족
정책 담당 부서는 존재하였지만 담당 부처는 없었다.

2005년 6월 보건복지부의 가족 관련 업무가 여성부로 이관되면서 여성가족부가 출
범하였다. 여성가족부 내에 가족정책국이 신설되면서 '가족정책'은 하나의 독립된 정
책 영역으로 등장하였고, 정부 부처에도 가족정책 담당 부처가 제도화되었다. 여성가
족부 가족정책국은 가족정책과, 가족지원과, 가족통합팀으로 구성되었다. 2008년 2월
가족 업무가 여성가족부에서 보건복지부로 이관되면서 보건복지가족부 체제가 되었
다. 보건복지가족부에는 저출산고령사회정책국 내에 가족정책관, 가족정책과, 가족지
원과, 다문화가족과가 설치되었다.

표 7-2	가족정책 담당 부서 변화를 통해 살펴본 가족정책 흐름	
연도	**담당 부서**	**의미**
1948~ 1981	• 정부 수립과 더불어 사회부에 부녀국이 생겨 났다. • 부녀국은 1963년 부녀아동국으로 변화하였다.	• 정책 대상으로서 가족의 존재는 분명하게 규정 되지 않았으며, 다만 아동이나 부녀가 가족 구 성원으로서 정책 대상이 되었다고 볼 수 있다.
1981~ 1990	• 가정복지국이 생겨났고, 국 산하에 아동복지 과, 부녀복지과, 가정복지과가 신설되었다.	• 정책 대상으로서 가족의 존재가 부각되기 시작 하였으나, 단순히 거주 단위로서 '가정' 개념이 도입되었기 때문에 정책 대상으로서 가족을 의 미한다고 보기는 어렵다.
1990~ 2005	• 사회국과 가정복지국이 통합되어 사회복지정 책실이 만들어졌다. • 사회복지정책실이 사회복지정책부로 변경된 2005년까지 사회복지정책실 체제에서 가족정 책이라는 용어는 찾아볼 수 없다.	• '가정정책'은 사회복지정책의 히위 범주로 분 류할 수 있게 되었다. • 저출산 문제가 사회 담론으로 등장하기 시작 한 2000년대에 들어서면서, 가정아동복지과가 생겼다가 인구 · 가정정책과로 명칭이 변경되 었다. 이 명칭 변경은 가정(가족)이 인구정책 의 대상으로서 의미를 갖기 시작한 것이라고 볼 수 있다.

출처: 정재훈, 이소영(2011), p. 41에서 재구성.

그리고 2010년 3월 가족 기능이 다시 여성가족부로 이관되었고, 청소년가족정책실 내에 가족정책관, 가족정책과, 가족지원과, 다문화가족과가 설치되었다. 이때 아동과 보육에 관한 사무는 보건복지부 소관으로 남겨졌다.

이와 같이 2005년 여성가족부 출범을 기점으로 가족정책 담당 부처의 제도화가 이루어졌으며, 정책 대상으로서 가족이 명백하게 규정되었다. 그 후 가족에게 직접적으로 영향을 미치는 정책 도입도 상대적으로 가속화되었다(정재훈, 이소영, 2011: 41).

2) 가족정책 방향

가족정책은 한 개인이 살아가면서 거치게 될 여러 위험과 장애를 예방하고 감소하기 위한 사회적 개입과 대책으로서의 위상을 지닌다. 가족은 사적 영역과 공적 영역이 함께 만나는 장으로서 국가는 종합적이고 유기적인 정책을 실시하여 사회 문제를 예방하도록 도와야 한다(변화순, 2010: 82-83). 앞으로의 가족정책은 각각 공사 영역으로 분리되던 전통적 패러다임을 넘어서 상호 연결되었을 때 지속가능성을 담보할 수 있다. 송다영, 정선영(2013)은 가족정책이 노동시장, 가족 구조, 성별 관계의 변화 속에서 사회의 지속가능성을 담보하는 사회정책으로서의 위상을 가지기 때문에 보편주의와 성 평등 관점을 견지하는 패러다임으로의 전환을 제안하였다(송다영, 정선영, 2013: 145).

이런 측면에서 여성가족부의 가족정책은 저출산 정책의 핵심 영역과 고용노동부의 일·가정양립정책과 긴밀히 연계되고 통합될 필요가 있다(김혜영, 2012: 88). 가족정책은 돌봄에 대한 사회적 책임을 강화하고 일·가족양립을 할 수 있는 환경을 만들고 이를 지원할 수 있는 정책적 개입을 통해 여성의 노동시장 진출을 촉진하고, 남성의 가족돌봄 참여가 상시화되는 사회구조로의 전환을 모색해야 한다. 이를 위해 일(기업)-가족-사회가 공동체로 재통합하면서 돌봄의 연대를 형성해야 한다. 돌봄의 가치가 전제되어야 아동보육, 노인돌봄 정책, 적극적 노동시장 정책, 일·가족양립 정책, 사회복지정책과의 결합 속에서 새로운 전망을 제시할 수 있다. 또한 가족정책을 '가족' 자체만을 대상으로 하는 하나의 개별적이고 분리된 정책이 아니라 사회정책과의 유기적 관계 속에서 방향성을 정립할 때 정책 선순환을 이루어 낼 수 있다(송다영, 정선영, 2013: 181-183).

최근 한국 가족의 변동은 한국 사회에서 가족의 의미 퇴색과 지속 여부를 고민할 정도로 급격하고 근본적이다. 기본적으로 1인가구 증가, 2세대 가구감소 등 가족의 구성

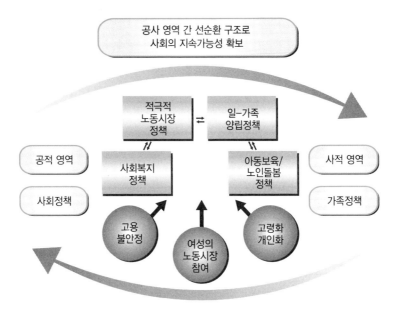

[그림 7-1] **가족정책 패러다임**

출처: 송다영, 정선영(2013), p. 153, 163에서 재구성.

이 다양화되고 있다. 또한 결혼을 필수로 생각하는 비율이 감소하고 자녀를 반드시 낳아야 한다는 인식도 줄어들고, 동거나 이혼·재혼에 대한 동의 비율이 높아지는 등 가족가치관이 바뀌고 있다. 또한 가족 구성원 개개인을 존중하고 독립성을 인정해 달라는 요구도 늘어나고 있다. 가족 가치관의 변화와 가족 구성원 내 개인 존중 가치 증가는 한국 가족에서 가족 관계에 근본적인 변화가 일어나고 있음을 의미하는 것이다. 이러한 가족의 변화는 한국 사회의 심각한 저출산·고령화와 직접적으로 연결되어 있어 2021년 한국은 합계출산율 0.81명의 세계 초저출산국이 되었고, 인구 고령화가 급진전되고 있다. 심각한 저출산과 급속도로 진행되는 고령화로 인해 보육서비스와 노인장기요양보험 등 돌봄지원을 위한 제도가 꾸준히 마련되고 확대되어 왔음에도 불구하고 가족의 돌봄 부담은 여전한 실정이다.

한국 가족의 변동의 핵심은 과거와 달리 다양성이 증가하고 있다는 점이다. [그림 7-2]와 같이 가족의 정의에서도 다양성 포용으로 변화하고 있다. 가족 구조 측면에서는 과거에 절반에 가까웠던 부부와 자녀로 이루어진 가구 형태가 줄어들고 1인가구의 급증, 무자녀 부부의 지속적 증가 등이 나타나고 있다. 특히 가구규모가 급격히 축소되어 4인 이상 가구보다 3인 이하 가구가 더 많아졌다. 다음으로, 결혼은 이제 필수가 아니라 선택이 되고, 비혼 출산에 대한 동의 비율도 높아지는 등 가족형성이나 구성방식이 다양화되었다. 가족관계에서도 집단으로서 가족과 더불어 가족 구성원 개인에 대한 존중 요구가 늘어나고 있다. 그 결과 개인의 가족생활주기가 다변화되고 있다. 과거와 달리 '학업-취업-결혼-출산'이라는 순차적인 경로를 따르지 않거나 가족을 구성하지 않는 비혼이 증가하고 있으며, 결혼하더라도 출산을 장기간 연기하거나 출산하지 않는 경우도 늘어나고 있다. 또 비혼 동거 등 기존의 제도화된 가족 형성 방식을 거부하는 경우도 발생하고 있다. 그리고 가족의 핵심 기능인 부양과 돌봄은 공적 지원제도의 확대에도 불구하고 여전히 가족의 책임을 전제하고 있어 가족의 부양 및 돌봄 부담은 줄어들고 있지 않다. 특히 맞벌이 증가 등으로 인해 가족의 자녀돌봄 욕구는 점점 증가하는 반면, 여전히 공적 지원은 불충분한 실정이다. 노인돌봄의 경우에도 평균수명 연장으로 돌봄기간이 장기화되고 있는데 현재의 장기요양 제도로는 충분하지 않다. 또한 일상적 돌봄이나 정서적 돌봄 등 가족이 하고 있는 돌봄기능은 공적 돌봄 영역에서는 전혀 포괄되지 않고 있다.

가족 다양성을 인정하고 포용하는 정책, 가족관계 안에서 세대 간 및 남녀 간 연대하고, 계층적 지위로 인한 가족 간 갈등을 넘어서 통합할 수 있는 포용적이고 보편적인 가족정책과 가족서비스가 요구된다. 특히 가족생활은 지역사회를 기반으로 이루어지기 때문에 지역사회에서 가족 다양성을 포용하고 계층·성·세대 간 통합 연대를 할 수

남녀가 자녀를 동반하여 일생 지속되는 법적이며 성적으로 배타적인 결혼 관계를 의미. 여기서 남자는 생계 부양자이며 궁극적 권위를 가짐(Macklin, 1987)

의존성, 의무감, 사랑, 돌봄 또는 협력 등의 이유로 서로에게 관심이 있는 사람들이 구성한 집단(Rothausan, 1999)

대부분의 유럽 국가에서 새로운 형태의 가족(예: 동거커플, 재혼커플, 한부모가족, 이미 자식이 있는 남녀의 재혼을 통해 이뤄진 복합가족 등)은 결혼에 기반한 가족과 동등하게 가족을 대상으로 하는 정부의 지원을 받을 수 있는 권리가 있음(EU, 2011).

[그림 7-2] 가족의 정의: 다양성 포용으로 변화
출처: Farrer & Lay Eds. (2011); 여성가족부(2021. 4. 27.), p. 12.

있도록 지역기반의 가족지원서비스가 마련되어야 할 것이다.

그러나 지금까지 가족지원서비스는 주로 가족주기 면에서는 육아기 자녀가 있는 가족을 주요 대상으로 하였다. 가족관계에서는 부부 관계, 학령기 이하 연령대의 자녀와 부모관계 관련 내용이 비중이 상대적으로 더 컸다. 가족돌봄의 경우에도 자녀돌봄 관련 내용이 더 많았다. 결과적으로 변화하는 가족에서 증가하고 있는 1인가구, 중장년기나 노년기에 있는 가족, 자녀가 없는 가족 등은 상대적으로 가족정책서비스를 충분히 받지 못하였다. 그리고 노부모돌봄은 고령화 사회 가족에게 심각한 문제임에도 불구하고 가족정책서비스 기관에서는 관련 서비스나 프로그램이 거의 없었다. 또한 지역에 기반하여 가족 간 소통과 연대를 위한 프로그램이 주요 사업으로 추진되고는 있으나 대상 가족의 범주가 여전히 일반가족, 다문화가족이 중심이 되고 있어 무자녀 부부가족, 1인가구 등 가족 다양성을 모두 포괄하고 있지 못한 실정이다(한국건강가정진흥원, 2019. 11: 36-37).

유럽연합의 〈가족들과 사회들〉(Families and Societies) 연구팀은 유럽가족의 미래를 위한 정책 조언에서 무엇보다 가족형태와 가족관계의 다양성을 고려해야 함을 강조하며, 가족별 특성과 메커니즘에 대한 이해를 높여갈 것을 권고하고 있다. 정책의 가장 우선적 초점은 빈곤 위험과 박탈 위험이 높은 집단에 대한 체계적인 실태 파악일 것이다. 유럽의 보고서들은 특히 아동빈곤과 관련하여 한부모가족에 좀 더 관심을 기울일 필요가 있다고 제언했으며, 일-가정양립정책 역시 한부모의 입장에서 설계함으로써 성인이 양육과 노동을 양립하는 삶을 정상화해야 한다고 제언했다. 한부모가족뿐 아니라 이혼·재혼 가족에 대해서도 법률, 정책, 관행 등에서 부정적 편견이나 차별을 양산하고 있는지에 대한 포괄적인 관심이 필요할 것이다(한국건강가정진흥원, 2019. 12.: 230).

2. 가족정책 관련 법 제정 및 주요 내용

2004년 「건강가정기본법」이 통과되면서 가족정책이 명시적인 하나의 정책 영역으로 자리 잡았다. 그 후 「가족친화 사회환경의 조성 촉진에 관한 법률」, 「다문화가족지원법」 등 가족정책 관련 법이 제정되고, 「한부모가족지원법」, 「남녀고용평등과 일·가정 양립 지원에 관한 법률」 등이 전면 개정되면서 가족정책의 제도적 기반이 마련되었다(이현아, 2012: 97). 여기에서는 핵심적인 가족정책 관련 법이며 건강가정 실천의 기반이 되는「건강가정기본법」,「한부모가족지원법」그리고「다문화가족지원법」을 중심으로 살펴보고자 한다.

1)「건강가정기본법」의 제정 및 주요 내용

(1)「건강가정기본법」의 제정

「건강가정기본법」은 당시 가족 위기가 사회적 위기감으로 출현하면서 가족이 가진 부담을 국가와 사회가 분담해야 한다는 문제의식에서 출발하였다(윤홍식 외, 2011: 356). 또한 요보호 대상자 위주로 한 소극적 복지정책은 가족의 위기 문제를 해결하는 데 한계가 있음을 인식하고, 가족 전체를 포함하는 예방과 해결 차원의 적극적이고 전문적인 개입의 필요성이 제기되었다. 이에 따라 정부는 가족과 그 구성원의 삶의 질 향상에 대한 사회적 책임을 인식하고, 기혼 취업 여성의 자녀양육, 노인 단독가구에 대한 돌봄, 한부모가족의 생활 안정, 가족의 기능 강화 등을 지원할 필요가 있다고 인식하였다.

이런 맥락에서「건강가정기본법」은 급변하는 현대사회에서 제기되는 가족의 문제를 예방·해결하고 건강한 가정을 구현하기 위하여 가정중심의 통합적 복지 서비스 체계를 확립한다는 목적을 갖고 제정되었다.「건강가정기본법」은 2004년 2월 9일 제정되어 2005년 1월 1일부터 시행되었으며, 총 5장 37조의 본칙과 부칙으로 구성되어 있다.「건강가정기본법」은 기본법이기 때문에 가족복지와 관련된 사업이 규정된 경우는 해당 사업법을 통해 실시하고, 선언적 의미와 개발되어야 할 사업 영역을 규정하는 법 체계를 가진다(권금주, 2011: 85-89).

2016년 5월에는「건강가정기본법」일부개정안이 국회 본회의를 통과하여 재난 사고를 겪은 위기가족에 대한 긴급지원 법적 근거를 마련하고, 부성 보호 및 육아환경 조성 지원 의무를 규정하였다. 주요 개정 내용은 "국가와 지방자치단체의 의무에 현행법의 모성 보호와 출산환경 조성에 더하여 부성 보호와 육아환경 조성 지원 의무를 규정"(안 제8조 제2항), "위기가족이 재난 위기를 극복하고 조속히 회복하기 위한 가족돌봄, 가족의 심리·정서 지원 등 필요한 지원을 하여야 함"(안 제21조의2 신설)이다(정책브리핑, 2016. 5. 19.).

「건강가정기본법」에 따른 기본계획이 수립되면서 가족정책에 대한 논의가 확대되어 왔다. 그러나 '건강가정'의 개념이 한국 사회가 압축적으로 경험하고 있는 가족의 역동성을 적절히 반영하지 못한다는 비판이 제기되었고, 다양한 가족지원정책은 좁은 의미의 다양한 가족유형을 지원 대상으로 언급함으로써 오히려 낙인의 대상으로 만들거나 정책의 포괄적 체계를 약화시켰다는 지적도 있다(한국건강가정진흥원, 2019. 12.: 3-4).

(2) 주요 내용

① 총칙(목적과 기본이념)

「건강가정기본법」 총칙에는 목적과 기본이념 그리고 정의가 제시되어 있으며, 그 주요 내용은 다음과 같다.

- 목적: 건강한 가정생활의 영위와 가족 유지 및 발전을 위한 국민의 권리·의무와 국가 및 지방자치단체 등의 책임을 명백히 하고, 가정문제의 적절한 해결방안을 강구하여 가족 구성원의 복지증진에 이바지할 수 있는 지원정책을 강화함으로써 건강가정 구현에 기여하는 것을 목적으로 한다(제1조).
- 기본이념: 가정은 개인의 기본적인 욕구를 충족시키고 사회통합을 위하여 기능할 수 있도록 유지·발전되어야 한다(제2조).
- 정의(제3조)
    - '가족'은 혼인·혈연·입양으로 이루어진 사회의 기본단위이다.
    - '가정'은 가족 구성원이 생계 또는 주거를 함께하는 생활공동체로서 구성원의 일상적인 부양·양육·보호·교육 등이 이루어지는 생활단위다.
    - '1인가구'는 1명이 단독으로 생계를 유지하고 있는 생활단위다.
    - '건강가정'은 가족 구성원의 욕구가 충족되고 인간다운 삶이 보장되는 가정이다.
    - '건강가정사업'은 건강가정을 저해하는 문제의 발생을 예방하고 해결하기 위한 여러 가지 조치와 가족의 부양·양육·보호·교육 등의 가정 기능을 강화하기 위한 사업이다.

② 건강가정정책

「건강가정기본법」 제2장에서는 건강가정정책에 대해 규정하고 있다. 주요 내용을 살펴보면 다음과 같다.

- 건강가정기본계획을 5년마다 수립, 연도별 시행계획의 수립 · 시행
- 시 · 도별 시행계획의 조정, 계획 수립의 협조
- 교육 · 연구의 진흥, 가족실태조사 5년에 한 번 실시

③ 건강가정사업

「건강가정기본법」 제3장에서는 건강가정사업을 규정하고 있다. 여기에는 가정에 대한 지원, 자녀양육지원 강화, 가족단위 복지증진, 가족의 건강증진, 가족부양의 지원, 민주적이고 양성평등한 가족 관계의 증진, 가족단위의 시민적 역할 증진, 가정생활문화의 발전, 가정의례, 가정봉사원, 이혼예방 및 이혼가정지원, 건강가정교육, 자원봉사활동 지원이 제시되고 있다.

표 7-3 「건강가정기본법」의 구성

제1장 총칙	제3장 건강가정사업
제1조(목적) 제2조(기본이념) 제3조(정의) 제4조(국민의 권리와 의무) 제5조(국가 및 지방자치단체의 책임) 제6조(다른 법률과의 관계) 제7조(가족가치) 제8조(혼인과 출산) 제9조(가족해체 예방) 제10조(지역사회자원의 개발 · 활용) 제11조(정보제공) 제12조(가정의 날)	제21조(가정에 대한 지원) 제22조(자녀양육지원의 강화) 제23조(가족단위 복지증진) 제24조(가족의 건강증진) 제25조(가족부양의 지원) 제26조(민주적이고 양성평등한 가족관계의 증진) 제27조(가족단위의 시민적 역할증진) 제28조(가정생활문화의 발전) 제29조(가정의례) 제30조(가정봉사원) 제31조(이혼예방 및 이혼가정지원) 제32조(건강가정교육) 제33조(자원봉사활동의 지원)
제2장 건강가정정책	**제4장 건강가정전담조직 등**
제13조 삭제 제14조 삭제 제15조(건강가정기본계획의 수립) 제16조(연도별 시행계획의 수립 · 시행 등) 제17조(시 · 도별 시행계획의 조정 등) 제18조(계획수립의 협조) 제19조(교육 · 연구의 진흥) 제20조(가족실태조사)	제34조(건강가정사업 전담수행) 제35조(건강가정지원센터의 설치) **제5장 보칙** 제36조(민간단체 등의 지원) 제37조(과태료)

출처: 「건강가정기본법」 [제정 2004. 2. 9. 법률 제 07166호], (법률 제17280호, 2020. 5. 19. 일부개정).

라. 건강가정사업을 위한 전담조직

「건강가정기본법」제34조에서 여성가족부, 지방자치단체는 건강가정사업을 전담하여 수행할 수 있도록 하였다. 그리고 제35조에서는 건강가정지원센터의 설치를 다음과 같이 제시하고 있다.

- 국가 및 지방자치단체는 가정문제의 예방 · 상담 및 치료, 건강가정 유지를 위한 프로그램의 개발, 가족문화운동의 전개, 가정 관련 정보 및 자료제공 등을 위하여 건강가정지원센터를 설치 · 운영하여야 한다.
- 센터에는 건강가정사업을 수행하기 위하여 관련 분야에 대한 학식과 경험을 갖춘 전문가(건강가정사)를 두어야 한다.
- 건강가정사는 대학 또는 이와 동등 이상의 학교에서 사회복지학, 가정학, 여성학 등 여성가족부령이 정하는 관련 교과목을 이수하고 졸업한 자이어야 한다.

(3) 「건강가정기본법」제정 의의 및 기대 효과

「건강가정기본법」제정 당시 입안의 출발과 절차, 법이 담고 있는 가족과 가족정책의 틀, 법이 표방하는 이념적 지향, 그리고 서비스 전달체계의 합리성에 이르기까지 논란이 많았다(권금주, 2011: 85). 그럼에도 「건강가정기본법」은 우리나라에서 최초로 저출산, 이혼율, 빈곤가족의 증가와 같은 가족 문제에 대하여 국가의 책임이나 분담을 적극적으로 표명했다는 역사적 의의를 지닌다(정재훈 외, 2005: 17).

이와 같은 맥락에서 이기영은 「건강가정기본법」이 '가정'에 대하여 새로운 패러다임으로 접근하는 계기를 주는 통합적인 법이라고 지적한다. 이 법은 지금까지 아동 · 청소년 · 노인 · 여성 등 개별 대상에 접근하는 법은 있으되 '가정생활'에 대한 통합적 법은 없었다는 한계를 극복하고 있다. 나아가서 「건강가정기본법」은 가정문제를 해결하고 예방하며, 가정의 건강성을 증진시키기 위해 국가와 사회가 행정적 · 제도적 기틀을 마련했다는 의의를 갖는다(이기영, 2004; 조희금 외, 2010a: 98-99, 122-123 재인용).

2) 「한부모가족지원법」의 제정 및 주요 내용

(1) 「한부모가족지원법」

「한부모가족지원법」은 1989년 제정된 「모자복지법」에 근간을 두고 있다. 이 법은 배우자의 사별, 이혼, 유기, 별거 등의 사유로 배우자가 없거나 배우자가 있어도 노동 능력을 상실하여 여성이 생계를 책임지는 모자가정의 자립 재활을 지원하기 위해 제정되었다. 이후 「모자복지법」은 2002년 부자가정의 자립재활을 위한 국가 지원의 필요성이 부각되면서 「모·부자복지법」으로 개정되었다. 그 후 2007년 조손가족까지 지원할 수 있도록 「한부모가족지원법」으로 다시 개정되었다.

「한부모가족지원법」은 한부모가족이 건강하고 문화적인 생활을 영위할 수 있도록 함으로써 한부모가족의 생활 안정과 복지 증진에 이바지함을 목적으로 한다. 동법은 국가와 지방자치단체가 이들의 권익을 보호하기 위해 노력해야 한다고 밝히면서 복지급여, 복지자금, 고용촉진 등의 복지 내용과 한부모가족 복지시설의 설치와 운영 등에 대해 규정하고 있다(「한부모가족지원법」, 2007; 권금주, 2011: 92).

(2) 「한부모가족지원법」의 주요 내용

「한부모가족지원법」 제2장의 제10~18조에는 주로 재가 저소득 모부자 가정을 대상으로 생계와 고용, 서비스와 주택 관련 사업 등의 지원 내용이 포함되어 있다. 동법에 의하면, 모(母) 또는 부(父)와 만 18세 미만(취학 시 만 22세 미만)의 자녀로 이루어진 가정(세대)이 저소득 한부모가족 선정 기준을 충족할 경우 지원 대상으로 선정된다. 해당 대상자는 생계비, 아동교육지원비, 직업훈련비 및 훈련기간 중의 생계비, 아동양육비 등의 복지급여를 신청할 수 있다. 이때 5세 이하의 아동을 양육하고 있는 미혼모나 미혼부는 예산의 범위에서 추가적인 복지급여를 받을 수 있다.[2] 그리고 한부모가족의 생활 안정과 자립을 촉진시키기 위하여 사업에 필요한 자금, 아동교육비, 의료비, 주택자금 등의 복지자금 대여와 함께 능력과 적성을 고려하여 고용을 촉진하고, 고용지원 연계를 하도록 하며, 공공시설의 매점 및 시설이 설치될 경우 한부모 아동의 시설 이용을 우선적으로 허가하는 내용이 포함되어 있다.

---

2) 그러나 「국민기초생활보장법」 등 다른 법령에 따라 보호를 받고 있는 경우에는 대상자에서 제외된다.

또한 제17~18조에는 국가나 지방자치단체가 한부모가족을 위하여 아동의 양육 및 교육 서비스, 부양 서비스, 가사 서비스, 가족 관계 증진 서비스 등의 가족지원 서비스를 제공해야 하며, 「주택법」에 의해 국민주택을 분양하거나 임대할 때에는 한부모가족에게 일정 비율을 우선 분양하도록 하는 내용도 명시되어 있다(「한부모가족지원법」, 2007; 윤경자 외, 2012: 174-175).

3) 「다문화가족지원법」의 주요 내용

「다문화가족지원법」은 다문화가족 구성원이 안정적인 가족생활을 영위할 수 있도록 함으로써 이들의 삶의 질 향상과 사회통합에 이바지함을 목적으로 2008년 3월 제정되었다. 이 법은 2010년 1월, 2011년 4월, 2013년 3월, 2015년 12월에 일부 개정되었다.

「다문화가족지원법」에서는 3년마다 다문화가족의 현황 및 실태를 파악(제4조)함으로써 다문화가족 지원을 위한 정책 수립에 이를 활용하도록 한다. 그리고 여성가족부 장관은 다문화가족 지원을 위해 5년마다 다문화가족정책에 관한 기본계획을 수립하도록 한다(제3조의2, 2011. 4. 신설). 또한 다문화가족의 삶의 질 향상과 사회통합에 관한 주요 사항을 심의 · 조정하기 위하여 다문화가족정책위원회를 설치하도록 한다(제3조의 4, 2011. 4. 신설).

특히 2011년 개정에서는 국가와 지방자치단체는 다문화가족에 대한 사회적 차별 및 편견을 예방하고 사회 구성원이 문화적 다양성을 인정하고 존중할 수 있도록 다문화 이해교육을 실시하고 홍보 등 필요한 조치를 하도록 한다(제5조, 2011. 4. 신설). 동법에서는 다문화가족을 지원하기 위해서 생활정보 제공 및 교육지원(제6조), 평등한 가족관계의 유지를 위한 조치(제7조), 가정폭력 피해자에 대한 보호 · 지원(제8조), 의료 및 건강관리를 위한 지원(제9조), 아동 보육 · 교육(제10조), 다국어에 의한 서비스 제공(제11조) 등을 규정하고 있다. 그 밖에도 2013년 개정에서는 다문화가족 종합정보 전화센터의 설치 · 운영 등(제11조의2, 2013. 8. 신설)에 관한 조항을 신설하였다(「다문화가족지원법」, 2013).

3. 건강가정기본계획 및 다문화가족정책 기본계획

1) 건강가정기본계획

「건강가정기본법」은 체계적인 가족정책을 개발·실시하는 기반이 되었다. 건강한 가정 구현이라는 목적 달성을 위하여 건강가정기본계획을 수립하여 시행하고 있다. 제1차, 제2차 건강가정기본계획 수립·추진을 통하여 「가족친화 사회환경의 조성 촉진에 관한 법률」 및 「아이돌봄 지원법」 제정, 건강가정지원센터 확대 등 가족정책의 추진 기반을 마련하였고, 가족을 둘러싼 환경 변화 및 정책 수요 등을 고려하여 제3차 건강가정기본계획(2016~2020), 제4차 건강가정기본계획(2021~2025)을 수립하였다.

제1차 건강가정기본계획은 '가족 모두 평등하고 행복한 사회'라는 비전 아래 가족과 사회에서의 남녀 간·세대 간 조화를 실현하고 가족 및 가족 구성원의 삶의 질 증진을 목표로 하였다. 과제로는 ① 가족돌봄의 사회화, ② 직장·가정의 양립, ③ 다양한 가족에 대한 지원, ④ 가족친화적 사회 환경 조성, ⑤ 새로운 가족 관계 및 문화 조성, ⑥ 가족정책 인프라 확충이 설정되었다(관계부처 합동, 2016: 6).

제2차 건강가정기본계획은 '함께 만드는 행복한 가정, 함께 성장하는 건강한 사회'라는 비전 아래 개인과 가정의 전 생애에 걸친 삶의 질 만족도 제고, 가족을 위한, 가족을 통한 사회적 자본 확충을 목표로 하였다. 과제로는 ① 가족가치의 확산, ② 자녀 돌봄 지원 강화, ③ 다양한 가족의 역량강화, ④ 가족친화적인 사회 환경 조성, ⑤ 가족정책 인프라 강화와 전문성 제고로 설정되었다(관계부처 합동, 2016: 7). 제2차 기본계획의 한계는 다음과 같이 지적되고 있다. 첫째, 취약가족을 중심으로 한 잔여적 복지정책에서 맞벌이가족 증가 등 가족 환경의 변화에 따라 다양한 가족을 모두 포괄할 수 있는 보편적 가족정책의 확대가 필요하다. 둘째, 자녀양육, 육아·가사 분담 등 맞벌이가족의 어려움을 경감해 줄 정책적 지원이 필요하다. 셋째, 일·가정 양립을 위한 다양한 제도가 도입되었으나 여전히 현장에서 실천이 어려우며, 특히 남성의 활용도가 매우 낮은 실정이어서 남성을 위한 별도의 정책적 지원이 필요하다. 넷째, 가족 유대감 약화, 소통 단절 문제를 해결하기 위해 가족 교육·상담 등 가족관계 개선을 위한 지원을 강화하여 가족해체 예방이 필요하다(관계부처 합동, 2016: 8).

　　이런 인식을 기반으로 여성가족부, 보건복지부, 고용노동부 등 14개 중앙행정기관이 참여하여 제3차 건강가정기본계획의 비전과 목표 및 정책과제가 수립되었다. 제3차 건강가정기본계획은 '모든 가족이 함께 행복한 사회 구현'이라는 비전 아래 다양한 가족의 삶의 질 향상, 남녀 모두 일·가정 양립 실현을 목표로 하였다. 제3차 건강가정기본계획의 특징은, 첫째, '가족관계 증진을 위한 서비스 기반 조성' 정책 과제 신설을 통하여 보편적 가족서비스를 주요 정책과제로 부각, 둘째, 일·가정 양립을 여성만의 문제가 아닌 남성과 기업 모두가 함께 실천해야 한다는 점을 강조하여 정책과제를 발굴, 셋째, 맞벌이가족 지원, 남성의 일·가정 양립 지원 강화, 임산부 보호 등 새로운 정책 수요가 증가하고 있는 분야의 단위과제 신설, 넷째, 작은 결혼문화, 임산부 배려문화, 소비주의적 육아문화 개선 등 생애주기별 출산친화적 사회문화 조성을 강조하였다(관계부처 합동, 2016: 13).

　　제4차 건강가정기본계획은 '2025 세상 모든 가족 함께' 모든 가족 구성원을 존중하는 사회라는 비전 아래 가족 다양성을 인정하고 평등하게 돌보는 사회에 정책목표를 두고 있다. 정책과제로는, 첫째, 세상 모든 가족을 포용하는 사회기반 구축을 위한 가족 다양성을 수용하는 법 제도가 필요하다. 둘째, 모든 가족의 안정적 생활 여건 보장으로 가족 변화에 대응하는 경제적 기반 강화와 모든 가족을 위한 가족서비스 확대, 지역 중심 통합적 가족서비스 기반 구축이 필요하다. 셋째, 가족 다양성에 대응하는 사회적 돌봄 체계 강화로 지역 기반 다양한 가족의 돌봄 지원확대와 가족돌봄 지원의 양적·질적 강화가 필요하다. 넷째, 함께 일하고 돌보는 사회 환경 조성으로 남녀 모두의 일하면서 돌볼 수 있는 권리 보장과 평등하게 일하고 돌보는 문화 확산이 필요하다(여성가족부, 2021. 4. 27.).

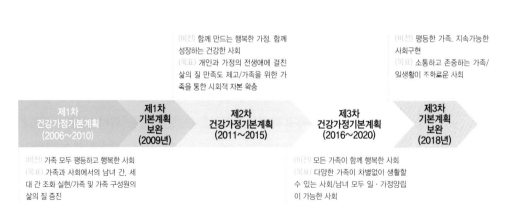

[그림 7-3] 제1~3차 건강가정기본계획의 구조

출처: 여성가족부(2021. 4. 27.), p. 2.

표 7-4　1~4차 건강가정기본계획

구분	비전	정책목표	정책과제	
1차	가족 모두 평등하고 행복한 사회	가족과 사회에서의 남녀 간·세대 간 조화 실현, 가족 및 가족 구성원의 삶의 질 증진	1. 가족돌봄의 사회화	1-1 가족의 자녀양육 부담 경감 1-2 가족돌봄에 대한 사회적 지원 강화
			2. 직장·가정의 양립	2-1 남성의 가족생활 참여 지원 2-2 여성의 경제 활동 참여 기반 구축
			3. 다양한 가족에 대한 지원	3-1 한부모가족에 대한 포괄적 지원 체계 구축 3-2 다문화가족의 사회통합 지원 3-3 다양한 소외가족에 대한 맞춤형 서비스 제공
			4. 가족친화적 사회환경 조성	4-1 가족친화적 직장 환경 조성 4-2 가족친화적 지역사회 조성 4-3 안전한 가족생활 환경 조성
			5. 새로운 가족관계 및 문화조성	5-1 가족관계 증진 및 가족문제 예방 5-2 건강한 가족문화 조성
			6. 가족정책 인프라 확충	6-1 가족정책의 총괄·조정 체계 정비 6-2 가족정책 추진 인프라 확충 및 내실화
2차	함께 만드는 행복한 가정, 함께 성장하는 건강한 사회	개인과 가정의 전 생애에 걸친 삶의 질 만족도 제고, 가족을 위한, 가족을 통한 사회적 자본 확충	1. 가족가치의 확산	1-1 건강한 가족문화 확산 1-2 남성의 가족생활 참여 지원
			2. 자녀 돌봄 지원 강화	2-1 자녀 돌봄지원의 다양화 2-2 부모역할 지원
			3. 다양한 가족의 역량강화	3-1 한부모가족 지원정책 확대 및 맞춤형 지원 서비스 제공 3-2 다문화가족 지원 서비스 활성화 3-3 가족돌봄자 및 취약가정을 위한 지원체계 구축
			4. 가족친화적인 사회환경 조성	4-1 가족친화적인 직장환경 조성 4-2 가족친화적인 지역환경 조성
			5. 가족정책 인프라 강화와 전문성 제고	5-1 가족정책 기반 강화 및 효율화 5-2 가족지원서비스 전달체계 전문화와 특성화
3차	평등한 가족, 지속가능한 사회 구현	소통하고 존중하는 가족, 일·생활이 조화로운 사회	1. 민주적 가족문화 조성	1-1 평등한 가족생활 여건 조성 1-2 민주적인 가족문화 확산
			2. 함께 돌봄 체계 구축	2-1 믿고 맡길 수 있는 돌봄체계 구축 2-2 가족돌봄에 대한 공공성 강화
			3. 가족 형태별 맞춤형 지원	3-1 다양한 가족에 대한 차별 개선 3-2 모든 아동과 가족에 대한 평등한 지원
			4. 가족의 일·쉼·삶의 균형	4-1 휴식 있는 삶을 위한 일·생활 균형 지원 4-2 기업의 일·생활 균형 촉진
			5. 가족정책 기반 조성	5-1 가족정책 추진체계 구축 5-2 가족환경 변화에 따른 법령 정비

4차	'2025 세상 모든 가족 함께' 모든 가족, 모든 가족 구성원을 존중하는 사회	가족 다양성 인정 평등하게 돌보는 사회	1. 세상 모든 가족을 포용하는 사회 기반 구축	1-1 가족 다양성을 수용하는 법·제도 마련
				1-2 가족 다양성 인식과 평등한 가족문화 확산
				1-3 가정폭력 대응 강화 등 가족 구성원 인권 보호
			2. 모든 가족의 안정적 생활 여건 보장	2-1 가족 변화에 대응하는 경제적 기반 강화
				2-2 가족 특성을 고려한 자녀양육 여건 조성
				2-3 모든 가족을 위한 가족서비스 확대
				2-4 지역 중심의 통합적 가족서비스 기반 구축
			3. 가족 다양성에 대응하는 사회적 돌봄 체계 강화	3-1 지역 기반 다양한 가족의 돌봄지원 확대
				3-2 돌봄위기 대응 안전하고 촘촘한 돌봄 체계 구축
				3-3 가족돌봄 지원의 양적·질적 강화
			4. 함께 일하고 돌보는 사회 환경 조성	4-1 남녀 모두의 일하면서 돌볼 수 있는 권리 보장
				4-2 평등하게 일하고 돌보는 문화 확산
				4-3 가족·돌봄 친화적인 지역사회 조성

비전	'2025 세상 모든 가족 함께' 모든 가족, 모든 가족 구성원을 존중하는 사회	
목표	가족 다양성 인정	평등하게 돌보는 사회

영역별 과제	영역(4개)	정책과제(11개)
	1. 세상 모든 가족을 포용하는 사회기반 구축	1. 가족 다양성을 수용하는 법·제도 마련 2. 가족 다양성 인식과 평등한 가족문화 확산 3. 가정폭력 대응 강화 등 가족 구성원 인권 보호
	2. 모든 가족의 안정적 생활여건 보장	1. 가족 변화에 대응하는 경제적 기반 강화 2. 가족 특성을 고려한 자녀양육 여건 조성 3. 지역 중심의 통합적 가족서비스 체계 구축
	3. 가족 다양성에 대응하는 사회적 돌봄 체계 강화	1. 시역 기반 다양한 가족의 돌봄지원 확대 2. 안전하고 촘촘한 돌봄 체계 구축 3. 가족돌봄 지원의 양적·질적 강화
	4. 함께 일하고 돌보는 사회환경 조성	1. 남녀 모두의 일하면서 돌볼 수 있는 권리 보장 2. 성평등 돌봄 정착 및 돌봄 친화적 지역사회 조성

[그림 7-4] **제4차 건강가정기본계획의 정책 체계**

출처: 여성가족부(2021. 4. 27.), p. 12.

2) 다문화가족정책 기본계획

「다문화가족지원법」 제3조의2에서는 '다문화가족 지원을 위한 기본계획을 수립'하도록 하고 있다. 제2차 다문화정책 기본계획(2013~2017)에 따르면, '활기찬 다문화가족, 함께하는 사회'를 구현하기 위하여 사회발전 동력으로서 다문화가족 역량강화 및

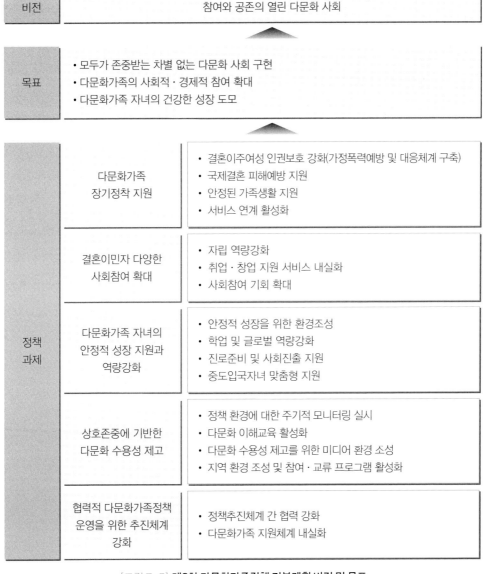

[그림 7-5] **제3차 다문화가족정책 기본계획 비전 및 목표**

출처: 여성가족부(2021. 4.), p. 6.

다양성이 존중되는 다문화사회 구현을 목표로 하고 있다. 6대 역점 과제는 ① 다양한 문화가 있는 다문화가족 구현, ② 다문화가족 자녀의 성장과 발달 지원, ③ 안정적인 가족생활 기반 구축, ④ 결혼이민자 사회경제적 진출 확대, ⑤ 다문화가족에 대한 사회적 수용성 제고, ⑥ 정책 추진 체계 정비다.

현재는 [그림 7-5]와 같이 [제3차 다문화가족정책 기본계획(2018~2022)]이 수립되어 추진 중이며, 법무부에서는 5년 주기로 [외국인정책 기본계획]을 수립하고 있다. 이 또한 [제3차 외국인정책 기본계획(2018~2022)]이 수립되어 추진 중이다.

4. 가족정책 기본 방향 및 주요 역점 추진 과제

1) 가족정책 기본 방향

가족정책의 기본 방향은 〈표 7-5〉에서 보는 바와 같이 ① 가족 기능 강화, ② 가족친화적 사회환경 조성, ③ 관련 서비스 연계 및 효율화로 가족정책 체감도 향상이다.

표 7-5 가족정책의 기본 방향

가족 기능 강화	• 경제 위기로 약화되기 쉬운 가족 기능의 역량강화 주력 • 가족돌봄을 위한 다양한 서비스 확대 • 다문화가족의 사회통합을 위한 사회적응 서비스 제공 • 가족에 대한 보편적·예방적 지원 서비스 확대 • 가족으로부터 이탈된 요보호 아동 등에게 건강한 가정 마련 서비스 지원 제공
가족친화적 사회환경 조성	• 지역사회 중심의 통합적 가족 지원 네트워크 강화 • 기업의 가족친화 경영 활성화 유도 • 가속진화 지역환경 조성 촉진 • 가족에 대한 보편적·예방적 지원 서비스 확대
관련 서비스 연계 및 효율화로 가족정책 체감도 향상	• 다양한 민·관 서비스 전달체계의 효율화 • 대상별·기능별 관련 서비스와 연계 강화

출처: 여성가족부(www.mogef.go.kr).

현재 여성가족부 정책을 둘러싼 환경은 급속하게 변화하고 있다. 새로운 기술 발전, 인구구성의 다양화, 초고령화와 저출산, 새로운 문화를 가진 MZ세대의 등장, 코로나 19 등 정책 환경이 변화함에 따라 여성·청소년·가족 정책에 대한 수요가 복잡화 다양화되면서 새로운 비전과 목표 제시가 필요해진 상황이다. [그림 7-6]에서 보는 바와 같이 현재 여성과 청소년·가족과 관련한 사회에서 일어나고 있는 문제들을 해결하기 위해 부처 차원의 혁신과 변화가 요구되고 있다. 따라서 여성·청소년·가족정책 환경을 분석하여 중장기 비전 수립 및 정책발전방안을 모색하여야 한다(여성가족부, 2021. 11.: 1-2).

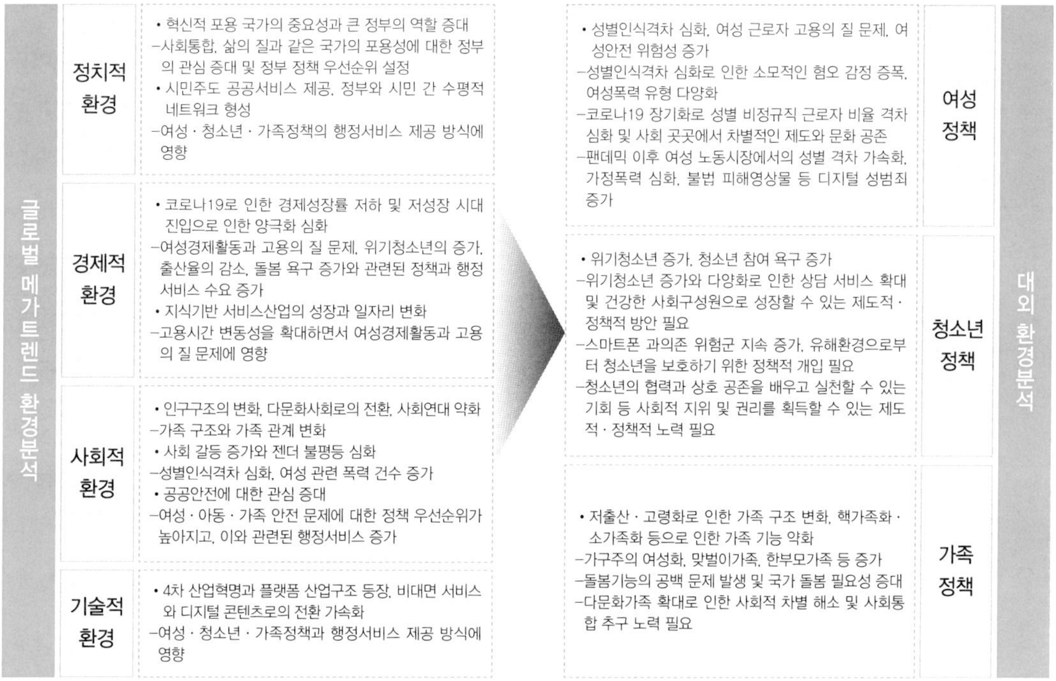

[그림 7-6] 여성·청소년·가족정책 환경

출처: 여성가족부(2021. 11.), p. 96.

2) 주요 역점 추진 과제

(1) 가족 기능 지원

① 부모의 야근·출장·질병 등으로 양육 공백이 발생하는 취업 부모 가정에 아이돌보미가 찾아가 돌봄 서비스를 제공하고, 소득 수준에 따라 이용요금 차등 지원

② 가족에 대한 상담, 교육, 문화 사업 확대

- 가족에 대한 상담: 실직, 가족 기능 약화 등 위기가족에 대한 맞춤형 가족상담 등 가족보호 지원 시스템 구축 운영 등
- 가족생활교육: 생애 주기별 가족생활교육
- 가족친화 문화 조성: 가족문화 캠페인, 가족여가/체험 프로그램 등

(2) 다양한 가족의 자립역량강화

① 다문화가족 생애 주기별 서비스 지원

표 7-6 가족사랑의 날

여성가족부는 기존의 '매월 셋째 주 수요일을 Family day'로 지정·운영하던 캠페인을 2010년부터 한글이름 공모전을 통해 대상을 수상한 명칭 '가족사랑의 날'로 변경, 매주 수요일로 확산시키고자 노력하고 있다. 대상별 주요 메시지(직장) '알찬 일과, 정시퇴근 일터 만들기'를 위하여 매주 수요일에 정시 퇴근하여 가족과 함께하고(가정) '가족사랑 약속을 실천'하여 가족사랑을 키우고, 가족의 사랑이 이웃까지 확산되도록 하고 있다. 가족사랑의 날 캠페인 내용은 다음과 같다.

- 가족의 실천 사항: '나부터 시작하는' 우리 가족 실천 약속
  - 대화, 놀이 등 매일 30분 이상 가족과 함께 시간을 갖는다.
  - 매주 2회 이상 가족과 저녁식사를 함께한다.
  - 매월 1일 이상 가족과 힘께 데이트한다.
  - 매년 4회 이상 가족과 함께 지역사회에 봉사활동을 한다.

- 일터의 실천 사항: '알찬 일과, 정시퇴근 일터 만들기' 실천 약속
  - 알찬 일과로 정시퇴근을 실천한다.
  - 매주 수요일은 '가족사랑의 날'로 하여 정시퇴근 후 가족과 함께하는 직장 분위기를 조성한다.
  - 직장 탐방, 가족친화 교육 등 가족까지 배려하는 활동을 마련한다.
  - 사회공헌활동을 실시하여 나눔문화를 확산한다.

출처: 여성가족부(www.mogef.go.kr).

② 한부모 · 조손가족의 자녀양육 지원

(3) 일과 가정의 양립 지원

① 삶의 질을 높이는 건강한 가족가치 확산: 매주 수요일 '가족사랑의 날 정시퇴근 실천' 활성화 및 양성 평등한 가정생활 참여를 위한 '부모교육' 확대 등
② 일과 가정이 조화로운 사회환경 조성: 가족친화적 직장 문화 조성을 위한 가족친화기업 인증 활성화

표 7-7 가족친화 인증제와 가족친화기업 우수프로그램 사례

1. '가족친화 인증제'란?
'가족친화 인증제'란 가족친화 직장문화 환경 조성을 위해 가족친화제도를 모범적으로 운영하고 있는 기업 등에 대하여 심사를 통해 여성가족부 장관의 인증을 부여하는 제도다. 가족친화기업으로 인증을 받으면 가족친화 우수기업 인증표시 활용, 기업 이미지를 제고하여 기업의 경쟁력 강화, 가족친화적 직장문화 조성, 근로자의 근무만족도 향상 등의 효과를 기대할 수 있다.

2. 가족친화기업 우수 프로그램 사례
① KT
KT 전 직원을 대상으로 '스마트워킹'을 추진하고 있는데 이는 임신/육아 여성과 본사/사업부서 및 연구개발 소속 직원 중심으로 재택, 스마트워킹센터 등 본인이 원하는 근무 장소를 자유롭게 선택하여 근무할 수 있는 제도다. 스마트워킹 참여자 대상 설문조사 결과, 스마트워킹 시 사무실 근무에 비교하여 '업무의 질과 양이 좋아졌다' '창의적 활동이 가능했다'고 응답한 직원이 상당수를 차지하여 제도에 대한 높은 만족도를 보이고 있다. 특히 10세 이하 자녀를 둔 직원들이 이 제도를 통해 출산과 일을 양립할 수 있고, 간병/간호 등 일시적 장애로 출퇴근이 곤란한 직원에게도 유용하게 쓰인다. 또한 매주 수요일은 가족사랑의 날로 정시 퇴근을 하고, 가족돌봄 휴직 등 다양한 휴가/휴직 제도를 시행하고 있다. 임직원 중 · 고생 자녀를 대상으로 무료 인터넷 강의 수강을 지원하고, 직원 자녀들에게 꿈을 찾아 주기 위해 방학 기간 '올레 꿈 캠프'를 운영하고 있다.

② 건강보험심사평가원
'건강한 일터 만들기' 프로그램을 통하여 직원의 요구사항을 반영한 복지제도를 도입하고 있다. 엄마 아빠 직장 체험하기, 가족 봉사단 등의 다양한 프로그램과 가족친화 프로그램을 운영하고 있다. 출산 축하금으로 100만 원 상당의 복지 포인트를 지급하고, 회사 인접 보육시설을 운영하여 직원의 부담을 줄이고 있으며, 거주별 지역보육시설과 개별보육위탁을 체결하여 직원 거주지 중심 분산형 보육지원을 실시하고 있다.

출처: 서울특별시, 한국능률협회(2012), pp. 20-21, 31.

Chapter 08

가족정책 전달체계

———

제1절 건강가정지원센터
제2절 다문화가족지원센터
제3절 건강가정 · 다문화가족 통합센터
제4절 한부모가족지원센터

가족정책 전달체계

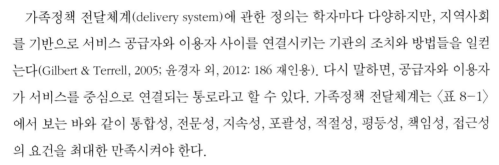

　가족정책 전달체계(delivery system)에 관한 정의는 학자마다 다양하지만, 지역사회를 기반으로 서비스 공급자와 이용자 사이를 연결시키는 기관의 조치와 방법들을 일컫는다(Gilbert & Terrell, 2005; 윤경자 외, 2012: 186 재인용). 다시 말하면, 공급자와 이용자가 서비스를 중심으로 연결되는 통로라고 할 수 있다. 가족정책 전달체계는 〈표 8-1〉에서 보는 바와 같이 통합성, 전문성, 지속성, 포괄성, 적절성, 평등성, 책임성, 접근성의 요건을 최대한 만족시켜야 한다.

　현재 가족정책은 '여성가족부−광역자치단체−기초자치단체−한국건강가정진흥원'이라는 행정계층을 통해 서비스가 전달되고 있다. 그리고 가족정책의 대표적 전달체계는 건강가정지원센터와 다문화가족지원센터다. 앞 장에서 설명한 바와 같이 건강가정지원센터는 「건강가정기본법」에 근거하여 2005년부터 설치ㆍ확대되었고, 다문화가족지원센터는 2008년부터 시행된 「다문화가족지원법」에 근거하여 설치ㆍ운영되고 있다. 가족정책 전달체계가 이원화된 것은 2000년대 이후 급격히 증가하는 결혼이주여성의 한국 사회 적응과 다문화가족의 안정적 정착이 시급한 사회적 이슈로 대두되면서 다문화가족에 대한 지원이 별도의 전달체계로 구축되었기 때문이다. 다문화가족지원센터는 다문화가족에게 단기간에 지원 서비스를 제공하는 전달체계로 기여하였다는 점에서 긍정적으로 평가할 수 있다. 그러나 다문화가족만을 별도로 분리하여 서비스를 지원하는 방식은 다문화가족에 대한 낙인 효과, 그리고 장기적으로 다문화가족과 다른 가족의 사회통합에 부정적인 영향을 초래할 수 있다는 점이 문제점으로 지적되고 있다(이승미, 송혜림, 라휘문, 박정윤, 2011: 4). 그 밖에도 건강가정지원센터와 다문화가족

| 표 8-1 | 가족정책 전달체계의 구축 요건 |

구분	내용
통합성	다양한 문제를 해결하기 위해서 프로그램들은 서로 연관되어야 하고, 행정편의상 다양하게 분산되어 있는 서비스의 협조와 조정이 원활해야 함
전문성	정책 입안부터 구체적인 사업과 서비스 기획, 집행에 이르기까지 전문가의 개입이 필요하고 전문가가 전문성을 발휘할 수 있는 행정구조를 마련해야 함
지속성	일회성 사업과 서비스가 아니라 이용자의 요구에 지속적으로 부응하고, 변화하는 상황과 환경조건을 고려하여 지속적 관계를 보장하도록 구성해야 함
포괄성	이용자 집단의 욕구와 요구는 매우 다양하며, 하나의 욕구는 다른 욕구와 연관되어 있기 때문에 다양성과 연계성을 고려한 포괄적인 서비스를 제공할 수 있는 여건을 갖추어야 함
적절성	서비스는 그 양과 질, 수준, 기간, 운영방안 등에서 이용자의 욕구 충족에 적절해야 하며, 궁극적으로 사업과 서비스의 목표를 달성하기에도 적절해야 함
평등성	모든 가족이 서비스를 신청 또는 이용할 수 있는 권리를 가지고 있음
책임성	효과성과도 밀접하게 관련되며, 서비스 전달 절차의 적합성, 효과적이고 효율적인 서비스, 서비스 과정에서 요구와 불만 수렴 장치를 갖추어야 함
접근성	누구나 필요한 때에 편리한 곳에서 쉽게 서비스를 받아야 함을 의미하며, 이용자의 차원에서 서비스 접근에의 장애요인을 최대한 제거하고 접근이 가능한 물리적·심리적·환경적 조건을 갖추어야 함

출처: 최성재, 남기민(2001); 도미향 외(2011), pp. 258-261 재인용.

지원센터 모두 열악한 상태로 이원화되어 있다는 점이 문제로 지적되면서 전달체계의 통합이 적극적으로 진행되고 있다. 이런 맥락에서 이승미 등은 현재 이원화되어 있는 두 전달체계가 통합되면, 지역사회의 다양한 가족의 다양한 욕구에 대해 원스톱(one-stop) 가족서비스 제공이 활성화되어 서비스의 중복과 누락을 해결할 뿐 아니라 다양한 사업 간 연계성이 높아서 가족복지 서비스 제공의 시너지 효과를 기대할 수 있다고 주장한다. 또한 장기적으로 다문화가족에게도 생애 주기별, 맞춤형의 서비스가 가능하다 (이승미, 송혜림, 라휘문, 박정윤, 2011: 130).

이 장에서는 우선 가족정책의 대표적 전달체계인 건강가정지원센터와 다문화가족지원센터에 대해 살펴보고자 한다. 그리고 통합센터의 현황과 사업내용을 제시하고자 한다. 마지막으로 수적으로 많지 않지만 한부모가족에 대한 서비스를 제공하는 한부모가족지원센터에 대해 간략하게 소개하고자 한다.

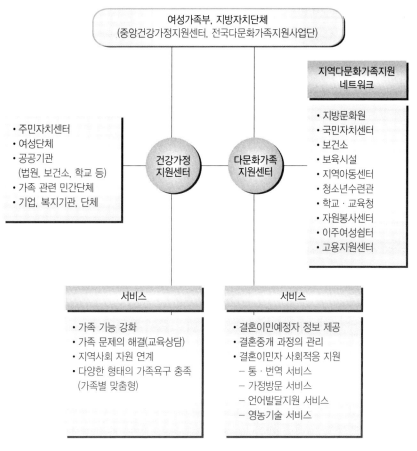

[그림 8-1] 가족정책 전달체계

출처: 여성가족부(www.mogef.go.kr).

제1절 건강가정지원센터

1. 건강가정지원센터 현황

건강가정지원센터는 '건강한 가정생활 영위' '가정의 유지와 발전'이라는 목적을 달성하기 위한 가족정책의 전달체계로서, 정부의 가족정책 추진 방향에 부응한 건강가정사업을 실시하기 위해 설립되었다(양정선, 김성희, 2010: 214). 또한 건강가정지원센터는 이용자 중심의 서비스 전달체계를 갖추고 지역주민의 특성을 고려한 맞춤형 가족지원

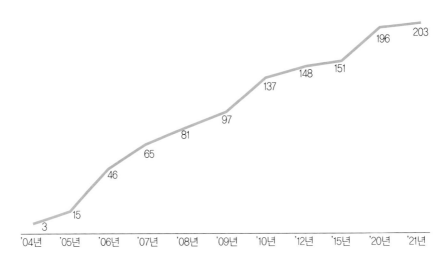

[그림 8-2] **건강가정지원센터 연도별 설치 현황(지방센터)**
출처: 여성가족부(2013b), p. 7.; 여성가족부(2016. 1. 6.), p. 5.; 여성가족부(2021. 2.), p. 67.

서비스를 제공함으로써 가족의 안정성 강화 및 가족관계 증진에 기여하고자 한다(여성가족부, 2013c: 6).

　법적 근거로는「건강가정기본법」제34조 건강가정사업 전담수행, 제35조 건강가정지원센터의 설치로 국가 및 지방자치단체는 가정문제의 예방ㆍ상담 및 치료, 건강가정의 유지를 위한 프로그램의 개발, 가족문화운동의 전개, 가정 관련 정보 및 자료제공 등을 위하여 건강가정지원센터를 설치ㆍ운영하여야 한다.

　건강가정지원센터는 2004년도 3개소에서 시범사업을 시작하였으며, 2005년「건강가정기본법」의 시행과 함께 본격적으로 확산되었다. 그리고 2005년에는 중앙건강가정지원센터(현 한국건강가정진흥원)가 개소하였고, 지자체 건강가정지원센터는 2010년도에 40개소라는 가장 많은 신규 센터가 설치되었다. 2015년에는 151개소가 설치ㆍ운영되었고, 이 중 국비지원센터는 111개소, 전액지방비센터는 40개소다(여성가족부, 2015: 5). 2021년 건상가정ㆍ다문화가족 지원센터 통합서비스 운영기관은 203개소, 건강가정지원센터 18개소가 운영 중이다.

　그리고 건강가정지원센터는 시ㆍ군ㆍ구청장이 직영하거나 민간에 위탁할 수 있으며, 현재 학교법인과 사회복지법인이 가장 많이 수탁하고 있다. 2016년부터는 한부모, 조손, 이혼위기 가족 등 가족 기능이 약화된 가족 및 저소득 취약계층에 가족지원서비스를 우선 제공한다. 건강가정사업 수행을 위해 설립된 사회복지법인,「고등교육법」

에 의한 학교 등이 위탁을 받을 수 있으며, 현재 학교법인과 사회복지법인 그리고 사단
법인이 가장 많이 수탁하고 있다.

2. 건강가정지원센터의 사업 주체별 역할

건강가정지원센터와 관련된 사업 주체별 역할은 다음과 같다.

1) 여성가족부

• 건강가정지원센터 기본운영계획 수립
• 「건강가정기본법」 관련 법규 제정 및 정비
• 건강가정지원센터 설치계획 수립 및 지원
• 사업비의 교부 및 정산, 평가
• 건강가정지원센터의 관리 · 감독 및 지도

2) 시 · 도 및 시 · 군 · 구

• 중앙정부, 시 · 군 · 구 간 및 시 · 군 · 구 내 연계(시 · 도, 시 · 군 · 구)
• 「건강가정기본법」 관련 조례 등 제정 및 정비
• 시 · 도 및 시 · 군 · 구 건강가정지원센터 설치 및 지원
• 시 · 도 및 시 · 군 · 구 건강가정지원센터 사업비의 교부 및 정산
• 건강가정지원사업의 운영 현황 및 사업 결과 보고
• 건강가정지원센터의 관리 감독 및 지도

3) 사업지원기관(한국건강가정진흥원)

• 가족지원 프로그램의 개발 및 보급
• 주요 가족정책 관련 시범사업 실시

- 교육 · 상담 · 문화 활동 등 각 분야 전문인력 양성
- 직원 전문성 및 역량강화 교육
- 시 · 도 및 시 · 군 · 구 건강가정지원센터의 사업 지원 및 평가 업무 지원
- 통합정보시스템 관리 · 운영
- 관련 기관 네트워크 구축 및 홍보사업

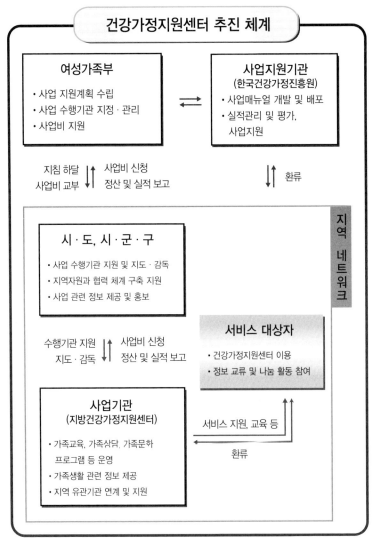

[그림 8-3] 건강가정지원센터 관련 서비스 전달체계

출처: 여성가족부(2016. 1. 6.), p. 16.

4) 시·도 건강가정지원센터

• 한국건강가정진흥원과 시·군·구 건강가정지원센터의 연계

5) 시·군·구 건강가정지원센터

• 관할 시·도 단위 자체사업 평가, 전국 단위 건강가정지원센터 평가 지원
• 지역사회 내 가족 구성원을 위한 가족지원 서비스 제공
• 지역단위 가족생활교육·상담·문화·돌봄 사업 실시
• 지역사회 유관기관과의 연계를 통한 통합적 가족지원 서비스 제공
  −시·군·구 단위의 가족실태 조사 및 주민욕구 조사
• 지역사회 가족 구성원을 위한 가족생활 관련 정보 제공

3. 건강가정지원센터 사업

1) 시·군·구 센터 사업

(1) 사업 방향

① 다양한 가족 지원, 이용자 참여 확대를 통한 가족 기능 지원 강화

표 8-2 시·군·구 건강가정지원센터 공통사업

영역 \ 구분	시·군·구 센터 공통사업	설명
가족돌봄 나눔 (3가지 사업 중 2가지 선택)	모두가족 봉사단	• 기존의 가족봉사단의 활동 내용을 '돌봄'을 주제로 전환하여 운영
	모두가족 품앗이	• 전업주부와 맞벌이 주부가 함께 운영하는 품앗이, 남성이 참여하는 품앗이 등 다양한 그룹 운영
	아버지−자녀가 함께하는 돌봄 프로그램	• 아빠와 자녀가 함께하는 돌봄 프로그램 운영

가족교육	가족발달 생활주기별 가족교육	• 가족 내에서 발생하는 문제를 예방하고 가족 구성원의 역량을 강화시키기 위한 부모, 부부, 조부모, 자녀 등 가족을 대상으로 한 생애주기별 다양한 교육 • 예비/신혼기 · 중년기 · 노년기 부부교육 등 • 예비부모교육, 영유아기 · 아동기 · 청소년기 자녀를 둔 부모교육 등
	남성 대상 교육	• 아버지교육, 찾아가는 아버지 교육, 남성 대상 자기돌봄 교육 등
가족상담	가족(집단)상담	• 생애주기에 따라 발생되는 가족 내 다양한 갈등과 문제의 해결을 위한 상담사업 • 개인을 대상으로 하는 개별적 접근과 가족 구성원이 함께 참여하는 가족단위의 통합적 접근을 포함 • 가족단위의 면접 상담 유도 • 연간 상담 실적이 100명 이하인 센터는 가족집단상담을 연간 2건 이상 반드시 포함
가족문화	가족사랑의 날	• 수요일, 가족이 모두 함께하는 프로그램
	가족친화문화 프로그램	• 가족캠프, 가족축제, 가족체험활동 등
지역사회 연계	지역사회 협의체 참여, 협약 및 연계사업	• 지역사회 협의체, 유관기관 네트워크 활용 및 참여

출처: 여성가족부(2021. 2.). pp. 230-231.

② 생애주기별 부모교육 등 가족교육 활성화

(2) 영역별 수행사업(공통사업)

공통사업으로는 가족돌봄나눔 영역, 기족교육 영역, 가족상담 영역, 가족문화 영역, 지역사회 연계로 구분된다.

① 가족돌봄나눔 영역에서는 모두가족 봉사단, 모두가족 품앗이, 아버지-자녀가 함께하는 돌봄 프로그램의 세 가지 사업 중 두 가지 사업을 택할 수 있다.
② 가족교육 영역에는 생애주기별 가족교육과 남성 대상 교육이 있다.
③ 가족상담 영역에서는 생애주기에 따른 가족 내 갈등과 문제해결, 개인 및 가족 상담 서비스를 제공한다.
④ 가족문화 영역에서는 가족사랑의 날, 가족 관계 개선을 위한 가족캠프, 가족축제, 가족체험활동 등을 진행한다.

⑤ 지역사회 연계 영역에서는 지역사회협의체 참여, 기관 협약을 통한 연계사업 추진을 실시한다.

2) 광역 건강가정지원센터 사업

(1) 사업 방향

① 시·군·구 센터 지원에 중점을 두되, 대민서비스는 지역상황에 맞게 실시
② 시·군·구 센터 설치비율 증가 시 점차 광역센터의 역할을 강화

(2) 영역별 수행사업(공통사업)

공통사업으로는 인적자원 역량강화 영역, 특성화 사업 및 정책지원 영역, 네트워크 활성화 영역, 홍보 지원 영역으로 구분된다.

① 인적자원 역량강화 영역에서는 시·군·구 센터의 직원 보수교육과 활동가 보수교육을 실시한다.

표 8-3 광역 건강가정지원센터 공통사업

영역 \ 구분	광역 센터 공통사업	설명
인적자원 역량강화 (교육지원)	시·군·구 센터 직원 교육	• 광역 단위 상담직원 교육, 직원 워크숍 등 연간 각 5시간 이상
	시·군·구 센터 활동가 교육	• 센터에서 활동하는 인력 교육 연간 각 5시간 이상
특성화 사업 및 정책지원 (사업지원)	시·도별 특성에 맞는 프로그램 개발	• 광역 단위 특성에 맞는 시범사업 운영 및 매뉴얼 개발
네트워크 활성화 (연계)	광역단위 업무협의회	• 중앙과 시·군·구 건강가정지원센터의 연계 역할 • 시·군·구 센터 지원방문, 모니터링 등
	유관기관 연대 사업	• 유관기관의 발굴과 사업 연계
홍보	광역단위 홍보	• 캠페인성 홍보사업 등
	시·군·구 센터 홍보지원	• 시·군·구 연계 홍보활동 • 홍보매체 개발 및 활용

출처: 여성가족부(2016. 1. 6.), p. 46.

② 특성화 사업 및 정책지원 영역에서는 시·군·구 센터의 직원 보수교육과 활동가 보수교육을 실시한다.

③ 네트워크 활성화 영역에서는 광역 단위 업무협의와 광역 단위 유관기관 연대 사업을 진행한다.

④ 홍보지원 영역에서는 광역 단위 홍보와 시·군·구 센터 홍보 지원을 한다.

3) 별도 예산에 의한 여성가족부 추진사업

(1) 아이돌봄 지원 사업

취업 부모들의 양육 부담을 경감하고 가정에서의 개별양육을 희망하는 수요에 탄력적으로 부응하기 위해 가정으로 아이돌보미를 파견하여 가정 내 개별 돌봄서비스를 제공하는 사업이다.

(2) 취약·위기가족돌봄지원(가족역량강화지원) 사업

최저 생계비 180% 이하 취약·위기가족과 긴급위기가족이 대상이며, 한부모가족, 조손가족, 미혼모부자가족, 북한이탈가족과 가족폭력, 이혼, 자살, 사망, 사고, 경제적 및 사회적 위기사건을 직면한 위기가족이 이에 해당한다.

① 심리적·경제적 자립, 역량강화를 위한 지속적인 사례 관리

② 부모교육, 가족관계, 자녀양육 교육 등 프로그램 및 자조모임

③ 정보 제공 및 지역사회 자원 활용·연계

④ 자녀 학습·정서 지원(배움지도사 파견: 한부모가족과 조손가족에 지원)

⑤ 생활가사지원(키움보듬이 파견: 조손가족에만 지원)

⑥ 긴급위기지원: 긴급 심리·정서 지원(지지 리더 파견), 긴급가족돌봄 지원, 가족역량증진 지원

(3) 법원연계 이혼위기가족 회복지원

법원과 연계하여 이혼신청 가정에 대한 이혼상담, 교육문화서비스를 제공함으로써 부부의 신중한 이혼의사결정을 지원하고, 이혼 과정에서 미성년 자녀가 겪는 심리적·

정서적 불안과 고통을 최소화하고 가정 및 학교 생활 적응력을 제고한다.

(4) 권역별 미혼모 · 부자 지원기관 운영지원 사업

미혼모 · 부가 자녀를 스스로 양육하고자 할 경우 초기 위기에 대처할 수 있도록 상담, 출산비 등 병원비 지원, 교육문화 프로그램 및 자조모임, 친자검사 등의 서비스를 제공함으로써 양육 및 자립을 지원한다.

(5) 공동육아나눔터 사업

지역의 육아를 담당하는 부모들이 함께 자녀를 양육할 수 있는 공동육아나눔터를 지원하고 가족이 가진 여러 가지 자원을 나누는 가족 품앗이 활동을 지원하는 가족친화 문화형성에 기여하는 사업이다.

(6) 워킹맘 · 워킹대디 지원센터

직장 내 고충 및 가정 생활정보 등 맞벌이 가정에서 느끼는 일 · 가정 양립의 어려움 해소를 위한 원스톱 지원서비스로 직장 고충상담 및 컨설팅, 가족상담 및 정보 제공, 생애주기별 자녀교육, 워킹맘 소통 커뮤니티 지원 등을 제공한다.

제2절 다문화가족지원센터

1. 다문화가족지원센터 현황

다문화가족지원센터는 2006년 결혼이민자가족의 사회문화적 적응 지원체계 구축을 위하여 시 · 군 · 구별로 '결혼이민자가족지원센터'(12개소)를 지정하여 운영하게 되었다. 한국어교육 및 아동양육 방문교육사업을 통합하여 전국 서비스 전달체계를 구축하였고 '다문화가족지원센터'로 명칭을 변경(2008)하였으며, 2019년에는 「다문화가족지원법 시행령」 일부 개정으로 다문화가족지원센터 설치 운영 위탁 기간을 기존 최대 3년에서 5년으로 변경하게 되었다.

다문화가족지원센터는 「다문화가족지원법」 제12조에 근거하여 다문화가족 및 그

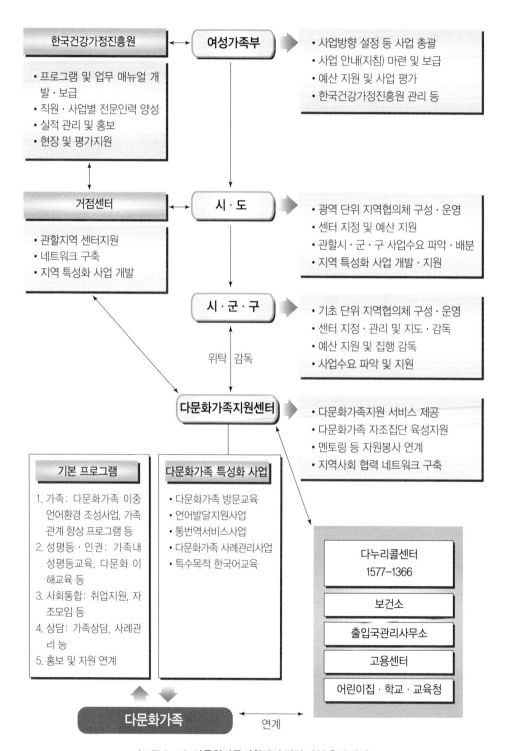

[그림 8-4] 다문화가족지원센터 관련 사업 추진 체계

출처: 여성가족부(2016b), p. 11.

구성원이 안정적인 가족생활을 영위할 수 있도록 종합적인 서비스를 제공함으로써 한국 사회에 대한 조기 적응 및 사회적·경제적 자립 지원을 도모하는 것을 목적으로 한다. 2021년 현재 총 228개소가 설치 운영되고 있다. 다문화가족지원센터를 이용하는 회원은 결혼이민자(혼인귀화자 포함), 일반 귀화자, 배우자, 시부모, 자녀(중도입국자녀 포함), 친인척, 외국인근로자, 외국인 유학생, 북한이탈주민 등이 이에 해당된다.

다문화가족지원센터 관련 사업 추진 체계를 살펴보면 다음과 같다. 중앙관리기관은 전국 다문화가족지원센터에서 시행하는 사업에 대한 프로그램 및 매뉴얼 개발·보급, 인력 양성, 사업 관리 및 평가 지원 등 전국 사업을 관리하도록 위탁받은 기관을 말한다. 그리고 거점센터는 설치 지역을 전국 16개 광역으로 구분하여 센터·관련기관 간 네트워크 구축, 방문교육지도사 교육, 관할지역 센터 사업 지원 등을 수행하기 위해 지정·관리하는 센터를 말한다. 다문화가족지원센터의 사업 추진 체계는 [그림 8-4]와 같다.

운영 주체로 볼 때, 다문화가족지원센터는 시·군·구청장이 직영하거나 민간에 위탁할 수 있다. 위탁 주체의 기준은 「고등교육법」에 의한 학교, 사회복지법인이나 「민법」 제32조 규정에 의한 비영리법인 그리고 「비영리민간단체지원법」에 의한 민간단체로 규정되어 있다. 현재 사회복지법인, 학교법인 그리고 사단법인이 가장 많이 수탁받아 운영하고 있다. 건강가정지원센터의 위탁 기준과 비교해 볼 때, 다문화가족지원센터는 민간단체가 위탁받을 수 있으며 그 범주가 넓어서 다양한 기관에서 위탁받을 가능성이 높다. 이승미 등은 이러한 위탁운영 주체에 대한 기준 차이가 향후 센터의 통합과 운영 전반에 영향을 주게 될 것이라고 지적한다(이승미 외, 2011: 46).

2. 다문화가족지원센터 사업

다문화가족지원센터의 사업은 크게 교육, 상담, 문화, 홍보 및 정보 제공 사업으로 구성되어 있다. 교육사업에서는 〈표 8-4〉와 같이 한국어교육, 다문화가족 통합교육, 다문화가족 취업 연계 및 교육지원 사업을 진행한다. 센터를 방문하는 다문화가족을 위한 집합교육과 지리적 여건 등으로 센터 이용이 어려운 다문화가족에 대한 방문교육으로 진행된다(여성가족부, 2013b: 19). 특히 가족통합교육 프로그램 운영 시 민주적이고 양성 평등한 부부 관계 확립에 기여하는 프로그램을 구성한다.

| 표 8-4 | 다문화가족지원센터 프로그램 |

구분	공통필수	선택(예시)	비고
가족	• 다문화가족 이중언어 환경조성 프로그램	• 가족 의사소통 프로그램 • 가족 관계향상 프로그램 • 결혼과 가족의 이해 • 가족의 의미와 역할 • 아버지교육 • 부모-자녀 관계 및 자긍심 향상 프로그램 • 자녀교육 프로그램 • 부모역할 교육, 자녀 건강지도 • 자녀 생활지도 등	연간 필수 20시간, 선택 30시간 이상 (이중언어코치 배치 센터는 공통필수 120시간 이상)
성 평등	• 배우자 부부교육	• 배우자이해 프로그램 • 예비 · 배우자교육 프로그램 • 부부 갈등해결 프로그램 등	10시간 이상 실시
인권	• 다문화이해 교육 • 인권 감수성 향상 교육	• 다문화가족 관련 법과 제도 • 이주민과 인권 등	10시간 이상 실시
사회통합	• 취업 기초 소양 교육 • 구직자 발굴 시 e새일시스템과 연계된 워크넷 등록 및 새일센터로 적극 연계 • 새일센터의 결혼이민자 대상 직업교육훈련 개설 시 적극 협조(교육과정 설계 · 모집 등)	–	e새일시스템과 연계된 워크넷 등록 및 새일센터 연계 (10건 이상)
	• 다문화가족 나눔봉사단 소양교육(4시간 이상) • 다문화가족 나눔봉사단 활동 • 결혼이민자 정착단계별 지원 패키지(미래찾기, 길찾기 등 미래설계 프로그램 중 선택)	• 한국 사회 적응 교육 • 소비자 · 경제 교육 • 학업지원반 운영 및 연계 • 다문화가족 자조모임 • 다문화 인식 개선 • 결혼이민자 멘토링 프로그램 등	15시간 이상 실시 (봉사자 소양교육 필수 4시간 포함)
상담	• 가족상담	• 개인상담 • 집단상담 • 사례관리 • 위기가족 긴급지원 • 외부상담기관 연계 등	연간 80회기 이상
홍보 및 자원 연계	• 지역사회 홍보 • 지역사회 네트워크 • 홈페이지 운영 등		센터 홈페이지 프로그램 안내 게시판에 익월 프로그램에 대한 안내글 게시 (매월 30일까지)

출처: 여성가족부(2016b), pp. 106-107.

다문화가족 상담은 연간 80회기 이상 개인상담, 집단상담, 사례관리, 심리검사, 외부상담기관 연계사업을 하도록 되어 있으며, 이 중 가족상담은 30회기 이상 실시하여야 한다.

다문화가족 문화사업에는 나눔봉사단, 다문화가족자조모임 등이 있으며, 나눔봉사자 소양교육을 6시간 이상 실시하도록 되어 있다. 다문화가족자조모임에서는 정착한 다문화가족이 초기 다문화가족의 한국 사회 적응을 지원함으로써 정서적 유대감과 조기 정착을 지원한다. 이는 결혼이민자 출신국별, 통합국적, 통번역사, 가족 통합, 부부, 배우자, 시부모 등의 다양한 형태로 운영되고 있다.

그리고 다문화 인식 개선 및 지역사회 홍보, 지역사회 네트워크 강화 및 정보 제공 사업도 진행하고 있다. 지역 센터별 홍보자료와 소식지를 제작하고, 한국생활 가이드북인 정보 매거진「레인보우 플러스(+)」를 배포한다. 지역별 다문화가족지원센터 홈페이지 다누리(www.liveinkorea.kr)를 통해 정보 제공 및 취업 지원 등 다문화가족의 안정적인 가족생활을 지원한다.

3. 다문화가족지원센터 프로그램별 사업 세부 내용

다문화가족지원센터 사업은 가족, 성평등·인권, 사회통합, 상담으로 구분[1]할 수 있다.

1) 가족

항목	내용
내용	• 가족 간의 소통을 통한 믿음과 사랑증진 • 올바른 부모역할에 대한 이해증진 • 가족 내 이중언어 사용 활성화로 소통증진 및 다문화 정체성 함양
대상	• 다문화가족 등(회원 정의 참조)

---

[1] 프로그램별 사업 세부 내용은 각각 사업별로 내용, 대상, 세부 내용, 주요 키워드, 방법 등을 정리하여 표로 제시하였다.

	공통필수(14시간 이상)	선택(예시, 26시간 이상)
세부 내용	• 다문화가족 이중언어 가족환경조성 프로그램(연간 10시간/20가정) ※이중언어코치 배치센터는 160시간 이상 실시(가족사업안내 제2권 p. 275 참조) • 다문화가족 학령기 자녀 입학 및 입시 정보 제공(부모 대상, 연간 4시간 이상) ※ 상·하반기 각 1회	• 가족의사소통 프로그램 • 가족관계향상 프로그램 • 결혼과 가족의 이해 • 가족의 의미와 역할 • 아버지교육 • 부모-자녀 관계 및 자긍심향상 프로그램 • 자녀교육 프로그램 • 부모역할교육, 자녀건강지도 • 자녀생활지도 • 자녀성장지원사업 등
주요 키워드	• 소통, 화합, 사랑, 이해	
방법	• 다문화가족 이중언어 가족환경조성 프로그램의 부모교육은 '다문화가족 이중언어 가족환경조성을 위한 부모교육 프로그램(2015)'을 참조하여 운영 • 다문화가족 이중언어 가족환경조성프로그램의 부모-자녀 상호작용교육은 '다문화가족 이중언어 가족환경조성을 위한 부모-자녀 놀이활동(2014)' '세계 여러 나라의 전통놀이를 활용한 부모-자녀 상호작용 놀이활동(2016)'을 참조하여 운영 • 교육과 체험 등을 센터 및 지역특성에 맞추어 적합하게 실시 • 교육내용 및 운영방법에 있어 단기성 또는 행사성 사업 지양 • 자녀와 부모 함께 적극적으로 참여하는 기회 증진 • 학생관련 프로그램 기획 시 교육청 사업과 중복 사업 지양 • 대상에 맞는 주제 및 진행방법 선정	
교재	• 센터 자체 교재 활용	
참고자료	• 다문화가족 자녀성장지원사업 프로그램 매뉴얼 및 업무매뉴얼(2016) • 다문화가족 이중언어 가족환경조성을 위한 부모-자녀 놀이활동(2014) • 다문화가족 이중언어 가족환경조성을 위한 부모-자녀 상호작용 프로그램(지도자용 지침서)(2014) • 세계 여러 나라의 전통놀이를 활용한 부모-자녀 상호작용 놀이활동(지도자용 지침서)(2016) • 세계 여러 나라의 전통놀이를 활용한 부모-자녀 상호작용 놀이활동(워크북)(2016) • 세계 여러 나라의 전통놀이를 활용한 부모-자녀 상호작용 놀이활동((2016) • 다문화가족 이중언어 가족환경조성을 위한 홍보물 콘텐츠 DVD(2015) • 다문화가족 이중언어 가족환경조성을 위한 교육용 콘텐츠 DVD(2015) • 다문화가족 이중언어 가족환경조성사업 네 꿈을 펼쳐라 DVD(2016) • 세계 여러 나라의 전통놀이를 활용한 부모-자녀 상호작용 놀이활동 DVD(2016) • 다문화가족지원센터 가족프로그램 매뉴얼(2015)	
강사	• 각 분야별 전문강사	
참고	• 건강가정지원센터에서 다문화가족을 포함하여 가족교육을 실시할 경우 가족교육으로 인정 가능(단, 실적 중복입력 불가)	

2) 성평등 · 인권

항목	내용		
내용	• 부부간의 성평등 인식 고취 • 가족 간의 성평등 인식 고취 • 가족 간의 이해와 믿음 쌓기 • 인권의식 함양 • 인권침해 문제 발생 시 보호 및 구제 방법 숙지		
대상	다문화가족 등(다문화가족지원센터 회원 정의 참조 p. 145)		
세부 내용	**공통필수**	**선택(예시)**	**비고**
	• 가족 내 성평등 교육 • 다문화이해교육 • 인권감수성 향상교육 • 이주여성과 한국인 배우자 · 부모 대상 프로그램(多함께 프로그램) 등(2시간) • 폭력피해 대처 및 예방교육	• 이주여성 대상 프로그램 • 다문화가족 관련법과 제도 • 이주민과 인권 • 찾아가는 폭력예방교육	20시간 이상 실시
주요 키워드	• 성평등, 이해, 믿음, 인권, 차별금지		
방법	• (성평등) 서로를 이해하기 프로그램에 당사자 적극 참여하는 방안 마련 　－역할 바꾸어 하기 등 다양한 방법활용 • (인권) 여성가족부와 국가인권위원회의 연계 방안, 인권 관련 NGO 등 단체, 전문가 활용 • 지속적이고 실효성 있는 교육 실시 • 찾아가는 폭력예방교육 신청방법 　－여성가족부 예방교육 통합관리 사이트(shp.mogef.go.kr)에서 신청 가능		
참고자료	• 다문화가족지원센터 성평등 프로그램 매뉴얼(2015) • 다문화가족지원센터 인권 프로그램 매뉴얼(2015)		
강사	• 분야별 전문강사		
참고	• 민주적이고 양성평등한 가족관계 확립, 인권의식 함양에 기여할 수 있는 프로그램으로 구성해야함 • 건강가정지원센터에서 다문화가족을 포함하여 성평등교육 · 인권교육을 실시할 경우 성평등교육으로 인정가능(단, 실적 중복입력 불가)		

3) 사회통합

항목	내용		
내용	사회통합을 위한 사회 구성원으로서의 권리와 의무, 책임에 대한 지식과 소양 함양		
대상	다문화가족 등(다문화가족지원센터 회원 정의 참조 p. 145)		
세부 내용	**공통필수**	**선택(예시)**	**비고**
	• 취업기초소양교육 • 구직자 발굴 시 e새일시스템과 연계된 워크넷 등록 및 새일센터로 적극 연계 • 새일센터의 결혼이민자 대상 직업교육훈련 개설 시 적극 협조(교육과정 설계·모집 등)	–	e새일시스템과 연계된 워크넷 등록 및 새일센터 연계 (10건 이상)
	• 다문화가족 나눔봉사단 소양교육(4시간 이상) • 다문화가족 나눔봉사단 활동	• 한국 사회 적응 교육 • 소비자·경제교육 • 재난안전교육, 선거교육 • 학업지원반(검정고시반 등) 운영 및 연계 • 다문화가족 자조모임 • 다문화 인식 개선 • 결혼이민자 멘토링 프로그램 등 • 결혼이민자 정착단계별 지원 패키지 프로그램 *건강가정·다문화가정 통합서비스 운영기관은 공통 필수 사업으로 실시 • 다문화가족 교류 소통공간	15시간 이상 실시 (봉사자 소양교육 필수 4시간 포함)
주요 키워드	• 취업연계, 협업		
방법	• 여성가족부와 고용노동부의 연계 방안 • 학업지원반(검정고시반 등) 희망자가 있는 경우 반 운영 및 전문기관으로 연계 가능 • 취업을 위한 자격증, 면허증 등 준비반 운영 방안 • 취업관련 기관 간 연계: 직원 중 1명을 반드시 취업지원 담당자로 지정		
참고자료	• 결혼이민자 정착단계별 지원패키지 개발(2015) • 다문화가족지원센터 사회통합 프로그램 매뉴얼(2015) • 다문화가족 취업연계 및 교육지원 업무매뉴얼(2016) • 나문화가족지원센터를 기반한 지역맞춤형 다문화 인식 개선 프로그램 매뉴얼(2016)		
강사	• 분야별 전문강사		
참고	• 워크넷, 새일센터, 연계의 경우 구직희망자 등록하는 것도 1건으로 인정 • 새일센터 등 취업훈련 전문기관에 대상자 연계 시 단순한 기관 소개가 아닌 실제 등록으로 이어질 수 있도록 하고, 구직희망자 동의 시 다가센터에서 상담한 내용을 전문기관에 전달할 수 있음 ※ 다문화가족지원센터에서는 취업연계 중심으로 운영하고 새일센터에서 결혼이민자의 체계적인 직업훈련 지원하도록 여성가족부에서 역할을 조정하여 2011년부터 운영 중임		

4) 상담

항목	내용
내용	• 다문화가족 부부·부모·자녀관계 개선 및 가족갈등 등 관련 상담을 통해 다문화가족의 내부 스트레스 완화 및 가족의 건강성 증진 • 상담을 통해 가정해체 예방 • 갈등해소를 통해 이해 강조 • 사례관리하기
대상	• 다문화가족 등

영역	공통필수	선택(예시)
상담 (연 80회기 이상)	가족상담	• 개인상담 • 집단상담 • 사례관리 • 심리검사 • 위기가족 긴급지원 • 외부상담기관 연계

세부 내용

〈상담〉
• 친인척문제: 문화 차이, 의사소통, 부모와의 갈등, 형제자매와의 갈등 등
• 부부문제: 외도, 배우자의 가출, 별거, 폭력, 이혼등 부부갈등 및 가족해체 문제
• 자녀문제: 자녀와의 갈등, 이성/친구관계, 학교폭력, 임신, 비행(약물, 알코올중독, 가출 등), 폭력 등
• 사회문제: 사회부적응, 이웃관계 갈등, 사회적 차별 및 소외 등
• 성문제: 성폭력, 성추행, 성병, 성에 대한 정보 등
• 경제문제: 경제적 어려움, 채권·채무, 경제 상담 등
• 취업상담: 취업기관 추천상담, 직장 내 갈등 및 스트레스 등
• 법률상담: 이혼상담, 혼인신고 절차상담, 체류상담, 국적취득(귀화)상담, 중도입국자녀 입양 절차 상담 등
• 중독상담: 알코올중독, 도박중독, 약물중독, 인터넷중독 등
• 장애상담: 신체질환 및 장애 등
• 기타: 개인관련문제, 기타 등

〈사례관리〉
다문화가족의 정착을 위해서 국제결혼가정의 특성을 고려한 가족형성 초기 적응과 집중적 맞춤 지원, 복합적이고 장기적이며 만성적인 문제로 가족갈등이 심화된 다문화가족 구성원이 스스로 삶을 계획하고 실천할 수 있는 역량을 갖출 수 있도록 다양한 서비스를 지원하는 것

세부 내용

• 프로세스

```
          ┌──────────┐
          │  초기상담  │
          └────┬─────┘
     ┌─────────┼──────────────────┐
┌────────┐ ┌────────┐  ┌──────────────────┐
│ 일반상담 │ │타 기관 의뢰│  │   사례관리 등록    │
└────────┘ └────────┘  │(동의서 작성/심층 인테이크)│
                       └──────────────────┘
```

방법	• 센터에 배치된 상담전문인력 활용, 상담전문인력 미배치 센터의 경우 동등한 자격을 갖춘 객원상담원, 자원봉사자 등 활용 가능. 필요 시 관련 전문기관과의 연계 실시 ※ 단, 다문화가족지원 사례관리사업 센터의 경우 사례관리업무는 다문화가족사례관리사가 담당하도록 함 • 내방, 방문, 전화, 온라인 상담 등 다양한 경로로 상담제공 및 적절한 서비스 연계 추진
참고	• 다문화사례관리 매뉴얼(2012) • 다문화가족 사례관리사업 결과보고서(2013) • 다문화사례관리 실무활용 매뉴얼(2014) • 다문화가족지원센터 상담 프로그램 매뉴얼(2015)

5) 홍보 및 자원 연계

(1) 지역사회 홍보

• 다문화 캠페인과 언론매체 인터뷰 등 홍보 활동

• 지역 센터별 홍보자료, 소식지 제작 및 배포

• 다국어판 생활 · 정책 정보지 보급 확대

• 『한국생활가이드북』 등 중앙관리기관 홍보물 안내

• 정보제공

  − TV 등 방송매체를 활용하여 정보제공 활성화

  − 위성방송 및 케이블방송의 외국인대상 라디오 음악방송에 한국생활 정책정보 제공('08.8월~), 센터에서 방송 청취

• 다문화가족 대상 정보제공사업 활성화

  − 다문화가족의 사회적응력을 제고하고 잘못된 정보로 불이익을 받는 경우를 방지하기 위해 취업, 법률, 의료 및 복지 상담서비스, 안전 정보 제공

※ 연계실적: 연간 20건 이상 실시(센터 다누리 홈페이지 안내 게시판에 익월 프로그램에 대한 안내글 게시 시 1건으로 인정)

※ 안내글의 내용은 이미지 파일로 제공시 텍스트와 병행하여 게시 필요(이미지 파일은 번역기 적용이 이루어지지 않아 이용자들의 이용에 제한됨)

※ 참고: 국민안전교육 포털(kasem.safekorea.go.kr)에서 안전교육 콘텐츠, 지역별 안전체험관 정보 확인이 가능하므로, 지진 등 대응 요령 적극 홍보

(2) 지역사회 네트워크

* 지역사회 내 다문화가족지원사업이 통합적, 체계적, 효율적으로 추진될 수 있도록 서비스 전달체계 구축 및 서비스 제공기관 연계
* 시·군·구 다문화가족지원 담당부서가 총괄 조정 역할
  - 법무부, 문광부, 교육부 등 관련부처 사업과 연계·조정 강화
  - 지역사회복지협의체에 센터 참여 추진
* 일선서비스 전달체계는 센터가 중심이 되어 관련기관-민간단체-기업 간 협력 네트워크 구성
  - 공동사업 추진, 대상자 발굴·홍보, 전문 서비스 연계 추진
  - 지역사회 내 결혼이민자가 필요로 하는 서비스 제공기관 파악 및 연락처, 주소 등 정보제공 강화
* 사회복지관, 주민자치센터, 마을회관 등 지역 인프라를 적극 활용하여 다문화가족 지원 프로그램 운영으로 서비스 접근성 강화

(3) 홈페이지 운영

* 지역별 다문화가족지원센터 홈페이지(다누리) 운영
  - 센터 홈페이지 프로그램 안내 게시판에 익월 프로그램에 대한 안내글 게시(매월 30일까지)

제3절 건강가정·다문화가족 통합센터

1. 건강가정·다문화가족 통합센터 현황

건강가정·다문화가족 통합센터[2]는 「건강가정기본법」 제21조, 제35조와 「다문화

---

2) 지역 내 모든 가족이 이용할 수 있는 통합적 서비스를 제공함에도 명칭 때문에 특정 가족만 이용할 수 있는 곳으로 잘못 알려지는 경우도 있어서 2021년 10월 13일부터 건강가정·다문화가족지원센터의 명칭을 가족센터로 변경하였다. 하지만 명칭을 변경하는 과정이어서 교재에서는 통합센터의 현황, 사업 내용을 따로 구성하여 소개하였다.

가족지원법」제6조, 제12조에 근거하여 가족의 유형별로 이원화되어 있는 가족지원
서비스를 가족의 유형에 상관없이 한곳에서 다양한 가족에 대한 보편적 · 포괄적 서비
스 제공 및 다문화가족의 안정적인 정착과 가족생활을 지원하기 위해 가족 및 자녀 교
육 · 상담, 통 · 번역 및 정보제공, 역량강화 지원 등 종합적인 서비스를 제공하여 다문
화가족의 한국 사회 조기적응 및 사회적 · 경제적 자립지원을 도모하는 것을 목적으로
한다. 2014년과 2015년도에 통합서비스 시범사업 22개소를 시작으로 연도별 통합서비
스 운영기관을 확대하여 2021년에는 203개소가 설치 · 운영되고 있다.

　　통합서비스 운영기관의 사업 방향은 다음과 같다. 지역사회 가족지원서비스 대상자
확대 및 가족문제 대응력 강화, 다양한 가족의 특성과 생애주기별 맞춤형 서비스 강화,
일 · 가정 생활의 이중고에 지친 워킹맘과 워킹대디의 고충해소, 자녀육아 등 가정에서
의 부모 역할 강화 및 역할 갈등해소 지원을 제공한다. 또한 다문화가족의 학령기 자녀
에 대한 부모−자녀 관계 향상, 사회성 발달 및 미래설계 지원 등 다문화가족 자녀의 특
성을 반영한 맞춤형 프로그램 제공, 다문화가족과 한부모가족(미혼모 등) · 조손가족 등
에 대한 특성화된 서비스를 제공하여 가족의 역량강화 및 안정적 가족생활과 사회통합
을 지원한다. 가족단위 여가 프로그램 제공 등을 통한 이용자 참여 확대 및 가족친화 지
역문화 조성, 다양한 가족지원, 이용자 참여 확대를 통한 가족 기능 지원 강화 및 지역사
회 가용자원과 연계한 토털 서비스가 가능하도록 지역사회 다양한 유관기관과 연계 및
협력 지원 강화사업을 실시한다. 문화사업영역에서는 유사사업 통합(나눔봉사단 및 가족
봉사단, 공동육아나눔터 상시 프로그램 등)을 통한 가족융합 및 사회인식 개선을 도모한다.
통합서비스는 수요자의 특성 및 수요에 적합한 프로그램으로 다양하게 운영하며, 아빠
의 육아참여를 지원하기 위한 프로그램 강화 및 찾아가는 교육 활성화 등 서비스 제공방
법을 다양화하고 있다. 또 가족관계 개선 도모, 다문화가족, 북한이탈주민가족, 한부모
가족대상으로 가족 기능 강화를 위한 별도 집단상담 프로그램을 운영하고 있다.

2. 통합센터의 사업 내용

1) 통합센터 영역별 사업

통합센터의 영역별 사업은 〈표 8-5〉에서 보는 바와 같이 가족관계, 가족돌봄, 가족생활, 가족과 함께하는 지역공동체 영역으로 구분하여 사업을 추진한다.

표 8-5 통합센터 영역별 사업

사업영역	기본사업	비고
가족관계	부모역할 지원[임신출산(부모) 지원, 영유아기 부모 지원, 학부모 지원, 혼례가치교육, 아버지 역할 지원], 부부역할 지원(부부갈등예방·해결 지원, 노년기 부부 지원), 이혼 전·후 가족 지원, 다문화가족 관계향상 지원, 다문화가족 이중언어 환경 조성, 다문화가족 자녀성장 지원, 가족상담	교육, 상담(정보제공 및 초기상담), 문화 프로그램 등
가족돌봄	가족 역량강화 지원, 다문화가족 방문서비스	교육, 상담(정보제공+초기상담→전문상담) 돌보미 파견, 사례관리 등
가족생활	맞벌이가정 일·가정 양립 지원, 다문화가족 초기정착 지원, 결혼이민자 통·번역 지원, 결혼이민자 취업 지원	교육, 상담, 정보제공, 문화 프로그램 등
가족과 함께하는 지역공동체	가족봉사단(다문화가족나눔봉사단), 공동육아나눔터(자녀돌봄 품앗이), 다문화가족 교류·소통공간 운영, 가족사랑의 날, 결혼이민자 정착단계별 지원 패키지, 인식 개선 및 공동체의식, 가족친화문화 프로그램, 찾아가는 결혼이주여성 다이음사업, 다함께 프로그램	모임, 활동, 문화 프로그램 등

※ _____ : 밑줄을 친 3개 사업은 다문화가족지원 프로그램 중 우선적으로 시행
출처: 여성가족부(2021. 2.), pp. 88-89.

2) 통합센터 모델

지역 중심의 통합적 가족서비스 기반을 조성하기 위해 건강가정·다문화가족지원센터의 기능을 확대하여 가족센터로 명칭을 바꾸고 다양한 유형으로 전환하고 있다. 여성가족부는 가족서비스 공간 조성 및 운영 우수사례를 발굴하여 확산할 계획이다.

가족센터	지역특성별 중심 유형 선택		
	아동 · 돌봄 유형	다문화 통합 유형	공동체 소통 유형
대상 지역사회 가족, 취약가족 다문화가족 등 가족 구성원 전체 **기능** 가족돌봄 지원, 다양한 가족 및 지역사회 연계, 가족친화 사회환경 조성 등 **공간** 상담, 교육, 여가, 소통공간 등	**대상** 맞벌이, 한부모가족 등 **지역특성** 손자녀, 노년기 가족돌봄 **공간** 공동육아나눔터, 부모자녀 소통공간 등	**대상** 외국인, 이주민 등 **지역특성** 다문화가족, 이주민 등 서비스 수요가 많은 지역 **공간** 다문화 소통공간, 교육실, 상담실 등	**대상** 노인 · 1인 가구 등 **지역특성** 노인 · 1인 가구 등 사회적 관계망 지역 수요가 많은 지역 **공간** 휴식공간, 공동 부엌, 공유카페, 다목적 작업실 등

[그림 8-5] **가족센터 지역특성별 중심 유형**

출처: 여성가족부(2021. 4. 27.), p. 55.

가족센터는 [그림 8-5]에서 보는 바와 같이 지역특성별 중심 유형에 따라 대상, 지역특성, 공간을 고려하여 운영할 수 있다.

제4절 한부모가족지원센터

1. 한부모가족지원센터 역할

한부모가족을 위한 지원 서비스 및 프로그램을 제공하는 기관에는 건강가정지원센터,[3] 가족 관련 연구소, 지역사회복지관, 여성단체, 종교단체, 자활후견기관, 모자보호시설, 모자자립시설 등이 있다(윤경자 외, 2012: 215). 이 중에서 한부모가족지원센터는 다른 기관과는 달리 한부모가족을 지원하는 데 주목적이 있다. 보다 구체적으로 한부모가족지원센터는 한부모가족의 기능을 회복하고 가족 구성원 모두가 건강한 사회의

---

3) 건강가정지원센터에서는 한부모가족 지원을 위해 가족생활교육, 가족상담, 문화 프로그램 등을 포함한 '당당한 나, 행복한 우리 가족'이라는 통합 서비스 프로그램을 제공하고 있다.

구성원으로 살아갈 수 있도록 지원함을 목적으로 한다(윤경자 외, 2012: 216). 현재 한부모가족지원사업은 대체적으로 건강가정지원센터와 건강가정·다문화가족 통합센터에서 역량강화지원사업이라는 명칭으로 한부모가족, 조손가족, 위기가족을 지원하고 있다. 소수이기는 하지만 지자체별로 한부모가족지원센터가 독립적으로 설립되어 있는 곳도 있다.

2. 한부모가족지원센터 사업

서울특별시 한부모가족지원센터에서는 한부모가족의 생활안정과 자립역량강화 종합지원, 한부모가족복지시설 및 기관지원 활성화, 한부모가족 인식 개선 사회환경 조성이라는 핵심가치를 가지고 사업을 하고 있다. 지원 내용을 살펴보면 다음과 같다.

1) 한부모가족 생활안정과 자립역량강화

(1) 한부모생활코디네이터

한부모가족에게 꼭 필요한 각종 정보 및 자원을 연계(양육, 법률, 주거, 경제 등)하며 양육비 이행 정보제공 및 지원 기관 동행 서비스를 지원한다.

(2) 한부모가족 심리상담 지원

전문 상담기관 연계를 통한 심리상담(최대 16회기)과 온·오프라인 한부모가족 관련 상담을 지원한다.

(3) 한부모 자녀성장 지원

한부모가족의 자녀가 건강하게 성장할 수 있도록 안정적인 양육환경을 조성하기 위한 사업이다. 양육에 필수적인 육아용품 및 의료비를 지원하며, 자녀와의 관계를 증진할 수 있는 교육문화 프로그램을 운영한다.

(4) 미혼모 · 부 초기 지원

사실혼 관계가 아닌 미혼모 · 부 가구에게 지원하는 것으로 출산 및 양육 지원, 친자 검사 지원, 자조모임 운영, 정서지원 프로그램, 부모교육 프로그램, 문화체험 지원 그리고 위기지원을 위한 자원 연계와 자녀양육을 위한 후원물품을 지원한다.

(5) 한부모가족 가사서비스 지원

한부모가족의 시간빈곤을 해소하여 일과 생활의 균형을 찾고 자녀와의 소중한 시간을 더 많이 가질 수 있도록 가사서비스를 지원한다. 가사서비스로는 청소와 세탁, 설거지 등 1회에 4시간의 서비스를 받을 수 있으며, 80% 이상은 지자체 부담, 본인부담금은 15~20% 정도이다. 정리수납 서비스는 꼭 필요한 가구를 선별하여 가구당 연 1회 제공한다.

2) 복지시설 및 기관지원 활성화

(1) 한부모가족 프로그램 개발 및 보급

서울시는 한부모가족에게 전문 인적자원 연계(강사) 및 한부모가족 맞춤형 자녀양육 및 부모교육 프로그램을 지원한다.

(2) 한부모가족 단체지원

전문가의 운영 컨설팅을 통해 한부모가족 복지시설의 실을 높이고, 정기적인 법정의무 · 직무교육을 통하여 종사자들의 전문성을 향상시킬 수 있도록 한다. 한부모가족 복지시설에는 전문가 연계를 통한 정기적 운영 컨설팅과 사회복지시설 단체 및 당사자 단체의 종사자 전문성 함양 및 재충전을 위한 교육과 워크숍의 진행으로 정서적 역량 강화를 시킬 수 있도록 한다. 또한 한부모가족 자조모임을 지원하여 한부모 관련 정보도 교환하고 문화 · 교육 · 봉사활동으로 함께 성장하는 활동적이고 주도적인 자조모임이 될 수 있도록 지원한다.

3) 인식 개선을 위한 사회환경 조성

(1) 한부모가족 이해교육

찾아가는 한부모가족 이해교육을 진행하여 한부모가족이 차별받지 않고 다양한 가족 유형의 하나로 인식되어, 편견 없는 평등한 가족문화를 확산시킨다.

(2) 모두하나대축제

한부모가족이 주체가 되어 서울시민과 함께 어우러져 모두 하나 되는 축제로 한부모가족이 직접 부스를 운영하며 소통함으로써 서로를 이해하며 희망을 만들어 갈 수 있도록 한다.

(3) 인식 개선 캠페인

캠페인에 함께 동참하여 다양한 가족 형태 안에 한부모가족을 이해하며 이들을 지지하고 응원해 주는 캠페인이다.

홈페이지	http://www.seoulhanbumo.or.kr
페이스북	http://www.facebook.com/seoulhanbumo090602
인스타그램	http://www.instagram.com/seoulhanbumo_official

Chapter 09

건강가정사

———

제1절 가족서비스 전달체계 전담인력
제2절 과업별 수행 내용
제3절 가족서비스 비전 체계

건강가정사

가족서비스 전달체계 전담인력이 전문가로 성장하기 위한 노력들이 진행되고 있지만, 현재 운영되고 있는 건강가정사 자격은 법령에 의거하고 있으나 자격증이 발급되지 않는 등 실효성을 지적받고 있다. 이 장에서는 한국건강가정진흥원(2020. 12.)의 「가족서비스 전달체계 전담인력 직무분석을 통한 서비스 질 제고 방안」[1] 연구 자료를 중심으로 가족지원 전담인력의 직무, 과업별 수행 내용, 가족서비스 비전 체계를 소개하고자 한다.

제1절 가족서비스 전달체계 전담인력

건강가정사는 건강가정사업을 실천하는 전문가로서 현장에서 개인, 가정, 지역사회를 연결하는 구심점 역할을 한다. 건강가정사는 「건강가정기본법」이 지향하는 철학과 이념의 실천자로서, 건강가정사업의 전달자로서의 역할에 충실하여야 한다. 이를 위해 건강가정사는 가족에 대한 이론적 관점을 통합할 수 있는 역량과 지식을 갖추어야 하며, 구체적인 사업으로 실천할 수 있는 응용 능력과 창의력을 키워야 한다.

---

[1] 가족서비스 전달체계 전담인력 현황조사 결과 건강가정사 자격증을 보유하고 있는 비율은 41%로 낮게 나타나 건강가정사 자격이 건강가정사가 되기 위한 필수 자격이라고 보기에는 제한적(한국건강가정진흥원, 2020. 12.: 176)이라고 제시하여 이 장에서는 가족서비스 전달체계 전담인력, 건강가정사라는 용어를 혼용해서 사용하였다.

또한 건강가정사는 건강가정지원센터를 조직적이고 체계적으로 운영하는 경영자로서 그 역할을 수행해야 한다. 건강가정지원센터는 건강가정사업의 활성화, 건강가정사업의 총괄기획, 프로그램 운영을 위한 인력 관리, 프로그램 개발과 제공, 건강가정사업 관련 기관과의 네트워크 구축 등의 기능을 수행한다. 따라서 건강가정사는 건강가정지원센터의 역할과 기능을 세부적으로 파악함으로써 그 속에서 자신의 역할을 자리매김해야 한다.

대학전공별 진로가이드에 소개된 건강가정사 직업을 살펴보면, 건강가정사는 '가정문제의 예방·상담을 실시하거나 사회복지 시설로 연계해 주는 전문가'로 소개되어 있다. 건강가정사의 주요 직무는 가정과 관련된 문제의 예방교육 프로그램을 진행하고 상담을 실시하는 것인데, 건강가정상담사를 유사한 직업명으로 소개하고 있다. 건강가정사 직업이 현재 직업사전에 탑재되어 있지는 않으나 통용될 수 있는 직업명으로 일부 활용되기 때문에 가족서비스 전달체계 전담인력을 지칭하는 직업명을 확정하고, 직업에 대한 세부 내용을 안내할 필요가 있다(한국건강가정진흥원, 2020. 12.: 175).

가족서비스 전달체계 전담인력이 독자적인 직업으로 자리잡고 그 영역을 점차 확장하여 전문가로 성장하기 위한 체계를 마련하기 위한 노력들이 진행되고 있다. 현재 운영되고 있는 건강가정사 자격은 법령에 의거한 자격이긴 하나 자격증이 발급되지 않는 등 실효성이 다소 미흡하다는 지적을 받고 있다. 건강가정사 자격은 대학 또는 이와 동등 이상의 학교에서 사회복지학, 가정학, 여성학 등 관련 교과목을 이수하고 졸업한 자(「건강가정기본법」 제35조 제2, 3항)여야 한다. 건강가정사가 되기 위해서는 핵심과목 5과목 이상, 기초이론 4과목 이상, 상담·교육 등 실제 3과목 이상을 이수해야 한다. 가족서비스 전달 현장에서 직무에 종사하는 자가 보다 효과적으로 업무를 수행할 수 있도록 능력 중심 훈련과정 및 교과 중심 커리큘럼이 마련될 필요가 있다. 직무분석 결과를 기준으로 전담인력이 인식하고 있는 직무별 중요도, 난이도를 조사하여 책무, 과업별 수준을 부여할 수 있을 것이다. 앞으로 경력 경로를 세밀화하고, 해당 수준에서 필요한 교육과정을 연계하는 교육체계도 마련해 나가야 할 것이다(한국건강가정진흥원, 2020. 12.: 176-177).

1. 전담인력의 정의

가족서비스란 다양한 가족지원, 가족 기능 지원 강화를 위해 운영되는 가족관계사업, 가족돌봄사업, 가족생활사업, 가족과 함께하는 지역공동체사업을 의미한다. 따라서 가족서비스 전달체계 전담인력이란 가족지원센터에서 관련 사업 및 프로그램을 운영하고, 가족 문제를 상담하거나 지원 대상자에게 적합한 가족맞춤형 직접서비스를 지원하는 직무를 수행하는 사람[2]을 의미한다.

가족센터의 직원의 채용은 「건강가정기본법」에 의거하며, 관련 학과와 관련 사업의 경력이 요구된다. 일반직 채용 시 관련 학과는 사회복지학, 가정학, 여성학, 아동학, 청소년학, 노년학, 보육학, 교육학, 상담학, 다문화학 등으로 하며, 관련 사업으로 가족관련업무(가족상담, 가족교육, 가족문화, 다문화가족지원, 가족역량강화, 사회복지, 여성가족부 관련기관 근무 등) 종사 경력이 요구된다.

통합서비스 운영기관의 센터장, 부센터장, 팀장, 팀원의 채용 자격요건은 〈표 9-1〉과 같다.

표 9-1 통합서비스 운영기관 직원 채용 자격요건

직급	자격요건
센터장	• 관련 사업 3년 이상 근무경력자(관련학과 석사학위 취득자) • 관련 사업 5년 이상 근무경력자(관련학과 학사학위 취득자) • 관련 사업 7년 이상 근무경력자 • 시 · 군 · 구가 직영하는 경우 5급 이상 공무원 가능 • 기타 위 각 호에 상당하다고 인정되는 경력을 가진 자
부센터장 (사무국장, 총괄팀장)	• 통합센터의 경우 센터장 밑에 1인의 부센터장 또는 총괄팀장(사무국장)의 직위를 둘 수 있음 (자율적으로 운영) • 관련 사업 2년 이상 근무경력자(관련학과 석사학위 취득자) • 관련 사업 4년 이상 근무경력자(관련학과 학사학위 취득자) • 관련 사업 6년 이상 근무경력자 • 시 · 군 · 구가 직영하는 경우 5급 이상 공무원 가능

---

2) 단, 아이돌봄지원사업, 거점센터, 지자체 별도 예산 사업의 전담인력 제외함.

팀장	• 관련 사업 1년 이상 근무경력자(관련학과 석사학위 취득자) • 관련 사업 3년 이상 근무경력자(관련학과 학사학위 취득자) • 건강가정사 또는 사회복지사 자격요건을 갖춘 자로서 관련사업 3년 이상 근무경력자 • 관련사업 5년 이상 근무경력자 • 시 · 군 · 구가 직영하는 경우 6급 이하 공무원 가능
팀원	• 관련 학과 학사학위 이상 소지자(졸업예정자 포함) • 건강가정사 또는 사회복지사 자격요건을 갖춘 자 • 관련 사업 2년 이상 근무경력자 • 시 · 군 · 구가 직영하는 경우 7급 이하 공무원 가능

출처: 여성가족부(2021. 2.), p. 12.

가족센터에서 근무하는 건강가정사란 건강가정사업을 수행하기 위하여 관련 분야에 대한 학식과 경험을 가진 전문가이다. 건강가정사는 전국 시 · 도 및 시 · 군 · 구 가족센터 상담, 교육, 문화, 지역사회자원 연계 등의 역할을 수행한다. 건강가정사가 수행하는 업무는 가정 문제의 예방, 상담 및 개선, 건강가정의 유지를 위한 프로그램 개발, 건강가정 교육, 가정생활문화운동의 전개, 가정 관련 정보 및 자료 제공, 가정에 대한 방문 및 실태파악, 아동보호전문기관 등 지역사회자원과의 연계, 그 밖의 건강가정사업과 관련하여 여성가족부장관이 정하는 활동이다.

1) 직원 교육

건강가정사의 역량강화와 전문성 증진을 위하여 직원 교육이 필수적이다. 〈표 9-2〉는 건강가정지원센터 직원의 교육 로드맵이다. 가족서비스 전달체계의 정체성과 전문성을 강화하기 위해서는 실무자들의 역량이 뒷받침되어야 하기 때문에 종사자 재교육이 필수적이다. 가족 변화의 실체와 의미를 이해하고, 가족서비스를 새롭게 규정하며, 이에 맞는 서비스를 개발하고 효율적으로 운영하기 위해서는 실무자를 대상으로 새로운 교육내용을 구성하여 전달하고, 이를 장기적으로 관리하는 방안이 필요하다(한국건강가정진흥원, 2019. 11.: 117). 건강가정지원센터의 센터장을 제외한 모든 직원은 전문성 향상을 위하여 연간 30시간 이상 의무적으로 업무 관련 교육을 수료하여야 한다(여성가족부, 2021. 2.:24). 교육시간 30시간에는 한국건강가정진흥원에서 실시하는 교육 10시간을 포함한다.

| 표 9-2 | 건강가정지원센터 직원 향후 교육 로드맵 |

구분	신입직원과정	리더십과정		직무과정	
필수	신입직원 교육	센터장-총괄팀장-팀장-팀원 직급별 리더십과정		직무공통/교육문화/상담/운영지원 사업영역별 각 직무과정	
	신입직원과정 • 「건강가정기본법」의 이해 • 건강가정사업의 이해 • 종사자의 사명과 건강가정사의 역할	기본 과정	센터장 기본 총괄팀장 기본 팀장 기본 팀원 기본	기초과정 (～입사 3년 미만)	• 가족의 이해 I (가족의 변화, 가족문제의 이해) • 교육문화사업/상담운영/운영지원 실무 I
		향상 과정	센터장 세미나 총괄팀장 향상과정 팀장 향상과정 팀원 향상과정	심화과정 (입사 3년 이상～)	• 가족의 이해 II (한부모가족, 조손가족 등) • 교육문화사업/상담운영/운영지원 실무 II
				전문과정	2013년 내용 개발 예정
선택	선택과정	상시적으로 직급별 선택과정 운영		상시적으로 직무별 선택과정 운영	
	강사 양성과정	주제별 강사 양성과정			

출처: 한국건강가정진흥원(2013), p. 162.

　센터는 가족상담 전문인력의 역량강화를 위해 자체교육 및 정기적 사례회의, 슈퍼비전 등을 실시하여야 하고, 직원의 역량강화를 위해 워크숍 등의 자체교육을 실시하여야 하는데, 이는 30시간 의무교육에는 포함되지 않는다. 다만, 법정 의무교육에 대해서는 10시간 이내로 교육시수를 인정한다. 센터장(비상근포함) 및 모든 센터직원은 〈표 9-3〉의 교육을 센터 자체교육 혹은 사이버 교육과정을 통해 각각 1시간 이상 반드시 수료하여야 한다.

　2021년부터는 직원의 다양한 가족 수용성 증진을 위해 '다문화/다양한 가족 이해 교육'을 매년 2시간 수료하는 것이 필수로 신설되었다. 한국건강가정진흥원에서 실시하는 '찾아가는 다문화 이해 교육' 및 '다양한 가족 이해 교육'에 참여하거나 다누리배움터 온라인 교육으로 수료가 가능하다.

구분	내용
성희롱 예방교육 성매매 예방교육 성폭력 예방교육 가정폭력 예방교육	• 자체교육 시 예방교육 통합관리 홈페이지(shp.mogef.go.kr)에서 교육교재 다운로드 가능 • 폭력예방 사이버 기관교육 홈페이지 : www.kigepe.or.kr/elearning ※성희롱·성매매·성폭력·가정폭력 예방교육의 경우 통합하여 교육 가능하며, 통합교육 시 연 4시간 이상 수료하여야 함
아동학대 신고의무자교육	• 자체교육 시 교재 또는 동영상은 중앙아동보호전문기관 홈페이지(korea1391.org) 〉 정보 〉 교육 자료 게시판에서 다운로드 가능 • 신고의무자 사이버교육 홈페이지 : duty.kohi.or.kr
노인학대 예방 및 신고의무 관련 교육	• 자체교육 시 교재 또는 동영상은 중앙노인보호전문기관 홈페이지(noinboho.or.kr) 〉 자료실 〉 교육 자료 게시판에서 다운로드 가능 • 신고의무자 사이버교육 홈페이지 : duty.kohi.or.kr
장애인학대 및 장애인대상 성범죄 예방 및 신고의무 관련 교육	• 자체교육 시 교재 또는 동영상은 보건복지부 홈페이지(www.mohw.go.kr) 〉 정책 〉 장애인 〉 알림마당 〉 교육홍보자료 게시판에서 다운로드 가능 • 신고의무자 사이버교육 홈페이지 : duty.kohi.or.kr
장애인 인식개선교육	• 자체교육 시 교육관련 자료는 한국장애인고용공단 홈페이지(www.kead.or.kr) 〉 직장 내 장애인 인식개선교육 게시판에서 다운로드 가능
개인정보보호교육	• 개인정보처리자(센터)는 개인정보의 적정한 취급을 보장하기 위해 개인정보취급자(직원)에게 정기적으로 필요한 교육을 실시하여야 함 • 개인정보보호 종합포털(www.privacy.go.kr)을 통해 온라인교육 및 교육자료 이용 가능
긴급복지지원 신고의무자교육	• 「긴급복지지원법」 제7조 4항에 따라 교육 이수 필요 • 자체교육 시 보건복지부 홈페이지(정보 〉 연구·조사·발간자료)에서 ppt 형태 교육자료 다운로드 가능 • 신고의무자 사이버교육 홈페이지: 한국보건복지인력개발원 사이버교육센터(duty.kohi.or.kr), 국가평생교육진흥원 국가평생학습포털(lifelongedu.go.kr)

출처: 여성가족부(2021. 2.), p. 25.

2) 현장실습

현장실습은 건강가정사뿐 아니라 사회복지사, 간호사 등 여러 원조 전문직 분야에서 이루어지는 중요한 교육과정의 하나다. 현장실습에서는 건강가정사 교과목을 통해 배운 이론과 지식 및 실천 기술을 현장의 실제 상황에 적용하는 실무 경험을 하게 된다. 양옥경은 실습교육을 통하여 지식을 실제에 적용하여 그 진의를 터득할 수 있을 뿐 아니라 실천 과정에서 얻어지는 경험과 관찰에 비추어 기존의 지식을 다져 나가거나 재

표 9-4 건강가정지원센터 현장실습의 구성과 내용

구분		내용	과제물
필수	오리엔테이션	• 기관 소개 • 지역 소개 • 대상집단의 이해 • 실습생의 자세와 역할 • 실습일정과 과제 안내	
	행정업무	• 각종 기안서(공문, 품의서 작성 및 결재과정 참여) • 기관운영과 관련된 규정 검토 • 사업수행 절차(사업별 계획서, 실행서, 만족도 조사, 피드백 등의 절차를 체계화하는 과정 및 관련되는 문서 관찰)	관련 서식 작성 및 제출
	프로그램 보조진행	• 가족생활교육 프로그램 보조진행 • 가족문화 프로그램 보조진행 • 기타 센터의 특화사업 보조진행	프로그램 계획서, 평가서, 과정일지, 기타 해당 자료
	실습평가회	• 과제에 대한 슈퍼비전 • 실습생의 자세 등 전반에 대한 슈퍼비전	실습평가서
선택	선택	• 지역사회 조직사업(지역사회 자원개발, 주민교육, 건강가정 네트워크 구축) • 지역사회 홍보활동 • 프로그램 개발 및 평가 • 사례관리 • 타 기관 방문 및 지역 탐방	활동기록서 (프로그램 계획서, 프로그램 평가서, 사례관리기록서, 기관방문보고서, 지역탐방 보고서 등)

출처: 한국건강가정진흥원(2012), pp. 51-52.

확립할 기회도 가질 수 있다고 지적한다(양옥경, 1994; 서진환, 2001: 16 재인용). 현장실습은 크게 필수적인 내용과 선택적인 내용으로 구분된다.

3) 직업윤리

직업윤리란 직업인으로서 자기가 맡은 일에서 지켜야 할 도리를 말하는 것이며, 아울러 자신의 직업에 대한 애정과 기대 및 소명의식을 가지고 맡은 일에 최선을 다하는 것이다(하병철, 1995; 조희금 외, 2012a: 336 재인용). 무엇보다도 직업윤리는 전문가에게 기대되는 윤리적 행동을 제시하고 있다는 점에서 건강가정사가 가진 가치를 실천으로 전환시키는 지침이 된다.

건강가정사는 가족상담, 가족생활교육 등의 직무를 수행하는 과정에서 이용자의 사적인 정보를 취득할 기회가 많으므로 이용자의 사생활 보호 측면에서 직업윤리를 지킬 필요가 있다. 또한 건강가정사의 직무 내용을 고려하여 〈표 9-5〉와 같이 건강가정사가 갖추어야 할 태도 및 자세에 대해 생각해 볼 수 있다.

표 9-5 건강가정사가 갖추어야 할 태도 및 자세

1. 인간과 가족에 대한 애정과 이해가 깊고, 개인과 가족의 삶의 질이나 복지 향상에 대한 관심과 사명감이 있어야 한다.

2. 「건강가정기본법」, 「다문화가족지원법」, 「남녀평등고용과 일·가정 양립 지원에 관한 법률」 등 가족과 관련된 법이나 현재와 미래의 가족정책의 비전과 방향에 대한 전문적인 지식과 이해를 갖추어야 한다.

3. 건강가정사 스스로 가정친화적이고 양성평등적인 의식과 태도를 가지고 있어야 한다.

4. 다양한 개인의 생활방식, 다양한 형태의 가족, 다문화, 다문화가족에 대한 이해와 존중심이 있어야 하며 고정관념이나 편견, 선입견을 갖지 않아야 한다.

5. 지역 주민을 위한 대민 서비스에 필요한 친절한 태도와 서비스 정신, 대인관계 능력이 있어야 한다.

6. 사업을 기획하고 추진하며 실행할 수 있는 직무능력을 갖춰야 한다.

7. 같은 조직 내의 다른 구성원들과 원활하게 의사소통할 수 있는 인간관계 능력이 있어야 한다.

8. 업무의 전문성 강화와 자기계발을 위해 지속적으로 노력해야 한다.

9. 업무에 따른 스트레스나 소진감, 사기 저하에 대처할 수 있는 자기만의 스트레스 대처방법이나 휴식방법을 개발해야 한다.

10. 건강가정사는 직업상 다른 가정의 행복을 돌보아 주는 일을 하므로 자칫 업무에 대한 몰두나 업무 과중으로 정작 자신이나 자신의 가족생활을 돌보지 못하는 모순된 상황을 초래히기 쉽다. 그러므로 건강가정사로서의 업무가 다른 사람이나 가족의 건강과 행복에 기여하는 동시에 건강가정사 자신과 가족의 행복 증진에도 기여할 수 있도록 일과 가정생활의 균형감각을 유지할 수 있도록 노력해야 한다.

출처: 이선형, 임춘희, 강성옥(2017), p. 347.

2. 전담인력의 주요 직무

전담인력의 고유한 업무, 미래 지향 가능성을 고려하여 중요도와 수행빈도가 높은 순으로 도출한 전담인력 주요 직무는 '가족서비스 사업·프로그램 운영관리' '가족상담' '가족맞춤형 직접서비스 지원'이다. 가족서비스 전달체계 전담인력 직무모형은 [그림 9−1]과 같다.

먼저, 가족서비스 사업·프로그램 운영관리란 다양한 형태의 가족이 인식 및 문화 개선을 통해 건강한 가족생활을 유지하도록 도움을 주는 교육·문화 프로그램을 기획, 매칭, 홍보, 설계, 진행, 평가하는 직무를 의미한다.

다음으로, 가족상담이란 가족 구성원과의 관계 및 가족 관계에 영향을 미칠 수 있는 문제 및 욕구, 주변 사회환경과의 상호작용의 어려움 등을 겪고 있는 지역사회 가족 구성원 모두를 대상으로 한 상담을 의미하며, 센터 내 상담 실무자가 담당하는 가족상담 운영, 지역 연계 가족상담 운영, 집단상담 프로그램 기획 및 운영, 상담 운영관리, 전문 상담사를 관리하는 직무를 의미한다.

가족맞춤형 직접서비스 지원은 지원 대상자를 선정하여 일정 기간 가족의 기능적인 면을 높이기 위해 지원되는 서비스를 의미하며, 방문교육 서비스, 통번역 서비스, 가족 역량강화 서비스(키움보듬이, 배움지도사), 이중언어 지도사, 언어발달지원 서비스가 포함된 직무를 의미한다(한국건강가정진흥원, 2020. 12.: 141).

[그림 9−1] 가족서비스 전달체계 전담인력 직무모형

출처: 한국건강가정진흥원(2020. 12.), p. 142.

제2절 과업별 수행 내용

1. 가족서비스 사업 · 프로그램 운영관리

　가족서비스 사업 · 프로그램 운영관리란 다양한 형태의 가족이 인식 및 문화 개선을 통해 건강한 가족생활을 유지하도록 도움을 주는 교육 · 문화 프로그램을 기획, 매칭, 홍보, 설계, 진행, 평가하는 직무를 의미한다. 가족서비스 사업 · 프로그램 운영관리 책무별 과업은 [그림 9-2]와 같다.

책무(Duty)	과업(Task)			
A-1 가족서비스 대내외 환경분석	A-1-1 가족서비스 사회/지역 요구 분석하기	A-1-2 가족서비스 이용자 요구 분석하기	A-1-3 가족서비스 운영 현황 분석하기	
A-2 가족서비스 사업·프로그램 기획	A-2-1 가족서비스 사업·프로그램 개발 필요성 검토하기	A-2-2 가족서비스 사업·프로그램 개발 타당성 검토하기	A-2-3 가족서비스 사업·프로그램 개발 방향 설정하기	A-2-4 가족서비스 사업·프로그램 이해 관계자 협의하기
	A-2-5 가족서비스 관련 기관과 협약 맺기			
A-3 가족서비스 자원구축	A-3-1 가족서비스 인적 자원 구축하기	A-3-2 가족서비스 물적 자원 구축하기	A-3-3 가족서비스 재정 자원 구축하기	A-3-4 가족서비스 정보 자원 구축하기
A-4 가족서비스 사업·프로그램 매칭	A-4-1 가족서비스 이용자 욕구 파악하기	A-4-2 대내외 세부 가족서비스 사업·프로그램 정보 취합하기	A-4-3 이용자 맞춤화된 가족서비스 사업·프로그램 매칭하기	
A-5 가족서비스 사업·프로그램 홍보	A-5-1 가족서비스 캠페인하기	A-5-2 홍보현수막(배너) 제작하기	A-5-3 신문, 인터넷 매체에 홍보하기	A-5-4 유관기관에 홍보하기
A-6 가족서비스 사업·프로그램 설계	A-6-1 가족서비스 사업·프로그램 목표 설정하기	A-6-2 가족서비스 사업·프로그램 내용 구성하기	A-6-3 가족서비스 사업·프로그램 교수학습 방법 설정하기	A-6-4 가족서비스 사업·프로그램 교수자료 개발하기
	A-6-5 가족서비스 사업·프로그램 운영예산 설정하기	A-6-6 가족서비스 사업·프로그램 평가계획 수립하기		
A-7 가족서비스 사업·프로그램 진행(운영)	A-7-1 지원인력 관리하기	A-7-2 가족서비스 사업·프로그램 장소 세팅하기	A-7-3 가족서비스 사업·프로그램 참여자 출석 확인하기	A-7-4 가족서비스 사업·프로그램 참가자 지원 및 인솔하기
	A-7-5 가족서비스 사업·프로그램 참여강사 지원하기			
A-8 가족서비스 사업·프로그램 평가	A-8-1 가족서비스 사업·프로그램 운영결과 보고서 작성하기	A-8-2 가족서비스 사업·프로그램 평가결과 분석하기	A-8-3 가족서비스 사업·프로그램 개선방안 수립하기	A-8-4 가족서비스 사업·프로그램 운영결과 시스템에 관리하기

[그림 9-2] **가족서비스 사업·프로그램 운영관리 책무별 과업**

출처: 한국건강가정진흥원(2020. 12.), pp. 143-144.

2. 가족상담

　가족상담이란 가족 구성원과의 관계 및 가족 관계에 영향을 미칠 수 있는 문제 및 욕구, 주변 사회환경과의 상호작용의 어려움 등을 겪고 있는 지역사회 가족 구성원 모드를 대상으로 한 상담을 의미하며, 센터 내 상담 실무자가 담당하는 가족상담 운영, 지역 연계 가족상담 운영, 집단상담 프로그램 기획 및 운영, 상담 운영관리, 전문상담사를 관리하는 직무를 의미한다. 가족상담 책무별 과업은 [그림 9-3]과 같다.

책무(Duty)	과업(Task)			
B-1 가족상담 접수	B-1-1 내방 가족상담 접수하기	B-1-2 내부가족상담건 욕구 분석하기	B-1-3 외부 가족상담 의뢰건 접수하기	B-1-4 외부 가족상담 의뢰건 욕구 분석하기
B-2 가족상담 운영	B-2-1 가족상담 초기면접하기	B-2-2 가족상담 진행하기	B-2-3 가족상담 종결하기	B-2-4 가족집단상담 사전 준 비하기
	B-2-5 가족집단상담 진행하기	B-2-6 가족집단상담 종결하기		
B-3 가족상담 사후관리	B-3-1 사후 가족상담하기	B-3-2 집단상담 평가하기	B-3-3 상담일지 작성하기	B-3-4 지자체 연계기관 관리하기
B 4 상담 운영 행정 관리	B-4-1 연간 상담계획서 및 보 고서 작성하기	B 4-2 가족상담사 매칭 및 일 정관리하기	B-4-3 상담회계 관리하기	B-4-4 상담 프로그램 홍보하기
	B-4-5 상담실 운영하기			
B-5 전문상담사 관리	D-5-1 가족상담사례 슈퍼비 전하기	B-5-2 사례회의 진행하기	B-5-3 전문상담사 평가하기	B-5-4 역량강화 교육 진행하기

[그림 9-3] **가족상담 책무별 과업**

출처: 한국건강가정진흥원(2020. 12.), p. 145.

3. 가족맞춤형 직접서비스 지원

가족맞춤형 직접서비스 지원이란 지원 대상자를 선정하여 일정 기간 가족의 기능적인 면을 높이기 위해 지원되는 서비스를 의미하며, 방문교육 서비스, 통번역 서비스, 가족역량강화 서비스(키움보듬이, 배움지도사), 이중언어 지도사, 언어발달지원 서비스가 포함된 직무를 의미한다. 가족맞춤형 직접서비스 지원 책무별 과업은 [그림 9-4]와 같다.

책무(Duty)	과업(Task)			
C-1 사업 홍보 및 모집	C-1-1 홍보 준비하기	C-1-2 홍보물 제작하기	C-1-3 홍보 실행하기	
C-2 이용자 분석	C-2-1 욕구 파악하기	C-2-2 초기면접(신상파악)/ 면담하기	C-2-3 사전 검사 실시하기	C-2-4 서비스 매칭하기
C-3 서비스 제공	C-3-1 서비스 계획하기	C-3-2 서비스(방문교육, 언어발달, 통번역, 이중언어, 자녀학습정서지원*, 생활도움지원*) 전달하기	C-3-3 일지(서비스 제공결과) 작성하기	
		*가족역량강화지원사업		
C-4 서비스 종결	C-4-1 평가하기	C-4-2 결과 보고서 작성하기	C-4-3 결산하기	C-4-4 상담/교육프로그램 안내 및 연계하기

[그림 9-4] **가족맞춤형 직접서비스 지원 책무별 과업**

출처: 한국건강가정진흥원(2020. 12.), p. 146.

제3절 가족서비스 비전 체계

1. 가족서비스 비전 및 추진 전략

건강가정사의 경우 현재 가족서비스 전달체계 전담인력 관련 자격명이나 건강한 가정을 지원하는 이라는 초기의 목표가 전달되기에 충분하므로 용어를 가족서비스 전달체계 전담인력을 지칭하는 용어로 사용하는 방안을 검토하는 것이 필요하다.

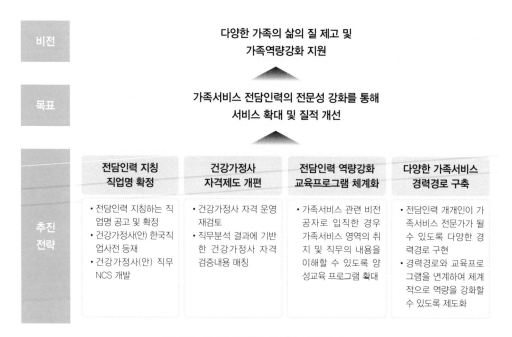

[그림 9-5] **가족서비스 질 제고 비전 체계도**
출처: 한국건강가정진흥원(2020. 12.), p. 173.

2. 건강가정사 자격제도 개편

현재 운영되고 있는 건강가정사 자격은 법령에 의거한 자격이긴 하나 자격증이 발급되지 않는 등 보완해야 할 점이 많다. 건강가정사 자격은 대학 또는 이와 동등 이상의

| 표 9-6 | 건강가정사 자격이수 교과목과 직무와의 연계성 |

구분		교과목	직무와의 연계성
핵심과목(5)		건강가정론, (건강)가정(족)정책론, 가족상담(및 치료), 가정(족)생활교육, 가족복지론, 가족과 젠더, 가족(정)과 문화, 건강가정현장실습, 여성과 (현대)사회, 비영리기관 운영관리 중 5과목 이상	건강가정사 직업은 건강한 가족관계를 구현하는 데 그 목적이 있으므로 건강한 가정의 개념, 가족의 복지 등에 대한 기본적인 지식을 함양하는 데 도움이 되는 교과들임
관련과목	기초이론(4)	가족학, 가족관계(학), 가족법, 아동학, 보육학, 아동(청소년)복지론, 노년학, 노인복지론, 인간발달, 인간행동과 사회환경, 가족(정)(자원)관리, 가계경제, 가사노동론, 여가관리론, 주거학, 생애주기 영양학, 여성복지(론), 여성주의이론, 정신건강(정신보건사회복지)론, 장애인복지론, 가정생활복지론, 상담이론, 자원봉사론, 성과 사랑, 법여성학, 여성과 문화, 일과 가족(정), 사회복지(개)론 중 4과목 이상	현재 제시되어 있는 건강가정사 기초이론 교과목은 대학교과에 맞춰져 있어 현장의 실무능력을 반영한 교과로 해석되기에는 한계가 있음
	상담·교육 등 실제(3)	생활설계상담, 아동상담, 영양상담 및 교육, 소비자상담, 주거상담, 부모교육, 부부교육, 소비자교육, 가정생활과 정보, 가계재무관리, 주택관리, 의생활관리, 지역사회 영양학, 프로그램 개발과 평가, 사회복지실천기술론, 지역사회복지론, 연구(조사)방법론, 부부상담, 집단상담, 가족(정)과 지역사회, 여성과 교육, 여성과 리더십, 여성주의 상담, 사회복지실천론, 위기개입론, 사례관리론 중 3과목 이상	사업 및 프로그램 운영관리의 경우, 실제 프로그램을 기획·설계·운영·평가하는 업무를 지원하는 실습 등을 병행하는 교과가 필요하며, 가족상담의 경우에도 관찰자로서 참관하는 실습 등이 교과목으로 운영되어야 할 것임

출처: 한국건강가정진흥원(2020. 12.), p. 177; 한국건강가정진흥원 홈페이지(2020).

학교에서 사회복지학, 가정학, 여성학 등 관련 교과목(핵심과목 5과목 이상, 기초이론 4과목 이상, 상담·교육 등 실제 3과목 이상)을 이수하고 졸업한 자(「건강가정기본법」 제35조 제2, 3항)에게 부여하고 있다. 대학원에서 관련 교과목을 이수하는 경우에는 표의 교과목 중 핵심과목 4과목 이상, 관련과목 4과목(기초이론 2과목, 상담·교육 등 실제 2과목) 이상을 각각 이수해야 한다.

하지만 관련 교과목의 경우 가족서비스 전달체계 전담인력의 주요 직무인 사업 및 프로그램 운영관리, 가족상담, 가족맞춤형 직접서비스 지원의 업무를 미리 익히는 데에는 한계가 있다.

3. 전담인력 역량강화 교육 체계화

전담인력 직무분석 결과에 따라 해당 직무에 종사하는 자가 보다 효과적으로 업무를 수행할 수 있도록 능력중심 훈련과정 및 교과중심 커리큘럼에 활용할 수 있을 것이다. 직무내용은 하나의 교과목으로 편성하여 직무가 연계될 수 있도록 교육 프로그램을 구성할 수 있다. 국가직무능력표준(NCS)의 경우 직무분석 결과와 학습모듈을 매칭하여 현장에서 수행하는 직무를 교육기관에서 미리 선학습하는 선순환 체계를 마련하는 방법도 있다(한국건강가정진흥원, 2020. 12.: 177).

여기에서는 가족서비스 전달체계 전담인력의 주요 직무를 수행할 수 있는 교육 프로그램 운영(안)을 소개한다.

표 9-7 가족서비스 사업 · 프로그램 기획

교과목명		가족서비스 사업 · 프로그램 기획		
교육목표		1. 가족서비스 사업 및 프로그램을 개발하기 위해 관련된 대내외 환경을 분석할 수 있다. 2. 가족서비스 사업 및 프로그램의 개발 방향을 수립할 수 있다. 3. 가족서비스 운영을 위한 필요 자원을 구축할 수 있다.		
	교육내용	세부 교육 내용	시간	교육방법
교육내용 및 운영	가족서비스 대내외 환경분석	• 가족서비스 사회/지역 요구 분석하기 • 가족서비스 이용자 요구 분석하기 • 가족서비스 운영 현황 분석하기	8	• 온/오프라인 강의 • 데이터 분석 관련 실습
	가족서비스 사업 · 프로그램 기획	• 가족서비스 사업 · 프로그램 개발 필요성 검토하기 • 가족서비스 사업 · 프로그램 개발 타당성 검토하기 • 가족서비스 사업 · 프로그램 개발 방향 설정하기 • 가족서비스 사업 · 프로그램 이해 관계자 협의하기 • 가족서비스 관련 기관과 협약 맺기	8	• 온/오프라인 강의 • 팀기반학습(PBL) • 토론학습
	가족서비스 자원구축	• 가족서비스 인적자원 구축하기 • 가족서비스 물적자원 구축하기 • 가족서비스 재정자원 구축하기 • 가족서비스 정보자원 구축하기	2	• 온/오프라인 강의

출처: 한국건강가정진흥원(2020. 12.), p. 179.

표 9-8 가족서비스 사업 · 프로그램 설계 및 평가

교과목명		가족서비스 사업 · 프로그램 설계 및 평가		
교육목표		1. 가족서비스 사업 및 프로그램의 목표에 부합하도록 세부과정을 설계할 수 있다. 2. 가족서비스 사업 및 프로그램의 평가지표를 선정하고 평가방법을 결정할 수 있다.		
교육내용 및 운영	교육내용	세부 교육 내용	시간	교육방법
	가족서비스 사업 · 프로그램 설계	• 가족서비스 사업 · 프로그램 목표 설정하기 • 가족서비스 사업 · 프로그램 내용 구성하기 • 가족서비스 사업 · 프로그램 교수학습 방법 설정하기 • 가족서비스 사업 · 프로그램 교수자료 개발하기 • 가족서비스 사업 · 프로그램 운영예산 설정하기 • 가족서비스 사업 · 프로그램 평가 계획 수립하기	8	• 온/오프라인 강의 • 교육 및 문화 프로그램 설계 실습
	가족서비스 사업 · 프로그램 평가	• 가족서비스 사업 · 프로그램 운영결과 보고서 작성하기 • 가족서비스 사업 · 프로그램 평가 결과 분석하기 • 가족서비스 사업 · 프로그램 개선방안 수립하기 • 가족서비스 사업 · 프로그램 운영결과 시스템에 관리하기	4	• 온/오프라인 강의 • 사례발표

출처: 한국건강가정진흥원(2020. 12.), p. 180.

표 9-9 가족서비스 사업 · 프로그램 운영

교과목명		가족서비스 사업 · 프로그램 운영		
교육목표		• 가족서비스 이용자의 욕구에 적합한 가족서비스 사업 및 프로그램을 매칭할 수 있다. • 가족서비스 사업 및 프로그램의 목적에 부합하는 이용자가 다수 참여할 수 있도록 홍보할 수 있다. • 가족서비스의 목적을 달성할 수 있도록 관련 사업 및 프로그램을 운영할 수 있다.		
교육내용 및 운영	교육내용	세부 교육 내용	시간	교육방법
	가족서비스 사업 · 프로그램 매칭 (moderator)	• 가족서비스 이용자 욕구 파악하기 • 대내외 세부 가족서비스 사업 · 프로그램 정보 취합하기 • 이용자 맞춤화된 가족서비스 사업 · 프로그램 매칭하기	4	• 온/오프라인 강의
	가족서비스 사업 · 프로그램 홍보	• 가족서비스 캠페인하기 • 홍보현수막(배너) 제작하기 • 신문, 인터넷 매체에 홍보하기 • 유관기관에 홍보하기	2	• 온/오프라인 강의
	가족서비스 사업 · 프로그램 진행(운영)	• 지원인력 관리하기 • 가족서비스 사업 · 프로그램 장소 세팅하기 • 가족서비스 사업 · 프로그램 참여자 출석 확인하기 • 가족서비스 사업 · 프로그램 참가자 지원 및 인솔하기 • 가족서비스 사업 · 프로그램 평가 결과 분석하기 • 가족서비스 사업 · 프로그램 참여강사 지원하기	8	• 온/오프라인 강의 • 프로그램 운영 실습

출처: 한국건강가정진흥원(2020. 12.), p. 181.

가족서비스 전달체계 전담인력이 전문성을 쌓아 가기 위해서는 다양한 직무를 수행하는 T형 경력경로 또는 I형 경력경로 등 개인의 경력목표에 맞는 다양한 기회를 제공해야 한다. 또한 같은 직무의 경우에도 직급에 따라 수행할 수 있는 책무가 다르므로 이를 반영하여 직급별 전문성을 갖출 수 있도록 경력을 체계화해야 할 필요가 있다. 직무수준에 따른 경력경로모형은 [그림 9-6]과 같다.

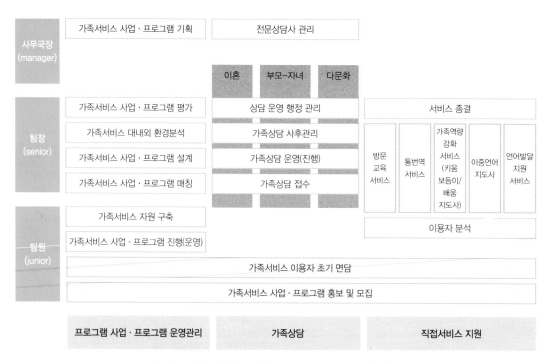

[그림 9-6] 가족서비스 전달체계 전담인력의 직무수준에 따른 경력경로모형
출처: 한국건강가정진흥원(2020. 12.), p. 182.

가족서비스 전달체계 전담인력 직무분석 결과는 직무수행 성과평가, 채용 및 승진 기준 등에 활용될 수 있으므로 직무분석 결과를 기준으로 성과결과가 모두 연계될 수 있도록 통합해야 한다. 가족서비스 전달체계 전담인력의 개인정보의 DB화가 가능하다면 시스템 구현 시 직무분석 결과인 책무와 과업을 기준으로 개인별 역량을 평가하고, 부족한 부분에 대한 교육훈련, 우수한 부분에 관한 사례 공유 등이 가능하도록 통합된 시스템을 마련해야 할 것이다. 또한 경력경로모형에 따라 경력경로를 세밀화하고 해당 수준에서 필요한 교육과정을 연계하는 교육체계도가 마련되어야 할 것이다. 특화

사업 또는 지역특성에 따라 전담인력이 보유한 역량 및 필요 역량이 다를 수 있으므로 이를 고려한 결과도 반영해 나가야 할 것이다(한국건강가정진흥원, 2020. 12.: 184).

Chapter 10

건강가정사업

—

제1절 건강가정사업의 진행 단계
제2절 건강가정사업의 지침

건강가정사업

　가족센터에서는「건강가정기본법」에서 규정한 건강가정사업을 수행한다. 가족센터가 건강가정사업을 수행할 때 한국건강가정진흥원(중앙건강가정지원센터에서 명칭이 변경됨)이 개발한 사업운영 지침을 따르게 된다. 이와 같은 전달체계는 전국적으로 통일된 건강가정사업을 수행하는 데 크게 기여한다. 또한 이는 현재 비교적 소규모로 운영되는 가족센터의 인력 및 전문성을 보완해 주는 역할도 한다. 이 장에서는 우선 건강가정사업이 어떻게 진행되는지를 설명하고자 한다. 그리고 한국건강가정진흥원에서 발간된 매뉴얼을 중심으로 건강가정사업에 대한 지침을 살펴보고자 한다.

제1절 건강가정사업의 진행 단계

　가족센터는 지역사회 기반 세팅의 하나이며, 가족에 대해 특성화되어 있는 기관에 해당된다. 지역사회에서 건강가정 프로그램 옵션은 다양하다. 가족센터는 예방적, 치료적 및 발달적 측면에서 가족에게 다양한 서비스를 제공하고, 가족생활교육, 가족중심 사례관리, 가족상담 사업이 핵심적인 위치를 차지한다.

　건강가정사업을 효과적으로 추진하기 위해서는 사업기획, 실행 그리고 결과 보고 및 평가 단계를 체계적으로 접근할 필요가 있다(중앙건강가정지원센터, 2008b: 14-29).

　건강가정사업은 가족과 그 구성원들의 욕구를 기반으로 한다는 점에서, 욕구사정 (needs assessment)은 프로그램 참여자들이 어떤 욕구를 가지고 있는지 결정하는 데 도움이 된다. 무엇보다도 욕구사정은 실무자가 선제적, 지속적 그리고 반응적일 수 있도록 한다. 즉, 이는 선제적으로 프로그램을 계획하고, 지속적으로 프로그램을 개선해 나가며, 바람직하지 않은 결과가 있다면 이에 적절히 반응해 나가는 데 도움이 된다. 욕구사정 전략을 프로그램 기획 과정에 통합함으로써, 실무자는 프로그램의 우선순위, 커리큘럼과 교육방법을 보다 효과적이며, 참여자의 욕구, 관심 및 목적에 보다 부합하도록 구성할 수 있다(Chamberlain & Cummings, 2003; Watkins, Meirs, & Visson, 2012; Darling et al., 2014: 60에서 재인용).

1. 기획

건강가정사업 기획의 첫 단계는 프로그램 개발의 필요성을 확인하고 기본 방향을 설정하는 것이다. 이 단계에서 사회 문제에 대한 규명과 분석은 프로그램의 필요성을 뒷받침해 주며, 프로그램의 기본 방향을 설정하는 데 도움이 된다. 다음에는 프로그램의 적용 대상을 결정하게 되는데, 사업의 대상이 정해지면 욕구나 문제를 구체화하고 목적과 목표를 설정할 수 있다. 그리고 프로그램의 실천계획 단계는 목적과 목표를 달성하기 위한 구체적인 활동 계획을 수립하는 단계다. 사업기획 단계를 구체적으로 살펴보면 다음과 같다.

① 프로그램 개발의 필요성 확인 및 기본 방향 설정: 사회 문제가 심각할수록 프로그램 기획의 필요성은 높아진다. 사회 문제의 심각성은 객관적인 자료와 함께 제시되어야 한다.
② 대상 결정: 일반집단, 위험집단, 표적집단, 이용자집단의 구분은 대상자 결정에 유용하다.
  • 일반집단: 서비스를 제공할 대상이 속해 있는 전체의 인구 집단 또는 지역의 일반 인구 집단(전체 대상)
  • 위험집단: 일반집단 중에서 어떤 문제나 욕구를 가지고 있다고 추정(파악)되는 인구 집단
  • 표적집단: 위험집단 중에서 문제나 욕구가 확인된 집단으로 프로그램의 잠재적

이용자

- 이용자집단: 프로그램의 직간접적인 혜택을 받거나 참여하게 되는 대상

③ 목적과 목표 설정: 목적은 포괄적이고 궁극적이며 일반성을 갖는 개념이고, 목표는 구체성을 가진 개념이다.

 프로그램의 목표 설정

① 실현 가능하도록 구체적이고 현실적 언어로 표현되어야 한다.
② 프로그램 시행 후 목표 달성 여부를 평가할 수 있도록 측정 가능한 언어로 표현되어야 한다.

출처: 중앙건강가정지원센터(2008b), pp. 33-34.

④ 프로그램의 실천계획: 실천계획은 구체적이고 이해하기 쉬운 형태로 제시하는 것이 바람직하며, 프로그램의 진행인력, 예산편성, 평가의 방법 등이 포함된다.

 프로그램 진행인력

프로그램 진행을 감독하는 지도인력, 강사, 보조인력, 자원봉사자 등이 모두 포함된다. 외부기관이나 센터 내 다른 부서와 연계되는 경우에는 관련자를 모두 기록하는 것이 좋으며 각자의 역할과 시간을 명시하는 것이 사업진행을 체계적이고 효율적으로 하는 데 도움이 된다.

출처: 윤경자 외(2012), p. 292.

1) 구조적 측면에서의 프로그램 기획

(1) 교육 타이밍

실무자는 가족교육 프로그램의 시간을 얼마나 길게 할지, 얼마나 자주 모일지, 어느 시간에 할지 등을 결정하게 된다. 시간에 쫓기는 바쁜 현대생활에서 장기간 지속되는 프로그램보다 일회성 프로그램이 선호될 수 있다. 실무자 입장에서는 일회성 프로그램의 만족도가 높으면 참여자들에게 좀 더 긴 프로그램에 참여할 동기가 형성되기를 희망할 것이다. 특히 일정 기간 지속되는 프로그램이라면 과정을 이수하면 어떤 목적에 도달할 수 있는지를 정해야 할 것이다(Darling et al., 2014: 117).

(2) 프로그램 참여자

프로그램 기획에서는 참여자의 신체적, 사회적 및 심리학적 차이를 고려할 필요가 있다. 예를 들어, 참여자 중에는 시력, 청력, 동작기술의 신체적 장애를 가진 대상자가 있을 수 있다. 그렇다면 교육 장소뿐 아니라 주차 등의 문제까지 배려해야 할 것이다. 일부 프로그램 참여자는 시간이나 경제적인 제약을 가지고 있을 수 있으므로, 프로그램 참여 비용을 정할 때 이를 고려해야 한다. 그리고 문화적 요인과 심리학적 요인도 검토되어야 한다. 심리적으로, 성인 학습자는 개인적 · 전문적으로 높은 기대치를 가지고 있지만 비공식적 학습 환경을 선호할 수 있다. 또한 그들은 교육이 실제적이고, 실생활에 곧 바로 적용될 수 있으며, 그들의 직업이나 개인적 삶과 관련이 있는 것을 원할 수 있다(Darling et al., 2014: 118 참조).

(3) 이러닝

컴퓨터와 인터넷에 대한 접근성이 높아지면서, 가족생활교육에도 이러닝(e-learning) 방식의 교육프로그램이 점차 도입되고 있다. 온라인 가족생활교육은 "온라인 테크놀로지에 기반하여 가족과 구성원의 안녕을 촉진하는 의도를 가진 인터넷을 통해 전달되는 교육적 아웃리치"라고 정의할 수 있다. 온라인 프로그램은 전통적 프로그램보다 폭넓은 대상자에게 제공될 수 있다는 장점을 지닌다. 오프라인 교육과 마찬가지로, 온라인 교육도 성공하려면 이론, 조사연구, 실천 그리고 맥락이 잘 통합되어야 한다. 또한 "백문이 불여일견"이라는 옛말처럼, 교육내용에 부합되는 그림, 비디오, 애니메이션, 음악 등이 적절히 활용하면 교육적 효과를 높일 수 있을 것이다. 성공적인 온라인 프로그램을 발달시키는 것은 프로그램 기획, 내용, 교수법 그리고 온라인 전달방법의 효과성에 대한 지속적 평가를 포함하는 과정이다(Hughes et al., 2012: 712; Darling et al., 2014: 121에서 인용 및 재인용)

2) 교수법 측면에서의 프로그램 기획

(1) 목적

목적은 프로그램의 의도나 방향에 대한 일반적 진술이다. 목적은 다소 추상적일 수 있으며, 측정하기 모호하고, 좀 더 장기적인 시간 틀을 가지고 있다. 예를 들어, "가족 내에서 자신이 수행하는 여러 가지 복합적 역할의 가치를 보다 높이 인정하게 된다.”
는 다소 추상적 목적에 해당된다. 프로그램의 목적을 설정할 때, 프로그램 참여자(인
적 사항, 배경, 욕구, 관심 및 목적), 해당 분야에서의 최근 이론적 발달(조사연구와 프로그
램), 이용 가능한 자원(물질, 재정적 및 인간/개인적), 사회적 트렌드(지역, 국가 및 국제적),
지역사회 맥락(태도, 가치 및 자원), 학습이론 등에 관한 정보는 유용하다(Chamberlain &
Cummings, 2003; Darling et al., 2014: 123에서 인용 및 재인용).

(2) 목표

기획과정에서 목적을 설정하고 나면 목표를 정해야 한다. 목적과 비교해 볼 때, 목표
는 보다 구체적이고 단기적이며 측정가능하다. 목표 설정 시 다음의 SMART를 기억하
면 도움이 된다(Drucker, 1954; Schmitt et al., 2008; Darling et al., 2014: 126에서 재인용).

S Specific – 목표는 참여자가 무엇을 할 수 있는지를 정확히 말하고 있는가?

M Measurable – 수량화할 수 있으며 측정할 수 있는가?

A Attainable – 제안된 틀 안에서 이용가능한 자원으로 성취할 수 있는가?

R Relevant – 참여자와 기관의 욕구를 충족시키는가?

T Time Frame – 제안된 시간 안에 성취할 수 있는가?

(3) 피드백

프로그램 과정 전반에 걸쳐 피드백을 받을 필요가 있다. 이를 통해 프로그램의 장단
점을 파악할 수 있으며, 때로는 개선할 점을 찾을 수도 있다. 피드백은 공식적인 방법
을 통해서뿐 아니라 일반적 코멘트, 칭찬이나 불평, 얼굴표정, 자세, 시선과 같은 비언
어적 반응을 통해서도 얻을 수 있다. 참여자들이 첫 모임 후 계속 참여하는가를 살펴보
는 것도 피드백을 얻는 방식의 하나이다(Darling et al., 2014: 126-129).

2. 실행

건강가정사업의 실행 단계는 실질적으로 프로그램을 수행하는 단계다. 프로그램의

원활한 실행을 위해서는 역할 분담, 실행계획 진행, 상황 변화에 따른 대응이 잘 이루어져야 한다.

1) 프로그램 실행

- 역할 분담: 지도자 및 운영조직의 확인, 준비 사항을 사전 점검하는 과정이다.
- 실행계획 진행: 사업 진행을 위한 준비 사항에는 장소 선정 및 점검, 강사 섭외, 일정 홍보 및 참가자 점검, 기자재 준비 등이 포함된다.
- 상황 변화 대응: 예상치 못했던 기상 조건의 변화, 지도자의 사정, 참여자의 사정, 실행 장소의 변경 등과 같은 문제에 직면하였을 때 효과적으로 대처하는 방안을 마련한다.

2) 실행 단계에서 고려할 사항

(1) 교육자료 선정과 기자재 준비

건강가정사업 프로그램에서는 필요에 따라 적절한 교육자료를 선정하는데, 때론 이를 교육장소에서나 온라인에서 전달하기 위한 기자재가 필요할 수도 있다. 이에 따라 실무자나 교육자는 교육자료와 기자재를 점검하고 만약을 위해 백업 플랜을 준비해 두면 유용하다(Darling et al., 2014: 133).

(2) 첫 번째 세션 관리하기

사업 준비를 갖추면 첫 번째 세션을 성공적으로 수행해야 한다. 첫 세션의 도입부에서 간단한 아이스브레이킹(icebraking)을 하면 분위기 조성에 도움이 된다. 진행자는 자신을 간단히 소개하고 이 활동에 필요한 자격을 갖추고 있음을 보여 준다. 그리고 진행자는 불필요한 자기노출을 하지 않는 선에서 참여자에게 내용과 관련된 간단한 질문(예: 당신의 인생에서 가장 커다란 영향을 미친 사람은?)을 던질 수 있다. 이와 같은 아이스브레이킹을 통해 진행자는 참여자들이 교육내용에 대해 관심을 갖게 하는 한편 참여자들과 라포를 형성할 수 있다(Darling et al., 2014: 133).

(3) 교수방법의 선정과 도입

건강가정사업에서는 프로그램 내용의 성격이나 참여자 규모 등에 따라 강의를 할 것인지 워크샵 방식으로 진행할 것인지 등이 정해질 것이다. 그리고 참여자들의 상호작용을 활성화하기 위해서 질문, 토론 등의 방법을 채택할 수 있다. 특히 역할극, 사례연구, 모델링과 같은 시뮬레이션 학습(simulated learning) 방식은 참여자들에게 '실생활' 경험을 탐색하는 기회를 제공할 수 있다. 이런 방식은 적극적 학습을 유도하고 참여자들의 동기를 부여하는 데 효과적이다(Darling et al., 2014: 135-146 참조).

(4) 게임

다양한 연령의 참여자에게 특정 주제를 가르치고 개념을 확장시키고 문화를 이해하도록 돕는 교육적 게임들이 개발되고 있다. 게임의 종류에는 몇 가지 유형이 있는데 여기에는 카드게임과 단어게임 같은 것이 있고, 때로는 사람들에게 널리 알려진 텔레비전 게임 방식을 활용하여 교육내용을 효과적으로 전달할 수도 있다(Darling et al., 2014: 146-147).

(5) 집단과정

집단은 치료집단, 지지집단, 과업집단, 인터넷 집단 등 다양하지만 건강가정사업 교육 프로그램에서는 교육적 집단에 초점을 맞춘다. 적극적인 집단경험은 효과적인 학습에 기여한다고 검증되어 왔다. 이런 맥락에서 진행자가 집단을 이끄는 능력은 중요하다. 진행자는, 첫째, 참여자들이 지식을 확장시키고 기술을 발달시킬 수 있도록 돕는 학습경험을 제공한다. 둘째, 정보를 제공하는 것과 이를 습득하는 데 필요한 활동 간의 균형을 유지한다. 셋째, 집단 안에서 일어날 수 있는 대인간 문제에 대처한다(Darling et al., 2014: 147-148).

(6) 활동경험에 대한 피드백

건강가정사업이 끝나면 이에 대한 피드백을 받도록 한다. 한 가지 쉬운 방법은 1분 보고서(one-minute papers)라는 것인데, 실제로는 작성하는 데 2~3분 정도 소요된다. 이는 참여자들이 부담 없이 그 날 배운 것 중에서 가장 도움이 되었던 것 등에 대한 의견을 적어 내는 것이다(Nilson, 2003; Darling et al., 2014: 149). 사업 프로그램이 전부 끝난 다음에는 설문지를 활용하여 피드백을 얻을 수 있다.

프로그램 실행 준비

- 역할 분담: 프로그램의 운영과 관련하여 편성된다. 지원인력이 있는 경우에는 주 담당자와 지원인력으로 나누어 해당 업무와 역할을 명시하면 문제가 발생했을 때 효과적으로 대처할 수 있다. 주 담당자는 전체 프로그램을 지속적으로 모니터링하면서 각자의 업무를 체크해야 한다.
- 장소 선정: 예상 인원을 수용 가능하고, 대중교통을 이용할 수 있으며, 이용자들이 찾기 쉬운 곳에 위치하고, 프로그램 내용에 따라 활동이 가능한 장소를 선택한다.
- 강사 섭외: 좋은 강사는 프로그램의 질에 영향을 주므로 적합한 강사를 구하는 것은 매우 중요한 일이다. 강의를 의뢰할 때에는 강의 일시, 강의 제목과 내용, 참여자의 수와 연령층, 필요한 기자재 등을 문서 및 구두로 전달한다. 강의 전날 강사에게 강의 일시를 재차 확인하는 것이 좋다.
- 홍보, 참가자 점검: 참가자를 모집하기 위해서는 적절한 홍보가 필요하다. 홍보는 온 · 오프라인을 모두 활용하고 가능한 한 매스미디어를 활용하면 효과가 높다. 참가자와 강사에게 프로그램 실시 전에 교육 일시를 재확인하고, 갑작스럽게 불참하는 참가자의 발생에 대비한다.

출처: 중앙건강가정지원센터(2008b), pp. 22-23.

3. 평가

평가는 상당한 도전이 된다. 완벽한 평가는 계획, 시간, 돈, 진행자의 능력과 자원, 행정실무자의 기술적 전문성의 범위를 넘어설 것이다. 때로는 평가에 대한 저항이 있을 수도 있다. 그럼에도 불구하고 프로그램의 성공을 위해서 평가는 매우 중요하다. 평가는 프로그램의 효과성과 효율성을 높이는 방식을 제공해 준다. 평가에는 형성평가(formative evaluation)와 총괄평가(summative evaluation)가 있으며, 최근에는 질적 평가도 도입되고 있다. 특히 근거기반 실천(evidence-based practice)에 대한 관심과 요구가 증대하면서 건강가정사업에서도 이를 접목하라는 시대적 요구가 커져가고 있다(Darling et al., 2014: 154-170 참조).

평가는 건강가정사업이 목적을 달성하였는지, 성공 요인은 무엇인지, 실패 요인은 무엇인지, 그리고 기존 프로그램이나 사업을 어떻게 개선하여야 하는지 등을 판단하는 근거가 된다. 그리고 평가는 어느 시점에 평가하느냐에 따라 사전평가(사업 시작 전 타당성 검토), 과정평가(사업 추진 과정에서 나타난 제반 사항 평가), 사후평가(달성한 성과, 사업 전반적인 내용평가)로 구분할 수 있다. 〈표 10-1〉은 사업의 진행 단계에 따른 주요 과제와 사업평가 기준을 보여 준다.

표 10-1	프로그램 기획 단계별 주요 과제 및 평가 기준	
구분	**단계별 주요 과제**	**사업평가 기준**
기획	• 프로그램 개발의 필요성 확인 및 기본방향 설정 • 대상 결정 • 목적과 목표 설정 • 프로그램의 실천계획	• 명확한 사업목적을 가지고 있으며, 사업추진과 관련된 법제도적 근거를 가지고 있는가? • 다른 사업과 차별성을 가지고 있는가? • 사업은 효율적으로 설계되었는가? • 사업을 지속적으로 추진해야 할 이유가 있는가?
실행	• 역할분담 • 실행계획 진행 • 상황변화 대응	• 발생할 수 있는 문제점을 찾아 개선하고 있는가? • 사업은 추진 일정에 따라 준비되고 있는가?
평가	• 결과보고 및 평가	• 기대된 성과(목표)를 달성하였는가? • 이용자의 만족도는 어떠한가?

출처: 중앙건강가정지원센터(2008b), pp. 14-29에서 재구성.

제2절 건강가정사업의 지침

건강가정사업은 크게 가족교육, 가족상담, 가족문화 사업 영역으로 구분되며, 보다 세분화할 경우 [그림 10-1]에서와 같이 가족상담, 가족교육, 가족문화, 다양한 가족 통합지원, 가족돌봄나눔, 지역사회 연계 사업으로 나눈다. 건강가정사업은 교육, 문화, 상담의 요소를 통합적으로 적용할 때 사업의 효과성이 높아진다는 점에서 현장에서는 통합적 접근을 중요시한다. 그러나 여기에서는 건강가정사업에 대한 이해를 돕기 위해 가족상담, 가족교육 그리고 가족문화 사업으로 나누어 설명하고자 한다. 덧붙여서 최근 지역사회 연계사업의 중요성이 커지고 있어서 이를 간략하게 소개하고자 한다.

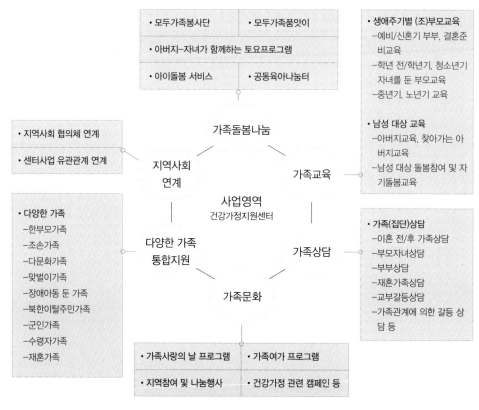

[그림 10-1] **가족센터 사업운영 및 사업영역**

- (서비스 방법) 영역에 맞는 기본사업은 지역적 여건, 특성, 수요에 따라 운영
  - 교육 · 상담 · 정보제공 · 사례관리 · 문화프로그램 등을 연계하여 센터에서 자율적으로 선택가능(단, 단기성 또는 행사성 사업, 직접적인 현금 · 현물지원 사업 지양)
  - 가족의 유형에 상관없이 모든 가족에게 수요에 맞는 서비스를 지원하되, 가족의 특성별로 특화된 별도 프로그램 운영가능
  - 지역 내 유관기관(어린이집, 학교, 기업, 청소년상담센터, 가정폭력상담소 등)과 네트워크 구축 · 연계 운영 강화
- (서비스 시간) 서비스 이용 제고를 위해 서비스 제공시간을 주중, 야간, 주말 등 다양화하여 운영

출처: 가족센터(www.familynet.or.kr).

1. 가족상담

1) 가족상담 사업의 법적 근거

가족상담 사업의 법적 근거는 다음과 같다.

- 「건강가정기본법」 제26조 제1항, 2항: 부부 및 세대 간 가족 갈등 예방 · 상담지원, 가정폭력 피해자와 가족에 대한 전문가의 체계적인 개입과 서비스
- 「건강가정기본법」 제21조 제7호: 가정에 대한 지원−가정폭력으로부터 보호
- 「건강가정기본법」 제31조(이혼예방 및 이혼가정 지원): 국가 및 지방자치단체는 이혼하고자 하는 부부가 이혼 전 상담을 받을 수 있게 하는 등 이혼조정을 내실화할 수 있도록 필요한 조치를 강구하고, 이들 가족이 자녀양육 · 재산 · 정서 등의 제반 문제를 준비할 수 있도록 도움을 주는 지원서비스를 제공하여야 한다.
- 「한부모가족지원법」 제17조(가족지원서비스): 국가나 지방자치단체는 한부모가족에게 아동의 양육 및 교육 서비스, 교육 · 상담 등 가족 관계 증진 서비스를 제공하도록 노력하여야 한다.

2) 가족상담 업무 진행 과정 및 사업 내용

(1) 가족상담 업무 진행 과정

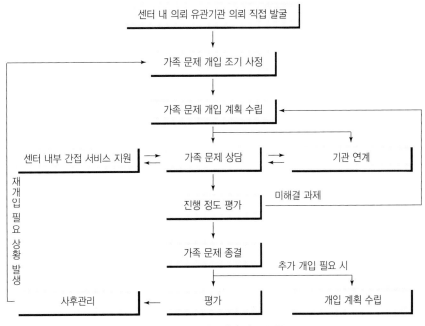

[그림 10-2] **가족상담 업무 흐름도**

출처: 가족센터(www.familynet.or.kr).

[그림 10-2]에서 보는 바와 같이, 가족상담은 상담 사례의 발굴 및 의뢰, 사정, 계획 수립, 상담, 진행 정도 평가 및 종결의 순으로 업무가 진행된다.

(2) 가족상담 사업의 내용

가족센터에서는 가족 관계의 회복과 가족 문제 예방을 통해 건강하게 기능하는 가정을 이룰 수 있도록 상담 서비스를 제공한다. 〈표 10-2〉에서 보는 바와 같이, 가족상담에서는 부부 문제, 이혼 문제, 부모 문제, 자녀 문제, 성인 자녀와 부모 세대 간의 문제, 가족 기능상의 문제 등 광범위한 문제가 다루어진다. 그리고 상담 과정에서 심리검사가 필요하다고 판단되는 경우 심리검사를 제공하기도 한다.

표 10-2 **가족센터에 의뢰된 가족 문제**

부부 문제	성격, 가치관, 종교, 성, 외도, 자살 문제, 스트레스 등
이혼 문제	이혼을 고려하는 경우, 부부갈등 조정을 위한 상담 및 이혼 후 자녀양육과 관련된 상담 지원
부모 문제	부모-자녀 간 관계 단절, 자녀의 부모 거부 등 자녀양육과 관련된 상담 지원
자녀 문제	자녀의 성격/가치관, 가출, 진로/취업, 비행, 자살, 자녀의 친구 관계 및 사회부적응 등
가족 문제	중독, 폭력, 가출, 사망 등으로 힘들어하는 가족의 심리적 어려움, 경제적 문제 등
가족 내 관계 문제 등	경조사, 부양·간병 어려움, 배우자 선택, 혼수·예단, 가치관 차이, 의사소통, 세대 간 차이 등
성인 자녀-부모 세대 간의 문제	고부갈등 등 시가·처가와의 어려움
가족 기능 문제	재혼가족, 한부모기족, 조손가족, 다문화가족, 떨어져 사는 가족, 기러기가족 등 가족별 상담 및 집단상담 지원
기타 가족 문제	건강, 경제, 성, 폭력문제 및 관계 갈등

출처: 가족센터(www.familynet.or.kr).

(3) 이혼상담

최근 이혼율이 증가하고 전 연령층에서 이혼이 발생하면서, 가족상담 중에서 이혼상담의 비중이 커지고 있다. [그림 10-3]에서 보는 바와 같이, 이혼상담은 이혼 진행 중인 부부 및 가족에게 이혼으로 인한 고통을 최소화하고 이혼 후 적응에 도움을 주고자 법원과 연계하여 진행한다.

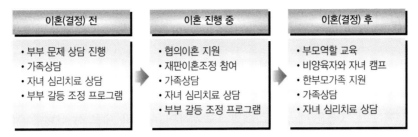

[그림 10-3] 가족센터 이혼조정과정 단계별 가족지원 서비스

출처: 안산시건강가정지원센터(2012). 법원연계 이혼위기가족 회복지원 사업계획서.

2. 가족교육

1) 가족교육 사업의 법적 근거

가족교육 사업의 법적 근거는 다음과 같다.

- 「건강가정기본법」 제5조 제3항: 국가 및 지방자치단체는 민주적인 가정 형성, 가정친화적 환경 조성, 양성 평등한 가족 가치 실현 및 가사노동의 정당한 가치 평가를 위하여 노력
- 「건강가정기본법」 제19조 제2항: 국가 및 지방자치단체는 건강가정을 위한 교육 프로그램을 개발·제공
- 「건강가정기본법」 제26조 제1항: 국가 및 지방자치단체는 민주적이고 양성 평등한 가족 관계를 증진시킬 수 있도록 가족지원 서비스 확대, 다양한 가족생활교육·부모교육 추진
- 「건강가정기본법」 제32조: 국가 및 지방자치단체는 문제 예방을 위하여 다양한 건강가정교육을 실시하는데 그 내용에는 결혼 준비 교육, 부모교육, 가족 윤리 교육, 가족 가치 실현 및 가정생활 관련 교육을 포함

2) 사업 내용

가족교육 사업은 가족 문제의 예방에 초점을 두고 가족생활주기에 따라 개발된 프로그램을 활용하여 가족 구성원의 역량강화를 목적으로 하는 사업이다. 가족센터의 필수적인 교육 프로그램은 매뉴얼로 개발·보급하며, 이를 토대로 각 센터는 상황과 여건에 따라 자율적인 프로그램을 개발한다. 부모역할지원 교육 시「부모교육 매뉴얼」을 적극 활용하도록 안내하고 있는데 생애주기별(예비부모, 영유아기, 학령기), 가족특성별(맞벌이, 한부모, 재혼, 다문화, 조손, 비동거), 아버지, 상담 등으로 구성된 12권의 매뉴얼과 교육에 직접 활용 가능한 자료를 포함하고 있다. 직접 참석이 어려운 부모를 대상으로는 부모교육 동영상 강의('좋은 부모 행복한 아이')를 여성가족부 교육자료실(www.mogef.go.kr/kps/main.do)에서 다운받을 수 있다. 교육사업에는 부모–자녀교육, 남성교육, 다양한 가족을 위한 생활교육, 기타 생활교육이 포함된다(중앙건강가정지원센터, 2008b: 58-59). 구체적인 내용은 다음과 같다.

- 부부교육
  - 예비부부를 위한 부부생활 준비 교육
  - 부부 관계 증진 교육
  - 중년기 이후 부부를 위한 노후생활 설계 교육 등
- 부모–자녀교육
  - 임신과 출산에 관한 교육
  - 부모 역할 준비 교육
  - 부모–자녀 관계 향상 교육 등
- 남성교육
  - 남성의 돌봄노동 참여를 위한 아버지 교육
  - 아버지 참여를 통한 가족 관계 향상 교육
- 다양한 가족을 위한 생활교육
  - 한부모가족, 재혼가족, 조손가족, 입양가족, 독신가족, 미혼모가족, 기러기가족, 장애인가족, 다문화가족, 실직가족을 위한 생활교육 등
  - 이혼위기가족 지원

　　–위기(자살, 성폭력, 학교폭력, 사회적 재난 등)가족 지원

　　–세대통합을 위한 가족생활교육 등

(1) 결혼 준비 교육

　가족에서 부부 관계 및 결혼생활의 중요성은 상대적으로 증가했으나, 이에 대한 지식이나 기술을 습득한 상태로 결혼하는 경우는 많지 않다. 결혼 전에 부부 관계에서 발생할 수 있는 어려움을 이해하고 효과적인 의사소통 및 갈등 해결 방법을 배우는 것은 예방적인 효과가 있다. 결혼 준비 교육의 효과성에 대한 연구에 따르면 교육 프로그램이 의사소통 및 갈등 해결 능력과 양성평등적 성 역할 태도 형성에 영향을 미치는 것으로 나타났다(여성가족부, 2011a: 1).

표 10-3 예비 부부 및 신혼기 부부 프로그램

회기	주제	주요 내용
1	결혼과 가족	• 참여자 환영하기, 프로그램 목적과 내용 소개 • 형성기 가족관계: 부부적응 • 집단규칙 정하기 • 가계도 그리기, 결혼생활에 대한 기대 나누기
2	양성평등한 부부 만들기	• 양성평등한 부부 관계의 필요성: 맞벌이부부의 특성 및 부부 역할의 변화 • 맞벌이가족의 어려움: 시간 갈등 및 역할 갈등, 자녀양육 문제 • 성 역할 고정관념 알아보기
3	의사소통 다루기	• 부부 의사소통의 중요성 • 공감: 상대의 말 듣고 공감하기, 적극적인 나–전달법 • 격려편지 작성
4	부부 갈등 대처하기	• 부부갈등 원인: 남 · 여의 근본적 차이, 서로 다른 역할기대, 권력의 비균등성, 친밀감, 배우자의 과도한 통제, 경쟁성 • 결혼생활 중에 겪는 부부 갈등 • 현재 커플의 문제해결 패턴 점검하기
5	분노 조절하기	• 왜 분노하는가, 분노의 반응 • 내가 성장한 가족의 분노표현 • 분노 조절하기: 분노일지 작성, 사과하는 법 배우기
6	사랑을 만들어 가기	• 즐거운 성생활 준비 • 남녀의 성 이해하기, 성 지식 테스트 • 개방적 성 의사소통

출처: 여성가족부, 중앙건강가정지원센터(2007), p. 11.

(2) 부모교육

부모교육은 부모 역할을 지원하고 부모의 역량강화에 기여한다. 건강가정기본계획에서 중점 추진 과제의 하나로 '부모 역할 지원'을 선정하고 부모의 역량강화를 위한 다양한 부모교육 프로그램을 활성화하고 있다. 그리고 부모교육 프로그램은 양육 스트레스와 부모-자녀 관계 문제를 해소하는 데도 도움이 된다(여성가족부, 2011b: 2).

표 10-4 **청소년기 자녀를 둔 부모교육**

회기	주제	주요 내용
1	앗! 말이 오고가요	• 부모-자녀 간 의사소통의 중요성 이해 • 부모가 흔히 행할 수 있는 잘못된 대화방법의 인식 • 들을 때와 말할 때의 구분 • 듣기, 공감하기, 말하기의 효과적인 방법
2	부자아이 만드는 부자 부모 되기	• 자녀의 역할모델로서 부모의 경제생활 기본 개념과 원리 • 청소년의 소비문화 이해 및 공감대 형성 • 자녀의 용돈관리 및 경제교육 지도
3	컴퓨터! 통하는 부모, 즐기는 아이	• 컴퓨터 중독 예방에서의 부모의 역할 인식 • 컴퓨터 사용에 관한 자녀의 입장 이해 • 컴퓨터 중독에 대한 부모의 효과적인 대처방법
4	공부 · 진로 코치로서의 부모	• 자녀를 둘러싼 시대적 상황 인식 • 자녀의 공부와 진로를 코칭해야 하는 부모역할 인식 • 코칭 역량의 강화 및 실천 방안 탐색
5	주체적인 자녀와 부모	• 자녀를 북돋우는 부모로서의 자신감 형성 • 생활의 의미와 삶의 주인공이 되어야 하는 주체성 인식 • 인생주기단계 안에서의 자신의 단계 이해 및 생활 진단 • 장/단기 생활목표 및 표준의 설정과 실천

출처: 중앙건강가정지원센터(2007), p. 6.

(3) 남성 대상 교육

남성 대상 교육은 남성의 가족생활 참여 확대를 위한 교육이다. 아버지 및 남성 대상 프로그램(2006~2011)은 가족생활 주기별 가족생활교육 영역의 '남성의 돌봄노동 참여를 위한 아버지 교육' 그리고 가족친화 문화 조성 사업 영역의 '찾아가는 아버지 교육'으로 진행되고 있다. 아버지가 행복한 일터 만들기 교육 프로그램, 남성 대상 가족 친화 교육 프로그램 '친구 같은 아빠로 만나요' 등이 매뉴얼화되어 있다. 공통적인 내용에는 아버지 자신에 대한 이해와 탐색, 아버지 역할에 대한 인식, 가족 친밀감 증진을 위한 놀이 기술과 가족 관계 향상을 위한 대화법 등이 있다.

| 표 10-5 | 자녀연령별 남성 대상 가족친화교육 프로그램 |

구분	주제	내용
공통	아버지 그 특별한 이름	• 아버지, 과거와 현재! 그리고 미래 • 아빠효과(fathering effect) • 좋은 아버지 되기의 출발: 나는 어떤 사람인가?
영유아기	쑥쑥 크는 아이, 성장하는 아빠	• 영유아기에 대한 이해와 아버지 역할 • 영유아 자녀에게 친구 같은 아빠란?
	놀이하는 아빠, 친구 같은 아빠	• 아빠와의 놀이의 중요성 이해 • 놀이하는 아빠 되기 실천 전략
아동기	아동기, 내 자녀 바로 알기	• 아동기에 대한 이해와 아버지의 역할 • 아버지 역할 실태
	친구 같은 아빠, 우리는 잘 통해요!	• 친구 같은 아빠란? • 실천 전략
청소년기	우리 아이가 달라지고 있어요.	• 청소년기 자녀의 발달 특성 및 부모-자녀 관계 특성 • 자녀와의 좋은 관계 유지를 위한 아버지 역할
	아이와 통(通)하는 친구 같은 아버지	• 청소년 자녀 지도원리 이해 • 청소년 자녀와 대화 요령

출처: 서은주(2012), pp. 43-44에서 재구성.

(4) 가족생활 주기별 가족교육

가족의 생활주기에 따른 가족교육 프로그램은 다양하다. 최근 중년기 '노후 준비 교육-노후를 우아하게 준비하는 법'과 노년기 가족교육 프로그램 '브라보! 마이 라이프' 매뉴얼이 제작되었다. 〈표 10-6〉에서 보는 바와 같이, 중년기 가족생활교육 프로그램은 중·노년기에 나타나는 신체적·심리적 변화를 이해하고 극복하는 방안으로 구성되어 있다. 이는 중년기 부부 관계 및 부모-자녀 관계의 변화를 이해하고 가족 구성원이 원만한 관계를 형성하도록 돕는다.

표 10-6	중년기 가족생활교육 프로그램	

회기	주제	내용
1	지피지기면 백전백승	• 중년기의 경제적 은퇴준비 능력에 대한 자기진단 • 나의 경제상태 파악하기
2	위기는 성공의 발판	• 노년기 경제적 문제와 극복방안
3	지혜로운 소비생활 만족 프로젝트	• 노년기의 여가 • 현명한 소비생활에 대한 이해
4	성공한 농촌생활, 행복한 전원생활	• 중견 농업가계 경제적 문제의 원인과 해결방안
5	갱년기라 힘들다고요? 우린 아니랍니다	• 중년기 남녀의 갱년기 변화에 대한 이해와 극복방안
6	황혼이혼! 우린 그럴 일 없어요	• 결혼을 지속하게 하는 부부 관계 향상방안
7	다 퍼 주지 않아도 존경받는 부모 되기	• 성인자녀와의 정서적 분화 및 독립을 위한 새로운 관계 개선
8	노부모님의 건강과 행복을 위하여!	• 노부모와의 건강한 가족생활 전략

출처: 중앙건강가정지원센터(2008c), p. 11에서 재구성.

한편, 노년기 가족생활교육 프로그램은 건강한 노년기 생활에 도움을 주기 위하여 노년기의 가족 관계, 죽음 준비, 건강한 생활, 알뜰한 소비 등의 내용으로 구성되어 있다.

표 10-7	노년기 가족생활교육 프로그램	

회기	주제	내용
1	마음을 여는 대화법	노인… 또 다른 나라(노화 이해 및 인생회고), 효과적인 의사소통 기술 배우기, 생산적 가족관계 만들기, 성공적 노년을 위한 실천방법
2	아름다운 마무리	죽음에 대해 이야기 나누기, 죽음의 개념과 의미, 죽음에 대한 태도, 임종의 과정, 죽음 준비 교육에 대한 이해, 존엄한 죽음을 위한 준비, 인생의 정리와 마무리(인생 그래프 그리기), 구체적인 죽음 준비
3	노년기 건강생활	건강식습관 자가진단, 노년기 건강생활을 위한 식습관, 운동의 장점과 효과, 간단체조 및 스트레칭 소개, 스스로 챙기는 건강(골다공증 예방 식사, 고혈압에 관한 정보 등), 우울증과 치매, 생활스트레스 척도, 노화현상과 치매예방 식사 요령 등
4	노년기 소비생활	노인소비자 피해 예방 기본수칙, 계약 취소 및 환불에 관한 사례, 청약철회 방법, 내용증명방법, 상조업 피해사례 및 피해예방 요령, 소비자 권리, 책임과 의무, 현명한 소비법(구매 의사결정 과정에 따른 사례 소개)

출처: 중앙건강가정지원센터, 보건복지가족부(2009a), p. 1.

(5) 통합 가족교육

통합 가족교육 프로그램으로는 '가족 성장 아카데미' 프로그램을 들 수 있다. 가족 성장 아카데미는 건강가정을 만들어 가기 위한 가족생활 전체 틀과 방향뿐 아니라 가족의 사회적 역할까지 인식하도록 하는 포괄적이고 개론적인 교육 프로그램으로 개발되었다. 여기에는 대상자의 연령이나 생활 주기와 상관없이 부모 코칭 방법, 가정 관리, 일 · 가정 균형을 위한 시간 관리 방법 등 가족생활을 향상하기 위한 내용이 포함되어 있다(중앙건강가정지원센터, 2008a: 5).

표 10-8 가족 성장 아카데미

회기	주제	내용
1	몸매 가꾸듯, 가정도 가꾸어요	• 가정이 건강해지기 위해 필요한 요소를 이해한다. • 우리 가정은 공통의 사명이 있는가를 규명한다. • 건강한 가정을 만들기 위한 사명서를 작성한다.
2	부부행복지수 높이기	• 부부 관계의 중요성과 행복한 부부와 불행한 부부의 특성을 이해한다. • 부부갈등에 대한 올바른 지식을 습득한다. • 건강한 갈등 해결방안을 이해하고 실천한다.
3	부모와 자녀, 함께하는 행복한 가족을 위하여	• 부모가 자녀의 발달 과정을 이해하고 관계 회복을 위해 눈높이를 맞춘다. • 부모-자녀 간의 성격유형의 차이를 이해하는 기회를 갖는다.
4	자녀의 잠재력을 깨우는 부모, 부모코치 되기	• 부모코칭[1]의 개념을 이해한다. • 부모코칭을 위한 전제를 이해한다.
5	부모코칭에도 기술이 필요하다	• 부모코칭의 핵심기술(경청, 질문, 인정 · 칭찬하기)을 학습한다. • 코칭을 실습하여 부모코칭 능력을 향상시킨다.
6	우리 가족문화, 현명한 의식주 소비생활로 지키기	• 가족 생활주기 단계별 의식주 상황을 점검한다. • 우리 가족 의식주 관리에 필요한 지식을 배운다. • 의식주 활동을 통해 가족문화를 만든다.
7	나는 내 생활의 CEO, 시간, 여가자원 관리	• 가족단위 활동을 증가시키기 위한 시간관리 방법을 배운다. • 나와 가족의 재무와 소비관리 패턴을 점검한다.
8	다양한 가족, 당당한 삶	• 다양한 가족 형태에 대해 이해한다. • 가족 편견 해소의 중요성에 대해 이해한다. • 가족에 대한 편견을 찾고, 편견 해소 실천방안을 알아본다.

---

1) 코칭은 무한한 인간의 가능성을 믿고 자기 스스로 더 나은 발전을 실현할 수 있도록 격려하고 지지하는 것을 추구한다. 부모 코칭은 부모가 자녀에게 일방적으로 지도하고 가르치기보다는 자녀의 성장에 관심을 가지고 질문을 통해 자녀 스스로 답을 찾아 나갈 수 있도록 지지함으로써 자녀가 긍정적으로 변화하는 데 목적이 있다(중앙건강가정지원센터, 2008a: 104).

9	일과 가정, 둘 다 소중해요	• 맞벌이부부 증가와 가족생활 특성을 이해한다. • 일 · 가정 불균형의 원인과 증상을 탐색하고 인식한다. • 일 · 가정 균형잡기 전략을 세우고 실천한다.
10	가족과 함께하는 나눔의 행복, 가족자원봉사	• 가족자원봉사에 대한 기초 이론을 이해한다. • 가족자원봉사 효과 및 과정을 이해한다. • 가족자원봉사활동 선택하기 및 선언문을 통해 봉사활동을 구체화한다.
11	우리 가정, 건강한가? 컨설팅해 봐요	• 가정을 건강하게 만들어 가고 있는가를 진단해 본다. • 가정 운영상의 강점과 약점을 인식하고 컨설팅을 통해 가정의 역량을 강화할 수 있는 방안을 강구한다. • 가정경영자의 역할을 이해한다.

출처: 중앙건강가정지원센터(2008a), pp. 11-12.

3. 가족문화

1) 가족문화 사업의 법적 근거

가족문화 사업의 법적 근거는 다음과 같다.

- 「건강가정기본법」 제27조 제2항: 국가 및 지방자치단체는 가족 단위의 자원봉사 참여가 확대되도록 노력
- 「건강가정기본법」 제28조: 국가 및 지방자치단체가 가족여가문화, 양성평등한 가족문화, 가족 단위 자원봉사활동, 건강한 의식주 생활문화, 합리적인 소비문화, 지역사회 공동체문화, 그 밖에 건강가정의 생활문화와 관련된 사항 지원
- 「건강가정기본법」 제29조 제2항: 국가 및 지방자치단체는 건전한 가정의례를 확립하기 위한 지원정책을 수립

2) 사업 내용

가족문화 사업에서는 가족이 함께 시간을 보냄으로써 서로를 이해하는 폭을 넓히고, 가족 기능을 강화하는 가족 단위의 프로그램을 제공한다. 다양하고 흥미로운 가족 단위의 문화 프로그램, 가족 봉사활동 및 인식 개선 캠페인 활동을 통해 양성 평등하고 건

강한 가족문화 확산 및 문화시민 의식을 함양한다. 구체적인 내용은 다음과 같다(중앙 건강가정지원센터 2008b: 60-61).

- 다양한 가족문화 조성사업
  - 다양한 가족문화 체험 및 캠프
  - 다양한 형태의 가족에 대한 사회적 인식 개선 교육 및 홍보
  - 다문화가족 전통문화 체험교실
  - 다양한 가족과 가족봉사단 간 매칭(결연) 프로그램
  - 소외가족 지원 프로그램(다문화가족, 북한이탈가족 등 취약가족 생활적응지원)
  - 다문화 인식 개선 홍보 캠페인
- 가족친화적 사회(기업)문화 조성사업
  - 가족친화적 사회문화 조성을 위한 일반인 대상 홍보 캠페인
  - 가족 유해 기업 광고 등 유해 지역사회 환경 감시 활동
  - 가족-지역 공동체 활성화 사업
  - 기업 대상 친가족문화 홍보 캠페인
  - 가족친화기업 사례 발굴 및 가정의 날 포상
  - 가족과 직장 연계 프로그램
- 가족 단위 자원봉사문화 조성사업
  - 일반인 대상 가족 자원봉사 홍보 캠페인
  - 가족 단위 자원봉사 활성화: 가족센터 가족봉사단 운영·관리
  - 특성화된 가족자원봉사 프로그램 개발
- 가족문화 캠페인 사업
  - 가족 단위 여가문화 조성사업(가족 단위 여가 프로그램의 개발·보급)
  - 건강한 명절문화 조성사업
  - 합리적인 가정의례문화 조성사업
  - 가정의 달 홍보 캠페인 사업

(1) 가족문화 및 여가 지원 사업

'가족사랑의 날'은 대표적인 가족문화 사업이다. '가족사랑의 날'을 통해 가족은 '가족

사랑 실천 약속' 그리고 직장에서는 '알찬 일과, 정시퇴근 일터 만들기'에 참여한다. 전국 가족센터에서는 매월 1회 이상 수요일에 가족참여형 프로그램을 진행하고 있으며, 매년 5월 가정의 달 행사도 중점적으로 실시하고 있다.

표 10-9 가족사랑의 날 프로그램

일시	주제	주요 내용
1월	가족달력 만들기	가족의 기념일을 직접 체크할 수 있도록 가족달력 제작
2월	전통떡 만들기	명절을 맞이하여 가족이 함께 전통떡 만들기 체험을 제공
3월	가정헌법	가족 내 규칙의 소중함을 인식하고 새로운 가족여가문화 조성
4월	가족오카리나	흙으로 빚어 가마에서 구워 내는 오카리나 만들기
5월	가족티셔츠	5월 가정의 달을 맞이하여 가족 모두 커플티 만들기
6월	미니정원	원예활동을 통한 가족의 정신적 스트레스 해소
7월	가족문패 만들기	가족의 개성을 살려 문패 만들기
8월	다식다과	한국의 전통 다과예절을 통해 가족예절 배우기
9월	냅킨공예	냅킨을 활용하여 집안 활용품 만들기
10월	토피어리 만들기	가족 구성원 간의 친밀감 향상 및 소통 증진을 위한 원예 프로그램
11월	우리 춤춰요	가족단위 동작치료를 통한 가족 관계 증진 프로그램
12월	가족앨범 만들기	가족의 활동을 앨범으로 제작하여 소감 나누기

출처: 안산시건강가정지원센터(2013). 가족사랑의 날 사업계획서.

(2) 가족돌봄나눔 사업

가족돌봄나눔이란 돌봄의 대상을 자신의 가족에 국한하지 않고 이웃과 사회의 돌봄이 필요한 가족으로 확장하여 돌봄을 나누고 실천하는 것을 말한다. 돌봄나눔 사업에는 모두가족품앗이, 모두가족봉사단, 가족돌봄나눔, 공동육아나눔터가 있다(가족센터 홈페이지 사업안내).

- 공동육아나눔터: 어린아이를 기르는 부모들이 육아라는 공통된 활동에 대해 이웃과 함께 정보를 공유하고 어울려 나눌 수 있는 공간(장소)을 의미한다. 공동육아나눔터를 운영하는 센터에서는 실내가족놀이터, 장난감도서관, 도서 이용 등이 가능하며, 육아상담, 부모교육 등 다양한 프로그램에 참여도 할 수 있다.
- 모두가족봉사단: 모든 가족이 함께 참여하는 것을 원칙으로 하나 부모와 자녀 외

에도 부모와 조부모, 부부, 아버지와 자녀, 어머니와 자녀, 조부모와 자녀, 형제자매, 친척과 같이 다양한 형태로 가능하다. 2인 이상의 가족이 함께 봉사할 수 있는 기회로 한 달에 1~2회 활동을 하며, 지역별로 가족봉사단 활동 내용은 다양하다.

• 가족돌봄나눔: 주 5일 수업제 전면 시행 및 가정에 대한 사회적 돌봄 지원 요구에 따라 토요일에 운영하는 다양한 가족 단위 프로그램 및 자녀안심돌봄 프로그램이다. 가족이 함께 참여하는 가족놀이, 독서, 공예, 레크리에이션, 가족체험 등의 가족돌봄과 토요돌봄이 요구되는 아동·청소년을 대상으로 다양한 체험 및 멘토링을 진행한다.

4. 지역사회 네트워크 구축 및 자원 연계

건강가정사업은 지역사회 내 여러 기관—주민자치센터와 보건소, 종합사회복지관, 보육시설, 민간단체 등—에서 실시하는 사업과 유사하거나 중복되기도 한다(송혜림, 2006: 113). 이런 맥락에서 지역사회 유관기관과의 네트워크 연계는 서비스의 중복과 누락을 방지하고 공동사업을 추진하는 데 효과적이다. 네트워크 형성 시에는 지역사회에 존재하고 있는 자원과 전문성을 파악하고, 참여한 기관의 역할을 조정할 필요가 있다(윤경자 외, 2012: 310-313).

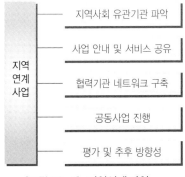

[그림 10-4] **지역연계 사업**

출처: 한국건강가정진흥원(2013), p. 138.

Chapter 11

가족사례관리

———

제1절 가족사례관리의 필요성
제2절 가족사례관리의 과정
제3절 가족사례관리의 적용

가족사례관리

　지역사회를 기반으로 한 가족지원 현장에서 효과적으로 가족을 돕기 위한 사례관리의 중요성이 부각되고 있다. 최근 사례관리가 적용되는 영역이 확장되면서 가족이 가진 복합적인 문제해결 및 욕구 해소를 위해 통합적이고 전문적인 가족사례관리에 대한 관심이 높아졌다. 하지만 가족사례관리에 대한 명확한 실천 지침과 가이드라인의 부재, 지역사회 자원의 편중과 제한성, 지역 자원의 연계 체계 부족, 가족사례관리의 전문성 부족 및 임상과 행정적 기능을 수행할 수 있는 교육과 훈련 과정을 거친 실무자 부족 등 이를 실천할 수 있는 체계와 구조가 미흡한 실정이다.

　이에 여성가족부와 한국건강가정진흥원은 2015년 사례관리자와 가족역량강화 사업을 담당하고 있는 실무자를 대상으로 한 연구조사를 실시하여 다양한 취약가족 및 위기가족의 역량강화와 사례담당자의 효율적인 사례관리 활동을 지원하기 위한 가족사례관리 모형을 개발하고 명료한 활동지침을 제시하였다(여성가족부, 한국건강가정진흥원, 2015: 11). 이 장에서는 가족사례관리 매뉴얼을 활용하여 통합적 모형과 운영 과정을 안내하고 안산시건강가정지원센터의 종합정보기록지를 수록하여 현장 가족사례관리의 이해를 돕고자 하였다.

제1절 가족사례관리의 필요성

　이미 현장에서는 다양한 욕구를 가진 가족문제들이 부각되면서 각각의 가족에 대한 맞춤형 가족사례관리의 필요성이 대두되고 있다. 영국과 미국 등에서는 가족중심 사례관리(Family Focused Case Management: FFCM)와 가족사례관리(Family Case Management: FCM)가 정부와 민간차원에서 활발히 진행되고 있다. 현재 우리 사회에서도 빈곤가족, 한부모가족, 조손가족, 다양한 위기가족, 다문화가족, 북한이탈가족 등 다양한 가족들을 대상으로 하는 가족서비스가 정책적으로 지원되는 만큼 각각의 가족 특성을 반영한 가족사례관리의 필요성이 더욱 커지고 있다.

1. 가족사례관리의 통합적 모형

사례관리란 지역사회의 자원을 효율적으로 연계 · 조정하는 것을 목적으로 다양한 기관들이 협력하고 자원 확충을 실행해 나가는 것(류애정, 2011)으로 가족이 최적의 기능을 하도록 사정, 상담, 교육 등을 포괄하는 창조적이고 협력적인 과정이다(Woodwide & McClam, 2006; 강기정, 박수선, 2013 재인용). 특히 통합사례관리는 지역사회 개별 기관들의 네트워크 구축 등 네트워크형 사례관리 체계와 공공 · 민간 서비스의 통합과 자원 조정 등을 통한 통합적인 서비스 연계를 강조하는 만큼 최근 우리 사회의 다양한 가족의 욕구를 반영할 수 있는 대안적 가족사례관리 모형으로 주목받고 있다.

또한 보다 최근에는 지역사회를 기반으로 한 통합사례관리의 중요성이 강조되고 있다(강기정, 박수선, 2012). 하지만 사례관리에 대한 명확한 실천 지침과 가이드라인의 부재, 지역사회 자원의 편중과 제한성, 지역 자원의 연계 체계 부족, 실무자들의 가족사례관리에 대한 전문성 부족 등으로 현장에서 가족사례관리가 효과적으로 진행되지 못하고 있는 실정이다. 이러한 상황에서 성공적인 가족사례관리를 위해서는 사례관리자의 구체적인 역량 외에도 사례관리의 방향성 정립, 기관의 사례관리 운영 철학, 사례관리 체계 구축 등(강기정, 박수선, 2011; 권진숙, 2010; 홍성미, 2010)의 종합적인 접근이 필요하다.

지역사회의 가족센터는 가족사례관리 체계의 미정립과 사례관리 담당자의 경험 및 노하우 부족으로 인해 혼란스러움을 경험하고 있는 실정이다. 특히 현재의 가족센터의 가족사례관리는 가족관계 지원과 긴급돌봄 중심으로 고유의 기능을 가지는 가족사례관리 개념과 모형 개발, 가족사례관리자의 명료한 직무 설정, 전문성 및 역량 개발을 위한 교육 등에 대한 합의가 필요한 시점이다.

1) 가족사례관리 대상

가족사례관리에서 중요한 것은 서비스 대상 집단의 특성으로 취약 또는 위기가족의 특성을 고려한 현장중심의 가족사례관리에 초점화한다. 취약 및 위기가족은 경제적 자원, 물적 자본, 사회 자본 등 가족 내외적 자원이 부족하여 가족의 기능과 역할을 수행하는 데 한계가 있는 가족이다. 따라서 일차적으로 가족의 특성을 정확하게 사정하는 것이 필요한데 황성철, 곽종희(2013)는 안전, 건강, 일상생활 유지, 가족관계, 사회적 관계, 경제, 교육, 직업, 생활환경 및 권익 보장 등 9개 영역별로 사례관리자가 체크할 수 있도록 하는 방법을 제시하였다.

취약·위기가족에 초점화된 가족사례관리에서 제공되는 서비스는 가족관계 지원, 가족돌봄 서비스, 자녀교육 서비스, 일상생활 지원, 일·가정 양립 지원, 안전 지원 등 총 6개 영역에 대한 지원 서비스를 포괄한다. 이는 상황적인 스트레스 혹은 위기를 겪고 있는 가족에 대한 긴급 지원 외에 이후 가족 기능이 상실된 가족이 가족 기능을 회복하도록 하는 사업, 가족의 핵심적이고도 일반적인 역량을 향상시키도록 하는 사업 등을 포괄하는 지원 서비스이다. 그러나 가족관계 지원, 가족돌봄 서비스, 자녀교육 서비스, 일상생활 지원 등 4개 영역에서 욕구가 부재할 경우 서비스 대상에서 제외할 수 있다.

또한 가족사례관리 대상은 한부모 및 미혼모 가족, 조손가족, 다문화가족, 위기가족 등 취약·위기가족 전체인데, 기존의 지역사회 사례관리가 클라이언트 한 개인에 초점화된 것과는 달리 가족사례관리에서는 가족 구성원을 포괄하는 전체 가족을 대상으로 한다. 단, 가족 구성원 가운데 주 양육자를 주 클라이언트로 선정하는데, 이는 문제호소자 혹은 사례 신청자가 주 클라이언트가 되는 일반 사례관리와 다른 점이라고 할 수 있다.

주 클라이언트로 주 양육자가 선정되지만 주 양육자의 기능이 현격히 떨어져 일상생활을 수행하지 못하거나 심각한 심리 및 행동장애를 진단받은 경우, 혹은 법적 구류 상태 이상의 판결을 받은 경우 대리 주 클라이언트를 선정할 수 있다. 이는 친족 범위에 있는 친인척 가운데 대리 클라이언트로서의 역할을 수행하는 데 본인이 동의할 경우에만 가능하다. 이러한 사례관리 대상자로의 선정은 가족사례관리 접수 단계에서 사례관리자가 판단하며 판단이 어려울 경우 사례관리 회의를 통해 판단한다.

2) 가족사례관리 체계 및 운영 구조

서비스 전달체계 역시 중요한데, 기존의 서비스가 아동, 청소년, 노인 등 연령층별로 분산되어 있는 만큼 다양한 연령층을 포괄하는 가족 대상일 경우 이러한 다른 기관의 서비스나 프로그램을 연계하는 방향으로 전달체계의 통합을 추구할 필요가 있다. 이는 사례관리의 궁극적 목적인 통합적인 서비스가 제공되도록 할 것이다. 사례관리의 핵심 적인 기능 가운데 하나가 지역사회 자원개발과 연계인데, 사례관리 시행 기관이 어떤 위치에서 어떤 역할을 수행하고 있는가에 대한 고민도 필요하다.

3) 가족사례관리 평가와 성과 측정

기존의 사례관리 모형에서는 평가나 성과 측정의 구체적인 방법이 제시되지 않았으나 사례관리의 효과성의 입증 근거로 사례관리의 점검 기능과 평가 기능을 들 수 있는 만큼 가족의 사례관리 모형이 포괄하여야 하는 중요 구성 요소라고 할 수 있다. 사례관리의 평가는 서비스 전 과정을 모니터링하여 원래의 목표가 어느 정도 달성되고 있는지를 체크하고, 종결 단계에서도 전반적인 목표 달성 정도를 평가하는 것이다. 성과 역시 클라이언트의 변화와 삶의 질 향상 외에 지역사회 차원의 효과를 의미하며, 성과 관리를 위해서는 투입 · 활동 · 산출의 각 요소별 기준을 마련하여야 한다.

4) 사례관리자의 역할 및 전문성

사례관리의 이론적 모형에서 공통적으로 강조하는 요소는 사례관리자의 기능과 역할이다. 목슬리(Moxley)에 따르면, 사례관리자는 직접 서비스 기능으로서 실행자, 상담지, 안내자, 협력사, 신행자, 정보전문가, 지지자와 간접 서비스 기능으로서 중개, 연결, 조정, 옹호, 네트워크 개입, 기술적 지원과 자문 등 12가지 기능을 수행하여야 한다(Moxley, 1989). 국내에서도 사례관리자는 상담자, 교육자, 조정자, 옹호자가 주요 역할로 제안되었다. 또한 사례관리자를 위한 지원으로서 슈퍼바이저의 슈퍼비전 활동 역시 중요한 요소라고 할 수 있다.

제2절 가족사례관리의 과정

가족사례관리의 전달체계 및 운영 구조의 도출은 일차적으로 효율적인 사례관리를 통해 서비스의 질을 향상시키기 위함이다. 또한 사례관리자의 교육 등에 대한 근거를 제공하게 될 것이며, 대상 가족의 권리를 옹호하고, 대상 가족이 사례관리에 적극 참여하도록 하기 위함이다.

가족사례관리는 일회성이 아닌 가족관계 향상과 가족의 자립생활 지원 등을 목표로 하는 만큼 지속적인 사례관리가 필요하다. 따라서 사례 발굴 단계에서부터 사업의 취지와 목적 등을 적극적으로 알리고 대상 가족의 적극적 참여를 유도하여야 한다. 서비스의 목적이 자원 지원만이 아닌 가족으로서의 역량강화와 자립임을 강조하여 지속적이고 체계적인 사례관리에 대해 가족이 적극적으로 참여하도록 동기 향상에 주력해야 함을 의미한다. 이는 초기상담 과정에서 특히 주력해야 할 필요가 있음을 시사한다. 특히 가족사례관리 서비스의 중복을 방지하기 위하여 별도의 대상 가족선정 기준이 마련되어야 한다. 그리고 한부모가족, 조손가족, 위기가족, 북한이탈가족 등을 대상으로 하며, 일회성이 아닌 지속적이고 체계적인 사례 발굴과 관리는 다른 서비스 기관과의 차별성을 확보하는 데 중요한 관건이라고 할 수 있다.

1. 가족사례관리 과정의 특성

일반적으로 사례관리의 단계는 사정(assessment), 서비스 계획(service planning), 직접 또는 간접 개입(direct or indirect intervention), 모니터링(monitoring), 검토 및 평가(review and evaluation) 등 5단계로 구성된다고 할 수 있다(Moxley, 1989). 다양한 욕구를 가진 가족을 대상으로 이와 같이 단계별 접근이 이루어져야 하는 만큼 서비스 상황을 지속적으로 모니터링할 수 있는 체계가 필요하며, 효과적인 사례관리 수행을 위해서는 구조적 체계와 수행 요소에 대한 탐색이 필요하다.

가족사례관리는 한 명의 클라이언트를 집중적으로 지원하는 일반적인 사례관리(case management)와 달리, 복수의 가족원 단위(unit)를 지원하는 가족중심의 사례관리

(family focused case management)이다. 즉, 가족사례관리에서는 가족 구성원이 되는 모든 가족원의 욕구충족과 가족원 간의 관계와 기능이 보다 다각도로 다루어지게 된다.

또한 일반적인 사례관리의 목적은 클라이언트(1인)의 욕구충족과 문제해결인 반면, 가족사례관리의 목적은 가족원 개개인의 욕구충족과 문제해결 이외에 가족원 전체의 가족관계와 가족 기능의 향상 및 가족의 자립역량강화에 이르기까지 그 폭이 더욱 넓고 광범위하다. 즉, 가족사례관리에서는 제한된 가족자원 안에서 다양한 가족의 욕구충족 간의 양보와 타협, 즉 가족 전체의 만족과 행복을 생각하는 소집단적 특성으로 인해 다면적이고 보다 복잡한 양상이 발생된다.

특히 일반적인 사례관리에서는 복잡하고 다양한 욕구와 문제를 호소하는 사례관리의 대상자가 클라이언트(사례자, Client: 이하 Ct) 한 명이다. 그러나 가족사례관리에서는 가족해체와 위기의 예방을 위해 가족원 간의 관계와 기능, 돌봄 등의 정상적인 가족생활 유지에 초점을 두기 때문에 그 대상자가 함께 생활하고 있는 (복수의) 가족원 모두가 된다. 이처럼 가족사례관리에서는 복수의 가족원들의 욕구충족과 문제를 모두 다루다 보니, 가족원을 대표하는 주 사례자(main client)는 성인인 가구주, 또는 주 부양자가 된다. 따라서 사례관리의 과정에서 가족사례관리자는 가족을 대표하는 주 부양자(보통 가구주)를 주 사례자(Ct1)로 하여 다른 가족원(배우자와 자녀들: Ct2, Ct3…으로 표기) 모두의 욕구와 문제(돌봄 포함), 이들 간의 관계와 기능도 지원해 나가야 하므로 가족에 대한 이해와 사례관리의 다양한 경험과 경륜이 필요하다.

취약·위기가족지원사업에서는 가족사례관리가 특히 가족관계와 가족(특히 자녀돌봄)기능의 향상 및 자립역량의 강화에 있기 때문에 부부만으로 구성된 1세대 가족보다는 (조)부모와 자녀로 구성된 2, 3세대 이상의 가족을 주대상으로 한다.

표 11-1 일반 사례관리와 가족사례관리의 차이점

	구분	일반 사례관리	가족사례관리
1	대상자 수	1인	복수, 가족원 수
2	대상자	클라이언트	주부양자(Ct1)+가족원 수(Ctn)
3	사례관리의 목적	클라이언트의 욕구충족과 문제해결	모든 가족원의 욕구충족, 문제해결 +가족관계와 기능 향상, 자립역량강화

출처: 여성가족부, 한국건강가정진흥원(2015), p. 22.

1) 가족사례관리 실천과정

사례가족의 현재 상태를 정확하게 파악하여 서비스 유형을 달리하여 지원해야 하는 만큼 욕구 및 강점 사정이 중요한데, 초기상담에서 긴급 위기지원 서비스, 일반 사례관리 서비스, 단순 이용 서비스 등으로 서비스의 유형을 구분하는 작업이 필요하다.

가족사례관리 대상이 될 수 있는 가족은 복합적이고 장기적인 욕구와 문제를 가지고 있으며, 가족 기능 및 관계 향상을 위해 통합적인 서비스가 요구되는 가족이다. 따라서 한두 차례의 면담 과정이 아니라 주기적인 사정과 면담을 필요로 한다. 이는 사례관리 자의 사정 능력이 중요함을 시사하는 것으로 사례관리 가족을 면담하고 면담 과정에서 사정해야 할 구체적인 영역을 선별할 수 있는 구체적인 가이드라인이 제시되어야 한다.

서비스 계획 단계에서는 해결되어야 할 문제와 목표를 확인하고 이를 달성하기 위한 실제적인 서비스를 선택하는 과정이다. 목표 설정에는 단기 및 중기 · 장기 목표 설정 이 필요하며, 이 과정에서 우선순위를 정하기 위해 사례가족과의 합의 과정이 필요하 다. 또한 사례가족의 역량강화 외에 자원을 연결할 때는 가족의 비공식적인 자원체계 를 우선적으로 고려해야 하며, 이후 다양한 지역사회 자원에 대한 연결이 요구된다.

서비스 제공 단계에서는 직접적인 서비스와 간접적인 서비스 모두를 포괄하며, 사례 가족에게 문제해결을 위한 다양한 방법과 절차에 대한 정보를 제시하고 결정은 가족이 스스로 하도록 하는 것이 중요하다. 이를 위해서는 가족과 지속적으로 접촉하고 상호 작용해야 하는 만큼 사례가족과의 신뢰관계 형성이 필수적이다.

서비스 점검 및 평가 과정에서는 주기적으로 서비스 계획을 점검해야 하며, 사례회 의를 정례화하는 것이 필요하다. 일회성의 서비스 지원이 아닌 만큼 재사정 과정을 통 해 서비스 계획서를 재작성하고 서비스 제공을 재조정하는 과정을 거치게 된다. 특히 성과평가는 중요한데, 크게 서비스 만족도, 목표 달성 정도, 욕구 수준의 변화, 개입 영 역의 변화, 사례관리자의 업무만족도와 직무능력감, 지역사회 자원의 만족도와 연계 역량 부문에서의 평가가 필요하다.

서비스 종결 단계에서는 가족사례관리 전 과정을 마무리하는 단계로 충분한 시간을 가지고 사례가족이 종결을 받아들일 수 있도록 준비시키는 과정이 필요하다. 특히 사 례정리일지를 상세히 기록하고 관리하여 사후관리에 대한 준비도 하여야 한다. 사후관 리 단계에서는 서비스 종결 후 일정 기간, 보통 1~2개월 후 서비스 종결 이후의 변화와

안정성 여부를 모니터링하고 재개입 여부를 결정해야 한다. 이때 사례관리팀의 사례
관리 회의를 통해서 재개입이 이뤄져야 할 구체적인 서비스 영역의 타당성과 신뢰성을
확보해야 한다.

[그림 11-1] 가족사례관리의 실천과정 8단계

출처: 여성가족부, 한국건강가정진흥원(2015), p. 22.

표 11-2 가족사례관리의 각 단계와 그 업무 내용

단계		내용	서식/척도
1	초기상담	대상자 기본 정보 파악(가족사례관리 서비스 지원 여부 결정; 사례관리자와 위기 사례, 부적절 사례 선별)	−서비스 이용 신청서 −종합정보기록지
2	사례관리 등록	사례관리의 의미, 주요 진행방식 등 설명 후 동의서 작성	−서비스 동의서
3	욕구 및 강점 사정	대상자 욕구에 관한 정보수집 및 분석, 우선순위 결정	−욕구 및 강점 사정지 −자기효능감/가족 기능 척도
4	서비스 계획	대상자 욕구 충족 및 목표 달성을 위한 포괄직 서비스 계획	−서비스 계획서
5	서비스 제공	직접(사업비 지출) 및 간접(지역자원 연계) 서비스 제공	−사례관리 과정 기록지
6	서비스 점검	서비스 계획서에 따른 진행 여부 점검, 4개월마다 재사정 실시	−욕구 및 강점 사정지 −서비스 계획서
7	평가 및 종결	초기와 비교하여 대상자의 변화 평가 및 종결 여부 결정	−종결 기록지 −자기효능감/가족 기능 척도
8	사후관리	종결 이후 변화 상황 및 안정화 여부 모니터링	−

출처: 여성가족부, 한국건강가정진흥원(2015), p. 23.

2. 가족사례관리의 초기단계

가족사례관리의 초기단계는 사례가족과의 초기 접촉하는 과정으로 사례가족이 센터에 의뢰되어 필요한 욕구를 충족하기 위한 도움을 요청하고 문제해결을 위한 파트너십을 형성하는 단계이다. 즉, 지역 내의 사례가족을 발굴하는 과정에서부터 센터 사례로의 적합성 여부를 판단하여 대상자로 결정하는 과정에 해당한다.

이 단계에서 가장 중요한 것은 사례관리자(사업담당자)와 사례가족이 지속적인 만남을 유지하기 위하여 신뢰관계를 형성하는 것이다. 신뢰관계가 원만하게 형성되지 못하면 다음의 사례관리 과정이 지속되지 못하고 중단되거나 혹은 클라이언트 가족 구성원들의 적극적이고 자발적인 참여를 이끌어 내지 못하게 될 수 있기 때문이다. 즉, 클라이언트 가족들과 사례관리자가 가족의 다양한 욕구와 문제를 해결하기 위해 서로 협력하는 관계의 형성과 문제해결 과정에 적극적으로 참여를 유도하는 데 신뢰관계의 형성이 매우 중요한 역할을 하고 있다. 가족사례관리의 초기단계에는 사례 발굴과 초기 상담, 사례관리 등록, 욕구 및 강점 사정 등의 세부 과정들이 포함된다.

1) 사례관리 전 준비단계: 사례 발굴

가족사례관리의 과정을 수행하기 위해서는 먼저 사업에 해당하는 사례가족을 접촉하여 사례로 등록하는 과정을 거쳐야 한다. 즉, 가족사례를 발굴하는 과정을 수행하여야 한다.

가족사례를 발굴하는 방법은 다양하다. 클라이언트 가족의 직접 방문 신청, 센터 내부 의뢰, 외부기관으로부터의 의뢰 등 다양하다. 처음 가족사례관리를 시작하는 센터의 경우에는 특히 사례 발굴을 위해 지역사회에의 홍보활동에 적극적으로 나서야 하고, 〈표 11-3〉의 지역사회 유관기관을 확인하여 관련 외부 기관들로부터 가족사례를 의뢰받을 수 있도록 긴밀한 네트워크를 구축하는 것이 무엇보다 중요하다.

표 11-3	지역사회에서 사례의뢰 관계의 형성이 가능한 유관기관(단체)
욕구영역	**사례의 상호 의뢰 가능 기관**
가족관계	센터의 가족(부모, 자녀)교육·상담·자녀양육 교육 등 프로그램 및 자조모임, 각종 가족 관련 상담소, 법원 연계 이혼위기가족 지원
가족돌봄	센터 아이돌보미, 지역아동센터, 주간보호센터(아동/노인/장애인), 통합돌봄센터(가칭)
자녀교육	센터의 자녀 학습정서지원(배움지도사), 학교, 드림스타트, 지역아동센터, 방과후 돌봄/학교, 청소년수련관(문화의 집), 지역학원연합회
일상생활	센터의 생활도움지원(키움보듬이), 자원봉사단체(센터), 의용소방대(여성, 새마을부녀회, 각종 복지(생활)시설
안전	센터의 긴급위기가족지원(지지리더), 경찰서, 소방서(119), 병원, 가정-성폭력상담소, 아동학대예방센터, 쉼터, 무한돌봄네트워크, 법원, 교육청, 무료법률지원공단, 변호사협회
사회적 관계	아파트부녀회, 주민자치센터, 마을회관, 각종(사회/종합) 복지관, 취미동아리단체, 종교기관, 직장 동료, 이웃, 친구
신체건강	의료기관(병원), 보건소와 보건지소/방문보건-간호, 요양원/재가복지센터, 치과 및 의사협회, 체육관, 지역의사협회, 지역약사협회
정신건강	정신건강복지센터, 정신병원, 신경정신과, 센터 가족상담팀, 청소년상담(복지)센터, We센터, 자살예방센터, (인터넷)중독예방센터, 아동(정서지원)바우처, 각종 치료센터
기초생활	지자체 공무원(희망복지지원단), 학교 담임(결식-서무과), 모자시설, 생활시설, 후원단체(연탄), 각종 연합회
경제	지자체 행정공무원(긴급지원), 지역후원단체(로터리/라이온스클럽/지역장학회), 상(공)인협회, 상가(인)연합회
주거환경	LH공사, 모자시설, 자원봉사센터, 민간자원봉사연합회(단체)
직업고용	고용지원센터, 일자리지원센터(새일센터), 자활센터, 창업지원센터

출처: 여성가족부, 한국건강가정진흥원(2015), p. 29.

2) 1단계: 초기상담

가족사례를 발굴하여 사례가족과 접촉하게 되면, 초기상담을 통해 사례가족이 처한 상황을 파악하고(긴급 위기/일반 사례관리/단순 이용자), 어떤 다양한 욕구와 문제를 지니고 있는지를 파악하여야 한다. 또한 사례관리자는 가족의 욕구와 문제가 센터의 가족사례관리의 목적과 대상에 적합한지를 검토하여야 한다.

서비스 요청에 대한 사례가족과 관련된 기초적인 정보를 수집한 후 사례관리자는 센터 자체 내부회의를 거쳐 사례로 등록할 수 있는지 사례의 적합성 판정을 하여야 한다.

초기상담에서는 센터의 가족사례관리의 합목적성, 사례가족의 기준 파악하기, 가족이 처한 상황의 판정(위기도와 긴급도 판정), 대상 가족에 대한 정보수집을 진행한다.

| 표 11-4 | 가족사례관리 대상의 구분과 세부 서비스지원의 유형 및 내용 |

대상의 구분	대상자의 세부 유형과 그 내용
단순서비스 이용자	• 정보 이용자: 관련 분야의 정보 부족 → 면담을 통해 직접적이고 구체적인 정보 제공 • 서비스 이용자: 개인과 가족의 특정 영역의 기능 향상이나 복지수준 향상 → 기관의 단위 서비스 필요로 함 → 이용자의 기준에 따라 적정한 서비스 제공
가족사례 관리의 대상	• 일반형 가족사례자: 문제와 욕구의 심각성이 상대적으로 낮음 → 대상자와 서비스의 연계, 동기부여 및 자조 능력 증진을 위한 개별화된 조언 및 상담 등 센터의 직접 서비스 제공 • 통합형(집중형) 가족사례자: 복합적 문제와 욕구와 심각성이 높음. 통합적 접근을 요구하는 대상자. 기존서비스로는 욕구 충족이 불가능하고 신규 내/외부 서비스를 개발·제공하는 경우
위기관리의 대상	• 위기가족사례관리자: 복합적인 문제를 가지고 있으며, 문제와 욕구가 심각하고 긴급한 개 입을 요구하는 가족(의식주 관련 긴급 상황, 가정폭력, 자살, 사망, 사고, 경제적·사회적 위 기사건에 직면) → 가족의 안전확보를 위해 긴급한 서비스를 먼저 제공 • 개입기간: 1개월 이내. 위기 안정이 달성된 이후 사례관리 대상자로 재구분

출처: 여성가족부, 한국건강가정진흥원(2015), p. 33.

3) 2단계: 사례등록하기

초기상담을 통해 가족사례관리의 가족으로 선정된 후, 사례관리담당자가 센터에서
실시하는 가족사례관리서비스의 제공 과정과 내용에 대해 사례가족에게 설명하고 사
례가족이 자발적으로 참여할 것에 대한 동의를 얻어 사례관리등록을 마치는 과정이다.
이때 가족사례관리의 담당자와 사례가족은 함께 서비스 제공 및 사례관리의 과정 운영
에 동의하여야 한다. 이 단계에서 사례관리 담당자는 가족사례관리가 무엇인지 그 목
적과 취지 및 진행 과정 등이 어떻게 이루어지는지에 대해 대상 가족원에게 자세히 설
명하고, 서로 간의 신뢰감을 형성하여 상호 간 역할을 명료화하여야 한다. 가족사례관
리 기관은 서비스를 제공하고 개인정보 보호에 대한 약속을, 사례가족은 사례관리과정
에 협조, 노력, 신뢰하겠다는 동의가 필요하다.

4) 3단계: 욕구 및 강점 사정

가족사례관리에 있어서 욕구 및 강점 사정의 단계는 사례관리자와 대상자가 함께 대
상자의 욕구에 관한 정보를 수집 및 분석하고 우선순위를 정하고 종합하는 과정이다.
이 단계는 서비스 계획의 구체적인 방안에 대한 기본 틀과 투입 자원을 추정하기 위한

표 11-5	사례가족에 대한 욕구 및 강점 사정의 순서
① 대상 가족에 대한 욕구사정	② 강점사정
③ 장애물 사정	④ 자원에 대한 파악

출처: 여성가족부, 한국건강가정진흥원(2015), p. 58.

과정으로 이후 단계를 성공적으로 수행하기 위한 기반이 되기 때문에 정밀하고 섬세하게 욕구와 강점에 대한 파악이 이루어져야 한다.

가족사례관리 대상 가족에 대한 욕구 및 강점을 상세히 파악하기 위해서는 대상자와 가족의 진술뿐만 아니라 이웃, 주변인, 친구, 친척, 복지담당 공무원, 사회복지 관련 기관(어린이집, 지역아동센터, 육아종합지원센터 등), 학교의 담당 교사로부터 다양한 정보를 수집하여 현재 가족들이 놓여 있는 상황을 객관적으로 정확하게 파악하는 노력이 필요하다. 따라서 욕구와 강점사정을 위한 대상 가족과의 면접(만남)의 과정이 1회로 종료되기는 어려우며, 최소한 2~3회의 면접과정을 거치게 되므로 많은 에너지가 투입된다.

욕구 및 강점 사정의 첫 번째 단계는 사례가족에 대한 욕구사정이다. 〈표 11-6〉과 같이 가족관계, 가족돌봄, 자녀교육, 일상생활, 안전, 사회적 관계, 정신건강, 신체건강, 기초생활, 경제, 주거환경, 직업고용의 12개 영역에 대해 가족들이 다양한 욕구를 어떻게 인식하고 있는지, 그리고 욕구충족을 필요로 하는 영역에 대해 파악해야 한다. 이 과정이 상세하고 정확하게 이루어져야 다음 단계인 욕구충족을 위한 서비스 계획의 수립이 명확해진다.

특히 위기가족지원을 위한 욕구사정 및 평가에서는 안전 영역에 대한 욕구사정이 무엇보다 중요하다. 위기가족은 구체적인 상황적 위기를 경험하고 다양한 위기 반응을 경험할 뿐 아니라 가족 경제 기반의 와해, 가족 내 역할 변동, 긴장, 갈등, 폭력 등으로 위기에 처해 있다. 따라서 위기가족이 경험한 구체적인 상황적 위기를 구별하고 상황적 위기로 개인이 경험할 수 있는 위기 반응과 가족 전체가 경험할 수 있는 가족 기능 상실 정도를 사정하고 평가해야 한다. 위기가족의 경우 안전 확보와 신변 보호 욕구가 가장 우선이라고 할 수 있는 만큼 가족사례관리자는 우선적으로 안전 확보와 신변 보호 영역에서 사례가족의 욕구 수준이 어떠한지를 평가하고 욕구에 기반한 서비스 절차가 진행되도록 노력해야 한다.

표 11-6	욕구사정 영역과 내용

욕구 영역	주요 내용
가족관계	• 가족의 구조와 기능적 특성으로 야기되는 문제 • 부부갈등, 부모자녀 갈등, 형제자매 갈등, 가족의 무관심 등
가족돌봄	• 가족원의 보호, 보육, 간병 등 가족보호와 돌봄 부담으로 인한 어려움 • 자녀돌봄, 노인돌봄, 장애인돌봄 등
자녀교육	• 자녀양육, 교육문제 • 진로, 기초학습능력 부족, 특수교육, 학업성적 부진, 상급학교 진학 어려움, 수업료 부족 등
일상생활	• 일상생활유지 및 여가활용과 관련된 문제 • 기본적인 의식주 수행, 식사곤란, 외출곤란, 가사활동 불가능, 긴급 상황 대처 불가능, 여가활동 부족 등
안전	• 내·외부적인 요인에 의해 대상자 및 가족의 안전 확보와 신변보호가 필요한 문제 • 폭력, 유기, 방임, 학대, 성폭력, 협박·위협, 실종 등
사회적 관계	• 가족관계를 벗어난 친인척, 주변 인물들과의 긍정적 관계형성과 유지를 위한 욕구 • 친인척 갈등, 이웃 간 갈등, 직장생활 어려움, 기타 사회생활의 어려움 등
신체건강	• 정신과 질환 등 정신적인 건강 문제로 인하여 치료가 필요하거나 일상생활이 어려운 경우 • 습관성 음주, 정신질환, 약물 오남용, 불안감, 대인기피, 자살, 자해 등
정신건강	• 급성 혹은 만성적 질환 등의 신체적 건강문제로 인해 치료가 필요하거나 일상생활이 어려운 경우 • 신체장애, 일시적 질병 및 상해, 만성·희귀·난치성 질환, 비만, 영양결핍 등
기초생활	• 기본적인 의식주와 관련된 또는 신변관리와 관련된 문제 • 결식, 주거비 부족, 난방비 부족, 공과금 체납, 의료비 부족 등
경제	• 기본적인 생활에 필요한 경제적 문제해결, 양육비 등 소득활동 및 기본 자산관리와 관련된 문제 • 부채관리 능력 부재, 자산관리 능력 부재, 과소비·낭비 등
주거환경	• 거주지의 내외부적 환경문제와 관련된 욕구 • 주거내부 시설, 위생환경, 전기시설, 주변 환경, 냉난방 등
직업고용	• 생애주기별로 필요한 교육 및 훈련의 기회에 대한 욕구와 수행과 관련된 어려움 • 취업·취학·창업의 어려움, 저임금, 비정규직, 열악한 근로환경 등

출처: 여성가족부, 한국건강가정진흥원(2015), p. 61.

　　다음으로 대상 가족들이 복합적이고 지속적인 문제로 장애물이 있음에도 불구하고 현재 처한 상황을 개선할 수 있는 지니고 있는 역량, 재능, 경쟁력, 가능성, 잠재력과 긍정적 특성(비전, 가치, 희망 등)과 자원(가족 내부와 외부 등) 등을 의미한다. 사례가족에 대한 지지체계(공식적·비공식적 지지체계), 문제해결을 위해 시도했던 경험과 성공경험, 부정적 특성이 긍정적 차원으로 재해석된 것 등이 대상 가족의 강점이 될 수 있다. 또한 가족강점은 대상 가족의 전체 특성과 가족원 각 개인의 장점이 모두 해당될 수 있다. 욕구충족이나 문제해결 과정에 긍정적 영향을 미칠 수 있는 가족원 개인의 성격, 특별한 지식, 기술, 능력, 태도, 자신감 등의 가족의 건강성, 가족원 간 감정적 지지나 충성심, 그리고 가족원 간의 역동성 등이 여기에 포함된다. 그러나 이러한 가족원 개인과 전체 가족 특성은 가족생활의 변화에 활용될 경우에만 자원이 될 수 있다.

세 번째 단계는 현재 대상 가족이 지니고 있는 욕구 및 문제해결을 방해하는 내용이다. 크게 두 가지로 분류할 수 있는데, 대상 가족과 환경과 같이 내적 동기가 장애가 되는 경우(내부 장애물)와 자원의 발견 및 네트워크에 장애가 되는 경우(외부 장애물)이다. 내부 장애물은 가족의 심리적·정신적 문제와 직접적으로 연결되어 있고 가족원의 무기력, 무동기, 비자발성, 의존성 등과 정신질환(우울, 불안, 중독, 공황장애, 자살충동) 등 다양하다. 그러나 이 장애물들은 쉽게 보이거나 발견되지 않을 뿐 아니라 그 원인과 해결책이 분명하지 않을 때가 많고 비교적 분명하게 보이는 심리적·정신적 문제도 변화하는 데 많은 노력과 시간 및 비용이 든다. 내부 장애물에 대처(극복)하기 위해서는 자원보다 원인에 대한 논의와 해결 노력을 통한 동기부여가 우선적으로 필요하다. 사례관리자는 문제해결보다 사례가족의 강점관점에 기반을 둔 임상적 개입을 통해 스스로 문제해결을 위한 노력에 적극적으로 참여하도록 지지해야 한다. 반면, 외부 장애물은 사례가족이 지니는 문제와 욕구를 충족시키는 데 필요한 자원을 얻는 데 있어서의 어려움으로 외부환경이 대상 가족에게 어려움이나 장애를 초래하는 경우다. 부적절한 자원(문화충돌이나 향수병)이나 자원 이용에 대한 가족의 무능력(문맹이나 컴맹), 자원의 고갈(심리적 소진이나 지자체의 예산 부족), 이차적으로 필요한 자원(사회적 편견, 대중교통의 부재 등) 등이 해당된다.

마지막 단계에서는 욕구충족에 필요한 대응 자원의 소유 실태를 파악하는 것이다. 대상 가족이 원하는 모든 변화는 다양한 욕구 충족을 위한 자원의 연결로부터 이루어지기 때문이다. 이러한 자원에는 대상 가족이 소유한 내적·외적 자원과 욕구변화에 필요한 물질, 지역사회에서 도움을 제공하는 사람들과 사회적 기관 및 단체 등 모두가 포함된다. 가족의 외부자원은 가족 외부의 공식적 자원과 비공식적 자원을 모두 포함된다. 비공식적 자원은 가족과 친밀하고 상호작용을 하는 친인척(친가와 외가), 친구, 이웃, 직장 동료, 교회, 개별 자원봉사자 등이 포함되는데, 공식적 자원에 비해 융통성이 있게 운영이 가능하기 때문에 서비스의 중복성이 높다. 반면, 공식적 자원은 세금으로 재정이 충당되고 법이나 규정에 의해 통제되는 자원으로 공공기관이나 대중편의시설 및 복지기관이나 시민단체, 교통, 환경 등 다양한 것들이 해당된다. 다양하고 폭넓은 자원에 대한 사정은 개인과 가족, 비공식적 자원, 공식적 자원의 순으로 단계별로 체계적으로 이루어지는 것이 바람직하다. 센터 내부에서 외부 자원을 자체적으로 조달하기 어려운 경우에는 지역사회 내 유관기관과의 네트워크, 지역 통합사례회의에서 연계 협조를 얻어 대상 가족에게 필요한 욕구를 충족시켜 나가는 적극적인 노력이 필요하다.

3. 가족사례관리의 중간단계

1) 4단계: 서비스 계획의 수립

서비스 계획의 수립이란 욕구사정을 통해 작성된 욕구목록을 실행으로 옮기기 위한 전략을 설정하는 단계이고, 실제적 수행 과정의 밑그림, 즉 설계도 역할을 한다. 따라서 가족사례 관리자와 대상 가족에게 개입 과정의 방향을 명확히 제시해 주어 혼란 없이 변화 목표를 달성해 갈 수 있도록 도와주고, 서비스의 개입이 끝난 후 그 결과를 효과적으로 평가할 수 있게 해 준다.

서비스 계획의 수립은 〈표 11-8〉과 같이 욕구사정을 통해 작성된 욕구목록을 기초로 이를 해결하기 위한 실천을 구체화하는 과정이다. 따라서 가족사례관리의 목적에 초점을 두고 정확하게 달성하기 위한 하위 목표와 전략을 단계화하고, 사례가족과 사례관리자의 목표달성을 위한 역할을 규정하여야 한다.

서비스의 계획은 사례관리 대상 가족이 처한 상황과 서비스 욕구, 문제해결 방향에 대한 욕구를 근간으로 하여 수립되므로 계획 수립 전에 사정 내용에 대한 충분한 검토와 이해가 필요하다(사례회의 실시 등). 즉, 욕구사정 자료를 기초로 서비스 계획이 수립되므로 욕구사정이 정확해야 다음 단계인 계획과 실행도 성공적으로 수행된다.

표 11-7 가족사례관리의 사정단계의 방향

- 욕구 및 강점 사정 → 해결되어야 할 문제와 서비스의 목적 확인
- 서비스 계획 → 욕구를 충족시킬 수 있는 적절한 수단의 실제적 선택

출처: 여성가족부, 한국건강가정진흥원(2015), p. 80.

표 11-8 서비스 계획의 과정

① 욕구사정 내용에 대한 검토: 대상 가족이 주도적으로 삶의 변화를 가져오는 데 적극적으로 참여하도록
　공동작업
② 우선순위 정하기: 대상 가족이 선정한 중요도, 가족원에게 긴급한 위기(사건)의 가능성(긴급성), 욕구 기간
　내의 달성 가능성, 상황 개선의 가능성 등 고려
③ 목표의 수립: 목표는 달성할 수 있고 구체적이고 측정 가능, 성취 가능해야 함. 현실성과 시기적절성도
　고려
④ 계획 실행자의 선정: 서비스를 추가 제공하는 것이 효과적인가에 초점을 두고 계획 수립. 비공식적인 지
　지체계(이웃, 친척, 친구동료 등)가 일차적인 고려 대상이고, 이후 다양한 지역사회 자원에 대한 탐색 필요
⑤ 시간 계획 세우기: 실행 방법에 따른 시간 계획을 설정. 정기적으로 갱신
⑥ 계약수립: 계획수립 후 사례관리 계약서를 작성하도록 안내. 좋은 계약을 위해서는 대상 가족의 개입, 목
　표 설정을 위한 구체적 행동, 이행의 결과, 이행 시기 등 포함
⑦ 서비스제공 계획서의 공유

출처: 여성가족부, 한국건강가정진흥원(2015), pp. 81-91.

만약 서비스 계획의 수정이 필요한 경우에는 센터 내 사례회의에서 슈퍼바이저의 자문과 허가, 동의에 따라 수정하도록 한다. 따라서 정확하고 상세한 욕구사정 내용을 기반으로 대상 가족에게 맞춤형 계획을 수립하기 위해서는 다음과 같은 세부 과정을 체계적으로 거치는 것이 바람직하다. 또한 대상 가족의 욕구 변화 가능성을 고려하여 융통성 있게 서비스를 계획하는 것이 필요하다.

2) 5단계: 서비스의 제공(실행)

서비스의 제공은 서비스 계획을 실행하는 과정, 즉 대상 가족에게 적합한 서비스와 자원을 확보하여 직간접적으로 서비스를 제공하는 과정이다. 정보수집 및 계획 단계에서 작성된 계획의 목적 달성을 위한 활동 과정을 의미하며 사례관리의 세 주체, 즉 사례가족, 사례관리담당자, 역할분담 받는 자원망 간 활발한 상호작용이 일어나게 된다.

대상 가족의 욕구에 적합한 서비스를 제공하기 위해서는 다양한 자원의 개발이 가장 중요하다. 또한 사례관리 대상 가족이 욕구 충족을 위해 필요한 자원을 주체적으로 찾아낼 수 있도록 동기를 부여하여 적극적으로 욕구 충족 및 문제 해결에 나설 수 있도록 격려하여야 한다. 가족사례관리 담당자는 대상 가족들에게 문제해결을 위한 다양한 방법과 절차에 대한 정보를 제시해 주고, 결정은 가족들이 스스로 할 수 있도록 지원하여

야 한다. 이를 위해 대상 가족들과 지속적으로 접촉하고 상호작용하는 과정을 통해 사
례가족의 욕구 충족과 문제해결을 위한 역량강화를 실천할 수 있을 것이다.

3) 6단계: 서비스의 점검

서비스 점검의 과정은 가족사례관리의 실행 계획에 정해진 서비스 자원이 잘 제공되
어 욕구가 충족되었는지를 확인하기 위해 가족사례관리자에게 필요하다. 크게 서비스
제공에 대한 점검과 평가의 과정으로 분류된다.

점검(monitoring)은 가족사례관리 과정에서 가족이 변화하는 과정을 지속적으로 감
독하는 것이다. 〈표 11-9〉와 같이 서비스 제공을 실행한 후 현재까지 무슨 일이 어떻
게 진행되고 있는지를 확인하고 지속적으로 평가하는 것이다. 점검 시에는 가족 구성

표 11-9 가족사례관리 과정에 대한 점검 내용

점검 항목	점검 내용	점검의 기준
서비스 제공 현황에 대한 점검	• 사례가족과의 상담을 통해 계획된 서비스 기간과 횟수에 따라 서비스 제공이 이루어 지고 있는지를 확인함 • 서비스의 양, 내용, 질 측면에서 적절성을 확인함 • 서비스 실행에 문제 발생 시 그 원인을 파악함	• 가족의 욕구 충족 및 문제 해결에 서비스의 양이 충분한가? • 서비스의 내용은 적절한가? • 서비스의 제공방법은 적절한가? • 서비스 제공 연계기관과의 협력은 원활한가?
대상자에 대한 점검	• 사례가족의 변화 정도를 가족원들과의 면담을 통하여 측정함	• 대상 가족이 수립한 성과목표를 향해 나아가고 있는가? • 대상 가족의 생활에 어떠한 변화가 나타나고 있는가? • 제공된 서비스에 대하여 대상 가족원들이 만족하고 있는가? • 대상 가족의 변화에 따라 욕구의 재조정 및 서비스 계획 수정이 필요한가?
환경이나 상황에 대한 점검	• 대상 가족이 처한 상황이나 환경의 변화로 인해 욕구나 문제가 자연스럽게 해결되기도 하고 새로운 욕구가 발생하기도 하므로 점검이 필요함	• 대상 가족이 처한 환경이나 상황의 변화가 가족에게 긍정적인 변화를 가져오는가? • 사례가족의 환경이나 상황의 변화로 새롭게 발생한 욕구가 있는가?

출처: 여성가족부, 한국건강가정진흥원(2015), p. 99.

원의 변화뿐만 아니라 대상 가족을 둘러싼 주위 환경체계의 변화와 영향에 대해서도 파악하여야 한다. 점검 과정을 통해 개입을 계속 유지할 것인지, 변경할 것인지, 중단할 것인지, 재사정을 통해 새로운 사정과 계획을 실행할 것인지를 결정하게 된다.

가족사례관리의 성과측면에서의 점검 내용 중 산출에 대한 점검 기준은 〈표 11-10〉과 같다. 사례가족의 욕구 및 서비스 내용에 변화가 있을 경우, 재사정 과정을 통해 서비스 계획서를 재작성하고 서비스 제공을 재조정하는 과정을 거치게 된다.

표 11-10 산출에 대한 점검 기준

하위 구분	산출에 대한 점검 내용
노력	가족사례관리의 목표(단기, 중기, 장기) 목표가 달성되었는가? 서비스 계획(서비스제공 활동)이 적절히 수행되었는가? 목표달성을 위한 시간 분배가 적정한가?
적절성	서비스 계획에 따라 욕구충족에 필요한 서비스와 자원이 적절하게 제공되었는가?
서비스의 질	서비스 계획이 잘 실행되고 있는가?
결과	서비스 계획이 성공적 결과를 가져오는가? 아니면 역행적 결과를 가져오는가?

출처: 여성가족부, 한국건강가정진흥원(2015), p. 100.

서비스 점검 과정은 방문, 전화를 통한 장기적인 접촉, 점검표 활용, 사례가족 주변의 반응과 평가(만족도와 의견) 수렴, 서비스 과정기록 및 연계기관 자료를 통한 모니터링 등을 활용하여 다양한 경로로 이루어질 수 있다.

4. 가족사례관리의 마무리단계

1) 7단계: 평가 및 종결

평가는 사례관리 과정에서 일련의 모든 과정 즉 사례의 접수초기부터 종결까지를 총체적으로 점검하고, 계획했던 목표가 어느 정도 어떻게 달성되었는가를 확인하는 지속적인 하나의 과정(process)이다. 평가는 종결 여부를 결정짓는 과정이기도 하고, 좀 더 진보된 다음 단계로 진입하기 위한 점검의 의미를 갖기도 한다.

표 11-11	가족사례관리의 점검과 평가 구분

- 점검: 정해진 활동이 계획대로 잘 이루어지고 있는지의 여부 확인
- 평가: 서비스 제공이 사례가족의 삶에 어떠한 긍정적인 영향을 주었는가를 살펴보는 것

출처: 여성가족부, 한국건강가정진흥원(2015), p. 105.

가족사례관리 과정에서의 평가는 사례가족의 욕구와 문제가 개입과 점검을 통해 목표 대비 어느 정도 개선 · 향상되었는지를 확인하는 과정이다.

이러한 평가의 궁극적인 목적은 가족사례관리의 사례가족에게 더 나은 서비스를 제공하기 위한 방향으로 그 결과들을 환류하기 위함이다. 평가는 크게 과정평가와 성과평가가 이루어진다. 평가의 주요 대상이 개입과정인 경우에는 과정평가이고, 개입의 결과나 변화내용인 경우에는 성과평가이다.

2) 8단계: 사후관리

사후관리는 'follow-up service'나 'after care'라는 개념으로 혼용되기도 하는데, 서비스 종결 이후 일정 기간을 두고(보통 1~2개월 후) 종결 이후의 변화 상황의 안정화 여부를 모니터링하고 재개입의 필요성을 조기에 판단하기 위한 목적으로 수행된다.

보통 종결 이후 일정 기간 동안의 사후관리 과정을 대상자에게 설명하고 동의를 얻은 뒤 진행된다. 사후관리 과정에서 사례관리 담당자는 대상 가족의 변화 유지에 도움이 되는 지지적 상담과 정보를 제공하여 대상 가족이 심리적 안정과 함께 지역사회에의 적응에 도움을 주도록 한다. 담당자가 직접 사후관리를 수행하기 힘들면 대상 가족 관련된 서비스 제공 기관을 통해서 모니터링을 실시하고 대상 가족이 어려움을 다시 호소할 경우 재개입 사정(심층상담, 욕구 재사정 등)을 통해 사례관리를 다시 제공하도록 한다.

제3절 가족사례관리의 적용

1. 위기가족을 위한 가족사례관리의 실제

위기가족은 상황적 위기(가정폭력, 이혼, 자살, 사망, 사고, 경제적 · 사회적 위기)에 의해 심리적 외상(트라우마)이나 경제적 및 사회적 위기사건을 경험한 것으로 판단되는 가족이다.

가족사례관리가 수행되기 위해서는 먼저 위기가족에 대한 사정이 이루어져야 한다. 위기가족의 욕구는 초기상담을 통해 기본적인 욕구 영역에 대한 사정에 의해 이루어져야 한다. 특히 위기가족인 만큼 안전 영역에 대한 면밀한 사정이 우선시되어야 한다.

위기가족이 현재 상황적 위기를 극복하고 가족 가능을 회복할 수 있도록 하는 가족 탄력성, 가족 내외 상호지지 체계, 가족 간 의사소통 능력 등을 평가하고, 가족에게 강점의 이해와 이 가족 회복에 미치는 영향에 대해 안내한다. 뿐만 아니라 긴급하게 이혼 소송 등을 시작하게 된 경우에는 자녀의 양육비 이행이나 심리적 · 정서적 어려움이 없는지를 확인해야 한다. 특히 자녀양육비와 관련해서 양육비이행원 서비스와 연계할 수 있도록 한다.

위기가족에 대한 서비스 계획은 초기 스트레스 반응을 경감시키고 이후 장 · 단기적으로 가족이 적응적인 기능을 향상시킬 수 있도록 하는 것을 주요 목표로 한다. 사고 직후 6개월은 심리적 회복을 결정짓는 기간으로 심리사회적 지원은 6개월이 넘지 않도록 계획하고 즉각적으로 실시해야 한다.

우선적으로 긴급 위기지원으로는 심리 및 정서적 지원, 의료지원서비스, 물리적 서비스, 법률지원 서비스, 연계지원 등이 서비스 영역이다.

다음은 안산시건강가정지원센터의 종합정보기록지이다. 현장의 가족사례관리 내용을 통해 진행 과정 및 개입을 확인할 수 있다.

<table>
<tr><th colspan="12">종합정보기록지</th></tr>
<tr><td colspan="2">등록번호</td><td colspan="5">21-61</td><td colspan="2">담당자</td><td colspan="3">박 ○○</td></tr>
<tr><td colspan="2">등록기준</td><td colspan="5">■ 신규 □ 기존</td><td colspan="2">작성일</td><td colspan="3">2021 년 6 월 18 일</td></tr>
<tr><td colspan="2">정보제공자</td><td colspan="10">■ 본인 □ 가족( ) □ 기타( )</td></tr>
<tr><td colspan="2">성명</td><td colspan="5">정 ○○</td><td colspan="2">성별</td><td colspan="3">□ 남 ■ 여</td></tr>
<tr><td colspan="2">생년월일</td><td colspan="5">1996년 6월 17일</td><td colspan="2">전화번호</td><td colspan="3">010-0000-0000</td></tr>
<tr><td colspan="2">주소</td><td colspan="10">경기도 안산시 단원구</td></tr>
<tr><td colspan="2" rowspan="4">가족사항</td><td>관계</td><td>성명</td><td>연령</td><td>결혼
상태</td><td>동거
여부</td><td>학력</td><td>직업</td><td>건강상태</td><td>장애명</td><td>질병명</td></tr>
<tr><td>본인</td><td>정○○</td><td>26</td><td>x</td><td>o</td><td>중졸</td><td>무직</td><td>□건강 □장애 ■질병</td><td>-</td><td>신장기능 저하, 우울증</td></tr>
<tr><td>여동생</td><td>정○○</td><td>25</td><td>x</td><td>o</td><td>중졸</td><td>무직</td><td>□건강 □장애 ■질병</td><td>-</td><td>각막기능 저하, 갑상선</td></tr>
<tr><td>자녀</td><td>정○○</td><td>1</td><td>x</td><td>o</td><td>-</td><td>-</td><td>■건강 □장애 □질병</td><td>-</td><td>-</td></tr>
<tr><td colspan="2">가구유형</td><td colspan="10">□ 모자가구 □ 부자가구 ■ 미혼모부자가구 □ 조손가구 □ 일반가구 □ 기타( )</td></tr>
<tr><td colspan="2">수급유형</td><td colspan="10">□ 중위소득 72% 이하 □ 교육급여(중위 50% 이하) □ 주거급여(중위 43% 이하)
□ 의료급여(중위 40% 이하) □ 생계급여(중위 30% 이하) ■ 기타(등본상 문제로 수급 판정 받지 못함)</td></tr>
<tr><td rowspan="2">주거
형태</td><td>환경</td><td colspan="10">□ 월세(보증금 / 월세) □ 전세(보증금:) □ 자가 ( )
□ 영구임대 □ 무상임대 ■ 기타(지인집에서 거주)</td></tr>
<tr><td>난방</td><td colspan="10">□ 기름 ■ 도시가스 □ LP가스 □ 전기 □ 기타( )</td></tr>
<tr><td colspan="2" rowspan="2">경제상황</td><td colspan="2">가계 소득</td><td colspan="3">■ 월 평균 (54)만 원</td><td>부채</td><td colspan="2">■ 약 (100)만 원</td><td>총재산</td><td>( )만 원</td></tr>
<tr><td colspan="2">소득원</td><td colspan="8">□ 연금 ■ 공공부조(양육수당 20만 원) □ 저축
□ 가족지원( ) □ 근로수입(주소득원 :) ■ 기타 (유족연금)</td></tr>
<tr><td colspan="12">가계도 및 생태도</td></tr>
</table>

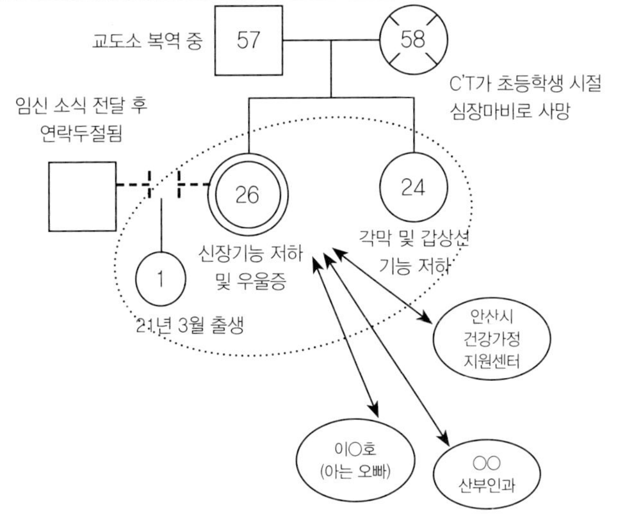

가구주의 근로능력 및 여건	문해 능력	■ 유 □ 무	근로 활동 장애 요인	□ 1. 노령(65세이상) □ 2. 신체/정신건강악화(특정질환이 있는 경우) □ 3. 대인관계의 어려움 □ 4. (창업희망 시) 자금부족 □ 5. 부채/채무 ■ 6. 가족 구성원의 보육/장애/간병 등 돌봄부담 □ 7. 근로능력, (취업)기술부족 □ 8. 일자리정보부족 □ 9. 기타( )
	직업력			□ 근로활동경험전무 □ 무직+경력단절기간 3년 이상 ■ 무직+경력단절기간 3년 이내 □ 근로활동중(사회적일자리/자활근로/희망근로 등) □ 근로활동중(일반업체+비정규직) □ 근로활동중(일반업체+정규직) □ 기타( )
아동학대 징후발견				–
현재 당면 문제				대상자는 현재 ○○○ 주공아파트에서 친여동생, 대상자, 지인과 셋이 거주하고 있음. 엄마는 초등학교시절 심장마비로 돌아가셨고, 아빠는 교도소에 수감되어 현재까지 복역 중임. 외가쪽 친척과는 연락이 끊긴지 오래이고, 친가쪽 친척들은 아빠가 복역하게 된 이유가 대상자 자매 때문이라고 생각하고 원망하여 경제적인 지원을 주지 못하는 상황임. YMCA를 통해 안산의 들꽃피는학교(그룹홈)에 입소하였고, 경제적으로 지원을 받을 수 없어 학생 때부터 온갖 아르바이트를 하며 당시 120만 원의 비용으로 함께 생활해 옴. 그 시기쯤부터 피로가 과다 축척되어 허리는 물론 신장에 영향을 미쳤을 정도로 건강이 안 좋아졌으며, 우울증을 갖게 되었음. 현재도 우울증세는 있으나 일상생활에 큰 영향을 미치는 정도는 아니라고 함. 우울증 약을 복용했었지만, 스스로 이겨내야겠다는 생각에 자체적으로 복용을 중단했다고 함. 아이의 아버지는 전 남자친구임. 임신 소식을 전하자 대상자의 경제적 여건과 건강을 염려해 주는 척 임신중절 수술비용을 마련해 주겠다며 임신중절 수술을 권했다고 함. 가장의 역할을 해야 했던 대상자는 현실적으로 낙태를 하는 것이 맞다고 판단하여 남자친구의 의견에 동의하였고, 남자친구가 수술비용을 줄 때까지 기다렸다고 함. 하지만 남자친구는 갑자기 잠적해 버렸고, 수술 가능 기간이 초과되어 낙태가 아닌, 출산을 한 후 아이 숨을 끊는 방법밖에 없다는 병원의 의견을 전달받았다고 함. 대상자는 아이를 낳아야 하는 이상 몸이 상하는 것은 똑같고, 죄책감에 시달릴 바엔 건강하게 낳아서 키워야겠다고 다짐하여 출산까지 하게 되었다고 함. 양육비, 출산비 등을 요구하고 싶지만 보험사기에 연루되어 교도소에 가게 된 상황이라는 것만 주변으로부터 전해 듣고 연락이 단절된 상황이라고 함. 임신 및 출산으로 아르바이트도 하지 못해 현재 경제적인 어려움이 크다고 함. 그동안 양육수당 20만 원과 유족연금 34만 원을 받아 생활해 왔음. 엄마가 돌아가신 이후 20살 때까지 유족연금 34만 원을 받을 수 있었고, 현재는 법이 개정되어 만 27세까지 동생 앞으로 유족연금이 지급된다고 하였음. 아버지는 교도소에 수감되어 있으며, 엄마는 대상자가 어린시절 심장마비로 사망하였음. 외가쪽과는 연락이 잘 닿지 않고 친가쪽에서도 원망의 대상이 되며 연락두절되었다가 최근 연락이 닿게 되었음. 친가 쪽에 재산이 많으나, 친조부가 3년 전 돌아가시고 상속세를 친조모가 부담하여 친조모로부터 더 이상의 경제적 도움을 받을 수 없는 상황임. 여동생도 얼마 전까지는 아르바이트를 해 왔으나 최근 눈이 안 보인다며 이상증세를 보였고, 안과 검진 결과 실명 직전까지 처한 상황으로 약물 치료를 받는 중임. 거주하는 곳은 임신 전 아르바이트를 하며 알게 된 오빠의 집인데, 오빠도 가족들과 연을 끊고 생활 중이라고 함. 동생과 힘을 합쳐 오빠에게 월세 정도의 비용만 지불하며 지낸다고 함. 대상자의 가정사를 알고 많은 부분에서 배려해 주며 도움받는다고 하였으나 등본에 함께 명시되어 있다는 이유로 사실혼 관계로 간주되어 수급판정 및 한부모 등록이 불가한 상황에 처하기도 하였음. 지인에게 부탁하여 주소지 이전 관련 도움을 요청하였고, 현재는 대상자, 여동생, 자녀만 거주중인 것으로 정리되었음. 한때 공동생활가정형주거지원사업에 대해 문의하였으나 입주하지 않은 것에 대해 '조모가 서울시 ○○○에 거주 중인데, 용인으로 이사할 경우 왕래하기가 더욱 힘들어질 것 같고 조금이라도 오래 생활해 온 안산시에서 구직활동을 하며 자리 잡는 것이 나을 것 같다고 판단하였다'고 함. 대상자는 자녀 출산 후 조리가 충분히 되면 경제 활동을 시작할 예정이라고 함. 아는 지인을 통해 시급 1만 5천 원의 '포커 딜러' 일을 하기 위해 계획 중이라고 하였음. 현재 자녀를 양육하며 어려운 부분은 경제적인 어려움이 가장 크다고 하였으며, 수급비 또는 추후 경제 활동을 시작하면 해결될 문제라고 생각해서 크게 걱정하지 않는다고 하였음.
논의사항				• 주변 지지체계 부족으로 자녀양육 관련 도움 부족 • 경제적 문제 • 주거지 문제 • 건강 문제

2. 다문화가족을 위한 가족사례관리의 실제

다문화가족 대부분이 출생지인 본국을 떠나 한국의 남편에게로 결혼해 오면서 새로운 사회문화적 환경에 적응하는 과정에서 문화적 갈등과 부적응 및 독특한 가족 특성을 지니고 있다. 따라서 가족사례관리 과정상 유의해야할 점들이 있는데, 가족사례관리과정별로 정리해 보면 다음과 같다.

첫째, 다문화가족의 사례 발굴 역시 지역적 특성을 지닌다. 다문화가족은 결혼이주가 급격이 증가하기 이전에는 주로 지역의 농촌지역에 많이 거주하였는데, 최근 서울, 경기지역과 8대 광역시와 같은 대도시지역에 더 많이 거주하는 것으로 판단된다. 그 이유는 결혼이주여성들의 한국 남편과의 결혼희망 동기가 한국 선진문화에 대한 동경과 친정의 생활고이기 때문에 결혼 후에 한국에서의 맞벌이 활동을 통해 친정생활비 지원에 대한 욕구가 강하기 때문에 취업차가 많은 도시에 거주하기를 원하기 때문이다.

둘째, 결혼이주여성의 출신국이 다양하여 다문화가족들이 가족문화가 각각 다양한 특성을 지니고 있으며, 출신국 가족들끼리의 연대와 사회적 유대감이 강하다. 이는 결혼이주여성들 간의 관계뿐 아니라 같은 출신국 여성의 한국 남편들, 부부들끼리의 유대관계도 강화시켜 사회적 관계가 활성화되어 있으므로 이를 센터 내 다문화가족 자조모임 프로그램으로 연결하여 지역사회 내에서의 정체감과 자존감을 향상시킬 수 있는 다문화가족봉사단과 품앗이 등의 서비스지원과 연계 지원할 필요가 있다.

셋째, 다문화가족도 북한이탈가족의 경우처럼 오랫동안 한국생활에 적응하기까지 다양한 생활상의 어려움을 경험하는 것으로 나타난다. 언어 사용뿐 아니라 문화적 차이와 함께 가치관의 차이로 한국 생활에서의 적응에 가장 큰 어려움을 경험하는 것으로 나타난다. 즉, 가부장적 가족전통으로 인한 고부갈등, 남녀 성 역할 차이, 후진국 출신이라는 사회적 비난과 저평가 등으로 이주여성뿐 아니라 그 자녀와 한국남편들도 어려움을 경험하고 있다. 그리고 대부분 이 갈등이 해소되지 못하고 쌓여 가정폭력, 부부갈등 및 이혼 등으로 쉽게 파급되고 있어 한국 문화와 생활에 대한 적응의 강요보다는 다중 문화의 가족 내 공존이 이루어지도록 다문화가족 프로그램과 서비스 지원이 이루어져야 한다. 즉, 센터 내 다문화 인식 개선 프로그램의 지원과 활성화가 필요하다.

넷째, 한국의 전통문화에 익숙하지 않은 다문화가족의 결혼이주여성들은 가족 내(자녀와 시부모로부터의) 후진국 출신이라는 편견과 이해 부족으로 심리적 압박감을 느끼며, 출신국 여성들의 자조모임에 절대적으로 의존하고, 한국의 이웃주민 등과의 사회적 관계망이나 지지체계의 부족에 따른 대인관계에서의 어려움을 경험하고 있다. 따라서 함께 생활하는 가족(특히 배우자와 자녀)의 지지와 이해가 한국생활에서의 적응 성공을 결정하게 되므로 가족관계 강화 교육 프로그램 지원이 필수적으로 연계될 필요성이 있다.

다섯째, 가족관계나 기능, 자녀돌봄과 교육 등의 욕구사정 영역에서 다양한 가족문제가 중복적으로 연결되어 있다. 부부와 자녀와의 언어적 미숙함으로 인한 의사소통 관계의 갈등, 2세 자녀와의 가치와 문화차이, 취업 및 경제 활동에서의 갈등이 발생할 수 있으므로 가족관계 및 기능강화, 돌봄 영역의 서비스가 다양하고 체계적으로 지원되어야 할 것이다.

여섯째, 가족교육과 돌봄 영역에 있어서 학습부진과 학교부적응, 또래관계 갈등 등의 다양한 문제를 경험하고 있고 이것이 부모−자녀 관계 갈등으로 이어지는 경우가 많다. 장기적으로 다문화가족 자녀에 대한 언어발달 및 학업지원에 대한 서비스가 체계적으로 지원될 필요가 있다.

향후 다문화가족 사례관리에 있어서 다문화가족 구성원의 측면에서 전체 가족관계와 기능이 향상될 수 있는 방향에서, 그리고 다문화가족 스스로가 소유 자원이 부족한 상황에서 목표를 수립하고 달성해 나가는 데 보다 적극적으로 참여하는 장기적이고 다면적인 서비스지원계획이 수립되어야 할 것이다. 또한 설정된 가족사례관리의 목표를 달성하였을 경우 종결에 대한 의미 부여와 함께 복합적이고 중복적 문제를 지니고 있는 다문화가족 특성상 새로운 욕구와 문제의 발생 시 사례관리에 재진입할 수 있도록 사후관리가 보다 강화될 필요가 있다.

다음은 안산시건강가정지원센터의 다문화가족 종합정보기록지이다. 현장의 가족사례관리 내용을 통해 진행과정 및 개입을 확인할 수 있다.

종합정보기록지

등록번호	2021-1-007	담당자	주 ○○
등록기준	■ 신규 □ 기존	작성일	2021년 07월 07일
정보제공자	■ 본인 □ 가족( ) ■ 기타(학부모회, 교회 지인)		
성명	-	성별	□ 남 ■ 여
생년월일	1974년 ○○월 ○○일	전화번호	010-0000-0000
주소	안산시 상록구		

가족사항	관계	성명	연령	결혼상태	동거여부	학력	직업	건강상태	장애명	질병명
	남편	김○○	58	○	○		무직	□건강 ■장애 □질병	신장장애 2급	알코올성 간경화
	자녀	김○○	8		○			□건강 □장애 □질병		
	자녀	김○○	1		○			□건강 □장애 □질병		

가구유형	□ 모자가구 □ 부자가구 □ 미혼모부자가구 □ 조손가구 ■ 기타(다문화가구)
수급유형	□ 최저생계비 180% 이하 □ 최저생계비 130% 이하 □ 조건부수급가구 □ 수급가구 □ 기타( )

주거형태	환경	■ 월세(보증금) 없음 (월세 20만 원) □ 전세(LH공사 매입임대, 이자 만 원) □ 자가 □ 영구임대 □ 무상임대( ) □ 기타( )
	난방	□ 기름 ■ 도시가스 □ LP가스 □ 전기 □ 기타( )

경제상황	가계소득	■ 월 평균 (42)만 원	부채	□ 약 ( )만 원	총재산	( )만 원
	소득원	□ 연금 □ 공공부조 □ 저축 ■ 가족지원 □ 근로수입(주소득원:) ■ 기타(장애인연금, c'1 남편 형의 지원 대략 5~10만 원)				

가계도 및 생태도

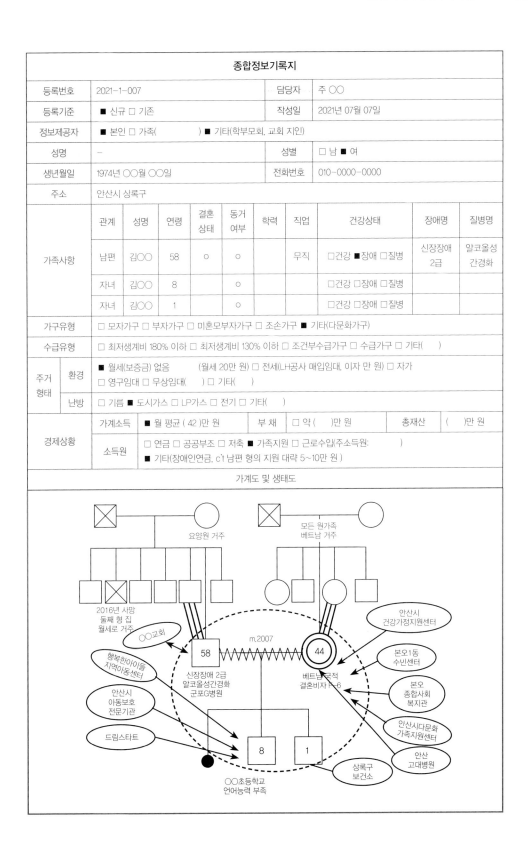

가구주의 근로능력 및 여건*	문해 능력	☐ 유 ■ 무	근로 활동 장애 요인	☐ 1. 노령(65세 이상) ☐ 2. 신체/정신건강악화(특정질환이 있는 경우) ☐ 3. 대인관계의 어려움 ☐ 4. (창업희망 시)자금부족 ☐ 5. 부채/채무 ■ 6. 가족 구성원의 보육/장애/간병 등 돌봄 부담 ☐ 7. 근로능력, (취업)기술부족 ☐ 8. 일자리정보부족 ☐ 9. 기타( )
	직업력			■ 근로활동경험 전무 ☐ 무직+경력단절기간 3년 이상 ☐ 무직+경력단절기간 3년 이내 ☐ 근로활동 중(사회적일자리/자활근로/희망근로 등) ☐ 근로활동 중(일반업체+비정규직) ☐ 근로활동 중(일반업체+정규직) ☐ 기타(아르바이트)
종합 의견				*전체 상황 배움지도사 이○○T로부터 연계되어 온 취약다문화가정임. 부−모−자녀(2명) 총 4명이 한가족으로 함께 거주하고 있으며, c'는 남편과 결혼을 하기 위해 한국으로 온 국제결혼(F−6비자, 베트남)이민자이며, 결혼한 지 10년 정도 되었음. 남편은 신장장애 2급을 갖고 있으며, 주3회(화, 목, 토) 군포로 투석을 위해 병원을 다니고 있음. 건강이 좋지 못하여 근로활동을 하지 못하고 있어 현재는 남편의 형이 경제적 지원을 도와주고 있는 상황이나 넉넉하지 못한 형편임. 현재 차상위계층으로 등록되어 있음. 남편은 알콜릭이 있어 술을 계속 마시는 경향이 있고, 금전적 상황도 여의치 않음에도 주변에 돈을 빌려 술값을 충당하며 술을 구입해 마신다고 함. c'는 한국에 거주한 지 10년 여 정도 되지만 아직 한국어를 이해하기 부족한 상황으로 모든 대화를 인지하기에 어려워하는 부분이 있음. 더불어 주변에 연고가 없고, 타지에 친정이 있어 지지기반이 약한 상황으로 둘째자녀를 출산(2017. 6. 20.)하여 심신이 많이 쇠약해진 상황임. 한국어 능력이 부족한 c'와 인지적 능력이 다소 부족한 남편으로 인해 첫째자녀(초등학교 1학년)의 언어자극이 부족하여 언어측면의 학습부진이 보임. 과거 긴급지원 40만 원을 지원받은 경험이 있으며, 2017년 3월까지 무한돌봄 지원서비스를 함께 받음. 본오1동 주민센터에서도 사례관리를 받고 있으며, 2021년 7월 둘째 주 중으로 본오종합사회복지관 담당자와 함께 가정방문도 예정되어 있음. *c'의 욕구 학습정서지원을 통해 학습능력의 향상과 가정에 대한 전반적 지원에 욕구가 있음. *종합의견 취약다문화가정으로 c'의 학습지원서비스를 희망하고, 전반적 가정의 지원을 원하여 지속적 사례관리를 통한 학습, 정서지원 서비스를 지원할 예정임. 추후 후원물품 연계 등을 통한 전반적 지원을 도모할 예정임.

Chapter 12

가족사업 실천

—

제1절 가족사업 실천
제2절 가족사업 팀별 사업 계획

가족사업 실천

 여성가족부는 2021년 10월 13일부터 가족서비스 제공기관인 건강가정·다문화가족 지원센터의 명칭을 가족센터[1]로 변경하였다. 또한 센터에 국공립어린이집, 공동육아 나눔터 등 밀접한 시설을 함께 설치해 통합적인 가족서비스를 제공하는 가족센터 건립 (생활SOC복합화사업[2])도 추진하고 있다. 가족센터는 가족 형태, 가족관계 특성 등을 고려한 가족교육, 상담과 다문화가족을 위한 한국어교육, 자녀 방문교육 등 종합서비스를 제공하고 있다. 또한 아이돌봄서비스, 공동육아나눔터 운영 등을 통해 지역사회 돌봄 사각지대 해소를 위한 사업을 하고 있는데, 2022년부터는 1인가구 사회관계망 지원 사업과 다문화가족 학령기 자녀의 학습과 진로 지원 사업도 신규로 실시한다. 지역중심의 보편적 가족서비스 제공을 위한 가족센터에서는 연간 사업이 계획되면 세부사업 계획서를 건별로 작성하여 체계적으로 사업을 실시하게 된다. 이 장에서는 안산시건강가정지원센터에서 진행한 각 사업의 계획서[3]를 생생하게 제시하여 현장에 대한 이해를 돕고자 한다.

---

1) 2021년 가족센터로 명칭이 변경되었지만, 이전 사업에서는 건강가정지원센터의 명칭을 사용하여 왔기 때문에 수록된 사업계획서 내용에는 명칭을 혼용하여 사용하였음
2) 돌봄·문화·체육 등 국민 생활과 밀접한 13종 시설 중 2개 이상을 하나의 건물에 함께 건립하는 사업
3) 사업계획서는 안산시건강가정지원센터 내부자료로 계획서에 포함되었던 내용을 요약하여 제시하였고 표 제목, 출처는 생략하였음

제1절 가족사업 실천

1. 가족사업 실천 계획

　앞서 10장 2절에서는 건강가정사업을 크게 가족상담, 가족교육, 가족문화, 지역사회 연계사업으로 나누어 기본적 지침을 살펴보았다. 이와 같은 지침을 토대로 각 가족센터는 지역사회와 이용자 특성을 감안하여 구체적인 프로그램을 개발하여 실시한다. 이 절에서는 우수 프로그램을 중심으로 실제 프로그램 사례를 소개하고자 한다. 프로그램의 사례는 사업 지침과 실제 프로그램의 연관성을 높이기 위해서 10장 2절과 마찬가지로 가족상담, 가족교육, 가족문화 프로그램의 순으로 설명한다. 〈표 12-1〉은 안산시 건강가정지원센터의 연간사업 프로그램을 통해 가족센터의 전체 프로그램의 청사진을 제시하였다.

표 12-1 가족센터 주요 사업 소개(2021년)

구분	프로그램
가족돌봄나눔	모두가족봉사단
	아빠-자녀가 함께하는 토요돌봄 프로그램
가족교육	가족 특강
	임산부 부모교육(세살마을)
	생애주기별 부모교육
	남성 대상 교육
가족상담	개인 및 가족 상담
	전화 및 사이버 상담
	심리검사
	면접교섭
	전문상담원 사례회의 슈퍼비전
가족문화	가족사랑의 날
	추석 명절 캠페인
	수형자가족캠프
	가정의 달 기념행사
	다양한 가족 나들이

다양한 가족지원 서비스		중년기 부부 후속모임 나들이
특성화 사업		행복한 가족
		경기도 특성화 사업
		다양한 가족 지원사업
지역사회 연계사업		찾아가는 가정헌법 만들기
		김장 담그기
가족 역량 강화	가족 역량 강화 서비스	취업훈련 교육비 지원
		사례관리(전화, 내관 및 방문 상담)
		취약가족 부모집단상담
		취약가족 부모자조모임
		취약가족 심리 · 정서 지원
		한부모가족캠프
		사례관리자 전문 슈퍼비전
	위기가족지원 서비스	위기 상담지원
		위기 치료지원
		위기 돌봄지원
		코로나19 위기가구 긴급지원
		전문상담원 슈퍼비전
	조손가족 통합 지원 서비스	손자녀 학습지도 서비스
		가사지원 서비스
		주거환경 개선
		활동가 워크숍
		공모사업 '희망키움아카데미' 사물놀이
		교육 및 발표회 캠프
미혼모(부)자 지원사업 & 공동생활주거지원사업		위기지원 서비스(출산비, 분유 등)
		친자검사
		자조모임 '달콤하고 고소한 나눔'
		영화를 통한 부모교육
		즐겁고 신나는 우리 아이 돌 촬영
		전화상담, 센터내방상담, 방문상담
아이돌봄 지원사업		시간제 아이돌봄 서비스
		0세아 종일제 아이돌봄 서비스
		아이돌보미 정기 월례회의
		이용자 모니터링
		아이돌보미 활동가 모집
		아이돌보미 워크숍

출처: 안산시건강가정지원센터(2021), 행복두드림.

[그림 12-1] 안산시건강가정지원센터 비대면 교육사업과 문화사업 사진

제2절 가족사업 팀별 사업 계획

1. 상담

1) 면접교섭 사업 계획

면접교섭은 가족의 구조적 · 기능적 결손으로 인한 정서적 · 심리적 부적응 상태를 경험하고 있는 자녀의 자아존중감 향상과 문제해결 능력을 강화하는 사업이다. 비양육부모와 자녀와의 상호 신뢰를 증진시켜 비양육부모의 자녀양육 지원 필요성에 대한 인식을 높이고 자발적 양육비 이행 촉진하기 위해 필요하다. 또한 면접교섭과 양육비 이행 책임 강화로 자녀의 복지와 건강한 성장을 도모하고자 권역 확대를 통해 대상자 이용 편의성 및 접근성을 확보해야 한다.

다음은 안산시건강가정지원센터의 면접교섭 서비스 사업계획서 예시이다. 13장의 가족 특성화 사업 실무에서도 면접교섭 서비스 사업의 필요성, 업무 절차, 유의사항을 확인할 수 있다. 이에 따르는 사업 서식과 면접교섭 대상자들이 필수적으로 제출해야 하는 서류 양식은 부록에서 참고할 수 있다.

사업명	2021년 면접교섭 서비스 수탁운영		
담당자	가족상담팀 OOO	센터명	안산시건강가정지원센터
		제출일	2021. 4. 16.
소요예산	9,300,000원	사업기간	2021. 4. ~ 12.
사업목적 및 필요성	• 가족의 구조적, 기능적 결손으로 인한 정서적 · 심리적 부적응 상태를 경험하고 있는 자녀의 자아 존중감 향상과 문제해결 능력 강화 • 비양육부모와 자녀와의 상호신뢰를 증진시켜 비양육부모의 자녀양육지원 필요성에 대한 인식을 높이고 자발적 양육비 이행 촉진 • 면접교섭과 양육비 이행 책임 강화로 자녀의 복지와 건강한 성장 도모 • 면접교섭 서비스 권역 확대를 통한 대상자 이용 편의성 및 접근성 증대		
추진방향	□ 네트워크 구축 및 홍보 • 이용자 연계방안 및 홍보계획 • 법원 및 이용자의 서비스욕구 반영계획 • 네트워크 회의 • 전문상담사 사례회의 □ 법원과 건강가정지원센터 연계 □ 코로나19 대응방안 • 센터 자체 방역 1회, 일 2회 소독 실시. 상담 시 방역수칙 철저히 준수 진행 • 감염 확산 추이 등에 따라 화상상담 진행 • 센터 이용자에게도 방역수칙 준수 의무 안내		

사업목표	구분	정의	(예시)목표
	계량목표	면접교섭 서비스 참여가구	총 15가구, 상담 1가구당 8회기
	비계량 목표	비양육부모의 자녀와의 단절감 회복 및 양육비 이행률 증가	면접교섭상담 참여 가정 15건 이상 사전사후 척도검사 각 1회 실시하여 양육비 이행률 인식변화 확인
		비양육부모의 자녀와의 친밀감 향상	면접교섭상담 참석률 70% 이상 참여 만족도가 3.5점(5점 평점척도) 이상

사업내용	• 사업명: 2021년 면접교섭 서비스 수탁운영 • 사업대상: 면접교섭 서비스를 신청한 대상자(양육자, 비양육자, 자녀 등) • 추진기관: 안산시건강가정지원센터 • 사업내용: 면접교섭 상담 1가구당 8회기, 총 15가구 진행 – 대면상담을 원칙, 감염 확산 추이 등에 따라 화상상담(zoom활용) 진행
평가방법	• 사전사후 척도 검사지 설문 분석　　　• 참여자 만족도 분석
기대효과	• 이혼가정 미성년 자녀의 안정적인 면접교섭 기회 제공 • 면접교섭 진행 경험과 전문성 갖춘 인력이 정기적이고 지속적인 면접교섭 서비스를 제공하여 부모와 자녀의 긍정적 변화 및 성장환경 마련 • 양육책임 강화 및 자발적 양육비 이행 촉진 • 이혼가정자녀에 대한 인식 변화 마련 • 상담 및 미션프로그램을 통해 서로에게 집중할 수 있는 기회를 제공하여 정서적 유대감 형성

2) 면접교섭 세부 계획

□ 사업개요
- 사업명: 2021년 면접교섭 서비스 수탁운영
- 사업대상: 면접교섭 서비스를 신청한 (비)양육부·모와 자녀
- 사업기간: 2021. 4. ~ 12.(실제 사업추진기간은 4월부터 11월까지 8개월)
- 사업내용: 면접교섭 상담 1가구당 8회기, 총 15가구

일정은 사정에 따라 변경될 수 있으며, 면접교섭 시 자녀와의 활동을 어려워하는 대상자들을 위해 미션 프로그램 제공하였음.

회차 (1시간30분)	상담 주제 및 내용	미션 프로그램 실시	비고 (준비물)
1회기	면접교섭을 위한 양육 부모의 심리적 상황 점검	자녀와의 시간을 통해 자연스러운 라포 형성 기회 제공	출석부 및 명단
2회기	면접교섭을 위한 자녀의 발달 상황 점검 및 안내	푸드테라피(얼굴 만들기): 과자로 상대방의 얼 굴을 관찰하고 만들며 친밀감 증대	출석부 및 명단, 다과준비
3회기	면접교섭을 위한 비양육 부모의 심리적 상황 점검	지점토 만들기: 지점토 촉감 자극을 통해 정서 적인 안정을 도모	출석부 및 명단, 지점토, 신문지
4회기	자녀별 양육 방향성 탐색	콜라주 및 미술활동: 잡지를 이용해 우리가족을 표현하는 시간을 가져 가족에 대한 체계 형성	출석부 및 명단, 잡지, 풀, 가위, 도화지, 색연필
5회기	올바른 면접교섭을 위한 부모역할 배우기	미션 포즈 사진 찍기: 다양한 포즈를 취하고 사 진을 찍고 인화된 사진 꾸미기를 통한 추억 제공	출석부 및 명단, 폴라로이드, 미션 포즈 카드
6회기	올바른 면접교섭을 위한 부모역할 배우기	보드게임 및 신체활동: 게임을 통하여 친밀감 을 높이고 규칙을 배워나가는 기회 제공	출석부 및 명단, 보드게임
7회기	올바른 면접교섭을 위한 부모역할 배우기	목표 설정 및 상장 만들기: 목표를 설정하고 상 장을 같이 제작하며 앞으로의 마음가짐을 다지 는 계기 형성	출석부 및 명단, 상장용지, L자 화일, A4용지, 사인펜, 색연필
8회기	올바른 면접교섭을 위한 부모역할 배우기	편지쓰기: 편지를 작성하고 나누며 서로에 대 한 마음을 확인하고 친밀감 형성	출석부 및 명단 편지지, 볼펜

□ 사업추진방향

원활한 사업추진을 위하여 네트워크 구축 및 홍보 방안을 마련하고 법원과 연계함

• 이용자 연계방안 및 홍보계획

　－협의 및 재판이혼 과정에 있는 부모 및 가족을 대상으로 프로그램 홍보 및 연계

　－인근 법원 등에 적극적인 홍보 요청

　－지자체 담당자와 긴밀히 협조하여 시청 홈페이지 홍보 게재

• 법원 및 이용자의 서비스욕구 반영계획

　－이혼과정에 있는 부모뿐 아니라 가족 전체의 심리적인 안정을 위한 프로그램 진행

• 네트워크 회의

　－프로그램의 원활한 운영을 위한 네트워크 구축 및 정보공유를 위한 관계자 회
　　의 진행

• 전문상담사 사례회의

　－센터소속 전문상담사들을 통한 외부 사업 홍보, 상담사례 논의를 통한 효과적인
　　상담진행

• 건강가정지원센터의 상담 · 교육 · 문화 등 사업기반을 이용하여 법원의 재판 및
　협의이혼부모 대상을 위한 맞춤형 통합서비스 제공

[그림 12－2] 전문상담사 사례회의

□ 추진 일정

세부사업명	추진 일정											
	1	2	3	4	5	6	7	8	9	10	11	12
사업 계획 및 준비			■									
사업 홍보 및 대상자 모집				■	■	■	■	■	■	■	■	
사전조사 진행(척도 등)				■	■							
상담/미션 프로그램 진행				■	■	■	■	■	■	■	■	
사업 회의				■							■	
사후조사 진행(척도 등)						■	■	■	■	■	■	
사업평가 및 정산보고서 제출											■	

추진 일정	내용	수행 인력
3월	사업 계획 및 준비 / 협약	본 센터 담당자, 상담전문위원
4월	물품 제작 및 사업 진행, 사업 홍보 및 대상자 모집, 사업 회의 진행, 신청서 작성 및 일정 조정	광명시 · 시흥시건강가정지원센터 안산지원 가사조사관 본 센터 담당자
4~11월	사업 진행, 상담, 미션 프로그램 진행, 사업 회의 진행(4월, 11월)	본 센터 담당자, 상담전문위원, 안산지원 가사조사관
11월	대상자만족도 조사, 사업 최종 평가회의, 사업평가 및 정산보고서 제출, 추후 사업 진행방향 논의	본 센터 담당자, 상담전문위원, 안산지원 가사조사관

□ 사업예산

(단위: 천원)

과목			산출 내역							금액
관	항	목								
총 계										9,300,000
사업비	사업비	면접교섭 상담 사업비	면접교섭 상담위원 활동비	60,000원	×	15가구	×	8회기		7,200,000
			K-WISC-IV 검사지	10,000원	×	1식	×	20명		200,000
			다과비	3,000원	×	30명	×	8회기		720,000
사무비	업무 추진비	회의비	회의비	10,000원	×	2회	×	6명		120,000
	운영비	수용비 및 수수료	현수막	22,000원	×	1식	×	2개		44,000
			리플릿	600원	×	1식	×	1,000부		600,000
			물품구입비	104,000원	×	1식	×	4회		416,000

3) 면접교섭 사업 평가 및 기대효과

□ 정량평가

구분	목표	평가도구	자료수집 방법	자료수집 시기
참여율	총 15가구, 상담 1가구당 8회기	출석표	출석 시 사인	프로그램 참여 시

□ 정성평가

구분	목표	평가도구	자료수집 방법	자료수집 시기
양육비 이행률 및 친밀감	• 양육비 이행률 증가 • 부모-자녀 관계 개선 • 자아존중감 증진 • 부모-자녀 상호 신뢰 증진	• 사전 · 사후 척도 검사지 • 만족도 검사지	• 사전 · 사후 척도 검사지 설문 분석 • 상담 만족도 분석	• 상담 전후

□ 기대효과
• 이혼가정 미성년 자녀의 안정적인 면접교섭 기회 제공
• 면접교섭 진행 경험과 전문성 갖춘 인력이 정기적 · 지속적 면접교섭 서비스를 제공하여 부모와 자녀의 긍정적 변화 및 성장환경 마련
• 양육책임 강화 및 자발적 양육비 이행 촉진
• 이혼가정자녀에 대한 인식 변화 마련
• 상담 및 미션 프로그램을 통해 서로에게 집중할 수 있는 기회 제공하여 정서적 유대감 형성

2. 교육

1) 교육사업 계획

2020년부터 코로나19로 인한 비대면 교육의 활성화로 ZOOM을 통한 교육이 일반화되었으며, 향후 코로나19가 종식이 되더라도 비대면 교육은 병행될 것으로 보인다. 다

음은 안산시건강가정지원센터의 남성 대상 교육 '아빠와 함께하는 우리 아이 성장UP' 프로그램 계획서 예시이다.

□ 사업명: 남성 대상 교육 '아빠와 함께하는 우리 아이 성장 UP'

□ 사업의 필요성

• 대상자 욕구 및 문제점

현대 산업사회의 발달로 야기된 여성의 취업과 핵가족화는 가족 내의 가족관계, 부부 관계 그리고 아버지의 역할을 변화시켰다. 즉, 아버지 역할에 대한 인식의 변화와 함께 아버지도 어머니와 동등하게 자녀의 발달에 대한 인식의 변화와 함께 아버지도 어머니와 동등하게 자녀의 발달에 직접적인 영향을 미치는 중요한 양육자인 것이다. 현대사회는 가정에서 긴밀한 가족관계를 형성하는 아버지의 역할이 강조되는 시대이며, 양육적 · 동료적 · 지지적 특성을 지닌 '새로운 아버지'를 요구하고 기대하고 있다. 아버지의 양육참여와 양육태도에 대한 연구들을 살펴보면, 애정적 태도의 아버지는 자녀의 여가활동, 가사활동, 생활지도 등 모든 영역에서 양육참여와 적극적인 관계를 보이는 것으로 나타났다(송효숙, 2009; 이현아, 2007; 홍미라, 2012).

그리고 유아들은 어머니에게 애착을 형성하듯이 아버지에게도 애착을 형성할 수 있다는 연구가 검증됨으로써 아버지가 양육에 참여하는 것이 매우 중요하다는 것을 강조하였다(나성은, 2014). 자녀의 유아교육기관에서 제공하는 아버지 참여 프로그램을 경험한 아버지들은 참여하지 않은 아버지들에 비해서 자녀의 발달에 영향을 주게 된다. 과거에 비해 가족 규모는 줄어들었고, 전통적으로 자녀양육을 전담하던 엄마의 사회적 활동은 크게 늘어났다. 따라서 오늘날 아빠의 역할은 과도기에 있다고 볼 수 있는데, 지금도 계속 변화하는 사회 · 정치 · 경제 등의 영향을 받으며 진화하고 있다. 하지만 무엇보다 변화에 가장 큰 영향을 끼치는 것은 바로 '자녀의 요구'라고 볼 수 있다. 영유아기의 어린 자녀는 아버지와의 상호관계를 절실히 원한다. 이것이 바로 아버지교육이 필요한 가장 큰 이유이다.

• 지역 환경적 특성

안산시는 2020년 경기도 성별영향평가 정책개선 우수사례로 선정된 바 있다. 기존에 추진하던 장애아동 집단부모상담 지원 사업에 아버지의 역할을 높이도록 자체 개선안을 마련해 추진했고, 이를 통해 장애인 부모상담 남성 참여율은 지난해 19%에서 올해 40%로 두 배 이상 향상되는 등 정책개선 효과에서 큰 점수를 받았다. 이에 안산시는 양성평등 시책을 추진하기 위해 올해 조례와 사업 등 156건에 대해 성별영향평가를 실시했으며, 지역사회 양성평등 인식 확산을 위해 공무원과 시민을 대상으로 성인지 역량강화 교육을 실시하는 등 다양한 정책을 추진하고 있다.

• 경험적 근거

안산시건강가정지원센터는 2020년 아버지-자녀가 함께 하는 아빠가 추천하는 도서, 책 속 놀이 활동 진행 등의 프로그램을 진행한 경험이 있다. '책을 활용하여 자녀와 실내놀이를 통해 아이와 신나게 웃으며 함께 즐거운 시간을 보냈다.'는 긍정적인 의견과 '책 외에 놀이기구가 필요하다.'는 참가자의 의견과 '좋은 육아방법을 다른 참여자들과 공유할 수 있는 시간을 갖는 추후 프로그램이 필요하다.'는 담당자 의견이 있었다.

이에 2021년 남성 대상 교육은 1회기 아버지교육(아빠만 모르는 아버지효과) 진행, 2회기 아버지-자녀가 함께 떡 만들기 활동, 3회기 아버지가 읽어 주는 책(냠냠 시간이 필요해-자녀 식습관교육 그림책), 4회기 아버지-자녀가 함께 만드는 김밥 만들기, 5회기 강사, 참여자와 나누는 육아 고민 상담 & 육아팁 공유 교육, 6회기 5회기 교육에서 공유한 육아팁 및 놀이 활동을 참고하여 아버지-자녀가 함께 활동을 진행하고자 한다.

• 본 사업과 관련된 지역 복지자원 현황(복지영역별 자원)
  -아동 · 청소년복지시설: 상록드림스타트 외 6개소
  -아동 · 청소년이용시설: 안산시립지역아동센터 외 67개소

□ 서비스 지역, 서비스 대상 및 실인원수

• 서비스 지역: 경기도 안산시

• 서비스 대상: 영유아기 자녀를 양육 중인 아버지−자녀(204명)

• 서비스 대상 선정기준 및 방법(과정)

　−월말 홈페이지를 통한 참여자 선착순 모집, 월말 전화를 통한 대기자 접수

• 실인원수

대상 구분	서비스 대상자 산출 근거	단위 수(명)
① 일반대상	안산시민	706,041
② 표적대상	안산시 어린이집 보육영유아	20,217
③ 실인원수	영유아기 자녀를 양육 중인 아버지−자녀	204

출처: 안산시청 홈페이지; KOSIS(2017), 어린이집 보육영유아 현황.

□ 사업 목적 및 목표

목적	산출목표	성과목표
남성의 양육참여를 통해 아버지−자녀와의 친밀감을 향상시키고 가족관계 및 기능을 증진시킨다.	• 아버지−자녀의 긍정적 유대관계를 형성하고 나아가 자녀의 정서, 신체, 지적 발달을 돕고 사회성의 기초를 다진다. • 남성의 양육참여를 통해 성평등 의식·문화를 확립하고 가족 기능을 향상시킨다.	• 아버지교육을 통해 자녀양육 기술을 한 가지 이상 습득한다. • 아버지−자녀의 긍정적 유대관계 형성 프로그램을 제공하여 일상생활에서도 아버지 양육참여를 이끈다.

□ 홍보 계획

대상	홍보 방법 및 횟수	활용매체	비고
센터 홈페이지 이용자	안산시건강가정지원센터 홈페이지	온라인	
지역 인터넷 카페 회원	지역 인터넷 카페	온라인	

□ 지역자원 활용 계획

자원명	활용 계획	비고
복지영역별 자원	홈페이지 신청 참여자 저조 시, 홍보 요청 계획	

□ 담당인력 구성

이름 (역할)	담당부서/직위	투입 시간 (단위:1주일)	경력(년)/주요 업무
박OO(슈퍼바이저)	센터장	5개월	프로그램 총괄 감독, 슈퍼비전 제공
이OO(슈퍼바이저)	총괄팀장	5개월	프로그램 총괄 감독, 슈퍼비전 제공
박OO(주담당)	건강가정지원사업 /팀원	5개월	프로그램 계획 및 결과보고, 기관홍보 및 연계, 대상자 모집, 프로그램 예산 확인 및 관리, 프로그램 진행 및 참여자 관리

□ 사업 진행 일정

내용 \ 기간	1월	2월	3월	4월	5월	6월	7월	8월	9월	10월	11월	12월
연간 사업계획			■									
프로그램 홍보 (홈페이지 및 카페)			■	■	■	■						
참여자 접수 및 안내			■	■	■	■						
프로그램 실시			■	■	■	■						
만족도 조사 실시			■	■	■	■						
프로그램 결과보고 (과정기록지)			■	■	■	■	■					
연간 사업 결과보고												■

2) 교육사업 세부 계획

□ 세부사업 내용
- 성과목표: 아버지교육을 통해 자녀양육 기술을 한 가지 이상 습득한다. 아버지-자녀의 긍정적 유대관계 형성 프로그램을 제공하여 일상생활에서도 아버지 양육 참여를 이끈다.
- 프로그램명: '아빠와 함께하는 우리 아이 성장 UP'

활동 (수행방법)	시행 시기	수행 인력	참여 인원	시행 횟수
1. 남성 대상 교육 1~2회기 • 내용 　1회기　아버지교육 진행(아빠만 모르는 아버지효과) 　2회기　개별 가정에서 아버지-자녀가 함께 요리활동 진행(떡만들기) * '쌀이랑 놀자' 떡 DIY 키트는 참여자가 센터에 직접 방문하여 수령 예정 • 일정: 3~4월 • 대상: 영유아기 자녀를 양육 중인 아버지-자녀 17가정 • 장소: 온라인, 개별 가정 • 홍보방법: 홈페이지를 통한 참여자 모집, 유관기관에 사업 홍보 요청 2. 남성 대상 교육 3~4회기 • 내용 　3회기　아버지가 읽어 주는 책 　　　　(냠냠 시간이 필요해 – 자녀 식습관교육 그림책) 　4회기　개별 가정에서 아버지-자녀가 함께 요리활동 진행(김밥 만들기) * 김밥 만들기 재료는 참여자가 센터에서 직접 방문하여 수령 예정 • 일정: 4~5월 • 대상: 영유아기 자녀를 양육 중인 아버지-자녀 17가정 • 장소: 온라인, 개별 가정 • 홍보방법: 홈페이지를 통한 참여자 모집, 유관기관에 사업 홍보 요청 3. 남성 대상 교육 5~6회기 • 내용 　5회기　아버지-자녀가 힘께하는 영어제육교실(실시간 화상으로 진행) 　6회기　아버지- 자녀가 함께하는 슬기로운 집콕생활(집콕놀이 키트 제공) • 일정: 6~7월 • 대상: 영유아기 자녀를 양육 중인 아버지-자녀 17가정 • 장소: 온라인, 개별 가정 • 홍보방법: 홈페이지를 통한 참여자 모집, 유관기관에 사업 홍보 요청	3~7월	가족 교육 담당 ○○○	204명	6회

□ 예산

• 세입

(단위: 원)

관	항	목	세부내역	예산액
보조금	보조금	시·군·구 보조금	○남성 대상 교육 208,333×1건×6회 1,250,000원	1,250,000
			총계	1,250,000

• 세출

(단위: 원)

관	항	목		세부내역	예산액
사업비	건강가정지원사업비	가족교육사업비	1~2회기	현수막 제작비 22,000×1회=22,000 강사비 230,000×1회=230,000 키트 구입 15,750×18개=283,500	535,500
			3~4회기	도서 구입 13,500×17권=229,500 김밥 재료 세트 8,000×17개=136,000	365,500
			5~6회기	강사비 200,000×1회=200,000 물품구입 8,764.7원×17개=149,000	349,000
				총계	1,250,000

3) 교육사업 평가 및 추후 계획

□ 목표에 대한 평가방법

성과목표	목표에 대한 평가방법			
	성과지표	자료원	자료수집 방법	자료수집 시기
• 아버지교육을 통해 자녀양육 기술을 한 가지 이상 습득한다. • 아버지-자녀의 긍정적 유대관계 형성 프로그램을 제공하여 일상생활에서도 아버지 양육 참여를 이끈다.	진행회기 참여인원 만족도 조사	만족도 조사지 참여명단	만족도 조사 참여현황	3~7월 프로그램 진행 후

□ 향후 운영 계획
- 아버지로서 자신의 역할에 대한 이해와 양육참여로 가족의 관심사를 탐색하여 가족 기능을 향상시킨다.
- 코로나19로 인하여 자녀양육에 어려움을 겪고 있는 가정에 활동을 지원하여 양육부담을 감소시킨다.
- 학령기, 청소년기의 자녀를 둔 아버지로 대상을 확대하여 프로그램을 계획한다.

4) 교육사업 과정기록지

교육사업은 회기별로 과정기록을 하게 되어 있는데, 다음은 안산시건강가정지원센터의 남성 대상 교육 '아빠와 함께하는 우리 아이 성장 UP' 프로그램 6회기 과정기록지 예시이다.

2021 남성 대상 교육 '아빠와 함께하는 우리 아이 성장 UP' 6회기 과정기록지

주제	하리보 비누 만들기		
날짜	2021. 07. 14.(수) ~ 07. 21.(수)	장소	개별 가정
참여인원	29명(남 21명, 여 8명)	담당자	가족교육담당 박○○
강사	–		

□ 과정 서술
- 도입
  - 비누 만들기 키트 구매 및 설명서 만들기
  - 참여자가 센터에 방문하여 키트 수령
- 중간
  - 재료 확인 및 프로그램 진행
  - 종이컵, 스틱, 조각 비누 베이스, 가루식용색소 3봉지, 오일, 몰드, 비누망

〈하리보 비누 만들기〉

1. 종이컵에 조각 비누 베이스를 1/3 정도 넣어 주세요.
   * 너무 많이 넣으면 전자레인지에 돌릴 때 넘칩니다.

2. 전자레인지에 20~25초 동안 녹이고 색소 10~
   20%, 오일 5방울을 넣고 스틱으로 저어 주세요.
   * 전자레인지에 너무 오랫동안 돌리면 비누 베이스가
   넘칩니다.

3. 종이컵을 뾰족히 접은 후에 몰드에 조금씩 부어 주
   세요. (빨리 굳기 때문에 속력을 내어 저어 주세요.
   굳었을 경우 살짝 녹여 다시 부어 주세요.)

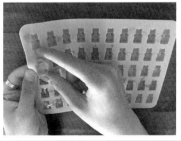

4. 실온에서 약 15~20분 후 비누를 떼어내어 포장하
   면 완성입니다.
   * 완성 후 하리보 젤리와 혼돈할 수 있으니 어린아이
   가 먹지 않도록 가정에서 주의바랍니다.

〈종이컵 비누 만들기〉

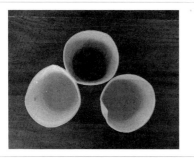

1. 하리보 비누 만들기 후 비누 베이스가 묻은 종이컵을 잘라 줍니다.

 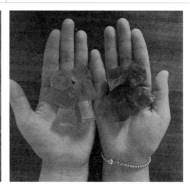

2. 비누 베이스를 종이컵에서 떼어낸 후 칼 등을 이용하여 모양을 다듬어 주세요.
* 모양을 다듬은 채로 사용하거나 잘라서 사용해도 좋아요.

• 마무리
　－완성된 물품 사진 촬영, 뒷정리, 참여자 소감문 및 만족도 조사 제출

□ 평가
• 참여 면
－참여인원: 13가정(29명), 5회기 프로그램과 동일 대상자로 프로그램을 진행함.
　시간적·공간적 제약 없는 프로그램 제공을 통하여 모든 참여자가 프로그램에 참여함.
－참여기간을 넉넉히 제공하다보니 참여자들의 소감문 및 만족도 조사지 제출하는 시간이 계획한 기간에 맞춰 잘 지켜지지 않았으며, 이에 따라 연락 및 안내가 길어져 프로그램 진행 기간 및 마무리가 다소 길어짐.

- 진행 면
  - 센터에 방문하여 키트 수령 및 활동 설명을 듣고 개별 가정에서 프로그램을 진행함.
  - 개별 가정에서 시간적·공간적 제약이 없는 프로그램을 진행하여 남성의 양육 참여를 이끌었으며 귀여운 모양으로 비누 만들기를 진행하여 아이들이 좋아하는 즐거운 체험활동을 진행함.
  - 담당자가 비누를 만들어 보며 우려되는 상황(전자레인지에 돌린 종이컵이 뜨거워 화상 위험, 비누 완성 후 하리보 젤리와 비슷하여 아이가 먹지 않도록 주의 등)에 대해 설명서에 포함하여 안전사고를 예방함.
  - 만족도 조사 시, "코로나로 외부활동을 못하는데 집안에서의 활동이라 안심이고 아빠와 어울릴 수 있는 기회가 되었다." "마땅한 집콕활동이 바닥이나 고민하던 중 많은 도움이 되었다." 등의 응답을 통해 남성의 육아 참여의 필요성을 인지하고 직접적으로 느낄 수 있는 시간을 제공한 점에서 사업 지속 가능성이 있음.

- 담당자 의견
  - 프로그램 홍보지에 보다 자세한 설명을 요구하는 가정이 있어 추후 프로그램 진행시 자세한 홍보지 제작의 필요성을 느낌.
  - 소정의 참가비를 통해 참여자의 적극적인 프로그램 참여 및 책임감 향상으로 지속하여 참가비를 받을 계획을 가짐.
  - 도움이 되었던 점에서 "비누 만들기 재료를 꼼꼼히 챙겨 주셔서 활동이 수월하고 좋았습니다." "주말에 시간에 구애받지 않고 자유롭게 활동할 수 있어서 좋았습니다." "코로나 때문에 밖에 나가지 못하는데 집에서 새로운 놀이를 할 수 있어서 너무 좋았습니다." 등의 반응을 얻으며 교육 주제는 만들기, 요리 활동에 대한 선호가 높고 교육 시간은 주말이나 시간제약이 없는 프로그램을 선호한다는 점에서 2022년 프로그램 진행시 이를 참고하여 프로그램 기획이 필요하다고 생각됨.

□ 활동사진

• 사업 만족도 조사 결과표

만족도 설문 결과표

1. 다음 문항을 읽고 자신의 생각과 가까운 곳에 V표 해 주세요.

문항	매우 그렇지 않다	그렇지 않다	보통 이다	그렇다	매우 그렇다	평점 (5점 만점)
1. P/G 내용은 내 가족의 실제생활에 도움이 되었다.				1	12	4.9
2. 강사는 프로그램을 잘 진행하였다.				2	11	4.8
3. 프로그램 진행환경은 적절하였다.				1	12	4.9
4. 프로그램 진행시간은 참여하기에 적절하였다.				1	12	4.9
5. 프로그램 진행과정 전반은 만족스러웠다.				2	11	4.8
6. 기회가 된다면 또 참여하고 싶다.				1	12	4.9
7. 다른 사람들에게 본 P/G 참여를 권하고 싶다.				1	12	4.9
평균						4.9

2. 다음 문항에 V표 하거나, 여러분의 주관적 의견을 적어 주세요.

성별	남 21명, 여 8명	**연령**	5~8세, 41~46세
혼인여부		미혼 0명/ 기혼 13명	
센터가 실시한 다른 프로그램의 참여 경험		있다 10명/ 없다 3명	
도움이 되었던 점		온 가족이 함께 즐길 수 있어 좋았습니다. 코로나 때문에 밖에 나가지 못하는데 집에서 새로운 놀이를 할 수 있어서 좋았습니다.	
개선해야 할 점		몰드 종류가 다양하게 많았으면 좋겠습니다.	
원하는 프로그램 주제		– 독서활동 – 요리활동 – 또래/엄마와 함께하는 프로그램 – 클레이놀이	
이용 가능한 시간대		주말, 저녁 7시 이후	

3. 문화

1) 문화사업 계획

　다음은 안산시건강가정지원센터의 가족사랑의 날 계획서 예시이다. 이 사업의 법적 근거는 「건강가정기본법」 제28조(가정생활문화의 발전)이다. 이에 따라 국가 및 지방자치단체는 건강가정의 생활문화를 고취하고, 그에 대한 가족여가문화, 양성평등한 가족문화, 지역사회 공동체문화 등의 지원정책을 수립하도록 하고 있다. 사업과 관련된 지역 복지자원은 종합사회복지관 및 관내도서관이 있으며, 경기육아나눔터, 모두가족봉사단 등 기관 내 자원을 활용할 수 있다.

가족사랑의 날 계획서	
부서	건강가정지원사업
작성자	이○○
작성일	2021년 1월 18일
프로그램명	2021년 가족사랑의 날

　□ 사업명: 2021년 가족사랑의 날

　□ 사업의 필요성
　• 대상자 욕구 및 문제점
　최근 우리나라는 일·가정의 양립이 중요시되고 있다. 동시에 가족 여가 시간에 대한 관심도 증가해 왔다. 고용노동부에서는 일·가정 양립을 위해 2017년 10대 제안(정시 퇴근, 퇴근 후 업무연락 자제, 유연한 근무, 연가사용 활성화 등)을 발간하였으며, 기업들에 이를 권고하고 있다.
　사람들은 대부분 혼자서 여가를 즐기지만 누군가와 함께 하고자 할 때 그 파트너를 가족으로 삼고 있다. 하지만 하루에 갖는 여가 시간은 대부분 1~2시간으로 여가 시간을 누리기 어렵다. 또한 자녀가 보호자와 하루에 대화하는 시간은 남성 보호자는 30분

미만, 여성 보호자는 1시간 미만으로 가족 구성원 간 의사소통이 이루어지기 어렵고, 가족 구성원 간 이해가 부족해 갈등 상황으로까지 이어질 수 있다. 가족이 함께 여가를 즐기기 위해서는 우선 가족이 함께할 수 있는 시간을 마련하는 것이 가장 중요하다.

가족단위의 여가활동은 가족의 이해와 행복을 증가시키고 소속감과 일체감을 증가시켜 주는 역할을 한다. 가족의 결속력과 단합을 유지하는 것은 여가시간의 활용을 통해 가능하며, 현대가정의 기능으로서 바람직한 여가생활의 정착은 가족 구성원 개개인뿐만 아니라 가정과 사회의 여러 가지 갈등을 해소하여 가족의 기능을 강화 할 수 있다는 측면에서 무엇보다도 중요한 의미를 갖는다.

• 지역 환경적 특성

안산시는 2011년 경기도 내에서 최초로 가족친화인증기관으로 선정되었다. 가족친화인증기관이란 일과 가정의 양립 및 출산과 양육을 장려하는 가족친화적인 사회 환경을 조성하기 위해 2008년 도입된 가족친화인증제도에 의해 여성가족부와 한국경영인증원 주최·주관으로 가족친화 제도를 모범적으로 운영한다고 인증된 기관이다. 가족친화인증기관은 3년 마다 재인증을 받게 되는데, 안산시는 가족친화 직장 교육 실시, 매주 수요일 가족 사랑의 날 운영 등에서 높은 평가를 받았다.

• 경험적 근거

여성가족부는 매주 수요일을 가족 사랑의 날, 마지막 수요일을 문화가 있는 날로 지정하여 가족이 함께 여가문화를 즐길 수 있도록 지원하고 있다.

안산시건강가정지원센터는 연간 프로그램으로 '가족 사랑의 날'을 운영하여 가족 요리 만들기, 가족 소품 만들기 등 다양한 활동들을 통해 가족이 함께 여가 활동을 즐기도록 지원하였다. '가족 사랑의 날' 프로그램 참여자들 대부분이 프로그램을 통해 자연스럽게 가족이 함께할 수 있어서 좋았다는 높은 만족도를 나타냈으며, 가족 구성원 서로에 대해 더 이해하고 원활한 의사소통을 할 수 있었다는 긍정적인 피드백을 받았으며, 이에 2021년에도 가족 사랑의 날을 운영하여 가족이 함께 시간을 보낼 수 있도록 지원하고자 한다.

□ 서비스 지역, 서비스 대상 및 실인원수

• 서비스 지역: 경기도 안산시

• 서비스 대상: 안산시 거주 자녀양육 중인 3인 이상의 가족

• 서비스 대상 선정기준

　－월말 홈페이지를 통한 참여자 선착순 모집

　－월말 전화를 통한 대기자 접수

• 실인원수

대상 구분	서비스 대상자 산출 근거	단위 수(명)
① 일반대상	안산시민	707,117
② 표적대상	안산시 거주 3인 이상의 가족	114,628
③ 실인원수	안산시 거주 자녀양육 중인 3인 이상의 가족	8,224

출처: 안산시청 홈페이지; KOSIS(2020).

□ 사업 목적 및 목표

목적	산출목표	성과목표
가족여가 프로그램을 통해 가족이 함께 여가를 즐김으로써 함께할 수 있는 시간을 제공함과 동시에 가족 기능 향상	• 가족여가 프로그램을 연 10회 진행한다. • 각 프로그램별 만족도 조사 평균이 4점 이상을 기록한다.	• 가족 내 함께 있는 시간 마련을 통해 서로에 대해 이해할 수 있는 기회 제공 • 프로그램을 통해 가족 구성원의 상호작용이 원활하게 이뤄져 서로의 감정에 공감하고 지지할 수 있는 기회 제공

□ 담당인력 구성

이름 (역할)	담당부서/직위	투입 시간 (단위:1주일)	주요 업무
박OO (슈퍼바이저)	센터장	10개월	프로그램 총괄 감독, 슈퍼비전 제공
이OO (슈퍼바이저)	총괄팀장	10개월	프로그램 총괄 감독, 슈퍼비전 제공
이OO (담당)	건강가정지원사업/ 팀원	10개월	프로그램 계획 및 결과보고 － 기관 홍보 및 연계, 결과보고 － 프로그램 예산 확인 및 관리 － 프로그램 진행 및 참여자 관리

□ 사업 진행 일정

기간 내용	1월	2월	3월	4월	5월	6월	7월	8월	9월	10월	11월	12월
연간 사업 계획	█	█										
프로그램 홍보 (홈페이지 및 카페)		█	█	█	█	█	█	█	█	█	█	
참여자 접수 및 안내		█	█	█	█	█	█	█	█	█	█	
프로그램 실시		█	█	█	█	█	█	█	█	█	█	
만족도 조사 실시		█	█	█	█	█	█	█	█	█	█	
프로그램 결과보고 (과정기록지)		█	█	█	█	█	█	█	█	█	█	
연간 사업 결과보고												█

□ 홍보 계획

대상	홍보 방법 및 횟수	활용매체	비고
센터 홈페이지 이용자	안산시건강가정지원센터 홈페이지[10회]	온라인	
SNS 이용자	안산시건강가정지원센터 SNS[10회]	온라인	인스타그램
지역 인터넷 카페 회원	지역 인터넷 카페[10회]	온라인	

□ 지역자원 활용 계획

자원명	활용 계획	비고
모두가족봉사단 밴드	모두가족봉사단 대상 참여자 모집	온라인매체
안산시 SNS	프로그램 홍보 요청	온라인매체

□ 예산

• 세입

(단위: 원)

관	항	목	세부내역	예산액
보조금	보조금	시·군·구 보조금	가족사랑의 날 2,200,000	2,200,000
			총 계	2,200,000

• 세출 (단위: 원)

관	항	목	세부내역		예산액
사업비	건강가정 지원 사업비	가족문화사 업비	가족사랑의 날 운영비	220,000원 × 10회	2,200,000
				총 계	2,200,000

2) 문화사업 세부 계획

□ 세부사업 내용

• 성과목표: 가족 내 함께 있는 시간 마련을 통해 서로에 대해 이해할 수 있는 기회 제공, 프로그램을 통해 가족 구성원의 상호작용이 원활하게 이루어져 서로의 감정에 공감하고 지지할 수 있는 기회 제공

• 프로그램명: 2021년 가족사랑의 날

활동 (수행방법)	시행 시기	수행 인력	참여 인원	시행 횟수
• 내용 수요일 가족사랑의 날을 맞이하여 가족 내 상호작용 및 의사소통을 활성화할 수 있는 문화 체험 등의 다양한 프로그램 실시 * 코로나 19 확산 방지를 위해 실시간, 미션 수행 방식 등 온라인으로 진행할 예정 −손 소독제, 세정제 만들기[2월] −초콜릿 만들기[3월] −가족 화분 키우기[4월] −가족 티셔츠 만들기[5월] −가족 요리 만들기[6월] −양말목 공예[7월] −가족 연대기 그리기[8월] −가족 포스터 그리기[9월] −과자집 만들기[10월] −재활용품을 활용한 소품 만들기[11월] • 일정: 2∼11월 • 대상: 안산시 거주, 자녀양육 중인 3인 이상의 가족 • 방법: 홈페이지 모집	2∼11월	가족 문화 담당자	회기당 10가정	10회

3) 문화사업 평가 및 추후 계획

□ 목표에 대한 평가방법

성과목표	목표에 대한 평가방법			
	성과지표	자료원	자료수집 방법	자료수집 시기
• 가족 내 함께 있는 시간 마련을 통해 서로에 대해 이해할 수 있는 기회 제공 • 프로그램을 통해 가족 구성원의 상호작용이 원활하게 이뤄져 서로의 감정에 공감하고 지지할 수 있는 기회 제공	진행회기 참여인원 만족도 조사	만족도 조사 결과지 및 프로그램 참여명단	만족도 및 참여명단	매 회기 프로그램 진행 후

□ 향후 운영 계획

• 매달 1회씩 총 10회 가족 사랑의 날 진행을 통해 가족이 함께하는 시간을 만들어 가족 구성원 간 의사소통 및 상호작용이 활성화될 수 있도록 한다.

• 가족이 함께함으로써 서로에 대해 더 자세히 알아 가고 가족의 건강성 및 기능을 제고한다.

• 코로나19로 외부 활동이 제한됨에 따라 가정 내에서 안전하게 즐길 수 있는 프로그램을 제공하여 어려움 없이 가족만의 시간을 만들어 간다.

4. 기타사업 및 지역연계

1) 지역연계 사업 계획

다음은 안산시건강가정지원센터의 지역연계 미혼모 · 부 사업 계획서 예시이다.

□ 사업명: 랜선 가족 홈림픽!

□ 사업의 필요성

• 대상자 욕구 및 문제점

한부모가족은 즐거움과 몰입 그리고 삶의 의미를 찾고자 하는 방향이 가족단위의 여가활동을 통해서 가능할 것이라고 보았고, 일반가족에 비하여 문화 등 다양한 여가활동을 통한 문화를 공유할 기회가 적지만 여행, 운동, 학습, 문화 활동, 나들이 등에 참여하고 싶은 욕구가 높은 것으로 나타났다. 하지만 경제적 상황이 악화된 여성 한부모가족의 경우 자신의 여가 시간을 줄여 경제적 활동을 선택하고 그로 인해 미성년 자녀와 함께하는 여가활동은 더욱 열악한 상황일 수밖에 없으며, 자녀들과 함께 대화하고 공감대를 형성할 수 있는 여가활동을 위한 시간을 생계부양자와 가사노동에 대한 책임을 위한 시간으로 대체하는 경향을 띠게 된다고 하였다.[4]

• 지역 환경적 특성

2018년 경기도 통계 DB를 살펴보면 경기 남부지역 내 저소득 한부모가정은 28,835가구이다. 한부모가구가 제일 많이 거주하는 지역은 안산시 3,908가구로 나타났으며 전체 비중의 13.55%를 차지했다.

미혼 한부모에 대한 고려가 필요함에도 불구하고 정확한 수치 확인의 어려움과 기존 초혼핵가족 중심의 전통적 가족 가치관에 의한 낙인효과 등으로 이들에 대한 상대적 관심이 부족한 상황이다.[5]

이에 따라 안산시에 위치한 본 센터에서는 지역 내 복지자원을 활용하여 한부모가정을 위한 사업을 진행하고 있다.

• 경험적 근거

본 센터는 2005년 개소 이후 다양한 형태의 가족을 위한 여러 가지 사업을 진행하고 있다. 그중 2009년부터 미혼모 · 부 초기지원사업 경기도 거점기관으로 선정되어 경기

---

4) 이유경(2019), p. 12.
5) 경기통계(2018).

도 내 거주하는 미혼모·부 가정이 자녀양육의 어려움을 해소할 수 있도록 심리적·정
서적 지원과 물품지원을 제공하였으며, 친자검사 지원과 인식 개선 캠페인을 진행하여
권리증진을 위해 노력해 왔다. 2019년 하반기부터 경기남부 및 북부지역으로 거점기
관이 분리되어 현재 남부지역의 거점기관으로써 운영 중에 있다. 본 사업팀에서는 코
로나19로 제한되었던 여가활동의 욕구 충족을 위해 문화 프로그램 기회를 제공하고자
한다.

- 본 사업과 관련된 지역 복지자원 현황
- 지역 내 자원
  안산 내 지역사회복지관(본오종합사회복지관 외 4개), 여성복지시설(건강가정지원센
  터 외 11개), 지역아동센터(구세군와동 외 62개), 드림스타트(상록센터 외 1개)
- 기관 내 자원(안산시건강가정지원센터)
  공동생활가정형주거지원사업팀, 가족역량강화지원사업팀, 아이돌봄지원사업팀,
  건강가정가족문화사업팀

□ 서비스 지역, 서비스 대상 및 실인원수
- 서비스 지역: 경기 남부지역
- 서비스 대상: 센터 이용등록 중인 재가양육 미혼 한부모가정
- 서비스 대상 선정기준 및 방법(과정): 센터 이용 등록 가정을 대상으로 프로그램
  홍보를 진행하여 서비스 대상자 선착순 모집
- 실인원수

대상 구분	서비스 대상자 산출 근거	단위 수(명)
① 일반대상	경기 남부지역에 거주하는 미혼모·부가정	6,641
② 표적대상	본 센터 미혼모·부 초기지원사업 이용 등록 대상자	70
③ 실인원수	이용 등록 대상 가정 중 프로그램 참여 희망자	15가정

□ 사업 목적 및 목표

목 적	산출목표	성과목표
가족 구성원 스트레스 해소 및 유대감 향상	• 비대면 실시간 프로그램 1회 진행 • 1회기 참여 인원 30명 이상(15가정)	• 가족 구성원 내 스트레스 해소 및 유대감 향상 • 만족도 조사 4.5점 이상

□ 담당인력 구성

이름 (역할)	담당부서/직위	투입 시간	경력(년)/주요 업무
박OO (슈퍼바이저)	센터장	회기당 2주	프로그램 총괄감독, 슈퍼비전 제공
이OO (슈퍼바이저)	총괄팀장	회기당 2주	프로그램 감독, 슈퍼비전 제공
박OO	미혼모·부 초기지원사업 / 팀원	회기당 2주	사업계획서 작성, 참여자 모집, 프로그램 운영, 물품 구입, 예산, 결과보고서 작성
송OO	공동생활가정형주거지원 사업/팀원	회기당 2주	사업계획서 작성, 참여자 모집, 프로그램 운영, 물품 구입, 예산, 결과보고서 작성

□ 사업 진행 일정

내용 \ 기간	1~5월	6월	7월
계획	■		
참여자 모집		■	
활동 진행			■
만족도 조사			■
활동 종료			■

□ 홍보 계획

대상	홍보 방법 및 횟수	활용매체	비고
2021년 이용등록대상자	사업에 대한 이해가 용이하도록 프로그램 홍보지 제작 후 대상가정에 문자 발송 및 센터 카페 공지를 통해 참여자 모집 / 1회 이상	SNS, SMS, 센터 두리모 카페	–

□ 지역자원 활용 계획

자원명	활용 계획	비고
ws이벤트	레크리에이션 강사를 섭외하여 전문성 있고 체계적인 프로그램을 진행하고자 함.	강사 장OO

□ 예산

• 세입 (단위: 원)

관	항	목	세부내역	예산액
사업비	미혼모·부 초기지원 사업비	문화사업비	800,000 × 1회 = 800,000	800,000
사업비	공동생활가정형 주거지원 사업비	심리·정서 지원비	1,000,000 × 1회 = 1,000,000	1,000,000
			총계	1,800,000

• 세출 (단위: 원)

관	항	목	세부내역		예산액
사업비	미혼모·부 초기지원 사업비	문화 사업비	운영비 (활동물품)	미니 저울	5,000 × 16회 = 80,000	800,000
				미니 의자 쌓기 게임	12,000 × 16회 = 192,000	
				탁구공	8,800 × 2개 + 2,500 = 20,100	
				삼각대	19,800 × 16개 = 316,800	
				참가선물	9,500 × 15회 = 142,500	
				현수막	22,000 × 1개 = 22,000	
				상자	1,700 × 15 = 25,500	
			예비비	1,100 × 1회 = 1,100	
사업비	공동생활 가정형 주거지원 사업비	심리 정서 지원비	강사비	500,000 × 1회 = 500,000	1,000,000
			운영비 (활동물품)	물병	370 × 20회 = 7,400	
				스피드 스태킹	15,600 × 16개 = 249,600	
				다이제	1,600 × 16개 = 25,600	
				포스트잇	10,000 × 1회 = 10,000	
				만보기	6,987 × 16개 = 111,800	
				택배비	5,000 × 15건 = 75,000	
			다과비	5,000 × 1회 = 5,000	
			예비비	15,600 × 1회 = 15,600	
				총 계	1,800,000

2) 기타사업 세부 계획

□ 세부사업 내용

• 성과목표: 가정의 스트레스 해소 및 유대감 향상

• 프로그램명: 랜선 가족 홈림픽!

활동 (수행방법)	시행 시기	수행 인력	참여 인원	시행 횟수
• 일시: 7/11(일) 오전 10:00~12:00(총 2시간) • 장소: 각 가정 내 개별 활동 • 내용: -활동에 필요한 물품들을 키트 구성하여 각 가정에 일괄 배송 -참여가족 소개 및 아이스브레이킹 시간 -강사의 진행에 따라 담당자와 종목별 활동 진행(스피드 스태킹, 바람으로 탁구공 옮기기, 물병 돌려 세우기, 노래에 맞춰 만보기 흔들기, 미니저울 무게 맞추기, 얼굴근육으로 과자 먹기 등) -가장 적극적으로 참여한 가정 시상 -참여 가족 및 담당자 간 인사 나누며 활동 마무리	7월	4명	15가정	1회

3) 기타사업 평가 및 추후 계획

□ 목표에 대한 평가방법

성과목표	목표에 대한 평가방법			
	성과지표	자료원	자료수집 방법	자료수집 시기
가정의 스트레스 해소 및 유대감 향상	과정기록지 만족도 조사	과정기록지 만족도 조사지	과정기록지 작성 네이버 폼을 활용한 만족도 조사 실시	프로그램 종료 시

□ 향후 운영 계획

• 코로나19로 인한 감염 예방을 위해 각 가정에서 안전하게 활동할 수 있도록 화상회의 플랫폼 ZOOM을 활용하여 실시간 온라인으로 진행하고자 한다. 프로그램 진행 전 활동 키트를 사전에 개별 발송하여 똑같은 조건에서 활동할 수 있도록 계획하였다. 비대면으로 진행하는 만큼, 분위기를 적극적으로 유도하는 것이 필요하다고 생각되어 레크리에이션 전문강사를 섭외해 프로그램의 전문성과 완성도를 높일 계획이다. 추후 대면 활동이 가능하다고 판단될 시 야외에서 나들이 및 캠프

등으로 대상가정의 여가생활을 지원할 예정이다.

5. 취약가족 역량강화지원

1) 취약가족 역량강화지원 사업 계획

다음은 안산시건강가정지원센터의 취약가족 역량강화지원 사업 계획서 예시이다.

자녀교육 '그루터기' 프로그램 계획서	
부서	가족역량강화지원사업팀
작성자	송OO
작성일	2021년 4월
프로그램명	자녀교육 '그루터기'

□ 사업명: 자녀교육 '그루터기'

□ 사업의 필요성
• 대상자 욕구 및 문제점
　경제적 어려움이 있는 취약가정의 자녀들은 학습 및 체험부분에 기회가 적고, 부모의 입장에서도 자녀양육에 있어서 부모의 역할을 제대로 할 수 없는 환경에 놓여있다. 또한 사회의 불합리한 시선은 한부모가족이 겪는 어려움을 더욱 과중하게 하는 이유가 되며, 한부모가족에게 불안, 우울, 상실감, 소외감을 갖게 하여 환경을 통제할 수 없다는 무력감, 자신감 결여, 절망감 등 심각한 정서적 위기를 경험하게 한다. 또한 취약가족의 상당수가 일과 가정을 병행해야 하는데, 현실적으로는 생계를 위한 근로활동으로 자녀와 양질의 상호작용을 할 시간이 부족하여 죄책감과 스트레스를 경험하고, 자녀양육 및 교육비와 관련하여 스트레스를 경험한다. 부모에게 자녀양육이란 기쁨이기도 하지만 부담과 스트레스 등과 같은 부정적인 영향을 주기도 한다. 특히 2020년부터 발생된 코로나19의 확산세로 인해 외출의 제한을 받고 있다. 학교에 등교하지 못하고 온라인 수업으로 대체되고 있어 부모, 자녀 모두 심리적 피로감이 높아지고 있다. 이에 취약가족 교육문제를 가족 구성원만의 문제해결로서가 아닌 지역 전체가 체계적인 관점에서 문제를 인식하고 접근해야 할 필요성이 있다.

• 지역 환경적 특성

경기도 남부에 위치하고 있는 안산시는 단원구와 상록구로 나누어져 있으며, 동쪽으로는 안양, 군포와 밀접해 있고 남쪽으로는 수원, 화성과 밀접해 있다. 안산시는 경기도(남부·북부) 저소득 및 한부모가족 통계에서 가구원 수 103,882명 중에서 9,552명으로서 경기도 남부와 북부 포함 31개 도시 중 1위를 차지하고 있음을 알 수 있다([그림 12-3]). 통계에서 알 수 있듯이, 안산시는 취약 한부모가족에 대한 인구비중이 높으며 이에 취약한 가족에 대한 사업 진행이 필요하다.

통계DB조회 ⑤ 경기도

1) **저소득 및 한부모가족**

◉ 자료갱신일 : 2020-07-01 / 수록기간 : 년 2005~2018

일괄설정◆　　시군별[37/ 37]　　저소득 및 한부모가족…　　시점[1/14]

시군별(1)	시군별(2)	2018 합계 가구수(A)(가구)	가구원수(명)
합계	소계	42,290	103,882
남부	소계	28,835	70,764
북부	소계	13,455	33,118
남부	안산시	3,908	9,552

[그림 12-3] 경기도(남부, 북부) 안산시의 저소득 및 한부모가족 통계
출처: 경기통계(2020. 11.).

• 경험적 근거

본 센터에서는 경기남부지역의 취약가족을 대상으로 사례관리 서비스를 제공하고 있으며, 취약가정 자녀들에게 다양한 체험활동 및 교육을 주제로 사고력 증진과 자아존중감 형성을 돕기 위해 자녀교육을 진행하고 있다. 매회 프로그램 종료 시 만족도 조

사를 실시할 때 평정 4점 이상(5점 만점)을 기록하고 있다. 교육적 프로그램만 진행하는 것이 아닌 체험활동을 접목시켜 자녀들의 호기심을 유발하도록 하였고 참여율 또한 높였다.

□ 서비스 지역, 서비스 대상 및 실인원수
• 서비스 지역 : 안산시 및 경기남부지역
• 서비스 대상 : 취약가족 사례관리대상자 가족
• 서비스 대상 선정기준 및 방법(과정)
 −선정기준: 취약가족 사례관리대상자 중 자녀교육 참여 희망 가족
 −선정방법: 홍보 안내를 통한 선착순 참여 가정 모집

• 실인원수

대상 구분	서비스 대상자 산출 근거	단위 수(명)
① 일반대상	안산시 거주자(상록구 · 단원구)	707,117
② 위기대상	안산시 거주자 중 취약가족(저소득 한부모 · 조손)	9,552
③ 표적대상	취약가족 중 본 센터 등록 사례관리 대상자	78
④ 실인원수	표적대상 중 선착순 10가정	10

출처: 안산시청(2020. 11.); 경기통계(2020. 11.).

□ 사업 목적 및 목표

목적	산출목표	성과목표
취약가정 자녀가 식물의 특성에 대해 알고, 직접 키워본다.	자녀교육 8회×10명 = 80명	• 식물에 대한 교육 및 체험활동 8회 • 만족도 조사 4.0 이상

☐ 담당인력 구성

이름 (역할)	담당부서/직위	투입 시간 (단위:1주일)	주요 업무
박○○ (총괄 슈퍼바이저)	센터장	2시간	사업 총괄 슈퍼비전 및 평가
이○○ (슈퍼바이저)	총괄팀장	2시간	사업 슈퍼비전 및 평가
송○○ (주 담당)	가족역량강화지원사업/ 팀원	5시간	사업계획서 및 결과보고서 작성 사업 추진 및 사업평가
주○○ (보조 담당)	가족역량강화지원사업/ 팀원	5시간	사업 추진 및 사업평가
황○○ (보조 담당)	가족역량강화지원사업/ 팀원	5시간	사업 추진 및 사업평가

☐ 사업 진행 일정

내용 \ 기간	3월	4월	5월	6월	7월	8월	9월	10월	11월	12월
사업 계획 및 준비		▨								
사업 홍보 및 대상자 모집		▨	▨	▨	▨	▨	▨	▨		
사업 진행			▨	▨	▨	▨	▨	▨		
만족도 조사 진행								▨		
사업 결과보고서 작성										▨

☐ 홍보 계획

대상	홍보 방법 및 횟수	활용매체	비고
취약가족 사례관리대상자	홍보 안내 연락 및 대상자 모집 8회	전화 및 문자	–

☐ 예산

• 세입

(단위 : 원)

관	항	목	세부내역	예산액
보조금	보조금	시·군·구 보조금	자녀교육비 437,500원×8회	3,500,000
			총 계	3,500,000

• 세출 (단위 : 원)

관	항	목	세부내역	예산액
사업비	가족역량 강화지원 사업비	프로그램 진행사업비 (자녀교육)	1회: 카네이션 – 분갈이 및 꾸미기 40,000×10명=400,000	400,000
			2회: 카네이션 카드 만들기 40,000×10명=400,000	400,000
			3회: 애플민트 – 분갈이 및 키우기 40,000×10명=400,000	400,000
			4회: 레몬청(모히또) 만들기 40,000×10=400,000	400,000
			5회: 토마토 키우기 40,000×10명=400,000	400,000
			6회: 토마토와 관련된 음식 만들기 40,000×10명=400,000	400,000
			7회: 다육식물 분갈이 및 키우기 40,000×10명=400,000	400,000
			8회: 다육식물 번식시키기 40,000×10명=400,000	400,000
			운영비 300,000×1회=300,000	300,000
			총 계	3,500,000

2) 취약가족 역량강화지원 사업 세부 계획

□ 세부사업 내용

• 성과목표: 식물의 특성을 알고 직접 키워 봄으로써 성취감을 높인다.

• 프로그램명: 자녀교육 '그루터기'

활동 (수행방법)	시행 시기	수행 인력	참여 인원	시행 횟수
• 내용: 취약 위기가정 대상자 자녀를 대상으로 식물의 특성을 알고 직접 키워 보고, 체험활동을 함으로써 식물의 특성을 알고, 책임감을 키워 준다. • 방법: 각 가정에서 네이버 밴드를 활용하여 꽃에 대한 동영상 시청과 활동지로 꽃에 대해 이해한다. 각 가정으로 배송된 카네이션을 직접 분갈이를 해 본다.	5월	5명	10명	1회

• 내용: 취약 위기가정 대상자 자녀를 대상으로 식물의 특성을 알고 직접 키워 보고, 체험활동을 함으로써 식물의 특성을 알고, 책임감을 키워 준다. • 방법: 카네이션 카드를 만들어 부모님과 선생님께 감사한 마음을 전달한다.	5월	5명	10명	1회
• 내용: 취약 위기가정 대상자 자녀를 대상으로 식물의 특성을 알고 직접 키워 보고, 체험활동을 함으로써 식물의 특성을 알고, 책임감을 키워 준다. • 방법: 각 가정에서 네이버 밴드를 활용하여 광합성에 대한 동영상 시청과 활동지로 광합성을 하는 방법을 이해한다. 각 가정으로 배송된 애플민트를 직접 만져 보고 키워 본다.	5월	5명	10명	1회
• 내용: 취약 위기가정 대상자 자녀를 대상으로 식물의 특성을 알고 직접 키워 보고, 체험활동을 함으로써 식물의 특성을 알고, 책임감을 키워 준다. • 방법: 각 가정에서 레몬청을 직접 만들어 보고 숙성시킨 후 직접 키우는 애플민트 잎과 함께 모히또를 만들어 본다.	6월	5명	10명	1회
• 내용: 취약 위기가정 대상자 자녀를 대상으로 식물의 특성을 알고 직접 키워 보고, 체험활동을 함으로써 식물의 특성을 알고, 책임감을 키워 준다. • 방법: 각 가정에서 네이버 밴드를 활용하여 열매에 대한 동영상 시청과 활동지로 열매가 자라나는 방법을 이해한다. 각 가정으로 배송된 토마토를 키우고, 직접 만져 보고 키워 본다.	7월	5명	10명	1회
• 내용: 취약 위기가정 대상자 자녀를 대상으로 식물의 특성을 알고 직접 키워 보고, 체험활동을 함으로써 식물의 특성을 알고, 책임감을 키워 준다. • 방법: 토마토를 이용한 음식을 요리하며 토마토 특성과 맛에 대해 이해한다.	7월	5명	10명	1회
• 내용: 취약 위기가정 대상자 자녀를 대상으로 식물의 특성을 알고 직접 키워 보고, 체험활동을 함으로써 식물의 특성을 알고, 책임감을 키워 준다. • 방법: 각 가정에서 네이버 밴드를 활용하여 식물의 번식 방법에 대해 동영상 시청 후 활동지를 해 본다. 다육식물을 직접 만져 보고 키워 본다.	8월	5명	10명	1회
• 내용: 취약 위기가정 대상자 자녀를 대상으로 식물의 특성을 알고 직접 키워 보고, 체험활동을 함으로써 식물의 특성을 알고, 책임감을 키워 준다. • 방법: 다육 식물의 일부를 다른 화분에 심어 번식 방법을 이해하고, 직접 잎을 떼서 번식해 본다.	8월	5명	10명	1회

[그림 12-4] **취약가족 역량강화지원 사업 활동사진 및 홍보자료**

3) 취약가족 역량강화지원 사업 평가 및 추후 계획

□ 목표에 대한 평가방법

성과목표	목표에 대한 평가방법			
	성과지표	자료원	자료수집 방법	자료수집 시기
식물을 직접 키워 봄으로써 책임감과 성취감을 높여 준다.	결과보고서 만족도 조사	활동사진 첨부 만족도 조사	만족도 조사	12월

□ 향후 운영 계획

• 취약가정 자녀의 여러 주제의 체험학습을 진행한다.

• 다양한 교육 및 체험활동을 제공한다.

• 식물의 특성에 대해 동영상 시청 후 주제에 맞는 활동지를 작성해 본다.

• 식물을 직접 키워 봄으로써 책임감과 성취감을 느낄 수 있도록 한다.

• 키우는 식물을 활용하여 그림 그리기, 음식 만들기, 분갈이 해 보기 등의 다양한 체험을 한다.

Chapter 13

가족사업 현장실무

제1절 가족사업 현장실무
제2절 가족 특성화 사업 실무

가족사업 현장실무

 이 장에서는 가족센터 가족사업의 실질적인 사업기획의 과정과 가족 특성화 사업을 통해 현장실무를 설명하고자 한다. 사업 프로그램의 기획을 위해서는 그 지역의 특성을 우선 파악하여야 하는데, 가족센터의 특성상 인구의 성비나 아동과 노인, 여성의 인구비율 그리고 결혼이민자비율, 한부모, 취약계층의 비율 등을 꼼꼼히 살펴보아야 할 필요가 있다. 그 지역의 특성에 따라 기본 사업이외에 특화사업으로 진행할 수도 있으며, 이는 지역사회의 기능적 특성을 고려한 것으로 볼 수 있다. 건강가정사는 이러한 지역사회의 특성을 기반으로 하여 센터와 지역주민의 인터뷰 등을 거쳐 센터의 비전과 미션, 가치와 실행영역 등을 구축하여 연간 사업을 구상하고, 그에 따른 연간 사업계획서를 작성하고, 실시한다. 안산시건강가정지원센터의 비전과 미션, 연간사업서[1]와 세부사업 진행영역 등은 학습자들이 실무자가 되었을 때 참고할 수 있을 것이다. 또한 지역의 특성을 살린 특화사업을 소개하여 각 사업의 실무에 대해 구체적으로 살펴보고자 한다.

---

1) 안산시건강가정지원센터의 2022년 위탁운영 신청자료의 일부를 소개하였음

제1절 가족사업 현장실무

1. 지역사회 현황 파악

안산시건강가정지원센터는 지역사회 내 가정의 약화된 기능 회복과 가정의 문제를 예방하고 건강가정을 유지할 수 있는 전문적인 정보와 교육제공 및 가족 친화적인 문화 확산을 도와 건강한 개인과 가족, 건강한 지역공동체 구현에 기여하는 것을 목적으로 하고 있다.

센터의 사업의 내용이나 서비스에 영향을 미치는 지역사회의 현황은 매우 중요하다. 지역사회 현황 파악을 표로 제시하면 〈표 13-1〉과 같다.

표 13-1 지역사회 현황 파악 항목

항목	세부 항목
인구 현황	성비
	아동/여성/노인
	경제활동인구
	취약계층/결혼이민자/한부모/장애인
지리적 현황	면적
	역사적 특징
	문화유적지, 문화재 등
	인접 지역 성보
주요기관 현황	교육기관
	공공기관
	사회복지기관(종합복지관, 장애인복지관, 노인복지관, 건강가정, 다문화가족지원센터:가족센터)
	민간사회단체
	기타 공공기관
지역사회의 주요 문제	정치, 경제, 사회, 문화 등
지지자원 체계	지역사회의 강점과 약점, 기회와 위기
	협조 가능한 공공 및 민간 기관
	자원봉사센터 봉사자 및 대학생
	사업수행 시 도움이 될 만한 장소 및 기관

출처: 이선형, 임춘희, 강성옥(2017)에서 재구성.

2. 비전 및 미션

지역의 각 센터는 자체적으로 지역의 특성을 반영하고 이용자와 소통하면서 센터의 비전과 미션을 이끌어 내어 서비스를 계획함에 있어 반영해야 할 필요가 있다. [그림 13-1]은 안산시건강가정지원센터 비전과 미션의 예시이다.

VISION 안산시 가족동반자, 가족복지 거점기관!! '안산시 유일한 가족복지 전문기관'		
비전 1	비전 2	비전 3
다양한 가족의 욕구를 존중하는 가족전문센터	건강한 가족 기능을 제공하는 가족전문센터	돌봄 네트워크가 구축된 가족전문센터

MISSION "다양한 가족과 돌봄공동체의 힘으로 지역의 행복한 변화를 만들어 간다."

핵심가치	
함께하는 성장 배려, 돌봄, 소통, 신뢰, 다양성 ⇨	• 성장하는 힘: 스스로 살아가고, 더불어 살아가게 하는 힘 • 배려하는 관계: 다양성을 존중하고 서로 돌보는 관계 • 건강한 소통: 서로 믿고 의지할 수 있는 소통

경영 전략 ⇨	1. 다양한 가족의 존중과 배려로 지역사회의 건강한 돌봄공동체가 되도록 한다. 2. 가족이 함께 나눔과 소통의 행복한 가정문화를 만들어 간다. 3. 가족이 함께 배우고 함께 성장하는 교육 공동체를 만들어 간다. 4. 다양한 가족이 가진 힘을 강화하도록 지원하며 행복한 변화를 함께 만들어 간다.
운영 목표 ⇨	1. 가족 참여를 통한 이용자 중심의 센터 2. 통합화 관점 실천을 통한 지역사회 네트워크 중심 센터 3. 인간 존중 실천을 통한 가족복지 지역 거점으로서의 센터 4. 인권 및 윤리 경영 실천을 통한 신뢰받는 센터

중점 추진 과제 ⇨	[비전 1] 다양한 가족의 욕구를 존중하는 가족전문센터	[비전 2] 건강한 가족 기능을 제공하는 가족전문센터	[비전 3] 돌봄 네트워크가 구축된 가족전문센터
	• 다양한 가족단위 프로그램 컨텐츠 개발 • 모든 세대가 어우러지는 통합 프로그램 개발 • 지역사회 대상자의 특성에 맞는 특화사업 활성화	• 가족 여가지원을 위한 다양한 문화 프로그램 개발 • 부모역량강화를 위한 부모교육 체계화 • 신혼기, 중년기, 노년기 대상 사업 확대	• 자녀돌봄 확대로 일·가정 양립을 위한 가족 기능 강화 • 자원활용이 가능한 연계기관 확대 • 지역 내 가족별 맞춤형 자조모임 활성화

• 맞춤형 프로그램 개발	• 가족발달 주기별 지원 확대	• 가족돌봄체계 구축

[그림 13-1] 안산시건강가정지원센터 비전과 미션

1) 주요 운영방침

안산시건강가정지원센터는 투명·윤리, 전문성, 신뢰·존중, 참여·소통, 연계·홍보를 주요 방침으로 운영하고 있다.

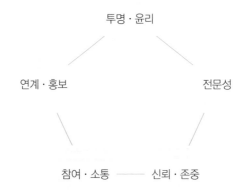

■ 투명·윤리	회계, 후원금·품 관리, 대상자 선정 등 공정한 과정과 공개원칙, 법규와 지침에 근거한 센터운영을 통해 기관의 투명성 확보
■ 전문성	사회복지 종사자 대상 정기교육 및 활발하고 책임 있는 대외활동 등 기관 내·외부 역량 강화를 통한 전문성 확보
■ 신뢰·존중	지역사회, 종사자 간 약속을 지키고, 가족을 서비스의 주체로서 존중하여, 신뢰가 바탕이 되는 체계적인 기관운영
■ 참여·소통	기관운영 및 서비스 실천에 가족과 함께 지역사회 참여 기회를 확대·제공함으로써 지역 내 커뮤니티센터의 역할수행
■ 연계·홍보	다양한 온·오프라인 매체를 활용하고, 지역사회와 유관기관의 체계적인 연계망 구축을 통해 사업의 목적달성 및 효과성 증대

[그림 13-2] **안산시건강가정지원센터 주요 운영방침**

3. 연차별 사업 계획

연차별 사업 계획은 시설운영 활성화를 위한 장단기 계획을 바탕으로 5년간의 장단기 추진 계획의 목표와 주요 추진 내용으로 구성한다.

1) 시설 운영 활성화를 위한 장단기 계획

구분	핵심 키워드	운영 목표	주요 추진 내용
1차 (2022. 01. ~ 2023. 12. 31.)	변화	다양한 네트워크 및 연계 경험을 토대로 성장과 변화를 창출하는 센터	• 조직 재정비를 통한 인권 · 윤리 경영 실천의 기반 마련 • 욕구조사를 통해 이슈 찾기 • 다양한 네트워크 조직 및 후원모임으로 자원 조직화 • 지속적인 가족 참여형, 맞춤형 프로그램 기획
2차 (2024. 01. ~ 2025. 12. 31.)	도약	변화를 토대로 지역 특성을 반영한 중점 사업 실천으로 도약하는 센터	• 인권 · 윤리위원회 조직을 통한 인권 · 윤리경영 실천 • 네트워크를 통해 가족단위 공통체 조직 • 중점 사업별 가족 모임 조직 및 가족 모임 활성화 • 세대 및 서비스 통합을 위한 지역 연계 활성화로 특화사업 실천
3차 (2026. 01. ~ 2026. 12. 31.)	신뢰	변화와 도약을 토대로 지역의 변화를 선도하는 신뢰받는 센터	• 인권 · 윤리위원회 조직을 통한 인권 · 윤리경영 정착 • 가족 참여 중심의 복지 실천 • 지역 자원 조직화를 통한 가족복지 실천 • 지역 네트워크 연계를 통한 가족복지 허브 역할

2) 장단기 추진 계획

운영 목표		세부 목표	세부 추진 계획
1차 (2022. 01.~ 2023. 12. 31.)	다양한 네트워크 및 연계 경험을 토대로 성장과 변화를 창출하는 센터	조직 및 지역사회 진단을 통한 혁신 방안 모색	• 프로그램 및 사업 진단 • 지역사회 관계 진단 (관계망, 평판과 이미지, 인지도, 서비스 만족도 조사 등)
		비전 평가에 기초한 세부 추진 계획 수립	• 지역별 이슈 찾기를 위한 생애주기별 욕구조사 실시 • 지역별 복지사업 추진을 위한 지역 자원 조사 실시 • 센터 세부사업의 향후 5개년 추진 계획 수립
		사업 추진을 위한 직원 및 주민 역량강화	• 전 직원 가족복지에 대한 인식 교육 및 사례관리 실천 과정 이수 • 전 직원 인권 및 윤리경영 실천을 위한 기초 교육 이수 • 자문위원 활성화를 통한 조직의 사업운영 역량강화
2차 (2024. 01.~ 2025. 12. 31.)	변화를 토대로 지역 특성을 반영한 사업 실천으로 도약하는 센터	중점 사업별 가족 모임 조직 및 주민 모임 활성화	• 자조모임 역량강화를 통한 지역별 가족 단위 모임, 지역 시민 모임
		인적 · 물적 자원 개발 및 조직화	• 가족모임 조직 확대 및 활성화 • 자원봉사자 조직 확대 및 활성화 • 유관기관 및 협력 기관 네트워크를 통한 자원 조직화
		내부 협력 및 외부 연계 활성화를 통한 가족복지 실천	• 내부 협력 활성화를 위한 내부사례회의 정례화 • 외부 연계 활성화를 위한 기관 및 다양한 네트워크 구축 • 통합복지 실천 관점 정립을 위한 직원 교육 및 선진 기관 벤치마킹
3차 (2026. 01.~ 2026. 12. 31.)	변화와 도약을 토대로 지역의 변화를 선도하는 신뢰받는 센터	시민 중심의 복지 실천 / 지역 밀착형 가족복지 실천	• 인권 · 윤리위원회 조직을 통한 인권 · 윤리경영 정착 • 함께하는 가족 문화 · 교육 프로그램의 확산 • 가족 단위의 나눔 실천 동아리 확대 실천 • 저출산 및 일 · 가정 양립의 의식 개선 교육 정립 • 내부 협력 및 외부 협력 활성화를 통한 지역 내 사회적 자본 확대

제2절 가족 특성화 사업 실무

1. 면접교섭 서비스

1) 사업의 필요성

면접교섭은 부모의 이혼이나 별거 등으로 자녀와 함께 살지 않는 부모와 자녀가 서로 직접 만나거나 편지 또는 전화 등 교류하는 것을 의미한다(「민법」837조의2, 843조, 864조의2). 우리 「민법」은 부모뿐만 아니라 자녀에게도 면접교섭권을 인정하고 있다(「민법」837조의2 1항).

이 사업의 목적은 이혼 후 협력적인 부모역할 수행 및 비양육부·모−자녀 관계 증진 지원에 있다. 또한 정기적인 면접교섭 및 자발적인 양육비 이행 환경 마련을 통한 미성년자녀의 건강한 성장을 지원하고자 함이다.

면접교섭 서비스를 제공할 때는 자녀의 최상의 이익을 보장하고, 자녀 의사를 반영하는 것을 기본원칙으로 한다. 먼저, 자녀의 발달 단계 및 심리정서적 욕구를 양육부·모, 비양육부·모의 입장

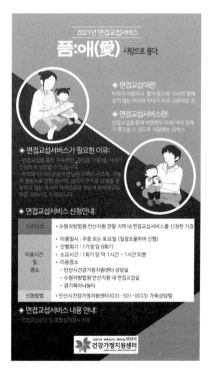

[그림 13-3] **면접교섭 서비스 안내 홍보지**

과 욕구에 우선한다. 자녀가 경험하는 양육부·모, 비양육부·모 간의 갈등이 감소하도록 하고, 자녀의 삶에서 양육부·모, 비양육부·모와의 관계 불안정성을 최소화(관계의 지속성, 애착 정도, 상호작용의 질 개선 등)하는 자녀 최상의 이익을 보장한다. 자녀가 면접교섭을 거부하는 경우, 자녀의 발언만으로 면접교섭 이행 여부를 판단해서는 안되고, 겉으로 표현된 의사표현 이면의 진의를 파악하여 자녀의 건강한 성장을 위해 자녀의 의사를 반영하여 적절한 개입을 해야 한다.

2) 사업 서비스 구분

면접교섭 서비스는 중재, 상담, 모니터링 서비스로 구분하며 상담 서비스에 대해서만 비용 지출이 가능하고 중재 및 모니터링 서비스는 기관 내부 사정에 따라 운영 가능하다.

중재 서비스	면접교섭에 관한 사항(면접교섭 여부, 방법, 시간, 장소 등) 중재 · 협의
상담 서비스	상담위원 연계를 통해 양육자, 비양육자, 자녀 등의 개인상담, 부모교육, 양육코칭 및 면접교섭 지원
모니터링 서비스	면접교섭 중재 및 상담 서비스 종료 후 면접교섭 지속 여부 확인, 문제점에 대한 개선사항을 제시하여 지속적인 면접교섭 이행 지원

3) 면접교섭 서비스 업무 절차

[그림 13-4] **면접교섭 서비스 진행 모습**

신청인 기본정보 확인(양육여부, 자녀정보 등) 후 이혼 및 면접교섭 관련 기초사실을 조사하여 신청서류를 접수한다. 이때 이혼 형태, 양육비 이행여부, 면접교섭 합의내용, 면접교섭 이행여부, 면접교섭 중단 사유 등 도움받고 싶은 내용을 확인한다. 면접교섭 상담 서비스는 상담위원 대면상담 및 가구당 8회기 진행함을 원칙으로 하고 있지만 가구별 진행 상황에 따라 횟수를 증감할 수 있으며, 추가지원 시 전체 예산 및 대상자 간 형평성을 고려하여 조징한다.

1. 신청 상담	⇨	2. 접수 · 배당	⇨	3. 서비스 진행			⇨	4. 종결
				1) 중재	2) 상담	3) 모니터링		

[그림 13-5] **면접교섭 서비스 업무 흐름도**

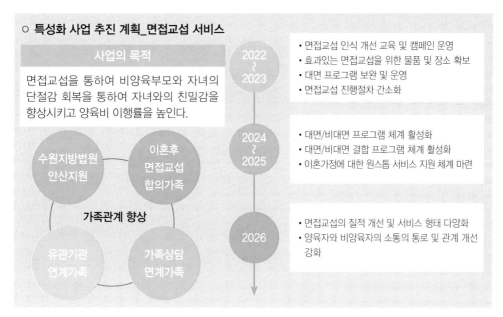

[그림 13-6] **면접교섭 서비스 사업의 목적 및 추진 계획**

4) 면접교섭 서비스 운영 시 유의사항

면접교섭 서비스는 상담자가 치료자−내담자 관계를 통해 치료적 개입을 하는 것과는 구분하고 있다. 면접교섭 서비스를 수행하는 면접교섭 담당자와 면접교섭 상담위원은 서비스의 목적이 심리치료가 아니라 부모−자녀 관계 개선을 지지하고 촉진하여 원활한 면접교섭 이행을 지원하는 것을 유념해야 한다. 그리고 양육부·모, 비양육부·모의 동선 분리, 긴급상황에 대비한 사전 조치(비상벨, 안전설비 등)를 고려한 면접교섭 환경 세팅이 필요하다.

먼저, 안전 확보를 위하여 면접교섭실은 자녀의 안전이 확보될 수 있는 공간으로 긴급 상황 발생 시 즉각적인 대처가 가능한 곳이어야 한다. 또한 면접교섭 시 면접교섭 담당자 근거리 내 배치 필수, 내선전화, 일방경, 비상벨, 소화기 등 설비가 마련되어 있어야 한다. 자녀의 안전을 위해 면접교섭 담당자 및 상담위원이 면접교섭 진행을 관찰할 것이며, 자녀의 안전에 위협이 되는 일이 발생한다고 판단되면 면접교섭 담당자 및 상담위원이 개입할 것임을 양육부·모와 비양육부·모에게 알려야 한다. 면접교섭 진행 중 자녀가 슬픔, 화, 불편감을 느낄 때 면접교섭 담당자 및 상담위원에게 도움을 요청하는 신호에 대한 계획을 사전에 자녀와 함께 세우고, 필요 시 그 신호를 통해 도움을 요청할 수 있음을 자녀에게 알려야 한다.

다음으로, 면접교섭실 환경을 구비해야 하는데, 양육부·모와 비양육부·모의 대기 공간이 분리될 수 있도록 별도의 공간이 필요하며, 면접교섭 시 자녀와 비양육부·모가 놀이 활동을 하기에 충분한 공간이 확보되어야 한다. 또한 자녀 연령대별로 다양한 놀이 도구를 배치하여 활용하도록 한다. 양육부·모와 비양육부·모의 동선 분리가 필요한 경우, 면접교섭 담당자는 서비스 안내 시 출입구, 주차 장소, 화장실 사용 등 구체적인 동선을 양육부·모와 비양육부·모에게 제시하여 면접교섭이 원활하게 이루어지도록 지원한다.

무엇보다 비밀유지 의무와 중립적 태도가 중요한데, 면접교섭 담당자는 면접교섭 서비스 지원 중 알게 되는 서비스 이용자의 개인정보를 업무 외의 다른 용도로 사용해서는 안 되고, 당사자 각각의 연락처, 거주지 등 개인정보를 상대방이 알게 해서는 안 된다. 만일, 면접교섭 이행을 위해 부득이하게 양육부·모와 비양육부·모의 정보를 상대에게 알려야 하는 경우 반드시 사전에 당사자의 동의를 얻어야 한다. 면접교섭 당사자는 중립적 태도를 견지하며, 양육부·모와 비양육부·모 모두에게 라포를 형성하여 갈등 중재자로서의 역할을 수행해야 한다.

만약 자녀에 대한 학대·방임이 의심되는 경우 아동과 관련된 직종에서 근무하는 모든 사람은 아동학대 신고의무가가 되므로 면접교섭 담당자 및 상담위원은 면접교섭을 위해 내방한 자녀에게 아동학대를 의심할 수 있는 증후가 있는지 민감하게 점검해야 한다. 이를 위해 필요한 경우 중앙아동보호전문기관에서 작성한 '아동학대 체크리스트'를 활용할 수 있다.

2. 다양한 가족 수용성 증진 교육

1) 사업의 필요성

'2020년 가족실태조사'에 따르면, 가족의 다양한 생활방식에 대한 수용도가 점차 높아지고 있는 추세이며, 20대의 절반 정도가 비혼, 무자녀 등에 대해 50% 이상 동의하는 추세를 보이고 있다. 또한 다양한 형태의 가족을 지원하는 정책도 점차 늘어나고 있는

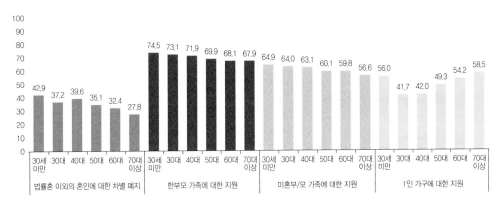

[그림 13-7] 다양한 가족에 대한 정책 - 연령대별 동의 비율

추세이며, 한부모가족, 미혼부·모, 1인가구 순서로 지원이 증가할 필요가 있다고 응답했다.

이에 여성가족부에서는 다양한 가족의 삶에 대한 공감대 형성을 위해 '세상 모든 가족 함께'를 슬로건으로 캠페인을 진행하고 있으며, 보편적 가족서비스 확대를 위해 다양한 가족에 대한 인식을 개선할 필요가 있다.

표 13-2 **사업 목적 및 목표**

목적	산출목표	성과목표
교육을 통한 인식 개선과 이해 교육 활성화 및 평등한 가족 문화 조성	1-1. 다양한 가족 수용성 증진교육 참여자가 100명 이상 참여한다.	1-1. 교육 및 활동 프로그램을 통한 다양한 가족 인식 개선
	2-1. 다양한 가족 인식 개선을 위한 자조모임 참여율이 80% 이상을 달성한다.	2-1. 자조모임을 통한 다양한 가족에 대한 인식 향상
	3-1. 다양한 가족 수용성 캠페인에 150명 이상 참여한다.	3-1. 캠페인을 통한 다양한 가족 이해 및 인식 향상

[그림 13-8] 다양한 가족 인식 개선 캠페인 홍보지

2) 사업 세부 내용

다양한 가족 수용성 증진 교육은 다양한 유형별 가족 특성을 반영한 교육을 제공하고 사회적 이슈를 반영한 교육 시스템 구축하는 추진 전략을 바탕으로 운영한다. 먼저, 가족 특성을 반영하기 위해 다양한 가족을 존중하고 인식을 개선할 수 있는 교육을 제

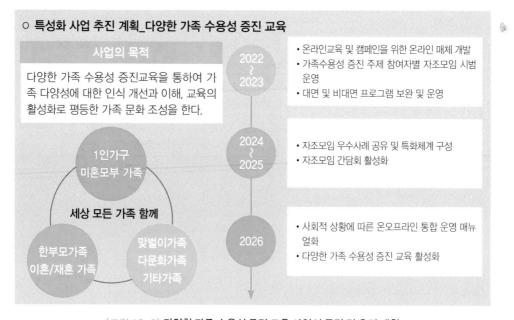

[그림 13-9] 다양한 가족 수용성 증진 교육 사업의 목적 및 추진 계획

공하고, 지역사회의 욕구를 반영한 프로그램 제공 방안을 마련하여 자원 활용이 가능
한 지역연계기관을 확대하고자 한다.

또한 교육 시스템 구축을 위해 오프라인 교육 참여가 어려운 참여자를 위한 온라인 매
체를 활성화하고, 대면/비대면 프로그램 진행 상황에 따른 운영 체계를 정비해야 한다.

3) 사업 기대효과

- 다양한 가족교육 진행 경험과 전문성을 갖춘 인력이 인식 개선 교육 및 안정적인
  환경을 제공하여 다양한 가족에 대한 이해를 통해 편견 없이 다양한 가족을 바라
  보고 '틀림'이 아니라 '다름'이라는 것을 인식한다.
- 다양한 가족에 대한 이해와 관련된 활동을 진행함으로써 교육에 대한 접근성을 낮
  추고 인식이 긍정적으로 발전된다.
- 다양한 가족이 평등한 생활을 할 수 있는 권리를 보호하고 다양한 가족에 대한 이
  해를 통해 시민이 편견 없이 다양한 가족을 바라볼 수 있다.
- 평등한 가족 문화 조성의 사회적 필요성에 대한 인식을 높여 맞춤형 서비스의 개
  발을 이끌어 낼 수 있다.

3. 1인가구 사회적 관계망 형성지원 사업

1) 사업의 필요성

1인가구 증가 추세에 부응하여 2021년 4월 제4차 건강가정기본계획(안)이 발표되었
고, 1인가구에 대한 정의 및 내용이 포함되었다. 이는 1인가구가 가족정책의 대상이 되
어 1인가구를 위한 다양한 제도적 접근이 가능해졌음을 의미한다.

31개 시 · 군 내 1인가구의 생애주기별 분포를 보면, 청년기(20~3세) 27.5%, 장년기
(35~49세) 21.3%, 중년기(50~64세) 25.9%, 노년기(65세 이상) 21.2%로 시 · 군 단위로
생애주기별 1인가구 분포에 차이가 있다. 경기도는 2020년부터 상호 돌봄으로 사회안
전망을 구축하고 생애 주기별 수요 맞춤형 정책을 추진한다는 목표로 외로움 고립 극

표 13-3 사업 목적 및 목표

목적	산출목표	성과목표
1인가구의 맞춤형 프로그램을 통한 자립적인 생활능력 향상 및 건전한 여가문화 조성	1-1. 맞춤형 프로그램 실시 • 청년 10명×4회=40명 • 중장년 10명×4회=40명 • 노년기 10명×3회=30명	1-1. 대상별 맞춤형 프로그램 운영을 통한 욕구 충족
1인가구 사회적 관계망 형성을 통한 세대별 교류 및 소통의 장 마련	2-1. 협약 및 네트워크 회의 실시 • 협약 3기관×1회=3건	2-1. 협약을 통한 지역사회 네트워크 구축
	2-2. 세대통합지원프로그램 • 세대통합프로그램 10명×3회=30명	2-2. 지역사회 내 사회적관계망 형성을 통한 일상생활 수행 능력 유지 및 세대 소통의 장 구축

복, 혼밥개선 소셜 다이닝, 홀로서기 지원, 건강지원, 안전생활환경 조성, 웰다잉 지원 등 여섯 가지 분야를 중점적으로 시범사업을 추진하고 있다. 이에 안산시건강가정지원센터에서는 1인가구의 건전한 여가문화 조성 및 세대 교류를 통한 사회적 관계망 형성을 지원하고자 한다.

2) 사업 세부 내용

건강가정지원센터의 '송혜림 외(한국가족자원경영학회지, 2019) 1인가구 대상 프로그램 모형개발'에 따르면, 1인가구 프로그램 욕구는 자기돌봄 및 의식주 관련(주거관련, 식사 및 요리 관련)에 대한 선호가 높은 것으로 나타났다. 이에 2021년 안산시 내 1인가구 청년 15명을 모집하여 3회기로 사회초년생 재무관리 교육, 건강한 식습관을 위한 요리교실, 자기탐구생활을 위한 팝아트 프로그램을 진행하였고, 4.68점의 높은 참여자 만족도를 나타냈다. 또한 1인가구 사업 워크숍에 참여하는 등 지속적으로 1인가구에 관심을 가지고 프로그램 기획·운영하고 있다. 2022년에는 지역 사정을 통한 대상자 연계 방안을 마련하고, 생애주기별 1인가구 건전한 여가문화 조성 및 사회적 관계망 형성 프로그램을 지속하여 개발할 계획이다.

대상별 맞춤형 프로그램을 운영하기 위해 청년층에는 생애설계, 재무관리교육, 우드카빙, 퍼스널컬러진단 프로그램을 실시하고, 중장년은 목공체험, 건강교육, 재무관리, 생애교육, 노년기는 기관에 찾아가는 교육(키오스크 사용법, 건강증진교육 등)을 진행한

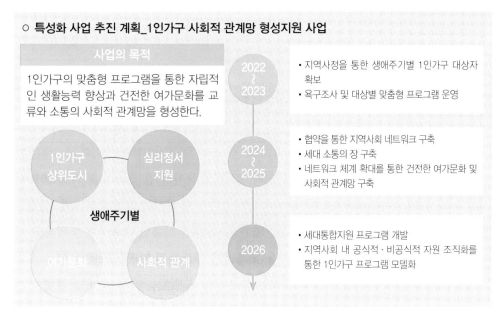

[그림 13-10] 1인가구 사회적 관계망 형성지원 사업의 목적 및 추진 계획

다. 또한 지역사회 내 사회적 관계망 형성을 통한 일상생활 수행 능력 유지 및 세대 소통의 장을 구축하고자 사회봉사활동, 요리활동, 생활역량강화 프로그램 등 세대통합지원 프로그램을 운영한다.

3) 사업 기대효과

- 생애주기별 특화프로그램을 통해 '나'에 대해 인식하며, 자기 돌봄 및 자신의 생애에 대한 기대를 가질 수 있다.
- 네트워크 프로그램을 통해 1인가구가 겪을 수 있는 고립·외로움을 해소하여 사회적 관계망 형성에 기여한다.
- 세대통합 프로그램 지원을 통하여 사회적 관계망 확장 및 지역사회 나눔을 실천한다.

4. 생명존중 인식 개선 사업

1) 사업의 필요성

경기도의 합계 출산율은 17개 광역시도 중 12위로 전국 최저수준이고, 2019년 0.943%에서 2020년 0.878%로 하락하였다. 그중 안산시의 합계 출산율 역시 2019년 0.887%에서 2020년 0.869%로 0.018% 하락하였다[2]. 안산시는 출산장려지원, 산전·산후 출산 지원, 보육지원, 공공기관 출산지원 등 다양한 저출산 대응시책을 내놓고 있지만, 출산율 하락을 제지할 수 있는 더욱 효과적인 시책이 필요하다고 보인다.

이에 저출산 극복을 위한 미래의 주역인 청소년을 대상으로 인식 개선 및 생명의 소중함과 존엄성을 일깨워 주는 프로그램을 제공하여 올바른 출산의식을 장려하고, 청소년들이 사회구성원으로서의 나눔과 재능기부 실천문화를 가질 수 있도록 기회를 제공하고자 한다.

표 13-4 사업 목적 및 목표

목적	산출목표	성과목표
1. 다양한 가족 유형과 생명의 소중함에 대한 청소년들의 인식이 긍정적으로 개선된다.	1-1. 연 8회 이상 인식 개선 교육 실시	다양한 가족 유형에 대해 이해하며 생명의 소중함과 존엄성에 대한 인식 개선
	1-2. 교육 후 다양한 가족 유형에 대한 수용도 5% 향상	
2. 지역사회 내 건강한 사회구성원으로서 이웃사랑 실천에 기여하며 봉사활동의 기회를 경험한다.	2-1. 경기도 내 미혼모부, 한부모가족시설 신생아키트 DIY 100개 이상 지원	경기도 내 미혼모 생활시설 또는 보육원 등 취약집단에 전달함으로써 나눔과 재능기부 실천 문화 전파

2) 사업 세부 내용

지역 내 청소년들이 신생아 용품을 제작하고 나누는 체험을 통해 생명의 소중함과 다양한 가족유형에 대한 긍정적 인식을 강화하며, 지역사회 내 건강한 사회 구성원으

---

2) 통계청(2021), 인구동향조사.

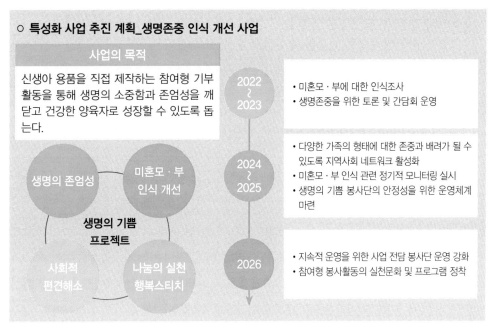

[그림 13-11] **생명존중 인식 개선 사업의 목적 및 추진 계획**

로 이웃사랑 실천에 기여하도록 한다. 중·고등학생이 가진 다양한 가족 유형에 대한 사회적 편견을 해소하고 생명존중에 대한 존엄성을 일깨우는 등 인식 개선에 대한 활동이 활발히 진행되었음을 알 수 있다.

이 사업은 미혼모, 한부모 등 취약가정의 사회적 고립감을 해소시킬 뿐 아니라 기부물품 전달을 통해 사회적 지지를 얻음으로써 건강한 양육자로 성장할 수 있도록 도움을 제공하며, 기부자 또한 신생아 용품을 직접 제작하는 참여형 기부활동을 통해 생명의 소중함과 존엄성을 깨닫고 저출산에 대한 인식 개선이 가능하여 반드시 필요한 사업이다.

3) 사업 기대효과

• 참여 기부를 통해 재능기부 문화를 확산시키며, 사회적 소외계층에 대한 따뜻한 관심과 시선을 갖춰 공동체 의식을 함양할 수 있다.
• 현대사회의 변화된 가족체계 및 가치관의 변화에서 도래된 저출산 현상을 극복하고 생명의 존엄성 인식을 강화하여 생명의 소중함을 일깨울 수 있다.

- 여러 형태의 다양한 가족 유형을 이해할 수 있으며, 어떠한 가족에 대해서든 편견 없는 사회구성원으로 건강하게 성장할 수 있도록 한다.

5. 중장년기 부부 관계 개선 사업

1) 사업의 필요성

통계청 '2020년 혼인 · 이혼 통계'에 따르면, 혼인 건수는 21만 4천 건으로 나타났으며, 이혼 건수는 10만 7천 건으로 나타났다. 평균 이혼 연령은 남자 49.4세, 여자 46.0세로 지속적인 연령대가 상승추세를 보이는 것으로 나타났으며, 남자의 경우 60세 이상 (2만 건, 18.3%), 40대 후반(1만 8천 건,16.6%), 50대 초반(1만 7천 건, 15.8%), 여자의 경우 40대 후반(1만 8천 건, 16.9%), 40대 초반(1만 6천 건, 15.3%), 30대 후반(1만 5천 건, 14.3%) 순으로 많음을 보였다. 40대~50대의 이혼율이 가장 높게 나타나는 것으로 보아, 자녀들이 성장하고 출가한 뒤 '빈둥지증후군'을 겪어 결혼을 유지할 이유가 약해진 것이 다양한 이유 중 하나라고 보인다. 빈둥지증후군은 자녀가 대학교에 가거나 취직, 결혼과 같은 이유로 독립을 하게 되면서 부모가 느끼게 되는 상실감과 외로움을 뜻한다. 사람마다 느끼게 되는 우울의 정도와 겪는 기간은 다르지만 불면증과 알 수 없는 슬픔, 외로움을 주로 호소하게 된다. 이러한 경우 부부 사이에서도 거리감을 느끼게 되며, 자녀들과의 사이에서도 독립한 자녀들과의 갈등이 생기기도 한다. 허전함과 외로움을 달래기 위한 활동, 가족들과 주위 사람들의 관심이 필요하다.

이에 따라, 아이들에 의한 삶이 아닌 자신의 삶을 찾고, 부부 관계를 개선하기 위한 취미생활 공유 및 함께하는 즐거움과 시간을 늘려 우울감과 무기력증을 해소할 수 있도록 하는 프로그램이 필요하다.

표 13-5	사업 목적 및 목표

목적	산출목표	성과목표
부부 관계 재점검을 통한 부부 갈등 해소 및 부부 관계 개선	1-1. 부부교육 15가정×2명×2회=60명	1-1. 교육을 통한 부부갈등 원인 발견 및 의사소통 방법 학습
심리정서적 상담을 통한 부부 및 가족의 건강성 증진	2-1. 부부상담 15가정×2명×6회=180명	2-1. 부부상담을 통한 서로에 대한 이해 및 문제해결 능력 향상
부부의 욕구와 상처, 관계패턴을 이해하고 부부 관계 재구조화 및 회복 가능성 모색	3-1. 부부힐링 프로그램(나들이) 15가정×2명×1회=30명	3-1. 부부 관계의 안정감 회복을 통한 건강한 부부 관계 유지 도움

2) 사업 세부 내용

코로나19가 장기화됨에 따라 몸과 마음이 지쳐 있고, 부부 갈등 및 우울감이 심화되어 있을 것을 고려하여 위드코로나 시대에 맞춰 대면 상담 및 교육, 힐링 프로그램(나들이)을 진행할 계획이다. 교육을 통한 부부갈등 원인을 발견하고 의사소통 방법을 학습하며, 심리정서적 상담을 통한 서로에 대한 이해 및 문제해결 능력을 향상하고, 부부의 욕구와 상처, 관계패턴을 이해하고 부부 관계 재구조화 및 회복 가능성을 모색하는 부부힐링 프로그램을 제공한다. 또한 맞춤형 프로그램을 제공하기 위하여 프로그램 이후 만족도 조사를 실시하여 매번 욕구를 확인하고, 반영시킬 수 있도록 할 예정이며 정기적 사례회의 및 사후관리를 통해 건강한 중장년기 부부의 관계 개선을 도울 계획이다.

[그림 13-12] 이혼 건수 및 조이혼율

	2017	2018	2019	2020	증감	
					전년 대비	10년 전 대비
남자	47.6	48.3	48.7	49.4	0.7	4.4
여자	44.0	44.8	45.3	46.0	0.7	4.9
평균 이혼 연령 차이(남-여)	3.6	3.5	3.4	3.4	–	–

표 13-6 평균 이혼 연령(2017-2020) (단위: 세)

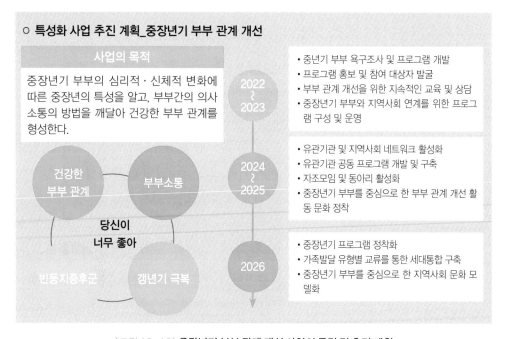

[그림 13-13] **중장년기 부부 관계 개선 사업의 목적 및 추진 계획**

3) 사업 기대효과

• 남녀 모두 존중되는 평등한 부부 관계 의식을 고취하고, 책임성과 가족 기능 이해 를 통한 조화로운 부부 및 가족 구성원의 역할을 다할 수 있도록 도울 수 있다.

• 부부생활 시 발생하는 갈등 및 문제를 예방하고 완화하여 생애주기별 경험이 가능 한 부정적인 요소를 최소화한다.

• 부부간 의사소통 기술을 익히고, 부부 구성원의 자아존중감을 향상시켜 상호존중

및 이해의 폭을 넓힌다.

- 정서적 교류의 시간을 제공하여 부부간 사랑과 신뢰감 향상으로 부부 및 가족의 기능을 회복한다.

부록

가족강점척도

튼튼한 가족의 특성은 여섯 가지 범주로 나누어 볼 수 있다. 각 문항의 내용을 자기 가족이 가진 '강점 (strength)'으로 여긴다면 S자를, 앞으로 더욱 '성장(growth)'시켜 나가야 할 필요가 있다고 여겨지면 G 자를 왼쪽 번호 옆에 적는다. 특정 문항의 내용을 자기 가족에게 적용시킬 수 없거나 중요하지 않다고 여기면 NA(not applicable)라고 적는다.

이 척도를 통해 평가해 봄으로써, 가족의 성장과 긍정적 변화를 촉진할 수 있는 가족강점을 발견할 수 있을 것이다.

평가도구

헌신

1. _____ 우리 가족은 '항상 함께' 한다.

2. _____ 부부 관계를 우리 가족의 핵이라 여기고 성장시키려 한다.

3. _____ 우리 부부는 서로 성적으로 충실하게 대한다.

4. _____ 우리는 서로를 소중한 사람으로 여기고 서로에게 가치를 부여한다.

5. _____ 우리는 서로를 배려하고 돕는다.

6. _____ 우리는 가족 공통의 목표를 세우며 산다.

7. _____ 우리는 직장을 포함한 바깥활동보다 가족에게 우선을 둔다.

8. _____ 우리는 서로 정직하다.

9. _____ 우리는 좋은 가족 전통을 만들어 가려고 한다.

10. _____ 우리는 필요할 때 서로 인내할 줄 안다.

11. _____ 우리는 서로 무조건적인 사랑을 한다.

12. _____ 우리는 서로 의지하며 산다.

13. _____ 우리는 가족을 위해 희생할 줄 안다.

14. _____ 가속에 내한 전반적인 헌신의 정도는 S인가? G인가?

고마움과 애정 표현

15. _____ 우리는 서로 고마움을 표현할 줄 안다.

16. _____ 우리는 서로에게 깊고 진정한 애정을 느낀다.

17. _____ 우리는 서로 심한 비판을 하지 않는다.

18. _____ 우리는 긍정적으로 말한다.

19. ＿＿＿＿　우리는 서로 상대방이 잘한 일을 인정해 준다.

20. ＿＿＿＿　우리는 서로 상대방의 좋은 점을 볼 줄 안다.

21. ＿＿＿＿　우리는 서로 (다이아몬드를 캐듯이) 좋은 점을 찾으려고 애쓴다.

22. ＿＿＿＿　우리는 진지하게 감사나 고마움을 표할 줄 안다.

23. ＿＿＿＿　우리는 집에서나 남에게나 예의 바르고 정중하다.

24. ＿＿＿＿　우리는 상대방에게 빈정대거나 상대방을 깎아내리지 않는다.

25. ＿＿＿＿　우리는 긍정적인 유머를 많이 사용한다(상대방을 당황하게 하거나 상처 주는 일이 없
　　　　　　는 농담).

26. ＿＿＿＿　우리는 칭찬이나 찬사를 고맙게 받아들인다.

27. ＿＿＿＿　우리는 가정을 즐거운 보금자리로 만들려고 한다.

28. ＿＿＿＿　우리는 서로의 자기존중감을 강화시켜 주려고 한다.

29. ＿＿＿＿　우리는 함께 있으면 편안함과 안정감을 느낀다.

30. ＿＿＿＿　우리 가정의 전반적인 고마움이나 애정 표현 정도는 S인가? G인가?

긍정적인 커뮤니케이션

31. ＿＿＿＿　우리는 커뮤니케이션(대화나 토론)하는 시간을 갖는다.

32. ＿＿＿＿　우리는 긍정적인 커뮤니케이션을 한다.

33. ＿＿＿＿　우리는 서로의 말에 귀를 기울인다.

34. ＿＿＿＿　우리는 메시지의 의미를 잘 점검한다(피드백을 보내고 명료화함).

35. ＿＿＿＿　우리는 상대방의 입장에서 보려고 한다(공감하기).

36. ＿＿＿＿　우리는 비판. 판단. 군림을 삼간다.

37. ＿＿＿＿　우리는 정직하고 진실하다(그리고 친절하다).

38. ＿＿＿＿　우리는 의견이 어긋나도 수용한다.

39. ＿＿＿＿　우리는 갈등이 있어도 한 번에 한 가지씩 다룬다.

40. ＿＿＿＿　우리는 갈등이 일 때 상대방의 인격을 공격하지 않고 구체적인 문제에 초점을 맞춘다.

41. ＿＿＿＿　우리는 갈등을 해결할 때 타협이나 합의를 찾는다(누가 이기고 누가 지는 방법이 아니
　　　　　　라).

42. ＿＿＿＿　우리는 상처 주는 말이나 행동을 삼간다.

43. ＿＿＿＿　우리는 차이가 있어도 이해하고 수용하려고 한다.

44. ＿＿＿＿　우리 가정의 전반적인 긍정적 커뮤니케이션의 정도는 S인가? G인가?

함께 시간 보내기

45. ____ 우리는 정기적으로 함께 식사한다.

46. ____ 우리는 집안일을 함께한다.

47. ____ 우리는 집 안에서 함께 즐기는 시간을 갖는다(놀이나 게임).

48. ____ 우리는 가족이 함께 종교활동에 참여한다.

49. ____ 우리는 함께 학교나 사회활동에 참여한다.

50. ____ 우리는 함께 모여 생일이나 기념일을 축하해 준다.

51. ____ 우리는 가족휴가를 갖는다.

52. ____ 우리는 각자의 동료관계(company)를 즐거워한다.

53. ____ 우리는 계획하지 않고도 저절로 즐거운 시간을 가지게 된다.

54. ____ 우리는 서로 함께할 수 있는 시간을 마련한다.

55. ____ 우리가 함께 보내는 시간은 즐겁거나 유익하다.

56. ____ 가족과 함께 보내는 시간의 전반적인 평가는 S인가? G인가?

영성적 차원

57. ____ 우리는 하느님이 우리 삶에 어떤 목적을 가지고 계심을 믿는다.

58. ____ 우리는 우리 삶을 인도하는 도덕적 신념과 가치가 있다(정직. 책임감).

59. ____ 우리는 인내. 용서 그리고 분노 표현의 절제와 같은 미덕을 실천한다.

60. ____ 우리는 어려운 시기라도 하느님과의 관계 때문에 내적 평화를 누린다.

61. ____ 우리의 삶은 희망적이고 신뢰할 수 있다고 믿는다.

62. ____ 우리는 하느님이 우리의 가족을 돌보고 인도해 주시리라 믿는다.

63. ____ 우리는 교회라는 가족의 일원임을 믿는다(한 지체임을 믿음).

64. ____ 우리는 성실한 신앙심을 가진 가족이나 친구와 교류한다.

65. ____ 우리는 하느님이 우리 가족을 사랑하고 인도해 주심을 고맙게 여긴다.

66. ____ 우리는 교회 모임에 다 같이 참여한다.

67. ____ 우리는 성서를 읽거나 영적 독서를 한다.

68. ____ 우리는 매일 기도하는 시간을 갖는다.

69. ____ 우리는 살아가면서 하느님의 말씀을 생각해 본다.

70. ____ 우리는 일상생활에서 영성적 가치를 실현하려 한다(예를 들면, 용서의 가르침).

71. ____ 우리는 믿음에 관한 극단적이거나 끝없는 논쟁을 삼간다.

72. ____ 영성적 차원에 대한 가정의 전반적 평가는 S인가? G인가?

스트레스와 위기 대처

73. _____ 우리는 사소하고 성가신 스트레스는 무시할 수 있다.

74. _____ 우리는 사소한 근심에 관심과 정력을 쏟지 않는다.

75. _____ 우리는 일상의 고투나 도전이 큰 목표 달성을 위한 단계라고 믿는다.

76. _____ 우리는 유머나 건설적인 농담을 통해 스트레스와 긴장을 해소한다.

77. _____ 우리는 앞으로 있을지도 모를 일을 놓고 걱정하지는 않는다.

78. _____ 우리는 스케줄이 너무 복잡할 때는 줄일 줄 안다.

79. _____ 우리는 중요한 일에 우선적으로 관심과 정력을 쏟는다.

80. _____ 우리는 여가활동과 취미생활을 즐긴다.

81. _____ 우리는 야외활동이나 레크리에이션을 즐긴다.

82. _____ 우리는 정기적으로 운동을 한다.

83. _____ 우리는 상황이 나빠도 긍정적인 면을 보려고 한다.

84. _____ 우리는 위기에 처하면 마음을 모아 대처하려 한다.

85. _____ 우리는 위기 상황에 놓이면 서로 지지해 주려고 한다.

86. _____ 우리는 힘들 때 친구, 교회, 이웃으로부터 도움을 구한다.

87. _____ 우리는 위기 상황에 처할 때 전문가의 도움을 구한다.

88. _____ 우리는 위기 상황에서 영성적 자원(하느님의 도움, 신앙, 희망)을 활용한다.

89. _____ 우리는 위기 상황을 개인이나 가족의 성장 기회로 여긴다.

90. _____ 우리는 좋은 커뮤니케이션을 통해 감정을 나누고 문제를 해결하려 한다.

91. _____ 우리는 변화에 유연하게 대처하고 잘 적응해 나간다.

92. _____ 가족 스트레스와 위기 대처에 대한 전반적인 평가는 S인가? G인가?

출처: 제석봉, 박경 역(2004), pp. 261-266.

부록 2　만족도 조사

만족도 조사

그동안 프로그램/상담에 참여해 주신 여러분께 진심으로 감사드립니다.

여러분의 의견을 조사하여 더 나은 프로그램으로 발전시키기 위해 몇 가지 질문을 하오니 바쁘

시더라도 성의껏 답해 주시기를 부탁드립니다.

○○○ 센터

※ 다음 문항을 읽고 자신의 생각과 가장 가까운 곳에 ∨표 해 주세요.

문항	매우 그렇지 않다	그렇지 않다	보통 이다	그렇다	매우 그렇다
1. 프로그램/상담 내용은 내 가족의 실제 생활에 도움이 되었다.					
2. 강사(진행자)/상담자는 프로그램/상담을 잘 진행하였다.					
3. 프로그램/상담 진행환경은 만족스러웠다.					
4. 프로그램/상담 진행시간은 참여하기에 적절하였다.					
5. 프로그램/상담 진행과정은 전반적으로 만족스러웠다.					
6. 기회가 된다면, 다른 프로그램에 또 참여하고 싶다.					
7. 다른 사람들에게 본 프로그램/상담 이용을 권하고 싶다.					

※ 다음 문항에 ∨표 하거나, 여러분의 주관적 의견을 적어 주세요.

성별	□ 남　　□ 여	연령	만 (　　)세
혼인 여부		□ 미혼　　□ 기혼 (자녀 수 ___ 명)	
센터가 실시한 다른 프로그램의 참여경험		□ 있다　　□ 없다	
도움이 되었던 점			
개선해야 할 점			
원하는 교육/상담 내용			
이용 가능한 시간대			

◈ 끝까지 답변해 주셔서 진심으로 감사드립니다. ◈

출처: 여성가족부(2021. 2.), p. 280.

부록 3	상담신청서

상담신청서

1. 접수사항

사례번호		접수자		접수일시	년 월 일

2. 내담자 정보

<table>
<tr><td rowspan="3">내담자
정보</td><td>성명</td><td></td><td colspan="2">나이</td><td>세</td><td>성별</td><td>남 · 여</td><td>핸드폰</td><td></td></tr>
<tr><td>집전화</td><td></td><td colspan="2">직업</td><td></td><td colspan="2">E-mail</td><td></td></tr>
<tr><td>주소</td><td colspan="8"></td></tr>
<tr><td rowspan="1">신청자
(※ 내담자
본인이 아닐
경우)</td><td>성명</td><td></td><td colspan="2">내담자와의
관계</td><td></td><td>성별</td><td>남 · 여</td><td>연락처</td><td></td></tr>
<tr><td rowspan="1">가족 정보
(가족상담일
경우)</td><td>성명</td><td></td><td colspan="2">내담자와의
관계</td><td></td><td>성별</td><td>남 · 여
남 · 여
남 · 여</td><td>연락처</td><td></td></tr>
<tr><td>상담 유형</td><td colspan="9">☐ 개인상담 ☐ 부부상담(이혼 전 · 후) ☐ 가족상담 ☐ 심리검사 ☐ 집단상담 ☐ 기타(   )</td></tr>
<tr><td>찾아온 경위</td><td colspan="9">☐ 인터넷 ☐ 홍보물 ☐ 주변 권유 ☐ 이용자 추천 ☐ 아이돌봄 이용 가정 ☐ 기타(   )</td></tr>
<tr><td>상담요청
내용</td><td colspan="9">〈상담받고 싶은 내용〉</td></tr>
<tr><td>상담 경험</td><td colspan="9">☐ 개인상담 (상담내용:)
☐ 심리검사 (검사종류:)</td></tr>
</table>

상담가능 시간		9	10	11	12	13	14	15	16	17	18		가족 사항	성명	관계	나이	직업	농기 여부
	월																	
	화																	
	수																	
	목																	
	금																	

<table>
<tr><td rowspan="4">기타
(※ 상담사
작성)</td><td>접수사</td><td></td><td>접수방법</td><td colspan="3">☐ 방문 ☐ 전화 ☐ E-mail ☐ 기타 (   )</td></tr>
<tr><td rowspan="2">의뢰
기관</td><td colspan="5">☐ 타 건강가정지원센터   ☐ 유관기관(주민자치센터 등)
☐ 전문기관(전문상담소, 병원, 법원)   ☐ 다문화가족지원센터
☐ 공공기관(각 행정부처 및 산하기관) ☐ 민간사설기관   ☐ 기타</td></tr>
<tr><td></td><td></td><td></td><td></td><td></td></tr>
<tr><td>비고</td><td colspan="5"></td></tr>
</table>

출처: 건강가정지원센터 운영지침.

부록 4	면접교섭 서비스 신청서식 일체

면접교섭 지원 신청서

관리번호			접수일자		

신청인	성명		생년월일		전자우편	
	자녀와의 관계		피신청인과의 관계	이혼 [ ]	연락처 1	
				비혼 [ ]	연락처 2	
	주소					
	양육 여부	양육 [ ] 비양육 [ ]	가족 유형	조손가족[ ] 다문화가족[ ] 그 밖의 유형[ ]		

피신청인	성명		생년월일		전자우편	
	자녀와의 관계		연락처 1		연락처 2	
	주소					

자녀	성명	생년월일	성별	연락처	재학 상태	비고

※자녀란에는 면접교섭 신청을 하는 미성년자만 기재합니다.

면접교섭 현황	• 면접교섭 판결 또는 합의 유[ ] 무[ ] • 면접교섭 이행 여부 이행[ ] 미이행[ ] • 마지막 면접교섭 이행 시기 [ ] • 면접교섭 미이행 사유(복수 선택 가능) 　① 상대방과의 갈등[ ] 　② 연락두절[ ] 　③ 양육비 미이행 [ ] 　④ 경제적 어려움 [ ] 　⑤ 원거리 [ ] 　⑥ 자녀거부 [ ] 　⑦ 기타 [ ]
면접교섭 지원유형 (복수 선택 가능)	• 면접교섭 서비스를 통해 얻고 싶은 것 　①자녀와의 관계개선 ②면접교섭 갈등해소 ③정기적 또는 수시 면접교섭 　④자녀양육방법에 대한 의견 개진 ⑤기타[ ]
양육비 집행권원 유무 (판결, 부담조서 등)	유[ ] 무[ ]	양육비 결정 금액	만 원	최근 3개월간 양육비 이행 여부	지급 [ ] 미지급[ ] 일부지급 [ ]

[첨부서류] 부모의 주민등록등본 각 1통, 자녀의 가족관계증명서 각 1통, 면접교섭에 관한 합의서 또는 판결문(결정문·조정조서 등)이 있는 경우 1통

[유의사항] 면접교섭 서비스는「양육비 이행확보 및 지원에 관한 법률」제10조의 2에 의거하여 자녀의 건강한 성장을 위하여 비양육부·모가 자녀를 면접교섭 할 수 있는 제도이므로, 면접교섭 서비스 이용규칙을 위반하거나 자녀의 안전에 문제가 되는 경우에는 면접교섭 서비스의 방법을 바꾸거나 중단할 수 있습니다.

위와 같이 한국건강가정진흥원(양육비이행관리원)의 수탁기관인 ○○건강가정지원센터에서 진행되는
면접교섭 지원 서비스를 신청합니다.

　　　　　　　　　　　　　　　　　　　　　　　　　　　　　　　　　　　년　　월　　일

　　　　　　　　　　　　　신청인 성명 :　　　　　　　　　(서명 또는 인)
　　　　　　　　　신청인과의 관계(대리 신청의 경우만 해당합니다):

　　　　　　　　　○○건강가정지원센터 귀중
　　　　　　　　　한국건강가정진흥원(양육비이행관리원)

개인정보 수집 · 이용 및 제3자 제공 동의서 [면접교섭 서비스 지원용]

○○건강가정지원센터는 한국건강가정진흥원(양육비이행관리원)으로부터 면접교섭 서비스 사업을 수탁받은 기관으로, 「양육비 이행확보 및 지원에 관한 법률」 제7조에 근거하여 ○○건강가정지원센터 및 한국건강가정진흥원(양육비이행관리원)이 제공하는 면접교섭 · 양육비 관련 서비스 제공 및 정책자료 활용을 위하여 아래와 같은 개인정보를 수집하고자 합니다. 이용자가 제공한 모든 정보는 위 목적에 필요한 용도 이외로는 사용되지 않습니다.

1. [필수] 개인정보 수집 및 활용 동의(일반 동의)

개인정보 항목	• 성명, 연락처(전화번호, 휴대전화번호, 전자우편주소), 국적, 주민등록등(초)본, 가족관계증명서, 혼인관계증명서, 기본증명서 등 이에 준하는 증명력을 가진 문서
수집 · 이용 목적	• 면접교섭 지원 서비스 제공 • 양육비 지원 정책자료 활용 • 정책서비스 관련 뉴스레터 제공 • 제도 개선 및 서비스 연구 개발
보유 및 이용 기간	• 면접교섭 지원 서비스 종료 후 3년
동의 거부 시 불이익 내용	• 동의를 거부할 수 있으나, 거부할 경우 면접교섭 지원 서비스 제공 제한
* 본인은 상기 내용을 확인하였으며, 위와 같이 개인정보 수집 · 이용에 동의합니다. 동의함 ☐ 동의하지 않음 ☐	

2. [필수] 개인정보 수집 및 활용 동의(민감정보 동의)

개인정보 항목	• 양육자와 비양육자의 혼인관계, 양육비 지급 여부 및 내역, 양육자와 비양육자의 직업 및 소득, 양육자 · 비양육자 · 자녀의 건강상태, 자녀 학력, 별거 기간
수집 · 이용 목적	• 면접교섭 지원 서비스 제공 • 양육비 지원 정책자료 활용 • 제도 개선 및 서비스 연구 개발
보유 및 이용 기간	• 면접교섭 지원 서비스 종료 후 3년
동의 거부 시 불이익 내용	• 동의를 거부할 수 있으나, 거부할 경우 면접교섭 지원 서비스 제공 제한
* 본인은 상기 내용을 확인하였으며, 위와 같이 개인정보 수집 · 이용에 동의합니다. 동의함 ☐ 동의하지 않음 ☐	

3. [필수] 개인정보 수집 및 활용 동의(주민등록번호)

개인정보 항목	주민등록번호(외국인등록번호)	근거 법률	양육비 이행확보 및 지원에 관한 법률
수집 · 이용 목적	면접교섭 지원 서비스 제공		

보유 및 이용 기간	면접교섭 지원 서비스 제공 후 3년
동의 거부 시 불이익 내용	동의를 거부할 수 있으나, 거부할 경우 면접교섭 지원 서비스 제공 제한

* 본인은 상기 내용을 확인하였으며, 위와 같이 개인정보 수집·이용에 동의합니다.
  동의함 □   동의하지 않음 □

4. [필수] 제3자 등 정보 제공 동의

제공받는 자	• 한국건강가정진흥원(양육비이행관리원) • 면접교섭 상담위원 • 면접교섭 연구·조사 관련자
개인정보 항목	• 제1항 내지 제2항에 해당하는 개인정보
수집·이용 목적	• 면접교섭 서비스 제공 • 제도 개선 및 서비스 연구 개발
보유 및 이용 기간	• 면접교섭 서비스 완료 시까지
동의 거부 시 불이익 내용	• 동의를 거부할 수 있으나, 거부할 경우 면접교섭 지원 서비스 제공 제한

* 본인은 상기 내용을 확인하였으며, 위와 같이 개인정보 수집·이용에 동의합니다.
  동의함 □   동의하지 않음 □

5. [선택] 사례제공 동의

*본인은 면접교섭 서비스의 홍보 및 개선·발전 등 기타 이에 부합하는 한국건강가정진흥원(양육비이행관리원)의
 사업목적을 위한 사례의 수집·이용에 동의합니다.
   동의함 □   동의하지 않음 □

6. [선택] 뉴스레터 등 발행물 수신 동의

*본인은 면접교섭 서비스의 홍보 및 개선·발전 등 기타 이에 부합하는 한국건강가정진흥원(양육비이행관리원)의
 사업목적 및 관련 정책 서비스 안내를 위한 뉴스레터 등 각종 발행물의 수신에 동의합니다.
   동의함 □   동의하지 않음 □

본인은 본 동의서 내용과 개인정보 수집·처리 및 제3자 제공에 관한 본인의 권리에 대하여 이해하고
서명합니다.

성명(주민번호) :   (서명 또는 인)

20   .   .   .

○○건강가정지원센터 귀중

한국건강가정진흥원(양육비이행관리원)

면접교섭 서비스 이용규칙(양육부 · 모용)

면접교섭 이용규칙 준수 동의서	
• 다음의 내용은 안전한 면접교섭을 위한 준수사항입니다. 자세히 읽고 동의 시 항목마다 ☑ 표시하시기 바랍니다. • 양육부 · 모와 비양육부 · 모가 모두 동의하여야 면접교섭이 진행됩니다.	
〈면접교섭 시 자녀의 안전 항목〉	동의
자녀가 비양육부 · 모를 만날 권리를 최우선으로 하며 면접교섭 시 자녀의 안전을 중요하게 고려하고 있음을 이해합니다.	☐
양육부 · 모로서 자녀의 정서적 · 신체적인 안전을 유념하겠습니다.	☐
자녀에게 신체적 불편이나 심리적 불편이 있다고 판단되는 경우 면접교섭 담당자 및 상담위원이 개입합니다.	☐
비양육부 · 모의 면접교섭 방식이 자녀에게 해롭다고 판단되는 경우 면접교섭 담당자 및 상담위원이 개입합니다.	☐
양육부 · 모는 면접교섭 담당자 및 상담위원이 지정해 준 장소를 임의적으로 벗어날 수 없습니다.	☐
위험하거나 의심스러운 물건을 가져오지 않습니다.	☐
영유아인 자녀가 양육부 · 모와 분리되는 것을 어려워하는 경우, 면접교섭 담당자 및 상담위원의 판단으로 양육부 · 모가 동반 입실할 수 있습니다. 방법과 시간은 면접교섭 담당자 및 상담위원의 안내를 따릅니다.	☐
〈면접교섭 서비스 관련 항목〉	동의
면접교섭 서비스 신청은 일방이 하실 수 있으나 일부 서비스는 당사자 모두의 동의가 필요합니다.	☐
양육부 · 모는 면접교섭 날짜와 시간을 준수합니다.	☐
양육부 · 모와 비양육부 · 모 두 사람은 면접교섭 서비스를 이용하는 것에 합의하였습니다.	☐
면접교섭 진행 시 필요한 개인정보와 개인정보의 변경(연락처 등)이 있을 경우 반드시 알리겠습니다.	☐
일정 변경은 면접교섭 해당일 일주일 전에 미리 연락하여 조정합니다.	☐
원칙적으로 양육부 · 모가 직접 자녀와 동반합니다. 사전 협의 된 경우, 다른 보호자가 자녀를 동반할 수 있습니다.	☐
면접교섭은 원칙적으로 비양육부 · 모–자녀만 진행됩니다. 다른 가족의 면접교섭은 사전 합의에 따라 제한적으로 가능합니다.	☐
면접교섭 담당자 및 상담위원의 안내에 따르지 않고 규칙을 준수하지 않을 경우 내규에 따라 면접교섭이 강제로 중단될 수 있음을 이해합니다.	☐
면접교섭 서비스는 가구당 8회 지원이 원칙입니다. 가구별 상황에 따라 지원 횟수가 증감될 수 있습니다.	☐
신청인과 3개월 이상 연락이 되지 않는 경우 면접교섭 서비스가 중단될 수 있습니다.	☐
사전에 협의 없이 소송 등 타 기관에 분쟁해결을 신청한 경우 면접교섭 서비스가 중단될 수 있음을 이해합니다.	☐
위의 사항을 이해하고 동의하며 위의 사항을 위반할 시 면접교섭 서비스 지원이 제한될 수 있다는 것을 이해하고 최종 동의합니다. 년 월 일 (서명/인) ○○건강가정지원센터 귀중 한국건강가정진흥원(양육비이행관리원)	

면접교섭 서비스 이용규칙(비양육부·모용)

면접교섭 이용규칙 준수 동의서	
• 다음의 내용은 안전한 양육비이행관리원 면접교섭을 위한 준수사항입니다. 자세히 읽고 동의 시 항목마다 ☑ 표시하시기 바랍니다. • 양육부·모와 비양육부·모가 모두 동의하여야 면접교섭이 진행됩니다.	
〈면접교섭 시 자녀의 안전 항목〉	동의
자녀가 비양육부·모를 만날 권리를 최우선으로 하며 면접교섭 시 자녀의 안전을 중요하게 고려하고 있음을 이해합니다.	☐
비양육부·모로서 자녀의 정서적·신체적인 안전을 유념하겠습니다.	☐
자녀에게 신체적 불편이나 심리적 불편이 있다고 판단되는 경우 면접교섭 담당자 및 상담위원이 개입합니다.	☐
비양육부·모의 면접교섭 방식이 자녀에게 해롭다고 판단되는 경우 면접교섭 담당자 및 상담위원이 개입합니다.	☐
면접교섭 시 자녀에게 신체접촉을 강요하지 않습니다.	☐
면접교섭 도중 비양육부·모는 자녀에게 귓속말을 하지 않습니다.	☐
위험하거나 의심스러운 물건을 가져오지 않습니다.	☐
면접교섭실을 벗어나는 경우 납치와 유인으로 간주될 수 있습니다.	☐
자녀와의 상호작용을 위하여 도움을 청하는 경우 면접교섭 담당자 및 상담위원이 개입할 수 있습니다.	☐
비양육부·모는 면접교섭 담당자 및 상담위원이 지정해 준 장소를 임의적으로 벗어날 수 없습니다.	☐
영유아인 자녀가 양육부·모와 분리되는 것을 어려워하는 경우, 면접교섭 상담위원의 판단으로 양육부·모가 동반 입실할 수 있습니다. 방법과 시간은 면접교섭 담당자 및 상담위원의 안내를 따릅니다.	☐
〈면접교섭 서비스 관련 항목〉	동의
비양육부·모는 면접교섭 날짜와 시간을 준수합니다.	☐
면접교섭 서비스 신청은 일방이 하실 수 있으나 일부 서비스는 당사자 모두의 동의가 필요합니다.	☐
양육부·모와 비양육부·모 두 사람은 면접교섭 서비스를 이용하는 것에 합의하였습니다.	☐
면접교섭 진행 시 필요한 개인정보와 개인정보의 변경(연락처 등)이 있을 시 반드시 알리겠습니다.	☐
일정 변경은 면접교섭 해당일 일주일 전에 미리 연락하여 조정합니다.	☐
면접교섭은 비양육부·모와 자녀의 면접교섭을 원칙으로 진행됩니다. 다른 가족의 면접교섭은 사전 합의에 따라 제한적으로 가능합니다.	☐
면접교섭 담당자 및 상담위원의 안내에 따르지 않고 규칙을 준수하지 않을 경우 내규에 따라 면접교섭이 강제로 중단될 수 있음을 이해합니다.	☐
면접교섭 서비스는 가구당 8회 지원이 원칙입니다. 가구별 상황에 따라 지원 횟수가 증감될 수 있습니다.	☐
신청인과 3개월 이상 연락이 되지 않는 경우 면접교섭 서비스가 중단될 수 있습니다.	☐
사전에 협의 없이 소송 등 타 기관에 분쟁해결을 신청한 경우 면접교섭 서비스가 중단될 수 있음을 이해합니다.	☐

위의 사항을 이해하고 동의하며

위의 사항을 위반할 시 면접교섭 서비스 지원이 제한될 수 있다는 것을 이해하고 최종 동의합니다.

년   월   일

(서명/인)

○○건강가정지원센터 귀중

한국건강가정진흥원(양육비이행관리원)

면접교섭 서비스 효과 (사전 · 사후 검사지)
−양육부 · 모용−

번호	문항	전혀 그렇지 않다	그렇지 않다	보통 이다	그렇다	매우 그렇다
1	(전) 배우자를 생각만 해도 두렵고 무섭다.					
2	(전) 배우자는 절대로 대면하고 싶지 않다.					
3	(전) 배우자와 만나고 싶지 않아서 면접교섭이 부담된다.					
4	(전) 배우자에게 별다른 감정이 없지만 대면하는 것은 불편하다.					
5	자녀와 (전) 배우자가 만나는 것이 불안하다.					
6	솔직히 자녀와 비양육부 · 모의 만남이 없었으면 좋겠다.					
7	*자녀와 비양육부 · 모가 만나야 하는 필요성을 전혀 모르겠다.					
8	*비양육부 · 모와 자녀가 만나지 않은 지 6개월이 넘었다.					
9	*자녀는 비양육부 · 모를 무서워한다고 생각한다.					
10	*이혼 전 자녀는 비양육부 · 모에게 학대(신체, 정서, 성) 및 방임을 당한 경험이 있다.					
11	*나는 (전) 배우자에게 학대(신체, 정서, 성)를 당한 경험이 있다.					
12	*이혼 전 자녀는 내가 (전) 배우자에게 구타당하는 것을 본 경험이 있다.					
13	나는 자녀에게 좋은 부모가 되려고 노력한다.					
14	비양육부 · 모는 자녀와 별거 후에도 생일과 같은 기념일을 챙겨 주었다.					
15	자녀는 평상시에 비양육부 · 모를 언급하며 궁금해한다.					
16	자녀가 비양육부 · 모를 만나면 좋아할 것이다.					
17	비양육부 · 모와 자녀가 만나는 것이 자녀에게 도움이 된다고 생각한다.					
18	자녀를 위해서라면 나는 부모교육을 통해 도움을 받고 싶다.					
19	나는 자녀를 위해 면접교섭에서 다소 불편하더라고 감수할 준비가 되었다.					
20	(전) 배우자가 자녀에게는 좋은 부모라고 생각한다.					
21	비록 이혼했을지라도 자녀는 부모를 만날 권리가 있다는 것을 이해한다.					
22	필요하면 (전) 배우자와 원만하게 통화할 수 있다.					
23	이혼 후 (전) 배우자와 필요에 따라 만나는 것은 괜찮다.					
24	자녀의 안전이 보장되는 환경에서 진행되는 면접교섭에 적극적으로 응할 것이다.					

면접교섭 서비스 효과 (사전 · 사후 검사지)
−비양육부 · 모용−

번호	문항	전혀 그렇지 않다	그렇지 않다	보통 이다	그렇다	매우 그렇다
1	(전) 배우자를 생각만 해도 두렵고 무섭다.					
2	(전) 배우자는 절대로 대면하고 싶지 않다.					
3	(전) 배우자와 만나고 싶지 않아서 면접교섭이 부담된다.					
4	(전) 배우자에게 별다른 감정이 없지만 대면하는 것은 불편하다.					
5	자녀와 (전) 배우자가 만나는 것이 불안하다.					
6	솔직히 자녀와 면접교섭을 통한 만남이 없었으면 좋겠다.					
7	*나는 자녀와 만나야 하는 필요성을 전혀 모르겠다.					
8	*나는 자녀를 만나지 않은 지 6개월이 넘었다.					
9	*자녀는 나를 무서워한다고 생각한다.					
10	*이혼 전 자녀는 학대(신체, 정서, 성) 및 방임을 당한 경험이 있다.					
11	*나는 (전) 배우자에게 학대(신체, 정서, 성)를 당한 경험이 있다.					
12	*이혼 전 자녀는 내가 (전) 배우자에게 구타당하는 것을 본 경험이 있다.					
13	나는 자녀에게 좋은 부모가 되려고 노력한다.					
14	나는 자녀와 별거 후에도 생일과 같은 기념일을 챙겨 주었다.					
15	자녀는 평상시에 비양육부 · 모를 언급하며 궁금해할 것이라 생각한다.					
16	자녀는 나를 만나면 좋아할 것이다.					
17	나는 나와 자녀가 만나는 것이 자녀에게 도움이 된다고 생각한다.					
18	자녀를 위해서라면 나는 부모교육을 통해 도움을 받고 싶다.					
19	나는 자녀를 위해 면접교섭에서 다소 불편하더라고 감수할 준비가 되었다.					
20	(전) 배우자가 자녀에게는 좋은 부모라고 생각한다.					
21	비록 이혼했을지라도 자녀는 부모를 만날 권리가 있다는 것을 이해한다.					
22	필요하면 (전) 배우자와 원만하게 통화할 수 있다.					
23	이혼 후 (전) 배우자와 필요에 따라 만나는 것은 괜찮다.					
24	자녀의 안전이 보장되는 환경에서 진행되는 면접교섭에 적극적으로 응할 것이다.					

면접교섭 서비스 효과 (사전 · 사후 검사지)
—자녀용—

번호	문항	전혀 그렇지 않다	그렇지 않다	보통 이다	그렇다	매우 그렇다
1	나는 다른 사람처럼 가치 있는 사람이라고 생각한다.					
2	나는 좋은 성품을 가졌다고 생각한다.					
3	*나는 대체로 실패한 사람이라고 생각한다.					
4	나는 다른 사람들만큼 일을 잘할 수 있다.					
5	*나는 자랑할 것이 별로 없다.					
6	나는 나 자신에 대해 긍정적인 생각을 가지고 있다.					
7	나는 나 자신에 대해 대체로 만족한다.					
8	*나는 내 자신을 좀 더 존중할 수 있으면 좋겠다.					
9	*나는 가끔 나 자신이 쓸모없는 사람이라는 느낌이 든다.					
10	*나는 때때로 내가 좋지 않은 사람이라고 생각한다.					

* 사전, 사후 구분은 위 제목에 동그라미로 체크

상담의뢰서

면접교섭 서비스 상담의뢰서

수 신 인   상담위원 ○○○
대 상 자   ○○○(양육자), ○○○(비양육자), ○○○(자녀)

1. 별지 상담의뢰 내용과 같이 상담을 의뢰합니다.
2. 상담결과를 보내실 때에는 되도록 별지 상담결과보고서 양식을 사용하고, 그렇지 않을 때에도 별지 상담결과보고서에 기재된 항목이 반드시 포함되도록 해 주시기 바랍니다.
3. 상담 및 상담결과 회송 시 다음 사항에 유의하시기 바랍니다.
   가. 상담 시 반드시 주민등록증, 운전면허증 등으로 당사자 본인 여부를 확인하시기 바랍니다.
   나. 의뢰한 상담목표에 대한 상담실시 및 그 결과가 상담결과보고서에 누락되지 않도록 작성하시기 바랍니다. 그러나 그 외에 귀 기관에서 추가적으로 상담목표를 설정하고, 그에 관한 상담을 실시한 후, 그 결과를 상담결과보고서에 포함시키는 것은 바람직합니다.

상 담 의 뢰 서

○○○ 상담위원 귀하

1. 당사자 인적사항

소송상 지위	신청인(양육자/비양육자)		피신청인(양육자/비양육자)	
이름(성별)	○○○(남/여)		○○○(남/여)	
생년월일				
연락처				
직업				
교육정도				
현 거주지				
혼인신고일				
이혼신고일				
자녀	이름(성별)	생년월일	취학상태	동거인
참고사항				

2. 상담의뢰 경위

가. 양육 상황

 －

 －

나. 면접교섭 및 양육비 이행 상황

 －

 －

다. 기타

 －

 －

3. 상담에 대한 기대사항

가. 당사자의 상담에 대한 입장
  ㅇ 비양육자
   ─
   ─

  ㅇ 양육자
   ─
   ─

나. 양육비이행관리원의 기대사항
   ─
   ─

4. 상담기간
  ㅇ 20   년   월 ～ 20   년   월 중, 상담을 _____회기 내외로 진행해 주시기 바랍니다.

※ 상담결과보고서는 매 회차 종료 후 1주일 이내에 보내 주시기 바랍니다.
※ 상담 시 가급적 ㅇㅇ건강가정지원센터를 이용해 주시기 바랍니다.

20   .   .   .

의뢰기관/담당자	○○건강가정지원센터 / ○○○	연락처	

부록 6   **회기별 상담결과보고서**

상담결과보고서

의뢰사건	의뢰기관	○○건강가정지원센터	담당자	○○○
	접수번호	–	사건번호	–

상담기관	명칭			
	상담자		연락처	

상담개요	상담일시 (소요시간)		상담회차	
	내담자			
	장소			
	상담목표			

상담내용	

종합의견 (상담평가)	

20   .   .   .

상담위원   (인)

부록 7 　　　　　　　　　　**상담일지**

상 담 일 지

접수번호	–	사건번호	–
신청인 성명	○○○(양육자) 010-1111-2222	피신청인 성명	
대상자녀	○○○(세)		

No	날짜	상담 요지	비고
		※ 신청 경로 : 1. 이혼 여부(이혼 형태, 이혼 시기) 2. 면접교섭 이행 상황(이혼 당시 정한 내용 확인) 3. 현재 면접교섭 관련 어려운 점 및 도움받고 싶은 사항 4. 이행원에서 지원 가능한 서비스 안내 5. 신청 서류 안내 및 발송 여부(우편 또는 이메일)	
			상담
상담자 (　　　　　　)		담당부장 (　　　　　　)	

* 신청인 본인이 원하지 않을 경우 일부 기재를 생략할 수 있음

부록 8	종결 보고서

개별면접교섭 서비스 결과보고

1. 면접교섭 서비스 당사자

신 청 인	피신청인	사건본인
○○○ (비양육부)	○○○ (양육모)	○○○ (자녀)

   o 서비스 지원 담당자: ○○○

2. 면접교섭 서비스 신청 경위
   o 신청 사유:
   o 신청 경로:

3. 개별면접교섭 서비스 내용
   o 면접교섭 서비스 진행기간:
   o 면접교섭 지원 유형: 중재

4. 면접교섭 진행 내용
   o 진행 상세 내용: 상담 총 _____회기

	날짜	대상	내용

   o 면접교섭 진행시 특이사항
    –
    –

5. 면접교섭 서비스의 효과
   o

6. 면접교섭 서비스의 종결
   o

7. 기타
   o

서비스 만족도 조사 설문지

면접교섭 서비스 만족도 설문지

만족도 설문에 참여해 주심에 감사드립니다. 본 설문지는 면접교섭 서비스 프로그램의 개선을 위한 기초 자료로 사용이 될 것입니다. 솔직한 평가와 의견을 개진해 주시면 앞으로 프로그램 개발 및 운영에 큰 도움이 될 것입니다.

※ 아래의 항목들에 대한 귀하의 의견과 일치하는 곳에 V표시하여 주십시오.

자녀와의 관계	① 양육자(부, 모)　　② 비양육자(부, 모)
연령	① 20대　② 30대　③ 40대　④ 50대　⑤ 60대 이상

1. 면접교섭 서비스 이용 횟수와 기간에 대해서 작성해 주세요.

＿＿＿＿＿ 회 / ＿＿＿＿＿ 년 ＿＿＿＿＿ 개월

2. 면접교섭 서비스는 얼마나 도움이 되셨나요(5점 만점)?

① 전혀 아니다(1점) ② 아니다(2점) ③ 보통이다(3점) ④ 그렇다(4점) ⑤ 매우 그렇다(5점)

3. 도움이 되었다면 어떠한 부분에서 도움이 되었나요? (중복응답 가능)

① 안전한 장소제공
② 부모교육 및 상담
③ 자녀양육에 관한 정보
④ 자녀와의 관계 개선
⑤ 자녀의 정서적 안정
⑥ 양육자/비양육자와 갈등 완화
⑦ (서비스 종결 후)자발적인 면접교섭 이행
⑧ 양육비 이행
⑨ 기타 : ＿＿＿＿＿＿＿＿＿＿＿＿＿＿

4. 도움이 되지 않았다면 그 이유는 무엇인가요?

5. 이용에 대한 개선점이나 하실 말씀이 있으면 적어 주세요.

```
┌─────────────────────────────────────────────────────┐
│                                                       │
│                                                       │
│                                                       │
│                                                       │
│                                                       │
│                                                       │
└─────────────────────────────────────────────────────┘
```

6. 다음은 귀하의 면접교섭 서비스 이용과정에 대한 질문입니다.
  각 문항에 V표해 주십시오.

번호	문항	전혀 그렇지 않다	그렇지 않다	보통 이다	그렇다	매우 그렇다
1	면접교섭 서비스 신청 과정은 편리하였다.					
2	면접교섭 담당자 또는 상담위원은 면접교섭이 안전한 환경에서 진행되도록 지원하였다.					
3	면접교섭 서비스 지원 횟수 및 시간은 적당하였다.					
4	면접교섭 담당자 또는 상담위원이 친절하게 대해 주었다.					
5	면접교섭 서비스는 자녀를 이해하는 데 도움이 되었다.					
6	면접교섭 서비스는 양육자와 자녀 간의 관계를 개선하는 것에 도움을 주었다.					
7	면접교섭 서비스는 비양육자와 자녀 간의 관계를 개선하는 것에 도움을 주었다.					
8	면접교섭 중재 및 상담 서비스를 통해 자녀를 양육하는 것에 도움을 받았다.					
9	면접교섭 서비스는 양육비 이행에 도움이 되었다.					
10	면접교섭 서비스 지원 과정은 전반적으로 만족스러웠다.					
11	향후 면접교섭 서비스를 다시 이용할 의사가 있다.					
12	다른 사람들에게 면접교섭 서비스 이용을 권하고 싶다.					
13	(비양육자만 응답하세요) 자녀와의 관계에서 어떻게 상호작용을 해야 하는지에 대한 구체적인 도움을 받았다. (면접교섭 시 자녀를 만났을 때 함께 시간 보내기 등)					
14	(해당하는 경우만 응답하세요) 면접교섭실은 면접교섭이 이루어지기에 적당하였다. (대기 장소, 면접교섭 장소 등)					

※ 면접교섭 서비스 만족도 설문에 응해 주셔서 감사합니다.

| 부록 10 | 아동학대 체크리스트 | | |

번호	평가항목	평가	
1	사고로 보이기에 미심쩍은 상흔이나 폭행으로 보이는 멍이나 상처가 발생한다.	예	아니요
2	상처 및 상흔에 대한 자녀 및 보호자의 설명이 불명확하다.	예	아니요
3	보호자가 자녀가 매를 맞고 자라야 한다는 생각을 갖고 있거나 체벌을 사용한다.	예	아니요
4	자녀가 보호자에게 언어적·정서적 위협을 당한다.	예	아니요
5	자녀가 보호자에게 감금, 억제, 기타 가학적인 행위를 당한다.	예	아니요
6	기아, 영아실조 등 적절하지 못한 영양섭취를 보인다.	예	아니요
7	계절에 맞지 않는 옷, 청결하지 못한 외모를 보인다.	예	아니요
8	불결한 환경이나 위험한 상태로부터 자녀를 보호하지 않고 방치한다.	예	아니요
9	성학대로 의심될 성 질환이 있거나 임신 등의 신체적 흔적이 있다.	예	아니요
10	나이에 맞지 않은 성적 행동 및 해박하고 조숙한 성지식을 보인다.	예	아니요
11	자주 결석하거나 결석에 대한 사유가 불명확하다.	예	아니요
12	필요한 의학적 처지를 하지 않거나 예방접종이 필요한 자녀에게 예방접종을 실시하지 않는다.	예	아니요
13	보호자에 대한 거부감과 두려움을 표현하거나 집(보호기관)으로 돌아가는 것에 대해 두려워한다.	예	아니요
14	자녀가 히스테리, 강박, 공포 등 정신신경성 반응을 보이거나 공격적이거나 위축된 모습 등의 극단적인 행동을 한다.	예	아니요
15	자녀학대 점검표 1~14에 해당되지는 않지만 그 외의 학대로 의심되는 경우 (학대 의심 사항:)	예	아니요

출처: 중앙아동보호전문기관.

| 부록 11 | 센터 지도 · 점검표 |

○○○○년 △△△△센터 지도 · 점검표

□ 점검현황

점검일자				장소	
점검자	소속 :	직급 :	성명 :	(인)	
	소속 :	직급 :	성명 :	(인)	

□ △△△△센터 점검사항

구분		직원점검사항	점검결과			비고 (개선사항)
			우수	보통	미흡	
종사자 채용 관리	1	• 종사자 채용 시 공개경쟁채용 원칙 준수 여부				
	2	• 종사자 근로계약 체결 여부				
	3	• 종사자 채용 구비서류 등 관계철 구비 여부(응시원서, 주민등록등본, 채용신체검사서) • 건강가정사 증명서(관련과목 이수 증명서류, 졸업증명서, 성적증명서 등), 경력증명서				
	4	• 인사기록카드 관리 상태				
	5	• 조직도 및 담당업무표 제작 · 게시 여부				
직원 복무 상황	1	• 출장명령 후 출장 여부(근무상황부 확인)				
	2	• 연 · 병가 실시 상태(개인별 근무상황부 확인)				
	3	• 비상연락망 구비 여부				
예산 회계 관리	1	• 통합회계관리: 회계 관리, 급여 관리, 예산 관리, 세무 관리, 자산(비품, 소모품) 관리				
	2	• 회계 보고 (회계담당자 지정여부 확인): 사업계획안 및 예산안 보고, 정산 보고, 결산 보고(지침 준수 여부, 제출 기간 이행 여부)				
	3	• 통장 관리 및 강사료 등 집행 지침 준수 여부				
	4	• 지출품의서, 결의서 등 회계 서류의 적절성 등 • 영수증 증빙 적합 여부				
사업 운영	1	• 사업영역별 프로그램 시간과 참여인원수				
	2	• 사업비 집행내역 및 집행률 현황				
	3	• 사업계획 대비 이행실적				
	4	• 센터 및 사업 인지도 향상을 위한 홍보활동 내용				
	5	• 기타 사업에 관한 전반적인 이행실태				
건의 사항						

※점검사항은 해당 지방자치단체 및 센터 현황에 따라 가감하거나 자체 점검표를 마련하여 시행 가능함.
출처: 여성가족부(2021. 2.), pp. 282–283; 한국건강가정진흥원(2013b).

부록 12   **가족관계위기징후 척도**

가족관계위기징후 척도

다음에 제시되는 각 항목에 대해 귀하의 가족은 어떠신지 답해 주시기 바랍니다. 해당 설문 문항은 귀하와 가족에게 맞는 프로그램을 제공해 드리는 데 이용됩니다. 바쁘시더라도 성의껏 답해 주시기를 부탁드립니다.

○○○건강가정·다문화가족지원센터

문항	전혀 그렇지 않다	그렇지 않다	그저 그렇다	그렇다	매우 그렇다
1. 서로 간에 불평, 불만이 많다					
2. 갈등이 생기면 해결하려 하기보다는 피해 버린다.					
3. 가족원 간에 욕설이나 큰소리를 내며 싸운다.					
4. 가족이 함께 사진 찍고 싶어 하지 않는다.					
5. 집에 같이 있어도 서로 얼굴을 마주치고 싶어 하지 않는다.					
6. 함께 식사, 여행, 외출, 쇼핑 등을 하고 싶어 하지 않는다.					
7. 가족 안에서 자신의 힘든 일을 말하는 것이 어렵다.					
8. 가족원 간에 의견충돌이 쉽게 일어난다.					
9. 가족 안에 대화다운 대화가 없다.					
10. 포옹이나 뽀뽀, 손잡기 등의 스킨십이 없다.					
11. 가족 안에 웃음이 없다.					
12. 집에 있으면 마음이 편하지 않고 불편하다.					
13. 서로의 고민과 상황에 대해 관심이 없고 알지도 못한다.					
14. 사랑한다는 표현을 직접적이든 간접적이든 하지 않는다.					
15. 서로 짜증스럽게 말한다.					
16. 서로 가시가 있는 말, 비꼬는 말, 공격적인 말을 한다.					
17. 한 명이 일방적, 강압적으로 자기 의사를 강요한다.					
18. 꼭 필요한 말이 아니면 서로 이야기하지 않는다.					

출처: 여성가족부(2021. 2.), p. 284; 한국건강가정진흥원(2013b).

부록 13   가족스트레스 척도(기혼자용/미혼자용)

가족스트레스 척도(기혼자용)

귀하와 귀하 가족께서 지난 1년사이에 또는 만성적으로 겪고 있는 일 중 스트레스 정도에 대해서 어떻게 느끼시는지 답해 주시기 바랍니다. 해당 설문 문항은 귀하와 가족에게 맞는 프로그램을 제공해 드리는 데 이용됩니다. 바쁘시더라도 성의껏 답해 주시기를 부탁드립니다.

○○○건강가정 · 다문화가족지원센터

문항	경험 여부		경험 있음				
			스트레스 정도				
	없다	있다	매우 낮다	낮다	보통이다	높다	매우 높다
1. 지난 1년 사이에 내가 결혼을 했다.	⓿	❶	①	②	③	④	⑤
2. 지난 1년 사이에 가족 중 누군가 결혼을 했다.	⓿	❶	①	②	③	④	⑤
3. 지난 1년 사이에 내(배우자)가 임신 또는 유산을 했다	⓿	❶	①	②	③	④	⑤
4. 지난 1년 사이에 가족 중에 누군가 임신 또는 유산을 했다.	⓿	❶	①	②	③	④	⑤
5. 지난 1년 사이에 내(배우자)가 출산, 입양을 했다.	⓿	❶	①	②	③	④	⑤
6. 지난 1년 사이에 가족 중에 누군가 출산, 입양을 했다.	⓿	❶	①	②	③	④	⑤
7. 지난 1년 사이에 내(배우자)가 외도를 했다.	⓿	❶	①	②	③	④	⑤
8. 지난 1년 사이에 가족 중에 누군가 외도를 했다.	⓿	❶	①	②	③	④	⑤
9. 지난 1년 사이에 나와 배우자가 별거 또는 이혼을 했다.	⓿	❶	①	②	③	④	⑤
10. 지난 1년 사이에 가족 중에 누군가 별거하거나 이혼을 했다.	⓿	❶	①	②	③	④	⑤
11. 지난 1년 사이에 배우자가 사망하였다.	⓿	❶	①	②	③	④	⑤
12. 지난 1년 사이에 가족이나 가까운 친척 중에 누군가 사망하였다.	⓿	❶	①	②	③	④	⑤
13. 지난 1년 사이에 아이를 위한 보육시설/학원을 새로 찾아야 했다.	⓿	❶	①	②	③	④	⑤
14. 지난 1년 사이에 자녀가 초등/중/고등/대학교/대학원에 입학하였다.	⓿	❶	①	②	③	④	⑤
15. 지난 1년 사이에 자녀가 원하는 학교입시에 실패했다.	⓿	❶	①	②	③	④	⑤
16. 지난 1년 사이에 내(배우자)가 은퇴하였다	⓿	❶	①	②	③	④	⑤
17. 지난 1년 사이에 가족 중에 누군가 은퇴하였다.	⓿	❶	①	②	③	④	⑤
18. 지난 1년 사이에 새로 대출을 받거나 빚을 졌다.	⓿	❶	①	②	③	④	⑤
19. 지난 1년 사이에 가계지출이 급격히 늘었다.	⓿	❶	①	②	③	④	⑤
20. 지난 1년 사이에 주식, 부동산 시장의 변화로 재산상의 손실을 보았다.	⓿	❶	①	②	③	④	⑤
21. 지난 1년 사이에 나 혹은 가족 중 누군가 사업을 시작하거나 첫 출근하였다.	⓿	❶	①	②	③	④	⑤

22. 지난 1년 사이에 나 혹은 가족 중 누군가 실직, 해고되었다.	⓿	❶	①	②	③	④	⑤
23. 지난 1년 사이에 나 혹은 가족 중 누군가 직장을 얻는 데 실패했다.	⓿	❶	①	②	③	④	⑤
24. 지난 1년 사이에 이사(전학)를 했다.	⓿	❶	①	②	③	④	⑤
25. 지난 1년 사이에 가족 중 누군가 따로 살게 되거나, 따로 살던 가족이 같이 살게 되었다.	⓿	❶	①	②	③	④	⑤
26. 지난 1년 사이에 나 혹은 가족 중 누군가 크게 다치거나 많이 아팠다.	⓿	❶	①	②	③	④	⑤
27. 지난 1년 사이에 나 혹은 가족 중 누군가 학교폭력이나 (성)범죄 피해자가 되었다.	⓿	❶	①	②	③	④	⑤
28. 지난 1년 사이에 나 혹은 가족 중 누군가 가출, 비행을 저지르거나 고소 · 고발을 당했다.	⓿	❶	①	②	③	④	⑤
29. 가족 중에 누군가 결혼할 때가 지났다.	⓿	❶	①	②	③	④	⑤
30. 내(배우자)가 임신을 원했지만 되지 않았다.	⓿	❶	①	②	③	④	⑤
31. 가족 중에 누군가 임신을 원했으나 되지 않았다.	⓿	❶	①	②	③	④	⑤
32. 자녀에게 발달적 문제(발달이 느림)가 있다.	⓿	❶	①	②	③	④	⑤
33. 자녀의 성적이 낮다(성적이 떨어졌다).	⓿	❶	①	②	③	④	⑤
34. 가족 중에 누군가 요양병원에 계시다.	⓿	❶	①	②	③	④	⑤
35. 가족이나 가까운 친척 중 연세가 많아 신체적/정신적으로 가족이 돌봐야 할 분이 있다.	⓿	❶	①	②	③	④	⑤
36. 부모님이나 가까운 친척들과 불화가 있다.	⓿	❶	①	②	③	④	⑤
37. 부부 성생활이 만족스럽지 않다.	⓿	❶	①	②	③	④	⑤
38. 가족 내 가정폭력 문제(손찌검이나 심한 언어폭력)가 있다.	⓿	❶	①	②	③	④	⑤
39. 가정경제에 만성적인 어려움이 있다.	⓿	❶	①	②	③	④	⑤
40. 나 혹은 가족 중 누군가에게 사업/직업상 어려움이 있다.	⓿	❶	①	②	③	④	⑤
41. 형편이 어려운 부모님이나 가까운 친척을 재정적으로 돕고 있다.	⓿	❶	①	②	③	④	⑤
42. 가족 중 누군가에게 만성질환이나 장애가 있다.	⓿	❶	①	②	③	④	⑤
43. 나 혹은 가족 중 누군가에게 치료가 필요한 심리정서 문제가 있다.	⓿	❶	①	②	③	④	⑤
44. 나 혹은 가족 중 누군가에게 술 문제가 있다.	⓿	❶	①	②	③	④	⑤
45. 나 혹은 가족 중 누군가 게임, 인터넷, 스마트폰 중독으로 일상생활이 어렵다.	⓿	❶	①	②	③	④	⑤

출처: 여성가족부(2021. 2.), pp. 285-286; 한국건강가정진흥원(2013b).

가족스트레스 척도(미혼자용)

다음에 제시되는 각 항목에 대해 귀하의 가족은 어떠신지 답해 주시기 바랍니다. 해당 설문 문항은 귀하와 가족에게 맞는 프로그램을 제공해 드리는 데 이용됩니다. 바쁘시더라도 성의껏 답해 주시기를 부탁드립니다.

○○○건강가정 · 다문화가족지원센터

	경험 여부		경험 있음				
			스트레스 정도				
	없다	있다	매우 낮다	낮다	보통 이다	높다	매우 높다
1. 내가 결혼할 때가 지났다.	⓿	❶	①	②	③	④	⑤
2. 가족 중에 누군가 결혼을 했다.	⓿	❶	①	②	③	④	⑤
3. 가족 중에 누군가 결혼할 때가 지났다.	⓿	❶	①	②	③	④	⑤
4. 가족 중에 누군가 임신 또는 유산을 했다.	⓿	❶	①	②	③	④	⑤
5. 가족 중에 누군가 출산, 입양을 했다.	⓿	❶	①	②	③	④	⑤
6. 가족 중에 누군가 임신을 원했으나 되지 않았다.	⓿	❶	①	②	③	④	⑤
7. 가족 중에 누군가 은퇴하였다.	⓿	❶	①	②	③	④	⑤
8. 가족 중에 누군가 요양병원에 계시다.	⓿	❶	①	②	③	④	⑤
9. 가족이나 가까운 친척 중 연세가 많아 신체적/정신적으로 가족이 직접 돌봐야 할 분이 생겼다.	⓿	❶	①	②	③	④	⑤
10. 부모님이나 가까운 친척들과 불화가 있다.	⓿	❶	①	②	③	④	⑤
11. 가족 중에 누군가 외도를 했다.	⓿	❶	①	②	③	④	⑤
12. 가족 중에 누군가 별거하거나 이혼을 했다.	⓿	❶	①	②	③	④	⑤
13. 가족이나 가까운 친척 중에 누군가 사망하였다.	⓿	❶	①	②	③	④	⑤
14. 가족 내 가정폭력 문제(손찌검이나 심한 언어폭력)가 있다.	⓿	❶	①	②	③	④	⑤
15. 가정경제에 만성적인 어려움이 있다.	⓿	❶	①	②	③	④	⑤
16. 새로 대출을 받거나 빚을 졌다.	⓿	❶	①	②	③	④	⑤
17. 가계지출이 급격히 늘었다.	⓿	❶	①	②	③	④	⑤
18. 주식, 부동산 시장의 변화로 재산상의 손실을 보았나.	⓿	❶	①	②	③	④	⑤
19. 나 혹은 가족 중 누군가에게 사업/직업상 어려움이 있다.	⓿	❶	①	②	③	④	⑤
20. 나 혹은 가족 중 누군가 사업을 시작하거나 첫 출근하였다.	⓿	❶	①	②	③	④	⑤
21. 나 혹은 가족 중 누군가 실직, 해고되었다.	⓿	❶	①	②	③	④	⑤
22. 나 혹은 가족 중 누군가 직장을 얻는 데 실패했다.	⓿	❶	①	②	③	④	⑤
23. 형편이 어려운 부모님이나 가까운 친척을 재정적으로 돕고 있다.	⓿	❶	①	②	③	④	⑤
24. 이사(전학)를 했다.	⓿	❶	①	②	③	④	⑤

	❶	❷	①	②	③	④	⑤
25. 가족 중 누군가 따로 살게 되거나, 따로 살던 가족이 같이 살게 되었다.	⓪	❶	①	②	③	④	⑤
26. 나 혹은 가족 중 누군가 크게 다치거나 많이 아팠다.	⓪	❶	①	②	③	④	⑤
27. 가족 중 누군가에게 만성질환이나 장애가 있다.	⓪	❶	①	②	③	④	⑤
28. 나 혹은 가족 중 누군가에게 치료가 필요한 심리정서 문제가 있다.	⓪	❶	①	②	③	④	⑤
29. 나 혹은 가족 중 누군가에게 술 문제가 있다.	⓪	❶	①	②	③	④	⑤
30. 나 혹은 가족 중 누군가 학교폭력이나 (성)범죄 피해자가 되었다.	⓪	❶	①	②	③	④	⑤
31. 나 혹은 가족 중 누군가 가출, 비행을 저지르거나 고소·고발을 당했다.	⓪	❶	①	②	③	④	⑤
32. 나 혹은 가족 중 누군가 게임, 인터넷, 스마트폰 중독으로 일상생활이 어렵다.	⓪	❶	①	②	③	④	⑤

출처: 여성가족부(2021. 2.), pp. 288-289; 한국건강가정진흥원(2013b).

참고문헌

강기정, 박수선(2012). 조손가족 기능강화를 위한 사례관리 실천 분석 및 발전과제. 한국가정관리학회, 52, 169-183.

강기정, 박수선(2013). 가족중심 사례관리의 지역사회 체계구축을 위한 탐색적 연구-건강가정지원센터와 다문화가족지원센터 적용을 중심으로. 한국가족자원경영학회지, 17(3), 125-144.

강명순 외 부스러기사랑나눔회 지역사회복지사 팀(2008). 빈곤아동·가족과 함께하는 찾아가는 사례관리. 서울: 학지사.

강선경, 최윤(2021). 코로나19 이후 변화한 가족의 일상생활에 대한 포토보이스 연구. 한국가족복지학, 68(1), 313-345.

강숙정(2009). 새터민의 심리적 적응을 위한 셀프파워 증진 프로그램. 홍익대학교 대학원 박사학위논문.

강흥렬, 장혜경, 김혜영, 김영란, 최민영, 전미경, 정은중, 원영희, 이현희, 한정란, 장은정, 김미숙, 장화경, 홍미, 최은영, 성은수, 유호선, 이선형, 임인숙, 김수영, 최은정, 이동주, 윤홍식, 조막래, 윤성호(2006). 정보화로 인한 가족관계와 가족역할의 미래변화 총괄보고서-가족기능 변화와 미래 가족 전망. 정보통신정책연구원·한국여성개발원.

강효경, 유장순(2012). 장애아동가족의 스트레스가 문제해결능력에 미치는 영향-가족탄력성 조절효과 중심으로. 초등상담연구, 11(3), 427-446.

경기통계(2018). 저소득 및 한부모가족.

관계부처합동(2021. 7. 7.). 인구구조 변화 영향과 대응방향.

교육부(2019. 3. 11.). 2018년 초중고 사교육비조사 결과 발표. 보도자료.

국사편찬위원회(2009). 고문서에게 물은 조선시대 사람들의 삶. 서울: 두산동아.

권금주(2011). 가족정책론. 서울: 교문사.

권지성(2013). 국외입양부모의 한국아동 입양경험에 관한 현상학적 연구. 한국가족복지학, 40, 125-156.

권지성, 안재진, 변미희, 최운선(2010). 입양가족의 뿌리찾기 경험에 대한 질적 사례연구. 한국사회복지학, 62(2), 209-233.

권진숙, 박지영(2009). 사례관리의 이론과 실제. 서울: 학지사.

김경 역(2018). 보웬 이론의 8가지 개념. Gilbert, R. M.의 The Eight Concepts of Bowen Theory. 서울: 학지사. (원저는 2004년에 출판).

김규원(2009). 교육입국에서 교육부국으로, 대한민국 60년의 사회변동: 성찰과 성과, 그리고 과제(pp. 261-293). 한국사회학회. 서울: 도서출판 인간사랑.

김묘선(2013). 영유아기 자녀를 둔 맞벌이가정 아버지가 양육과정에서 겪는 어려움과 극복방법. 배제대학교 대학원 석사학위논문.

김미숙(2001). 혼자가 좋아: 독신가족. 이동원 외 공저. 변화하는 사회 다양한 가족. 경기: 양서원.

김미옥(2014). 재혼가족의 생활적응 향상을 위한 부모교육프로그램 개발 및 효과. 경성대학교 일반대학원 박사학위논문.

김민정, 유명기, 이혜경, 정기선(2006). 국제결혼 이주여성의 딜레마와 선택: 베트남과 필리핀 아내의 사례를 중심으로. 한국문화인류학, 39(1), 159-193.

김민지(2020). 다양한 가족 유형의 확산에 따른 「민법」의 개선 과제 검토. 가족법연구, 34(1), 31-82.

김병록(2020). 혼인과 가족개념의 변화에 대한 헌법적 대응. 인권법평론, 24(1), 47-96.

김선미(2013). 맞벌이가정, 삶의 경로와 조정방식에 대한 질적 연구. 한국가족자원경영학회지, 17(2), 219-241.

김성천, 박지영(2012), 사회복지현장에 기반한 가족중심사례관리 실천 모색: 현장사례분석 중심으로. 사례관리연구, 3(1), 39-64.

김승권 외(2005). 인구전환기의 한국사회 가치관 및 가족변화와 대응방안. 한국보건사회연구원.

김승권(2005). 한국 사회변동과 다양한 가족의 출현. 보건복지포럼, 103, 5-23.

김승권, 김유경, 조애저, 김혜련, 임성은(2009). 2009년 전국 출산력 및 가족보건 · 복지실태조사. 한국보건사회연구원.

김승진 역((2020). 힘든 시대를 위한 좋은 경제학. Banerjee, A., & Duflo, E.의 Good Economics For Hard Times. 서울: 생각의 힘.

김연옥(2005). 재혼가정의 가족기능향상프로그램 개발을 위한 시론적 연구. 한국사회복지학, 56(2), 215-235.

김영애 역(2015). Nicholds의 가족치료 이론과 실제(6판). *The Essentials of Family Therapy*(6th ed.). 서울: 시그마프레스. (원저는 2014년에 출판).

김정미, 양성은(2013). 자발적 무자녀가족의 선택 동기와 사회적 인식에 대한 질적 연구. 한국가정관리학회지, 31(5), 79-95.

김정진(2014). 사회복지실천기술론: 사례와 함께 하는 사회복지실천기술 연습. 서울: 학지사.

김주현, 송민경, 이현주(2010). 기러기 아빠의 분거가족 결정과 유지경험에 관한 연구. 사회복지연구, 41(4), 107-133.

김진숙, 유동수, 전종국, 한기백, 이동춘, 권경인 역(2016). 집단상담: 과정과 실제. Corey, M. S., Corey, G & Corey, C.의 *Groups Process And Practice*(9th ed.). 서울: Cengage Learning Korea Ltd. (원저는 2014년에 출판).

김현주(2005). 부모의 이혼, 자녀의 자리: 이혼가족의 자녀. 우리 시대 이혼이야기-가족주기별 사례 연구(pp. 329-362). 경기: 양서원.

김혜경, 강이수, 김현미, 김혜영, 박언주, 박혜경, 손승영, 신경아, 은기수, 이선이, 이여봉, 함인희, 황정미(2014). 가족과 친밀성의 사회학. 서울: 다산출판사.

김혜란(2001). 사회복지실천 기법과 지침. 경기: 나남출판.

김혜선, 김은하(2006). 미혼양육모의 양육 결정 체험: 현상학적 연구. 한국사회복지학, 58(1), 373-393.

김혜영(2012). 기로에 선 가족정책, 어떻게 할 것인가. 한국여성학, 28(3), 63-94.

김혜영, 김은지, 최인희, 김영란(2011). 조손가족지원방안연구. 한국여성정책연구원.

김효순(2015). 재혼가족 관계향상을 위한 프로그램개발방향. 한국콘텐츠학회논문지, 15(2), 262-280.

김희성, 김충식, 나용선, 박경아, 이경자(2013). **가족생활교육**. 경기: 공동체.

김희정, 최연실(2012). 자녀 해외유학 '기러기가족'의 가족구조 분석에 대한 사례연구: 구조적 가족치료 모델의 관점을 중심으로. 상담학 연구, 13(6), 2965-2986.

김희주, 은선경(2007). 결혼이주여성의 적응을 위한 대처전략에 관한 사례연구-필리핀 여성을 중심으로. 사회복지연구, 35, 33-66.

나경범 역(2006). 아름다운 가족. Satir, B.의 *The New Peoplemaking*. 서울: 창조문화. (원저는 1988년에 출판).

남기철, 정선욱, 조성희 역(2010). **사회복지실천 기법과 지침**. Sheafor, B. W.의 *Techniques And Guidelines For Social Work Practice*. 경기: 나남출판.

남미애(2013). 청소년양육미혼모의 우울과 전반적 생활만족에 영향을 미치는 생태체계 요인. 한국아동복지학회, 44, 91-125.

다문화가족과(2021. 7. 2.). 다문화가족 관련 연도별 통계.

도미향, 이기숙, 홍계옥, 주정, 최순옥, 문순영, 양한연(2011). 건강가정론(2판). 서울: 신정.

도미향, 채경선(2008). 여성학의 이해. 경기: 양서원.

류애정(2011). 지역단위 통합사례관리 활성화를 위한 발전과제 모색. 한국지역사회복지학, 38, 227-244.

문희경 역(2013). 상처 입은 가족을 위한 심리학. 존 H. 하비, 마크 A. 파인의 *Children of Divorce*. 서울: 북하우스.

박경동(2008). 다문화가족 형성과 갈등에 대한 연구-한국의 광주·전남 지역 사례를 중심으로. 청소년문화포럼, Vol. 18. 한국청소년문화연구소.

박미정(2014). 국내입양 현황과 개선방안. 월간 복지동향, (192), 22-27.

박민자(2001). "가족의 의미" 가족과 한국사회: 변화하는 한국가족의 삶 읽기. 여성한국사회연구소. 서울: 경문사.

박성덕 역(2006). 정서중심적 부부치료: 부부관계의 회복. 서울: 학지사.

박영혜(2015). 미혼모의 양육효능감에 영향을 미치는 요인 연구. 강남대학교 사회복지전문대학원 박사학위논문.

박옥희, 공선영(2005). 남편의 배신으로 인한 이혼: 중년기 이혼 II. 우리 시대 이혼이야기: 가족주기별 사례연구(pp. 177-216). 경기: 양서원.

박태영(2007). 이혼한 한부모 가정에 대한 가족치료. 숭실대 사회과학논총, 125-158.

박태영, 김현경 역(2004), 친밀한 가족관계의 회복: Murray Bowen의 가족체계 이론의 적용. Lerner, H.의 *The Dance of Intimacy*. 서울: 학지사. (원저는 1989년에 출판).

방성수, 장보임(2003). 이혼증가에 대한 사회복지적 접근방법. 한국복지행정학회. 13(1), 159-175.

변화순(1996). 이혼가족을 위한 대책연구. 한국여성개발원.

변화순(2010). 가족정책으로 바라본 여자남자 이야기. 경기: 교육과학사.

변화순, 최윤정(2004). 가족정책 방향 정립 및 통합적 시행방안연구. 한국여성개발원 연구보고서.

보건복지부(2021. 12. 30.). 2022년부터 입양축하금 지급, 입양아동 양육수당 인상. 보도자료.

보건복지부 노인정책과, 중앙노인보호전문기관(2015. 6.). 2014년 노인학대 현황보고서.

보건복지부, 중앙아동보호전문기관(2015). 2014 전국아동학대현황보고서.

삼성생명, 여성가족부, 가천대학교(2013). 임산부 부모교육 프로그램 '아이와의 행복한 첫만남'. 세살마을.

서미아(2016). 애착손상을 경험하는 부부에 대한 정서중심치료가 부부애착에 미치는 효과: 방법론적 트라이앵귤레이션을 적용하여. 가족과 가족치료, 24(1), 47-71.

서용석, 최호진, 정다혜(2011). 미래환경 스캐닝을 통해서 본 가족환경변화. 한국여성정책연구원.

서울특별시, 한국능률협회(2012). 2012 서울형 가족친화경영 우수사례집.

서은주(2012). 건강가정지원센터를 통한 아버지교육 프로그램 고찰. 부모교육연구, 제9권, 2호.

서진환(2001). 사회복지실습의 길잡이. 서울: 학지사.

성미애(2009). 한국 가족 및 친족 개념에 대한 연구: 가족관련 법을 중심으로. 대한가정학회지, 47권, 4호, 11-24.

성향숙(2011). 결혼이민여성의 가족생활 적응전략. 한국컨텐츠학회논문지, 11(7), 316-327.

송다영, 정선영(2013). 통합적 가족정책으로의 패러다임 전환을 위한 과제. 상황과 복지, 39, 145-189.

송성자, 정문자(1998). 경험적 가족치료: Satir 이론과 기법. 서울: 중앙적성출판사.

송욱(2012). 여성의 이혼 후 적응과정에 관한 근거 이론적 접근. 서울여자대학교 대학원.

송정아(1995). 한국 도시부부의 건강한 결혼관련 변인 연구. 한국가정관리학회지, 13(1), 69-78.

송정애(2010). 가족상담의 이론과 실제(개정판). 경기: 양서원.

송정애(2015). 가족상담의 이론과 실제. 경기: 양서원.

송혜림(2006). 건강가정사 양성교육 자료집-건강가정론. 여성가족부.

송효진 외(2021). 개인화 시대, 미래 가족 변화에 대응하는 포용적 법제 구축 방안. 경제·인문사회연구회, 1-410.

신경아(2014). 가족과 친밀성의 사회학: 가족과 개인, 개인화(pp. 135-161), 사회학총서7. 서울: 다산출판사.

심영희(2011). '21세기형 공동체 가족'모델의 모색과 지원방안: 2차 근대성과 개인화 이론의 관점에서. 아시아여성연구, 50(2), 7-44.

안산시건강가정지원센터(2009). 세상에서 가장 아름다운 관계-가족.

안세아(2020). 가족정책의 변화에 따른 복지체제의 재구성-젠더레짐을 중심으로(OECD 15개국 1980~2014 시계열 종단분석). 예술인문사회융합멀티미디어, 10(3), 127-141.

안진이 역(2013). 고잉솔로: 싱글턴이 온다. 서울: 길벗.

양옥경(2000). 한국 가족 개념에 관한 질적 연구. 한국가족복지학, 6, 69-99.

양옥경, 김미옥, 최명민 역(2002). 가족과 레질리언스. 서울: 나남출판.

양옥경, 김연수(2002). 가족탄력성 증진을 위한 부모역할 프로그램 개발연구. 사회과학 연구논총, 제11집, 115-147.

양정선, 김성희(2010). 건강가정지원센터 이용실태 및 활성화 방안 연구: 경기도를 중심으로. 한국가족자원경영학회지 14권, 4호, 213-237.

양정선, 이정화(2012). 경기도 조손가족 지원방안 연구. 경기도가족여성연구원.

여성가족부 다문화가족정책과(2013. 7. 5.). 다문화가족관련 연도별 통계.

여성가족부 복지지원과(2015. 3.). 2014년도 가정폭력지원시설 운영실적.

여성가족부(2005). 미혼모 현황 및 욕구조사.

여성가족부(2010). 조손가족 실태조사.

여성가족부(2011a). 결혼준비교육 프로그램의 효과성 메타분석. 가족정책기초연구 정책브리프 2011-5호.

여성가족부(2011b). 부모교육 프로그램의 효과성 메타분석. 가족정책기초연구 정책브리프 2011-4호.

여성가족부(2013. 1.). 2012년 전국 다문화가족 실태조사 연구.

여성가족부(2013a). 2013 다문화가족지원 사업안내.

여성가족부(2013b). 2013년도 건강가정지원센터 사업안내.

여성가족부(2013c). 제2차 다문화가족정책 기본계획(2013~2017) 2013년도 시행계획.

여성가족부(2013d). 한부모가족지원 사업안내.

여성가족부(2016. 1. a). 2016년 건강가정 다문화가족지원센터 통합서비스 사업안내(Ⅰ).

여성가족부(2016. 1. b). 2016년 건강가정지원센터 사업안내.

여성가족부(2016. 3.). 2016 여성 · 아동권익증진사업 운영지침.

여성가족부(2016. 4. 27.). 2015년 전국다문화가족실태조사 결과발표.

여성가족부(2016a). 2016년 한부모가족지원 사업안내.

여성가족부(2016b). 2016년 다문화가족지원 사업안내.

여성가족부(2019. 12.). 2019년 가정폭력실태조사 연구. 한국여성정책연구원.

여성가족부(2020. 9. 2.). 2020년 통계로 보는 여성의 삶. 보도자료.

여성가족부(2020. 11.). 건강가정사 자격요건에 관한 지침 개정.

여성가족부(2021. 2.). 2021년 가족사업안내 Ⅰ · Ⅱ.

여성가족부(2021. 2. 16.). 2020년 상반기 가정폭력피해자 지원시설 운영실적.

여성가족부(2021. 4.). 제3차 다문화가족정책 기본계획(2018~2022) 2021년도 지방자치단체 시행계획(Ⅰ).

여성가족부(2021. 4. 27.). 제4차 건강가정기본계획(2021~2025).

여성가족부(2021. 5.). 2020년 가족실태조사 분석 연구.

여성가족부(2021. 5. 27.). 제4차 가족실태조사 결과 발표. 보도자료.

여성가족부(2021. 7.). 다양한 가족에 대한 국민인식조사 결과보고서. 한국조사협회.

여성가족부(2021. 11.). 여성 · 청소년 · 가족정책의 중장기 비전과 정책발전방안 연구.

여성가족부, 관계부처 합동(2012. 12.). 제2차 다문화가족정책 기본계획(2012~2017).

여성가족부, 중앙건강가정지원센터(2007). 예비부부 및 신혼기 부부 참여집단 프로그램.

여성가족부, 한국건강가정진흥원(2015). 가족사례관리 매뉴얼.

오제은 역(2013). 가족치유: 미누친의 구조적 가족치료. Minuchin, S., & Nichols, M. P.의 *Family Healing: Strategies For Hope and Understanding*. 서울: 학지사. (원저는 1993년에 출판).

우주현, 김순남(2012). '사람'의 행복할 권리와 '좀비-동성애자'의 해피엔딩 스토리. 한국여성학, 28(1), 71-112.

유계숙, 유영주(2002). 서울시민의 가족 개념 인식 및 가치관에 관한 연구. 대한가정학회지, 40권, 5호, 79-94.

유영주, 강희중, 김밀양, 김순기, 김연, 박정희, 배선희, 손정영, 안재희, 양순미, 오윤자, 이인수, 이정연, 이창수, 전영자, 최희진, 홍성례, 홍숙자(2008). 새로운 가족학. 서울: 신정.

윤경자, 김정옥, 현은민, 전영자, 유계숙, 김은경(2012). 건강가정론. 경기: 공동체.

윤인진(2008). 한국적 다문화주의의 전개와 특성-국가와 시민사회의 관계를 중심으로. 한국사회학, 제42집, 2호, 72-103.

윤종희(2006). 건강가정지원 사업에서 가족-중심 개입을 위한 개념모형 연구: 생태학적 접근. 대한가정학회지.

윤혜미, 장혜진(2012). 조손가족의 삶: 쟁점과 지원방안. 아동과 권리, 16(2), 259-288.

윤홍식, 송다영, 김인숙(2011). 가족정책: 복지국가의 새로운 전망. 경기: 공동체.

이경림(2007). 빈곤가족아동의 사회적 지지가 아동역량에 미치는 영향: 지역아동센터 이용아동의 가족유형별 차이를 중심으로. 강남대학교 대학원 박사학위논문.

이명진, 최슬기(2011). 인구구조변화에 따른 가족환경변화. 한국여성정책연구원.

이명희(2007). 자녀양육을 결정한 미혼모의 경험. 경희대학교대학원 박사학위논문.

이삼식, 정경희(2010). 저출산 원인과 파급효과 및 정책방안. 한국보건사회연구원.

이상준(2007). 독신 여성의 여가 동기, 문화 그리고 만족의 관계 분석. 연세대학교 교육대학원.

이선형, 임춘희, 강성옥(2017). 새로운 건강가정론. 서울: 학지사.

이설아(2013). 가족의 탄생. 서울: 북하우스.

이성용(2011). 초혼연령의 변화, 독신자, 이혼의 증가 등 혼인상태의 변화. '2010 인구주택총조사 심층분석.' 한국인구학회, 1-16.

이성용, 이정향(2011). 인구변천과 인구 고령화: 선진국, 개발도상국, 그리고 한국의 비교 연구. 국제지역연구, 제15권, 제1호, 549-570.

이수연(2012). 무자녀 부부의 결혼생활 의미에 대한 현상학적 연구. 신라대학교 대학원 석사학위논문.

이수연, 공미혜(2012). 무자녀 부부의 결혼생활 의미에 대한 현상학적 연구. 한국가족관계학회지, 제17권, 2호, 23-44.

이승미, 송혜림, 라휘문, 박정윤(2011). 가족지원서비스 제고를 위한 가족정책전달계 통합모델개발. 여성가족부.

이승현(2007). 맞벌이가족을 위한 탄력적부모되기 프로그램의 효과성 연구. 중앙대학교 사회개발대학원 석사학위논문.

이여봉(2003). 이혼 가정의 자녀 양육 지원 방안. 강남대학교 · 보건복지부.

이여봉(2008). 가족 안의 사회 사회 안의 가족. 경기: 양서원.

이영숙, 박경란(2002). 청년과 중년의 가족 개념 비교분석. 대한가정학회, 40권, 10호, 217-230.

이원숙(2003). 성폭력과 상담. 서울: 학지사.

이원숙(2008). 사회복지실천론. 서울: 학지사.

이원숙(2012). 가족복지론(3판). 서울: 학지사.

이원숙(2016). 가족복지론(4판). 서울: 학지사.

이원숙, 임수정(2020). 사회복지실천론(3판). 서울: 학지사.

이유경(2019). 한부모가족의 여가생활과 대화시간이 자녀의 인터넷 중독에 미치는 영향. 한양대학교 대학원 석사학위논문.

이필환, 권현정, 김광운, 김경, 박영희, 박옥희, 박정문, 서홍란, 원기연, 이경희, 이기량, 이문국, 이용표, 이해영, 전형미, 정원철, 정유진(1999). 사회복지실천이론의 토대. 미국사회복지사협회(NASW)의 *The Foundations of Social Work Practice* (2nd ed.) 서울: 나눔. (원저는 1998년에 출판).

이현아(2012). 가족영향평가 도입방안 탐색연구. 대한가정학회지, 제50권, 7호, 97-107.

이현주, 엄명용(2013). 미혼양육모 삶의 경험에 관한 질적 종단연구. 한국가족복지학회지, 40, 157-188.

이홍숙, 최한나(2016). 부부상담의 치료적 개입 요인에 대한 상담자의 인식. 한국심리학회지: 상담 및 심리치료. 28(1), 33-61.

이화여자대학교 사회복지연구회 역(2001). 가족복지실천론. Collins, D., Jordan, C. & Coleman, H.의 *An Introduction to Family Social Work*. 서울: 나눔의집. (원저는 1999년에 출판).

이화자, 최연실(2010). 사티어 성장모델과 비폭력 대화모델에 기반한 부부 집단치료 프로그램의 개발과 검증: 질적 분석을 중심으로. 한국가족치료학회지, 제18권.

이희연, 노승철, 최은영(2011). 1인가구의 인구 · 경제 · 사회학적 특성에 따른 성장패턴과 공간분포. 대한지리학회지, 제46권, 4호, 480-500.

장임다혜(2007). 혈통 중심에서 생활공동체로의 가족 개념의 변화에 대한 모색. 서울대학교 공익인권법센터. 공익과 인권, 4권, 1호, 295-320.

장진경, 전종미(2015). 기혼자의 일-가족 전이에 미치는 영향 연구. 한국가정관리학회지, 33(4),

1-17.

장혜경 역(2006). 가족: 부활이냐 몰락이냐. 프랑크 쉬르마허의 *Minimum*. 서울: 나무생각.

장혜경, 김은지, 김영란, 김혜영, 정재훈(2011). 가족의 미래와 여성·가족정책전망. 한국여성정책연구원.

장혜경, 민가영(2001). 재혼가족의 적응실태와 지원방안에 관한 연구. 한국여성개발원. Vol. 62, 153-180.

장혜경, 황정임, 최인희, 김영란, 주재선, 김소영(2015. 12.). 2015년 가족실태조사 분석 연구. 여성가족부.

장화경 역(2010). 우리가 알던 가족의 종말: 오늘날 일본가족의 재구조화. 서울: 그린비.

장화경(2001). 내 자식 따로 있나: 입양가족. 이동원 외 공저. 변화하는 사회 다양한 가족. 경기: 양서원.

전귀연, 구순주(1998). 동성애 가족에 대한 연구 고찰. 가족과 문화, 제10집, 2호, 165-188.

전혜성, 김정화, 강현주, 권자영, 홍나미, 정연수, 김광병(2018). 현장 사례관리. 서울: 학지사.

정문자, 정혜정, 이선혜, 전영주(2018). 가족치료의 이해(3판). 서울: 학지사.

정미라 역(2008). 가족. 볼뜨 바그녀의 Familien-Kultur. 경기: 푸른나무.

정순둘, 김고은, 김미영, 김은정, 김지혜, 박근혜, 박향경, 박현정, 박현주, 우재희, 이혜숙, 홍나미(2011). 임상사회복지이론. 서울: 학지사.

정재훈, 송다영, 강창현(2005). 건강가정지원센터 발전방안 연구. 여성가족부.

정재훈, 이소영(2011). 한국과 독일의 가족복지정책 비교. 2011년 사회복지사 보수교육.

제석봉, 박경 역(2004). 환상적인 가족만들기. Nick & Nancy의 *Fantastic families*. 서울: 학지사.

조성호(2018). 청년층의 경제적 자립과 이성교제에 관한 한일 비교연구. 보건사회연구, 38(4), 398-430.

조은희(2020). 법제도에서 다양한 가족의 수용을 위한 개선. 법과정책, 26(1), 131-168.

조휘래(2021). 한국의 다문화가족정책 분석연구-Gilbert·Terrell의 정책분석틀을 중점으로. 복지와 문화다양성연구, 3(1), 41-69.

조희금, 김경신, 정민자, 송혜림, 이승미, 성미애, 이현아(2005). 건강가정론. 서울: 신정.

조희금, 김경신, 정민자, 송혜림, 이승미, 성미애, 이현아(2010a). 건강가정론(2판). 서울: 신정.

조희금, 송혜림, 박정윤, 권태희, 김경화, 김주현, 김혜영, 윤소영, 윤진숙, 이진숙, 정민자(2010b). 2010년 제2차 가족실태조사. 여성가족부.

주재선, 김영택, 송치선, 손창균, 임찬수(2012). 2012년 여성가족패널조사. 한국여성정책연구원.

중앙건강가정지원센터(2007). 청소년기 자녀를 둔 가족생활 프로그램 금성자녀와 통하는 화성부모.

중앙건강가정지원센터(2008a). 가족성장 아카데미.

중앙건강가정지원센터(2008b). 건강가정지원센터 운영가이드북.

중앙건강가정지원센터(2008c). 중년기 가족생활교육 프로그램 기획 및 운영교육-노후준비교육 '노후를 우아하게 준비하는 법'.

중앙건강가정지원센터(2009). 가족이 행복한 마을 만들기. 2009 홍보리플릿.

중앙건강가정지원센터(2010). 건강가정지원센터 사업보고대회 자료집.

중앙건강가정지원센터, 보건복지가족부(2009a). 2009년 노년기 가족생활 프로그램 매뉴얼 교육 브라보! 마이 라이프.

중앙건강가정지원센터, 보건복지가족부(2009b). 예비부부/신혼기부부 프로그램 매뉴얼 교육.

최규련(2008). 가족상담 및 치료. 경기: 공동체.

최명민, 이기영, 최현미, 김정진(2009). 문화적 다양성과 사회복지. 서울: 학지사.

최양숙(2005). 조기유학, 가족 그리고 기러기아빠. 한국학술정보.

최옥채, 강지애, 김선화, 김신비, 나수미, 나양미, 신혜진, 유순재, 이시형, 이현희, 최종환, 한장훈(2009). 사회복지사들의 좋은 가족 만들기. 서울: 신정.

최현실(2011). 탈북여성들의 트라우마와 정착지원방향연구. 여성학연구, 20(1), 161-204.

통계청(2008. 8. 15.). 통계로 본 대한민국 60년의 경제·사회상 변화. 보도자료.

통계청(2009. 1. 20.). 향후 10년간 사회변화 요인분석 및 시사점. 보도자료.

통계청(2010. 11. 5.). 통계로 본 G20국가 속의 한국. 보도자료.

통계청(2011). 2010 한국의 사회지표.

통계청(2011. 10. 13.). 2010 인구주택총조사 표본 집계결과: 여성, 아동, 고령자, 활동제약, 사회활동 부문.

통계청(2011. 6. 27.). 2011 통계로 보는 여성의 삶. 보도자료.

통계청(2011. 12. 7.). 장래인구추계: 2010~2060년. 보도자료.

통계청(2011. 12. 13.). 2011년 맞벌이가구 및 경력단절여성 통계 집계 결과: 13. 보도자료.

통계청(2012. 4. 26.). 장례가구추계: 2010~2035년. 보도자료.

통계청(2013). 2012 한국의 사회지표.

통계청(2013. 2. 6.). 2012년 사교육비 조사결과. 보도자료.

통계청(2015. 7. 2.). 2015 통계로 보는 여성의 삶. 보도자료.

통계청(2015. 8. 10.). 통계로 본 광복 70년 한국사회의 변화. 보도자료.

통계청(2015. 12. 7.). 2015 일·가정 양립지표.

통계청(2016). 2015 한국의 사회지표.

통계청(2016. 2. 26.). 2015년 초·중·고 사교육비조사 결과. 보도자료.

통계청(2019. 3. 28.). 장래인구특별추계: 2017~2067년. 보도자료.

통계청(2020). 한국의 사회동향 2020.

통계청(2021). 2020 한국의 사회지표.

통계청(2021. 3. 18.). 2020년 혼인·이혼 통계. 보도자료.

통계청(2021. 3. 25.). 2020 한국의 사회지표. 보도자료.

통계청(2021. 6. 22.). 맞벌이 가구 및 1인 가구 고용 현황. 보도자료.

통계청(2021. 9. 2.). 2021 통계로 보는 여성의 삶. 보도자료.

통계청(2021. 12. 8.). 2021 통계로 보는 1인 가구.

한국건강가정진흥원(2012). 2012 건강가정지원센터 매뉴얼.

한국건강가정진흥원(2013a). 2012년 사업보고 및 2013년 사업설명회 자료집.

한국건강가정진흥원(2013b). 가족관계 위기진단 척도개발 연구.

한국건강가정진흥원(2019. 11.). 가족서비스 전달체계 개편방안 연구 최종보고서.

한국건강가정진흥원(2019. 12.). 가족평등수준 측정을 위한 지표검토 및 활용방안 연구.

한국건강가정진흥원(2020. 12.). 가족서비스 전달체계 전담인력 직무분석을 통한 서비스 질 제
    고 방안.

한국건강가정진흥원 양육비이행관리원(2020a). 면접교섭서비스 매뉴얼.

한국건강가정진흥원 양육비이행관리원(2020b). 양육비 이행지원 서비스 사례집.

한국건강가정진흥원 양육비이행관리원(2020c). 전문가를 위한 양육비, 면접교섭 길라잡이.

한국사례관리학회 편(2016). 김상곤, 김연수, 김진경, 김혜성, 민소영, 박용수, 박지영, 박호준, 백
    은령, 안희정, 유서구, 윤철수, 전석균, 조현순, 황미경, 황미영, 황재경. 사례관리 전문가 심
    화과정 교육. 서울: 학지사.

한국사례관리학회 편(2018). 권진숙, 김상관, 김성경, 김성천, 김혜성, 민소영, 박소영, 박지영, 백
    은령, 유명이, 유서구, 이기연, 조미숙, 조현순, 황성철. 사례관리론. 서울: 학지사.

한국사례관리학회 편(2019). 권진숙, 김성천, 유명이, 이기연, 조현순, 함철호. 사례관리 전문가교
    육: 실무자 기초과정(2판). 서울: 학지사.

한국여성민우회(2011. 11. 15.). '신가족주의사회, 전업주부를 말한다' 토론회.

한빛나(2015). 동성애 동거 커플의 '가족 실천'과 의미에 관한 연구. 이화여자대학교 대학원 석사
    학위논문.

한재희, 김영희, 김용태, 서진숙, 송정아, 신혜종, 양유성, 임윤희, 장진경, 최규련, 최은영(2013).
    부부 및 가족 상담. 서울: 학지사.

함인희(2003. 4.). 사회구조적 변화와 가족의 적응 및 저항. 사회연구, 5회.

함인희(2009). 가족제도의 다원화와 미완의 양성평등. 대한민국 60년의 사회변동: 성찰과 성과, 그

리고 과제(pp. 209-260). 한국사회학회. 서울: 도서출판 인간사랑.

함인희(2009. 11. 20.). 한국 가족과 권위주의(pp. 35-54). 2009 삼성사회정신건강연구소 심포지엄.

홍승아, 김은지, 이영미(2010). 취업부모의 자녀양육서비스 효율화방안. 한국여성정책연구원.

홍욱화(2005). 북한이탈가족의 문제와 대안. 한국가족문화원 편, 21세기 한국가족 문제와 대안, 365-389.

황성철, 곽종희(2013). 통합사례관리모형의 군사회복지실천 적용에 관한 연구. 한국군사회복지학, 6(2), 125-159.

황은숙(2006). 한부모가정 복지정책의 현황과 개선방안. 한부모가정연구소.

황정임, 장혜경, 윤덕경, 김영란, 주재선, 김동식, 이인선, 정수연, 정춘숙(2013. 12.). 2013년 가정폭력실태조사. 여성가족부.

Bernard, B. (2006). Using Strengths-Based Practice to Tap the Resilience. In D. Saleebey, *Tne Strengths Perspective in Social Work Practice* (4th ed.). Boston: Pearson Education, Inc.

Carter, B. & McGoldrick, M. (1988). *The Changing Family Life Cycle: A Framework For Family Therapy* (2nd ed.). New York & London: Garner Press.

Collins, D., Jordan, C., & Coleman, H. (1989). *An Introduction to Family Social WorkItasca*. F. E. Peacock Publishers, Inc.

Collins, D., Jordan, C., & Coleman, H. (1999). *An Introduction to Family Social Work*. F. E. Peacock Publishers, Inc.

Darling, C. A., Cassidy, D., & Powell, L. (2014). *Family Life Education: Working with Families across the Lifespan* (3rd ed.). Long Grove: Waveland Press, Inc.

Hetherington, E. M., & Kelly, J. (2002). *For Better or For Worse: Divorce Reconsidered*. New York: W. W. Norton & Company.

Johnson, S. M., Bradley, B., Furrow, J., Lee, A., Palmer, G. (2005). *Becoming an emotionally focused couple therapist-the workbook*. New York: Brunner-Routledge.

Kamerman, S. B. (1995). Families Overview. *Encyclopedia of Social Work* (19th ed.), (pp. 927-935). National Association of Social Workers Press.

Lawson, H. A., Briar-Lawson, K. E., & Hennon, C. B. (2001). Key Sensitizing Concepts, a Family Policy Continuum, and Examples from IYF. In K. Briar-Lawson, H. A. Lawson, C. B. Hennon, & A. R. Jones (Eds.), *Families-Centered Polices & Practices: International Implications*. Columbia University Press.

Miley, K. K., O'Melia, M., & DuBois, B. (2007). *Generalist Social Work Practice: An Empoering Approach*. Pearons Education, Inc.

Moxley, D. P. (1989). Perceptions of Case Management Services for Elderly People. *Health Social Work, 14*(3), 196-203.

Nichols, M. P., & Schwartz, R. C. (2005). *The Essentials of Family Therapy* (2nd ed.). Boston: Pearson Education Inc.

Runyon, M. K., Deblinger, E., Ryan, E. E., & Thakkar-Kolar, R. (2004). An Overview of Child Physical Abuse. *Trauma, Violence, & Abuse, 5*(1), 65-84.

Sager, C. J., Brown, H. S., Crohn, H., Engel, T., Rodstein, E., & Walker, L. (1983). *Treating Remarried Family*. New York: Brunner/Mazel, Inc.

Saleebey, D. (2006a). Introduction: Power in the People. In D. Saleebey (Ed.), *The Strengths Perspective in Social Work Practice* (4th ed.), (pp. 1-24). Pearson Education, Inc.

Saleebey, D. (2006b). The Strengths Approach to Practice. In D. Saleebey (Ed.), *The Strengths Perspective in Social Work Practice* (4th ed.). Boston: Pearson Education, Inc.

Smith, R. (UN). (1986). *Elements of Ecology*. New York: Harper & Row.

United Nations (1996). *Family: Challenges for Future*. United Nations Publications.

Visher, E. B., Visher, J. S., & Pasley, K. (2003). Remarriage Families and Stepparenting. In F. Walsh (Ed.), *Normal Family Processes* (3rd ed.). New York: Guilford.

Wallerstein (2005). Growing Up In The Divorced Family. *Clinical Social Work Journal, 33*(4), 401-418.

Woodwide, M., & McClam, T. (2006). Student Growth and Development in a Human Service Major. *Human Service Education, 26*(1), 49-57.

Zimmerman, S. L. (1988). *Understanding Family Policy: Theoretical Approaches*. Sage Publications.

〈기사〉

강영수(2014. 12. 27.). 대졸자 4명 중 1명은 '니트족'…OECD 3위 '불명예'. 조선일보.

강종구(2015. 12. 24.). 학대받던 11살 소녀 맨발 탈출로 이룬 '성탄절 기적'. 연합뉴스.

강지남(2015. 10. 24.). 나아진다는 희망 없다 '탈 한국'이 답이다. 동아일보.

권혁재(2013. 6. 29.). 다문화 1호 국회의원, 이자스민의 1년. 중앙일보.

김남준(2021. 4. 13.). 아이혼자 키우면 발달 뒤처진다? 편견 확 뒤집는 깜짝 결과. 중앙일보.

김남희(2013. 1. 4.). 입양부터 한부모·비혈연까지… 가족 형태 다양화. 여성신문.

김미애(2013. 1. 24.). [김미애 교수의 부부·가족상담이야기] 무서울 게 없는 초등 5학년 아이 폭력적 행동. 매일신문.

김민(2013. 1. 22.). 두 딸 입양한 최철규 씨 가족. 경기일보.

김민철(2009. 7. 25.). [심층 리포트] 가족의 재구성 [1] 가족의 재구성… 핏줄에서 정(情)으로. 조선일보.

김민철(2009. 7. 31.). 가족의 재구성 [6] "어머니, 우리 애좀 봐주세요" "다른 건 다 해도 애는 못본다". 조선일보.

김수현(2016. 1. 6.). "저소득층·자영업자 붕괴 우려… 가계부채 축소가 유일한 해법". 한겨레.

김슬기(2013. 1. 11.). 고독은 선물이다… 솔·로·예·찬. 매일경제.

김연기(2015. 5. 1.). [커버 스토리] 1인가구, 비즈니스 개념을 바꾼다. 이코노미 인사이트, 61호.

김윤현(2007a. 5. 7.). "마음을 여니 행복이 손에 잡히네요". 주간한국.

김태열(2013. 8. 26.). 손주에 몸 축나는 '시니어맘'…내 인생은 어쩌라고. 헤럴드경제.

김태열, 박훈상(2012. 11. 19.). 흉악범 키우는 가정폭력. 동아일보.

김태훈(2015. 2. 28.). 결혼·출산 늦어지면서 연약한 아기 늘고 있다. 경향신문.

김태훈(2015. 12. 19.). 청년층 좌절감 드러난 '헬조선'. 경향신문.

나주예(2021. 5. 11.). 〈입양, 생명을 지키는 일〉 입양 막는 '특례법 장벽' 바꾸고 아이·가정 세심하게 점검해야. 문화일보.

노진섭(2016. 1. 7.). "언젠가 필요하겠지가 아니라 지금 필요한지를 따져본다" 일본 미니멀리스트 사사키 후미오 인터뷰. 시사저널 1368호.

박란희(2012. 9. 11.). [더 나은 미래] "선진국형 입양제도로 뿌리 찾기 쉬워져요". 조선일보.

박란희(2012. 12. 10.). [더 나은 미래] 입양가정도 일반적인 가족과 똑같은 '울고 웃는 가족'. 조선일보.

박미라(2012. 9. 8.). 또 하나의 출산, 공개입양 실천한 스타들. 매일경제.

박상기(2013. 1. 5.). [오늘의 세상] 생활고에 세대 차까지… 祖孫가정에 대화가 없다. 조선일보.

박상기(2013. 2. 6.). "괴롭지만 내가 택한 기러기 삶… 30분 통화가 가족끈 이어줬다". 조선일보.

박아름(2012. 11. 4.). '무자식 상팔자' 엄지원, 미혼모 편견에 일침 속시원해. 뉴스엔.

박준규, 김형선(2013. 2. 13.). [한국경제 희망을 쏜다 2부. 사람이 희망이다 ⑦ 제2의 삶 찾는 새터민] 우리는 자본주의에 적응중 "대한민국 여러분, 시간을 주세요". 내일신문.

배수경(2011. 10. 24.). 고령화, 세계 경제에 새로운 공포. 이투데이.

봉아름(2010. 6. 22.). [신나는 공부] 탈북 대학생 복서 최현미 씨가 본 한국. 동아일보.

썬도그(2018. 7. 31.). 영화 "어느 가족". 가족과 식구의 차이를 통해 가족이란? 질문을 던지는 수작. 세상 모든 리뷰/영화창고.

송병철(2022. 2. 23.). 지난해 출산율 0.81명 '역대 최저'…OECD 국가 중 최하위. 조선일보.

신진아(2020. 8. 19.). '칠곡계모'에게 분노하지만… 옆집 아이는 방관한다면 '정서적 살인' [아동 학대 더 이상은 안 된다]. 파이낸셜뉴스.

양은하(2016. 1. 27.). 손자녀 돌보는 조부모 10명 중 7명 "육아 그만두고 싶다". news1뉴스.

여성신문사(2009. 12. 31.). 세상을 바꾼 여성사건 101가지.

연합뉴스(2011. 12. 7.). 입양홍보 릴레이사진전 'Say I love you'.

연합뉴스(2015. 5. 7.). 늘어나는 '고독사' 막을 길 없나…지자체 대책마련 안간힘.

오윤희(2015. 12. 23.). 일 중년층, 년 10만명식 부모 병수발 위해서 퇴직. 조선일보.

유근형(2016. 6. 2.). 복지천국 스웨덴 "육아휴직 16개월 중 최소 석달은 아빠 몫". 동아일보.

유근형, 이샘물(2013. 5. 6.). [여전히 서러운 다문화 자녀들] ⟨上⟩ 지워지지 않는 주홍글씨. 동아일보.

유재혁(2016. 2. 24.). 페이스북 통해 25년 만에 만난 쌍둥이 입양 자매 "낳아주신 부모님께 감사… 언젠가 만나겠죠". 한국경제.

윤민화(2016. 3. 22.). "인공지능 기술 발전, 전문가 생각보다 빠르다". 시사저널.

윤민화(2016. 3. 29.). AI는 인류 수평선 끝에 드리울 검은 먹구름. 시사저널.

이남진(2012. 1. 10.). 한국고도성장의 부작용에 신음…소득양극화에 사회갈등악화. 머니투데이.

이미나(2012. 12. 21.). [맞벌이 부부의 성공 육아법] (2) "아이뿐 아니라 부모 인생도 중요하잖아요". 키즈맘 한경닷컴.

이석(2016. 3. 29.). 그가 자신의 프로필을 '여장' 사진으로 교체한 까닭은? 시사저널 1379호.

이순흥(2013. 11. 28.). CNN "한국이 세계에서 가장 잘하는 10가지" 선정. 조선일보.

이신영(2016. 1. 19.). 여, 장기결석아동 220명 전문가팀에서 전수조사 추진. 연합뉴스.

이재훈(2016. 1. 7.). 이자스민 "20년전보다 이주민 바라보는 시선 나빠져". 한겨레.

이정아(2007. 5. 10.). '고맙습니다'가 남긴 것, 에이즈와 미혼모 편견 깼다. 뉴스엔.

이해준(2013. 9. 5.). 한국경제, 일본식 장기불황 터널 진입속도 빨라지나. 헤럴드경제.

정유진(2015. 1. 20.). 유럽 경제위기, 문제는 유로화야!. 주간경향.

정지혜(2019. 5. 28.). 소셜리스트의 시야에 들어온 일본이라는 한 가족 "어느 가족". 시네마 크리티크.

정책브리핑(2016. 5. 19.). 재난 사고를 겪은 위기가족에 대한 긴급지원 법적근거 마련 – '건강가정기본법' 일부개정안 국회 본회의 통과 –. 네이버뉴스.

조재길(2012. 9. 20.). 7백만 베이비부머 '은퇴 충격' 다가온다. 시사저널.

주우진(2013. 5. 7.). "연금을 넘겨라" 10년간 딸에게 매 맞은 할머니. SBS 뉴스.

진주희(2020. 7. 21.). "가족입니다" 진정한 가족의 의미는?. 한국일보.

채지은(2016. 1. 25.). 틀에 박힌 한국의 행복… 관련어 가장 적고 잣대도 획일적. 한국일보.

최원영(2011. 5. 4.). [2011 결혼풍속도] 가족 해체의 시대… 新 가족의 탄생. 이코노믹 리뷰.

최정민(2016. 1. 19.). 파리테러의 트라우마 계속된다. 시사저널 1369호.

현윤경(2022. 2. 9.). 코로나19 전 세계 누적확진 4억 명…한 달 새 1억 명 증가. 연합뉴스.

ILoveCinemusic (2015. 12. 18.). 응답하라 1988(응팔), 성동일 이일화−슈퍼맨 그들도 사람이었다. ILoveCinemusic 영화이야기.

〈참고사이트〉

가족상담전화(1644-6621) www.mogef.go.kr/cs/opf/cs_opf_f020.do

가족센터 '사업운영 및 사업영역' https://www.familynet.or.kr/web/lay1/S1T309C339/contents.do

가족친화지원사업 www.ffsb.kr

건강가정지원센터 www.familynet.or.kr

국가통계포털 kosis.kr

다누리배움터 www.danurischool.kr

다누리콜센터(1577-1366) www.mogef.go.kr/sp/fam/sp_fam_f011.do

서울시 건강가정지원센터 family.seoul.go.kr

서울특별시한부모가족지원센터 www.seoulhanbumo.or.kr

안산시청 www.ansan.go.kr

양육비이행관리원 www.childsupport.or.kr

여성가족부 www.mogef.go.kr

여성가족부 '좋은 부모, 행복한 아이' www.mogef.go.kr/kps/main.do

온라인 가족상담 www.mogef.go.kr/cc/opc/cc_opc_s001.do

통계청 www.kostat.go.kr

통일부 www.unikorea.go.kr

한국건강가정진흥원 www.kihf.or.kr

한부모가족 정책정보 www.mogef.go.kr/singleparent/main.do

찾아보기

인명

성미애 24
유영주 25, 188
장임다혜 28
최재석 18
함인희 54

B

Bernard, B. 166
Bowen, M. 209
Burgess, E. W. 24

C

Carter, B. 152
Cooley, C. H. 142

D

Darling, C. A. 186
Defrain, J. 25, 188

F

Fromm, E. 18

H

Hetherington, E. M. 69

I

Inglehart, R. 43

J

Jacques Attali 20

K

Kamerman, S. B. 244
Kelly, J. 69

L

Lawson, H. A. 246

Levi-Strauss, C. 24

Locke, J. 24

Lum 175

M

McGoldrick, M. 152

Mead, G. 142

Minuchin, S. 214

Murdock, G. 23

O

Olson, D. 25, 188

Otto 25

R

Runyon, M. K. 95

S

Saleebey, D. 160

Satir, V. 221

Sauer 25

Smith. A 148

Stinnett, S. 25, 188

W

Whitaker, C. 221

Z

Zimmerman, S. L. 244

내용

1인가구 106, 431

K-콘텐츠 40

ㄱ

가계도 209

가사노동 144

가정폭력 실태조사 96

가족 구조 216

가족 특성화 사업 425

가족강점 관점 188

가족계획 39

가족교육 335

가족맞춤형 직접서비스 지원 313

가족문화 342

가족사랑의 날 266, 344, 398

가족사례관리 351

가족상담 312, 332

가족생활교육 204

가족생활주기 152

가족생활주기 관점 152

가족서비스 303

가족서비스 사업 · 프로그램 운영관리 310

가족센터 293

가족실태조사 64

가족영향 평가 247

가족정책 244

가족정책 전달체계 271

가족주의 18

가족친화 인증제 267

가족친화기업 267

가족폭력 95

갈등이론 140

강점관점 159

개방체계 145

개별성 210

개인화 20

거울 자아 142

건강가정기본계획 255, 259

건강가정기본법 28, 253

건강가정사 301

건강가정사업 255, 323

건강가정상담사 302

건강가정지원센터 273

건강가족 186, 188

결혼이민자 122

경계 145

경력 단절 53

경험적 가족치료 221

고독사 108

고령화 48

공개입양 88

교환이론 142

구조기능론 140

구조적 가족치료 214

국제결혼 122

기대수명 48

기러기가족 110

기획 324

ㄴ

노인학대 97

니트족 59

ㄷ

다문화 관점 175

다문화 현상 121

다문화가족 57, 122

다문화가족지원법 258

다문화가족지원센터 281

다세대 가족치료 208

다세대 전수과정 214

다양성 포용 250

독신가족 106

동성애가족 131

딩크족 114

딩크펫가족 114

ㅁ

맞벌이가족 79

면접교섭 73, 380, 382, 425

목표 327

무자녀가족 113

미니멀 라이프 44

미혼율 46

ㅂ

배움지도사 94

병리적 측면 188

부모교육 매뉴얼 336

부모기 154

부양비 51

북한이탈가족 127

분거가족 109

불안 209

비난형 224

비혈연가구 58

비혼 동거 251

빈둥지증후군 436

뿌리찾기 89

ㅅ

사례관리 230

사정 234

사후관리 367

산만형 226

삼각관계 211

상위체계 147

상징적 상호작용론 141

생존 질문 163

생태도 149

생태체계 이론 148

생태학 148

생활SOC복합화사업 377

생활공동체 28

세대 간 갈등 41

수용도 29, 33

순환적 고리 227

시니어맘 82

신념체계 168

실행 327

싱글족 106

싱글턴 107

ㅇ

아동학대 95

애착 228

양성 평등 144

양육비 이행지원 73

양육적인 가족 222

양육효능감 120

여성가족부 249

역량강화 231

연합성 209

영성 198

예외 질문 164

위계구조 219

위기가족 368

위성가족 83

윤리적 소비 44

의사소통 과정 170

이혼가족 68

인구 피라미드 49

일-가정 양립 80

일치형 226

임파워먼트 이론 173

입양가족 85

입양특례법 90

ㅈ

자발적 비혼모 118

자아분화 211

자아존중감 223

재혼가족 75

저출산 45

저출산 · 고령 사회기본법 28

적극적 경청 196

전담인력 직무분석 318

점검 365

정서 228

정서적 친밀성 64

정서중심 부부치료 227

제4차 건강가정기본계획 29

젠더 143

조손가족 91

조이혼율 56

조직 유형 170

조혼인율 56

지구온난화 43

지지 질문 163

직업윤리 307

직원 교육 304

ㅊ

체계 145

체계 이론 145

초기상담 358

초이성형 226

출산장려 39

ㅋ

커밍아웃 131

ㅌ

탄력성 165

탈물질주의 가치관 43

탈시설화 231

통합서비스 운영기관 292

튼튼한 가족 189

ㅍ

패치워크 가족 133

페미니스트 이론 143

페미니즘 143

평가 330, 366

폐쇄체계 145

ㅎ

하위체계 145, 147

한국건강가정진흥원 275

한국형 가족생활주기 153

한부모가족지원법 257

한부모가족지원센터 294

합계출산율 45

헌법 28

헌신 190

현장실습 306

호주제 29

확대가족 55

황혼이혼 69

회복탄력성 166

회유형 224

저자소개

이원숙(Rhee Wonsook)

이화여자대학교 문리대학 사회사업학과 졸업
이화여자대학교 대학원 사회사업학과 졸업 및 문학석사 취득
University of Michigan Graduate School of Social Work, M.S.W. 취득
이화여자대학교 대학원 사회사업학과 박사과정 졸업 및 문학박사 취득
현 강남대학교 사회복지학부 명예교수
   저서: 『사회복지실천론』(3판, 학지사, 2020), 『가족복지론』(4판, 학지사, 2016),
       『가정폭력 프로그램』(공저, 학지사, 2010) 등 다수

신나연(Shin Nayeon)

단국대학교 일반대학원 교육학과 상담심리 박사 수료
한국정서중심치료센터(EFTKorea) 기초, 고급과정(Core Skill Training) 수료
현 우리들의정서상담센터 센터장(전문상담사1급)
   수원과학대학교 사회복지학과 겸임교수
   경기도여성가족재단 부모교육 전문강사
   수원지방법원 성남지원 가사상담위원

박영혜(Park Younghye)

강남대학교 사회복지전문대학원 박사
현 안산시건강가정지원센터 센터장
   수원지방법원 안산지원 자녀양육안내위원 및 조정위원
   안산시사회보장협의체대표위원
   안산시무한돌봄운영위원

건강가정론 ③판
Introduction to Healthy Families(3rd ed.)

2014년 2월 5일 1판 1쇄 발행
2015년 3월 20일 1판 3쇄 발행
2016년 7월 30일 2판 1쇄 발행
2021년 2월 25일 2판 5쇄 발행
2022년 4월 20일 3판 1쇄 발행

지은이 • 이원숙 · 신나연 · 박영혜
펴낸이 • 김진환
펴낸곳 • ㈜ **학지사**

04031 서울특별시 마포구 양화로 15길 20 마인드월드빌딩
대표전화 • 02-330-5114   팩스 • 02-324-2345
등록번호 • 제313-2006-000265호

홈페이지 • http://www.hakjisa.co.kr
페이스북 • https://www.facebook.com/hakjisabook

ISBN 978-89-997-2669-9 93330

정가 23,000원

출판 · 교육 · 미디어기업 **학지사**

간호보건의학출판 **학지사메디컬** www.hakjisamd.co.kr
심리검사연구소 **인싸이트** www.inpsyt.co.kr
학술논문서비스 **뉴논문** www.newnonmun.com
교육연수원 **카운피아** www.counpia.com